绍兴年鉴

(2015)

绍 兴 市 人 民 政 府 主 办
绍兴市地方志办公室 编纂

方志出版社
Publishing House of Local Records

绍兴市党史地方志工作委员会

顾　　　问：陈金彪
主　　　任：俞志宏
副　主　任：魏　伟　施淑汝　丁晓燕　陈伯怀
委　　　员：钟　海　邹欢昂　王芬祥　孙志祥　张海龙　倪森林　章　烽
王玉宝　黄文刚　马永定　朱晓董　车炼钢　何云伟　陈泉标
赵定国　沈志江　魏　明　潘晓辉　傅陆平　黄　坚　贺晓敏
何　建　潘和忠　叶卫红　周骄德　王水君　闾小锋　任　勇
何伟仕　王旭波　应良波　金　辉　张阿东　施新民　徐之澜
王越新　袁立江　潘旺明　陈德洪　郭浩良　魏鹏程　吕社生
孙炳方　韩彬翔　邢南艳　朱华明　金泉海　马芳妹　陈　坚
杨建根　王浩萍

办公室主任：何云伟
办公室副主任：蔡人灏　金　燕　郑红光

《绍兴年鉴》编辑部

主　　　编：何云伟
副　主　编：郑红光
编　　　辑：（按姓氏笔画排序）
陈今炎　李登科　张显辉　郑红光
英文目录翻译　李登科
主要摄影：袁　云
地图绘制：绍兴市规划局

编　辑　说　明

一、《绍兴年鉴》是由绍兴市人民政府主办、绍兴市地方志办公室编纂的系统记述本行政区域自然、经济、政治、文化、社会等方面情况的年度资料性文献，是各级党政机关、研究部门、社会各界人士以及中外投资者了解、研究绍兴的重要依据。本鉴是创刊至今的第16部。

二、《绍兴年鉴（2015）》全面客观地记载2014年全市人民在中共绍兴市委、绍兴市人民政府领导下，认真贯彻党的十八届三中全会精神，深入实施省委“八八战略”，全面落实“重构绍兴产业、重建绍兴水城”战略部署，把改革创新贯穿于各领域各环节，以提高经济发展质量和效益为中心，以提高群众满意度和幸福感为导向，着力做强城市平台，着力推进创新驱动，着力加快转型升级，着力加强社会治理，着力保障改善民生，实现经济持续健康发展和社会和谐稳定，为干好“一三五”、实现“四翻番”，加快建设现代化绍兴打下坚实基础所取得的新成就、新经验和发现的新问题、新矛盾，着重反映当年事关全局的大事、要事、新事和特事，着力体现时代特征、年度特点和地域特色。

三、本鉴由卷首、百科、卷尾三部分组成，按类目、分目、条目三个层次框架编排。类目下一般设综述，分目下设概况，以便记述事物的变化发展情况和基本数据；以条目为主要载体，一事一条；对其中的个别类目和分目作了适当调整和补充。卷首设地图、彩页、中英文目录、特载、专记、大事记和总述，百科部分按事物属性设35个类目，卷尾设统计资料、附录和索引。全鉴合计42个类目、257个分目、2502个条目，约101.8万字，收录2013年新版绍兴市政区图和绍兴市城区图各一幅、宣传彩页22页、正文黑白照123帧、图表132张。

四、本鉴记载时限为2014年1月1日至12月31日，所记内容均由各县（市、区）、开发区（产业园区）以及有关职能部门提供，并经各级领导和档案、保密部门审核，主要数据以市统计部门提供为准，市统计部门没有或空缺的，则以职能部门提供为准。在《绍兴年鉴（2015）》出版后，有关部门对有些连续性指标数据又作了调整的，本鉴不再作补充说明。

五、本鉴记述文体除专记外，采用记述体，文字、称谓、数字、计量、纪年、标点符号等的使用均按国家有关出版物书写规定。

六、本鉴采用双重检索，卷首设中英文目录，卷尾附索引（含正文索引、图表索引、正文照索引）。

七、《绍兴年鉴（2015）》编纂工作，在市委、市政府领导下，得到各县（市、区）、市级各部门和有关基层单位的大力支持，广大编撰人员的通力合作，在此表示衷心感谢。由于编纂水平有限，时间仓促，书中难免会有疏漏和失误之处，欢迎广大读者批评指正。

《绍兴年鉴》编辑部

2015年9月

图书在版编目（CIP）数据

绍兴年鉴. 2015 / 绍兴市地方志办公室编. --北京：方志出版社，2015.11
ISBN 978-7-5144-1825-5

Ⅰ. ①绍… Ⅱ. ①绍… Ⅲ. ①绍兴市—2015—年鉴 Ⅳ. ①Z525.53

中国版本图书馆CIP数据核字(2015)第293205号

绍兴年鉴（2015）

编　　者：绍兴市地方志办公室
责任编辑：刘方圆
出 版 人：冀祥德
出 版 者：方志出版社
地址　北京市朝阳区潘家园东里9号（国家方志馆4层）
邮编　100021
网址　http://www.fzph.org
发　　行：方志出版社发行中心
电话（010）67110500
经　　销：各地新华书店
印　　刷：绍兴日报报业印务有限公司
开　　本：889mm×1194mm　1/16
印　　张：27.1
字　　数：1018千字
版　　次：2015年11月第1版　2015年11月第1次印刷
印　　数：001~600册
ISBN 978-7-5144-1825-5　定价：240.00元

▲ 8月27日，省委书记夏宝龙到上虞区崧厦镇祝温村看望全国优秀村支书杭兰英，并在村里召开座谈会

▲ 10月18日，省委副书记、省长李强在绍兴看望省群众体育先进代表和“最美浙江体育人”

▲ 2 月 8 日，市委书记钱建民在全市经济工作会议上讲话

▲ 5 月 28 日，市长俞志宏参加“沟通零距离”节目，回答现场市民提问

▲ 五泄江生态公园

▲ 治水广场

▲ 古鉴湖添新彩

▲ 沃洲湖泛舟

▲ 曹娥江闸新貌

▲ 迪荡梅龙湖

▲ 袍江经济技术开发区世纪大道

▲ 镜湖湿地梅山西入口公园

▲ 凌家山公园里梅花盛开

▲ 滨海新城千亩葵花绽放

▲ 小将镇高山桃树基地

▲ 宛委山樱花林

▲ 柯桥水岸人家

▲ 城河春色

▲ 越城区基本农田

▲ 上虞区崧厦镇祝温村

▲ 1月24日，供电部门和消防支队的专业人员在西小路历史街区向市民讲解用电知识

▲ 春节临近，越城公安分局在城南街道流动人口服务管理所设立春运平安咨询服务点

▲ 11月11日，一位企业人员在柯桥区国税局福全分局税务人员指导下进行自助纳税

▲ 7月10日，市政府为在绍兴投资、工作、经商的境外人士颁发“外商服务卡”

▲ 2014年绍兴“名士之乡”人才峰会

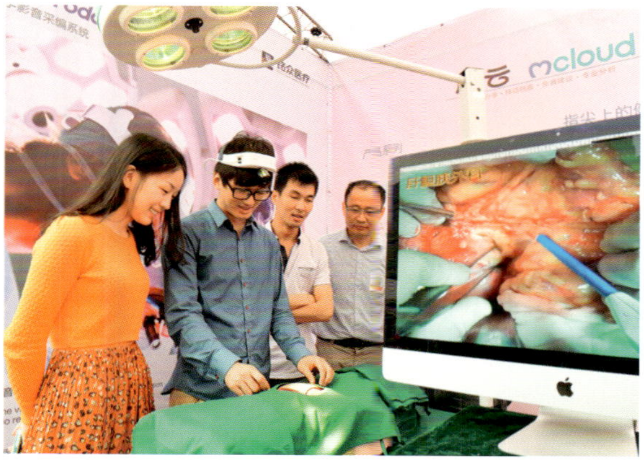

▲ 5 月 17 日，浙江铭众生物医用材料与器械研究院向市民展示研究成果

▲ 3 月 16 日，国内最大的烟气脱硝催化剂生产线在浙江德创环保科技股份有限公司投产

▲ 9 月 13 日，全市职业技能大赛在浙江工业职业技术学院举行

▲ 11 月 29 日，“相约高校 · 创业绍兴”人才招聘会在市人才市场举行

▲ 11 月 29 日，绍兴市首届工业设计大赛决赛在浙江工业职业技术学院举行

▲ 10 月 24 日，市民参观袍江开发区苏泊尔生活电器有限公司产品展厅

▲ 4 月 26 日，电力部门在诸暨凤仪到枫桥的 220 千伏电力线路施工中使用多旋翼飞机放线

▲ 9 月 11 日，长三角货物快运列车首次开行后停靠绍兴站

▲ 4 月 15 日，新昌县中国茶市举办大佛龙井春季交易会

▲ 5 月 1 日，越城区至上虞区公交 7 路和 7A 路正式开行

▲ 11 月 12 日，杭长高铁（杭州东站—长沙西站）试运行

▲ 10 月 25 日，诸暨市国际商贸城一期市场粤港城开门迎客

▲ 10 月 31 日，市民在金帝银泰城专展中心咨询

▲ 5 月 31 日，首届中国（绍兴）曹娥江国际游艇展在滨海新城启幕

▲ 1 月 18 日，市区城市广场举办新春农副产品大联展

▲ 国庆节期间，世茂广场别出心裁吸引顾客

▲ 9 月 17 日，绍兴的爱水乡土教材成套出版了

▲ 10 月 1 日，儿童在街头的国旗背景前拍照

▲ 3 月 22 日，由共青团市委和市旅游集团共同主办的“蝶恋花·爱永恒”大型单身青年相亲交友活动在宛委山樱花林举行

▲ 10 月 31 日，纪念王阳明诞辰 542 周年暨绍兴市阳明小学命名仪式在阳明小学举行

▲ 5 月 14 日，“群蓝星微动力”大型平安公益活动在绍兴文理学院举行启动仪式，全市首支“群蓝星”志愿者服务队成立

▲ 4 月 25 日，国家级工艺美术大师雕刻艺术作品绍兴展“琢·磨”在市区金德隆文化创意园艺阁会展中心开展

▲ 10 月 2 日，石雕艺人倪水泉（左）向市民展示石雕作品

▲ 11 月 27 日，西泠印社 2014 年秋季十周年庆典拍卖会部分精品在绍兴书圣故里尚德当铺展出

▲ 2 月 14 日，绍兴市非遗传统手工技艺现场展示在市区城市广场举行

▲ 修缮一新的鲁迅故里朱家台门开门迎客

▲ 5 月 23 日，中国首部残疾人励志动画片《追梦》人物原型在北京中国传媒大学与学生交流

▲ 4 月 13 日，演员在柯桥百花剧场拍摄越剧电影《狸猫换太子》

▲ 11 月 6 日，绍兴广播电视传媒集团举行揭牌仪式

▲ 9 月 18 日，绍兴书画院八位画家的作品在广州 · 琶洲保利世贸博览馆展出

▲ 1月9日，绍兴市暨柯桥区文化科技卫生“三下乡”服务团在稽东镇冢斜村开展首站活动

▲ 5月2日，市博物馆广场放映影片《焦裕禄》，市区2014年周末广场电影活动由此启幕

▲ 春节期间，市区城市广场上举行群众文化周活动之“莲花落专场”演出

▲ 10月10日，绍兴图书馆举行“有声有色与爱同行”绍兴市盲人曲艺演唱会

▲ 5月25日，八对爱侣在治水广场举行“情定环城河”水上集体婚礼

▲ 6 月 25 日，浙江绍兴越剧明星版《梁山伯与祝英台》在香港文化中心大剧院上演

▲ 7 月 14 日，著名笛子演奏家蒋国基在巴西福塔莱萨为当地观众表演节目

▲ 6 月 1 日，罗素·米勒 2014 年全球巡演的一部分——绍兴站音乐会举行

▲ 8 月 30 日，一名美国学生在兰亭景区十八缸前学习书法

▲ 6 月，浙江绍剧艺术研究院在台北市演出《孙悟空三打白骨精》，华冈艺校组织学生观看

▲ 3 月 23 日至 24 日，市政府和清华大学共同举办绍兴水城规划理念国际研讨会

▲ 11 月 23 日，2014 年绍兴环城河国际皮划艇马拉松赛开幕

▲ 10 月 31 日，潘益东在浙江省第九届残运会上获得飞镖轮椅组和混合团体两枚金牌

▲ 5 月 17 日，越城区灵芝镇举行“魅力灵芝 幸福家庭”趣味运动会

▲ 8 月 20 日，绍兴市首届职工智力运动会在市委党校举行

▲ 8 月 8 日，第十五届浙江省运动会圣火采集仪式在大禹陵举行

▲ 绍兴图书馆新馆开馆

▲ 大厅

▲ 少儿馆

▲ 图书阅览区

▲ 电子报刊阅览区

▲ 绍兴市科技中心大厅

▲ “探索与发现”展区的机器人表演

▲ “地球与生命”展区的猛犸象化石模型

地区生产总值及发展指数

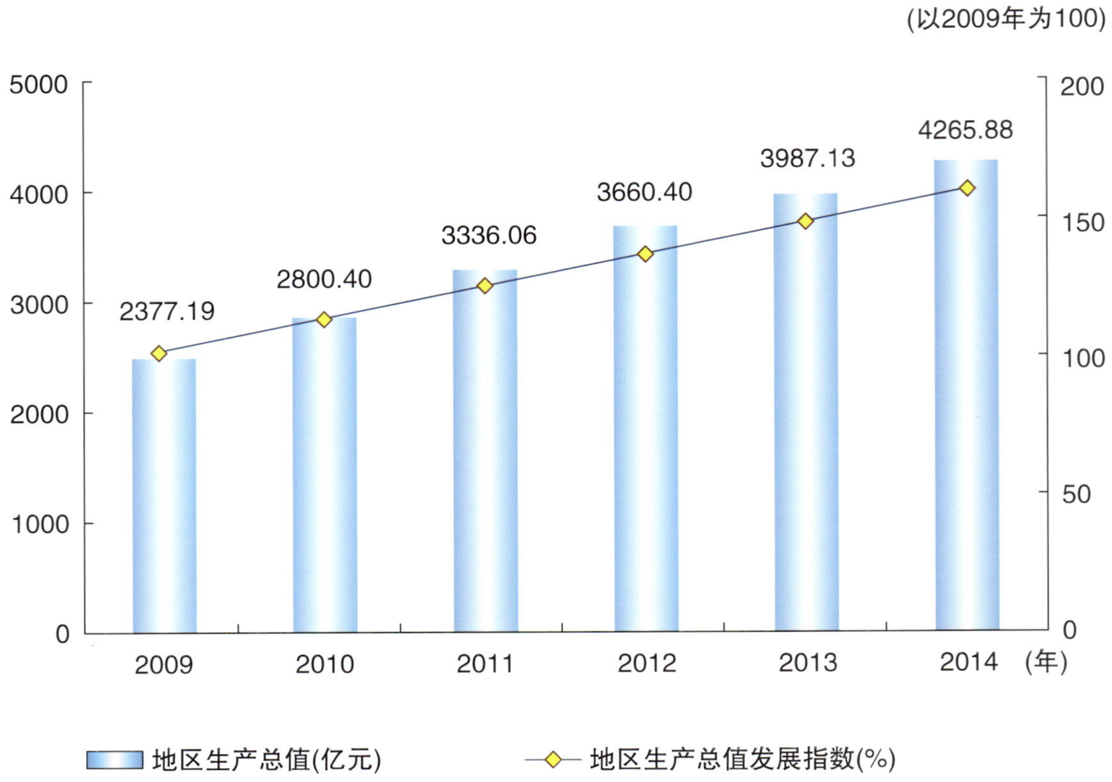

地区生产总值三次产业构成(%)

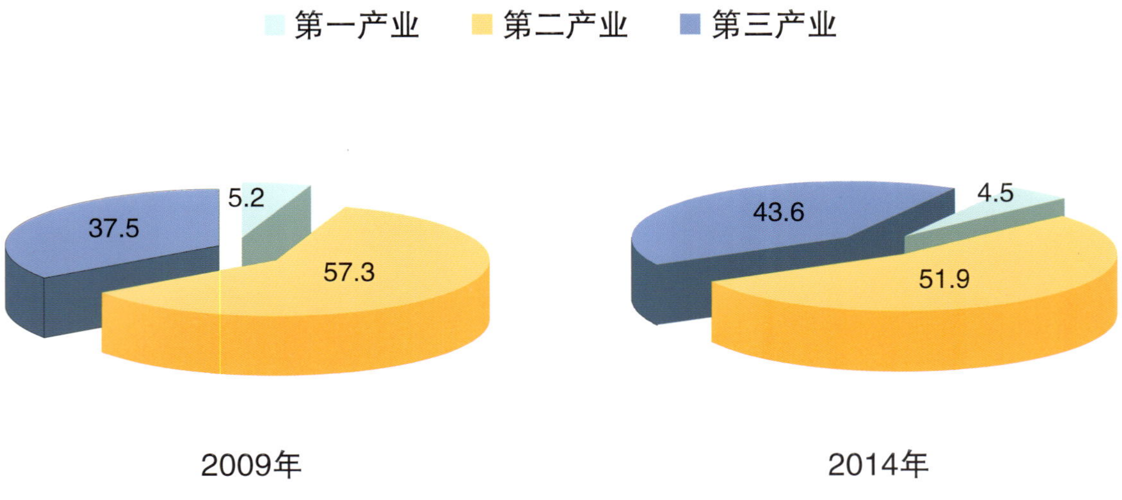

自 营 出 口 额

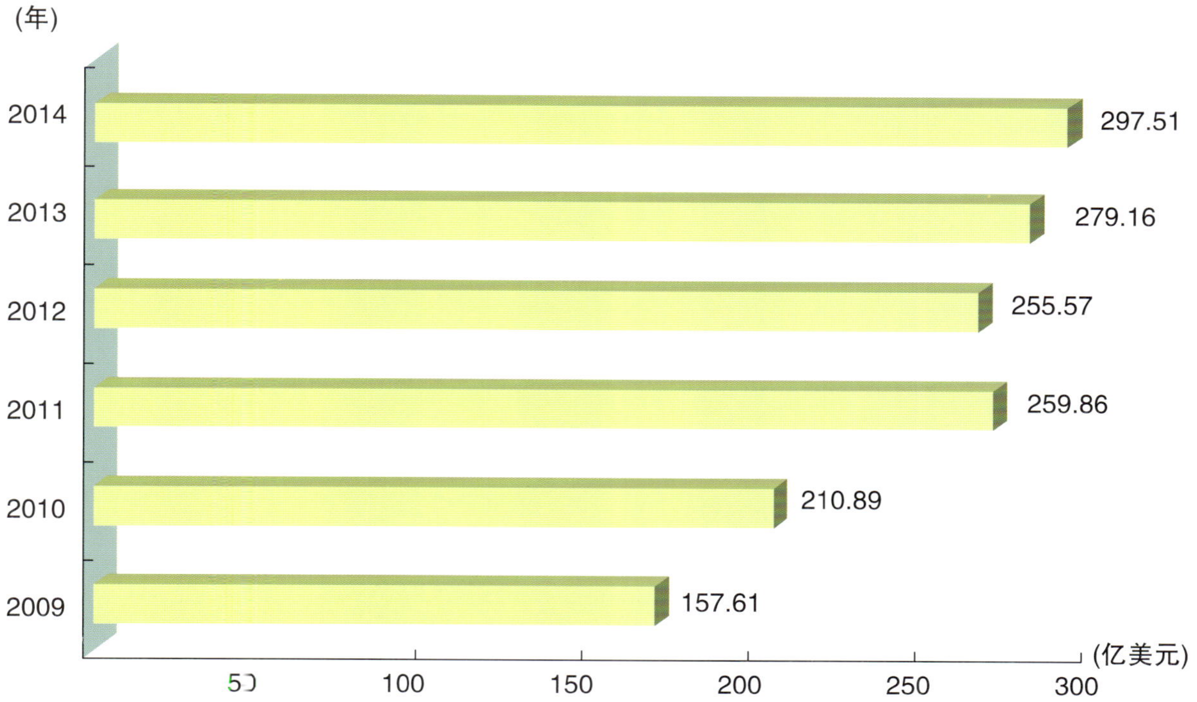

外 商 实 际 投 资 额

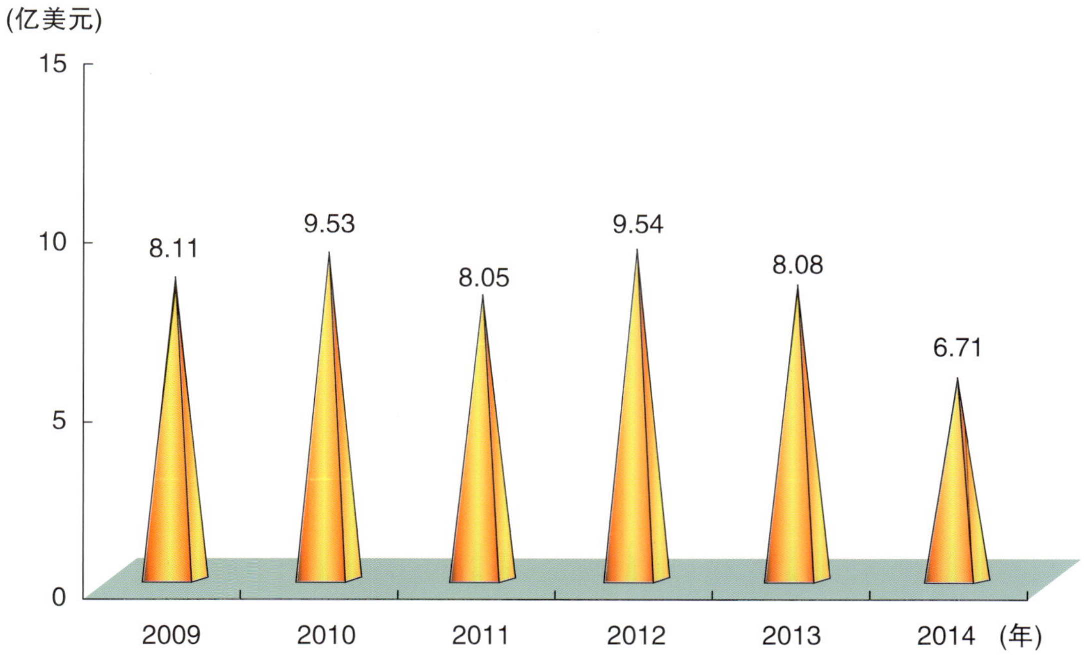

财政收支情况

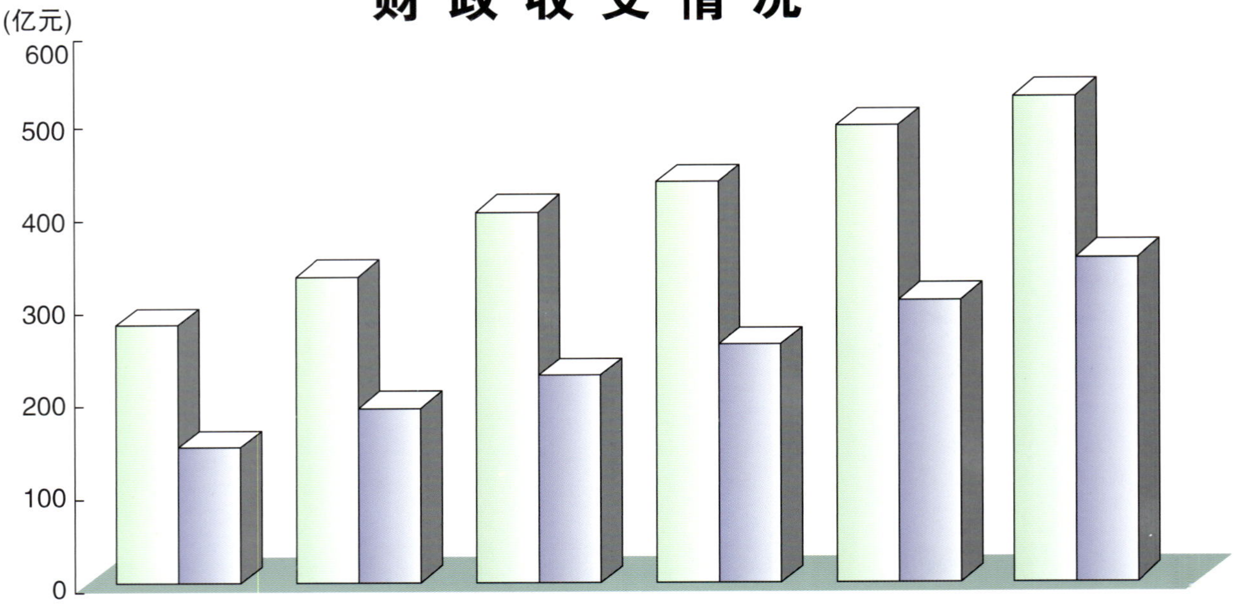

年　份	2009	2010	2011	2012	2013	2014
财政收入	298.53	349.25	426.45	469.31	502.15	546.34
财政支出	169.54	221.95	253.31	278.71	312.11	364.77

居民收入情况

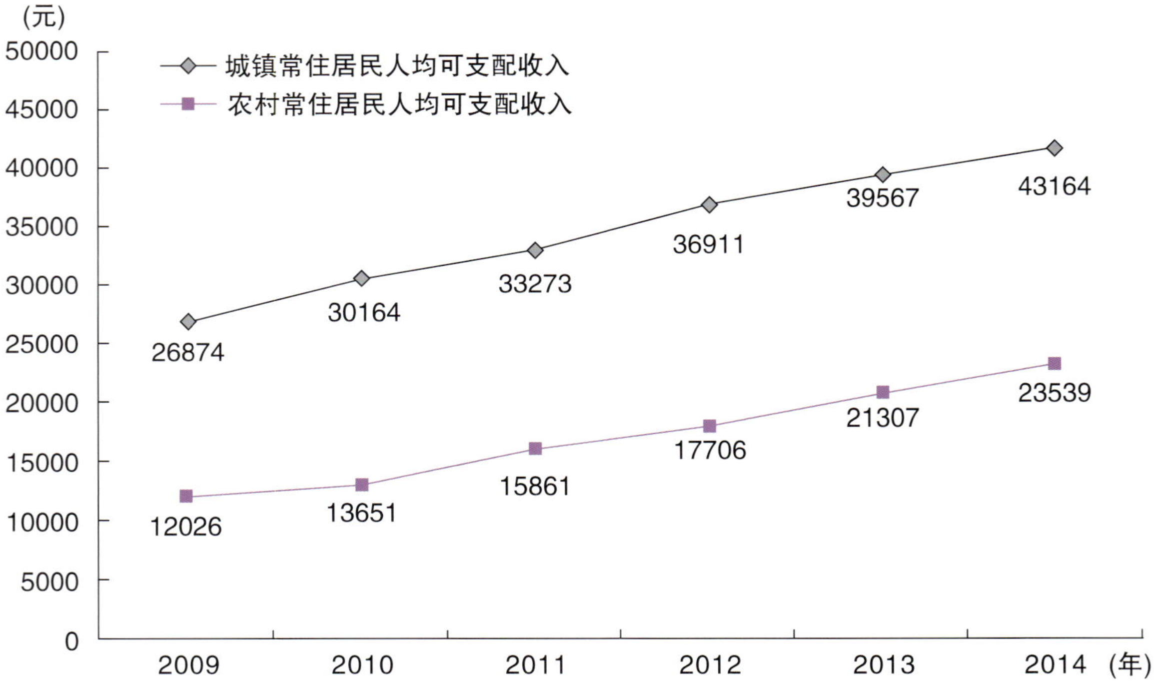

说明：2009-2012年，城镇常住居民人均可支配收入为城镇居民人均可支配收入，
农村常住居民人均可支配收入为农民人均纯收入

目 录

农林牧渔业

制造业

旅游业

电力 燃气 水的生产与供应

建筑业

商贸流通业

金融业

商务服务业

水　利

生态环境

城市建设与管理

市场与管理

对外及对港澳台经济贸易

口岸管理

经济管理

中共绍兴市委员会

绍兴市人大常委会

绍兴市人民政府

政协绍兴市委员会

民主党派　工商联

群众团体

法　治

军　事

科学技术

教 育

文 化

体 育

社会保障

社会事务

区县市

开发区(产业园区)

人　物

统计资料

附 录

索 引

彩 页

Contents(2015)

Commercial Circulation Industry

Banking

Business Services

Water Conservancy

Environmental Conservation

Urban Construction and Administration

Market and Marketing Administration

Trade with Other Countries, Hongkong,Macao and Taiwan

Ports Administration

Economic Management

Shaoxing Municipal Committee of the CPC

Shaoxing Municipal People's Congress

Shaoxing Municipal People's Government

Shaoxing Municipal Committee of the CPPCC

Democratic Parties, Association of Industry and Commerce

Mass Organizations

Justice

Military Affairs

Science and Technology

Education

Culture

特 载

在市委七届六次全体(扩大)会议上的报告(摘要)

(2013 年 12 月 30 日)

市委书记 钱建民

一、认真贯彻党的十八届三中全会和省委十三届四次全会精神,全面深化绍兴各项改革

党的十八届三中全会是我国进入全面建成小康社会攻坚阶段、改革开放新的重要关头召开的一次重要会议,是我们党改革开放历史上又一个重要里程碑。全会通过的《决定》明确了全面深化改革的指导思想、总体思路、目标任务和重大举措,是新的历史起点上全面深化改革的行动纲领。省委十三届四次全会根据中央精神,结合浙江实际,作出全面深化改革、再创体制机制新优势的《决定》,提出了浙江改革的路线图、着力点和时间表。我们要把学习贯彻三中全会和省委全会精神作为首要政治任务,把思想和行动统一到中央和省委决策部署上来,不断推动我市改革发展取得新成效。

绍兴具有改革创新的优良传统。改革开放初期,绍兴人民解放思想、开拓进取,较早启动各项改革特别是以市场化为导向的经济改革,赢得体制机制先发优势,推动发展取得巨大成就。没有改革开放,我们不可能有这样的大好局面。随着发展环境、发展条件和发展阶段的变化,绍兴的体制机制先发优势和内生动力逐渐弱化,发展面临严峻考验和挑战。尤其是在 2008 年国际金融危机的严重冲击中,绍兴成了全国的典型,教训十分深刻。不改革没有出路。我们要紧紧抓住改革新机遇,大力弘扬创新精神,增创体制机制新优势,为科学发展注入强大动力。

这次全会要审议市委关于全面深化改革、增创科学发展新优势的《决定》。市委对起草决定稿非常重视,起草小组 9 月份开始调研,赴省内外先进城市学习借鉴改革经验,认真总结绍兴改革开放以来的成功经验和我市各地改革创新的好做法。党的十八届三中全会和省委十三届四次全会召开后,市委认真组织学习贯彻,并要求起草小组根据中央和省委精神,对决定初稿作了反复修改。形成征求意见稿后,市委常委会两次进行研究讨论,向各区、县(市)委书记征求意见,也征求各个层面和市级有关部门的意见建议,市政协召开专题会议进行政治协商。从征求意见的结果看,大家普遍认为,市委决定稿全面贯彻中央和省委精神,坚持问题导向和发展要求,继承和发展绍兴改革实践的宝贵经验,体现我市深化改革的重点和特色,回应基层和群众的期待,必将对绍兴长远发展产生重要影响。对大家的意见建议,起草小组进行认真梳理和研究,大部分都已吸收到决定稿中。对其他一些工作性的建议,也将落实到市委市政府今后的相关工作部署中。

在框架结构上,市委的决定稿总体与中央和省委《决定》一致,共 14 个部分、48 条。决定稿提出了“六个着力于”的改革路线,明确了经济、政治、文化、社会和生态文明建设“五位一体”各领域的改革任务,确定了近期重点突破的十方面改革项目。决定稿还提出我市分步推进改革的时间表,即到 2015 年,本决定提出的改革具体项目取得突破性进展;到 2017 年,在重要领域和关键环节改革上取得决定性成果,基本完成本决定提出的改革任务,这充分体现了市委深化改革、走在前列的决心和信心。这个决定稿经过本次全会审议通过后,必将成为指导绍兴全面深化改革的重要文件。各地各部门要深刻领会市委决定的精神实质,牢牢把握我市全面深化改革的目标、路线和重点,创新思路举措,扎扎实实把各项改革任务落到实处。在具体工作中,要把握以下几点:

1. 解放思想,敢于担当。敢不敢、能不能推动好这场改革,关键看思想解放到什么程度。要深刻认识全面深化改革的历史必然性和现实紧迫性,增强改革意识,坚定改革信心。改革进入了深水区、攻坚期,需要汇集更多智慧,付出更多精力。强化担当意识,直面问题、解决问题,抢抓机遇、主动作为,尤其要大力扶持民间资本兴办社会事业,进入公共服务领域。这对提高各级政府的依法监管和政策调控能力是个考验。只要是有利于解放和发展社会生产力、有利于解放和增强社会活力、有利于推动经济社会持续健康发展,都要大胆试、坚决改,以自我革命的精神,冲破思想观念束缚,突破体制机制障碍,破除发展路径依赖,破解群众反映强烈的突出问题。增强前列意识,开阔视野、拔高标杆,创新思路、积极探索,自觉把各项改革举措落实好,以改革领先促进发展领先,推动绍兴继续走在前列。

2．突出重点,先行先试。既要不折不扣贯彻落实中央和省委精神,统筹推进各项改革,确保改革不漏项;又要紧密联系实际,突出改革重点,集中力量攻坚。改革是由问题倒逼产生的,又在不断解决问题中得以深化。全面深化改革的重点是经济体制改革。市委决定中,经济方面比重很大,这符合绍兴改革起步早、市场化程度高、遇到矛盾问题多的实际,目的是充分发挥市场在资源配置中的决定性作用,以经济体制改革牵引和带动其他领域改革。各地各部门要深入研究思考,增强创新精神,解决好“哪些必须改”、“为什么改”、“改什么”、“怎么改”等基本问题,敢闯敢冒、先行先试,做强优势、补长短板。以争先精神全面深化各项改革,各区、县(市)要积极争取更多省级以上改革试点,市级部门要在各自领域争取试点,获得上级更有效的政策支持、工作指导和要素配套,并及时总结经验,尽快在面上推开,为发展创造更多机遇、更好环境。

3．项目推动,形成合力。以项目化落实各项改革部署,是全面深化改革的有效手段。各地各部门主要负责人要亲自抓改革工作,对重大改革实施项目化管理,建立改革项目责任制,由领导牵头负责,明确分管领导、责任单位和具体要求,制定年度改革计划,倒排时间表,确保重点改革项目早见成效。改革是一项复杂的系统工程,需要上下联动、多方配合。强化大局意识,敢于打破地方利益、部门利益、个人利益束缚,从事业发展、群众利益出发,加强沟通协调,强化工作执行,确保各项改革举措有效落实。

二、关于2013年市委常委会的主要工作

2013年是国内外形势多变、自然灾害多发的一年。我们紧扣科学发展这个主题和加快转变经济发展方式这条主线,按照省委干好“一三五”、实现“四翻番”工作要求,坚持“稳中求进、务实创新、惠民利民”工作基调,齐心协力,扎实工作,实现了经济社会持续健康稳定发展。预计全市实现生产总值3960亿元,增长8.6%左右;公共财政预算收入290亿元,增长9.1%;固定资产投资2030亿元,其中工业投资1020亿元,分别增长18%、15%;社会消费品零售总额1300亿元,增长13%;外贸出口270亿美元,增长8%;城镇居民人均可支配收入40500元,增长9.7%;农村居民人均纯收入19600元,增长10.7%。

一年来,市委常委会主要抓了以下几方面工作:

1． 认真贯彻落实中央和省委决策部署。自觉在大局下想问题、做工作,认真学习贯彻党的十八大、十八届三中全会精神和习近平总书记系列重要讲话精神,落实中纪委二次全会和全国组织工作、宣传思想工作等会议要求,保证中央政令畅通。贯彻省委十三届二次、三次、四次全会精神,分别制定建设现代化绍兴的实施计划、全面实施创新驱动发展战略的实施意见和全面深化改革的决定,积极谋划事关绍兴长远发展的重大问题,不断完善我市现代化建设布局。按照省委省政府以治水为突破口推进转型升级和“五水共治”的要求,提升治水理念,作出“重构绍兴产业、重建绍兴水城”战略部署,加快经济转型升级,提升城市建设水平。

2．坚定不移推进经济转型升级。推进腾笼换鸟、机器换人、空间换地、电商换市,培育名企名品名家,实施“新三年建设计划”,全力以赴稳增长、调结构、促转型。抓好战略性新兴产业“新三百推进计划”、服务业“310”工程和传统产业“双百技改”工程,大力培育生命健康、通用航空、文化旅游、海洋经济等产业,积极构建以十大产品及产业链为重点的现代产业体系。推进科技创新“八倍增、两提高”工作,抓好中科院浙江数字内容研究院等创新平台建设,在省内率先实现高新区县级全覆盖,成为全省首批创新型试点城市。实施印染企业“煤改气”工程,完成上级下达的淘汰落后产能和节能减排任务。加强金融工作,直接融资总量全省第二,占融资总额比重全省第一。做好招商引资和越商回归工作。加快农业“两区”建设,会稽山古香榧群被列为全球重要农业文化遗产。获得全省唯一的全国国土资源节约集约模范市称号。通过全国旅游标准化示范城市终期评估。杭州湾上虞工业园区跻身国家队,国家级开发区达到4家,在全省位居第3位。

3． 实施行政区划调整工作。全力推动部分行政区划调整,撤绍兴县、上虞市,设柯桥区、上虞区,实现了历史性突破,为大城市建设打下了坚实基础。同步调整越城区行政区域内各功能区管理体制,发挥各功能区特色和优势,着力做大做强两个国家级开发区,切实加强镜湖新区城市管理和社会管理,把镜湖新区逐步归入越城区管理。

4．不断提升城市区位优势和发展水平。嘉绍大桥、杭甬高铁建成通车,杭甬运河全线通航,完成铁路绍兴东站及货场迁建工程和绍兴港中心作业区一期工程,推进杭长客专、31省道绍大线北延等工程。镜湖新区“三中心”即将全面建成,旅游综合体、金融集聚区、迪荡湖公园等工程进展顺利。实施新一轮清水工程“三年计划”,55个水质考核断面达标率达80%,成为全省跨行政区域交接断面水质考核的优秀市。实施交通治堵五年行动规划和综合治理规划,开通快速公交1号线,全省城市治堵路面严管现场会在我市召开。强势推进“三改一拆”,超额完成省政府下达任务。实行市区工业污泥、建筑泥浆、建筑渣土规范化处置。加快县域中心城市、中心镇和美丽乡村建设,扎实开展小城市培育试点。

5． 着力抓好民生事业。坚持把更多财力投向民生领域,民生支出占财政支出73.4%。深化创业型城市创建,劳动关系和谐指数保持全省第二。推进市区被征地农民养老保障制度并轨,实现新农合和城镇居民医保整合,在全省率先实施城乡居民大病保险制度,基本实现社会保障卡全覆盖。促进教育优质均衡发展,深入实施“学前教育三年行动计划”,浙江工业大学之江学院、浙江农林大学暨阳学院开学招生。深化区域卫生信息化工作全国试点,加强基层卫生综合改革,加快市立医院等重点工程建设,市公立医院改革走在全省前列。完善优生促进工程,全面开展生育关怀行动。深化全国文明城市创建,健全基层公共文化服务体系,中国书法兰亭奖永久颁奖地落户绍兴。开工建设保障性住房2.4万套。积极备战第十五届省运会。

6. 维护社会和谐稳定。以开展纪念毛泽东同志批示“枫桥经验”50周年为契机,抓好“智慧安居”城市试点,深化“枫桥式”派出所创建,开展“积案化解攻坚年”、“信访工作规范年”活动,完善基层矛盾调处机制,刑事发案数下降11.7%,平安市创建可望实现“六连冠”。加强食品药品安全监管,开展小餐饮、保健食品和药品市场专项整治,老城区小餐饮有证率从48%上升到91%。强化安全生产隐患排查化解,实现事故起数、死亡人数、直接经济损失“三下降”。妥善处置有关企业经营危机,维护金融、经济安全。积极应对罕见高温干旱天气,最大限度降低“菲特”强台风和特大暴雨的洪涝损失,有效防控H7N9禽流感疫情。

7. 加强干部队伍建设。认真落实中央八项规定精神和省委六项禁令,开展“厉行节约、反对浪费”专项整治。开展领导干部社会化评价,推行乡镇干部住夜制度和“民情微群”做法,推进民情通工作,深化行政主职暗访,组织党员干部关爱困难群众专项活动。加大干部教育培训和交流力度,加强乡镇党委建设,实施民间人才“万人计划”,深化打通农村党员“进出口”试点,村级组织换届进展顺利。坚持先学先查先改,扎实做好第二批党的群众路线教育实践活动准备工作。

一年来,市委常委会切实加强自身建设,在以下几方面作了努力:一是识大势、顾大局、谋大事。坚持从战略高度和长远角度想问题、谋发展,顺利实施部分行政区划调整工作,作出“重构绍兴产业、重建绍兴水城”战略部署,积极谋划和推进重大基础设施建设。二是带头抓、抓具体、破难题。统筹谋划、协调推进各项工作,市四套班子主要领导分线督查每位常委、副市长的工作,合力攻坚行政区划调整、文明城市创建等工作推进中所遇难题,加强对所联系重大工程或项目指导协调,深入基层开展调研,推动各级干部提高执行力。三是坚持群众满意导向。把群众的呼声和需求体现到谋思路、作决策、抓工作中,带头走亲连心、访贫问苦、体察民情、听取民意,开展领导干部社会化评价,抓好交通治堵、“三改一拆”、治水治气治泥等工作,致力提高群众满意度和幸福感。四是营造凝心聚力环境。严格执行民主集中制,常委之间分工明确、配合密切。坚持总揽全局、协调各方,注重调动各方积极性,凝成一股力量。人大加强对“一府两院”的监督,对我市部分行政区划调整有关机构名称等问题作出决定,就大气环境污染防治进行专题询问。政协强化政治协商、民主监督、参政议政职能,就全面深化改革、部分行政区划调整、开发区转型升级等开展协商讨论,探索向市级部门统一委派民主监督小组。加强同民主党派合作共事,发展最广泛的爱国统一战线。统筹经济建设与国防建设,巩固军民团结和谐关系。加强舆论引导,疏导群众情绪,营造干事创业氛围。

三、关于2014年工作的总体要求和主要任务

2014年是深入贯彻党的十八届三中全会精神、全面深化改革的开局之年,是顺利实施“十二五”规划的关键一年,也是绍兴转型发展、提升发展至关重要的一年。做好2014年工作,必须认清形势、把握大势、顺势而为、乘势而上。

2014年世界经济仍将延续缓慢复苏态势,中央继续把稳中求进作为总基调,省委省政府咬定“四翻番”目标不放松,宏观形势总体有利于加快发展。但我市经济内生动力不足、自主创新能力不强、城市发展水平较低、资源要素制约和体制机制障碍等问题仍然突出,特别是我市经济外向度高,外贸出口受大国货币政策、大宗商品价格等变化影响,面临较大不确定性。在客观分析绍兴面临的机遇与挑战的同时,必须正确把握绍兴所处的发展阶段,充分认识绍兴正处于转型发展的关键期、转折期。第一,从发展条件看,嘉绍大桥、杭甬高铁和杭甬运河建成启用,使我市交通结构根本改变,区位优势极大提升,成为环杭州湾南翼重要的交通枢纽城市,为我们接轨大上海、融入长三角提供了重大机遇。第二,从发展路径看,《绍兴市城市总体规划(2011—2020年)》深入实施和部分行政区划调整顺利推进,扭转了中心城市弱化趋势,为我们加速新型城市化,做大做强中心城市平台,逐步跳出县域经济路径过度依赖,发展都市经济创造了良好条件。第三,从发展动力看,全国新一轮改革正式启动,新型城镇化和创新驱动发展战略全面实施,有利于我们破除制约科学发展的体制机制障碍,发展动力和发展后劲将不断增强。第四,从发展环境看,中央抓作风建设力度空前,第二批党的群众路线教育实践活动全面开展,有利于我们跳出作风建设“周期律”,不断提升服务效能、优化发展环境,充分激发基层加快发展的积极性创造性。可以说,绍兴正处于这些年来机遇最多、环境最好、大有可为的时期。我们必须适应新形势,抢抓新机遇,提升发展理念,创新发展举措,全力以赴做好各项工作,努力在关键期和转折期加快发展、赢得主动,推动绍兴继续走在前列。

2014年全市工作的总体要求是:认真贯彻党的十八

届三中全会精神，深入实施省委“八八战略”，全面落实“重构绍兴产业、重建绍兴水城”战略部署，把改革创新贯穿于各领域各环节，以提高经济发展质量和效益为中心，以提高群众满意度和幸福感为导向，着力做强城市平台，着力推进创新驱动，着力加快转型升级，着力加强社会治理，着力保障改善民生，实现经济持续健康发展和社会和谐稳定，为干好“一三五”、实现“四翻番”，加快建设现代化绍兴打下坚实基础。

2014年的工作基调是：改革创新促发展，求真务实惠民生。

改革创新促发展，就是要以改革统领全局，坚持解放思想、大胆探索，正确处理政府与市场的关系，用改革的思路和办法解决问题，激发市场活力，释放创新潜力，增强发展动力，实现经济发展稳中求进、改中求活、转中求好，在提高发展质量和效益上取得新进展。

求真务实惠民生，就是要靠实干创造业绩，坚持以人为本、执政为民，践行群众路线，保持干事激情，敢抓敢管、敢于担当，以良好作风推动工作落实，办好为民实事，促进公平正义，维护和谐稳定，让改革发展成果更好惠及全市人民，不断提高群众满意度和幸福感。

2014年全市经济社会发展的主要预期目标建议为：生产总值增长8%以上；公共财政预算收入增长8%；城镇居民人均可支配收入增长8.5%；农村居民人均纯收入增长9%；固定资产投资增长12%以上；社会消费品零售总额增长12%；外贸出口增长6%左右；居民消费价格指数控制在全省平均水平；城镇登记失业率控制在3.5%以内；研发经费支出占生产总值比例达到2.2%以上；节能减排指标完成省下达任务。

围绕上述目标和工作基调，重点抓好以下八方面工作：

1. 做强城市平台，积极发展都市经济。坚持走以人为本、布局优化、生态文明、文化传承的新型城市化道路，着力提升城市化质量，推动县域经济向都市经济转型。全面实施《绍兴市城市总体规划》，深入研究绍北城镇密集区一体化发展，启动修编新一轮城市规划和土地规划，抓紧完善市、区管理体制，继续加大简政放权力度，加快推进越城区、柯桥区、上虞区加快发展、融合发展。统筹中心城市产业和重大基础设施、公共服务设施布局，积极构建连接各区的快速通道，增强中心城市集聚力和辐射力。加快理顺越城区各功能区管理体制，提升镜湖新区城市管理和社会管理水平，加强“三中心”运营管理。充分发挥国家级开发区优势，做强绍兴高新技术产业开发区、袍江经济技术开发区、柯桥经济技术开发区和杭州湾上虞经济技术开发区。绍兴高新技术产业开发区要抓住功能区管理体制调整契机，确保平稳过渡，完善各类规划，努力在项目引进上有新起色，在开发建设上有新业绩。抓好绍兴滨海新城各区块间的统分工作，提升江滨区建设水平，推进省级现代医药高新园区、城市功能配套区和通用航空基地、电商物流基地建设。完善市域城镇体系规划，提升诸暨中心城市现代化水平，推进嵊新组群集约发展，大力培育店口镇、钱清镇等省级小城市，加快中心镇区划调整。

2. 全面实施“重构绍兴产业、重建绍兴水城”战略部署。实施“重构绍兴产业、重建绍兴水城”战略部署，以治水为突破口促进产业转型、城市升级，推动产城融合，这是破解“城市之痛”、“产业之痛”的着力点，也是发挥区域优势、做强城市特色的战略举措，对提升绍兴竞争力、影响力具有重要意义。把水城建设的决策部署与省委省政府“五水共治”的要求紧密结合起来，进一步完善分解水城建设目标任务，在治污水、防洪水、排涝水、保供水、抓节水方面出实招、见实效，推动我市治水工作走在前列。强化水城意识，坚持规划引领，高起点编制绍兴水城规划体系，进一步明确“两江、十湖、一城”保护开发重点。各地要立足实际编制各类规划，努力打造特色亮点，加快建设美丽水城。以实施“双百双千”工程为抓手建设一批重点项目，大力推进污水分质提标和集中预处理工作，扎实开展农村生活污水综合治理，全面推行“河长制”，改造提升污水处理厂，积极吸引民间资本、广大群众参与治水。2014年是全面推进水城建设第一年，要在新起点上起好步，到2014年年底，市区主要河道要实现“清面全面完成、清乱基本完成、清养初步完成”的目标，各地都要消灭垃圾河，有效改善臭河、黑河水质，按期消灭五类水、力争三类水目标，让群众看到实实在在的新变化。

重建绍兴水城，必须重构绍兴产业，加快转型升级步伐，追求产城融合新境界。全面推进“四换三名”工程，壮大生命健康、通用航空、文化创意、智能装备等新增长点，培育十大重点产品及产业链，大力发展电子商务，扶持研发设计、现代金融等新业态，加快建设现代服务业集聚区。发展水城旅游、文化旅游，推进黄酒文化园、绍兴动漫产业基地、中国兰亭景区二期工程、镜湖旅游综合体等重大项目，建设生命健康特色街区。加强用地、规划、环保、安全等标准的硬约束，加快淘汰改造高能耗、重污染企业。深化柯桥区、上虞区、诸暨市的省级工业强县（区、市）试点，抓好柯桥区、新昌县智能纺织印染装备产业和诸暨市现代环保装备产业的技术创新省级试点。落实创新驱动“十大行动”实施方案和科技创新扶持政策，着力引进高端创新团队。实施科技兴贸战略和品牌战略，加大市场开拓力度，增强出口产品竞争力，提升区域产业出口优势。不断加大强农惠农富农政策力度，守住粮食安全红线，以生产、管理、设施现代化为重点发展现代农业，加快培育新型农业经营主体，创新金融支农手段。搭建建筑业公共服务平台，着力打响建筑强市品牌。

3．着力突破重要领域关键环节改革。各地各部门要认真落实市委决定精神，找准最为薄弱、最具优势的改革突破口，尤其是方向明、见效快、可以改的领域和环节，要先行先试、立说立行。转型升级方面，把发挥市场配置资源的决定性作用作为改革创新的本质要求，争取成为全国转变经济发展方式综合改革试点，不断深化“亩产论英雄”理念，健全以亩产效益为核心的企业评价体系，实行企业分类管理，完善要素配置的差别化和竞争性机制，更大力度倒逼企业转型升级；实施好全国城镇低效用地再开发试点，争取低丘缓坡综合开发列入全国试点，拓展转型升级空间。政府职能方面，把转变政府职能作为激发市场活力、社会活力的核心举措，进一步深化行政审批制度改革，开展全省审批信息共享试点，实施市、县两级部门“权力清单”制度，推广柯桥区企业投资项目高效审批经验和“中介超市”做法，探索绍兴滨海新城“零审批”试点。为使基层更好承接下放的权限，在新一轮机构改革中，要坚持效率优先、权责对称，人、财、物要向基层倾斜，把机关的机构、编制充实到区(县、市)、镇街一级，着力解决基层能力不足、手段有限而责任无限的问题，特别是要完善乡镇职能运作，提高乡村治理水平。城乡统筹方面，认真贯彻中央城镇化工作会议、农村工作会议精神，推进市区和各县(市)一体化发展，推动新型城市化与农业现代化相辅相成，深化农村宅基地抵押贷款试点，鼓励民间资本参与中心镇、新农村开发建设和兴办社会事业，促进城乡公共服务均等化，提高镇村建设水平。金融财税方面，着力把“资金池”做大，加大直接融资力度，壮大绍兴银行等地方性法人银行，组建民间融资管理中心，健全企业贷款担保评估机制；充分发挥税收杠杆作用，推进袍江二地税征收制度改革试点，完善促进企业转型升级的财政扶持政策，加强政府投资项目绩效管理。

4．狠抓有效投资，不断增强内生动力。把扩大有效投资作为稳增长、强活力的重要举措，继续实行每季度重大项目市县联动开工，确保全年完成有效投资2300亿元以上。推进重大基础设施建设，尽快开工建设绍诸高速延伸线，加快建设杭金衢高速公路拓宽工程(绍兴段)，力争杭绍台高速公路早日动工。实施产业升级投资工程，引导企业投资更多投向实体经济，大力发展先进制造业，做强龙头骨干企业。以领导联系制度和考核制度为抓手，更大力度抓招商选资，主动接轨上海自贸区，积极对接央企军企、大型民企及世界500强，促进外资稳量提质。把推动越商回归作为扩大有效投资的重要任务，进一步放开投资领域，着力降低商务成本，开好越商大会，全方位优化越商回归的产业政策、投资服务、创业居住、社会舆论等环境，努力把越商这一宝贵资源组织好、保护好、发展好。加大要素保障力度，使更多项目进入国家、省重点项目“笼子”，争取国务院同意提前修编我市土地利用总体规划，直接融资占比力争达到40%。积极营造良好的消费环境，推动信息消费、文化消费、旅游消费等。

5．改善环境质量，大力建设生态文明。生态环境是群众关注的热点问题，必须把加强环境治理作为执政为民的重大任务来抓。在加强水环境整治的同时，要实施蓝天工程，坚持标本兼治、综合施策，加强雾霾等大气污染治理力度，加快“煤改气”、“油改气”进程，完成热电企业脱硫脱硝改造，抓好防治建筑扬尘、禁止秸秆焚烧、淘汰黄标车等工作，落实大气污染预警和应急响应机制，努力治理好绍兴“小气候”。实施净土工程，严格执行工业污泥处置“五统一”制度，推进工程渣土、建筑泥浆规范化管理，加强土壤污染防治。加快发展循环经济，严格节能减排目标责任制，实行重点企业用能预算化管理，扩大排污权有偿使用和交易范围。加大环境执法力度，发挥群众监督、舆论监督作用，对损害环境安全者严惩重罚，决不手软。深化“四边三化”行动，推进森林绍兴、花卉绍兴建设。

6．发展社会事业，切实保障改善民生。坚持尽力而为、量力而行，更广泛地听取群众的意见和建议，保障改善民生，增进人民福祉。继续加强城市治堵，完善机动车、非机动车、公交和水路规划，科学开发利用城市地下空间，争创公交优先发展示范城市。继续推进“三改一拆”，积极创建“无违建县”、“无违建镇街(村社)”，全面推进空心村整治，加快实施农房改造示范村工程。千方百计确保城乡居民收入较快增长，启动第三轮重点村结对扶贫。加大保障性住房建设力度，促进房地产市场健康发展。完善城乡统筹的就业公共服务体系，做好大学生创业就业工作。鼓励民间资本兴办特色医院、品牌学校，推进教育优质均衡发展，新建新绍兴一中，建立区域医疗资源共享中心。全力以赴办好省第十五届运动会，推进体育强市创建。稳步提高社会保障水平，推进城乡居家养老服务建设，加强低保救助工作。实施市民卡工程，为市民提供便捷安全的公共服务。大力发展社会慈善、残疾人事业和红十字事业。

7．弘扬新风正气，推动风尚文明建设。深化学习型党组织、学习型干部建设，抓好党员干部理论武装。加强意识形态领域工作，积极培育和践行社会主义核心价值观，壮大主流思想舆论，扎实做好群众思想政治工作。提高主流媒体舆论引导能力，聚焦正能量，鞭挞假丑恶，为干事创业鼓实劲。用好网络舆情导控服务平台，强化新兴媒体管理，推进依法管网、技术管网，让网络空间清朗起来。加强基层公共文化阵地建设，新建一批农村文化礼堂，清理和整治违规教堂寺庙。2014年是创建全国文明城市决战之年，要坚持为民惠民，继续实施市领导联系镇街制度，定期开展市区公共文明指数测评，抓实重点项目，保持常态长效，力争创建成功。

8. 创新“枫桥经验”，提升社会治理水平。认真贯彻全国、全省“枫桥经验”50周年纪念大会精神，坚持经济报表、平安报表“两手抓”，突出法治思维和法治方式，提升“平安绍兴”、“法治绍兴”建设水平，争取平安创建实现县（区）级“满堂红”和市本级“七连冠”，推动我市社会治理走在前列。实施社会管理重大项目建设三年规划，实行重大决策社会稳定风险评估，整合基层管理资源，深化“网格化管理、组团式服务”，开展“枫桥式”派出所、“枫桥式”乡镇（街道）创建，加强镇街社会服务管理中心建设，加快构建社会管理信息化综合平台。培育发展社会组织，拓展专业性、行业性调解领域，健全外来人口服务管理机制。理顺食品药品监管体制，加强安全生产管理。防范企业经营风险，积极稳妥处理因劳动报酬、资金链断裂、企业间互保等引发的纠纷。加强法制宣传教育，完善行政执法程序，改革司法运行机制，依法终结涉法涉诉信访。深化全国双拥模范城创建，推动军民融合发展。

四、扎实开展党的群众路线教育实践活动，以改革精神和务实作风推动工作落实

根据中央和省委的统一部署，2014年上半年我市将开展以为民务实清廉为主要内容的党的群众路线教育实践活动。按照“照镜子、正衣冠、洗洗澡、治治病”总要求，坚持以整风精神加强作风建设，以改革精神强化建章立制，做到规定动作做到位、自选动作创特色，集中解决形式主义、官僚主义、享乐主义和奢靡之风方面存在的突出问题，着力消除“庸懒散奢浮粗”等现象，以作风转变、科学发展、惠民利民的实际成果检验教育实践活动成效。要以开展教育实践活动为契机，推进基层党建创新，努力做到组织有活力、干部作表率、党员起作用，为全面深化改革、奋力推进发展提供有力保障。

1. 工作有新标杆。2014年是全面深化改革的第一年，各地改革创新热情很高，区域竞争压力很大，基层和群众期盼很多，绍兴要继续走在前列，需要付出更加艰辛的努力。着眼大局、分析大势、找准定位，把工作放到国际国内大背景和区域竞争新格局中去谋划，放到顺利实施“十二五”规划中去谋划，放到加快实现“四翻番”目标中去谋划，树立工作新标杆，抓住薄弱环节，解决突出问题，努力实现更优的发展业绩。增强改革自觉性和发展紧迫感，始终保持干事激情，自加压力、自断退路，奋力作为、争创一流，推动各项工作进位晋级、走在前列。注重凝聚各方面力量，倡导人大、政协发挥“一线”作用、追求“一线”作为，发挥工青妇等人民团体和其他各类组织的作用，形成团结奋进、干事创业的良好局面。

2. 作风有新转变。严明政治纪律，始终同党中央保持高度一致，坚决把省委和市委的决策部署落实好。当前，我市各级机关还存在一些比较突出的思想问题、作风问题，主要是缺乏担当精神，在急难险重的事情面前不敢担责；缺乏主动精神，习惯于等汇报、“坐门诊”，被动应付的多，主动出击的少；缺乏创新精神，总是等到外地已经探索出经验后才敢去做；缺乏争先精神，定位不高，不敢去争第一第二，没有以走在前列的标准来衡量工作；缺乏大局意识，过于关心本部门利益而忽视全局工作；缺乏机遇意识，因拖拉散漫、执行不力导致错失良机；形式主义现象突出，下基层调研、督查时一窝蜂、走过场，只看安排好的点、读准备好的稿子，工作停留在表面，等等。对这些问题要下大力气进行整治，切实加以纠正。大力弘扬实干精神，凡是已经定下来的事情，都要雷厉风行、一抓到底；凡是明确由部门牵头和推进的工作，都要负起责任、抓紧去做，碰到问题要及时汇报，协调明确后要坚决执行，确保每一个环节不梗阻、不拖拉，一件一件抓落实，一项一项见成效。不要总是乐于当“老好人”等抄告单，过分追求完美、滴水不漏，一定要勇挑重担，敢于负责、敢抓敢管。一级指挥一级干，一级做给一级看。推行暗访、随访的工作方式，增强调研的针对性、实效性，真正在调研、督查中发现不足、解决问题、推动工作。

3. 效能有新提升。效能建设的成效，既要纵向比，更要用横向比较的结果来说话。客观地说，我市与外地先进城市相比，在效能上还有很大差距，必须更大力度加强效能建设。以行政审批制度改革为突破口，加大简政放权力度，加强事中事后监管，努力做到少审批、少收费，高效服务、透明服务。坚持基层导向、服务导向，一切从实际出发，善于发现问题、勇于创新突破，不怕失误、宽容失败，锲而不舍抓落实，推动机关效能大提升。对市委市政府确定的重点工作，要进一步细化具体化，落实责任人，倒排时间表，盯牢工作进度，促进各项工作高效落实、全面落实。

4. 廉政有新形象。发扬艰苦奋斗精神，严格执行中央八项规定精神和省委六项禁令，认真贯彻《党政机关厉行节约反对浪费条例》，压缩“三公”经费和行政开支。实施好新一轮惩防体系建设实施计划，严格落实党风廉政建设责任制，强化法规和纪律的执行力，规范权力运行的程序、环节、过程和责任。加强干部教育管理，加大正风肃纪力度，严肃查办腐败案件。党员干部对党纪国法要心怀敬畏，慎微慎初慎独，培养高尚情操、良好心态和健康生活情趣，守住底线，塑好形象。

5. 考核有新改进。坚持科学发展导向，完善政绩考核评价体系，设置科学合理的考评指标，切实纠正“唯GDP”倾向，引导各地比发展质量、发展方式、发展后劲，比改革走在前列。市委建议2014年GDP增速为8%以上，没有提过高目标，主要是考虑可以放下包袱、放手调整，给调结构、促转型留下更大空间。创新重大工程、重点项目建设考核，完善国有企业监督管理考评机制，加强重点工作、特色工作考核，加大奖惩力度，调动各方积极性。整合和简化各类考核，继续整治"文山会海"，使基层可以解脱出来，把更多精力投入到服务群众、服务发展上。加强民情通服务平台和机制建设，全面推行领导干部社会化评价，推动各级干部面向群众、面向基层开展工作，着力提升工作能力，更好赢得群众信任。用好各类考核成果，培养选拔勤廉双优、敢于担当、群众公认的干部，优化班子结构和干部配备，激励广大干部干事创业、争先创优。(市委办提供)

政府工作报告(摘要)

——2014 年 2 月 18 日在市七届人大第四次会议上

市长　俞志宏

一、2013 年主要工作

过去一年，在中共绍兴市委的领导下，市政府认真贯彻中央和省各项方针、政策，紧紧围绕市七届人大三次会议确定的目标任务，积极进取、扎实工作，保持了经济社会平稳健康发展的良好态势。全市实现生产总值 3967 亿元，增长 8.5%；公共财政预算收入 293 亿元，增长 10.3%；固定资产投资 2002 亿元，增长 16.2%；社会消费品零售总额 1318 亿元，增长 13.5%；外贸出口 279 亿美元，增长 9.2%；城镇居民人均可支配收入 40454 元，农村居民人均纯收入 19618 元，分别增长 9.6%和 10.8%；居民消费价格上涨 2%；城镇登记失业率 2.9%；人口自然增长率 0.05%；预计研究与试验发展经费支出占生产总值比例为 2.1%。其中，生产总值增幅低于预期 0.5 个百分点，城乡居民收入增幅分别低于预期 0.4 和 0.2 个百分点，其他主要预期目标如期完成。

一年来，我们牢牢把握"稳中求进、务实创新、惠民利民"工作基调，突出抓了以下六方面工作。

(一)力促经济平稳运行。坚持把稳增长摆在重要位置。大力推进有效投资，建立产业项目准入评估、政府投资项目监督审核等制度，加强项目建设的协调和督查，完成工业投资 999.8 亿元，增长 13.4%；实际利用外资 8.1 亿美元，同比下降 15.3%；引进越商回归资金 159.6 亿元，按同口径比上年增加 35.3 亿元。完善稳定出口扶持政策，组织 3000 多家企业参加 500 多场展会。制定电子商务发展规划和扶持政策，电子商务交易额 99.7 亿元，是上年 2.1 倍。改造提升农贸市场和商品交易市场，7 家专业市场入选中国百强。切实加强土地、资金、人才等要素保障，消化批而未供土地 2.3 万亩，盘活存量土地 1.5 万亩，创建成为全省唯一的全国国土资源节约集约模范市；加快金融服务创新，开展金融助推转型升级五大行动，金融机构本外币贷款余额比年初增加 512 亿元，实现直接融资 369 亿元；精心举办"名士之乡"人才峰会等系列活动，引进各类人才 4.8 万人。

(二)深入推进转型升级。积极构建以十大产品为重点的现代产业体系，大力推进腾笼换鸟、机器换人、电商换市、空间换地，着力培育名企、名品、名家。全面实施战略性新兴产业"新三百推进计划"，新兴产业产值占工业总产值比重由 25.6%提高到 27.7%。深入实施"双百技改"工程，改造提升纺织等传统产业。扎实推进现代服务业"310 工程"，实施 144 项重点项目，新增省级集聚示范区 3 家，服务业增加值占生产总值比重达到 42.1%，同比提高 1 个百分点。积极培育新兴市场主体，完成"个转企"12314 家、"小升规"616 家。成功创建全国旅游标准化示范城市，启动镜湖旅游综合体、柯桥金沙·东方山水、上虞杭州湾旅游商贸综合体等项目建设，实现旅游总收入 584 亿元，增长 15.4%。加快现代农业园区十大重点工程建设，投入资金 10.3 亿元。新建粮食生产功能区 12.6 万亩，粮食产量实现"十连增"。会稽山古香榧群被联合国列为全球重要农业文化遗产。积极推进"八倍增、两提高"科技服务专项行动，成为全省首批创新型试点城市，通过国家知识产权试点城市验收，连续九次荣获全国科技进步先进市称号。严格用能总量和强度"双控"，淘汰 267 家企业落后产能，单位工业增加值能耗下降 7.6%。

(三)开启城市发展新篇。实施部分行政区划调整，撤销绍兴县、上虞市，分别设立柯桥区、上虞区，市区面积扩大到 2942 平方公里，人口达到 216 万。同步推进市直开发区体制调整，镜湖新区逐步归入越城区管理，绍兴高新技术产业开发区、袍江经济技术开发区面积大幅增加，滨海新城基础设施不断完善。杭州湾上虞经济技术开发区升级为国家级开发区。嘉绍大桥、杭甬高铁绍兴北站和上虞北站、铁路货运东站、快速公交 1 号线等重大工程建成投用，杭甬运河全线通航。加快推进中心镇培育，明确 17 个小城市培育试点镇功能定位。扎实开展美丽乡村先进县、先进乡镇、精品村和美丽农家"四级联创"，深入实施"百村示范、千村整治"，启动 78 个空心村改造试点，完成农房改造 2.2 万户。积极拓宽农民增收渠道，扶持发展农家乐、花卉等富农产业。深化区域经济协作，做好援助新疆阿瓦提等各项对口支援工作。

(四)整治提升城乡环境。编制城市交通治堵五年行动规划，加强道路安全设施、停车秩序和电动三轮车管理，实施交通智能化建设，严查严处交通违法行为。全面推进户外广告、矿山石料、城市扬尘等专项整治，改造旧住宅区、旧厂区和城中村 1031 万平方米，拆除违法建筑 847 万平方米。统一越城区范围征地拆迁政策，出台城中村改造高层集聚安置办法，完成老城区 17 个新建小区移交工作。建立工业废水排放在线监控和刷卡系统，启动污水分质提标和集中预处理，清理河道 205 公里，55 个清水工程考核断面达标率由 74.5%提高到 80%。制定大气污染防治计划和应急方案，完成 800 多台定型机"煤改气"改造。扎实推进工业污泥、建筑泥浆、建筑渣土规范化处置。深入开展“四边三化”“清理河道、清洁乡村”行动，完成造林更新 4.6 万亩。

（五）努力改善群众生活。全市公共财政用于民生支出 227.7 亿元，比上年增长 13.6%，占总支出的 72.9%，十方面民生实事工作基本完成。新增城镇就业 11.3 万人，帮助 4.3 万名城镇失业人员实现再就业。提高最低工资、城乡低保、医保以及企业退休人员养老金等标准，在全省率先实施城乡居民大病保险制度。开工建设保障性住房 2.7 万套，建成 1.1 万套，房地产市场保持健康发展。健全基层公共文化服务体系，开展形式多样的文化惠民活动，成功举办“两节一典礼”，成为中国书法兰亭奖永久颁奖地。推进各类教育协调发展，实施优秀教师流动制度，义务教育标准化学校创建率居全省首位，浙江工业大学之江学院、浙江农林大学暨阳学院开学招生，中职学生技能竞赛实现全省“六连冠”。公立医院改革和基层卫生综合改革成效明显，全市联网的“健康卡”正式启用，市立医院、新嵊州医院等重点工程顺利推进。广泛开展全民健身运动，成功举办国际皮划艇马拉松赛。加强小餐饮和食品药品专项整治，老城区小餐饮持证率由 48%提高到 91.5%。建立 110 社会应急联动机制。积极防御持续高温、“菲特”台风等自然灾害，有效防控 H7N9 禽流感疫情。妇女、儿童、老年和残疾人事业取得新进步，审计、气象、计划生育、民族宗教、外事侨务、对台事务、广播电视、新闻出版等工作取得新成绩。

（六）着力优化发展环境。认真贯彻中央“八项规定”精神，组织开展厉行节约、反对浪费专项行动。严格规范公务用车、考察、接待、办公用房和编外人员管理，全市“三公”经费支出下降 8%，其中市级下降 9.8%；公务出国（境）人数下降 18%，其中市级下降 36%；市级机关事业单位编外用工减少 9.6%。深入开展“服务企业、服务基层”系列活动，建立机关干部“一对一”联系走访企业制度。开展企业减负“阳光行动”，减免企业各类税费 13.8 亿元。实施新一轮行政审批制度改革，分别向区、县（市）和市直开发区下放审批事项 96 项和 191 项，部门审批事项平均承诺办结时间缩减至 4.76 个工作日，提速 20.5%。扎实推进“平安绍兴”建设，精心组织纪念“枫桥经验”50 周年系列活动，完善信访积案化解和基层矛盾调处机制，刑事发案数和信访总量分别下降 9.4%和 12.7%。开展安全生产大整治，安全生产事故起数、死亡人数、直接经济损失分别下降 3.7%、0.2%和 2.4%。高度重视人大代表建议和政协委员提案，办理中意见采纳比例分别达到 72.7%和 73.6%。国防动员、国防教育、双拥优抚、人民防空和国家安全工作得到进一步加强。

各位代表，我们也十分清醒地看到，绍兴发展中还面临不少困难和问题，政府治理能力与群众期望还有一定差距。去年十方面民生实事中，提高公交分担率未达到预期目标，镜湖湿地儿童乐园未能按期开工；发展方式尚未根本转变，经济增长的质量和效益还不够高；大项目、好项目相对缺乏，发展动力有待增强；行政区划调整的后续任务十分繁重，体制理顺、规划统筹、区块融合等还有很多工作要做；基本公共服务能力还需提升，教育、医疗、住房、食品药品等方面存在不少问题，空气雾霾、河道污染、交通拥堵等群众反响比较强烈；一些地方和单位的“四风”问题仍然不同程度存在，少数机关干部担当意识不强、履职水平不高、自我要求不严。对此，我们一定高度重视，进一步坚定加快发展、科学发展、持续发展的信心和决心，不为虚名所累，不为指标所困，不为政绩所惑，坚持把群众对美好生活的向往作为奋斗目标，努力做好各项工作。

二、2014 年的目标任务

今年是贯彻十八届三中全会精神的重要一年，是实施“十二五”规划承前启后的关键之年，也是绍兴行政区划调整后的开局之年。当前我们正处在转型发展的重要关口，不进则退，慢进也是退。必须牢牢把握发展大势，紧紧抓住发展机遇，主动应对各种挑战，坚持为民取向，坚持问题导向，勇于改革，勇于担当，努力开创绍兴科学发展新局面。

2014 年工作的指导思想是：认真贯彻党的十八届三中全会精神，深入实施省委“八八战略”，全面落实市委“重构绍兴产业、重建绍兴水城”战略部署，把改革创新贯穿于各领域各环节，以提高经济发展质量和效益为中心，以提高群众满意度和幸福感为导向，着力做强城市平台，着力推进创新驱动，着力加快转型升级，着力加强社会治理，着力保障改善民生，实现经济持续健康发展和社会和谐稳定，为干好“一三五”、实现“四翻番”，加快建设现代化绍兴打下坚实基础。

综合考虑发展趋势和工作导向，建议 2014 年全市经济社会发展的主要预期目标为：生产总值增长 8%以上；公共财政预算收入增长 8%左右；城镇居民人均可支配收入增长 8.5%；农村居民人均纯收入增长 9%以上；固定资产投资增长 12%以上；社会消费品零售总额增长 12%；外贸出口增长 7.5%；居民消费价格涨幅调控目标与省保持一致；城镇登记失业率控制在 3.5%以内；研究与试验发展经费支出占生产总值比例达到 2.2%；节能减排指标完成省下达任务。

围绕这些目标，我们将按照市委确定的“改革创新促发展、求真务实惠民生”工作基调，重点抓好四方面工作。

（一）以改革开放为动力促进持续健康发展。认真贯彻市委关于全面深化改革增创绍兴科学发展新优势的决定，加大重点领域、重点环节改革力度，以改革领先促进发展领先。

深化市场取向改革。充分发挥市场在资源配置中的决定性作用，完善公平、开放、透明的市场规则。大力发展民营经济，推进工商注册制度便利化，改先证后照为先照后证，改注册资本实缴登记制为认缴登记制。积极培育行业龙头企业，加大中小微企业扶持力度，加快“个转企、小升规、规改股、股上市”步伐。优化国有资产监管体制，健全国有企业现代企业制度。鼓励企业兼并重组，完善企业市场化退出机制。深化“亩产论英雄”理念，完善与企业综合经济效益挂钩的资源要素配置机制。积极开展城镇低效用地再开发，推行城镇土地使用税试点改革，促进土地节约集约利用。健全区域金融体系，做强地方法人银行，推动村镇银行、小额贷款公司扩面提质，力争新增全社会资金供应1000亿元，其中直接融资300亿元。积极引导金融支持实体经济发展，优化金融考评体系，提升金融服务质量。鼓励企业上市，探索建设区域性资本市场。深化省级工业转型升级综合配套改革试点，争取列入国家级转型升级改革试点城市。

实施创新驱动战略。健全科技投入稳定增长机制，深化“八倍增、两提高”十大专项行动，争创国家创新型试点城市。实施省级以上科技计划项目300项，新培育国家需要重点扶持的高新技术企业100家，新建省级企业研发机构30家。完善区域科技创新体系，加强政产学研合作，提升科技孵化器效率，加快中科院浙江数字内容研究院等平台建设。积极创建国家知识产权示范城市，力争专利授权量增长20%。深入实施“330海外英才计划”，启动建设国际人才村，新建2个院士专家产业化基地。

扩大对内对外开放。推广“政企联动、抱团参展”模式，千方百计拓展新兴市场，稳固传统市场。实施科技兴贸和品牌战略，扩大高附加值产品出口，稳定纺织、黄酒等优势产品出口。创新外贸方式，探索开展市场采购贸易，协调发展货物贸易和服务贸易，完善贸易风险应对机制。优化招商引资考核激励机制，强化产业招商和专业招商。积极引导越商回归，力争到位资金180亿元。支持企业“走出去”，开展跨国并购和技术合作。扎实推进援疆项目建设，做好山海协作、对口支援和区域经济合作工作。

(二)以治水为突破口加快转型升级。强化以水为核心的环境倒逼机制，重构绍兴产业、重建绍兴水城，提高经济质量、提升城市品质。

加快建设现代水城。科学编制绍兴水城概念性规划和重要水系专项规划，保护好“两江、十湖、一城”水体环境，打造环城河、古运河、鉴湖、曹娥江等一批精品水上景观。大力开展治污水、防洪水、排涝水、保供水、抓节水“五水共治”，深入推进“清水工程”和“双清”行动，全面推行“河长制”，积极实施污水分质提标和集中预处理，基本消灭垃圾河，有效改善臭河、黑河水质。扎实推进水城建设“双百双千”工程，实施镜湖湿地保护、迪荡湖整治、高湖滞洪区改造、曹娥江治理、白塔湖湿地保护等一批重点项目。充分发挥杭甬运河等主干道功能，推动水运复兴。制订水城旅游发展规划，加快打造全国重要的“水城旅游”目的地。

努力改善生态环境。在合力治水的基础上，扎实推进“清洁空气”行动，加强大气污染预警和应急响应，基本完成热电企业炉外脱硫脱硝改造，扎实开展城市扬尘、汽车尾气、餐饮油烟等专项整治，禁止农作废弃物和垃圾露天焚烧。建立健全工业污泥处置“五统一”制度，促进工业污泥、建筑泥浆、建筑渣土企业化运输、市场化运作、资源化利用。广泛开展“四边三化”，大力建设“森林绍兴”、“花卉绍兴”，积极创建国家森林城市。加快生态文明制度建设，实行最严格的源头保护、生态补偿、责任追究制度。完善生态环境功能区规划，划定生态红线。培育发展环保市场，深化节能量交易试点，扩大排污权有偿使用和交易范围。严格落实节能减排目标责任制，实行重点企业用能预算化管理。及时公布环境信息，加强社会监督。

积极促进产城融合。加快经济转型升级，构建与水城相适应、相融合的现代产业体系。全面推进工业强市建设，大力发展先进装备、生命健康等新兴产业，力争战略性新兴产业产值占工业总产值比重达到30%。开展“腾笼换鸟”百家企业示范创建，推进“机器换人”专项计划。实施“百企百强”、十大重点产品、企业人才“百千万”等培育工程，着力“育名企、出名品、树名家”。突出抓好绍兴纺织、诸暨袜业、嵊州领带、新昌轴承等省级产业集群转型升级示范区建设，促进传统产业高新化。坚持以产业投资带动结构调整，加强企业投资引导与服务，力争工业投资1100亿元。扩大“智慧安居”试点，促进工业化、信息化融合。弘扬城市质量精神，联动推进标准强市、质量强市、品牌强市战略。大力发展建筑工业和绿色建筑，创建“全国建筑强市”。深入推进“全市游”，分步推进“绍兴人免费游绍兴”，启动“中国兰亭”、黄酒文化园等重大旅游项目建设。进一步加大电子商务扶持力度，推动“电商换市”。培育发展文化创意、研发设计、现代物流、现代金融等新业态，着力推进健康养生特色街区、金融集聚区、通航总部基地等建设，努力促进房地产市场持续健康发展，力争服务业增加值占生产总值比重提高1个百分点。

加快转型升级、促进产城融合关键在企业，要坚定不移地发展实体经济，更好发挥行业协会作用，积极引导企业建立健全现代企业制度；真诚、务实帮扶企业，与企业携手共进、共渡难关；关心、关注企业经营者队伍建设，努力造就一批勇立市场潮头的企业和企业家。

(三)以城镇化为重点大力推进城乡一体化。切实增强中心城市辐射力、带动力，积极培育中小城市，广泛建设美丽乡村，加快形成以城带乡、城乡一体的新型城乡关系。

合力做强城市平台。进一步完善市与区、市与开发区管理体制，加大简政放权、充分授权力度。启动修编新一轮城市规划和土地规划，统筹市区产业和重大基础设施、公共服务设施布局。实施104国道和329国道改造、群贤路东延、绍三线北延、32省道兰亭至平水段改造等一批跨区域交通项目，加快世纪大道、展望大道、解放路、兴华路、绸缎路、兴越路等市政道路的延伸建设，促进三区的交通融合和公交一体化。实施“六湖”区域联动开发，加快绍齐公路两侧、高铁绍兴北站广场等重点区域规划建设。充分发挥国家级开发区优势，做强绍兴高新技术产业开发区、袍江经济技术开发区、柯桥经济技术开发区和杭州湾上虞经济技术开发区，提升国家级开发区和镜湖新区的城市管理、社会管理水平。统筹滨海新城各区块发展，加快江滨区开发。支持诸暨城东新城建设，力争早日形成诸暨现代城市综合中心。加快嵊州市“三江口”城市新核心区、浦口新区建设和新昌县七星新区建设，进一步促进嵊州、新昌组团式集约发展。加大店口镇、钱清镇等中心镇培育力度，形成一批各具特色、充满活力的小城市。更加科学、集约、高效地实施城中村改造，推行高层集聚安置，因地制宜开展货币化安置。深化“村改居”工作，让“村民”真正变“市民”。

切实加强城市管理。健全创建全国文明城市长效机制，按月开展文明指数测评。强化城市科学运营和精细管理，进一步完善城管执法体制，完成市级“智慧城管”项目建设。深化城市交通拥堵治理，完善机动车、非机动车、公交和水运“四张网”规划布局，扩大交通智能化管理覆盖面，加大超限超载等违法行为整治力度。深入开展“三改一拆”，改造旧住宅区、旧厂区和城中村400万平方米以上，拆除违法建筑300万平方米以上，启动“无违建镇村”创建。加强社区建设，规范小区物业管理，完成越城区所有失管小区移交工作。扎实推进“空间换地”，科学利用城市地下空间。

加大强农惠农力度。以农业“两区”为主阵地，积极推进农业现代化。加强基本农田保护和水利设施建设，保持粮食稳定增产，做强茶叶、水产、珍珠等主导产业。注重会稽山古香榧群保护利用，加大香榧等特色农产品扶持力度。大力培育专业合作社、龙头企业、家庭农场等新型农业主体，完善科技、信息等社会化服务体系，促进农业生产标准化、集约化、品牌化。建立健全农产品质量追溯体系，确保农产品安全。深化美丽乡村“四级联创”，全面启动农村生活污水综合治理，切实加强农业面源污染整治，努力提高农村垃圾集中处理覆盖面，每个乡镇至少启动1个空心村改造试点。积极壮大村级集体经济，健全土地流转机制，探索增加农民财产性收入渠道。加快推动城镇基础设施和公共服务体系向农村延伸，深入开展欠发达乡村和低收入农户奔小康工程。

完善城乡基础设施。健全重大项目监督审核和分类协调制度，加强项目前期工作，完善重大项目储备。做好城市轨道交通、杭绍甬高速等项目前期工作，开工建设杭绍台高速、诸暨特高压电网等重点工程，加快推进杭金衢高速绍兴段拓宽、绍诸高速诸暨延伸线、31省道绍大线北延、上虞区世纪新丘围涂、新昌钦寸水库等项目建设，确保杭长客运专线绍兴段、甬金高速嵊州互通、绍诸高速陶堰互通等项目建成投用。加强嘉绍大桥、杭甬运河、曹娥江大闸等运营管理，充分发挥工程效应。

（四）以改善民生为根本积极构建和谐社会。坚持民有所呼、我有所应，解决好群众最关心、最直接、最现实的利益问题，实现发展成果更多、更公平惠及全市人民。

繁荣发展社会事业。加强基层文化设施建设，着力构建布局合理的公共文化设施网络，广泛开展群众喜闻乐见的文化惠民活动。加大文化产业扶持力度。支持文化精品创作。从简、务实办好各类节会活动。启动学前教育新三年行动计划，开展义务教育省级特色示范学校创建，深化普通高中新课程改革，推进职业教育产教融合、校企合作，全力支持绍兴文理学院创建绍兴大学。开展“师德建设年”活动，加强教师队伍建设。深化公立医院综合改革，做好国家基层卫生综合改革重点联系点工作，建立全市统一的预约诊疗服务系统。探索卫生资源区域共享模式，促进优质医疗资源纵向延伸，提高基层医疗卫生机构服务能力。积极构建和谐医患关系，维护医护人员合法权益。鼓励社会办医、办学、办文化。完善优生促进工程，落实“单独两孩”政策。精心承办浙江省第十五届运动会，广泛开展“全民健身与省运同行”系列活动，逐步推动公共体育设施向市民开放。完善城乡就业公共服务体系，加大高校毕业生特别是困难大学生创业就业扶持力度，启动公共实训基地二期建设。提高城乡居民基础养老金和企业职工养老待遇，实施职工医疗互助保障市级统筹。完善养老事业规划，鼓励发展养老产业，积极引导社会资本兴办养老机构。加强孤残儿童、残疾人等社会救助，大力发展慈善事业。

改进社会治理方式。坚持发展“枫桥经验”，深化“平安绍兴”和“法治绍兴”建设。加强社会治安综合治理，完善立体化治安防控体系，打造全市“智慧天网”，依法惩治违法犯罪活动。进一步办好市长公开电话、“民情在线”和“96345公共服务热线”，建立畅通有序的诉求表达渠道。有效化解劳资纠纷，构建和谐劳动关系。深入开展“六五”普法，健全社区矫正制度，加强法律援助。优化流动人口管理和服务，让更多优秀的流动人口转变为新绍兴人。推进安全生产标准化、规范化建设，深入开展重点领域安全隐患排查，力争安全生产“三项指标”继续下降。调整食品药品监管体制，完善基层监管网络。规范互联网运用和管理，让网络空间清朗起来。完善气象灾害防御体系，提升应急管理水平，科学防控H7N9禽流感等重大疫病。加强国防动员和后备力量建设,深化国防教育,推进军民融合深度发展。继续做好双拥优抚、人民防空、国家安全、民族宗教、外事侨务、对台事务等各项工作。支持工会、共青团、妇联等开展工作。

切实加大民生投入。全市公共财政75%用于民生支出,重点办好十方面民生实事:(1)强化大气污染防治。严控燃煤总量,按计划完成印染企业"煤改气"工作,全面供应"国四"标准车用汽油柴油。市区空气质量优良天数不低于65%;全面推进越城区范围内19家印染企业转型升级。(2)实施治污排涝工程。市控70个水质断面中的53个达到四类及四类以上标准;实施新三江闸排涝配套河道南片拓浚工程;加快推进老小区改造、雨污分流和排涝改造工程。(3)改善城乡困难群众住房条件。新开工建设保障性安居住房15000套,竣工6000套;完成农村住房改造建设6200户,农村危旧房改造650户。(4)提升社会保障水平。启动绍兴市"市民卡"工程;实现社会保障卡全省联网通用"一卡通";建立残疾人意外保险补贴制度。(5)加快养老服务体系建设。城市社区居家养老照料服务覆盖率达到三分之二,比去年提高1倍;新建改建农村居家养老服务照料中心430个。(6)保障食品安全。实施"绍兴市百万学生饮食放心工程";启动放心早餐店提档升级工程。(7)缓解城市交通拥堵。实施老城区停车诱导系统;全市新增公共自行车服务网点120个、投放公共自行车6000辆;建设快速公交滨海线,市区新建296座公交候车亭,建成投用2处公交过渡性枢纽站。(8)促进创业就业。新增城镇就业10万人,高校毕业生就业率达到90%以上;引导和帮助城镇失业人员再就业3.5万人;实施创业教育和培训3.2万人次,培养技能人才5万人。(9)加强公共卫生服务。全市建成具有健康自测体检体系的健康小屋50个;实施心理健康促进工程,普及红十字现场救护知识,培训救护员13500名。(10)推进公共服务设施建设。科技中心、文化中心、奥体中心建成使用;启动新绍兴一中建设;加快市立医院建设;建成会稽山森林健身游步道50公里以上。

三、努力提高政府治理水平

认真开展政府系统党的群众路线教育实践活动,创新管理方式,着力转变作风,加快建设服务型政府和法治政府。

加快政府自身改革。深化行政审批制度改革,开展市级审批事项"归零清理",推广柯桥区企业投资项目高效审批和"中介超市"经验,探索滨海新城"零审批"试点,加强审批中介机构规范管理。深化政府机构改革,稳步推行"大部门制",优化政府职能配置,推动权力下放和人员下移。完善乡镇职能运作,提高乡村治理水平。严控机构编制和财政供养人员总量,规范编外用工管理。建立健全规范、透明的财政预算制度,加大财政预决算、部门预决算和"三公经费"公开力度,科学控制地方政府性债务。积极推广政府购买服务,提升事务性工作的质量和效率。

切实规范权力运行。建立法治政府实施标准和考评体系,严格规范公正文明执法。健全法律顾问制度,加强规范性文件、重大决策合法性审查。坚持重大事项向人大报告、向政协通报,自觉接受人大及其常委会依法监督,支持政协履行政治协商、民主监督和参政议政职能,广泛听取各民主党派、工商联、无党派人士和人民团体意见建议。认真办理人大代表建议和政协委员提案,改进办理方法,提升办理实效。进一步支持法院、检察院依法履职。加强对重要领域、重点环节、重大审批行为的行政监察和审计监督。健全科学民主决策和重大事项集体讨论制度,建立市级部门权力清单,扩大政府信息公开范围,让权力真正在阳光下运行。

全面深化作风建设。加强反腐败体制机制创新和制度保障,保持惩治腐败高压态势。进一步优化政绩考核机制,完善领导干部社会化评价制度。深入开展厉行节约、反对浪费专项行动,严格执行办公用房使用标准,规范公务接待,实施公车改革,实行公务出国(境)情况公开,全市"三公"经费预算支出削减30%。大力精简会议文电,改进文风会风;大力建设诚信政府,增强公信力、执行力;大力整治"庸懒散奢",强化干部责任意识、担当精神;大力弘扬新风正气,积极倡导精心谋事、潜心做事、主动揽事、高效办事;大兴调查研究之风,让政府工作更合实际、更接"地气",让人民群众更加满意。(市府办提供)

专 记

绍兴市党的群众路线教育实践活动纪实

根据中央和省委统一部署，绍兴市参加第二批党的群众路线教育实践活动的单位是市、县(市、区)机关及其直属单位和企事业单位，乡镇、街道和村、社区、非公有制经济组织、社会组织以及其他基层组织。695个市县乡党政领导班子及其工作部门、95家市直单位、838名县处级以上党员领导干部、1.5万余个基层党组织、33万多名党员参加了党的群众路线教育实践活动。全市教育实践活动从2014年1月开始，到9月基本结束。

一、背景意义

(一)开展教育实践活动，是全面加强作风建设、保持和发展党的先进性和纯洁性的迫切需要。绍兴市大多数党员干部作风是好的，党群干群关系也是好的。但是在"四风"方面，从市县到基层都还存在很多问题，有的还相当严重，与群众的期盼和要求还有不小的差距。"四风"问题影响党群干群关系，影响改革发展稳定。通过教育实践活动，认真查摆问题，深刻剖析原因，着力解决突出问题，净化党的肌体，努力保持和发展党的先进性和纯洁性。

(二)开展教育实践活动，是党员干部增强宗旨观念、提升服务理念的迫切需要。随着经济社会发展、执政环境优化、办公条件改善，部分党员干部放松了对自我的约束，心态也发生变化，忽视做深入细致的群众工作，甚至不会做群众工作，有些政策举措也不接"地气"。这些现象严重损害党的形象，伤害群众感情，削弱党同人民群众的血肉联系。开展教育实践活动，就是要通过有效举措，引导党员干部坚定理想信念，自觉摆正同人民群众的关系，增强宗旨观念和群众观点，牢固树立为民务实清廉的价值追求。

(三)开展教育实践活动，是着力夯实基层基础、推进基层治理体系和治理能力现代化的迫切需要。一些窗口单位、服务行业工作机关化，严重脱离群众；基层管理由块式向条式转变的倾向越来越重，责任在一级一级传递中消减，信任也在一级一级推诿中消失，基层组织对群众的动员和凝聚能力越来越弱；政策落实存在沙漏现象，以会议、文件代替工作落实，合意的执行、不合意的就"偷工减料"，等等。基层组织缺乏强有力的组织动员能力，严重影响基层治理和治理能力现代化建设。通过扎实开展教育实践活动，固本强基，促进广大基层组织积极主动地解民难、排民忧、顺民意，着力解决好联系服务群众"最后一公里"问题，使基层的凝聚力不断增强，党执政的基层基础更加稳固。

(四)开展教育实践活动，是深入实施"重构绍兴产业、重建绍兴水城"战略部署、加快建设现代化绍兴的迫切需要。绍兴正处于转型发展的关键期、转折期，正处于近几年机遇最多、环境最好、大有可为的时期。同时，转型升级任务繁重，区域竞争更趋激烈，政府提供的服务与群众期盼还有很大差距，发展面临诸多压力，必须有一支过得硬、打胜仗的干部队伍，必须充分发挥广大群众的积极性、主动性、创造性，依靠广大群众的力量加快发展。要通过教育实践活动，以党员干部的优良作风凝聚民心，团结广大群众同心同德、共同奋斗，推动绍兴发展继续走在前列。

二、主要做法

教育实践活动以"照镜子、正衣冠、洗洗澡、治治病"为总要求，以为民务实清廉为主题，聚焦"四风"，着力解决领导机关、领导班子和领导干部"四风"方面存在的突出问题。同时，回应群众关切，注重解决关系群众切身利益的实际问题，把改进作风的成效真正落实到党的基层组织和"末梢神经"，真正让群众受益。

(一)抓好学习教育广泛凝聚共识。把学习教育贯穿始终，全面开展"三严三实、三思三观"学习讨论、"坚定理想信念、敢于担当克难"主题教育和"向身边的先进典型学习"活动，使为民务实清廉要求成为广大党员干部的价值追求和行动自觉。一是有计划地开展学习。《论群众路线》《厉行节约、反对浪费》《党的群众路线文件选编》和《干在实处、走在前列》《之江新语》5本书是各级干部必读书目。举办为期5天的县处级干部培训班，学习习近平总书记系列重要讲话精神。在全市面上部署开展"八个一"系列学习活动，即制订一个学习教育计划、组织一次专题学习、上一堂党课、撰写一篇学习心得体会、开展一场"三思、三观"学习讨论、观看一部专题教育片、开展一次反对"四风"专题讨论、挖掘一批“身边的先进典型”。二是有特色地开展学习。大力倡导学习杭兰英先进事迹，在全市开展“学兰英、找差距、抓整改、做贡献”主题活动，引导党员干部照镜杭兰英反省自躬。组织党员干部学习弘扬周恩来、焦裕禄等先辈先进的崇高精神，结合大禹治水等特色历史文化，进一步以大禹精神鼓舞广大干部群众干事创业。三是有针对地开展学习。在全省较早推行领导干部上党课的做法，全市各级共组织党委（党组）理论中心组学习 2628 次，支部集中学习讨论 17271 次，举办各类辅导报告会 1227 场，组织党员集中学习交流 434657 人次。全市共有 2113 名领导干部上党课，其中“一把手”上党课 1868 次。

（二）听取意见广开言路。把开门开展活动贯穿始终。一是走亲连心听意见。结合落实省委部署的“走村不漏户、户户见干部”“联系不漏户、党群心贴心”“点亮微心愿·共筑中国梦”等活动，全面开展“通民情、解民忧”活动。组织市、县机关及其直属单位领导干部深入开展基层走亲、连心解忧，帮助基层解决实际困难。组织乡镇党员干部普遍走访农户一次以上。组织农村党员干部联系农户全覆盖，定期听取意见、帮助解决实际问题。在社区全面开展“两地报到、双岗服务”活动。二是聚焦“四风”听意见。对照中央和省委列举的 25 种“四风”表现、37 条共性问题、7 个方面突出问题，督促各地检查整改。全市累计召开座谈会 47894 人，征求意见建议 44820 条次。三是敞开大门听意见。拓宽听取意见的渠道，注重听取直接服务对象、“两代表一委员”、离退休老同志、流动党员和群众的意见。充分利用通过官方网站“留言板”“对话窗”等栏目、民情通网络平台、民情微群，电视、报纸、手机等媒介开辟“百姓互动”等专栏，全方位听取意见建议。注重从纪检、组织、巡视、审计、信访等工作渠道反映的情况中梳理群众意见。

（三）抓好专题民主生活会贯彻整风精神。认真贯彻整风精神，落实“八个不开”前置条件，普遍召开了一次专题民主生活会和组织生活会。一是在谈心交心中增进团结共识。领导干部按照“四必谈 + 约谈 + 找谈”要求，普遍充分开展了谈心交心活动。二是在剖析思想根源中实现自我净化。领导干部找准作风方面的突出问题，把“四风”问题列出来。自我剖析在“查”“审”“改”上下功夫。三是在开展批评中严格党内生活。各县（市、区）委常委班子相互批评意见平均 300 多条。四是在民主评议中寻找差距。全市应参加“党性体检、民主评议”的党员 325237 名，实际参加专题组织生活会的党员 321077 名，接受民主评议（包括未参会的）党员 324078 名，参加评议率达 99.7%，基本实现全部覆盖。

（四）抓好整改落实务求成效。围绕纠治“四风”顽疾，以强大的力度和韧劲推进中央八项规定、省委“28 条办法”、“六项禁令”和绍兴市相关规定的贯彻执行。一是分类破难抓整改。按照“常规性问题加大力度解决、遗留问题集中攻坚解决、新发现问题及时跟进解决”的“三句话整改思路”，制定完善整改方案，列出细化清单，作出整改承诺，明确路线图、责任人和时间表，一项一项抓落实，并在媒体上进行公示。全市活动单位查摆出“四风”问题 8.7 万多条次，已整改 6 万多条次，其余问题也均明确了整改时限。二是立说立行抓整改。针对已经查找到的问题，能改的马上改、能做的马上做。专题民主生活会上，市委常委当场认领 22 个近期重点整改事项，限期完成。针对村（社区）“三多”（机构牌子多、考核评比多、创建达标多）问题，以雷霆之势开展整治，在部署之后一周内，全市 2674 个村（社区）就全部完成清理，共清理牌子 2.78 万余块、考核评比项目和创建达标活动 153 项。明确全市基层组织统一只保留村（居）党组织、村（居）民委员会、村（居）务监督委员会 3 块牌子，并建立村（社区）事务审核准入制度等减轻负担、防止反弹的长效机制。三是着眼长效抓整改。全面开展制度机制“学、清、立、改、停”工作，逐步形成组织建设、队伍建设、思想建设、作风建设靠制度建设来推进的氛围。同时，注重增强刚性约束，狠抓制度执行，防止“破窗效应”。市委常委领衔，已经建立《关于市委常委会加强自身建设的意见》等 12 项制度；市本级累计废止不符合上级精神的政策制度 223 件、修改不完善政策制度 632 件，新建立的制度规范 284 件。

（五）抓好严督实导稳步推进。一是高规格选配督导力量。市委抽调 102 名干部组建 18 个市委督导组，组长和副组长分别由正处级和副处级干部担任，直接督导 6 个县（市、区）和 94 个市直部门。同时，各县（市、区）也抽调党员干部共组建督导组 275 个。二是健全督导工作机制。研究制定市委督导组《工作职责》《工作要求》和《工作细则》，实行“一周工作提醒”“半月一报”制度，每两周召开一次联络员例会。三是“一步一回头”抓实督导工作。对活动的每一环节都组织“回头看”，督导组对各活动单位定期随机开展抽查。4 月上旬、5 月下旬至 6 月下旬、7 月中旬至 8 月上旬，在教育实践活动三个环节转换期间，开展了三轮集中抽查行动。

（六）抓好氛围营造汇聚正能量。把树典型、正导向贯穿始终，注重选树以杭兰英为代表的一批身边的先进典型，充分发挥舆论宣传的助推、引导作用。一是大力宣传杭兰英先进事迹。以新闻宣传、文艺宣传、理论宣传、社会宣传、网络宣传等多种形式，进一步加大对杭兰英先进事迹的宣传力度，大篇幅多角度介绍她的为民情怀、“民情通”工作方法和治村经验。二是认真选树一批基层先进典型。在市级主要媒体开设“以先进典型为镜”专栏，每周推出 3~5 个先进典型，共推出省级先进典型9个，市级先进典型97个，县级典型156个。三是积极营造浓厚舆论氛围。在市级主要媒体的重要版面、时段、页面开设“为民务实清廉、切实转变作风”专栏，积极宣传中央、省委和市委关于教育实践活动的重要精神、进展情况和成功经验。

三、活动开展过程

本次教育实践活动分成学习教育、听取意见，查摆问题、开展批评，整改落实、建章立制三个环节。全市严格按照中央和省委要求，扎实做好教育实践活动各项工作。

(一)前期准备阶段

从2013年下半年开始，按照“先学先查先改”的要求，精心谋划教育实践活动各项准备工作。市委常委会多次进行专题研究，成立了以市委书记钱建民任组长，市委副书记、市长俞志宏等5位市领导任副组长，21位相关部门负责人为组员的领导机构，及时组建工作班子和市委督导组，起草重要文稿。

1月8日至9日，市委副书记尹永杰、市纪委书记傅祖民、市委组织部部长吴晓东分组依次召集召开了由市级部门领导和机关干部代表、县(市、区)领导及机关部门领导干部代表以及乡镇(街道)、村(社区)、企业、学校等单位党组织书记代表参加的三个不同层面座谈会，就如何开展好第二批党的群众路线教育实践活动听取各方代表的意见建议。

(二)启动部署阶段

在中央和省委相继召开党的群众路线教育实践活动第一批总结暨第二批部署会议后，市委常委会带头深入学习会议精神。1月27日，召开市委常委会暨市委党的群众路线教育实践活动领导小组第二次会议，审议了全市开展党的群众路线教育实践活动《实施意见》、市委常委会《实施方案》，并研究近期主要工作。

2月11日，以原省委常委、省军区原政委林恺俊为组长的省委督导组进驻绍兴，召开省委督导组与市委书记商定教育实践活动启动部署工作座谈会。随即召开市教育实践活动工作情况汇报会。

2月13日上午，召开全市党的群众路线教育实践活动动员部署会。下午，召开全市党的群众路线教育实践活动培训会，对全市开展教育实践活动和督导组开展督导工作进行业务培训。

(三)学习教育、听取意见环节

学习教育先行。2月27日，召开市委常委(扩大)会议，以深入践行党的群众路线为主题进行第一次集中学习。市委书记钱建民主持并作《深入践行党的群众路线以优良作风汇聚改革发展正能量》主题报告。至4月下旬，市委常委会先后进行了六次集中学习。

听取基层意见。2月24日，市委书记钱建民主持召开县(市、区)委书记座谈会，主要听取对市委常委会班子及班子成员在“四风”方面突出问题的反映，以及征求对搞好教育实践活动的意见建议。3月4日，市委副书记、市长俞志宏主持召开市直有关部门(单位)负责人座谈会，征求对教育实践活动和常委班子意见建议。3月3日至5日，市委常委、组织部长、市委教育实践活动领导小组副组长兼办公室主任吴晓东先后赴全市6个县(市、区)调研群众路线教育实践活动。3月18日、19日、25日、26日，市委教育实践活动办公室会同省委督导组分成三组分别赴全市6个县(市、区)督查指导教育实践活动。3月25日至26日，市委书记钱建民赴诸暨市店口镇蹲点调研。5月8日，市委副书记、市长俞志宏赴嵊州市黄泽镇蹲点调研。5月27日至29日，开展“沟通零距离”电视录播活动。至5月底，已举行“沟通零距离”电视录播活动3场，市委、市政府9位领导走进演播室与150位群众代表面对面交流，听取并解释、解答、解决群众对“四风”方面存在问题、市委市政府中心工作、民生实事工程和干部队伍建设等方面的意见建议。

正风肃纪行动全面开展。2月27日，市纪委常委吴海洋召集召开全市教育实践活动正风肃纪工作小组负责人会议，研究部署下阶段正风肃纪工作任务。2月28日起，市级媒体开设正风肃纪工作专栏，并公布市本级和各区、县(市)正风肃纪监督电话。3月14日、18日、27日、28日，组织全市性集中专项行动，对窗口单位工作纪律、服务质量，乡镇、站所工作纪律、行风效能，市县两级机关单位日常工作纪律、公务接待制度执行、“干部”进会所等情况开展明察暗访。3月30日，在《绍兴日报》指名道姓通报全市6起违反八项规定典型案例。

市委活动办加强抽查指导工作。3月31日至4月10日，市教育实践活动办组成6个抽查小组，对市级部门(单位)进行抽查，抽查采取随机形式，不提前打招呼，由抽查组临时确定抽查对象、抽查时间，重点查阅相关文件资料和学习教育、听取意见环节进展情况。

学习杭兰英先进典型。4月21日，市活动办下发《关于学习杭兰英同志先进事迹的通知》，要求全市党员干部认真学习杭兰英先进事迹，迅速掀起向先进学习、向典型看齐的热潮。5月16日，市委召开学习杭兰英先进事迹座谈会，要求广泛组织开展学习先进典型活动，以杭兰英为榜样，增强群众观点，奋发有为，敢于担当，争做群众满意的好干部，深入践行党的群众路线。

(四)查摆问题、开展批评环节

5月30日，召开市级领导班子作风建设情况通报会，省委督导组组长林恺俊通报情况，市委书记钱建民主持会议。

深入开展谈心交心。6月4日，省委书记夏宝龙与市委书记钱建民，市委副书记、市长俞志宏谈心交心，重点听取了绍兴市级领导班子特别是市委常委会存在的“四风”问题，所辖县（市、区）领导班子存在的“四风”问题以及市委常委会专题民主生活会准备工作情况。6月5日，省委组织部副部长姚志文到绍兴调研，分别与市委书记钱建民，市委副书记、市长俞志宏进行了谈心交心。市委常委相互之间，市委常委与分管部门负责人之间，都开展了深入的谈心活动，为开好高质量的专题民主生活会打下坚实基础。

撰写对照检查材料。5月19日至6月24日，市委常委会班子讨论写作对照检查材料。6月4日至7月2日，市委教育实践活动办公室审阅各县（市、区）班子、市管党员领导干部对照检查材料。

各级领导在专题民主生活会上红脸、出汗。6月25日至26日，绍兴市委常委会召开专题民主生活会。每位常委对班子存在的问题，认领了责任，随后，钱建民等常委班子成员逐一作个人对照检查，并相互批评。

（五）整改落实、建章立制环节

7月14日，市委召开市委常委会、市人大常委会党组、市政府党组、市政协党组专题民主生活会情况通报会。市委书记钱建民通报情况并部署整改落实、建章立制环节工作。

贯彻落实中央对杭兰英批示精神。7月23日，中共中央政治局常委、中央党的群众路线教育实践活动领导小组组长刘云山对杭兰英事迹作出批示：“教育实践活动要总结宣传一批共产党员和党的干部的先进典型，好支书杭兰英的先进事迹感人，要集中宣传并要求基层干部向她学习”。中央领导批示后，全市进一步掀起学习宣传杭兰英事迹的高潮，并以此为契机，集中力量深入推进全市“民情通”工作和基层党组织建设工作。8月11日下午，召开市委常委会议，专题传达学习中央及省委领导对杭兰英先进事迹的批示精神。12日，成立深入宣传学习杭兰英先进事迹扎实推进基层治理现代化领导小组，同时在全市组织开展“学兰英、找差距、抓整改、做贡献”主题活动。8月12日至16日，14家中央媒体赴上虞区崧厦镇祝温村，集体采访杭兰英先进事迹。8月28日，市委举行杭兰英先进事迹报告会。

制定“方案、计划”，深入整改落实。8月11日，市委常委会召开专题会议，进一步研究细化市委常委会班子整改方案。市委常委领衔建立长效机制的工作稳步推进，在已出台的制度基础上，出台《关于加强市委常委会自身建设的意见》，进一步强化市委常委会自身建设。8月25日，市委常委会第二次专题审议市委常委会整改方案。整改方案由三部分组成，一是整改方案，二是整改计划表，三是常委领衔建立长效机制的工作方案。当日，市委教育实践活动领导小组下发了《关于做好教育实践活动整改落实、建章立制环节工作的通知》。9月29日在媒体公布《市委常委会重点整改事项整改计划表》，明确了整改工作的指导思想和基本原则，提出了9方面、32项重点整改事项，接受社会各界监督。9月28日至30日，市级党员领导干部个人整改清单在市县两级一定范围内进行公示。

（六）总结提炼阶段

10月8日，中共中央召开党的群众路线教育实践活动总结大会，中共中央总书记习近平以《历史使命越光荣奋斗目标越雄伟越要增强忧患意识越要从严治党》为题做重要讲话。绍兴市领导干部在绍兴分会参加会议。10月10日，省委召开党的群众路线教育实践活动总结大会，绍兴市领导干部在绍兴分会参加会议。10月11日，市委召开全市党的群众路线教育实践活动总结大会，回顾总结我市教育实践活动成果，对全面落实从严治党要求，巩固提升活动成效，在新起点上持续推进作风建设作出部署。（市委组织部提供）

2014年大事记

1月

2日　诸暨市民间投融资管理服务中心成立。这是诸暨市首家政府统一监管的民间投融资市场和管理机构，是专业为民间资金供需双方登记备案、组织民间资金供需双方借贷对接、风险管理和配套服务的机构。

3日　"走进拉美——安共体市场说明会"在绍兴举行。安第斯共同体(简称"安共体")是拉美地区重要的区域经济一体化组织，成员国为玻利维亚、哥伦比亚、厄瓜多尔和秘鲁，人口约1亿，经济处于工业化初期，市场前景广阔。

7日　绍兴市与芬兰南塞沃地区签署友好城市协议。签署仪式前，市委书记钱建民会见了该地区议会副主席马库·卡克瑞亚宁率领的友好访问团一行。

8日　由市政府和省社科院联合主办的纪念王阳明逝世485周年学术研讨会在市区开幕。

9日至11日　省委常委陈德荣率组到绍兴检查落实党风廉政建设责任制和加强作风建设情况。

17日　全市首个4G网络——绍兴移动4G正式商用，全市6个县(市、区)同步开通4G服务。绍兴成为省内继杭甬温之后第四个启动4G商用的城市。

21日　绍兴高新区迪荡街道革新村殷家墩头一处已征收集体土地上的滞留建筑被依法强制拆除。这是市区首次司法强拆"钉子户"。

23日　省委副书记王辉忠到绍兴调研曹娥江流域水环境治理工作。

26日　绍兴市市场监督管理局成立。该机构整合了监管职能和机构，将市食品药品监督管理局、市工商行政管理局、市食品安全委员会办公室的职责和市质量技术监督局的食品安全监管职责整合划入。不再保留市工商行政管理局、市食品药品监督管理局、市食品安全委员会办公室单独建制。

31日　著名绍剧表演艺术家章宗义在绍兴病逝，享年89岁。

2月

10日　市委印发《绍兴市推进构建惩治和预防腐败体系2014—2017年实施计划》。

17日　市政协七届三次会议在绍兴大剧院开幕。会议应到委员447名，出席大会的委员共425名，符合法定人数。

18日　市七届人大四次会议在绍兴大剧院开幕。会议应到代表425人，出席大会的代表402人，符合法定人数。

27日　柯桥区润泽大院小区一家庭太阳能光伏电站正式并网运行，成为全市首家投入运行的居民光伏电站。

3月

1日　市交警支队启动"铁军1号"交通秩序集中整治行动，对市区二环线内的主干道内的八类违法行为，以及电动三轮车非法上路营运，机动车禁鸣区鸣喇叭、夜间行驶不按规定使用远光灯、斑马线未礼让行人和非现场违法未处理5起以上的交通违法行为进行严管、严查、严处。本次整治活动持续至5月31日。

16日　市委、市政府举行城市发展战略纲要专家论证会，邀请国内城市规划方面的知名专家对全市新一轮城市发展战略进行深入论证。

同日　适龄儿童窝沟封闭项目在全市全面启动，今后在校的小学二年级学生均可享受这一由政府"买单"的免费服务项目。

17日　市委书记钱建民会见了由日本芦原市市长桥本达也率领的日本芦原市少年使节团一行。

30日　深圳市绍兴越城商会成立，这是继北京市绍兴越城商会之后，第二家外地越城商会。

从本月开始至6月10日，全市范围内开展食品安全百日严打行动，严厉打击8类食品安全违法犯罪行为。

4月

1日至2日　省委副书记王辉忠在绍兴调研春耕备耕工作。

2日　第五届中国书法兰亭奖新闻发布会在绍兴举行，标志着第五届中国书法兰亭奖评选正式全面启动。

11 日　市府办发布《分步推进“绍兴人免费游绍兴”实施方案》，提出自 5 月 19 日（中国旅游日）起，除部分节假日外，市直以及各县（市、区）的主要旅游景区将向各区域居民免费开放，3 年内将在全市范围内统一免费开放。

14 日　2014 年绍兴市企业家峰会举行。峰会表彰了 2013 年度绍兴市“领军企业”“杰出企业家”，并为 2014 年绍兴市百强企业代表授牌。

同日　绍兴市直属智慧校园可视化综合管理平台开通启用。市直属共 16 所学校的 1000 多台摄像机都接入了这一平台。市教育主管部门工作人员在办公室就能远程实时调看管理学校的每一台摄像机图像，或查看前期图像，实现校园安防的智能可视化综合管理。

15 日　由中国国际茶文化研究会、中国茶叶流通协会、省农业厅、市政府等主办的 2014 年中国茶叶大会暨第八届新昌大佛龙井茶文化活动在新昌开幕。此次节会为期两天，内容包括大佛龙井·天姥红茶礼佛仪式、天福杯第九届中国新昌大佛龙井茶王大赛、大佛龙井网上茶博会、中国名优茶电子商务体系建设高峰论坛等。

17 日　市危旧房安全大排查启动。20 世纪 80 年代、90 年代建造的各类商住房以及在建建筑工程、公共建筑等系此次排查的重点对象，以城区、县城为主，也包括其他城镇的所有危旧房屋。

20 日　2014 年公祭大禹陵典礼在绍兴大禹陵广场举行。

同日　绍兴市第五届越商大会举行，300 名海内外越商、乡贤和绍籍知名人士与会。17 个项目现场签约，协议总投资 247.2 亿元，涉及装备制造、生命健康、文化旅游、商贸综合等多个产业领域。

21 日　越城区、柯桥区、上虞区所属机动车检测站正式实现互通式检测服务。除进口车、大客车及危险品车等重点车辆外，其余机动车无需办理任何委托手续，可以自主选择三区内任何一家机动车检测站办理年检。

24 日至 25 日　省政协原主席刘枫率省老领导一行到绍兴考察“五水共治”工作。

25 日　市七届人大常委会第十六次会议审议并通过了市政府关于《绍兴市城市发展战略纲要》有关情况的报告。

28 日　绍兴市举行庆祝“五一”国际劳动节暨劳模表彰典礼，79 名市劳动模范和 14 个市模范集体受到表彰，劳模代表宣读劳模“碧水行动”宣言，并举行了绍兴市劳模技术服务队授旗仪式。

31 日　首届中国（绍兴）曹娥江国际游艇展开幕式在曹娥江大闸风景区举行，国内外 72 家游艇品牌参展，产品涵盖游艇、摩托艇及水上用品。展会还进行了项目签约、游艇经济论坛、游艇体验和水上表演等活动。同时，17 个游艇产业相关项目集中签约落户滨海新城，包括游艇产业基地、整艇制造、配件制造和配套等产业链，其中由大连松辽船厂投资的绍兴游艇产业基地项目，总投资达到 20 亿元。

5 月

6 日　由浙江环球光伏科技有限公司投资 4500 万元建设的分布式并网光伏发电项目，在位于上虞杭州湾经济技术产业园的浙江太阳股份有限公司正式开工。该项目装机容量 5.5 兆瓦，安装太阳能电池板 8 万多平方米，年发电量 550 万千瓦时以上，是全市单体规模最大的光伏电站。

同日　由江西省委书记、省人大常委会主任强卫，省委副书记、省长鹿心社，省政协主席黄跃金率领的江西省党政代表团到绍兴市考察。

8 日　绍兴地区首个通信虚拟运营商 170 号码在话机世界胜利路店正式发售。

9 日　市委发布《关于开展向杭兰英同志学习活动的决定》，要求在全市各级党组织和广大党员干部特别是农村基层党员干部中开展向杭兰英学习的活动。

11 日　即日起，海关总署扩大适用“属地申报、属地放行”通关模式范围，由原先的 AA 类企业扩大到 A 类企业，绍兴市适用此通关模式的企业数量从原先的 25 家扩大到 1200 多家。

20 日　位于袍江经济技术开发区的 LNG（液体天然气）应急气源站成功置换并正式投产。该应急气源站可为越城区和柯桥区的 20 万户管道天然气用户应急供气 72 小时。

22 日　中国安防城与 IBM 集团签署战略合作备忘录，双方将联合共建智慧城市研究院、公共安全解决方案应用培训中心、智慧城市集成商联盟、智慧城市专家库、总部结算中心、公共安全产业基金等。

23 日　绍兴市被民政部列入全国第二批适度普惠型儿童福利制度建设的试点地区。适度普惠型儿童福利制度，是指在保障孤儿和散居孤儿基本生活的基础上，以困境儿童为主要救助对象，建立健全孤儿和困境儿童福利保障体系，提高孤儿和困境儿童专业化服务水平。

6 月

3 日　由团市委与绍兴恒信合作银行共同设立的绍兴青年创业支行在绍兴恒信合作银行迪荡支行揭牌。这是全省首家针对青年创业成立的金融机构。支行成立后，将重点为初次创业、具有创业基础的青年、大学生创业、失业青年创业提供金融服务。绍兴青年创业支行还设立了绍兴青年创业指导中心，为青年创业提供创业咨询、创业帮扶、创业培训等服务。

6日　由新加坡普洛斯集团投资开发的“环普绍兴产业园”项目在滨海新城开工建设。产业园将主要面向以世界500强为主的跨国高端制造业企业，将集中引进高端装备制造、生物医药、汽车及零部件和电子信息等战略性新兴产业项目。

22日　第38届世界遗产大会正式将中国大运河作为文化遗产正式列入世界遗产名录。浙东运河绍兴段(绍兴古运河)是中国大运河的重要组成部分。自此，绍兴市有了首个世界文化遗产。浙东运河绍兴段(绍兴古运河)被列为世界遗产的点段共有4个，即大运河绍兴段河道本体、八字桥、八字桥历史街区、古纤道。

29日　市中级人民法院“12368”司法服务热线正式开通。从即日起，市民拨打“12368”，就可享受法律咨询、查询案件诉讼进展等服务。全市各基层人民法院“12368”司法服务热线随后陆续开通。

30日　在法国巴黎中国文化中心举行的第三届巴黎中国曲艺节上，新编绍兴莲花落《十八相送》获得唯一一个最高奖项——卢浮金奖。这是绍兴莲花落首次在国际舞台上喜获大奖。

同日　绍兴健康网正式开通，作为该网的子平台——绍兴市预约诊疗平台也正式启用。此后，全市二级以上医院都实行“全门诊预约，分时段诊疗”，患者可以通过电脑、电话、手机软件等工具，自主选择专家号或普通号就诊，预约时间也可以自己选择。

同日　绍兴市交通运输咨询服务电话“12328”正式开通运行，原公路服务热线“96266”和运管服务热线“96520”将合二为一。今后，不管是公路路况咨询，还是举报“黑车”、投诉出租车营运有问题，市民只要拨打“12328”就可以了。

是月　市人力社保局、市公安局、市卫生局等6个部门联合启动为期6个月的医疗保险反欺诈“亮剑”专项行动，对医疗保险领域的违规行为统一进行查处。

7月

1日　柯桥区和浙江树人大学共建“浙江树人大学杨汛桥校区”签约仪式在柯桥区行政中心举行。浙江树人大学杨汛桥校区一期计划于2016年9月投入使用，在校生规模4000人左右。二期工程视建设情况确定。

8日　浙江工业大学上虞研究院成立暨“浙江工业大学教授博士团科技服务上虞行”启动仪式在上虞区崧厦镇举行。这标志着上虞虚拟大学园建设迈出第一步。

同日　绍兴市与桂林市旅游发展战略合作签约仪式暨旅游市场推介活动在桂林举行，绍兴市政府与桂林市政府相关市领导签署旅游发展战略合作协议，两市将进一步加强旅游交流与合作，双方旅游企业和游客将享受最惠待遇。

9日　副省长郑继伟到绍兴检查指导省运会筹备工作

同日　第十五届省运会首项赛事——皮划艇、赛艇比赛在绍兴市水上运动训练中心开赛。绍兴选手获得首日所有比赛16枚金牌中的5枚。

10日　原“绍兴市社会保障卡管理服务中心”更名为“绍兴市社会保障市民卡管理中心”，市社会保障市民卡项目建设正式启动。

14日　市委召开七届七次全体(扩大)会议，总结上半年工作，重点部署下半年经济工作。会议审议并通过《中共绍兴市委关于全面贯彻落实省委建设美丽浙江创造美好生活决定的实施意见》。

14日　市委召开市级班子专题民主生活会情况通报会，通报市委常委会和市人大常委会党组、市政府党组、市政协党组专题民主生活会情况，并部署教育实践活动下阶段工作。

15日　“绍兴交警”官方微信轻微事故处理功能正式开通运行。此后，市民驾车遇轻微交通事故，只需拍四五张照片，上传至该微信平台，等受理台确认有效后便可离开现场。

15日　绍兴市《关于加强市区广场舞管理的实施意见(试行)》开始实施地，文件对跳广场舞的时间、地点、音量大小作出了规定。

16日　省长李强到绍兴调研经济工作。

30日　省委副书记王辉忠在绍兴调研浙商回归工作。

同日　绍台纺织产业科技合作交流活动在柯桥区开幕。开幕式上，浙江省现代纺织工业研究院与台湾逢甲大学纺织与材料工业研究中心签署建立绍台纺织产业科技合作关系备忘录，省市领导为“绍兴纺织产业台湾专家辅导中心”授牌。

31日　由市委、市政府授权市政府新闻办公室开设的“绍兴发布”政务微博、微信正式上线。以其为龙头，统筹市直有关部门新闻发布资源，推进“绍兴发布”政务微博、微信群建设。着力将“绍兴发布”打造成权威信息发布平台、热点事件回应平台、民生信息服务平台。

同日　副省长朱从玖一行到绍兴调研金融保障和“两链”(资金链和担保链)风险防范工作。

8月

1日　越城区启动人力客运三轮车集中整治专项行动，大部分人力客运三轮车将逐步退出市场。

5日　由匈牙利文化部部长霍帕尔·彼得率领的匈牙利佩奇市巴托克·贝拉男声合唱团一行到绍兴交流演出，市委书记钱建民会见了霍帕尔·彼得一行。市委常委、秘书长魏伟，副市长徐明光，绍兴文理学院校长叶飞帆参加会见。

8 日　浙江省第十五届运动会圣火采集仪式暨2014年浙江省“全民健身日”活动启动仪式在大禹陵景区举行。

14 日　省政协主席乔传秀到绍兴调研滨海产业集聚区发展情况。

15 日　第十五届省运会蹦技（蹦床、技巧）比赛在绍兴市体育中心体育馆开赛。省内6个地市的156名运动员参加比赛。由36名运动员组成的绍兴蹦技运动队首次参赛。

25 日　省委副书记王辉忠率浙江党政代表团到新疆阿瓦提县考察绍兴援疆工作。

26 日　由韩国浦项集团副总裁金在洪率领的代表团到绍兴考察访问，市长俞志宏会见代表团一行。

26 日至 27 日　省委书记、省人大常委会主任夏宝龙到绍兴调研。

9 月

9 日至 10 日　省委常委、常务副省长袁家军到绍兴调研经济运行和有效投资情况。

15 日　市长俞志宏会见由波兰皮亚赛奇诺区扬·戴贝克区长带队的访问团，双方签署友好交流关系备忘录。

18 日　市政府办公室印发《绍兴市分级诊疗试点工作实施方案（试行）》，全面启动分级诊疗试点工作，推进“基层首诊、分级诊疗、双向转诊”就医新格局形成。其中，大医院与基层医疗机构的医保报销比例差距将拉大，以医保政策“杠杆”推进“基层首诊”制。

19 日　中国机电产品流通协会工程机械综合服务工作委员会绍兴市综合服务中心在陶堰镇成立。该中心是浙江省首家工程机械综合服务中心，也是中国机电产品流通协会浙江省工程机械信息采集唯一授权单位。在成立仪式上，中国机电产品流通协会会长尹鲁章向中心授牌。

20 日　第三届中国公益慈善项目交流展示会的重要活动之一——中国当代慈善之“绍兴模式”新闻发布会在深圳会展中心举行，中华慈善捐助信息中心发布了《绍兴慈善事业发展模式研究报告》，受到全国50多家媒体的关注，慈善事业的“绍兴模式”将在全国推广。

24 日　全国人大常委会副委员长、全国妇联主席沈跃跃到绍兴考察服务型基层妇联组织建设工作。

25 日　中央党的群众路线教育实践活动领导小组、中央组织部、中央宣传部印发了《关于广泛开展向全国优秀共产党员龚全珍、杭兰英、刘伦堂同志学习活动的通知》，杭兰英成为全国党员干部学习的榜样。

26 日至 29 日　绍兴市承办的第十一届中国中华老字号精品博览会在市奥体中心会展馆举行，绍兴有50家老字号企业参展。

10 月

11 日　市委召开全市党的群众路线教育实践活动总结大会，学习贯彻中共中央总书记习近平在中央总结大会上的讲话精神，按照省委书记夏宝龙在省委总结大会上的部署要求，回顾总结全市教育实践活动成果，对全面落实从严治党要求，巩固提升活动成效，在新起点上持续推进作风建设作出部署。

11 日　由省社科联、市委宣传部和市社科联等联合主办的“城水相融·绿色经济——推进五水共治，实施两重战略”主题峰会在浙江工业大学之江学院举行。

11 日　稽山书院在会稽山龙华寺举行揭幕仪式，这标志着在宋元时期兴盛一时的稽山书院正式复院。复院后的稽山书院将定期邀请专家学者面向社会大众举办文化讲座、论坛。

12 日　第十五届省运会火炬传递活动在越城区启动。接下来的4天里，火炬传递将依次在绍兴市各个县（市、区）展开。

15 日　“鲁迅与雨果——大师对话”文化交流系列活动在绍兴举行。其间，在绍兴文理学院举行了“鲁迅与雨果：跨时空对话”的学术交流论坛，在绍兴鲁迅纪念馆举行了绍兴鲁迅纪念馆与巴黎雨果博物馆缔结“友好博物馆”签约仪式。

16 日　省委常委、常务副省长、省国动委副主任袁家军率省检查组到绍兴考评国防动员工作。

18 日　浙江省第十五届运动会在中国轻纺城体育中心开幕。该届省运会坚持节俭办赛，突出群众参与。省委书记、省人大常委会主任夏宝龙宣布省运会开幕，省委副书记、省长李强致开幕辞。该届省运会组委会执行主任、省体育局局长孙光明主持开幕仪式。第十五届省运会于28日闭幕，共进行21个大项、27个分项的比赛，决出金牌874枚。开幕式前，有16个项目的比赛先行举行。

21 日至 30 日　市委书记钱建民应意大利的威尼斯、阿尔巴尼亚的斯库台、塞尔维亚的苏博蒂察市政府邀请，率团赴三市访问，拜访当地多位政要，洽谈有关合作事宜，考察绍兴市在当地投资的企业，分别与三市签署“发展友好交流关系备忘录”，访问取得圆满成功。

24 日　苏泊尔环境家居电器项目签约仪式在袍江经济技术开发区举行。“苏泊尔”将在袍江再投资10亿元，将公司产品的门类向环境小家居电器领域拓展。新项目投产后，年产值有望达到100亿元，袍江将成为全国最大的小家电生产基地。

同日　为期4天的2014年中国柯桥国际纺织品面

辅料博览会(秋季)在中国轻纺城国际会展中心开幕。该届展会设展位1450个,参展企业660家,展览面积达3.4万平方米,规模为历届纺博会之最。该届纺博会还首次举行国际拼布艺术节。

25日　诸暨国际商贸城一期市场粤港城开业,诸暨第六届西施文化节暨第九届中国(国际)珍珠节、金秋购物节同时开幕。诸暨国际商贸城总投资15亿元,面积达42万平方米,内有4000多个商铺,已成功引入港龙国际装饰城、越美国际轻纺城、越宁机电城、逸乐城文化广场等12个各具特色的专业市场。

28日　浙江省第十五届运动会在绍兴大剧院闭幕。

29日　绍兴市级部门权力清单正式发布,涉及42个部门共4141项行政职权。今后,政府部门不得在清单之外行使行政权力。

同日　绍兴公安网上公众查询服务平台正式开通。该平台通过电子地图的形式直观地向市民提供警务信息及相关便民服务,是全省首个建成开通运行的公安网上公众查询服务平台。

11月

1日　绍兴东街夜市全面取消,退市以还路于民。

同日　浙江树人大学杨汛桥校区举行奠基仪式,标志着新校区建设迈出了实质性步伐。该校区规划占地面积53万平方米,分两期完成。其中一期占地27万平方米,计划于2016年秋季投入使用。新校区整体建设完成后将能够容纳1万名学生。

同日　市公安交警支队车管所推出"掌上车管"便民举措,市民只需下载"掌上车管"手机软件,动动指尖,便可轻松享受在线办理交通违法处理、机动车年检预约、违法提醒定制信息推送等5大类46项车驾管业务服务。

4日　位于诸暨市次坞镇道林山村的宁东——浙江特高压直流输电工程绍兴换流站开工建设。

6日　绍兴广播电视传媒集团挂牌成立。该集团为集广播、电视、报纸、新媒体等经营性业务于一体的综合性现代传媒企业,与绍兴广播电视总台实行"事业法人+企业法人"的"一台两制"模式。

9日　绍兴市科技企业促进会成立,这是全市首家从事科技创新服务的社会组织。促进会由绍兴市华剑床垫机械有限公司叶如剑等5位人员发起成立,会员有32名,主要是来自绍兴高新区、袍江经济技术开发区的科技企业。

13日　"周恩来与中国梦"学术研讨会暨周恩来思想生平研究会2014年年会在绍兴举行。来自中央党史研究室、南开大学等单位的学者,围绕研讨会主题进行交流。

26日　绍诸高速公路诸暨延伸线工程在诸暨市街亭镇举行开工仪式。绍诸高速公路将截弯取直连接杭金衢高速。绍诸高速公路诸暨延伸线工程是列入浙江省交通"十二五"规划的高速公路项目,属省级重点工程,计划在2017年建成通车。

28日　2014年中国·绍兴"名士之乡"人才峰会开幕。峰会期间,将组织开展"赢在绍兴"海内外高层次人才创业创新大赛、工业设计大赛、人才创业创新项目与资本"相亲会"、"天生我才"民间人才才艺秀晚会、"相约高校·创业绍兴"人才招聘会等五项大型活动。

29日　市人力资源和社会保障局联合浙江工业职业技术学院举办2014年"相约高校·创业绍兴"毕业生供需洽谈会,全市2015届高校毕业生就业工作全面启动。

30日　绍兴市首届工业设计大赛颁奖典礼暨工业设计成果展、工业设计需求对接活动在市区举行。共征集到201件工业设计和创意设计方面的参赛作品,从中评选出金奖作品1件,银奖3件,铜奖6件,优秀作品10件。

29日　在广州召开的2014年中国国际友好城市大会上,绍兴市获得由中国人民对外友好协会、中国国际友好城市联合会授予的"国际友好城市交流合作奖"。

12月

1日至2日　全省人大环境与资源保护工作座谈会在绍兴召开。会议提出,在新的一年中,全省各级人大要深入贯彻落实十八届四中全会精神,全面推进依法治理,努力实现全省人大环境与资源保护工作再上新台阶,全力服务"两美"浙江建设。

4日　全市启动为期两个月的车辆超限超载专项整治行动。

8日至11日　市委书记钱建民率市党政代表团赴广东省佛山市、中山市和福建省厦门市、泉州市学习考察。市领导陈长兴、魏伟、陈月亮、钱三雄、王继岗,各县(市、区)委书记和市级有关部门、骨干企业负责人参加。

14日　2014年乡村治理现代化高峰论坛在上虞区举行,来自香港中文大学、中国农业大学、华中科技大学等高校的一批著名专家和学者就坚持发展"枫桥经验",推进乡村治理现代化的理论与实践问题进行深入交流探讨。

18日　连接绍兴北站和滨海新城的BRT5号线投入试运行。

20日　中国早期越窑及上虞禁山窑址学术研讨会在上虞区举行。禁山窑址位于上虞区上浦镇大善小坞村,是越窑青瓷的发源地和主要产地之一,迄今已发现东汉至宋代的青瓷窑址400多处。

22日　市政府与省食品药品监督管理局合作共建省级现代医药高新园签约仪式在绍兴滨海新城举行。签约仪式上，浙江省食品药品行政审批受理绍兴分中心、浙江省药品化妆品审评中心绍兴分中心、浙江省食品药品检验研究院药物安全评价中心等三大医药公共服务中心在滨海新城设立，为加快打造绍兴现代医药高科技新城迈出了重要一步。

22 日　著名绍剧表演艺术家筱艳秋因病在家中逝世，享年 80 岁。

23 日　绍兴市召开第十五届浙江省运动会总结表彰大会，市政府授予柯桥区政府等 8 家单位“突出贡献奖”荣誉称号，授予越城区政府等 50 家单位“先进集体”荣誉称号，并表彰 140 名先进个人、10 名“十佳教练员”和 10 名“十佳运动员”。

26 日　全国非公有制企业党建论坛在新昌举行，全国各地从事非公企业党建工作的领导、专家学者及企业党组织负责人，围绕“创新增强非公企业党建青春活力，充分发挥党组织在职工群众中的政治核心作用和企业发展中的政治引领作用”主题，进行深入交流探讨。

26 日　位于镜湖新区的绍兴市科技中心开馆试运行。

28 日　绍兴图书馆新馆在市文化中心开馆。

总　述

历史沿革

【绍兴名称演变】 夏称於越，亦称大越，简称越。春秋时期，於越民族以今绍兴一带为中心建国，称越国。秦王政二十五年，降越君，称会稽郡。晋称会稽国，为东扬州治所。隋开皇九年改置吴州，治会稽县。大业元年起称越州，此后越州与会稽郡名称交替使用。南宋高宗赵构取"绍奕世之宏休，兴百年之丕绪"之意，于建炎五年改元绍兴，升越州为绍兴府，是为绍兴名称之由来，并沿用至今。

【政区沿革】 绍兴从新石器时代中期的小黄山文化开始，至今已有约 9000 年历史。越国古都建于公元前 490 年，距今已有 2500 多年建城史。

据史载，大禹治水告成，在境内茅山会集诸侯，计功行赏，死后葬于此山，因更名茅山曰"会稽"，是为会稽名称之由来。春秋时期，於越民族以今绍兴一带为中心建立越国，成为春秋列国之一。战国初，越王勾践大败吴国，越国疆域拓展至江淮地区。至周显王三十六年（前 333），楚威王兴兵败越，尽取故吴地并至浙江，越始"服朝于楚"，而诸越邦国尚存。

秦王政二十五年（前 222），定江南，降越君，以吴越地置会稽郡，治吴县（今苏州）。二十六年，全国统一，实行郡县制，会稽郡先后辖山阴等二十余县，其中在今浙江境内有山阴、诸暨、上虞、余姚、句章、鄮、鄞、乌伤、太末、钱塘、余杭、由拳、乌程、海盐等县。

西汉武帝元封五年（前 106），置十三州刺史部，督察各郡，会稽郡受督于扬州刺史部，并增辖剡、余暨两县，时会稽郡领二十六县，属今浙江境内的有十八县。东汉永建四年（129），分会稽郡置吴郡，今钱塘江以南仍为会稽郡，治山阴，时辖山阴、诸暨、上虞、始宁、剡、余姚、鄮、鄞、句章、章安、永宁、乌伤、太末、东冶十五县。

三国时，会稽郡隶属于吴，治山阴。魏黄初二年（221），会稽郡领县增至三十一县，其中增今属浙江境内的有吴宁、丰安、长山、遂昌、新安、定阳、临海、南始平、罗阳、松阳十县，增今属福建境内的有建安、汉兴、昭武、南平、东安、侯官六县。吴太元二年（252），再增永康、武义、建平三县，并改上虞县为侯国。吴太平二年（257）、永安三年（260）、宝鼎元年（266），先后分会稽郡置临海、建安、东阳三郡，会稽郡辖山阴、上虞侯国和诸暨、余姚、永兴、始宁、剡、鄮、鄞、句章八县。

晋太康二年（281），以会稽地封于骠骑将军孙秀，以郡为国，称会稽国，所辖县数不变。

南朝宋永初二年（421），复设会稽郡，置东扬州。陈永定年间（557—559），会稽郡析山阴置会稽县，两县同城而治，治山阴，时辖十一县。

隋开皇九年（589），省郡县，废会稽郡，改东扬州为吴郡，并山阴、永兴、上虞、始宁为会稽县，并余姚、鄞、鄮入句章县，设吴州，治会稽县，辖会稽、诸暨、剡、句章四县。并设吴州总管府，治会稽，总管原东扬州诸郡。

隋炀帝大业元年（605），废吴州，以原吴州境置越州，治会稽，是为越州名称之始。大业三年（607），复为会稽郡。

唐武德四年（621），以剡置嵊州，并析置剡城县，析句章之余姚置姚州，析句章之鄞置鄞州。改会稽郡为越州，治会稽，辖会稽、诸暨、剡城三县和嵊州、姚州、鄞州三州。同时置越州总管府，驻会稽县，管越、嵊、姚、鄞、松、绸、衢、瀔、丽、严、婺十一州。武德七年（624），废姚州为余姚县，析会稽立山阴县。改越州总管为越州都督府，督越、嵊、鄞、丽、婺五州。景云二年（711），天下分为二十四都督府以统属州，越州定为中都督府，所督不足十州，隶属于江南道。乾元元年（758），废越州中都督府，置浙江东道节度使驻越州，辖越、睦、衢、婺、台、明、处、温八州。乾宁三年（896），钱鏐平董昌，号越州为东府。

北宋熙宁七年（1074），设两浙东路驻越州，辖越、婺、衢、明、台、处、温州。旋即并入两浙路，九年复分，十年复合。南宋建炎四年（1130），宋高宗驻跸越州，取"绍奕世之宏休，兴百年之丕绪"之意，下诏从建炎五年正月起改元绍兴，并升越州为绍兴府。府治设山阴，辖山阴、会稽、诸暨、萧山、余姚、上虞、嵊县、新昌八县。元世祖至元十三年（1276），改绍兴府为绍兴路，辖县和治所均不变。元顺帝至正二十六年（1366），复置绍兴府，治山阴，辖八县。清设浙江省，省府之下置杭嘉湖、宁绍台、金衢严、温处四道，绍兴府隶属宁绍台道，辖县未变。宣统三年（1911），并山阴、会稽为绍兴县。

民国元年(1912)2月,废府、州、厅旧制,实行省、县两级制,原绍兴府辖县均直属浙江省军政府。民国3年于省县间设会稽道,治宁波,时辖地相当于绍兴、宁波、台州三府。民国16年取消道制,原绍兴府七县直属于省。民国24年置绍兴行政督察区,专员公署驻绍兴县,辖绍兴、上虞、余姚、嵊县、新昌、诸暨、萧山七县。民国25年,改绍兴为第三行政督察区,其驻地、辖县不变。民国37年,更名为第二行政督察区,专员公署驻余姚,辖十四县(改萧山为省直属,增辖鄞县、慈溪、定海、镇海、奉化、象山、宁海、四明八县)。

1949年5月,绍兴全境解放。6月,设为浙江省第十专区,辖绍兴、上虞、嵊县、新昌、诸暨、萧山六县,余姚划归第二专区(宁波)。10月改为绍兴专区,并析绍兴县城区置绍兴市(今绍兴城区),析绍兴县置会稽县,时辖一市七县。1952年1月,撤销绍兴专区,原所辖绍兴、诸暨、萧山三县及绍兴市改由省政府直辖,上虞、嵊县、新昌划属宁波专区。1953年2月,省辖诸暨县划入金华专区,省辖绍兴市、绍兴县划入宁波专区;5月,绍兴市复为省辖,委托宁波专署代管。1957年8月,省辖萧山县由宁波专区;9月,诸暨县由金华专区划归宁波专区。1958年1月,撤新昌县并入嵊县。1959年1月,萧山县由宁波专区划归杭州市。1961年12月,复置新昌县。1962年12月,撤绍兴市并入绍兴县。1964年9月,复设绍兴专区,驻绍兴县,辖绍兴、上虞、嵊县、新昌、诸暨五县。1968年5月,改名绍兴地区,并成立绍兴地区革命委员会。1978年9月,改名绍兴地区行政公署。1983年7月,撤销绍兴地区,改设省辖绍兴市,置越城区,下辖越城区、绍兴县、上虞县、嵊县、新昌县、诸暨县。

1989年9月,所辖诸暨县改设诸暨市(县级市)。1992年8月,所辖上虞县改设上虞市(县级市)。1995年12月,所辖嵊县改设嵊州市(县级市)。2013年10月,国务院批复同意浙江省调整绍兴市部分行政区划。撤销绍兴县,设立绍兴市柯桥区,以原绍兴县(不含孙端镇、陶堰镇、富盛镇)的行政区域为柯桥区的行政区域;撤销县级上虞市,设立绍兴市上虞区,以原上虞市的行政区域为上虞区的行政区域;将原绍兴县的孙端镇、陶堰镇、富盛镇划归绍兴市越城区管辖。全市现有79个镇、15个乡、24个街道、508个社区(居委会)、2176个行政村。

【所获荣誉称号】 绍兴市为全国68个省会和中心城市之一,也是首批全国24个历史文化名城之一,先后被国家有关部委与机构评定和授予"全国科教兴市先进市""全国科技进步先进市""全国双拥模范城市""中国优秀旅游城市""国家环境保护模范城市""国家卫生城市""全国创建文明城市工作先进城市""国家园林城市""最佳中国魅力城市""中国大陆最佳商业城市""国家节水型城市""中国品牌经济城市""中国生活质量较好百强城市""全国综合治理工作优秀市""中国人居环境奖""中国书法名城""中国最具幸福感城市""中国优秀创新城市""中国城市旅游竞争力百强城市""联合国人居奖""中国人居环境范例奖""中国城市旅游竞争力排行榜第20位""中国城市文化竞争力排行榜第5位""中国城市环境竞争力排行榜第10位""2008—2009年中国城市外贸竞争力百强城市第22位""中国十大最美丽城市",以及"中国民营经济最具活力城市"(两次)、首届中国城市印象大赛"年度城市金奖"、《福布斯》榜"2010中国大陆创新城市第10位"、"全国无偿献血先进城市"、"浙江省建筑强市" 等称号,所属五县(市)均为全国综合经济实力百强县。

2012年,荣获第六届"中国地方政府创新奖优胜奖"和全国"七星级慈善城市"称号。(张显辉)

自然环境

【地理位置和面积】 绍兴市位于浙江省中北部、杭州湾南岸。东连宁波市,南临台州市和金华市,西接杭州市,北隔钱塘江与嘉兴市相望,位于北纬29° 13′ 35" 至30° 17′ 30"、东经119° 53′ 03" 至121° 13′ 38" 之间,属于亚热带季风气候,温暖湿润,四季分明。全境域东西长130.4千米,南北宽118.1千米,海岸线长40千米,陆域总面积为8273.3平方千米。市区中心地理坐标为北纬29° 52′ 59″ 至30° 08′ 00″ 、东经120° 29′ 49″ 至120° 43′ 47″ ,陆域总面积355.9平方千米(以上为绍兴市测绘和地理信息局2012年提供的最新数据)。绍兴市区面积2942平方千米,至2014年年末,全市建成区面积为319.5平方千米,其中市区建成区面积202.2平方千米。

【地形地貌】 全境处于浙西山地丘陵、浙东丘陵山地和浙北平原三大地貌单元的交接地带,境内地貌类型多样,西部、中部、东部属山地丘陵,北部为绍虞平原,地势总趋势由西南向东北倾斜。全市地貌可概括为"四山三盆两江一平原",即会稽山、四明山、天台山、龙门山、诸暨盆地、新嵊盆地、三界—章镇盆地、浦阳江、曹娥江、绍虞平原。全市最高点为位于诸暨境内海拔1194.1米的会稽山脉主峰东白山,最低点为海拔仅3.1米的诸暨"湖田" 地区,中部多为海拔500米以下的丘陵地和台地,绍虞平原平均海拔在5米至10米左右。地表江河纵横,湖泊密布。在全市境域面积构成中,按地域性质分:陆地面积8048.3平方公里,水系面积225平方公里;按地形起伏度分:起伏度在20米以下的面积909.6平方千米,占陆域总面积的11%;起伏度在20~75米的面积516.9平方千米,占6.3%;起伏度在75~200米的面积1633.2平方千米,占19.7%;起伏在200~500米的面积2624.17平方千米,占49.8%;起伏度在500~900米的面积1095.7平方千米,占13.2%。

【河流湖泊】 境域内河道密布,湖泊众多,素以"水乡泽国”之称而享誉海内外。主要河流有曹娥江(境内长160.5千米)、浦阳江(境内长66.9千米)和浙东运河(境内长西段钱清至曹娥江78千米、东段曹娥江赵家坝至驿亭长坝闸15.70千米)。主要湖泊有30多个,其中水域面积在2平方千米以上的湖泊有6个,即汤浦水库、长诏水库(沃洲湖)、陈蔡水库(东白湖)、平水江水库、狭猕湖(镜湖)、南山水库(南山湖),尤以汤浦水库为最,水域面积13.4平方千米,是越城区、绍兴县和上虞市的生活饮用水源;又以鉴湖最为著名,水域面积294.8万平方米,蓄水量875.90万立方米,为绍兴黄酒制作的唯一水源,是中国东南地区最古老的著名水利工程和旅游胜地,现已开发成国家AAAA级风景旅游区。

【自然资源】 境内土壤类型多,分布复杂,性态特征各异,土质良好,多宜农业利用。从类型看,除地带性的红壤、黄壤土外,还广布着隐域性的水稻土、潮土、盐土和紫色土、石灰岩土、中基性火山岩土、粗骨土、石质土、新积土等9个土类。全市土壤共划分为11个土类、21个亚类、65个土属、101个土种。其中水稻土占4个亚类、29个土属、50个土种,面积227071.67公顷,占土壤总面积的29.82%;红壤土占3个亚类、11个土属、17个土种,面积34.11万公顷,占土壤总面积的45.60%。丰富的土壤资源,为农、林、牧、渔业的全面发展及各种地方名、优、特产品的生产,提供了有利条件。

绍兴地处中亚热带常绿阔叶林植被带,自然植被共有153科、449属、879种,其中天然森林植被有针叶林、阔叶林、灌木林、混交林、竹林和盐生等6类,覆盖率达46.2%。人工植被主要有粮油作物、经济作物和观赏植物等3大类。其中粮油、经济作物品种分别超过100种,蔬菜作物有33类、128种,观赏花卉有120多种、240余属、800多个品种。全市属国家级保护野生植物有一级3种、二级16种、三级17种。境内动物资源丰富,饲养动物有4类、170余个品种;野生动物有兽类80余种、鸟类120多种、爬行类70余种、两栖类30余种。属国家级保护野生动物有一级8种、二级59种,省级重点保护野生动物73种。在各种动植物中,具有药用价值的达1200余种,其中中草药资源植物类有1000余种,动物类有200余种。

全球重要农业文化遗产1处,即绍兴会稽山古香榧群,面积402平方千米。涉及绍兴市下辖诸暨市、嵊州市、柯桥区的12个乡镇,59个行政村。

全市现有市级以上森林公园26处,其中国家级4处,分别为:绍兴县兰亭国家森林公园、诸暨市五泄国家森林公园、诸暨香榧国家森林公园、嵊州市南山湖国家森林公园;省级11处,分别为:原有绍兴县香雪梅海森林公园、绍兴县千年香榧森林公园、上虞市东山湖森林公园、诸暨市杭坞山森林公园、上虞市祝家庄森林公园、嵊州市鹿山森林公园、嵊州谷来香榧森林公园、新昌县罗坑山森林公园、新昌县七盘仙谷森林公园、新昌天姥山森林公园10家,2013年新增诸暨市三界尖森林公园;市级11处,分别为:原有汤浦水库森林公园、绍兴市会稽山森林公园、绍兴鉴湖森林公园、绍兴绿林竹海森林公园、诸暨市陶朱山森林公园、诸暨市枫桥森林公园、诸暨勾嵊山森林公园、上虞市凤鸣山森林公园、嵊州市百丈飞瀑森林公园、嵊州市竹溪森林公园10家,2013年新增绍兴县大香林森林公园。森林公园占地总面积为28587.87公顷。

全市现有各级自然保护区(小区)76处,其中省级19处,分别为:柯桥区兰亭大庙坞自然保护区、柯桥区稽东香榧林自然保护区、柯桥区西路桂花林自然保护小区、柯桥区宋六陵古松自然保护小区、诸暨市斗岩风景林自然保护小区、诸暨市汤江岩鹰科鸟类自然保护小区、诸暨市陶朱岩革命纪念地自然保护小区、诸暨市小天竺名胜古迹自然保护小区、诸暨市西岩龙潭古树名木自然保护小区、诸暨市东白山自然保护区、诸暨市东白山高山湿地自然保护小区、诸暨市枫桥香榧自然保护小区、诸暨市五泄浙江楠自然保护小区、诸暨市东白湖水源涵养林自然保护小区、诸暨市青山水库水源涵养林自然保护小区、诸暨市石壁水库水源涵养林自然保护小区、诸暨市外阳湾鹭科鸟类自然保护小区、嵊州市百丈岩苦丁茶自然保护小区、嵊州市南山风景区自然保护小区;市级26处,分别为:越城区吼山风景林自然保护小区、柯桥区王戚白虎山古松群自然保护小区、诸暨市街亭镇花厅马西鸡自然保护小区、诸暨市牌头镇越山寺自然保护小区、诸暨市浬浦镇盘山村牛头岭自然保护小区、诸暨市东白湖镇雄踞村来垅自然保护小区、诸暨市同山镇牛头颈湿地自然保护小区、嵊州市南山风景区雁鸭类候鸟栖息地自然保护小区、嵊州市谷来镇百年香榧自然保护小区、嵊州市四明山东方蝾螈自然保护小区、嵊州市王院乡蛇类自然保护小区、嵊州市雅璜香榧自然保护小区、嵊州市西白山玉兰自然保护小区、嵊州市林场天然阔叶林自然保护小区、嵊州市南山次生阔叶林自然保护小区、嵊州市里南红豆杉自然保护小区、嵊州市长乐马尾松种质资源自然保护小区、嵊州市里南乡何家坞天然阔叶林自然保护小区、嵊州市短毛松种质资源自然保护小区、嵊州市竹溪乡竹类资源自然保护小区、嵊州市西白山区香榧自然保护小区、嵊州市金钱松自然保护小区、嵊州市马尾优质种源自然、嵊州市平山林场月案坪林区蛇类自然保护小区、嵊州市西白山湿地自然保护小区、嵊州市城西湿地自然保护小区;县级31处,分别为:越城区秦望村鸟类资源自然保护小区、柯桥区芝塘湖鹭鸟自然保护区、诸暨市东白湖镇小东村乌石硼自然保护小区、诸暨市东白湖镇小东村后山自然保护小区、诸暨市东白湖镇斯宅村盘山自然保护小区、诸暨市东白湖镇娄东村庙后山自然保护小区、诸暨市东白湖镇雄踞村坟垅自然保护小区、诸暨市东白湖镇上英村庙后山自然保护小区、诸暨市浣东街道火烧吴村自然保护小区、诸暨市五泄镇十四都村自然保护小区、诸暨市五泄镇红枫岭村自然保护小区、诸暨市五泄镇古塘村自然保护小区、诸暨市里浦镇陶姚村大悲庵自然保护小区、诸暨市里浦镇里浦村大岩寺自然保护小区、诸暨市枫桥镇梅苑村自然保护小区、诸暨市枫桥镇新择湖村自然保护小区、诸暨市枫桥镇大干溪村自然保护小区、诸暨市安华镇球山村球家坞自然保护小区、诸暨市安华镇球山村下球山自然保护小区、诸暨市赵家镇榧王村自然保护小区、诸暨市赵家镇宣家山村自然保护小区、诸暨市赵家镇东溪村自然保护小区、诸暨市应店街镇灵山坞村弄王堂自然保护小区、诸暨市应店街镇金海三喜自然保护小区、诸暨市应店街镇幸福村章家埠村自然保护小区、诸暨市应店街镇诸阳村自然保护小区、诸暨市应店街镇寨头自然保护小区、诸暨市阮市镇金岭村黄金山自然保护小区、诸暨市璜山镇读山村独山头自然保护小区、诸暨市璜山镇黄家店村茅塘山顶自然保护小区。合计总面积为14065.06公顷，其中省级8826.57公顷、市级4752.69公顷、县级485.8公顷。

全市共有2处湿地公园列入省重要湿地，分别为绍兴市镜湖国家城市湿地公园、诸暨白塔湖国家湿地公园，合计面积为1912公顷；公布县级湿地名录6处，其中柯桥区3处、诸暨市2处（含白塔湖）、新昌1处，合计面积为5340.3公顷。

全市现有生态公益林面积296720公顷，其中国家级生态公益林面积4340公顷。

矿产资源主要有铁、铜、金等中型金属矿藏，及萤石、石灰石、石煤、瓷石土、硅藻土、叶蜡石、花岗石、玄武石、紫砂土等大中型非金属矿藏。其中，铁矿储量占全省总储量的75.5%，铜矿储量占全省的62.6%，金矿储量占全省的42.4%。非金属矿中，硅藻土储量为全国之最，瓷石土占全省的82.1%，叶蜡石占全省的38%。

全市水资源总量为72.40亿立方米，比多年平均值（63.78亿立方米）偏多13.5%。其中，地表水资源量为70.35亿立方米，占水资源总量的97.2%。产水系数0.56，产水模数87.7万立方米/平方千米。全市共有17座大中型水库，年末蓄水量3.68亿立方米，比2013年年末蓄水量（4.79亿立方米）减少23.2%。（张显辉）

气象特征

【概况】 2014年，全市平均气温较常年偏高，高温日数异常偏少，雨量与常年基本持平，雨日比常年偏少，时间分布不均，年中丰，头尾枯，日照比常年略偏少。全年气候异常多变，表现为：1月持续晴暖，降水偏少；2月频现降雪天气，严重影响交通和作物生长；3—5月气温偏高，降水偏少，强对流较多；6—7月上旬梅汛期降水集中、梅期偏短，出现冰雹和雷雨大风等强对流天气；7月底受台风“娜基莉”外围环流影响，全市普降大到暴雨；8月出现历史罕见低温寡照阴雨天气；9月台风“凤凰”带来较强降水和大风；10—12月持续多晴少雨。此外，年内灰霾天气仍然较多，其中柯桥灰霾天数达106天。

全市各站气象要素

表1

县（市、区）	气温（℃）			雨量（毫米）			雨日（天）			日照（小时）		
	2014年	2013年	常年	2014年	2013年	常年	2014年	2013年	常年	2014年	2013年	常年
柯桥	17.9	18.5	16.9	1401.3	1706.3	1469.8	138.0	130.0	158.6	1733.3	1989.7	1789.6
诸暨	17.6	18.0	16.9	1465.8	1276.9	1380.3	154.0	128.0	156.2	1811.1	1987.7	1764.4
上虞	17.3	17.7	17.0	1479.3	1729.3	1468.5	149.0	125.0	156.4	1598.1	1931.5	1721.5
新昌	17.2	17.6	16.8	1367.5	1382.0	1378.5	150.0	134.0	158.2	1641.1	2032.7	1869.5
嵊州	17.2	17.8	16.8	1481.0	1224.0	1325.3	152.0	128.0	152.9	1432.2	1757.7	1763.7
全市	17.4	17.9	16.9	1439.0	1463.7	1404.5	148.6	129.0	156.5	1643.2	1939.9	1781.7

说明：本表采用的气象资料常年值为1981—2010年，极值为建站至2014年

【气温】 全年，全市年平均气温17.4℃，比常年偏高0.5℃，比2013年偏低0.5℃。全市年极端最高气温为37.4℃，出现在柯桥气象站，日期为7月11日；年极端最低气温为-5℃，出现在新昌气象站，日期为1月22日。极端最高气温≥35.0℃的高温天数异常偏少，全市平均为15天，比常年平均偏少13天（常年高温天数为28天），日最低气温低于0℃的冰冻天数平均为25天，比常年平均偏少2天，其中柯桥气象站最少13天，其次为诸暨气象站24天，其余都在26天以上。

年内，柯桥气象站终霜日期出现在3月15日，比常

年提前8天；初霜日期出现在12月2日，比常年晚13天。连续3天日平均气温≤20.0℃的秋季低温，出现在10月13日，比常年偏迟12天。稳定通过10℃的初日出现在3月15日，回暖比常年偏早10天。

全年各月平均气温：7月、8月和12月比常年偏低，2月和6月与常年基本持平，其余各月均不同程度的偏高，其中1月和3月较常年偏高2℃多。

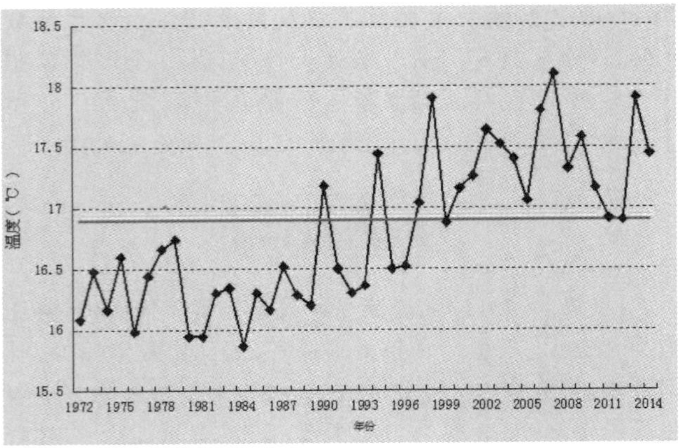

图1　全市历年年平均气温

【降水】 全年，全市平均年降水量为1439毫米，与常年基本持平，与2013年基本持平略偏少。全市总雨量在1350~1500毫米之间，地区间降水量差距不大，空间分布总体呈现南北少中间略多的态势。时间分布却是极不均匀，2月、5月、6月、7月、8月和9月比常年偏多，其中2月、5月和8月都比常年偏多3成以上，尤其是8月降水量异常偏多，较常年平均偏多8成，7月和9月比常年偏多1成；其余1月、3月、4月、10月、11月和12月比常年明显偏少，偏少达2至8成。8月为全年最大月降水量，但各站差异较大，最多雨量出现在上虞，是常年的两倍多，最少雨量出现在诸暨，比常年偏多7成。

全年共出现暴雨51站次，最大日降水量出现在新昌气象站，日期为6月22日，达79.7毫米。全市平均年总降水日数为149天，比常年平均偏少8天，比2013年偏多20天。

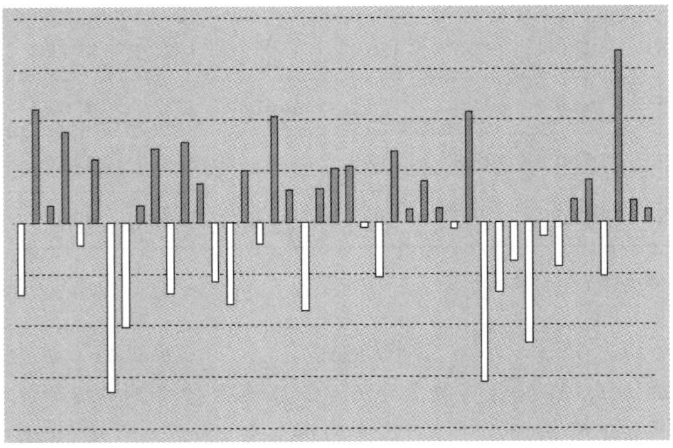

图2　全市历年年降水量距平百分率(%)

【日照】 全年，全市平均年总日照时数为1643.2小时，比常年略偏少，比2013年偏少1成。其中1月偏多6成，3月、10月、12月偏多2成，其余月份均偏少。4月、5月、6月、7月和11月偏少1至2成，2月、8月、9月偏少达3至5成。

【风】 全年，全市年平均风速1.8米/秒，出现大风(瞬时风速≥17米/秒)共7站次，其中最多为上虞气象站，有3次，其他站点都为1次。全市极大风速出现在上虞气象站，达20.9米/秒(7月27日)。柯桥气象站全年平均风速1.5米/秒，最大盛行风向为东北偏东风。

【年度重要天气事件】 (一)2月三场降雪，阻碍交通并影响作物生长。2月8日夜里至9日，全市出现了一次低温雨雪冰冻天气过程，全市阴有雪，南部地区有中到大雪，全市积雪深度普遍达2~5厘米，山区10厘米。2月12日迎来新一轮雨雪天气过程，其中南部地区积雪较明显，普遍有2~5厘米积雪。2月18日上午到夜间，受冷空气南下影响，全市阴有中到大雪，山区暴雪，雪深普遍在2~5厘米，部分山区5~10厘米。

(二)降水时间分布极不均匀，年中丰、头尾枯。全年降水时间分布极不均匀，总体呈现年中丰、头尾枯的分布。年初除了2月偏多6成之外，1月、3月、4月比常年明显偏少，其中1月偏少6成，3月和4月偏少3成，而5—9月这五个月的累积降水达到1018.6毫米，较常年(常年平均865毫米)偏多约18%，占了全年降水量的71%。而10—12月的累积降水只有78.4毫米，比常年平均偏少6成(常年平均194毫米)。

(三)梅雨降水集中期明显，梅期偏短。全市6月17日入梅，比常年平均偏迟3天，7月7日出梅，与常年一致，梅期20天，比常年平均偏少3天。6月17日至7月7日全市平均梅雨量为259.7毫米，与常年梅雨量(常年为239.7毫米)相比，偏多8%，共出现暴雨11站次。

(四)雷电、大风和短时强降水等突发强对流较多。全年强对流天气仍然频发，其中比较典型的有：

3月19日受冷暖气流共同影响，全市普遍出现全年第一次雷雨天气，嵊州部分地区还出现8级大风，同时受强冷空气影响，气温下降明显，过程降温幅度达10℃左右。

7月5日下午到6日上午受强对流云团影响，全市出现了雷电和短时强降水，越城区鉴湖91.5毫米，上虞陈溪87.1毫米；上虞下管、嵊州苍岩出现10级大风，上虞谢塘出现11级大风并伴有冰雹。

8月8日凌晨到上午受强对流云团影响，全市大部分地区出现了强雷电和短时强降水，其中上虞、诸暨、越城、嵊州部分地区雨量较明显，全市平均雨量最大为诸暨斯宅127.8毫米，上虞盖北125.9毫米。

(五)影响台风少，8月无台风。全年影响全市的台风个数偏少，影响偏轻，主要影响台风为“娜基莉”和“凤凰”。另外，8月在西北太平洋及南海没有台风生成，这一现象极为罕见。

第12号台风“娜基莉”于7月30日02时西北太平洋洋面上生成，进入我国东海后，向西北偏北方向移动，于8月1日夜间在舟山群岛东部海域（东经125°附近）北上，受其外围环流影响，绍兴市31日夜间开始普降大到暴雨，全市平均雨量67毫米。

第16号台风“凤凰”于9月18日凌晨在菲律宾以东洋面上生成，相继登陆菲律宾、台湾后，于22日19时35分登陆浙江省象山县鹤浦镇。受“凤凰”影响，绍兴全市普降大到暴雨，局部大暴雨。

（六）8月出现罕见低温寡照连阴雨天气。8月全市降水量异常偏多，日照显著偏少，气温明显偏低。全市平均雨量310.5毫米，较常年同期（158毫米）偏多8成；平均日照时数为115.5小时，较常年同期（213.3小时）偏少近5成；平均气温为26.7℃，比常年同期偏低1.3℃。

（七）罕见凉夏，高温日数异常偏少。夏季全市平均气温26.6℃，比常年同期偏低0.6℃。极端最高气温≥35.0℃的天数异常偏少，全市平均为15天，比常年同期偏少13天，为2000年以来最少。全市没有出现38℃以上的高温。

（八）强冷空气突袭，一夜进入冬季。入秋以来气温异常偏高，10月、11月均偏高1.6℃，11月30日强冷空气影响全市，带来明显的降温、降水和偏北大风，此次强冷空气扭转了全市前期气温偏高的态势，全市于12月1日正式入冬。

（九）年末持续连晴，森林火险等级高。10—12月，全市持续多晴少雨天气，第四季度全市平均降水量为78毫米，较常年同期偏少约60%，其中嵊州气象站降水量为该站1953年有气象记录以来历史同期第二少。持续连晴天气使得空气干燥，森林火险气象等级偏高。

（十）霾日仍多，程度较轻。全市平均年总灰霾天数为68.6天，其中轻微霾51天，轻度霾14天，中度霾3天，重度霾0.6天。全年的霾日虽多，但程度比较轻，多以轻微和轻度霾为主，全市轻微和轻度霾占总霾日的94.8%，中度和重度霾占5.2%。（市气象局）

行政区划

【概况】 2014年年末，全市共有79个镇、15个乡、24个街道、2176个行政村、508个（社区）居民委员会。其中：越城区有10镇7街道，251个行政村，162个（社区）居民委员会；柯桥区有12镇4街道，251个行政村，105个（社区）居民委员会；上虞区有15镇3乡3街道，339个行政村，109个（社区）居民委员会；诸暨市有23镇1乡3街道，468个行政村，71个（社区）居民委员会；嵊州市有11镇6乡4街道，452个行政村，42个（社区）居民委员会；新昌县有8镇5乡3街道，415个行政村，19个（社区）居民委员会。

乡镇、街道及村委会调整情况

表2　　　　单位：个

县（市、区）	镇		乡		街道		行政村		社区居委会	
	2013年	2014年	2013年	2014年	2013年	2014年	2013年	2014年	2013年	2014年
越城区	10	10	——	——	7	7	251	251	160	162
柯桥区	12	12	——	——	4	4	251	251	107	105
上虞区	15	15	3	3	3	3	339	339	104	109
诸暨市	23	23	1	1	3	3	468	415	67	71
嵊州市	11	11	6	6	4	4	452	468	42	42
新昌县	8	8	5	5	3	3	415	452	18	19
合计	79	79	15	15	24	24	2176	2176	498	508

【基层自治组织调整情况】 越城区：5月，马山镇成立群贤社区居民委员会；6月，府山街道调整河山桥社区居民委员会区域，撤销金鸡塘社区居民委员会，将其并入鉴湖社区居民委员会，撤销山阴新村社区居民委员会，成立山阴社区居民委员会，撤销越西新村社区居民委员会，成立越西社区居民委员会；同月，北海街道调整寨下社区居民委员会区域，调整塘南社区居民委员会区域，撤销西湖新村社区居民委员会，成立西湖社区居民委员会；11月，灵芝镇成立大滩社区居民委员会；12月，斗门镇成立育贤社区居民委员会。柯桥区：4月，柯岩街道撤销独山、上市头居民委员会，成立独山、鉴水社区居民委员会；5月，柯桥街道成立梅陇社区居民委员会；10

月，柯桥街道撤销上谢桥居民委员会、湖滨社区居民委员会，成立上谢桥社区居民委员会，撤销后梅居民委员会，成立后梅社区居民委员会，撤销红建居民委员会、望湖居民委员会、锦湖社区居民委员会，成立红建社区居民委员会；12月，华舍街道撤销人利居民委员会，成立人利社区居民委员会。上虞区：10月，曹娥街道撤销蒿坝社区居民委员会，调整大三角社区居民委员会、曹娥社区居民委员会规模。新昌县：8月，七星街道七星社区居民委员会分设为文昌社区居民委员会和西岭社区居民委员会。

【更新和设置市区路名牌】 根据《绍兴市地名管理实施办法》精神，自1月起，市区路名牌设置、管理、维护等相关职能从市建设局移交市民政局，市民政局对342块灯箱式路名牌进行更新设置。至9月底，共更新补设灯箱式路名牌347块。新灯箱式路牌采用仿木制的铝合金材质，既符合绍兴古城特色又坚固耐用，上部分为路名牌，用于道路指示，下部分为灯箱式广告，主要内容为核心价值观、慈善等公益宣传。

【建立地名公共服务平台】 年内，市民政局建立了地名公共服务平台。该平台主要借助绍兴地名网和触摸屏等外联平台，为用户提供更直接、便利的地名服务。绍兴地名网增设的地名公共服务栏目，内设行政区划定位、电子地图切换、民政专题展示、地名专题展示、地名定位查询、出行线路规划等六个子菜单。触摸屏主要设置了行政区划、地名文化以及电子地图三个板块，至年底，4台触摸屏已投放在绍兴图书馆、绍兴科技馆、市民政局、越王城博物馆等处试点。

【做好第二次全国地名普查准备工作】 年内，市民政局积极做好第二次全国地名普查准备工作。一是及时对各县（市、区）进行动员部署；二是编报了2015年普查工作经费预算；三是收集整理新增地名资料；四是成立了绍兴市第二次全国地名普查领导小组，副市长徐明光任组长，27个部门为成员单位，领导小组办公室设在市民政局；五是下发了《绍兴市第二次全国地名普查实施方案》；六是做好宣传，营造氛围。在绍兴地名网增设了“地名二普”专栏，制作地名普查工作指导手册，在灯箱式路牌广告位及绍兴日报等媒体进行专题宣传等。

【深化平安边界建设工作】 2014年是绍金线、越上线第三轮界线联合检查之年。4月，绍兴市和金华市民政局在义乌召开绍金线联合检查工作座谈会，联合下发了《金华市和绍兴市行政区域界线联合检查工作实施方案》，具体部署下阶段工作。5月至7月，沿线有关县（市）民政局按照工作方案要求，开展内外业联检。11月底，完成绍金线、越上线行政区域界线联合检查工作情况报告。

【地名命名和地名标志设置】 年内，全市命名、更名地名236条，其中建筑物和住宅小区名164条，路名58条，桥名及其他地名14条。设置门（楼）牌105575块，路牌974块，其中市本级设置门（楼）牌1677块，发放门牌证1199本，出具地名证明571件。（孙洁）

人口变迁与管理

【概况】 2014年年底：全市有总户数1614768户，总人口4430358人，其中男性2216175人、女性2214183人，男女性别比为100.09∶100，平均每户2.74人，总人口比2013上年增加13756人，同比增长3.11‰；全市迁入人口29759人，迁出人口26899人，增加2860人，机械增长率为0.65‰；全年出生42043人，死亡30368人，自然增长率为2.62‰；全市有非农业人口1640048人，占总人口的37.02%，比2013年增长0.75%；全市现有待定户口人员2603人。全市人口按年龄段分布，18岁以下654970人，占总人口14.78%，18~35岁905334人，占总人口20.43%，35~60岁1907203人，占总人口43.05%，60岁以上962851人，占总人口21.73%。市区总人口2177836人，其中越城区748072人，柯桥区649784人，上虞区779980人；县域人口2252522人，其中诸暨市1080398人，嵊州市733147人，新昌县438977人。

【流动人口管理】 年内，全市公安机关积极配合市流动人口管理局抓好全市流动人口管理工作。全年全市共登记流动人口1688779人。其中越城区（实管范围内）174517人，柯桥区625317人，上虞区182856人，诸暨市391483人，嵊州市83517人，新昌县41399人，绍兴高新区63504人，袍江开发区115778人，滨海新城10408人。（焦志伟）

经济社会发展

【概况】 2014年，面对复杂严峻的宏观形势，全市大力实施市委、市政府“重构绍兴产业、重建绍兴水城”战略部署，各项工作取得积极成效，经济增长保持在合理区间，社会发展保持和谐稳定。

【经济运行总体平稳】 年内，全市实现生产总值4265.8亿元，同比增长7.5%。其中：第一产业增加值194.2亿元，同比增长1.7%；第二产业增加值2213.5亿元，同比增长7.5%；第三产业增加值1858.1亿元，同比增长8.3%。实现财政总收入546.3亿元，同比增长8.8%，其中公共财政预算收入317.3亿元，同比增长8.3%。重抓有效投资，开展“项目推进年”系列活动，完成固定资产投资2304.7亿元，同比增长15.1%，其中工业投资同比增长10.6%、基础设施投资同比增长28.6%、房地产投资同比增长14.2%。重抓越商回归，越商回归实到资金192.1亿元。全面落实各项出口扶持政策，进一步加快电子商务发展，实现进出口总额346.8亿美元,同比增长3.9%,其中出口297.5亿美元,同比增长6.6%;实现社会消费品零售总额1487.1亿元,同比增长12.8%,网络零售额达到165亿元,同比增长65.5%。市场物价总体平稳,居民消费价格同比增长2.1%。进一步深化企业服务,积极开展金融支持经济"百日服务"活动,规模以上工业企业实现利润525.7亿元,同比增长11.1%,高于规模以上工业增加值增速4.7个百分点。积极防范和应对企业风险,提出分类帮扶处置危机企业的政策措施,建立7.4亿元应急转贷基金,帮助企业转贷123.7亿元。

【转型升级扎实推进】 年内,全市工业产业结构持续优化,新兴产业产值同比增长3.5%,占规模以上工业比重提高到30.1%,新兴产业投资、工业技改投资占工业投资比重分别达到40.5%和81.6%,同比提高1.1个和8.2个百分点。大力推进"三名工程"建设,全市产值超亿元、十亿元、百亿元的工业企业数量分别较2013年增加60家、8家、1家,占工业总产值比重达到88.5%、50.6%和14.8%。节能降耗成效显著,全面完成制革、造纸行业整治提升,单位工业增加值能耗同比下降6.2%。服务业发展势头良好,占GDP比重提高到43.6%;服务业投资增势强劲,完成投资1132.5亿元,同比增长19.8%,高于工业投资9.2个百分点,服务业重大项目完成投资316.3亿元,为年度计划的119.2%,金帝银泰城、诸暨国际商贸城、新昌世贸广场建成开业,金沙东方山水等重点项目即将完工。加大"老绍兴、醉江南"品牌宣传力度,实现旅游总收入652.1亿元,同比增长11.6%,接待入境游客70.2万人次。农业现代化加快推进,新增园区建设资金6.2亿元,建成省市级现代农业园区28个、粮食生产功能区7800公顷,粮食生产稳定增长。实施农村集体资产股份制改革,开展农村土地承包经营权、农民宅基地使用权、农房所有权确权登记,县级农村产权交易平台实现全覆盖。大力实施创新驱动发展战略,围绕"八倍增、两提高"工作目标,扎实推进科技领航行动,积极争创国家创新型试点城市,启动创建国家知识产权示范城市。新认定国家高新技术企业172家、省级科技型中小企业501家,新建省级企业研发机构63家;高新技术产业增加值同比增长10.9%,高于规模以上工业增加值增幅,规模以上工业企业新产品产值同比增长21.8%,占比达到31%,同比提高4.2个百分点。

【改革创新持续深化】 年内,全市以深化行政审批制度改革为重点,进一步加大简政放权力度,大力推进"四张清单一张网"改革,市级部门行政权力从8781项减少到4045项;开展行政审批事项"归零清理",市级行政审批事项从843项减少到506项;同步推进市县扁平化改革,向各县(市、区)及市直开发区连续下放三批行政审批和管理事项;积极推广企业投资项目高效审批试点经验,稳步推进柯桥区和滨海新城的核准目录外企业投资项目不再审批试点工作;全面搭建"中介超市"平台,市级及各县(市、区)"中介超市"挂牌运行。深化"亩产论英雄"理念,探索开展企业综合评价分类管理工作,柯桥、上虞、诸暨、嵊州列为首批省资源要素市场化配置综合配套改革扩面地区;完善节约集约用地考评体系,消化批而未供土地2000公顷,盘活存量用地666.67公顷,深化城镇土地使用税改革试点,减免税收1.8亿元;加快完善环境资源市场化配套政策,累计完成排污权交易741笔,缴纳排污权有偿使用金4.1亿元,获得银行排污权抵押贷款78.7亿元。金融信贷总体平稳,存、贷款余额分别为6666.7亿元和6006.7亿元,比年初分别增加205亿元和362.6亿元;直接融资势头良好,实现直接融资384亿元,获准发行企业债券7只计86亿元。深入开展各项改革试点,全面实施商事登记制度改革,新登记有限公司16272家,注册资本484亿元,分别同比增长58.9%和24.4%;全面推进"营改增"试点,首次公开部门"三公"经费预算;积极参与杭州都市经济圈转型升级综合改革试点,编制三年实施计划;顺利实施市级机关公务用车改革,扎实推进旅游经营管理体制和食品药品监管体制改革;扎实推进全国水利现代化改革试点、住宅产业现代化综合试点。

【新型城市化步伐加快】 年内,全市全力促进中心城市融合发展,编制实施绍兴市城市发展战略纲要,做深做细11个专题研究,出台进一步加快市级经济发展的政策意见,越城区行政区域内各功能区管理体制进一步理顺,越城区、柯桥区、上虞区融合步伐不断加快。诸暨中心城市建设加速推进,嵊新区域融合发展不断深化。积极优化提升产业平台,高新区迪荡新城二期市政工程有序推进,梅龙湖工程基本完成;袍江经济技术开发区"两湖"开发建设扎实推进,特色商业圈逐步形成;滨海产业集聚区提升发展方案获省政府批复同意,产城融合进程加快。强化小城市分类培育,实施进一步加快小城市培育试点的政策意见,上虞区崧厦镇增列为省小城市培育试点镇。扎实推进美丽乡村"四级联创",创建美丽农家1.83万户,落实12.9亿元农村生活污水治理专项资金。制订接轨上海及对接自贸区的三年行动计划,进一步做好对口支援、山海协作等工作。"五水共治"成效显著,基本实现"河长制"管理全覆盖,整治黑臭河199条计238千米,基本消灭垃圾河,五类、劣五类水质断面由14个减少到8个。扎实推进"五气合治",淘汰黄标车和老旧机动车3.4万辆,淘汰燃煤锅炉878台,市区空气质量优良天数比例为67.4%。环境监管力度不断加强,全面启动污水分质提标和集中预处理,省级生态乡镇(街道)占比达到93.9%。全力推进"三改一拆",改造旧住宅区、旧厂区和城中村882万平方米,拆除违法建筑1506万平方米,分别完成年度目标的146%和502%。继续加强交通治堵力度,实施道路差别化停车收费,新增停车位11533个、公共自行车10090辆，分别完成年度目标的112%和252%。城市基础设施建设加快推进，完成“双百双千”重点基础设施项目投资258.9亿元，为年度计划的108.8%。镜湖新区“三中心”全面投运，越城区至上虞区公交、BRT5号线开通，杭长客运专线投入运营；市区“一环六横八纵”快速路网项目启动实施，绍诸高速诸暨延伸线开工建设，31省道北延工程基本建成；镜湖旅游综合体、黄酒文化园、104国道柯桥段改造等项目进展顺利；杭绍台高速、绍三线北延等项目前期工作加快推进，轨道交通线网规划基本形成。

【民生工作全面加强】 年内，全市就业形势总体稳定，举办各类招聘会498场，达成就业意向13.5万人次，发放就业社保补贴2.4亿元，制定出台促进高校毕业生就业创业政策措施，全市新增城镇就业11.48万人，完成年度目标的114.8%；实现城镇失业人员再就业4.04万人，完成年度目标的149.6%；城镇登记失业率控制在2.76%。居民收入稳步增长，城镇常住居民人均可支配收入达到43167元，农村常住居民人均可支配收入达到23539元，分别同比增长9.1%和10.5%。扎实推进十方面民生实事，投入民生资金260亿元，同比增长14%，占公共财政预算总支出的74.9%。社会保障力度进一步增强，新增职工和城乡居民养老保险、职工和城乡居民医疗保险、工伤保险、生育保险、失业保险参保人数分别为20.1万人、9.5万人、11.8万人、8.2万人和7.7万人，分别完成年度目标的254.3%、158.8%、190.3%、136.5%和139.5%。上调最低工资标准、企业退休人员基本养老金、城乡居民基础养老金，全面实施城乡居民大病保险制度。新开工保障性安居工程住房19536套，改造农房1.1万户。义务教育标准化学校创建率继续保持全省第一，新绍兴一中启动建设，绍兴大学创建工作力度加大。公立医院综合改革深入实施，全国基层卫生综合改革重点联系点工作有序展开，预约诊疗服务平台正式启用。出台加快文化产业发展的政策意见，新增国家级非物质文化遗产项目3项。成功承办第十五届省运会，全民健身活动深入开展。“绍兴人免费游绍兴”正式实施，免费接待市民180.3万人次。优生促进工作提质扩面，“单独两孩”政策得到落实。“食品安全放心城市”工程建设深入推进，加大食品违法行为的查处打击力度。开展智慧居家养老标准化试点，获得“全国慈善七星级城市”的最高荣誉。（市发改委提供）

政治文明建设

【概况】 2014年，绍兴市政治文明建设，以中共群众路线教育实践活动为抓手，全面贯彻落实中共十八大、十八届三中全会的重大政治任务，把群众路线教育作为贯彻实施“八八战略”、建设“两美”浙江，深入实施“重构绍兴产业、重建绍兴水城”战略部署，全面深化改革、增创科学发展新优势的重大机遇。

【开展群众路线教育实践活动】 1月至9月，全市在695个市、县、乡党政领导班子及其工作部门，95家市直单位，838名县处级以上党员领导干部，1.5余万个基层党组织，33万多名党员中开展了党的群众路线教育实践活动。活动按照市委的部署和要求，注重统筹谋划，制订切合绍兴实际的实施方案和专项行动方案，抽调人员组成18个督导组，分赴6个区、县（市）和市级各部门开展督导工作，实现上下联动、压茬推进；坚持领导带头，层层传导压力，激发动力，将“六个带头”贯穿始终。树立了以全国重大先进典型、全国优秀共产党员杭兰英为代表的一批正面典型。狠抓正风肃纪，组织纪检、宣传等相关部门，开展“坚定理想信念、敢于担当克难”主题教育、“六项集中行动”和“八项专项整治”，严厉纠治“庸懒散奢浮粗”等不良习气。在全市2674个村（社区）全面开展“清牌减负”工作，清理牌子27800余块、考核评比项目和创建达标活动153项。重抓长效机制，抓住“四风”突出问题、关系群众切身利益问题、联系服务群众“最后一公里”问题等整改重点，采取列出问题清单、建立台账销号、开展专项整治等方法，强化群众参与、制度机制等保障，把活动效果体现到整改落实、常态长效上。

【构建“民情通”工作标准化机制】 年内，全市组织系统把深化“民情通”工作作为打通联系服务群众“最后一公里”问题的重要途径，建立“民事服务一网覆盖、民情信息两员收集、民生热点三级分析、民意诉求四步办理”工作机制，以标准化推动联系和服务群众长效化，推动基层干部“沉下去”，“点对点、面对面”做群众工作。全年，各级干部走访农（居）户232万户次，解决群众实际问题42230个。注重整合信息资源，搭建集联系沟通、有效服务、学习交流、智慧积淀功能为一体的“民情通”信息数据平台，实现网上信息共享和综合利用。“民情通”网上已实现全市农（居）户信息录入全覆盖，记载网上民情日记24.7万余篇，研究解决问题8172个。

【加强领导班子思想政治建设】 年内，全市组织系统积极稳妥推进干部人事制度改革，深化领导干部社会化评价工作，扩大评价范围，将市本级评价范围扩大到59个部门的68名正职、283名副职领导干部，同时推动工作向县（市、区）机关部门和乡镇（街道）延伸，共有2942名科级干部接受基层群众和服务对象的评价。不断改进评价方法，累计已录制《电视评议》64期，播出56期。

【开展正风肃纪专项行动】 年内，市县两级组织部门联动，每月召开正风肃纪专项行动。共组织明察暗访行动796次，出动检查人员3509人次，检查单位6796家次。严肃整治“节日病”，节假期间，联合新闻媒体对高档酒店、旅游景点、机关传达室等开展随机检查，坚决刹住“酒局牌局”、“会所中的歪风”、公款送节礼、公款旅游和公车私用等不正之风。对机关干部上班纪律、值班到岗、工作用餐等情况进行暗访抽查，防治松、懒、散等机关"松垮病"。对"五水共治"工作中推进不力、履职不到位的干部予以追责。全市共查处各类问题930个，处理责任人员573人次，其中78人次受党纪政纪处分，下发通报335起，媒体曝光44起。3月29日，全市实名通报6起违反中央"八项规定"精神的典型案例。

【深化专项整治工作】 年内，市委组织部根据省委开展"八项专项整治"的要求，把"六项集中行动"和"八项专项整治"活动结合起来，部署推进整改工作。至年底：市委、市政府召开会议、下发文件较活动开展前分别下降10%、9.5%；减少各类领导小组和议事协调机构37个；市级43个部门825项行动审批事项中共"归零"417项，减少50.5%；取消行政事业性收费项目56项，暂停征收34项，降低（减半）项目59项，降低经营服务性收费11项。压缩农村集体非生产性开支4737万元；立案查处涉企"三乱"案件3件，涉案金额87万元；查处涉农违规收费案（事）件4件，涉及金额4.4万元；查纠城乡低保"人情保""错保"案件，退出28人，查实举报11件。全市公共财政预算拨款安排的"三公"经费比2013年下降30.1%。1月至8月，全市"三公"经费支出下降46.7%，其中公务接待费下降55.9%。（令一苗）

精神文明建设

【概况】 2014年，全市精神文明建设领导部门深入学习贯彻市委风尚文明建设实施意见，围绕培育和践行社会主义核心价值观，大力开展群众性精神文明创建工作，提升群众文明素质。

【每月实施公共文明指数测评】 年内，市文明办委托第三方每月实施公共文明指数测评，测评结果在市级新闻媒体头版位置和黄金时段公布，接受社会监督评议，对末位和名次倒退部门进行诫勉谈话，以测评推动"全国文明城市"创建工作向常态化转变。实施月度测评以来，九大重点行业测评成绩从2013年的82.8分提到2014年的87.3分，四大区块测评成绩从2013年的76.4分提高到2014年的82分。

【推进创建惠民实事】 年内，市文明办围绕"让城市更具魅力、让生活更加美好"的创建主题，确定了老旧小区改造、交通治堵、马路市场取缔、违章建筑拆除、城市"牛皮癣"清理等53个年度创建重点项目，切实解决了一批群众反映强烈的具体问题。大力推进有关部门实施99个市政基础设施项目有机更新，完成18个老旧小区改造和16个小区的雨污分流改造，做好近10万平方米的自主产权的人行道破损和5万个窨井的维修。楼道灯、灭火器这些群众反映较多的问题也得到了解决。同时，加强突出问题的督查整改，组织开展非法小广告、沿街噪声等专项治理，全年整改各类问题累计1000多个。

【多措并举提升市民素质】 年内，市文明办组织开展"做文明有礼绍兴人"系列活动，广泛开展文明习惯评议养成等五大行动，制作发放《这些陋习你改了吗》宣传漫画读本2万册、文明创建知识宣传小册子20万份。组织开展"美丽绍兴、美好生活"知识竞赛，吸引3万余人参加。开展文明餐桌行动，从各级各类学校、家庭、宾馆饭店、食堂、餐馆抓起，实现文明餐桌全覆盖。开展"礼让斑马线、文明在身边"活动，举办文明驾驶人评选活动，每月评选出20名私家车和公交车驾驶人。编印《公民出境旅游文明手册》，制作"中国公民出境旅游文明指南"宣传架，策划制作《文明出境游动漫》宣传片，开展文明旅游行动。

【开展家风家训家规传播活动】 年内，市文明办开展"家训家规、优秀家风故事"征集评选活动，征集到各类家训家规701条，优秀家风故事413个。开设孝道"红黑榜"，开展"孝子进校园"活动，举办孝道微访谈活动，展示孝道典范、警示不孝案例，弘扬传统孝文化。组织"正家风、传美德"家风家规与家庭教育访谈和座谈活动，举办道德模范走进绍兴高校宣讲家风故事，开展以家风家训为主题的道德讲堂活动，运用越剧、莲花落等戏曲形式宣传家庭美德和邻里情义。利用媒体优势挖掘绍兴名人家风历史蕴含及其当代价值，刊发《绍兴：周恩来清廉家风令游人肃然起敬》等系列文章。

【选树宣传身边好人】 年内，市文明办组织开展中国好人榜、浙江好人榜、绍兴好人榜推荐评议活动，全年共有8人上中国好人榜，25人上榜浙江好人榜，评选产生绍兴好人12人。组织道德模范——身边好人进社区、学校、机关、警营、企业开展巡讲巡演27场。开通道德模范个人微博、"点亮一盏灯"等志愿服务团队的微信平台，筹备开通绍兴道德模范——身边好人微信。为全国道德模范提名奖获得者何亮和浙江省慈善奖获得者、绍兴市道德模范董国光等拍摄微电影，并对外发布。

【广泛开展志愿服务活动】 年内，市文明办围绕志愿服务招募注册、教育培训、服务记录、考核激励、嘉许回馈等方面出台具体的工作意见。在市区越王城广场设立雷锋广场，每月开展学雷锋志愿服务活动，直接服务群众上万人。在80个社区设立学雷锋志愿服务站，在市区300个窗口服务单位设立公共场所便民利民点和环卫工人爱心服务站，组建敬老、爱幼、助残、关爱农民工等400多支志愿服务队，就近就便为群众提供服务。组织开展社区志愿服务项目对接活动，市区所有80个社区与102支文明单位学雷锋志愿服务队、社会志愿服务队签订志愿服务项目141个。

【绍兴网上爱心博物馆获全国精神文明传播奖】 年内，市文明办建立了近100人组成的专业评论员队伍，绍兴文明网每天发布新闻稿10条以上，年发布信息

4000多条，制作专题40个，推出原创评论1000多件。绍兴网上爱心博物馆作为绍兴文明网的特色栏目，推出爱心人物榜2000多人，组织博爱书屋、关爱环卫工人、文明绿蛙等各类爱心活动30多次，栏目获得全国精神文明传播奖。

【开展“讲文明树新风”公益广告宣传】 年内，市文明办广泛发布“讲文明树新风”公益广告，在市区绍兴北站广场、博物馆广场、名人广场等地设立82块灯箱，常年刊播各类公益广告。组织开展全市平面类公益广告征集，部署全市墙体公益广告宣传工作。绍兴日报社三份报纸每月刊登总量在4个整版以上，每月合计在20个版面以上。绍兴广电总台所属电视、广播公益广告在重要时段每天播放15次以上，黄金时段每天播放4次。

【推进诚信绍兴平台建设】 年内，市文明办建立了绍兴市“诚信绍兴”发布平台，设立“红黑榜”，发布失信被执行人名单、企业产品质量、企业环境信用评价、AAA级信用企业名录等内容，举办了全市“构建诚信惩戒失信”新闻发布会。出台《绍兴市道德信贷实施办法》，开发多种信贷产品满足不同行业的道德模范在生产、经营和消费领域的信贷需求。全面部署诚信经营示范店、“做精工产品、做诚信企业”、“学习双桂坊、诚信做食品”三大创建活动。

【获评全国未成年人思想道德建设工作先进城市】 年内，市文明办在全市中小学校广泛组织开展“培育和践行社会主义核心价值观”主题教育活动，推动“核心价值观”进学校、进班级、进头脑。组织开展了“我的中国梦”主题教育实践活动、第四届绍兴市美德少年评选。丁泽获“全国百名美德少年”称号。推进乡村学校少年宫规范化建设和管理，实施“春泥计划”提质扩面。指导和推动柯桥区和上虞区建立未成年人心理辅导站，实现了市区心理辅导站建设的全覆盖。绍兴市被中央评为“全国未成年人思想道德建设先进城市”。

【媒体聚焦绍兴文明城市创建】 年内，绍兴文明城市创建工作引起了国内主流媒体的高度关注，新华社、《光明日报》、《经济日报》、人民网、《精神文明报》等媒体相继报道绍兴创建工作经验，在全国产生了广泛影响。（市文明办提供）

市及县(市、区)主要机构及负责人(2014.1—2014.12)

(一)绍兴市党组织

中共绍兴市第七届委员会

书　记　钱建民
副书记　俞志宏　尹永杰
常务委员　钱建民　俞志宏　尹永杰　何加顺
　魏　伟　陈月亮　刘国富（　—2014.6）
　傅祖民　吴晓东　余祥明
　姚　远（女）　钱三雄
　凌志峰（2014.8—　）
委　员　丁如兴　马永良　王水君　王建新
　王慧琳（女）　尹永杰　叶卫红（女）
　冯建荣　吕　丙　任　勇
　刘国富（　—2014.6）　阮坚勇
　阮建尧　孙云耀　寿炳尧　杨　晔
　杨大明　杨文孝　杨建根　吴晓东
　何加顺　余祥明　陈长兴　陈月亮
　陈国阳　陈建国　陈惠明　金　志
　金百富　周达军　赵定国　赵解刚
　胡东林　钟洪江　俞志宏　宣传中
　姚　远（女）　钱三雄　钱水祥
　钱建民　倪善贵　徐良平　徐国龙
　徐明光　凌志峰（2014.8—　）
　章　烽　章长胜　章光华　傅陆平
　傅茂昌　傅祖民　楼建明　谭志桂
　魏　伟　魏　明
候补委员　金　辉　李永鑫　张纪尔　马国灿
　杨志强　王旭波　董明阳　张顺建
　张阿东　戴　辉

中共绍兴市纪律检查委员会

书　记　傅祖民
副书记　莫　勇（　—2014.12）　杨　晔
　朱建和（2014.12—　）
常务委员　傅祖民　莫　勇（　—2014.12）
　杨　晔　朱建和（2014.12—　）
　祝智贤　吴海洋　吕智飞（女）
　王荣彪（　—2014.5）
委　员　丁国兴　王永明　王荣彪（　—2014.5）
　王浩萍（女）　邓港林　过孟超
　吕智飞（女）　朱伟峰
　朱建和（2014.12—　）　刘孟达　江　波
　杨　晔　吴海洋　张文英（女）
　陈小英（女）　陈纪钢　陈建光　竺洪亮
　周宝林　周骄德　赵　铭　施新民
　祝智贤　袁立江　莫　勇（　—2014.12）
　钱武生　倪成良　徐明法　徐建璋
　郭春敖　章国庆　董慧珍（女）　傅祖民
　鲍永强

中共绍兴市委巡视工作联络组办公室

主　任　祝智贤

中共绍兴市委工作机构及直属部门

市委秘书长 魏 伟
副秘书长 钟 海 董明阳(兼) 楼铁谔(兼)
袁立江(兼,—2014.5) 王芬祥
黄奇凡 陶关锋(兼,2014.5—)

中共绍兴市委办公室(市委政策研究室)

主 任 钟 海
副主任 王芬祥 袁海峰 何洪亮 单滨新
徐善斌(援青) 钱林江
市委政策研究室副主任 王芬祥 王 力
市委机要局(市密码管理局)局长 蔡晓红
市委保密办(市保密局)主任(局长) 朱昌法

中共绍兴市委组织部(市委两新工委)

部 长 吴晓东
副部长 章 烽(常务) 朱晓董(兼) 赵 铭
高 杨(女,兼) 邵全卯(兼) 张壮雄
市委"两新"工委书记 赵 铭
副部级组织员 高建国(2014.5—)
邵永明(2014.5—)
市委人才办专职副主任 秦国金(—2014.9)

中共绍兴市委宣传部(市委对外宣传小组办公室、市政府新闻办公室)

部 长 尹永杰(—2014.5) 何加顺(2014.5—)
副部长 刘孟达(常务,—2014.7)
马国灿(2014.5— 常务,2014.9—)
俞国娟(女, —2014.5) 王玉宝(兼)
何俊杰(2014.9—) 马立远
市委外宣办(市政府新闻办)
主 任 杨坚祥(—2014.9)
黄爱芬(女,2014.9—)

中共绍兴市委统战部

部 长 倪善贵
副部长 柴英龙(—2014.5)
钱肖华(2014.5—) 黄文刚(兼)
何国梁
台办主任 张 洁(女)

中共绍兴市委政法委员会(市综治办、市委维稳办)

书 记 尹永杰(兼)
副书记 刘国富(—2014.8)
凌志峰(兼,2014.8—)
冯建荣(兼)
戴 辉(—2014.7)
马永定 张伟光
市综治办主任 张伟光(兼)
市综治办副主任 韩宝安(—2014.7)
市委维稳办主任 王忠灵(—2014.7)
政法委秘书长 王忠灵(—2014.7)

中共绍兴市委、绍兴市人民政府政府农业和农村工作办公室

主 任 楼铁谔
副主任 钱增扬 金立锋 陈建中 凌立明

绍兴市机构编制委员会办公室

主 任 朱晓董
副主任 严成刚 路晓薇(女) 陈永葆

中共绍兴市直属机关工作委员会

书 记 董明阳
副书记 谢利根 邢南艳(女, —2014.5)
张文英(女)
纪工委书记 张文英(女)

中共绍兴市委、绍兴市人民政府信访局

局 长 袁立江(—2014.5) 陶关锋(2014.5—)
副局长 周志刚(—2014.9) 黄伟英(女)
周国军 钱 程(兼)
赵腾飞(2014.9—)

中共绍兴市委防范和处理邪教问题领导小组办公室、绍兴市人民政府防范和处理邪教问题办公室

主 任 周江萌
副主任 陈兴强 张永强

中共绍兴市委老干部局

局 长 高 扬(女)
副局长 金芝顺 蔡国南

绍兴市档案局(市档案局)

局 长(馆长) 车炼钢
副局长(副馆长) 梁国灿 杨 健 陈志军
党组书记 车炼钢
副书记 梁国灿

绍兴市精神文明建设委员会办公室

主 任 王玉宝
副主任 王玉标 盛夏锋 徐人杰(2014.12—)

中共绍兴市委党史研究室(市地方志编纂委员会办公室)

主 任 何云伟
副主任 蔡人灏 金 燕(女) 郑红光

中共绍兴市委党校

校 长 吴晓东
副校长 陈建国(—2014.9) 徐志伟 陶 坚
赵建军

政法干校

校 长 陈建国(兼, —2014.10)

绍兴市行政学院

院 长 钱建民
副院长 陈建国(—2014.10) 王水君(兼)
徐志伟 陶 坚 赵建军

绍兴日报社

社 长 赵解刚
副社长 鲁兰洲 丁建萍(女) 陈云伟
总编辑 鲁兰洲

副总编辑　李成通　周国祥　王武荣
绍兴网主编　赵　宇
党委书记　赵解刚
副书记　鲁兰洲　陈　岩　丁建萍(女)
纪委书记　丁建萍(女)

(二)绍兴市政权组织

绍兴市第七届人大常务委员会

主　任　谭志桂
副主任　车晓端(女)　黄秋生　吕　斌　施淑汝(女)　王继岗　徐挺富　阮坚勇
秘书长　寿炳尧
党组书记　谭志桂
成　员　黄秋生　吕　斌　施淑汝(女)　王继岗　徐挺富　阮坚勇　寿炳尧

绍兴市第七届人大常务委员会委员

于庆国　王千银　王文土　王张贵　方朝阳　石春法　朱振安　孙志祥　寿韶夫　李妙芳(女)　杨建根(　—2014.6)　沈颂理　张小帆　陈坤木　陈爱莲(女)　季　萍(女)　周凤娟(女)　孟建新　俞锦宾　洪安龙　夏能勇　徐茂根　翁培雄　盛伯钧　章　烽　章柏顺　傅建伟　傅俊良　鲁孟河　滕建华　潘　浩

绍兴市人大常委会工作委员会

法制工作委员会

主　任　朱振安
副主任　潘　浩

财经工作委员会

主　任　夏能勇
副主任　章伯顺　蔡　微(女)

教科文卫工作委员会

主　任　陈坤木
副主任　李妙芳(女)　商世敏(女,2014.10—　)

城建环保工作委员会

主　任　张小帆
副主任　王张贵

代表工作委员会

主　任　鲁孟河
副主任　石春法　吕久刚　叶　放(2014.8—　)

农经工作委员会

主　任　王文土
副主任　寿韶夫

民族侨务工作委员会

主　任　滕建华
副主任　盛伯钧

绍兴市人大常委会办公室

主　任　孙志祥
副主任　许　晋　徐雅香(女)　朱耿才　盛卓异(女)

绍兴市人大常委会研究室

主　任　俞锦宾
副主任　朱　菁(女,　—2014.10)　刘　峰(2014.10—　)

绍兴市人民政府

市　长　俞志宏
副市长　陈月亮(常务)　姚　远(女,挂职)　丁晓燕(女)　徐明光　杨文孝　冯建荣　钟洪江　张素峰(挂职　—2014.4)
党组书记　俞志宏
副书记　陈月亮
成　员　徐明光　杨文孝　冯建荣　钟洪江　丁如兴

绍兴市人民政府工作机构

秘书长　丁如兴
副秘书长　张海龙(兼)　章国金　李永鑫　张校军　田一成(兼,　—2014.12)　马　民　胡周祥　谢　胜(兼,　—2014.12)　邹欢昂　徐之澜　王忠灵(2014.8—　)　郭浩良(　—2014.12)　孙君(兼,　—2014.12)　冯立中(2014.12—)　张明中(挂职两个月,2014.12—　)　赵　锦(挂职两个月,2014.12—　)

绍兴市人民政府办公室

主　任　张海龙
副主任　李判根(兼)　施新民(兼,—2014.3)　冯立中(兼—2014.12)　王荣彪(兼,2014.5—)　叶　放(　—2014.8)　鲁旭初　陈伟军　严关木(2014.10—　)
党组书记　丁如兴
副书记　张海龙
纪检组长　杨成林

绍兴市人民政府法制办公室

主　任　李判根
副主任　杨志敏

中共绍兴市委、绍兴市人民政府接待办公室

主　任　徐之澜

绍兴市人民政府突发公共事件应急管理办公室

主　任　陈伟军(兼)

绍兴市仲裁委员会

秘书长 秦甫
副秘书长 周纪荣
绍兴市人民政府研究室
主任 冯立中(2014.12—)
副主任 冯立中(—2014.12) 黄显勇
绍兴市人民政府教育督导室主任 陈纪钢
绍兴市发展和改革委员会(市物价局、市粮食局、市国内合作交流办公室)
主任 傅陆平
副主任 王兴贤(—2014.10) 许永明
赵建国(2014.10—) 董祖望
王辉 凌芳(女,2014.6—)
何坚刚
党组书记 傅陆平
纪检组长 王国锋
副局组纪检员 陈清德(2014.5—)
国内合作交流办公室
主任 傅陆平(兼)
副主任 王国锋(兼) 董祖望(兼)
绍兴市现代服务业管理局局长 王永火
绍兴市经济和信息化委员会(市中小企业局)
主任 黄坚
副主任 肖理生 商城飞(女) 黄旭荣(女)
孙省三 金大为
党组书记 黄坚
纪检组长 范奕华(—2014.7)
绍兴市教育局
局长 贺晓敏
副局长 陈纪钢 赵爱庆 石鑫炯 钱伟平
党委书记 贺晓敏
副书记 陈纪钢
纪检组长 朱伟峰
绍兴市科学技术局
局长 潘晓辉(—2014.10)
何建(2014.10—)
副局长 金如如(女) 姚明 潘新良
党组书记 潘晓辉(—2014.9)
何建(2014.9—)
副书记 王法根
纪检组长 王法根
绍兴市民族宗教事务局
局长 黄文刚
副局长 吴军 陈秋平
绍兴市公安局
局长 刘国富(—2014.8)
凌志峰(2014.8—)
副局长 沈雄标(—2014.1) 潘和忠
徐明法 王争 丁松勇
督察长 刘国富(—2014.8)
凌志峰(2014.8—)
党委书记 刘国富(—2014.8)
凌志峰(2014.8—)
副书记 沈雄标(—2014.1)
潘和忠(2014.2—) 施昌新
纪委书记 郑中庆
绍兴市监察局
局长 杨晔
副局长 祝智贤 徐泳 竺洪亮
绍兴市民政局(市老龄工作委员会办公室)
局长 叶卫红(女)
副局长 黄浙平(—2014.6) 章天铝
周巧米(女)
党委书记 叶卫红(女)
副书记 姜晓迪
纪检组长 董荣兴
绍兴市老龄工作委员会办公室
主任 寿建人
副主任 金宏钢
绍兴市慈善工作办公室
主任 张爱武(女)
绍兴市司法局
局长 周骄德
副局长 吴永星(—2014.1) 周云伟
吴绍庆 吕强 王薇(女)
政治部主任 吴刚(—2014.5)
周云伟(2014.5—)
党委书记 周骄德
纪检组长 史樟裕
绍兴市劳教所(—2014.10)
所长 赵光德(—2014.10)
第一政委 周骄德(兼, —2014.10)
政委 王肃整(—2014.10)
绍兴市九里强制隔离戒毒所(2014.10—)
2014年10月,由绍兴市劳动教养管理所更名。
第一政治委员 周骄德(兼,2014.10—)
所长 赵光海(2014.10—)
副所长 杨建敢(2014.12—)
绍兴市财政局(市地方税务局)
局长 王水君
副局长 潘旺明 蔡文良
何俊杰(—2014.5)
赵雄飞(2014.5—)
倪兵(2014.5—)
邢玉清(女,2014.10—)

党委书记 王水君
副 书 记 潘旺明 陈建光
纪检组长 陈建光

绍兴市人力资源和社会保障局

局 长 邵全卯
副 局 长 陈树荣（ —2014.1） 裘凯音（女）
王福荣 陈建兴
黄立枫 罗继红 陈朝晖
党组书记 邵全卯
副 书 记 裘凯音（女，2014.2— ）
纪检组长 薛婉娟（女）
副局级纪检员 王 群（女，2014.5— ）

绍兴市社会保障事业管理局

局 长 裘凯音（女，兼， —2014.5）
陈建兴（兼，2014.5— ）
副局长 吴先朝

绍兴市国土资源局

局 长 任 勇
副 局 长 陈皆烨 姚冬而 金 星 孟志军
党委书记 任 勇
党委副书记 陈皆烨
纪委书记 陈皆烨

绍兴市环境保护局

局 长 何伟壮
副 局 长 徐丽东 张荣社 徐金泉 胡 剑
党组书记 何伟仕
副 书 记 章 辉
纪检组长 章 辉

绍兴市住房和城乡建设局

局 长 王旭波
副 局 长 冯吉文 许建国 金龙彪 张晓冬
党委书记 王旭波
纪检组长 阮关木
绍兴市房地产管理处主任 许国权

绍兴市规划局

局 长 金百富
副 局 长 周筱芳（女） 徐 勇
党组书记 金百富
副 书 记 周筱芳（女，2014.2— ）
纪检组长 金雷鸣
绍兴市城乡规划管理处主任 相国荣

绍兴市交通运输局

局 长 章剑谷
副 局 长 张海波 张德胜 汤加民 沈荣根
张 敏 王 欣
冯国芳（兼，女 2014.8— ）
党委书记 章剑谷
副 书 记 汤加民
纪检组长 陈小英（女）

绍兴市水利局

局 长 金 辉
副 局 长 张建良（兼） 吕益民（ —2014.10）
林 军 吕永江 孙炎松
王建勇（2014.10—）
党组书记 金 辉
纪检组长 李东海
绍兴市人民政府防汛防旱指挥部办公室
主 任 徐诗军（2014.8— ）

绍兴市农业局

局 长 张阿东
副 局 长 郑炎林 水茂兴 孙建焕 张建庆
党委书记 张阿东
纪检组长 杨 娣（女）
绍兴市生猪定点屠宰稽查队队长 周伟光
绍兴市畜牧医局
局 长 吕钢进
副局长 赵建洪

绍兴市林业局

局 长 张宪疆
副 局 长 韩柏昌 周仕信 徐江峰
党组书记 韩柏昌
纪检组长 周 伟

绍兴市商务局

局 长 章光华（ —2014.4）
施新民（2014.4— ）
副 局 长 钱肖华（兼， —2014.6） 陈元德
周晓东 丁 虹（女，2014.1— ）
韩洪江 楼 芳（女）
党委书记 章光华（ —2014.2）
施新民（2014.2— ）
纪检组长 徐仁怀
中国国际贸易促进会绍兴支会会长 王 凯

绍兴市招商服务局

局 长 钱肖华（ —2014.6）
施新民（兼，2014.6—）
党组书记 钱肖华（ —2014.5）
施新民（兼，2014.5— ）

绍兴市文化广电新闻出版局

局 长 杨志强
副 局 长 杨越忠 金一波（ —2014.10）
陈卫民 胡华钢 龚 任
杨坚祥（2014.10— ）
党委书记 杨志强
副 书 记 杨越忠 许煌发

纪检组长　许煌发

绍兴市卫生局

局　　长　马国灿(　—2014.5)

袁立江(2014.5—　)

副 局 长　张文卫(　—2014.5)　郑　杰(女)

金红柱　王宏达

党委书记　马国灿(　—2014.5)

袁立江(2014.5—)

纪检组长　叶伟明

绍兴市卫生监督所所长　应鑫德

副所长　高焕张

绍兴市人口和计划生育委员会

主　　任　陈玲芳(女)

副 主 任　沈荣根(兼)　阮兴桥　袁　乐(女)

纪检组长　傅永泉

绍兴市审计局

局　　长　王建新

副 局 长　郭春敖　王文雯(女)　施　彪

党组书记　王建新

副 书 记　郭春敖

纪检组长　陈庆鲁

绍兴市经济责任审计工作联席会议办公室

主　任　陈富根

绍兴市人民政府外事与侨务办公室

主　任　谢振江(　—2014.10)

副主任　张小华　周　英(女)

外侨办、侨联联合党组书记　谢振江(—2014.9)

党组副书记　张小华

纪检组长　宋　南

绍兴市安全生产监督管理局

局　　长　陈国良(　—2014.6)

楼灿忠(2014.6—　)

副 局 长　商世敏(女，　—2014.10)　陈　燕

韩彬翔(　—2014.6)

王岳军

党组书记　陈国良(—2014.5)　楼灿忠(2014.5—)

副 书 记　商世敏(女，—2014.9)

绍兴市统计局

局　　长　陈德洪

副 局 长　王兴贤(2014.10—)　陈烈虎　张国苗

党组书记　赵泽良(　—2014.9)

王兴贤(2014.9—　)

纪检组长　胡云欣

绍兴市旅游委员会(会稽山旅游度假区管理委员会)

主　任　郭浩良

副主任　陈伟平　范光明　任建通

唐易宏(　—2014.10)

朱　菁(女，2014.10—　)

会稽山旅游度假区管理委员会

主　　任　郭浩良

副 主 任　陈伟平

党委书记　郭浩良

纪委书记　单刚强

绍兴市食品药品监督管理局(　—2014.1)

局　长　魏鹏程(—2014.1)

副局长　周　翔(　—2014.1)　邵　鹏(　—2014.1)

汤金尧(　—2014.1)

绍兴市食品安全委员会办公室

主　　任　魏鹏程(兼，　—2014.1)

纪检组长　陈雪军(女，—2014.1)

绍兴市场监督管理局(2014.1—　)

鉴于市食品药品监督管理体制调整，2014 年 1 月，市委决定建立绍兴市市场监督管理局。

局　　长　魏鹏程(2014.1—　)

副 局 长　何学松(2014.1—　)

赵健生(2014.1—　)

周　翔(2014.1—　)

徐　越(2014.1—　)

方维远(2014.1—　)

邵　鹏(2014.1—　)

汤金尧(2014.1—　)

书　　记　魏鹏程(2014.1—　)

副 书 记　章行舟(2014.1—　)

纪检组长　陈雪军(女，2014.1—　)

绍兴市城市管理行政执法局

局　　　长　倪成良

副　局　长　王建荣(2014.1—　)

倪亚庆(　—2014.1)　朱旭界

童国强(　—2014.3)

市城管办副主任　徐　林

党 委 书 记　倪成良

副　书　记　徐　林　王建荣(2014.1—　)

王少军

纪 检 组 长　王少军

绍兴市人民政府台湾事务办公室(市委台湾工作办公室)

主　　任　张　洁(女)

副 主 任　王伟祥　张　飙

党组书记　张　洁(女)

绍兴市人民防空办公室(市民防局)

主　　任(局长)　陈功苗

副主任(副局长)　章　勇　李幼兴　赵岳翔(兼)

党 组 书 记　陈功苗

纪 检 组 长　赵玲华(女)

绍兴市质量技术监督局

局　　长　冯灿校
副局长　俞有灿　章忠庆　王焕君
党委书记　冯灿校
纪委书记　杨建江

绍兴市人民政府国有资产监督管理委员会

主　　任　丁国兴(—2014.11)
副主任　江　波　魏仁林　董　健　朱嵩松
党委书记　丁国兴(—2014.11)
副书记　江　波
纪工委书记　张桂雄(—2014.2)　江　波(2014.5—)

绍兴市机关事务管理局

局　　长　房　紧(2014.5—　)
副局长　房　紧(主持工作，　—2014.5)　张国培
章仕土　陆新华
党组书记　房　紧(2014.5—　)
副书记　房　紧(主持工作，　—2014.5)
纪检组长　楼国苗

绍兴市建筑业管理局

局　　长　林　抒
副局长　郭学仁　沈长荣　陈秋新
周水根(　—2014.3)　董学强
党委书记　林　抒
副书记　沈长荣
纪检组长　周水根(　—2014.2)
童国强(2014.2—　)

绍兴市体育局

局　　长　王越新
副局长　周智广　袁　乐(女)　王　炅
廖洪钰(挂职一年，2014.1—　)
党组书记　王越新
纪检组长　赵国华(　—2014.1)
绍兴市奥体中心主任　倪明亮(2014.6—　)

绍兴市高新技术产业开发区管理委员会(迪荡新城开发建设领导小组办公室)

主　　任　赵定国
副主任　何　建(　—2014.10)　金　斌
陆伟香(女)　陈云腾
寿建华　秦国金(2014.10—　)
吴大兴　姚良夫
党工委第一书记　徐明光(兼)
党工委书记　赵定国
党工委副书记　何　建(—2014.9)　王建夫
纪工委书记　王建夫

绍兴袍江经济技术开发区管理委员会(袍江新区管理委员会)

主　　任　陈泉标(　—2014.8)
沈志江(2014.8—　)
副主任　徐　彪　邓大庆
周志刚(2014.10—　)　张永春
赵文栋　陶百坤　朱如华(援藏)
党工委第一书记　杨文孝(兼)
党工委书记　陈泉标
党工委副书记　沈志江(2014.7—　)　邓大庆
纪工委书记　朱才祥

绍兴市镜湖新区管理委员会

主　　任　张纪尔(　—2014.6)
魏　明(2014.6—　)
副主任　戴红军(　—2014.8)
宋国兴(2014.8—　)
石　坚(　—2014.8)　魏建东　朱志祥
党工委书记　章长胜(兼)
副书记　魏　明(兼)
张纪尔(主持日常工作，　—2014.5)
宋国兴(兼，2014.7—　)
纪工委书记　陈智敏

绍兴市迎恩门工程建设指挥部

总指挥　魏　明(兼)
副总指挥　丁忠平(兼)　茹志水

绍兴滨海新城管理委员会

主　　任　孙哲君(　—2014.10)
潘晓辉(2014.10—　)
副主任　潘立峰　王立新　周伟洪
唐国忠　胡大江
张法兴(挂职，—2014.6)
丁新安(2014.10—　)
党工委书记　陈国阳
副书记　孙哲君(—2014.9)　潘晓辉(2014.9—)
纪工委书记　李国荣

绍兴市行政服务中心

主　　任　周宝林
副主任　张卓炯　高柏雄
党委书记　周宝林
纪检组长　盛小钢

绍兴市市长公开电话受理中心

主　　任　施新民(　—2014.3)　王荣彪(2014.5—　)
副主任　宣少康　陈　良
党组书记　施新民(—2014.2)　王荣彪(2014.5—　)

绍兴市公共资源交易管理委员会办公室(市公共资源交易中心)

主　　任　丁国兴(　—2014.3)　柴英龙(2014.3—　)
副主任　徐国泉(2014.12—　)　沈建华　过孟松
党委书记　丁国兴(　—2014.2)　柴英龙(2014.2—　)
纪检组长　雷乃行
绍兴市公共资源交易中心主任　过孟松

绍兴市人民政府驻北京联络处

主　任　谢胜
副主任　刘志校　钱程

绍兴市人民政府驻上海联络处

主　任　徐建校
副主任　朱国荣

绍兴广播电视总台——绍兴广播电视总台(绍兴广播电视传媒集团有限公司)

2014年9月27日,中共绍兴市委决定,中共绍兴广播电视总台委员会、纪律检查委员会更名为中共绍兴广播电视总台(绍兴广播电视传媒集团有限公司)委员会、纪律检查委员会。

台　　长　黄松保(　—2014.3)
　　　　　刘孟达(2014.3—　)
副 台 长　邓港林
　　　　　陈夏珍(女,2014.10—)
　　　　　李武军　陶甚健
　　　　　吴浩军
总 编 辑　邓港林
新闻综合监督总监　张继列
党委书记　黄松保(—2014.2)
　　　　　刘孟达(2014.2—,2014.9—)
副 书 记　邓港林(　—2014.9;2014.9—　)
　　　　　陈夏珍(女,—2014.9;2014.9—)
纪委书记　陈夏珍(女,　—2014.9)
　　　　　李武军(2014.9—　)

绍兴广播电视传媒集团有限公司

董事长　刘孟达(2014.10—　)
总经理　刘孟达(2014.10—　)
副总经理　吴浩军(2014.10—　)
　　　　　何国永(2014.10—　)
监事长　李武军(兼,2014.10—　)

中共绍兴市委、绍兴市人民政府节会办公室

主　任　谢　胜
副主任　马玉明

绍兴市人民政府金融工作办公室

主　任　夏九英(女)
副主任　孙永国　徐云生
党组书记　夏九英(女)

绍兴市曹娥江大闸管理局

局　长　徐青松(　—2014.11)
　　　　张建良(2014.11—　)
副局长　李宝仁　周鉴森
党委书记　张建良

绍兴市文物管理局

局　长　郭浩良
副局长　葛波儿　周安成

绍兴市流动人口服务管理局

局　　长　王争(兼,2014.3—　)
常务副局长　朱永潮
副 局 长　孟文军

绍兴市住房公积金管理中心

主　任　陈多珍(女)
副主任　方林苗　章选东
党委书记　陈多珍(女)

绍兴市供销合作总社

主　任　阮建明
副主任　陈金华　许吉荣　张兴昌
　　　　徐守仁(—2014.5)
党委书记　阮建明
副书记　陈金华
纪委书记　徐守仁(2014.5—　)

嘉绍大桥管理局

局　长　项　良(嘉兴,2014.12—)
副局长　吴炳泉　王明虎
党组书记　吴炳泉(嘉兴,2014.12—)
副书记　项　良

绍兴市高速公路建设指挥部

总指挥　楼灿忠(　—2014.6)
　　　　毛红卫(2014.6—　)
党工委书记　楼灿忠(　—2014.5)
　　　　　　毛红卫(2014.5—　)
纪工委书记　赵溢峰

杭绍台高速公路工程建设指挥部(2014.5—　)

总指挥　徐挺富(2014.6—　)
副总指挥　毛红卫(2014.6—　)
　　　　　陶建军(2014.6—　)
党工委书记　徐挺富(2014.5—　)
副书记　毛红卫(2014.5—　)

绍兴市铁路建设办公室

主　任　张德胜

绍兴市对口支援新疆阿克苏地区阿瓦提县指挥部

指挥长　孙　君
副指挥长　王国飙　王伯忠
党委书记　孙　君
副书记　王国飙
纪委书记　王国飙

(三)绍兴市政协组织

政协绍兴市第七届委员会

主　席　陈长兴
副主席　陈伯怀　吴　耘　解晓波(女)
　　　　胡少云(女)　黄文泽
　　　　倪善贵　徐青松　何小玲(女)
　　　　余利明(女)

秘 书 长　傅茂昌
党组书记　陈长兴
成　　员　吴　耘　解晓波（女）　黄文泽　倪善贵
　　　　　傅茂昌

政协绍兴市第七届常务委员会委员

王建荣（—2014.1）　王惠中（2014.4—）
毛红卫（—2014.4）　方武术　冯吉祥（—2014.4）
朱燕（女）　朱之快　朱明水　任洁芳（女）
华　凯　孙　杨　孙妙川　李维萍（女）　杨　健
吴　军　吴金权　吴建龙
何国梁（2014.4—）　沈　伟　沈冬云　沈荣根
张　洁（女）　张小华　张文江　陈三妹（女）
陈小伟（女）　陈合力（女）　陈丽君（女）
陈夏英（女）　陈爱霖　陈德洪（　—2014.1）
陈德根　林　琳（女）　金如如（女）　周　敏（女）
周永利　周能兵　周煦朝　经录五　赵　立（女）
赵　璐（女）　赵泽良（2014.4—）
赵浪平（女，—2014.4）　钟莉莉（女）　施建强
骆学新　袁必新　柴英龙（2014.4—）　钱伟平
徐剑平（女）　徐爱华（女）　殷国萍（女）　黄文刚
章国庆（2014.4—　）　阎晓勤（女）　葛波儿
韩彬翔　释净芳（—2014.4）　裘巧芳（女）
管荣庭　潘锦仁　鞠丽霞（女）　魏国良

政协绍兴市委专门委员会及办公室、研究室

副秘书长　朱明水（兼）　秦百庆
　　　　　胡青蓝（女，2014.6—　）　潘锦仁（兼）
　　　　　翁培雄（兼）

提案委员会

主　任　林琳（女）
副主任　徐雅敏（女）

经济科技委员会

主　任　王建荣（—2014.1）　章国庆（2014.1—）
副主任　潘亚军（—2014.8）　戴红军（2014.8—）

人口资源环境委员会

主　任　朱之快
副主任　楼校才

教文卫体委员会

主　任　冯吉祥
副主任　徐光照

社会法制委员会

主　任　孙　扬
副主任　郑晓丹（女）

文史资料委员会

主　任　赵泽良
副主任　杨水土

港澳台侨委员会

主　任　赵璐（女）
副主任　胡青蓝（女）

委员工作委员会

主　任　石剑晗

政协绍兴市委办公室

主　任　朱明水
副主任　倪森林　封明洁（女）

政协绍兴市委研究室

主　任　黄甲寅（　—2014.8）　潘亚军（2014.8—　）
副主任　陈维良

（四）绍兴市审判机关

绍兴市中级人民法院

院　　长　陈惠明
副 院 长　钱武生　黄家由　裘　霞（女）
　　　　　周剑敏　李佑喜
政治部主任　胡仲飞
党组书记　陈惠明
副 书 记　钱武生
纪检组长　骆锦勇

绍兴市人民检察院

检 察 长　胡东林
副检察长　陈理平　盛　扬　过孟超　苗　勇
　　　　　王惠中　黄世军（挂职，2014.11—　）
政治部主任　周慧娟（女）
党组书记　胡东林
副 书 记　陈理平
纪检组长　蒋炜祥

（五）绍兴市地方军事组织

1.中国人民解放军浙江省绍兴军分区

司 令 员　王干银
政治委员　余祥明
参 谋 长　王亦成
政治部主任　袁必新
后勤部部长　洪昌飞
党委第一书记　钱建民（兼）
书　　记　余祥明
副 书 记　王干银
常务委员　钱建民　余祥明　王干银　王亦成
　　　　　袁必新　洪昌飞

所属各县（市、区）人武部：

绍兴市柯桥区人民武装部

部　　长　傅海彪
政治委员　雷新华
党委第一书记　何加顺（兼，　—2014.5）
　　　　　徐国龙（2014.5—　）
党委书记　雷新华

诸暨市人民武装部

部　　长　韩曙光
政治委员　陈百中
党委第一书记　钱三雄(兼)
党委书记　陈百中

绍兴市上虞区人民武装部

部　　长　周卫星
政治委员　王渭忠
党委第一书记　孙云耀(兼)
党委书记　王渭忠

嵊州市人民武装部

部　　长　吴先朝
政治委员　洪勇杰
党委第一书记　金志(兼)
党委书记　洪勇杰

新昌县人民武装部

部　　长　顾向红
政治委员　何志良
党委第一书记　楼建明(兼)
党委书记　顾向红

绍兴市越城区人民武装部

部　　长　华旭东
政治委员　吴拥军
党委第一书记　章长胜(兼)
党委书记　吴拥军

2.中国人民武装警察部队绍兴市支队

支队长　范长春
副支队长　董国根　何　勇
参谋长　陈立平
政治处主任　管伟敏
后勤处长　周振华
第一政治委员　刘国富(兼，　—2014.9)
　　凌志峰(2014.9—　)
政治委员　杨华林
党委第一书记　刘国富(兼，　—2014.9)
　　凌志峰(2014.9—　)
党委书记　杨华林

3.中国人民武装警察部队绍兴市消防支队

支队长　张红义
副支队　林秀岗
参谋长　尉光辉
政治处主任　俞培军
防火处处长　陶　波
政治委员　余云城
党委书记　余云城

(六)绍兴市群众团体

绍兴市总工会

主　　席　阮坚勇(兼)
副主席　孙炳方　陈文华(女)　吴海明　杨柏勇
　　章顺德
党组书记　孙炳方

共青团绍兴市委

书　　记　杨建根(　—2014.5)
副书记　韩彬翔(主持工作，2014.5—　)
　　赵浪平(女)　王　晶(女)
党组书记　杨建根(—2014.5)

绍兴市妇女联合会

主　　席　叶卫红(女，　—2014.5)
　　邢南艳(女，2014.6—　)
副主席　黄伟英(女)　柴凌凌(女)
党组书记　邢南艳(女，2014.5—　)

绍兴市科学技术协会

主　　席　毛红卫(　—2014.6)
　　黄浙平(2014.6—　)
副主席　郭志新　何　龙　申承建
党组书记　毛红卫(—2014.5)　黄浙平(2014.5—)

绍兴市文学艺术界联合会

主　　席　刘孟达(　—2014.5)
　　何俊杰(2014.5—2014.10)
　　金一波(2014.10—　)
副主席　马　炜　严国庆(—2014.10)　叶树明
党组书记　刘孟达(　—2014.5)
　　何俊杰(2014.5—　)

绍兴市归国华侨联合会

主　席　张小华(兼)
副主席　周　英(女)

绍兴市社会科学界联合会

主　　席　俞国娟(女，　—2014.5)
　　马国灿(2014.5—2014.10)
　　马立远(2014.10—)
副主席　柳巨波　俞继抗
党组书记　俞国娟(女，　—2014.5)
　　马国灿(2014.5—2014.9)
　　马立远(2014.9—　)

绍兴市工商业联合会(总商会)

主　　席　何小玲
副主席　柴英龙(　—2014.6)
　　钱肖华(2014.6—　)
　　赵家骐(—2014.1)　钱雪峰　陈国贤
党组书记　柴英龙(　—2014.5)
　　钱肖华(2014.5—　)

绍兴市残疾人联合会

理事长　钟宝坤

副理事长　陈中伟　朱全红　潘锦仁(兼)
党组书记　钟宝坤

绍兴市红十字会

副会长、执委会主任　张友珍(女)
副会长、执委会副主任　谢建友

(七)绍兴市民主党派

民革绍兴市委员会

主　委　余利明(女)
副主委　金如如(女,兼)　于庆国(兼)
　　　　钟莉莉(女,兼)　陈　焕(女,兼)
　　　　陈爱霖(专职)
秘书长　陈爱霖(兼)

民盟绍兴市委员会

主　委　徐青松
副主委　杨　健(兼)　钱伟平(兼)　徐　泳(兼)
　　　　凌　芳(女,兼)
秘书长　杨　健(兼)

民建绍兴市委员会

主　委　车晓端(女)
副主委　潘锦仁(专职)　陈德洪(兼)
　　　　赵　立(女,兼)　李建钢(兼)
秘书长　潘锦仁(兼)

民进绍兴市委员会

主　委　陈伯怀
副主委　孟建新(专职)　华小洋(兼)
　　　　沈荣根(兼)　陈小伟(女,兼)
秘书长　孟建新(兼)

农工党绍兴市委员会

主　委　胡少云(女)
副主委　华　凯(兼)　骆学新(兼)
　　　　洪安龙(专职)　陈三妹(女,兼)
秘书长　洪安龙(兼)

九三学社绍兴市委员会

主　委　丁晓燕(女)
副主委　翁培雄(专职)　张宪疆(兼)
　　　　鞠丽霞(女,兼)　阎晓勤(女,兼)
秘书长　翁培雄(兼)

(八)绍兴市国资企业

绍兴市旅游集团

董 事 长　沈安龙
副董事长　宋逸婷(女,—2014.10)
总 经 理　沈志江(　—2014.8)
　　　　　谢振江(2014.10—　)
副总经理　戚乐安(—2014.10)　石　坚(2014.8—)
　　　　　沈伟庆　仲丽华(女)
　　　　　唐易宏(2014.10—　)
党委书记　沈安龙
副 书 记　宋逸婷(女,　—2014.9)
　　　　　沈志江(　—2014.7)
　　　　　谢振江(2014.9—　)
纪委书记　马谷亮(　—2014.9)

绍兴市水务集团

董 事 长　周克文(　—2014.6)
　　　　　张纪尔(2014.6—　)
总 经 理　邵　铭
副总经理　蔡剑明(　—2014.10)　何叶春
党委书记　周克文
副 书 记　张纪尔(2014.5—　)　邵　铭　蔡建强
纪委书记　蔡建强

绍兴市工贸国有资本经营有限公司

董 事 长　闾小锋
副总经理　凌争光　鲁宝铨　宣乐信　魏仕校
党委书记　闾小锋
纪委书记　杨瑞娟(女)

绍兴市二轻集团公司(手工业合作社)

经　　理　毛顺生(　—2014.3)
副 经 理　谢志根(主持工作,2014.3—　)
　　　　　陈利民　陈坤华
党委书记　毛顺生(　—2014.2)
副 书 记　谢志根(2014.2—　)　陈利民
纪委书记　谢志根

绍兴市燃气产业集团有限公司

董 事 长　周洁萍(女)
总 经 理　寿观民(　—2014.10)
　　　　　蔡剑明(2014.10—　)
副总经理　陈　放　庄　明
党委书记　寿观民
副 书 记　蔡剑明(2014.9—　)
纪委书记　黄建强

绍兴市城市建设投资集团有限公司

董 事 长　吕　丙
副董事长　梁佰军
总 经 理　梁佰军
副总经理　丁国祥　郭　建　毛节程
党委书记　吕　丙
副 书 记　梁佰军

绍兴市交通投资集团有限公司

董 事 长　应良波
副董事长　沈克勤
总 经 理　沈克勤
副总经理　李义星　徐　行
党委书记　应良波

副 书 记　沈克勤
纪委书记　陈建新

浙江嘉绍跨江大桥投资发展有限公司

董 事 长　顾世明
总 经 理　吕为昱（嘉兴）
副总经理　胡坚锋　宋卫国　李开土（嘉兴）
党委书记　顾世明
副 书 记　吕为昱（嘉兴）

南接线投资有限公司

董事长　顾世明
总经理　孔　云（市属企业副职）

绍兴震元健康产业集团有限公司

2014年9月，中共绍兴市委决定，建立中共绍兴震元健康产业集团有限公司委员会，纪律检查委员会。

董 事 长　宋逸婷（女，2014.10—　）
副总经理　戚乐安（2014.10—　）
监 事 长　马谷亮（2014.10—　）
党委书记　宋逸婷（女，2014.9—　）
副 书 记　戚乐安（2014.9—　）
纪委书记　马谷亮（2014.9—　）

绍兴市文化产业发展投资有限公司

2014年9月，中共绍兴市委决定，建立中共绍兴市文化产业发展投资有限公司委员会，纪律检查委员会。

董 事 长　陈建国（2014.10—　）
监 事 长　严国庆（兼，2014.10—　）
党委书记　陈建国（2014.9—　）
纪委书记　严国庆（兼，2014.9—　）

绍兴银行股份有限公司

董 事 长　骆有才（　—2014.11）
　　　　　丁国兴（2014.11—　）
副董事长　陈方晓（—2014.11）
　　　　　王国海（2014.11—　）
行　　长　陈方晓（　—2014.11）
　　　　　王国海（2014.11—　）
副 行 长　裘建（女）　沃敏旦（女）　江绍东
监 事 长　梁建华（　—2014.11）
　　　　　陈方晓（2014.11—　）
党委书记　梁建华（　—2014.11）
　　　　　丁国兴（2014.11—　）
副 书 记　骆有才（　—2014.11）
　　　　　陈方晓（　—2014.11）
　　　　　王国海（2014.11—　）

中国绍兴黄酒集团有限公司

董 事 长　傅建伟
副董事长　孙国平
总 经 理　孙国平
副总经理　徐城法　柏　宏
党委书记　何晓刚
副 书 记　傅建伟　孙国平
纪检书记　何晓刚

（九）垂直管理机构

绍兴市国家安全局

局　长　田一成

绍兴市国家税务局

局　　长　朱关烈
副 局 长　张绿芬（女）　王国泉　陈香云（女）
　　　　　吕志勇
党组书记　朱关烈
纪检组长　卢景山

绍兴市工商行政管理局（　—2014.11）

局　　长　章国庆（　—2014.1）
副 局 长　章行舟（　—2014.1）
　　　　　徐圣超（　—2014.1）
　　　　　何学松（　—2014.1）
　　　　　赵健生（　—2014.1）
　　　　　徐　越（　—2014.1）
　　　　　郭锦荣（　—2014.1）
　　　　　方维远（　—2014.1）
党委书记　章国庆（　—2014.1）
纪检组长　方维远（　—2014.1）

绍兴市烟草专卖局（浙江省烟草公司绍兴分公司）

局长（经理）　潘昵琥
副　局　长　陈强红　金　平
副　经　理　许才庆
党 组 书 记　潘昵琥
纪 检 组 长　陈强红

绍兴出入境检验检疫局

局　　长　虞中伟
副 局 长　徐旭鸣（女）　陈　超　龚志强
党组书记　虞中伟
纪检组长　范张林

绍兴海关（绍兴海关缉私分局）

关　　　　长　陈　钢
第 一 副 关 长　舒明亮
副　关　　长　乐培宏　陈　埃
缉私分局局长　舒明亮
缉私分局政委　马翠萍（女）
缉私分局副局长　蒋　敏
党　组　书　记　陈　钢

绍兴电力局

局　　长　陈关贤
副 局 长　汪　斌　郎　建　张　亮　丁自强
党委书记　汪　斌

副 书 记　陈关贤　徐　波
纪委书记　徐　波

中国电信股份有限公司绍兴市分公司

总 经 理　陈家源
副总经理　徐路明　邵亚光　周　亮
党委书记　陈家源
纪委书记　邵亚光

绍兴市邮政局

局　　长　吴　斌
副 局 长　金　涌
党委书记　吴　斌
纪委书记　金　涌

绍兴市气象局

局　　长　孔学祥
副 局 长　何风翩　陈先清
党组书记　孔学祥
副 书 记　何风翩
纪检组长　陈忠海

国家统计局绍兴调查队

队　　长　叶飞霞（女）
副 队 长　张成新
党组书记　叶飞霞（女）

绍兴市无线电管理局

局　长　冯校祥

中国人民银行绍兴市中心支行

行　　长　陈隆
副 行 长　石建萍（女）　朱华明　何起东　俞　罡
党委书记　陈　隆
纪委书记　钱国良

中国银行业监督管理委员会绍兴监管分局

局　　长　夏朝光
副 局 长　叶晓丽（女）　周代丽（女）
党委书记　夏朝光
纪委书记　周建伟

工商银行股份有限公司绍兴分行

行　　长　邵锦华（女）
副 行 长　赵意平　张德君　李幼平
　　　　　沈旦丹（女）　周建钢
党委书记　邵锦华（女）
纪委书记　王金荣

建设银行股份有限公司绍兴分行

行　　长　刘雁群
副 行 长　周仕龙　李　钢　颜　赴　沈源钢
　　　　　娄卫东　王黎红（女）
党委书记　刘雁群
纪委书记　颜　赴

中国银行股份有限公司绍兴市分行

行　　长　朱鸿飞
副 行 长　赵星海　杨艺敏（女）　叶其江（兼）
　　　　　阮烈锋
党委书记　朱鸿飞
纪委书记　叶其江

农业银行股份有限公司绍兴分行

行　　长　朱文达
副 行 长　俞仲雄　石　峰　阮剑良
党委书记　朱文达
纪委书记　袁忠钜

交通银行股份有限公司绍兴分行

行　　长　肖　亮
副 行 长　娄建明　赵欣国　黄红宇（女）
党委书记　肖　亮

农业发展银行绍兴市分行

行　　长　董其江
副 行 长　李汲芹　夏伟光
党委书记　董伟光
纪委书记　李汲芹

中信银行股份有限公司绍兴分行

行　　长　应顺华
常务副行长　马邵安
副 行 长　张亚珍（女）　陈黎敏（女）　邓　泉
党委书记　应顺华
副 书 记　马邵安
纪委书记　裘国英（女）

上海浦东发展银行绍兴分行

行　　长　许国明
副 行 长　马立平　张晓雄　魏利民
　　　　　陈永庆（挂职）
党委书记　许国明
副 书 记　马立平
纪委书记　马立平

人民财产保险股份有限公司绍兴市分公司

总 经 理　徐　虎
副总经理　黄嘉宁　周　杰　蒋　丰
党委书记　徐　虎
纪委书记　周　杰

中国人民保险股份有限公司绍兴分公司

总经理　楼　升
副总经理　余中坚　张志燕（女）
党委书记　楼　升
纪委书记　余中坚

太平洋财产保险股份有限公司绍兴中心支公司

总 经 理　程海彦
副总经理　陈兴清　江小浩（女）

太平洋人寿保险股份有限公司绍兴中心支公司

总 经 理　方月明
副总经理　章　坚
党委书记　方月明

平安财产保险股份有限公司绍兴中心支公司

总 经 理　邢　渊
副总经理　高海桥　王新沄

平安人寿保险股份有限公司绍兴中心支公司

总经理　张志勇
副总经理　徐　炜　金红蕾(女)　马　琦(女)

浙江省农村信用社联合社绍兴办事处

主　任　林雨春
副主任　赵东江　王越萍(女)

(十)在绍高等院校

绍兴文理学院

院　长　叶飞帆
副 院 长　王建力　华小洋　杨大明
党委书记　周达军
副 书 记　叶飞帆　唐和祥　钱水祥
纪委书记　邱卫东

(十一)各县(市、区)主要机构及其负责人

绍兴市越城区

中共绍兴市越城区委员会

书　记　章长胜
副 书 记　魏明　张纪尔(兼　—2014.5)　金泉海
常务委员　章长胜　魏明　张纪尔(兼,　—2014.5)
金泉海　鲍永强(　—2014.5)　徐　荻
赵建国(　—2014.9)　章松青　丁忠平
宋国兴　金海燕(女)
吴拥军(　—2014.5)
盛学东(2014.5—　)　崔德勤(2014.5—)

中共绍兴市越城区纪律检查委员会

书　记　鲍永强(　—2014.5)　盛学东(2014.5—　)
副书记　冯立法　何冠军

绍兴市越城区人民政府

区　长　魏　明
副区长　赵建国(　—2014.10)
徐　荻(2014.10—　)　丁忠平　王国荣
吴晓炯　王静静(女)　汤栃钧
陈红珠(女,挂职)　茹志水(挂职)
普布卓玛(女,藏族,挂职,2014.4—　)
黄争裕(挂职,2014.7—　)

绍兴市越城区人大常务委员会

主　任　赵国苗
副主任　鲍永强(2014.3—　)　陈云根　胡大勇
杨伟春　周春雨(女)　徐敬德

政协绍兴市越城区委员会

主　席　陈大平
副主席　应芙蓉(女,候选人,2014.8—　)
郑明花(女)　王建利　王柏振　许锦生
马成永　凌　芳(女,　—2014.8)

绍兴市越城区人民法院

院　长　应芙蓉(女,　—2014.8)
代院长　严照良(2014.8—　)

绍兴市越城人民检察院

检察长　钱昌夫

绍兴市柯桥区

中共绍兴市柯桥区委员会

书　记　何加顺(—2014.5)　徐国龙(2014.5—)
副 书 记　徐国龙(　—2014.5)
阮建尧(2014.9—　)　马芳妹(女)
常务委员　何加顺(　—2014.5)　徐国龙
阮建尧(2014.9—　)　马芳妹(女)
宋国新　姚国海　诸剑明　金水法
傅海彪　杨伟卿　丁生产　金晓明
刘晓清(女,挂职,—2014.06)
高秉学(挂职)　傅青春
张　剑(挂职)
何小华(挂职,2014.6—　)

中共绍兴市柯桥区纪检查委员会

书　记　金水法
副书记　郎煜江　钱兔根(　—2014.9)
黄宇峰(2014.9—　)

绍兴市柯桥区人民政府

区　长　徐国龙(　—2014.10)
代区长　阮建尧(2014.10—　)
副区长　丁生产　金晓明
刘晓清(女,挂职,—2014.6)
高秉学(挂职)
张　剑(挂职)
何小华(挂职,2014.7—　)　周树森
胡国炜　祝静芝(女)
王　伟(挂职,—2014.3)
叶　骏(挂职,—2014.7)
张　睿(挂职,2014.4—　)
王张泉(2014.7—)
钱勇军(2014.8—)
毛吉泽(挂职,2014.9—　)
普布顿珠(藏族,挂职)

绍兴市柯桥区人大常委会

主　任　吴　晓(女)
副主任　邢柏生　于庆国　魏阳林　葛美芳
濮如松　沈祖卫

政协绍兴市柯桥区委员会

主　席　孟柏千

副主席　陈忠尧　蔡金标　骆学新　钱月美(女)　吴汉华　裘江新

绍兴市柯桥区人民法院

院　长　孙　浩

绍兴市柯桥区人民检察院

检察长　丁　飞

绍兴市上虞区

中共绍兴市上虞区委员会

书　记　孙云耀

副书记　王慧琳(女)　孙哲君(兼，　—2014.9)　潘晓辉(兼,2014.9—　)　陈　坚

常务委员　孙云耀　王慧琳(女)　孙哲君(兼，　—2014.9)　潘晓辉(兼,2014.9—)　陈　坚　余云才　郑建庆　吕　军　王永明　王富灿　朱敏龙　胡文炜　成明权(挂职,—2014.6)　周卫星　朱润晔(挂职)　金　利(挂职,2014.7—　)

中共绍兴市上虞区纪律检查委员会

书　记　王永明

副书记　阮永祥　李坚锋

绍兴市上虞区人民政府

区　长　王慧琳(女)

副区长　余云才　成明权(挂职,—2014.6)　朱润晔(挂职)　方　静(女)　吴志育　徐　耘　袁　建　王永表　李　勇(挂职,2014.5—　)　柳清荣(挂职,2014.8—　)

绍兴市上虞区人大常委会

主　任　徐尧峰

副主任　蒋国良　金国松　阮妙娟(女)　程学法　朱森鑫　徐光华

政协绍兴市上虞区委员会

主　席　卢一勤(女)

副主席　赵　畅　徐光仁　吴建平　傅亚文　章颖芳(女)　蒲伟明

绍兴市上虞区人民法院

院　长　胡　坚

绍兴市上虞区人民检察院

检察长　周慧娟(女，　—2014.2)　章　梁(2014.2—　)

诸暨市

中共诸暨市委员会

书　记　钱三雄

副书记　徐良平　陈玲芳(女)

常务委员　钱三雄　徐良平　陈玲芳(女)　徐建璋　杨元清　赵源恩　宣方乐　谢建平(—2014.12)　吴成表　张永明(2014.12—　)　华　珺(女)　陈百中　项美月(女,挂职,—2014.06)　孟国锋　罗祖新(挂职,2014.4—　)　谭燮良(挂职,2014.7—　)

中共诸暨市纪检查委员会

书　记　徐建璋

副书记　陈　可　边平浪

诸暨市人民政府

市　长　徐良平

副市长　赵源恩　宣方乐　项美月(女,挂职,—2014.6)　谭燮良(挂职,2014.8—　)　何鸿成　方建明　王　颖(女,挂职,—2014.5)　姜建成(挂职，　—2014.6)　俞　越　叶照辉(挂职，　—2014.6)　王会军(挂职)　金立耿　朱红伟(2014.6—　)　蓝献民(挂职,2014.9—　)

诸暨市人大常务委员会

主　任　孟法明

副主任　张振华　周雪芬(女)　陈　焕(女)　徐仙苗　钱建荣　洪中行

政协诸暨市委员会

主　席　姚汉松

副主席　陈国燕(女)　袁岳军　王培光　沈言明　王祖勇　何平光

诸暨市人民法院

院　长　赵中兴

诸暨市人民检察院

检　长　戴建华

嵊州市

中共嵊州市委员会

书　记　金志

副书记　阮建尧(　—2014.9)　孙哲君(2014.9—　)　陶关锋(　—2014.5)　杨建根(2014.5—　)

常务委员　金　志　阮建尧(—2014.9)　孙哲君(2014.9—　)　陶关锋(—2014.5)　杨建根(2014.5—　)　丁卓芬(女)　俞仲兴　董慧珍(女)　孙海荣

张永明(　—2014.12)
赵祥军　郑法根　张宏亮(挂职)
项万林(2014.12—　)
洪勇杰(　—2014.5)
宣七一(2014.5—　)
楼柳燕(女,挂职,2014.6—　)

中共嵊州市纪检查委员会

书　记　董慧珍(女)
副书记　倪　明　宋建平

嵊州市人民政府

市　长　阮建尧(　—2014.10)
代市长　孙哲君(2014.10—　)
副市长　俞仲兴　张宏亮(挂职)
楼柳燕(女,挂职,2014.7—　)
孔志刚　俞忠毅　齐方良　董友庆
钱群飞(女)　童海桑(挂职,　—2014.6)
陈建林(挂职,2014.5—　)

嵊州市人大常务委员会

主　任　马志龙
副主任　夏春燕(女)　沈颂理　王灿林　张金初
叶江仁　俞越江

政协嵊州市委员会

主　席　何国英(女)
副主席　袁辉尧　丁法军　李季富　杨　军
竺理文　张科卿

嵊州市人民法院

院　长　陈建民

嵊州市人民检察院

检察长　戚建文

新昌县

中共新昌县委员会

书　记　楼建明
副书记　马永良　王浩萍(女)　尹国樑
常务委员　楼建明　马永良　王浩萍(女)
尹国樑　潘岳梦　柴理明　潘启富
赵如浪　姜链平(女)　周　巍　潘益民
王　军(挂职,—2014.6)　吴新宇(挂职)
何志良

中共新昌县纪律检查委员会

书　记　周　巍
副书记　胡玲萍(女)　陈达军

新昌县人民政府

县　长　马永良(　—2014.11)
副县长　柴理明　王　军(挂职,—2014.6)
吴新宇(挂职)　赵　立(女)　盛林炳
严　钢　裘武宏　孙嘉江　王仲林
郑　刚(挂职,2014.7—　)
嘎玛坚才(藏族,挂职,2014.4—　)

新昌县人大常务委员会

主　任　求子平
副主任　杨　能　孟庆松　吕国民　王敏慧
朱国凡　张亚东

政协新昌县委员会

主　席　罗国安
副主席　袁国飞　袁振华　徐剑平(女)　马兴龙
章灿贤　何小伟

新昌县人民法院

院　长　钱长龙

新昌县人民检察院

检察长　周　江

(余一苗)

农林牧渔业

综 述

【概况】 2014年,全市农业部门坚持以转型升级为主线,以保供给、促增收为目标,突出高产、优质、高效、生态、安全工作重点,农业生产稳健发展。全年全市农业总产值达到296.95亿元,同比增长1.97%;实现农业增加值195.92亿元,同比增长1.64%。全市农村实有劳动力253.9万人,比2013年增加14.68万人,增幅为6.14%,其中从事农业生产的劳动力55.93万人,比2013年增加5.9万人,增幅为11.79%。农村常住居民人均可支配收入达到23539元。

【农业现代化发展水平全省第四】 年内,在全省农业现代化发展水平综合评价中,经对11个设区市、82个县(市、区)的农业产出水平、要素投入水平、可持续发展水平3大系统11项子系统26项指标进行测算,全市农业现代化发展水平得分为78.56分,居全省第四位,比全省平均水平高5.34分。所属县(市、区)中,柯桥区居82个县第五位,诸暨市居第八位。

【累计建成各级各类农业园区224个】 年内,全市新增园区建设资金10.3亿元,有3个省级现代农业综合区、3个主导产业示范区和10个特色农业精品园通过省级验收,12个园区被认定为市级园区,验收和认定个数为历年最多,累计分别达7个、18个、58个和141个,总面积2.94万公顷。

【农业龙头企业实现销售额389.57亿元】 年内,全市农业龙头企业1123家。其中国家级龙头企业6家,省级龙头企业31家,年销售额1亿元以上的龙头企业达到95家。完成产业升级投资16.2亿元,实现销售额389.57亿元,利润25.95亿元,分别同比增长2.2%和2%,出口创汇4.75亿元。其中,会稽山绍兴酒股份有限公司在上海证券交易所成功上市,全市上市农业龙头企业达到两家。

【土地承包经营权流转累计超六成】 年内,全市新增农村土地承包经营权流转面积0.29万公顷,累计耕地流转面积7.49万公顷,占农民家庭承包耕地面积的60.3%。

【农村集体资产股份制改革任务完成77.1%】 年内,全市全力推进农村集体资产股份合作制改革工作,至年底完成1872个村(社),占应改制村(社)的77.1%,58个乡镇(街道)全面完成,占全市乡镇(街道)数的49.15%。

【推进农业水环境治理】 年内,全市按照“五水共治、重构重建”工作部署,以“生态优先、供给安全、稳量提质、助农增收”为原则,制订出台推进农业水环境治理的实施意见,推进畜禽、渔业、种植业的污染治理。全市共关停搬迁禁养区内畜禽养殖场3353家,减少生猪存栏49万头,禁养区内清养基本完成。对禁养区外保留的畜禽养殖场,制订“一场一策”方案,进行分类治理,改造提升。开展沼液资源化利用,共落实生态消纳地3.68万公顷,新增沼液利用35.6万吨。农业面源污染治理得到强化,全市推广测土配方施肥面积22.34万公顷次,统防统治3.33万公顷次,推广商品有机肥3.51万吨,应用面积1.22万公顷次。推动生态循环农业加快发展,建成省级生态循环农业示范县1个、示范区2个、示范企业2家。

大树江国有渔场水面清养集中整治行动(市农业局提供)

【组织新春农副产品大联展】 1月18日至22日,为期5天的2014年绍兴市新春农副产品大联展在越城区城市广场举行。展区面积近3000平方米,参展企业204家,设置摊位236个,参展农产品1000余种,为历年展销面积最大、参展企业最多的一次。其中新上市产品达两成以上,联展销售总额达到4620万元,同比增长15.6%。

【专项整治农产品质量安全】 年内,全市农业部门组织开展农药及农药使用、“瘦肉精”、生鲜乳违禁物质、兽用抗菌药、畜禽定点屠宰、农资打假等一系列专项整治行动。全市共出动检查人员11859人次，检查生产经营单位10796家次，查处各类违法行为83起，立案74起，办结67起，罚没款8.21万元。

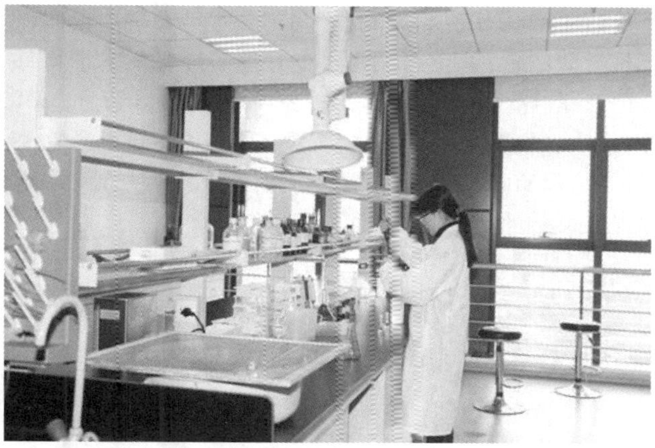

绍兴市农产品质量检测中心(市农业局提供)

【组织参加省农博会和农商对接活动】 11月21日至25日，全市93家农业龙头企业和农民专业合作社参加2014年浙江农业博览会，设立摊位95个，参展品种达1000多种，实现现场销售额436万元，意向合同订货额780万元。成功举办"会稽红红茶"品牌推介会和"绿康薯系列产品"专题推介会，在展示区设立仁昌酱园酱文化展区、会稽山古香榧群展示馆，美得美牌蓝莓酥、白马湖牌醉鱼干等16只产品获省农博会金奖。全省农商对接活动中，全市参加企业达37家，共展示放养猪肉、特色蔬菜、南美白对虾及茶叶等特色农产品200余种，现场达成合作意向超5000万元。

【开展首次农超对接活动】 4月25日，全市举行首届"农超对接"大会，集中展示蔬菜、土猪、水产等优质特色农产品200余种，52家农业企业、农民专业合作社与世纪联华超市、供销超市、咸亨酒店、绍兴文理学院等28家超市、酒店、高校等采购单位对接洽谈，现场签订购货合同总额1200万元。

【1个项目列为省首批农业重大项目】 年内，"诸暨市优势水果产业提升发展项目"确定为全省首批农业重大项目，并列入省扩大有效投资"411'计划。项目建设区域包括江藻、直埠、草塔、王家井、赵家、暨阳等6个镇(街道)，总投资1.7亿元，主要建设内容为农业基础设施、生产设施和农业公共服务中心等，计划到2016年6月，形成特色鲜明、经营集约、功能多元、发展可持续的现代农业示范区域。

【建成农产品物流配送中心19个】 年内，全市建成农产品物流配送中心19个，配送数量达4.82万吨，销售额11.01亿元，分别同比增长15.9%和17.8%。

【参加中国国际农产品交易会】 10月25日至28日，全市农业部门组织参加在山东省青岛市举行的第十二届中国国际农产品交易会，共有9家企业50余种名特优农产品亮相展会，现场销售10.2万元，达成意向订货合同3000余万元，浙江蓝美农业有限公司的蓝莓果酒获得优质产品金奖。

【农产品质量安全水平保持稳定】 年内，全市主要农产品省级抽检合格率稳定在98%以上，其中基地农产品、畜产品合格率达100%；新建农产品质量可追溯点53个，农业标准化生产程度达61%。新增无公害农产品100个，面积5400公顷，新增绿色食品16个，复查换证无公害农产品116个，申报绿色食品9个。全市拥有有效期内绿色食品认证体50家、产品68个，无公害农产品认证主体403家、产品459个，有效期内的"三品"面积达6.64万公顷。

【实行家禽"定点屠宰、杀白上市"】 7月1日起，按照省政府"设区市主城区永久性关闭活禽交易市场"的规定，越城区、柯桥区行政区域和上虞区主城区(百官街道、曹娥街道)实行活禽定点屠宰、杀白上市，区域内不再设置活禽交易市场，不得从事活禽交易活动。所有上市经营的禽类产品，均需经动物检疫合格，并持有检疫信息追溯凭证。其中市区3家活禽定点屠宰企业出厂的禽类产品，在禽只脚踝处统一佩带由活禽定点屠宰主管部门监制的定屠标识二维码脚环。建立定点屠宰畜禽类产品溯源管理系统，在主要农贸市场设置自动查询平台，方便市民查询相关信息。

【成立全省首家农业公安联络室】 4月4日，市公安局驻农业局联络室正式挂牌成立，为全省首家农业公安联络室，主要负责：农业(渔业)、公安部门之间开展联动执法工作的沟通和协调；具体组织实施农业(渔业)公安联动执法领导小组和联席会议确定的工作任务和执法行动；做好涉农(渔)犯罪案件的移送衔接；开展相关执法信息的交流、共享和通报等工作。

【开展"绿剑"系列执法行动】 年内，全市农业部门开展"绿剑"系列执法行动，依法严厉打击违规生产、销售、使用违禁药物、饲料及饲料添加剂行为。全市共出动执法人员3770人次，检查经营单位2078个，抽检农业投入品455批次；查获伪劣农资20.2吨，涉案金额28.23万元，查处违法案件91起，结案87起，罚没16.22万元，受理举报投诉76件。

【开展种子市场执法检查】 年内，全市农业部门针对全市持证种子企业及各类种子经营网点开展执法检查，重点检查有无假冒品种、侵犯品种权品种、未审定品种及种子标签是否规范、经营档案是否健全等。共组织市场检查450人次，检查门市部214个、品种470个、标签数量625个、经营档案295份，扦取种子样品作物类别与数量90个。另外，进行种子纯度田间检查，共检查种子繁育基地176公顷，涉及21个蔬菜品种。全年调解种子质量纠纷6起，田间事故鉴定3起。

【未发生区域性重大植物疫情】 年内，全市建立市级农业植物疫情监测点35个，并通过复耕、复种、复绿等生态手段开展疫情专业防控，全年防除面积233.87公顷。防控加拿大一枝黄花疫情取得成效，其在重点发生区域基本被消灭，局部区域发散漫延势头得到遏制，春秋两季发生面积 269.13 公顷，同比减少 10%。全市未发生新的检疫性有害生物，没有重大农业植物疫病流行。（市农业局提供）

种植业

【概况】 2014 年，全市各级农业部门紧扣强基础保供给、重转型促增收、优服务保安全的主线，加大政策支持引导、优化技术服务、强化考核督查，全力稳定种植业生产，种植业发展实现增产增效。全市种植业产值 192.42 亿元，同比增长 5.02%。其中：粮食作物产值 33.19 亿元，同比减少 8.01%；经济作物产值 159.23 亿元，同比增长 8.21%。

【粮食生产实现 11 年连增】 年内，全市围绕抓春粮、种早稻、扩旱粮、提单产、增效益，稳定和发展粮食生产。全市粮食播种面积 14.56 万公顷，总产量 95.09 万吨，分别同比增长 3.3%和 3.5%，新增旱粮面积 2593 公顷，实现了连续 11 年稳定发展。涌现出早稻种植面积 66.67 公顷以上大户 2 个，20 公顷以上大户 25 个。

【功能区和高产示范创建】 年内，全市整合投入粮食生产功能区建设资金 1.1 亿元，新建粮食生产功能区面积 7807 公顷，其中新增省级功能区 3 个，面积 216.67 公顷。累计已建成省级功能区 42 个，面积 4460 公顷，居全省第一位。全市共争取农业部粮油高产创建万亩示范片 20 个计 1.46 万公顷，创建数量居全省第一位。创建省级水稻千亩示范片 25 个，市县级高产示范方 342 个。创建省、市级连片 3.3~6.7 公顷旱粮生产示范基地 15 个。诸暨市为全省唯一的全国粮食增产模式攻关试点县。

【落实农作物种子储备制度】 年内，全市共储备种子 127.04 万千克。其中市本级 27.34 万千克，落实 2014—2015 年度储备经费 212.2 万元。早、晚稻和冬种供应季节实行种子供需动态周报制，及时掌握各地种子余缺情况，做好余缺调剂，保证足量供种。绍兴市舜达种业有限公司列入全省培育、繁殖、推广一体化种业企业培育名单。

农技人员在田间开展技术指导（市农业局提供）

【创省马铃薯和常规晚粳稻单产最高纪录】 年内，经省农业吉尼斯委员会专家组对诸暨市街亭镇新联合村毛家园 7.33 公顷春马铃薯生产示范基地进行实地测产，马铃薯平均每公顷产量达 4.2 万千克，最高每公顷产量达 4.82 万千克，两项指标均创全省马铃薯单位面积产量最高纪录，处全国领先水平。按马铃薯单季平均每公顷产量 4.5 万千克计算，每公顷产值超 15 万元。另外，由市农科院自主育成的“绍粳 18”品种在嘉善县攻关田试种，以亩产 757 千克创造了“浙江农业吉尼斯”单季常规晚粳稻最高亩产纪录。

冬种现场会的晚稻机械收割（市农业局提供）

【茶叶总产值 22.41 亿元】 年内，全市茶叶总产量 4.12 万吨，总产值 22.41 亿元，分别同比增长 14.22%和 7.68%，呈量值齐增态势。其中，名优茶产量 1.18 万吨，同比减少 10.26%，产值 19.17 亿元，同比增加 3.96%。全市有初制茶厂 1304 家，茶叶市场 45 家，经营茶叶 2.56 万吨，营业额 43.4 亿元；有机茶颁证企业 15 家，种植面积 966.67 公顷，产量 860 吨；新增无性系良种茶园 279.6 公顷，无性系良种茶园面积累计达到 2.34 万公顷。为扶持茶产业发展，市农业局制定出台 2014 年度“茶业强市”建设奖励补助实施办法，安排专项资金 1000 万元，推动茶叶生产、加工、休闲设施开发等各环节创新发展。

【举行首个“全民饮茶日”活动启动仪式】 4 月 20 日，是农历节气中的“谷雨”。绍兴市首个“全民饮茶日”活动启动仪式在市区城市广场举行。全国政协文史和学习委员会副主任，中国国际茶文化研究会会长、浙江省政协原主席周国富，中国国际茶文化研究会秘书长、浙江省人民政府原副秘书长詹泰安，市领导钱建民、俞志宏、谭志桂、陈长兴、尹永杰、冯建荣出席启动仪式。启动仪式现场，各县（市、区）名茶展示展销、市民免费品茶、炒茶表演、茶艺表演等活动吸引了不少市民。2013 年 12 月 27 日，市七届人大常委会第十四次会议决定，从 2014 年起，每年“谷雨”之日为绍兴市“全民饮茶日”。

【在省茶博会和炒茶比武中获多个奖项】 年内，由浙江省农业厅、山西省农业厅主办的第九届浙江绿茶博览会在山西省太原市举行，绍兴市两家行业协会、11家茶叶企业参加。越乡龙井、绿剑茶、平水日铸、会稽红、舜水仙毫等5个茶叶品种被评为金奖产品。同时，在杭州举办的2014浙江省龙井茶炒制技能大比武中，绍兴市5名选手获“2014浙江省龙井茶十大炒制能手”称号，取得“十大能手占一半”的好成绩。

【蔬菜生产呈现“两减一稳”形势】 年内，全市蔬菜生产表现为“两减一稳定”的形势，即播种面积减少、总产量略减、总产值基本稳定。其中，蔬菜播种面积6.56万公顷，总产量187.4万吨，分别同比减少3.56%和1.11%，总产值34.75亿元，与2013年基本持平。

【全省首家蔬菜产销联合会成立】 2月28日，绍兴市蔬菜产销联合会正式成立，这是全省蔬菜产业首家产销联合会，拥有会员81家，其中单位会员36家、个人会员45名。联合会的成立，将为蔬菜产销组织提供合作交流平台，加强蔬菜生产、研究、推广各环节的联系，加强蔬菜基地的直供直销，推进蔬菜产业持续良好发展。

【首家农产品直销体验店开业】 9月28日，绍兴市菜易购农产品有限公司旗下首家农产品直销体验店正式开业。直销店的出现，有助于减少农产品生产与消费的中间环节，保障农产品质量安全，为消费者提供更多的新鲜、优质、优价、安全的蔬菜产品。

【认定首批菜篮子基地】 年内，全市开展第一批菜篮子基地认定工作，主要对象是经工商部门登记注册，具有独立法人资格，在全市范围内进行菜篮子产品(包括畜禽蛋、蔬菜、水产品)的生产，产品供应绍兴本地市场的经营主体。共79家蔬菜基地被认定为首批菜篮子基地。

【花卉产业发展平稳】 年内，全市鲜切花(叶)、盆栽类种植总面积达1640公顷，其中鲜切花(叶)种植面积933.33公顷、盆栽类种植面积706.67公顷。全年销售总额3.55亿元，其中鲜切花(叶)销售额2.27亿元、盆花类销售额1.28亿元。

【5个产品获省鲜花展示展销会金奖】 3月28日至30日，省第五届鲜花展示展销会在杭州举办，绍兴市组织10家花卉企业参展。全省共评出38个金奖，绍兴市获得5个，金奖数连续两年居全省第一位，获奖者分别是嵊州市弟兄鲜切花专业合作社选送的非洲菊，绍兴市鸿港农业开发有限公司选送的蝴蝶兰，浙江丰岛股份有限公司选送的鲜切菊花乒乓菊，绍兴县颖凡杜鹃花花卉专业合作社选送的东洋杜鹃和绍兴叙兰苑农业生物科技有限公司选送的盆栽蝴蝶兰——兰亭姑娘。

【水果种植面积2.13万公顷】 年内，全市各类水果种植面积为2.13万公顷，投产1.73万公顷。其中设施栽培面积2693.33公顷，开展休闲观光的果园5533.33公顷；总产量24.4万吨，同比增长5.5%，总产值14.2亿元，与2013年基本持平。

【承办浙江农业吉尼斯葡萄擂台赛】 8月6日，2014年浙江农业吉尼斯葡萄擂台赛在上虞区盖北镇举行，省内11个地区的17家葡萄生产企业及合作社争夺“浙江最甜葡萄”的桂冠。最终，天台县九穗儿葡萄生态种植园选送的夏黑葡萄以可溶性固形物含量22.4度获得一等奖，盖北镇野藤葡萄研究所选送的夏黑葡萄以22.2度获得二等奖。

【4个产品获省精品果蔬展销会金奖】 8月2日，在杭州和平会展中心举办的2014年省精品果蔬展销会上，越城区王家葑村果蔬专业合作社的“奇宏”牌鄞红葡萄、上虞市鑫和生态农业综合开发有限公司的“虞园一品”牌蓝莓、嵊州市向东水果专业合作社的“剡溪”牌梨、新昌县回山茭白专业合作社的“回山”牌茭白等4个产品荣获金奖。此次展销会绍兴市设展位15个，15家企业的葡萄、梨、水蜜桃、桃形李、蓝莓、茭白、番茄、瓠瓜、叶菜、哈密瓜等精品果蔬，以及蓝莓干、蓝莓汁、蓝莓酒等加工品参展。(市农业局提供)

养殖业

【概况】 2014年，全市加快新型养殖产业体系建设，积极发展现代养殖业，加大扶持和保护开发力度，着力推进养殖业结构调整、优化提升。全市养殖业总产值76.23亿元，同比减少5.62%，其中：畜牧业总产值46.28亿元，同比减少12.86%；渔业总产值29.95亿元，同比增长8.28%。

全年生猪饲养量298.99万头，比2013年减少21.5万头。其中年末存栏105.15万头，同比减少15.02%，年内出栏193.84万头，同比减少1.48%。家禽饲养量2342.83万只，同比减少24.11%。其中年末存栏729.14万只，年内出栏1613.69万只。牛饲养量1.9万头。其中年末存栏0.97万头，年内出栏0.93万头。羊饲养量27.48万只。其中年末存栏11.06万只，年内出栏16.42万只。兔饲养量95.32万只。其中年末存栏45.09万只，年内出栏50.23万只。全年肉类总产量16.85万吨，同比下降5.39%。其中猪肉13.83万吨，同比下降2.26%；禽肉2.53万吨，同比下降19.94%；禽蛋产量4.02万吨，同比下降18.95%。

年内，全市水产养殖面积同比略有减少，水产品总产量同比略有增加，渔业总产值增长明显，渔民人均收入稳步提高，全市渔业经济继续保持平稳运行态势。全市淡水养殖面积2.02万公顷，同比减少4.67%；水产品总产量10.3万吨，同比增长3.58%；渔业产值29.95万元，同比增长26.05%；渔业增加值19.33万元，同比增长117.93%。

年内，全市水产加工产出112.32亿元，同比增长39.25%。全年水产品出口1087吨，同比减少29.42%；创汇 12734 万美元，同比减少 31.22%。全市渔民人均纯收入 14869 元，同比增长 6.89%。

年内，1 家主导产业示范区、5 家特色渔业精品园渔业园区分别被评为省级主导产业示范区和省级特色渔业精品园，全市省级渔业园区累计达到 24 家。

【开展南美白对虾互助保险试点】 年内，市农业局组织开展南美白对虾互助保险试点，首批 17 户南美白对虾养殖户签订保单，投保面积 161.17 公顷，保额 2629.5 万元，收缴保费 96.3 万元。这既是全市水产养殖首次参加保险，也是全省真正意义上的首次南美白对虾养殖互助保险，全年养殖户共获赔 136.03 万元，理赔率 1:1.41。

【南美白对虾育苗取得突破】 年内，全市新增南美白对虾育苗场两家，新增育苗池 8650 平方米，增加育苗能力 10 亿尾；全市 14 家育苗场共育苗 24.5 亿尾。其中优质苗种 18.9 亿尾，自给率约 40%，优质苗种比例约占 30%。上市公司广东湛江国联水产开发有限公司的浙江省总代理落户绍兴，建成 6800 平方米育苗池及配套设施，生产能力和技术水平处省内领先地位。

【首次引进试养日本黄姑鱼】 年内，柯桥区从浙江省海洋水产研究所引进 2000 尾日本黄姑鱼种，在滨海九七丘开展池塘试验养殖。该鱼是一种大型食用鱼类，具有生长快、抗病力强等优点，是海水网箱及池塘养殖的理想品种，为绍兴市首次投放试养。

【推广新型稻田养殖技术】 年内，全市推广应用农作制度创新模式 1393.33 公顷。开展养殖塘“绿化”工程，实施稻鱼共生轮作减排工程 1566.67 公顷，其中稻鱼共生 960 公顷，稻虾轮作 606.67 公顷。

【推进渔业水域“一打三整治”专项行动】 年内，全市开展依法打击涉渔“三无”船舶和违反伏休规定等违法生产经营行为，全面整治渔船“船证不符”、使用禁用渔具和污染海洋环境行为。依法取缔涉渔“三无”船舶 87 艘，全部不可逆拆解后建立“一船一档”制度；完成 28 艘海洋捕捞渔船“船证不符”勘验工作，查处销售、使用禁用渔具案件 101 起，清理地笼等禁用渔具 9000 余只；全面摸清全市 4 条入海河流和两个入海排污口排放去向等基础信息；完成养殖池塘生态化改造 1733.33 公顷，投入渔业增殖放流资金 240 万元，放流鲢鱼、鳙鱼、草鱼、黄尾密鲴等品种鱼苗 7900 万尾。

【开展禁渔期集中整治行动】 年内，全市开展禁渔期内以打击“电、炸、毒”等非法捕捞行为为主要内容的“零点行动”，以清理地(虾)笼、网箱、跃进斗等禁用渔具为主要内容的“清网行动”，以部门协作、市县互动为主题的“渔政公安联合执法周”行动，以渔船安全隐患排查治理为主要内容的“百日渔船安全整治”等四大行动，将 3 起禁渔期内电鱼案件移送公安机关，5 名当事人以涉嫌非法捕捞水产品罪被追究刑事责任。全市累计查处各类渔业违法违规案件 254 起。其中电鱼 169 起，使用、销售禁用渔具 49 起；公安机关立案 42 起。

农业服务业

【概况】 2014 年，全市农业机械总动力达 230.92 万千瓦，同比减少 1.6%。投入农机购置补贴资金近 4800 万元，新增各类先进适用农机 1.35 万台(套)。其中，大中型拖拉机 207 台，联合收割机 146 台，插秧机 181 台，烘干机 195 台。拥有农机专业合作社 181 家，对外开展机械化作业服务面积超过 10.33 万公顷，粮食生产、耕种、收割综合机械化水平达到 76%。完成水稻机插面积 2.65 万公顷。育秧中心和烘干中心分别达到 109 个和 118 个。

【开展“平安农机”示范创建活动】 年内，全市共创建部级平安农机示范县 1 个、示范窗口 1 个；创建省级“平安农机”示范乡镇 3 个，示范合作社 8 个；创建市级平安农机示范村 22 个。发生拖拉机道路交通安全事故 35 起，死亡 17 人，事故起数同比下降 22.2%，死亡人数同比下降 19%，无一次死亡 3 人以上的较大事故发生。6 月，全市农业部门集中开展“农机安全生产月”活动。活动期间，组织开展了送农机安全知识下乡、农机安全生产事故警示教育、“双夏”农机安全生产大检查、农机监理为农服务等系列活动。

【开展水稻植保统防统治整建制服务试点】 年内，全市农业部门开展水稻植保统防统治整建制服务试点，共创建服务试点 15 个，涉及水稻面积 1827.61 公顷、蔬菜面积 253.33 公顷、茶叶面积 398.49 公顷，有效破解为种植散户服务难、服务少的问题，实现农药减量、成本减轻、污染减少。

无人机用于水稻植保(市农业局提供)

【规范行政许可审批程序】 年内，全市共办理行政许可 566 件，办理行政处罚案件 89 起，未发生因行政执法不当引起的行政复议和行政诉讼案件。

【完成年度渔船集中检验工作】 年内，全市农业部门针对全市部门区划调整后渔船点多面广线长、无固定停泊地点的实际情况，采取上门和集中船检两种方式，通过集中设点、上船服务、现场办公等形式，为渔民提供便捷服务，全面完成年度渔船集中年审检验工作，共检验机动渔船465艘，非机动渔船133艘。在重点检查渔船的动力系统、船体结构、消防和救生设施的基础上，对渔船的船体、船名号、发动机号等进行图像信息采集，全部录入"智慧渔政"管理平台，建立"一船一档"的渔船监管信息数据库。

【试行农产品质量安全主体可追溯管理】 年内，绍兴锦绣农业开发有限公司等3家企业（合作社）的蔬菜基地农产品质量安全可追溯制度建设通过验收，标志着绍兴市在全省范围内率先试行产地农产品质量安全主体可追溯管理。该技术利用信息和物联网技术，应用可追溯电子秤，蔬菜均带二维码上市销售，二维码包含产品名称、生产主体名称、产地名称、联系电话、销售日期等信息，实现上市产品质量安全生产主体责任可追溯。

【农产品安全快速检测室对公众开放】 年内，市、县、镇三级质量安全检测体系建设扎实推进，全市建成6个县级检测室、117个涉农乡镇快速检测室，均实现对公众免费开放，全力保障农产品质量安全。

【推进农资监管与服务信息化】 年内，绍兴市与浙江省农资监管与服务信息化数据无缝对接工作完成，全市各县（市、区）实现农资监管与服务信息化建设全覆盖，共有16家龙头企业和181家经营店实行实名销售和产品备案登记。

【加强高毒限用农药管理】 年内，相关农业部门在嵊州市、新昌县设立茶叶、水果等高毒限用农药销售专柜，实行"专柜专销"。在诸暨市试点建立高毒限用农药可追溯系统，实现高毒限用农药扫码进货、扫码销售、实名购买等。在新昌县回山镇开展由政府出资向农户有偿回收农药废弃包装物试点，同时倡议农资经营店不再经营高毒限用农药，减少农业面源污染。

【推出两条"茶乡游"路线】 年内，为拓展茶产业、传承茶文化，将茶产业由第一产业向第三产业拓展，相关农业部门按照市场化运作的原则，精心打造诸暨十里坪有机茶场、绍兴御茶村茶叶有限公司两条"茶乡游"旅游路线。（市农业局提供）

林　业

【概况】 2014年，全市林业系统以优化生态布局、弘扬森林文化、发展林业产业、加强资源保护作为重点，各项工作有序推进。全市绿化造林3200公顷，实现林业产值328.8亿元，其中林下经济产值92.9亿元。全市新增9个省级现代林业园区示范区和精品园创建点，11个园区通过省级验收。全市6个县（市、区）实现全部创建为省级森林城市。

【绿化造林3200公顷】 全年，全市绿化造林3200公顷，完成年计划的120%。其中平原绿化和"四边"绿化1700公顷、山地造林1500公顷。建设沿海防护林1140公顷。加强生态公益林阔叶化、彩叶化改造，建成优质林分15万公顷；推进森林抚育经营，完成森林抚育1.33万公顷。全市16.67万公顷省级以上生态公益林，按27元/亩的标准，落实补助资金6250万元。

【实现林业产值328.8亿元】 全年，全市实现林业总产值328.8亿元，同比增长1.8%。其中：第一产业109.0亿元，同比增长18.5%，营造林、花卉苗木、竹木材采伐均有增长；第二产业159.7亿元，同比增长6.4%，主要受益于人造板、木制品制造、家具制造产值逆势而上；第三产业60.1亿元，同比下降14.4%，但森林旅游成为主要增长点。一、二、三产占总产值比重为33:49:18，第二产业有较大优势。林下经济促进三产融合发展，在山区促农致富效益显著，发展态势良好，全年林下经济产值92.9亿元，占总产值的28.3%。

【11个现代林业园区通过省级验收】 年内，全市11个现代林业园区创建点通过省级验收，分别是：柯桥区南部省级现代农业综合区、柯桥区湖塘毛竹精品园、柯桥区王坛香榧精品园、柯桥区漓渚苗木精品园、诸暨市浣东香榧精品园、诸暨市次坞苗木精品园、嵊州市长乐红枫精品园、嵊州市雅璜香榧精品园、嵊州市里南毛竹精品园、新昌县小将平山苗木精品园、新昌县巧英杨桐精品园。至此，全市省级现代林业园区创建点增加到91个。其中综合区4个、主导产业示范区18个、特色精品园69个。市级以上现代林业园区达96个（其中省级51个），省级现代林业园区建成数及创建点数量全省领先。

【新增省级林业龙头企业两家】 年内，全市新增省级林业龙头企业两家，分别是：浙江迪森园林工程有限公司、绍兴县东方茶叶有限公司。至年底，全市共有省级林业龙头企业61家，有效带动了全市林业产业发展。

【85家林业企业抱团亮相森博会】 11月初，市林业局组织全市85家林业企业参加在义乌举办的第七届中国国际森林产品博览会，设展位125个，参展产品达100多个，参展企业和产品数量均为历年最多。其中美得来蓝莓果酱、山珍香榧、宣军香榧、金億地板、兴成及图竹垫被评为森博会金奖产品；张家岙烧酒杨梅、谷来香榧、灿哥红心猕猴桃、野山谷龙井茶等9个产品获森博会优质奖；由浙江野山谷农业开发有限公司选送的"山珍"香榧包装礼盒、嵊州市三弘雕刻工艺研究所选送的"山水清音""青春" 等作品获第三届中国创意林产品大赛（成品组）银奖，由浙江绍兴丸十工艺有限公司选送的飘窗几等5件作品获优秀奖。另外，"刘海戏金蟾"和"逸居"获第4届中国木（竹）雕展金奖，其作者吴筱阳和俞柏青分别获"金雕手"荣誉称号。

【参加第十二届中国农产品国际交易会】 10月

25 日至 28 日，市林业局组织绍兴会稽山古香榧群及系列产品经营者参加在山东青岛举办的第十二届中国农产品国际交易会，展出冠军香榧、嵊州香榧、山娃子香榧、老何枫桥香榧、绿剑香榧及冠军香榧油、精油、胶囊等产品。会展期间，绍兴商家接待各地采购商、消费者及专家 1.1 万余人，分发会稽山古香榧宣传资料 1.8 万余份，有效提高了会稽山古香榧群重要农业文化遗产在国内外的知名度。

【新增省级森林食品基地 7 个】 年内，全市新增省级森林食品基地 7 个，分别是：绍兴县金色果园专业合作社、绍兴县华鹏茶叶专业合作社、诸暨市林业技术推广总站、嵊州市西白山香榧专业合作社、嵊州市里南丰岭竹笋专业合作社、新昌县康益琪农业发展有限公司、新昌县雪溪峰油茶专业合作社。

【新增省级生态文化基地 1 家】 年内，全市新增 1 家"浙江省生态文化基地"，为绍兴市兰亭景区。至此，全市已有省级生态文化基地 9 家。

【建设会稽山森林健身游步道】 年内，市林业局通过挖掘、整理会稽山脉原有的古道、山径，结合森林防火带建设，打造一个集主线、支线和交通连接线为一体的森林健身游步道群，将会稽山脉的自然景观、人文遗迹、宗教文化、古村落、休闲农庄等串联为一体。7 月，专项规划通过了专家评审和市城乡规划管理委员会审议，重点规划区域面积达 412 平方千米，涉及 5 个区（市）和 8 个镇（街道），计划用 3 年时间，建成集一环（会稽山串联主环线）、五区（宛委山、秦望山、峨眉山、古香榧林、日铸岭步道区）、十点（西天竺、越王峥、大香林、大雾尖、兰亭、诸葛山、埃码尖、香雪梅海、五百岗、木窝尖步道点）、30 条经典步道线为一体，与环城河步道相呼应的会稽山森林健身游步道系统，总长 365.1 千米，相应的配套服务设施、标识系统、植物保护、森林防火及实施保障等规划同步进行。年内已建成秦望山步道、日铸岭步道等试点段共计 52 千米。

市民行走在日铸岭步道上（市林业局提供）

【4 片森林获评浙江最美森林】 8 月 22 日，"浙江最美森林"榜单公布，绍兴会稽山香榧古树群、柯桥王坛万亩青梅林、诸暨赵家香榧古树群和诸暨五泄天然阔叶林森林荣膺"浙江最美森林"称号。

会稽山古香榧群（徐德文　摄）

【县（市、区）均建成省森林城市】 12 月，嵊州市通过省森林城市考核验收组验收，成功创建浙江省森林城市。至此，全市 6 个县（市、区）全部创建成为省级森林城市。年内，全市森林镇村创建不断深化，全市新建省级森林城镇 7 个、森林村庄 20 个，市级森林城镇 10 个、森林村庄 56 个。已累计建成省级森林城镇 32 个、森林村庄 98 个，市级森林城镇 51 个、森林村庄 259 个。继续开展城市森林建设工程等八大工程项目建设，创建国家森林城市基础进一步夯实。

【中国香榧研究院在诸暨成立】 8 月 30 日，中国香榧研究院暨国家林业局香榧工程技术研究中心在诸暨市挂牌成立。研究院由浙江农林大学与诸暨市政府共同组建，将有效整合有关地方政府、科研院所、龙头企业等资源，加速香榧"产学研"资源深入整合，为香榧产业发展提供科技支撑。

【新建国家林业标准化示范企业 1 家】 年内，绍兴市彬彬木业有限公司被国家林业局标准化管理委员会认定为国家林业标准化示范企业，为全市首家获得该认定的林业企业。

【森林火情形势平稳】 年内，全市共发生森林火灾 6 起，过火面积 55.52 公顷，受害森林面积 33.18 公顷，森林火灾发生率为 1.35 次 /10 万公顷，受害率 0.074‰，控制率 5.53 公顷 / 起，未发生重特大森林火灾事故、扑火人员死亡事故和火烧连营事故。

【市林业局森林公安局机构调整】 10 月 24 日，根据省编委办《关于市县森林公安机构设置有关事宜的通知》精神，市编委办下发《关于同意市林业局森林公安局更名等事宜的批复》，同意绍兴市林业局森林公安局更名为绍兴市森林公安局，由内设机构调整为直属行政机构，仍挂"绍兴市公安局森林警察支队"牌子。

【组建各级"引水灭火"队伍 17 支】 6 月 17 日，市政府办公室印发了《关于推进全市森林消防"引水灭火"队伍建设的实施意见》，明确到 2016 年年底全市建成各级"引水灭火"队伍 53 支，并列入了森林消防工作责任书和责任书考核方案。已组建各级队伍 17 支。其中市级 1 支、县级 7 支、乡镇级 9 支。11 月 26 日，市政府森林消防指挥部在汤浦水库西岙口，举办了2014年度绍兴市森林消防“引水灭火”队伍技能比赛。全市9支森林消防队伍180名队员参加比赛，水务集团代表队获得第一名。

森林消防“引水灭火”队伍技能比赛(市林业局提供)

【严格办理征占用林地和林木采伐审核审批】 年内，市林业部门严格按规定办理征占用林地审核审批，全市办理林地征占用68宗，面积216公顷，收取森林植被恢复费1065.61万元。办理林木采伐许可证432张，采伐蓄积3.99万立方米。

【首次发现25种新物种】 年内，市林业局大力开展绍兴市野生鸟类物种调查，首次发现白胸翡翠、孤沙锥、白枕鹤等25种新物种。市本级积极救助迷途、受伤野生动物64只(条、头)。规范野生动物的驯养繁殖和经营利用，市本级共发放驯养繁殖证4本，野生动物经营利用核准证71本。对破坏野生动物资源的违法行为实行依法打击，全年共办理野生动物行政案件3起，行政处罚3人，罚款0.4万元，收缴野生动物55只(条、头)。

【办理林业行政案件90起】 年内，市林业局组织开展“雷霆一号”、“雷霆二号”、“雷霆三号”、冬候鸟保护、林地清查等专项行动，切实加强林区禁种铲毒工作，严厉打击破坏森林资源和野生动植物资源的涉林违法犯罪行为。全市森林公安系统共侦办刑事案件8起，抓获犯罪嫌疑人27人，办理林业行政案件90起，林业行政罚款119.39万元。其中市本级侦办刑事案件两起，抓获犯罪嫌疑人21人，办理林业行政案件6起，罚款6.18万余元。

【侦破“11·18”网络贩卖濒危野生动物案】 年内，市森林公安局成功侦破“11·18”特大网络贩卖珍贵濒危野生动物系列案件，抓获犯罪嫌疑人邹某某等人，现场查扣蟒蛇150条(其中活体100条，死体50条)，巨蜥3条(其中活体1条，死体2条)及犯罪工具若干；先后抓获、协助抓获犯罪嫌疑人38名，成功解救珍贵、濒危野生动物331条(只)，案值达900余万元。共移送检察院审查起诉案件7宗、犯罪嫌疑人16名。2013年11月18日，市森林公安局接获线索后，成立了专案组，历时8个多月侦查、追捕，侦破此案。此案涉案蟒蛇、蚺蛇数量之多，创下全国之最。该案是省森林公安局挂牌督办案件，其成功侦破，一举打掉了利用网络平台操控东南沿海地区蟒蛇、蚺蛇等珍贵濒危野生动物非法交易市场的犯罪团伙，歼灭了“爬行天下”网络论坛蟒蛇版块分版版主8名，全面挤压了利用网络平台跨地区非法交易珍贵濒危野生动物的犯罪空间。

【完善林业金融扶持机制】 年内，全市林业部门积极鼓励和引导林农、林业经营主体参加商品林综合保险。全市新增林地流转面积479.27公顷，累计流转达3.51万公顷；新增林权抵押贷款5570万元，累计贷款1.5亿元；17.47万公顷各级生态公益林全部纳入政策性林业保险，总保额达9.67亿元。

【林业体制机制改革再度破冰】 年内，全市以林业改革试点工作为核心，积极探索林业发展新模式，激发林业发展活力。柯桥区继续开展森林增长指标年度考核评价试点工作，并已完成考核自评报告；诸暨市开展林业股份合作制改革试点和林权流转机制改革试点工作，已分别印发实施方案，相关工作有序推进；全市6个国有林场均已完成试点改革工作。

【林业无公害防治率达99.14%】 年内，全市主要林业有害生物总发生面积1.66万公顷，发生率为3.68%，成灾率为1.89‰(均为松材线虫病成灾面积)。按林业有害生物发生种类分别为：松材线虫病发生983公顷(部分为2013年年底未除治结转面积)，日本松干蚧发生99.73公顷，马尾松毛虫发生13公顷，松褐天牛发生13227公顷；花卉、板栗、竹子等其他病虫害发生2267公顷。各地均采取多种有效措施对主要林业有害生物开展防治，全市防治面积达1.55万公顷，其中生物及仿生防治2920公顷，化学防治3413公顷，人工防治7820公顷，其他防治1320公顷，防治率达93.25%；防治作业面积3.17万公顷，无公害防治作业面积3.14万公顷，无公害防治率达99.14%。

【开展“绿剑”检疫执法专项行动】 年内，全市森林病虫防治检疫系统深入开展“绿剑”检疫执法专项行动，严格查处了一批林业检疫违法行为，进一步加强了松材线虫病疫木源头管理，强化了疫区和疫木监管。专项行动期间，全市共培训执法人员63人次，培训企业和业主407人次；共组织行动43次，出动执法人员168人次，检查涉木企业168个，查处案件8起，罚款13768.24元，没收、烧毁疫木81.17立方米。

【依法实施林业植物检疫许可】 年内，全市应施产地检疫种苗面积8400公顷，实施产地检疫种苗面积8333公顷，产地检疫率为99.20%；调运检疫苗木5073.99万株，木材37201.04立方米，种子18吨；复检苗木72.32万株，木材4136立方米；共收取检疫费76.74万元。

【林业有害生物测报网络覆盖全市】 年内，市林业局调整优化测报网点布局，组建虫情监测队伍，基本建成覆盖全市的林业有害生物测报网络。全市有各类林业有害生物测报点66个。其中国家级中心测报点5个，省级中心测报点1个，县(市、区)测报点60个，结合护林防火组建了1200多人的面上虫情监测队伍。全市完成松材线虫病、松褐天牛、板栗瘿蜂等主要林业有害生物监测面积共170万公顷次，监测率覆盖率100%；年初预测病虫害发生面积1.6万公顷，实际发生面积1.66万公顷，测报准确率达97.79%。发布病虫情报8期，有效降低了病虫害大发生的风险，减少病虫灾害的损失。

【花卉苗木种植面积稳中有升】 年内，全市花卉苗木生产面积30900.15公顷，比2013年增加2723.03公顷；花卉苗木总产苗量42140.45万株，比2013年增加805.15万株。其中容器育苗772.9万株，良种育苗2236.61万株。全年花卉苗木产值44.26亿元，同比略有下降。其中一产产值25.59亿元，二产产值11.83亿元，三产产值2.83亿元。花卉出口创汇3258.06万美元，同比下降24%，产品主要为杨桐柃木、松枝及鲜切花，主要销往日本、荷兰等。出口额的下降主要原因是日元贬值，日元汇率相比2013年下降明显，使得出口企业收益减少，出口量也随之减少。

【开展"三进"系列公益活动】 年内，市林业局组织开展"珍贵树种进村庄、彩色树种进校园、木本花卉进家庭"系列公益活动，在全市落实村庄408个、农户7887户，赠送、种植珍贵苗木44.73万株。市本级向20多所学校（单位）赠送1346棵大规格珍贵树种和彩叶树种，向5000多户家庭赠送木本花卉5600株。

【全面实施现代种业工程】 年内，全市林业部门建设香榧种质资源保护库1个，共收集香榧种质200余份，建立8.67公顷香榧良种采穗圃；建成市级保障性苗圃一个，年生产容器苗能力达到50万株以上。加强林木良种和容器苗推广使用，建设"花卉绍兴"，积极开展新品种引进与选育工作，全年全市引进月季、石榴、梅花等林木优新品种15个，选育申报新品种5个，其中两个彩叶类品种获国家林业局认定。

【加强林业科技研发】 年内，市林业局加大科研资金投入力度，全市林业科研机构及产业基地组织联合开展了珍贵树种保育及主要病虫害控制技术研究、香榧保育及病虫害综合控制技术研究、薄壳山核桃采穗圃营建及良种规模化繁育与示范、梅花产品转型升级及其关键技术研究等科研项目。

【定期发布主要苗木价格信息】 年内，市林业局在全市设立3个花卉苗木采样点，每两月一期由林业主管部门发布绍兴区域主要苗木价格信息，填补了绍兴花卉苗木价格信息的参考空白。

【香榧成为绍兴市树】 10月28日，绍兴市七届人大常委会第十九次会议作出决议，将香榧确定为绍兴市"市树"。绍兴是香榧原产地和主产区，会稽山古香榧群是"全球重要农业文化遗产"，香榧列为市树，对绍兴的种植产业、城乡绿化、林产品深加工、古香榧群休闲旅游、农业文化挖掘及传承等方面具有重大推动作用。(市林业局提供)

香榧确定为市树后，市林业局为市民举办香榧家庭栽培知识培训，并赠送香榧盆栽苗(市林业局提供)

制造业

综　述

【概况】 2014年，是绍兴市全面深化改革的开局之年，也是实施“重构绍兴产业、重建绍兴水城”战略的关键之年。面对严峻复杂的经济形势，全市上下围绕市委“改革创新促发展、求真务实惠民生”的工作基调，全力以赴稳增长、调结构、促改革、增后劲、防风险，主动适应新常态，激发内生新动力，构筑发展新优势，有力促进了工业经济的平稳健康发展。全市规模以上工业实现增加值1517.9亿元，完成总产值9606.2亿元，分别同比增长10%和11.1%；完成工业投资1106亿元，同比增长10.6%；工业用电量和自营出口额分别同比增长2.2%和6.6%；实现利润总额525.7亿元，同比增长11.1%；全市工业经济总体呈现“稳中有进、转中提质”的发展态势。

【制定出台产业转型升级行动计划】 年初，市经信委牵头制定出台了《重构产业重建水城产业转型升级行动计划（2014—2017年）》，编制了“双百双千”工程重大产业项目计划，围绕“亲水兴业”三题，启动实施产业、空间、投资、用能、企业等5大结构调整行动及18项工程，积极以治水为突破口加快推进工业转型升级。

BRT快速公交1号线上开通4G网络（市经信委提供）

【市政府增资民营担保公司】 1月，市政府向绍兴万丰担保有限公司注资1777万元，提高1.7亿余元的担保额。政府以增资方式扶持担保公司，将大大提高担保公司的议价能力，为缓解中小企业融资难走出了一条新路。

【出台加快分布式光伏发电应用的意见】 年内，市政府发布《关于加快分布式光伏发电应用的实施意见》，提出：将优先在工业厂房、商业综合体、专业市场、大型会展场馆、体育场馆、高速公路服务区等建筑屋顶建设规模化的分布式光伏发电系统；支持在党政机关、医院、学校、科研单位和城乡居民住宅等建筑屋顶推广小型分布式光伏发电系统；如果企业要建分布式光伏发电项目，可到各县（市、区）发改部门实行备案管理，备案有效期为一年，如无特殊原因，项目自备案之日起一年内未建成并网的，需重新备案；对于居民自己建设家庭分布式光伏发电项目，原则上不需备案，但为更好地开展并网服务，由供电企业对该类项目提供免费登记备案服务。

【绍兴市企业家峰会举行】 4月12日，2014年绍兴市企业家峰会举行。峰会表彰了2013年度绍兴市“领军企业”“杰出企业家”，并为2014年绍兴市百强企业代表授牌。市委书记钱建民等市领导出席，市企业联合会、市企业家协会会长黄秋芳主持。根据市企业联合会、市企业家协会的考评，峰会表彰了卧龙控股、天圣控股、天洁集团、日月首饰、新和成控股、浙江医药、天乐集团、八达建设、亚厦装饰、大通商城等10家“领军企业”和金良顺、黄水寿、张道才、陈爱莲、赵建昌、阮加根、舒英钢、杨学夫、丁欣欣、孙永明等10名“杰出企业家”，并公布2014年绍兴市百强企业名单。峰会上，国务院国资委培训中心副主任张鸿翔教授做了题为《顺应改革大势，促进企业发展》的讲座。

【成长型中小企业金融创新产品专场对接会】 3月26日，市经信委组织举办绍兴市中小企业服务日——成长型中小企业金融创新产品推介对接专场活动，省内外多家金融服务机构、浙江省股权交易中心、中新力合股份有限公司、杭州金投融资租赁有限公司、绍兴市担保协会等机构与100多家中小微企业就私募债、融资租赁、出口信用保险、融资担保等金融新产品和成长板、创新板等金融新市场进行了互动交流，浙江杰森厨具有限公司和绍兴市一景乳业有限公司等企业介绍了通过尝试金融新产品进行企业融资的经验体会。

【五大领域和五大行业成为“两化”融合试点】 年

内，市经信委制定出台《绍兴市两化深度融合示范试点工作实施方案》，确定了今后三年全市“两化融合”的具体工作和发展目标，即在全市范围内选择有代表性的园区、集群、总部型企业、工业电子商务、服务平台等5个综合性领域，以及纺织服装、家具、医药、化工、装备制造等5个行业开展“两化”深度融合示范试点工作。列入示范试点的园区是袍江经济技术开发区，产业集群以柯桥区纺织产业集群、诸暨市大唐袜业产业集群、嵊州市领带产业集群为试点单位，精功集团有限公司、卧龙电气集团股份有限公司、海亮集团有限公司3家企业是总部型企业的试点单位，工业电子商务和服务平台的试点分别为浙江中国轻纺城网络有限公司、嵊州市浙东电子商务产业园运营有限公司和绍兴市中小企业公共服务平台，绍兴国周控股集团有限公司、浙江新和成股份有限公司、浙江龙盛控股有限公司、浙江菲达环保科技股份有限公司、喜临门家具股份有限公司等10家企业将分别代表纺织服装、医药、化工、装备制造、家具等5大行业进行“两化”整合试点，提升行业整体水平。

【第五届越商大会】 4月20日，绍兴市举行第五届越商大会，参加祭禹大典的300名海内外越商、乡贤和绍籍知名人士参会。全国人大常委会委员、民盟中央副主席、中科院副院长丁仲礼，中国工程院院士金东寒，市领导钱建民、俞志宏、谭志桂、陈长兴、尹永杰、陈月亮、徐明光、杨文孝出席。此次越商大会共有17个项目现场签约，协议总投资247.2亿元，涉及装备制造、生命健康、文化旅游、商贸综合等多个产业领域。主要有落户绍兴高新区总投资30亿元的世茂东软熙康“云健康城”项目，落户滨海新城总投资21.9亿元的绍兴游艇产业园项目，以及落户诸暨的雨润国际广场项目和联想科技城项目等。会上，市政府向广大越商推介330个重点项目，其中包括102个投资总规模1854.8亿元的“双百双千工程”重大基础设施项目，154个投资总规模1833.7亿元的重大产业项目，以及74个重点公益项目。

【绍兴文理学院将建国家重点实验室】 年内，绍兴文理学院国家重点实验室岩石力学与地质灾害实验中心大楼建设工程项目建议书得到市发改委批复。该项目位于绍兴文理学院体育馆以北，环岛汽车修理厂以东，北侧为天然河道金鸡塘。地块建筑占地面积约1900平方米，建筑面积约为8000平方米，工程总投资3500万元。基地建成后，大楼内将设有国家重点实验室岩石力学与地质灾害中心研究实验楼、岩石物理力学实验室、演示结构粗糙度系数实验室、岩石力学数值计算与仿真分析实验室等。

【开建单体最大光伏电站】 5月6日，由浙江环球光伏科技有限公司投资4500万元建设的分布式并网光伏发电项目，在位于上虞杭州湾经济技术产业园的浙江太阳股份有限公司正式开工。根据协议，该项目由太阳股份公司提供企业屋顶，建成发电后，太阳股份公司以比电网公司优惠的价格优先使用电能，剩余电量售予国家电网，从而实现共赢共享。作为全省首批获批的分布式光伏电站，“环球光伏”绍兴市区分布式并网光伏发电项目总装机容量为60兆瓦，其中2014年建设35兆瓦，总投资3.15亿元，太阳股份公司是已签订协议的8个合作电站中第一个开工的项目。

【天然气应急气源站投产】 年内，位于袍江经济技术开发区的液体天然气（LNG）应急气源站成功置换并正式投产。该天然气应急气源站可为越城区和柯桥区约20万户管道天然气用户应急供气72小时。站内共有8台150立方米真空粉末罐，可储存液态天然气1200立方米，相当于约70万立方米气态天然气。

袍江LNG（液体天然气）应急气源站（市经信委提供）

【中国安防城与IBM合作共建】 5月，中国安防城与IBM集团签署战略合作备忘录，决定结合IBM全球首创“智慧地球”理念和中国安防城“公共安全”理念，共建智慧城市研究院、公共安全解决方案应用培训中心、智慧城市集成商联盟、智慧城市专家库、总部结算中心、公共安全产业基金等。作为世界五百强企业的IBM集团是“智慧地球”的发起者，而中国安防城是中国首个集警用装备、安防产品、应急产品、保安装备、消防器材、特种车辆的生产、研发、认证、展示、贸易、出口于一体的大安防产业集聚区，是国家级基地和产业中心。

【首届中国（绍兴）曹娥江国际游艇展】 5月31日，首届中国（绍兴）曹娥江国际游艇展在曹娥江大闸风景区开幕，72家国内外游艇品牌参展商携70余款国内外知名品牌游艇、摩托艇、水上用品参展。同时，17个游艇产业相关项目集中签约落户滨海新城，涵盖游艇产业基地、整艇制造、配件制造等领域，其中由大连松辽船厂投资的绍兴游艇产业基地项目，总投资达到20亿元。

【泰坦股份签约首位外籍院士】 7月24日，浙江泰坦股份有限公司成立了院士专家工作室，与俄罗斯自然科学院院士古丽耶夫·亚里山大签约。这是全市首家外籍院士坐镇的企业院士专家工作站。

【乾润开元环保科技项目南方总部落户绍兴】 6月20日，绍兴高新区管委会与北京乾润开元环保科技有限公司在市区举行"乾润开元"环保科技项目南方营运总部签约仪式，全球规模最大的臭氧生产企业正式进驻绍兴。项目计划总投资10亿元，建设内容包括板式臭氧发生器生产基地及销售、研发中心。项目建成后，将立足绍兴环保产业，为自来水厂、城市和工业污水治理、造纸漂白、烟气脱硫脱硝、原煤脱硫等提供支持和服务。

【融资性担保公司数量缩减】 年内，全市25家担保公司通过了省级年审，有3家公司被摘牌，其经营许可证也将被收回。同时，两家担保公司未提出年审申请，退出了市场。2014年是省经信委融资性担保机构年审权限下放地市的第一年，绍兴市共有28家融资性担保公司提出了年审请求，市经信委对其进行了审查。审查内容主要包括对外投资比例、客户保证金收取、风险准备金提取、资产负债率、融资性担保业务发展和风险控制等。经过这次年审后，全市融资性担保公司户均注册资本金提高到1.19亿元。

【高新区3个项目获国家创新基金项目立项支持】 年内，科技部、财政部公布了2014年度国家科技型中小企业技术创新基金项目，位于绍兴高新区的浙江雷邦光电技术有限公司的消防救援用全分离头盔式红外热像仪、绍兴恒力特微电子有限公司的高功率因素长寿命LED照明电源驱动集成电路芯片、绍兴儒林生物科技有限公司的铁皮石斛活性物质高效分离提取与深度利用关键技术研发等3个项目在列，共获得扶持资金336万元。

【5家企业入选中国财富500强】 年内公布的2014年中国财富500强上榜企业中，绍兴当地企业共有5家，其中1家企业首次入围。这5家企业中，宝业集团以175.53亿元的营业收入和6.63亿元的利润在榜单中排第275位；浙江龙盛、海亮股份、亚厦装饰、明牌珠宝，则分别排在第336位、350位、367位和486位。上榜的大部分绍兴企业此次排名比2013年有所提高，其中浙江龙盛排名比2013年提高了148位。

【出台新能源汽车推广方案】 年内，《绍兴市新能源汽车推广应用实施方案》正式出台。《方案》中明确提出，到2015年年底，全市将推广新能源汽车1500辆。其中2014年推广540辆，2015年推广960辆。这标志着全市新能源汽车推广"路线图"初现雏形。初期将重点在公交、出租以及公务等领域推广新能源汽车，同时引导和鼓励私人消费者购置新能源汽车。

【完成桁架式吸泥机改造】 绍兴水处理公司通过6年努力，于年内完成桁架式吸泥机改造。新产品一年可吸走废水中污泥饼3万多吨。该技术获得国家知识产权专利，在全省属首次运用。

【中职学校首个校企合作项目落实】 7月30日，绍兴市中等专业学校与浙江益森科技股份有限公司签署全市首个中职学校全方位校企合作协议。双方将在建筑新材料研究开发中心的规划组建、新材料及新产品开发、人才合作、毕业生顶岗实习、行业培训等领域开展合作。益森科技是浙江省拥有砂浆产品规格、品种最多的专业性生产企业，拥有全省首家预拌砂浆技术研究中心。益森科技将选派中高层领导、技术人员、中高级技师担任学校专业带头人，参与"建筑材料与检测课程"的教材编写和人才培养；学校则为企业开展建筑材料检验工、机械喷涂工等职业培训、考试培训。

【海亮成国内最大脱硝催化剂生产基地】 年内，浙江海亮环境材料有限公司脱硝催化装置项目三期生产线正式投产，年生产能力达5.30万立方米。该公司已成为国内最大的脱硝催化剂生产基地，其研发的SCR脱硝催化剂填补了国内空白，并将国内脱硝催化剂成本降低约1/3。

【举行"机器换人"技术对接活动】 9月10日，全市重点企业"机器换人"技术对接活动在市区举行，全市46家有自动化改造需求的企业与省经信委牵头组织的6个"机器换人"专家服务指导组的专家对接，活动现场有6家企业与专家达成了初步合作意向，另有10多家企业邀请专家赴厂区实地考察。绍兴市已经启动了"机器换人"现代化技术改造专项行动，并组建了"机器换人"服务中心。

【"中国智造"2014年产业发展高峰论坛】 10月7日，"中国智造"2014年产业发展高峰论坛在上虞举行。市委书记钱建民，市委常委、市委秘书长魏伟及众多知名企业负责人共700余人出席此次论坛。著名经济学家、耶鲁大学管理学院金融学终身教授陈志武作主旨演讲，他围绕"产业升级的宏观环境"这一主题，详细阐述了当前产业升级的必要性、影响因素和应对方法等。

【苏泊尔公司增资10亿元开拓新领域】 年内，苏泊尔环境家居电器项目签约仪式在袍江经济技术开发区举行。项目总投资10亿元，浙江苏泊尔股份有限公司将在袍江新征地12.67公顷，使公司产品的门类延伸至环境小家居电器领域，主要生产空气净化器、电熨斗、吸尘器。新项目投产后，年产值有望达到100亿元，袍江将成为全国最大的小家电生产基地。

【滨海新城科创园光伏发电项目并网发电】 11月，绍兴最大的办公楼分布式光伏发电项目——绍兴滨海新城科创园光伏发电项目正式并网发电。该项目由精工能源科技集团与绍兴滨海新城科创园合作建设，利用科创园屋顶10960平方米的面积，安装1716块太阳能组件，总容量429千瓦。该项目的成功实施，开创了绍兴商业建筑开展分布式光伏发电的先河。

11月，绍兴滨海新城科创园429KWp光伏发电项目正式并网发电(市经信委提供)

【新增一家国家级科技企业孵化器】 11月，绍兴市科技创业中心被科技部认定为国家级科技企业孵化器。已有55家科技企业在该孵化器里顺利“毕业”，实现了产业化。绍兴市科技创业中心由袍江经济技术开发区投资建设，2004年4月正式启用，总面积已扩展到4万平方米，共三个孵化基地，累计“孵化”科技企业200余家，已“毕业”的55家企业中有34家成为市级以上高新技术企业。

【10家企业入选浙江创新百强企业】 12月8日，2014年浙江省技术创新能力百强企业评价结果揭晓，绍兴市10家企业入围，总数居全省第三位。其中浙江新和成股份有限公司、浙江医药新昌制药厂分列第6位和第9位。“浙江省技术创新能力百强企业评价”结果由浙江省科技信息研究院与浙江省科技发展战略研究院联合发布，评价指标体系由“创新投入”和“创新产出”两方面构成。

【高新区再添4家省级高新技术企业研发中心】 11月，2014年省级拟建高新技术企业研发中心公示，京华激光绿色环保防伪包装材料省级高新技术企业研究开发中心、东盛精密机械省级高新技术企业研究开发中心、振华阳光航空航天信息技术省级高新技术企业研究开发中心、方苑公路客运综合管理系统省级高新技术企业研究开发中心列入建设计划。至此，绍兴高新区已拥有20家省级高新技术企业研究开发中心，3家省级工程技术中心，8家省级专利示范企业，16家市级专利示范企业。

【纳诺科技造出世界上最轻材料】 年内，位于滨海新城的纳诺科技有限公司成功实现气凝胶纳米孔超级绝热新材料产业化。被称为“改变世界的神奇材料”的气凝胶，是世界上最轻的固体材料，被广泛应用于航天航空、医药、建筑等领域，可承受零下200摄氏度严寒和800摄氏度高温，其导热性能比空气还低，是已知的最好的保温材料。

【高新区获批两个国家级产业基地】 11月，科技部正式认定绍兴高新区的国家火炬计划绍兴健康装备和医用新材料特色产业基地和绍兴国家现代服务业电子商务产业化基地。这是全市首个国家级医用材料和器械特色产业基地和首个国家级现代服务业电子商务产业化基地。

【中关村知名创业服务品牌“e谷”落户诸暨】 6月15日，中关村漫游世纪公司入驻暨“e谷新势力”创新召集令启动仪式在浙江农林大学暨阳学院举行。“e谷新势力”创业召集令活动，是中关村漫游世纪公司引入中关村“e谷”的服务品牌和理念，以扶持电子商务、文化创业、动漫游戏、移动互联网等领域的创业团队和创新企业为目标，面向绍兴及周边区域创新企业和创业团队的专业性创业评选活动。活动通过线上征集商业或创业计划书，线下进行评选的形式，选拔一批优秀的商业项目和创业计划，免费入驻位于诸暨市城东新城永业大厦的“e谷”(诸暨)孵化器，并提供多项政策支持。

【“互联网思维与企业转型升级”企业家论坛】 9月25日，市经信委、市商务局联合举办以“互联网思维与企业转型升级”为主题的企业家高端论坛。全市350家行业龙头骨干企业、成长型中小企业、重点电商企业主要负责人参加了此次论坛。论坛邀请华艺传媒创始人兼首席战略官杜子建就运用互联网思维创新企业营销、推动转型升级作了主题演讲。

【获省节能财政专项资金1663万元】 9月，省财政厅、省经信委联合下发了《关于下达2014年省节能财政专项资金的通知》，绍兴市共获省节能财政专项资金1663万元，其中包含节能项目补助1320万元，2013年度节能目标考核奖励302万元，公共机构节能补助41万元。专项资金将统筹用作“智慧能源”平台接入工作、节能和工业循环经济项目、能源管理体系认证、电机能效提升、S7变压器淘汰等节能降耗工作的补助。

【企业与大学生创业对接活动】 10月29日，市经信委联合市人力社保局在绍兴职业技术学院举行企业与大学生创业对接活动，市区近30家有意向开展电子商务的中小企业和40名有电商创业经验或兴趣的大学生参加对接活动。活动邀请浙江麦文服饰有限公司负责人介绍电商创业成功经验、绍兴壹道壹电子商务有限公司负责人作微信营销等电商业务专题辅导，还组织与会企业和大学生就人才引进、货源渠道、电商合作等进行交流对接，现场共有10家企业和大学生达成初步合作意向。

【出台促进企业兼并重组的实施意见】 10月16日，市政府下发了《关于进一步促进企业兼并重组的实施意见》，成立了以市政府主要领导为组长、相关副市长为副组长、市级有关部门负责人为成员的促进企业兼并重组工作领导小组，积极鼓励企业兼并重组，优化整合资源要素，加快推动产业转型升级，全力稳增长、调结构、促转型、防风险。

【组织企业参展义乌国际装博会】 11月19日至22日，2014年义乌国际装备博览会召开。绍兴市共有59家装备制造业龙头企业参展，汇集了全市最先进的装备制造企业，涉及智能纺机、数控机床、环保装备、自动化装备等多个行业，展位数达306个，占此次展位总数的9.6%；销售成交金额5.3亿元，同比增长33.8%。柯桥区智能纺织印染装备高新区、诸暨市现代环保装备高新区、新昌高新技术产业装备高新区等3个装备高新区集体参展并现场招商，共引进装备制造工业项目11个，总投资55.4亿元，同比增长31.9%。全市有1600多人次采购商进场参观、采购，达成采购合同及意向7.29亿元。

【成功举办首届工业设计大赛】 8月至11月，市经信委主办了2014年绍兴市首届工业设计大赛。大赛以"设计温暖生活"为主题，共征集到参赛作品201件，作品涵盖工业3D打印机、智能家用电器、家居用品、医疗保健用品、电子信息产品、装备制造类产品、新型纺织类产品、包装类产品等，经初选、专家评审、网络公示，最终评选出金奖获得者1名，银奖获得者3名，铜奖获得者6名、优秀设计奖获得者10名。

【加强住宅小区光纤到户国家标准的实施】 9月11日，市经信委、市通发办、市住建局、市建管局联合下发《关于进一步贯彻落实住宅小区光纤到户国家标准的通知》，进一步完善规范绍兴市光纤到户通信设施建设，加快推动宽带中国战略落地。通知明确要求：2013年4月1日以后开工建设的住宅小区严格按照光纤到户国家标准开展建设；2013年4月1日以前审批但到发文之日尚未验收的建设项目，按照光纤到户国家标准进行整改；各住宅开发企业、物业服务企业要积极配合通信运营企业进行建设和整改，不符合光纤到户国家标准的住宅项目不得接入公用电信网。

【工业投资稳中有进】 年内，全市有在建工业项目2928个，完成工业投资1106亿元，同比增长10.6%，完成实绩和增速分别居全省第二和第七位。重点项目进展顺利，全市100个"双百双千"工程重大产业项目当年完成投资307.3亿元，完成年度目标的122.5%，有18个项目全面投产；166个市战略性新兴产业重点项目和183个市"机器换人"技术改造专项投资计划项目分别完成投资202.4亿元和115.3亿元，分别完成年度目标的103.8%和106.5%。

【工业效益稳中向好】 年内，全市制造业在产销增速放缓的同时，利润效益继续保持较快增长势头，利润增速大幅高于产销增速。全市规模以上工业实现利税772亿元，实现利润525.7亿元，分别同比增长10%和11.1%，增速分别居全省第二和第三位；销售利润率达到5.8%，高于2013年年底0.3个百分点，高于全省平均水平0.2个百分点。企业亏损及负债情况明显好转，规模以上工业亏损额同比下降1%，比全省平均水平低19.2个百分点；企业负债总额微增1.5%，比全省平均水平低2.8个百分点；资产负债率进一步降至58.1%，比全省平均水平低0.7个百分点。

【"腾笼换鸟"成效显著】 年内，全市共计淘汰1625家企业的落后产能。其中印染产能14.36亿米，化纤产能12.11万吨，织造产能7.75亿米，关停10家黏土砖瓦窑合计3.29亿块标砖。积极开展"腾笼换鸟"百家示范企业创建活动，重点推进柯桥区及柯桥印染、诸暨袜业省级"腾笼换鸟"试点。至年底，柯桥区印染企业集聚升级累计完成投资48.64亿元，已有40个项目（52家企业）开工建设，8个项目已投入试生产。越城区域19家印染企业已完成改造提升5家、"退二优二"两家，3家企业已经关停印染生产；基本完成二环线内工业企业搬迁扫尾工作。（市经信委提供）

全市规模以上工业企业主要经济指标

表3

区分	企业数（个）	职工数（人）	现价产值（万元）		销售收入（万元）		利润总额（万元）		利税总额（万元）		出口交货值（万元）	
			累计	同比（%）	累计	同比（%）	累计	同比（%）	累计	同比（%）	累计	同比（%）
全市	3984	779899	96061893	5.6	90757878	4.6	5257020	11.1	7720375	10	13300816	-0.5
越城区	106	16981	949534	-8.1	929465	-9.1	24425	-6.8	47494	-9.5	283442	-0.3
柯桥区	1164	244224	34934865	0.1	33972513	0.2	1823846	8.7	2760268	7.6	2888736	-9.9
上虞区	585	131842	16165678	12.1	14731916	9.6	1127723	22.6	1548698	17.7	2275036	1.9

续表 3

区分	企业数（个）	职工数（人）	现价产值（万元）		销售收入（万元）		利润总额（万元）		利税总额（万元）		出口交货值（万元）	
			累计	同比（%）	累计	同比（%）	累计	同比（%）	累计	同比（%）	累计	同比（%）
绍兴高新区	165	28053	1497102	-5.8	1488293	-4.1	56955	7.5	106739	4.8	421592	3.5
袍江开发区	303	70802	7702587	6.1	7680646	6.2	309309	7.1	482819	5.2	1358898	-9.1
滨海新城（江滨区）	29	6911	481724	32.7	461002	33	43502	477.1	63625	345.3	64038	-1.5
市属企业	5	4921	2226441	5.1	231832	-11.2	19673	-3.2	35829	-15.2	4706	-1.9
诸暨市	1020	159676	22879773	9.9	22238868	7.9	1367438	7.6	1884737	10.8	3570120	2.2
嵊州市	411	65303	3836955	8.9	3650875	5.3	77600	21	192414	7.2	1078126	8.6
新昌县	225	58097	5868960	10.2	5833471	10.3	450051	9	661378	9.6	1420160	12.9

全市销售收入前 20 位生产企业

表 4

序号	企业	销售收入（万元）	同比（%）	序号	企业	销售收入（万元）	同比（%）
1	浙江远东化纤集团有限公司	4146119	16.3	11	浙江古纤道新材料股份有限公司	953227	62.4
2	浙江大东南集团有限公司	1750069	14	12	浙江富陵控股集团有限公司	885771	4.3
3	盾安控股集团有限公司	1564899	1.6	13	精功集团有限公司	836805	0.6
4	三花控股集团有限公司	1552377	17.2	14	浙江佳宝新纤维集团有限公司	797816	23.6
5	海亮集团	1485965	9.4	15	浙江日月首饰集团有限公司	680639	-19.5
6	卧龙控股集团有限公司	1220007	26	16	浙江闰土股份有限公司	648835	25.5
7	万丰奥特控股集团有限公司	1219088	19.8	17	浙江永通染织集团有限公司	611223	-0.9
8	浙江龙盛控股有限公司	1133758	9.8	18	浙江永利实业集团有限公司	545469	7
9	浙江天圣控股集团有限公司	971769	-12.3	19	浙江南方控股集团有限公司	492641	1.2
10	天洁集团有限公司	966504	11.9	20	浙江无名皮塑集团有限公司	455191	7.1

全市利润总额前 20 位生产企业名单

表 5

序号	企业	利润总额（万元）	同比（%）	序号	企业	利润总额（万元）	同比（%）
1	浙江远东化纤集团有限公司	161237	8.5	3	浙江龙盛控股有限公司	113570	39.6
2	卧龙控股集团有限公司	118090	8.9	4	浙江大东南集团有限公司	109590	14.0

续表 5

序号	企业	利润总额（万元）	同比（%）	序号	企业	利润总额（万元）	同比(%)
5	万丰奥特控股集团有限公司	108216	80.1	13	海亮集团	66759	16.8
6	三花控股集团有限公司	102966	11.0	14	天洁集团有限公司	53651	22.9
7	世纪阳光控股集团有限公司	98760	251.5	15	浙江永利实业集团有限公司	45576	13.5
8	盾安控股集团有限公司	87027	4.8	16	浙江无名皮塑集团有限公司	41929	38.2
9	浙江闰土股份有限公司	85798	45.2	17	浙江华通控股集团有限公司	40968	14.4
10	浙江新和成股份有限公司	84026	16.7	18	浙江富陵控股集团有限公司	37996	22.0
11	浙江天圣控股集团有限公司	68926	–15.1	19	浙江绍兴苏泊尔生活电器有限公司	35201	16.1
12	精功集团有限公司	68816	1.8	20	浙江古纤道新材料股份有限公司	35122	245.9

纺织制造业

【概况】 2014 年，全市纺织业、纺织服饰业、化纤制造业等纺织行业 1796 家规模以上企业共实现产值 3446.96 亿元，主营业务收入 3370.[illegible]4 亿元，利税 255.73 亿元，其中利润 163.52 亿元，实现出口交货值 611.25 亿元。

全市纺织行业规上企业主要产品产量

表 6

产品	单位	产量	同比(%)
纱	吨	29[illegible]777	–3.3
布	亿米	5[illegible].38	–3.6
印染布	亿米	185.37	–2.9
化学纤维	万吨	464.28	1.8
服装	万件	53385	–1.8
领带	万条	14517	6.9
袜子	万双	60[illegible]061	–54.9

【绍台纺织产业科技合作交流活动】 7 月，绍台纺织产业科技合作交流活动在柯桥区举行。开幕式上，浙江省现代纺织工业研究院与台湾逢甲大学纺织与材料工业研究中心签署建立绍台纺织产业科技合作关系备忘录，同时成立绍兴纺织产业台湾专家辅导中心。

【东升数码开发节水减排产品】 年内，由东升数码科技有限公司研发、代表针织物染整工艺发展趋势的平幅针织连续湿处理机组，先后在绍兴辰鑫印染、金时针织印染及广东、福建等地的印染企业投产应用。该机组由东升数码与高校联手研发，投入 750 万元，于 2013 年年底研发成功，2014 年年初投入批量生产。新技术比传统方式节水 70%，节汽 80%，减少化学品使用 50%，并通过自动过滤循环节水装置，降低印染污水排放 30% 以上，具有良好的环保效益。（市经信委提供）

装备制造业

【概况】 2014 年，全市规模以上装备制造业企业完成工业总产值 2305.33 亿元，主营业务收入 2196.90 亿元，实现利润 151.32 亿元。

全市机械制造业分行业产销完成情况

表 7　　单位：万元

行业	规上工业总产值	主营业务收入	利润
金属制品业	3014138	2750683	178539
通用设备制造业	7751852	7410185	482730
专用设备制造业	3147678	2997959	216660
汽车制造业	2776447	2707865	240184

续表 7

行业	规上工业总产值	主营业务收入	利润
铁路、船舶、航空航天和其他运输设备制造业	53082	53174	3932
电气机械及器材制造业	5310121	5074442	353935
计算机、通信和其他电子设备制造业	836849	821140	28837
仪器仪表制造业	158617	149022	8161
金属制品、机械和设备修理业	4559	4559	176
全行业总计	23053343	21969029	1513154

【诸暨越宁机电城开工】 1月，总投资13亿元的诸暨越宁机电城正式开工。越宁机电城是诸暨最大的回归项目，也是落户国际商贸城的首个“诸商回归”项目。该项目占地8.73万平方米，总建筑面积23万平方米，集大型商贸城、精品商务办公楼于一体，其中专业市场面积17万余平方米，经营涵盖环保设备、电力设备、工程设备、通用设备等8种业态的上万种商品。

【浙江金盾风机股份进军核电领域】 3月，浙江金盾风机股份有限公司研发的核电安全壳循环冷却机组顺利通过一个月的耐久试验。该产品填补了国内空白，产品结构新颖，技术达到国际先进水平。该公司已累计获科技成果7项、专利64项，其中发明专利9项，创国家重点新产品3个、浙江省首台套产品3个。至年底，企业产品已用于国内外50多条地铁线和100多条高速公路的隧道，以及浙江三门、山东海阳、江苏连云港等多家核电站。

【企业获多个省级奖项】 4月，浙江菲达环保科技股份有限公司被授予2013年“浙江省政府质量奖”，露笑科技股份有限公司被授予“浙江省政府质量奖提名奖”。6月10日，第五届“科技新浙商”评选在杭揭晓，新一届10位“科技新浙商”公布，浙江陀曼精密机械有限公司董事长俞朝杰当选科技新浙商。

【卧龙集团收购ATB获奥地利总统嘉奖】 10月1日，为感谢卧龙集团特别是陈建成为奥地利经济发展做出的杰出贡献，奥地利总统签署命令，决定授予陈建成“奥地利共和国银质荣誉勋章”。2011年10月，卧龙集团收购了奥地利ATB集团，使这家在欧洲仅次于德国西门子、瑞士ABB的电机集团公司，在国际金融危机后，经营形势迅速改观，收购当年ATB集团就扭亏转盈，年均投资收益率超过20%。在收购奥地利ATB集团以后，卧龙集团还一直致力于推进绍兴与奥地利在经济、文化、政治等方面的交流与合作。

【金盾风机正式上市】 12月31日，浙江金盾风机股份有限公司在深圳证券交易所创业板上市，证券代码为300411。公开发行A股2000万股，全部为新股，发行价格为12.8元/股，对应2013年摊薄市盈率为22.92倍，其中网下发行200万股，网上发行量1800万股。此次发行，公司募集资金总额为2.56亿元。金盾股份是一家专业从事地铁、隧道、核电、船用、民用与工业领域风机、消声器、风阀等通风系统装备研发、生产、销售的国家高新技术企业。

【卧龙电气入选国家高效电机推广目录】 8月28日，国家发改委、财政部公布了第六批国家“节能产品惠民工程”高效电机推广目录，卧龙电气集团股份有限公司成功入选，该公司生产的稀土永磁三相同步电动机9个型号产品被列入推广目录，中央财政将按照能效等级、产品功率等给予节能补贴。自2010年国家公布第一批高效电机推广目录以来，全市已有卧龙电气集团股份有限公司、浙江特种电机有限公司等企业的多个型号产品先后入围六批推广目录，产品涵盖低压三相异步电动机、高压三相异步电动机和稀土永磁三相同步电动机等。（市经信委提供）

食品制造业

【概况】 2014年，全市食品制造行业共有规模以上企业95家，完成工业总产值178.28亿元，主营业务收入163.69亿元，实现利税15.47亿元，其中利润8.68亿元。子行业中：农副食品加工业产值73.66亿元，利润3.62亿元；食品制造业产值16.14亿元，利润0.81亿元；酒、饮料和精制茶制造业产值87.81亿元，利润4.94亿元，其中黄酒制造业完成产值45.29亿元，实现利润4.64亿元。全市生产饮料酒447195千升，其中16家规模以上黄酒企业全年生产黄酒433234千升，同比增长11.6%；生产软饮料176881吨、精制茶17.30万吨。

【上海金枫酒业增持绍兴白塔股份】 4月22日，国有上市公司上海金枫酒业再次以股权转让和现金增资方式收购绍兴白塔酿酒有限公司40%的股权。收购完成后，金枫酒业合计持有“绍兴白塔”60%的股权，成为“绍兴白塔”的控股股东。收购完成后，金枫酒业将对其提供资金、原料、技术等方面的支持，进一步提高“白塔”酿造工艺和技术水平，更好地发挥两者在市场渠道、生产研发、品牌合作等方面的协同效应。

【会稽山绍兴酒正式上市】 3月25日，会稽山A股在上海证券交易所挂牌上市仪式举行。公司股票简称“会稽山”，股票代码601579，发行价格4.43元/股，共发行股份1亿股，募集的资金主要用于年产4万千升中高档优质绍兴黄酒项目，以提高黄酒的技术含量和品质，并扩大公司黄酒产能。（市经信委提供）

石油化工制造业

【概况】 2014年，全市157家规模以上石油化工企业完成工业总产值1086.62亿元，主营业务收入1043.12亿元，实现利税91.14亿元，利润70.97亿元。其中占行业比重99.4%的化学原料及化学制品业完成产值1079.69亿元，主营业务收入1035.27亿元，利润70.98亿元。

【龙盛集团获选省首批“三名”企业】 6月“浙江省第一批‘三名’培育试点企业”名单公布，浙江龙盛集团股份有限公司成为上榜企业，是全市4家入围企业之一。此次入选的38家企业将享受到各级政府在资金等要素保障方面的支持。10月28日，中国石油和化学工业联合会发布全国石油和化工行业责任关怀评选结果，浙江龙盛荣获责任关怀最佳实践单位，并获邀参加11月20日由国际化工协会联合会、中国石油和化学工业联合会主办的中国责任关怀表彰大会暨CPCIF-ICCA-HSE研讨会。（市经信委提供）

医药制造业

【概况】 2014年，全市76家规模以上医药企业完成产值259.11亿元，主营业务收入245.86亿元，实现利税33.63亿元，其中利润24.06亿元。

【振德医用敷料公司获批省级院士工作站】 年内，浙江省委人才办公布第五批“浙江省院士专家工作站”，绍兴振德医用敷料有限公司上榜。绍兴高新区省级院士工作站实现“零”的突破。院士工作站为院士和企业提供了高层次科技合作创新平台，有利于企业突破技术瓶颈，提升自主创新能力，培养创新人才。

【新和成获国家补助资金2850万元】 年内，浙江新和成特种材料有限公司“年产5000吨聚苯硫醚树脂和6000吨聚苯硫醚复合材料项目”被列入国家产业转型升级项目（产业振兴和技术改造第二批）2014年中央预算内投资计划。9月12日，该公司获得国家补助资金2850万元。上虞京新药业有限公司“年产10吨瑞舒伐他汀和年产400吨S-2-氨基丁酰胺盐酸盐建设项目”于2013年获批为国家产业振兴和技术改造中央预算内投资项目，年内，该公司获得国家补助资金960万元。

【震元股份两产品获新药证书和注册批件】 7月，浙江震元股份有限公司收到国家食品药品监督管理总局签发的丁二磺酸腺苷蛋氨酸“新药证书”和丁二磺酸腺苷蛋氨酸原料药的药品注册批件。丁二磺酸腺苷蛋氨酸适用于治疗肝硬化前和肝硬化所致肝内胆汁淤积、妊娠期肝内胆汁淤积。（市经信委提供）

冶金制造业

【概况】 2014年，全市166家规模以上冶金制造业企业完成工业总产值711.76亿元，主营业务收入685.91亿元，实现利税33.76亿元，利润22.53亿元。其中：黑色金属冶炼及压延加工业实现产值159.55亿元，主营业务收入152.02亿元，利润6.87亿元；有色金属冶炼及压延加工业实现产值552.21亿元，主营业务收入533.89亿元，利润15.65亿元。主要产品钢材产量375.86万吨，铜材78.48万吨，铝材35.55万吨。

【国家级检验中心落户绍兴】 4月，国家质检总局发文同意在绍兴市质量技术监督检测院筹建国家有色金属加工产品质量监督检验中心，这是继国家黄酒产品质量监督检验中心、国家环保设备质量监督检验中心、国家中小型轴承产品质量监督检验中心之后，落户绍兴市的第四个国家级检验中心。按照计划，国家有色金属加工产品质量监督检验中心将在18个月内在滨海绍兴国家级检测试验科研基地完成筹建任务。中心将被建设成一个集检测、试验、科研、培训、服务于一体的有色金属加工产品检验检测公共服务平台，建成后将影响和带动新材料高新科技企业和项目向滨海新城产业园区集聚，将对绍兴及周边地区新材料产业、装备制造业等战略性新兴产业的发展及有色金属相关产业的转型升级发挥重要的支撑和推动作用。

【海亮在国内外建立农牧业基地】 年内，海亮集团成立了明康汇生态农业集团和明康汇健康食品集团，大规模进军现代化生态农业领域。至年底，已经在国内建起了22个基地，包括在黑龙江、云南等地建设的越冬、越夏应季种植基地，在安徽、江西等地建设的土猪和土鸡生态养殖基地，在丹江口水库建设的水产基地等。12月23日，明康汇在澳大利亚昆士兰签下了两个牧场的收购合同，将阵地延伸到了国外，向外寻求优质的农业资源。（市经信委提供）

建筑材料制造业

【概况】 2014年，全市有非金属矿制品业规模以上企业 114 家，完成工业产值 210.62 亿元，销售产值 215.92 亿元；实现利税 26.84 亿元，其中利润 18.55 亿元。全市规模以上企业生产水泥 1174.72 万吨、平板玻璃 1617.30 万重量箱。

【鑫泰新型建材获评省级新墙材龙头企业】 11 月，省新墙办公布了 2014 年 11 家省级新墙材龙头企业和 4 个省级农村新墙材应用示范项目名单。上虞区鑫泰新型建材有限公司当选省级新墙材龙头企业，柯桥区福全镇兴联农民公寓入选省级新农村应用示范项目。

【新增新型墙材企业 13 家】 年内，全市新增新型墙材企业 13 家，总数达到 165 家，生产新型墙材 32.14 亿标准砖，节约土地 353.6 公顷，节约能源 19.93 万吨标准煤，减少废气排放 4908 吨，利用废渣 600 万吨。城镇房屋新型墙体材料开工面积 1487.61 万平方米，应用比例达 92%。（市经信委提供）

轻工类及其他制造业

【概况】 2014 年，全市 2480 家规模以上轻工企业完成工业总产值 4841.16 亿元，主营业务收入 4828.68 亿元，实现利税 414.97 亿元，利润 273.24 亿元。其中：皮革、毛皮、羽毛及其制品和制鞋业完成产值 25.20 亿元，主营业务收入 24.98 亿元，利润 0.89 亿元；木材加工和水、竹、藤、棕、草制品业完成产值 20.24 亿元，主营业务收入 20.97 亿元，利润 0.51 亿元；家具制造业完成产值 53.85 亿元，主营业务收入 49.91 亿元，利润 1.97 亿元；造纸及纸制品业完成产值 80.84 亿元，主营业务收入 74.82 亿元，利润 7.15 亿元；印刷和记录媒介复制业完成产值 20.48 亿元，主营业务收入 19.14 亿元，利润 0.71 亿元；文教、工美、体育和娱乐用品制造业完成产值 223.82 亿元，主营业务收入 212.84 亿元，利润 10.91 亿元。主要工业品中，轻革产量为 244.93 万平方米，家具产量为 427.27 万件，机制纸及纸板产量为 53.93 万吨，伞类制品产量为 15961.38 万把。

【工艺美术作品展览】 4 月，工艺美术大师雕刻艺术作品绍兴展“琢·磨”在市区金德隆文化创意园艺阁会展中心开展。展品以和田玉雕和肇庆端砚精品为主。展览为期 10 天。其间，举行了工艺美术大师现场“琢·磨”表演、三派名流书法笔会、玉雕藏品鉴宝会、端砚品赏分享沙龙等活动。展览由市经信委、市文广局和市文联等单位主办。4 月 23 日，第四届中国·浙江工艺美术精品博览会在杭州和平国际会展中心开展，绍兴市 66 家工艺美术企业参展，展品有黄酒花雕工艺、越窑、青铜雕刻、木雕画等数十类传统工艺美术精品。

工艺美术大师雕刻艺术作品绍兴展（市经信委提供）

【喜临门发布全球首个智能床垫健康睡眠系统】 9 月，喜临门家具股份有限公司在上海新国际博览中心发布了全球首个智能床垫健康睡眠系统。喜临门颠覆了单一床垫的思维，通过整合软硬一体化的睡眠体验、云端日记、助眠系统等多个功能模块对睡眠进行全程健康呵护，具备更精准、更科学的睡眠疾病预防保健功能。喜临门董事长陈阿裕表示，“喜临门”今后要卖的是“守护健康、生命”的增值服务，实现从产品制造商到健康生活服务商的转变。（市经信委提供）

集体工业

【概况】 2014 年，市手工业合作社联合社（市二轻集团公司）共有下属企业 33 家，其中规模以上企业 28 家。全部工业企业完成工业现价产值 22.57 亿元，同比下降 7.74%；上缴税金 10066 万元，同比下降 3.96%；固定资产折旧 6565 万元。其中集体和集体控股企业完成主营业务收入 9765 万元，实现净利润 892 万元。年末，规模以上企业资产总额为 23.58 亿元，所有者权为 11.49 亿元。

【参加中国工艺美术大师作品博览会】 10 月 18 日至 21 日，绍兴市工艺美术行业协会组织 43 位工艺美术大师，参加由东阳市政府、中国工艺美术协会、中国工艺美术（集团）公司主办的第十五届中国工艺美术大师作品暨国际艺术精品博览会，并在博览会上取得了 5 个金奖、11 个银奖、9 个铜奖及 17 个优秀奖的成绩。

【8 人获评省工艺美术大师】 年内，绍兴市陈水堂、张立人等 8 位市级工艺美术大师被评为省级工艺美术大师。至此，全市已有国家级工艺美术大师 1 人、省级工艺美术大师 16 人、市级工艺美术大师 31 人。（杨鑫垚）

旅游业

综 述

【概况】 2014年，绍兴以大旅游的理念推动“市域联动、产业融合、城旅一体、全民共享”，通过实施“全市游”“水城游”“免费游”，加快旅游项目建设，加大旅游行业管理，加强旅游公共营销。全年全市接待入境游客70.21万人次，同比增长0.84%。创旅游外汇2.50亿美元，同比增长2.40%；接待国内游客6254.86万人次，同比增长11.42%，创国内旅游收入636.73亿元，同比增长11.85%；全市共接待旅游总人次6325.07万人次，同比增长11.29%，创旅游总收入652.07亿元，同比增长11.59%，总量排全省第四位。全市新增A级景区7个，新增五星级饭店1家、金叶级绿色饭店1家，新增星级旅行社7家。

【以“大旅游”理念建设江南水乡特色旅游城市】 年内，市委、市政府先后研究并出台“全市游”、“免费游”、“水城游”、完善旅游体制等多个发展旅游业的政策意见，并专门召开全市旅游工作座谈会研究部署旅游相关工作，市委书记钱建民提出：要牢固树立“大旅游、大产业、大战略”的理念，努力把绍兴建设成为江南水乡特色的文化和生态休闲旅游城市、独具魅力的水城和古越文化旅游目的地城市。

【提出“一核两圈四区”水城旅游总体布局】 年内，市旅委提出“一核两圈四区”的水城旅游总体发展格局，即以“古城”为核心，环城河和外环河为两大旅游圈，古鉴湖、六大湖、古运河和曹娥江为四大区域发展平台，整合水陆资源，加强基础配套，分步骤开发五条水上游线，争取通过三年努力，把绍兴打造成“长三角”水上旅游热点城市，营造“畅水、清水、融水、品水、亲水”的优美旅游环境。

【实施“绍兴人免费游绍兴”惠民政策】 5月19日中国旅游日开始，全市正式实施“绍兴人免费游绍兴”惠民政策，市直以及各县（市、区）行政区域内的36家主要旅游景区率先向本区域内的居民免费开放，3年内将在全市范围内统一免费开放。至年底，这36个主要景区免费接待市民238万人次。

【获评第二批全国旅游标准化示范城市】 年内，市旅委以《中华人民共和国旅游法》实施为背景，标准化创建为动力，景区旅游环境“百日整治”活动为抓手，全面优化旅游环境，规范市场秩序，提升旅游品质。旅游市场进一步规范，旅游环境进一步优化，全年游客满意度位居全省第一位，荣膺第二批“全国旅游标准化示范城市”称号。（市旅委提供）

旅游资源与景区建设

【概况】 2014年，市旅委围绕“全市游”工作主线，以规划为先导，以项目为重点，以产业为支撑，着力构建区域发展平台，推进项目建设，强化景区管理，提升各项工作水平。

【完成重点旅游项目投资103.22亿元】 年内，市旅委围绕“重构绍兴产业、重建绍兴水城”战略和大力发展生命健康产业的工作布局，抓实一批重点旅游项目。全市有在建旅游项目80个，总投资676亿元，实际完成投资103.22亿元。其中水城旅游重点项目20个，总投资355亿元，占全市“双百双千”产业发展项目总投资额的23.7%；实际完成投资61.86亿元，超额完成市政府下达的50亿元指标；列入全市“生命健康产业三年计划”的旅游养生类项目17个，总投资262.9亿元，占全市生命健康产业项目的45.9%，实际完成投资49.91亿元。全市十大重点旅游项目年内完成投资39.16亿元。其中金沙东方山水国际商务休闲中心六大场馆建设全面铺开，全年已完成投资24.01亿元（剥离房产项目后的单纯旅游项目投入13.77亿元）。大香林二期工程、诸暨长城国际影视一期工程、西施故里旅游区二期工程、五泄旅游度假区综合配套工程、中国茶市等12个项目已建设完成。

【旅游项目引资力度加大】 年内，全市旅游项目引资力度进一步加大。市旅委组织参加浙江省旅游项目推介暨乡村旅游项目对接会，签约项目两个，推介招商项目19个。参加越商大会组织考察工作。组团参加第六届中国国际义乌旅游商品博览会，选送具有浓郁绍兴地方特色的旅游商品近百件，筛选15家旅游企业参展。

【调研产业平台深化工作】 年内，市旅委根据《绍兴市城市发展战略纲要》十大子课题研究的整体安排，完成《旅游平台和框架专题研究》。围绕关于发展水城旅游的工作方案，充分利用大运河申遗成功的契机，进一步深化《绍兴水城旅游发展规划》。以解决体制机制性问题为核心，深入调研兰亭旅游区开发体制，按照“两统、两分、两同步”的要求，实行“统一规划、市区共建、分步推进”的机制，形成“中国兰亭”旅游区体制运行方案。调研横跨上虞区和嵊州市的覆卮山旅游区一体化发展情况，形成两地联动开发的思路。

【开展旅游景区环境百日大整治行动】 9月开始，市旅委在全市范围内开展景区环境整治及安全隐患大摸排工作，并制定《全市景区旅游环境百日整治行动方案》。结合“五水共治”“三改一拆”和全国文明城市创建等工作，部署开展了为期3个月的全市景区旅游环境百日整治行动，分阶段有重点地开展了“安全隐患排查行动”“文明旅游劝导行动”和“景区环境整治行动”。共计整治景区52个，修复通景区公路26条，沿途新增交通标志牌347块，拆除非法广告牌197块，拆除乱搭乱建207处；整治提升景区停车场64个，新增车位1473个；景区周边村镇整治，拆除户外非法广告113块，拆除违法建筑282处；景区环境卫生整治，新增修复垃圾箱1717个，实现垃圾集中无害化处理15处；新建修复厕所132座，新增绿化173764平方米，治理垃圾河、黑臭河32条，治理经营单位201家，修缮不协调建筑外观41处。

【规范A级景区创建】 年内，市旅委完成编制《全市A级景区创建计划(2014—2016年)》，改革旅游景区质量等级评定程序与办法，制订公开、透明的评定程序，加强对参与创建的景区的指导和服务。

【探索乡村旅游景区化】 年内，市旅委加强与农业、林业、体育等相关部门的对接和联系，依托新农村建设、农家乐规范发展、森林旅游等项目，与市农办联合培育农家乐向A级景区标准发展；与市农业局联合培育和申报全国休闲农业与乡村旅游示范点，加快推进旅游产业的融合。

【整合完善旅游统计体系】 年内，市旅委为准确反映旅游行业经济形势，整合旅游统计平台，建立旅游产业数据平台，每月发布旅游景区、旅游饭店和旅行社经济数据，研判行业走势。针对旅游新业态的不断涌现的形势，试行开展乡村旅游统计调查工作，完善旅游统计调查体系。

【推进旅游度假区工作】 年内，市旅委根据新修订出台的《浙江省旅游度假区管理办法》和《浙江省旅游度假区考核评价办法》，加强对旅游度假区的提升指导和项目督查，配合新昌县政府和上虞区政府做好省级旅游度假区的规划和可行性研究报告的评审与上报工作，启动新昌十里潜溪省级度假区申报工作。(市旅委提供)

市场营销

【概况】 2014年，全市旅游系统以“全市游”为工作统领，以“老绍兴、醉江南”形象品牌为抓手，拓展旅游营销平台，开展境内外旅游市场推广活动，完成2014年旅游指南等资料的编印工作，进一步丰富与完善了绍兴旅游宣传品。

【实施“1+X”旅游整体营销】 年内，市旅委以“老绍兴、醉江南”为整体品牌，整合各县(市、区)旅游资源，实施“1+X”模式营销。10月起，在央视《新闻联播》《星光大道》和凤凰卫视《凤凰早班车》等黄金时段播出绍兴城市旅游形象广告；加快建设“智慧旅游”工程，借助网站、微博、微信等自媒体平台，开展宣传营销；按照“唯一性、独特性”和“大众化、市场化”的原则，规划以“古城水城”为核、“东西两线”为翼的“全市游”游线架构，努力打造“可游性更强、覆盖范围更大、逗留时间更长、消费内容更为丰富”的区(县、市)联动的旅游产品。

【拓展境内市场】 年内，市旅委先后组织各区(市、区)旅游企业参加了2014年浙江省(济南)旅游交易会、和2014年中国国际(上海)旅游交易会。为开拓绍兴的主要客源市场“长三角”地区，5月和10月，市旅委组织全市主要旅游企业分别赴苏锡常和上海进行旅游促销；10月，为进一步巩固高铁沿线的重点旅游客源市场福建，组织市旅游企业赴福建开展了促销推介活动；7月，绍兴市与广西桂林市签署旅游发展战略合作协议。

【拓展台湾市场】 5月，市旅委组织主要旅游企业参加浙江省旅游局组织的2014年浙江旅游推广活动周暨第六届“互利共赢”浙台旅游合作大会，赴台深入推介绍兴主题旅游线路，积极向台湾市场宣传绍兴旅游资源和文化特色。

【加大区域合作】 年内，市旅委积极与周边城市互动，以区域合作的形式向重点客源地开展宣传。杭州都市圈城市全年举行了多次活动，一是春节期间组织旅游企业参加2014年“杭嘉湖绍新春旅游优惠月活动”，二是组织媒体参加四地采风活动。同时，借助绍兴担任“活力浙东南”联合体轮值主席的时机，组织宁波、温州、台州、舟山等联合体成员赴主要客源地市场广西北海市开展促销活动，推介浙东南系列游线。(市旅委提供)

旅游接待

【概况】 2014年，全市共接待国内游客6254.86万人次，同比增长11.42%。其中，越城区接待1939.24万人次，柯桥区接待1384.84万人次，上虞区接待847.12万人次，诸暨市接待1490.46万人次，嵊州市接待755.85万人次，新昌县接待898.87万人次。全市共接待境外游客70.21万人次，同比增长0.84%。其中，越城区接待18.57万人次，柯桥区接待20.51万人次，上虞区接待6.55万人次，诸暨市接待10.81万人次，嵊州市接待6.70万人次，新昌县接待7.06万人次。全市入境过夜旅游者人天数达到1282302人天，同比下降2.78%。

【春节黄金周接待游客增三成】 春节黄金周（1月31日至2月6日）期间，全市共接待游客262.35万人次，同比增长30.22%；实现旅游收入19.50亿元，同比增长21.00%。其中，越城区接待69.01万人次，柯桥区接待25.41万人次，诸暨市接待37.65万人次，上虞区接待65.50万人次，嵊州市接待20.66万人次，新昌县接待44.12万人次。

【国庆黄金周客接待游客增一成七】 国庆黄金周（10月1日至7日）期间，全市共接待游客458.92万人次，同比增长17.00%；实现旅游收入37.91亿元，同比增长14.72%。其中，越城区接待192.07万人次，柯桥区接待游客105.88万人次，上虞区接待游客33.51万人次，诸暨市接待游客51.69万人次，嵊州市接待游客38.37万人次，新昌县接待游客51.17万人次。（市旅委提供）

入境外国游客的主要国别构成

表8

国家	人数	国家	人数
韩国	49353	德国	11006
日本	33983	马来西亚	10963
印度	24798	加拿大	9061
美国	20232	意大利	7316
英国	15567	南非	6407
巴基斯坦	14253	新西兰	6096
新加坡	13343	泰国	5294
俄罗斯	13047	菲律宾	4869
法国	12882	伊朗	4075
澳大利亚	11608	瑞士	3918

全市AAA级及以上景区接待人次

表9

市直景区			
景区名称	等级	接待总人次（万人次）	同比（%）
鲁迅纪念馆	AAAAA	205.02	0.84
沈园景区	AAAAA	72.76	13.22
东湖风景区	AAAA	73.96	20.24
大禹陵景区	AAAA	121.76	15.75
兰亭景区	AAAA	70.06	17.79
名人故居	AAA	51.24	17.73
吼山风景区	AAA	36.87	—
诸葛仙山	AAA	3.79	—

续表 9

柯桥区			
景区名称	等级	接待总人次（万人次）	同比（%）
柯岩风景区	AAAA	186.89	3.24
大香林景区	AAAA	50.03	-0.28
绍兴乔波冰雪世界体育发展有限公司	AAAA	11.12	4.03
中国轻纺市场景区	AAA	31.05	-8.08
绍兴县安昌古镇	AAA	63.49	25.03
千年榧林	AAA	13.05	8.75
香雪梅海	AAA	16.67	54.68
舜王庙	AAA	1.77	-0.99
同康村绿林竹海景区	AAA	13.00	—
上虞区			
景区名称	等级	接待总人次（万人次）	同比（%）
盖北野藤葡萄园景区	AAA	51.00	-8.93
二都杨梅生态园	AAA	25.00	-28.57
覆卮山旅游区	AAA	32.62	—
长塘旅游区	AAA	9.91	-42.58
陈溪风情小镇	AAA	31.50	—
诸暨市			
景区名称	等级	接待总人次（万人次）	同比（%）
西施故里风景区	AAAA	129.25	10.35
五泄风景区	AAAA	109.14	10.25
华东国际珠宝城有限公司	AAAA	75.14	10.62
千柱屋景区	AAA	26.05	-21.3
汤江岩风景区	AAA	47.28	11.94
裕昌号民间艺术馆	AAA	30.17	—
白塔湖生态旅游区	AAA	32.53	—
香榧森林公园	AAA	30.00	—
嵊州市			
景区名称	等级	接待总人次（万人次）	同比（%）
百丈飞瀑景区	AAA	23.7768	-9.04
南山风景名胜区	AAA	暂停业	—
剡溪漂流旅游区	AAA	暂停业	—
十八都江风景旅游区	AAA	暂停业	—

续表 9

新昌县			
景区名称	等级	接待总人次（万人次）	同比（%）
大佛寺管理处	AAAA	165.67	6.04
达利.丝绸世界景区	AAAA	56.55	1.56
天烛仙境	AAA	33.35	—
中国茶市	AAA	48.58	-9.74
重阳宫(穿岩十九峰)	AAA	23.97	—
新昌县七盘仙谷	AAA	13.79	—
沃洲湖	AAA	29.16	—

（市旅委提供）

行业管理

【概况】 2014年，全市新增星（A）级景区7个、旅行社7家。至年底，全市有星（A）级景区64个，星级饭店78家（已注销12家）。其中五星级13家（新增诸暨市同方豪生大酒店），四星级16家，三星级36家，二星级及以下12家。共有旅行社135家（已注销2家），其中出境社8家（新增2家），国内社127家；其中五星级1家，四星级15家（新增1家：绍兴鑫洲国际旅行社有限公司），三星级13家。

【强化市旅委综合组织协调功能】 年内，市委、市政府进一步完善旅游经营管理体制，强化市旅委在旅游业发展、规划、研究等方面的参谋功能，对全市旅游行业的管理服务功能，以及在绍兴旅游整体品牌营销方面的协调功能；进一步加强旅委的综合组织协调功能，根据工作职责和关联度，委任市建设局、市规划局、市水利局及市委外宣办（市政府新闻办）各一名主要领导兼任市旅委副主任，参与旅游业重大规划、政策、体制、平台、项目、营销的研究与组织实施。

【受理各类旅游投诉121起】 年内，全市共接各类旅游投诉案件121起，比2013年度增加47起，同比增长63.5%。为游客挽回经济损失191258.00元，同比增长224%。

【开展旅游市场秩序检查】 年内，市旅委在对全市旅游企业开展以“规范旅游经营，提升服务品质”为重点的日常检查以外，还积极开展旅游市场秩序专项整治。元旦和春节期间全市各级旅游质监所共检查旅游企业170家次。其中旅行社82家次，旅游星级饭店59家次，旅游景区29家次。3—5月，对各区、县（市）的旅游企业进行规范旅游市场秩序及旅游安全工作督查。全市各级旅游主管部门共检查旅游企业63家次。其中旅行社51家次，旅游星级饭店6家次，旅游景区6家次。此外，1月和4月组织了全市旅游市场秩序联合检查。市县联动，各区、县（市）互查，共查处超范围经营旅游广告等违法违规行为14起，发出“责令整改通知书”14份。新昌县一家非法从事旅行社业务的“黑社”和越城区一个非法从事旅行社业务的“黑点”被取缔。

【培训旅游从业人员3000余人次】 年内，市旅委共举办培训班5期，培训3000余人次，累计培训时间为33天。与省旅游信息中心合作推进信息平台的建设，创新与完善导游管理工作。

【越城区大部分人力客运三轮车退出市场】 8月，市旅委启动越城区人力客运三轮车集中整治专项行动，对市旅游培训中心控股的鉴湖旅游三轮车服务有限公司进行整治，积极推进三轮车情况核实、整治、回收、补贴发放等工作，回收三轮车79辆。（市旅委提供）

电力　燃气　水的生产与供应

电力生产与供应

【概况】 2014年，全市全社会用电量为364.93亿千瓦时，同比增长1.50%；全市售电量346.46亿千瓦时，同比增长1.62%；全市线损率3.00%，同比下降0.49个百分点。全市供电最高负荷623.40万千瓦，同比增长6.83%；城市综合电压合格率99.9990%，城市供电可靠率99.9838%；农网综合电压合格率99.6340%，农网供电可靠率99.9405%。

至年底，绍兴电网共有110千伏及以上变电站162座，变电容量3420.30万千伏安，线路4547.45千米。其中：1000千伏线路14.37千米；500千伏变电站5座，容量975.00万千伏安，线路963.54千米；220千伏变电站30座，容量1263.00万千伏安，线路1550.16千米；110千伏变电站127座，容量1182.30万千伏安，线路2019.38千米。

【特高压工程核准开工】 8月5日，"宁夏宁东—浙江绍兴±800千伏特高压直流工程"获得国家发改委核准，标志着绍兴电力发展里程碑式的国家重点项目正式立项。该工程是省委、省政府引入的重要能源类项目，5月被列入国家"加快推进大气污染防治行动计划12条重点输电通道建设"项目。工程起于宁夏回族自治区银川境内宁东换流站，途经宁夏、陕西、山西、河南、安徽、浙江6省（区），止于诸暨市次坞镇道林山村毫岭。线路全长1720千米，额定输送容量800万千瓦，年外送电量可达500亿千瓦时，绍兴境内将新建换流站1座，并通过500千伏线路将电力分别送入萧绍负荷中心。该工程能满足绍兴经济社会发展的长远电力需求，有利于大气污染防治行动计划的落实和大范围优化资源配置。工程于11月4日正式开工，计划于2016年建成投运。

【重点电网建设项目按期推进】 年内，全市电力系统大力推进坚强智能电网建设，220千伏甘北（柳岸）、诸暨东牵引站外部供电工程、110千伏江桃送出工程、110千伏商务变电所等输变电工程如期投运；省运会保障项目——110千伏华齐输变电工程在省运会前顺利投运。全年电网新开工110千伏及以上项目17个，变电容量244.00万千伏安，线路264.29千米；电网投产110千伏及以上项目11个，变电容量172.00万千伏安，线路157.88千米。

【电网运行安全稳定】 年内，全市电力系统持续开展"安全管理提升"活动，严格落实安全生产责任制，全面推行作业项目安全风险管控系统应用，市、县两级风险管控系统覆盖率达到100%。建立安全稽查常态机制，加大交叉安全稽查及专职巡查力度，严格违章处罚。深化生产精益化，试点实施变电站主人运维模式，探索实施输电线路重要通道"五级管控机制"。针对2013年"菲特"台风期间变电站和开关站内涝情况，组织开展迎峰度夏防汛应急演练，落实各项防汛防台组织技术措施。开展电网反事故演习，定期组织应急基干队伍体能训练，全面提升应急能力。圆满完成省运会、祭禹、中高考等重大活动保供电任务。全市电网运行平稳，未发生一起电网及主设备事故。

2月19日，电力工人冒着风雪在嵊州雾荡岗巡视电力线路（王乾鹏　摄）

【开展电力"四个服务"活动】 年内，全市电力系统开展主动服务、规范服务、个性服务、亲情服务"四个服务"活动。编制18类"一次性告知书""客户档案资料收集规范"和"统一营业表式填写说明"，在全市范围内推广应用，避免客户无故往返。推行"一口对外、首问负责、限时办结"的协同服务机制，深化配网综合抢修，实行"首到必修、修必修好"。推出"电工鲁师傅"特色服务，建立"电工鲁师傅"微信公众平台，开展安全用电进社区、"媒体走进电力"等活动，实现供电服务更加便捷、高效。拓展社会化服务窗口，为客户提供上门服务、业务代办服务。推出"大客户优化供电方案建议书"，发放13万份"儿童安全用电指南"。连续6年为城乡居民"一对一"定制"居民家庭科学用电建议书"，累计发放数量超过480万份，为居民节省电费支出近4.8亿元。

电力抢修队员检查配电设施(章奇斌 摄)

【加快配电网建设与改造】 年内，绍兴电力局结合政府老小区环境整治工程，开展老旧小区配电设施改造，累计完成城东平江公寓等9个小区的配电设施改造，惠及居民1800余户。加大农网改造力度，积极稳妥推进农用电力线路接收改造，全年完成投资1.9亿元，新建及改造线路1900千米。加强农村安全用电管理，农村总保安装率100%，家保安装55.77万只。全年开展配网不停电作业18197次，减少停电98.6万时·户。实施“主动抢修”“立等立修”，平均故障复电时间缩短至1.74小时。

【强化电力公共安全保障】 年内，全市电力系统加强电力设施保护宣传，以漫画、对农广播等多种形式宣贯《浙江省电网设施建设保护和供用电秩序维护条例》。强化联防共治，与市公安局、消防等单位联合开展大棚搭建集中整治、“联合课堂”走进历史街区等活动。加大反窃电查处力度，全年处理违约、窃电246起。强化技术创新，开展防水灾综合研究，研发并应用双层导锁设计的新型“五防”(防水、防盗、防滑、防异响、防坠落)井盖，切实保障公共安全。

2月12日，电力、消防部门联合对书圣故里元宵灯会安全用电进行检查(孟永平 摄)

【推动节能减排和新能源发展】 年内，积极实施“煤改电”“油改电”，推广节能技术，超额完成全年目标6000盏城市道路路灯节能改造任务；完成电能替代项目86个，实施电能替代电量2.99亿千瓦时，全年节能节电1.0314亿千瓦时，折合减少标煤3.23万吨、二氧化碳排放8.25万吨。服务清洁能源接入，开辟光伏接入绿色通道，优化服务流程，缩短办理时间，全市并网分布式电源项目41个、并网容量4.01万千瓦，并网发电电量2742.52万千瓦时。建成包含电动汽车充换电站6座、交流充电桩41个的绍兴智能充换电服务网络，助力绍兴新能源汽车推广应用。

【绍兴首个居民太阳能光伏电站并网】 2月27日，柯桥区润泽大院小区居民周汉军的太阳能光伏电站正式并网运行，这是全市第一家正式投运的居民光伏电站，由12块光伏电板组成，容量3千瓦。光伏电板产生的电通过专用电缆连接到电能转换器，平时供居民自家使用，多余部分则送到公共电网中，由供电公司收购。按照浙江的光照水平，该个人光伏电站投入3万元，以平均每天3小时的全功率发电计算，一年预计可发电3000千瓦时以上，大约8年收回成本。

【全市首个电力自助缴费营业厅正式开放】 8月1日，越城区人民路电力自助缴费营业厅正式对外开放，该营业厅系全市内首个功能齐全的电力自助缴费营业厅，设有4台终端，具有银联刷卡功能，并提供现金缴费服务，可接纳1元至100元面值不等的纸币，客户可轻松地按照操作指南快速完成电费的缴纳与预存。除缴费外，客户还可在自助终端上进行用户用电信息的查询、联系信息的更新和电费短信的订阅等。营业厅每天有8小时可供自助缴费，二期改造预计在2015年年初完成，届时将推出24小时自助缴费。

【城区首座220千伏智能变电站投运】 10月1日，220千伏新九里变在原址重建后成功投运。原九里变系绍兴城区最早的220千伏变电站，已历时34年。为进一步提升绍兴东南部地区的电网稳定性，绍兴电力局在原九里变电站内220千伏场地上进行新建式整体改造，新九里变按照全站智能化标准设计，采用最新的智能GIS设备，系绍兴城区首座220千伏智能化变电站，共有两台24万千伏安主变，4回220千伏出线，占地面积少于原先的1/3，供电容量为过去的两倍。

220千伏九里变电站投入使用(茅东华 摄)

【诸北 500 千伏输变电工程获省发改委核准】 12 月 17 日，诸北 500 千伏输变电工程获得省发改委核准。作为绍兴地区规划的第七座 500 千伏变电站，该工程建成后能补强诸暨市、柯桥区 220 千伏网架，解决 220 千伏凤仪—双桥、凤仪—暨阳和兰亭—柯岩线路重载运行及钱清电厂关停引起的电网薄弱问题，而且作为宁东直流特高压工程 500 千伏送出第一级电力下载点，能有效发挥特高压工程的资源配置效益。该工程预计 2015 年开工建设，2017 年建成投产。（市电力局提供）

燃气供应

【概况】 2014 年，市燃气产业集团（简称市燃气集团）销售天然气 4.36 亿立方米，实现营业总收入 16.88 亿元，上缴税金 6308.80 万元，分别同比增长 81.67%、72.07%和 46.34%。完成投资 1.39 亿元，建成燃气中压管网 73 千米。至年底，公司已拥有全长 60 多千米的高压管道和 1700 多千米的中压管道，供气范围覆盖越城区、柯桥区；发展工业、公建用户 204 家，管道居民用户 22601 户；已有工业、公建用户 1396 家，管道居民用户 23.92 万户，“九里”瓶装液化气用户近 10 万户。

【燃气网运行安全稳定】 年内，市燃气集团深入开展隐患大排查、预案大演练、安全大宣教活动，对供气区域内 1300 多家工业、公建用户和 12 万多户居民用户燃气设施设备进行安检，发现安全隐患 2764 户，100%发出整改通知单并进行整改。组织开展燃气应急演练 18 场（次），教育培训 25 场 628 人次。全年投入安全专项资金 1900 多万元，用于更换增添站场阀室设备、信息采集点及抢险、抢修机具。全年燃气网运行总体平稳。

【谋划绍兴市“大燃气”供气格局】 年内，市燃气集团根据绍兴行政区划调整情况，编制完成《绍兴市区燃气专项规划修编》和《第二门站和高压管道连接线投资可行性报告》，完成除滨海工业区外柯桥区行政管理区域的管道燃气经营许可证申领工作，取得省天然气公司同意杨汛桥阀室预留分输接口作为第二气源接入点的批复，着手开展江滨第三高压接气点申请洽谈工作，启动嵊新区域天然气集约发展调研工作，努力构建“多点接气、环状供应”的天然气输配系统。

【配合完成第一轮印染企业“煤改气”工作】 年内，市燃气集团通过实施钱清高中压调压站、滨海调压站橇装技改等场站扩容改造及燃气中压管网建设等工作，全力配合做好印染企业“煤改气”服务工作，第一轮 89 家“煤改气”企业中，燃气管道已全部配套到位，改造通气 58 家，接洽不愿改造企业 7 家，另 24 家企业涉及搬迁。年内向已通气企业供应天然气 1.8 亿立方米，助推印染企业转型升级和空气质量改善。

【绍兴高新区首座天然气注气站建成运行】 9 月，位于绍兴高新区云东路与舜江路交叉口的天然气注气站竣工并投入使用，这是绍兴市第二座、绍兴高新区内首座投入运营的天然气加气站。该站设计规模为日加气量 2 万标准立方米，配套设备有脱水装置 1 套、冷却水系统 1 套、天然气压缩机组 2 套、储气井设施 1 套、双枪加气机 6 台等，可为社会车辆提供加气服务。

【完成 10 余千米老旧燃气管网改造】 年内，市燃气集团为进一步消除燃气安全隐患，投入专项资金，编制《绍兴市区中压铸铁管改造方案》，有序推进市区老小区和主干车道老旧燃气管网改造工作，全年完成胜利西路、中兴南路、延安东路、观音弄等 8 条道路，以及东大池、渡东小区、北海西村等 8 个小区的改造工程，改造老旧管网全长 10 余千米，更换使用时间超过 10 年的燃气表 6401 只，以提高城市管网运行和居民用气安全性。

【“蓝焰义工”志愿服务获评行风建设十大亮点】 年内，市燃气集团把传承雷锋精神与开展志愿服务活动相结合，“蓝焰义工”进入 20 个社区和 426 家工业、公建用户开展志愿服务，志愿服务总时数 178 个小时，其间入户安全检查 578 户，排查隐患 105 处，更换老旧胶管 1000 多米，送气上门 439 户（次），发放安全用气手册 2000 多份。（市燃气集团提供）

水的生产与供排

【概况】 2014 年，市水务集团有限公司（简称市水务集团）供应原水 3.1 亿立方米，制水 2.18 亿立方米。其中绍兴市制水公司制水 1.89 亿立方米，与 2013 年基本持平，曹娥江水厂制水 2899 万立方米，同比增长 13.02%；出厂水综合合格率达 99.96%。市区售水总量 7318 万立方米，同比增长 4.69%，管网水综合合格率 99.92%；市区排水总量 9308.76 万立方米，同比增长 7.18%，污水总管化学需氧量平均进管浓度为 699 毫克/升，同比下降 11.85%。；新建供水管网 134 千米，报废 29 千米，累计建设供水管网 2353 千米；新建排污管线 37.7 千米，泵站 8 座，累计建设排水管线 500.75 千米、泵站 139 座。至年底，市区污水收集率达 86.47%。小舜江环线工程建设完成过半。

【平水江水厂开工建设】 5 月 23 日，平水江水厂正式开工建设。该项目位于绍兴高新区和柯桥区，经市政府决策，由绍兴市水务集团实施，旨在缓解越城区、柯桥区、上虞区日益突出的供水需求和供水安全的矛盾。水厂选址在绍兴高新区稽山街道九缸村地块，总征地面积约为 8.4 公顷，其中水厂占地面积约 7.7 公顷。该项目于 2013 年 2 月经省发改委批复立项，同年 9 月通过省发改委初步设计批复，项目总投资约6.8765亿元，已列为省重点工程建设项目。为确保该项工程顺利推进，加强工程建设与管理，如期完成建设目标，市水务集团专门成立绍兴平水江水厂及配套管线工程总指挥部，下设绍兴平水江水厂及配套管线工程建设办公室，全面负责工程具体实施。至年底，水厂工程实现主体结构结顶，管线工程稳步推进，库区取水头部管线全部完工，设备招投标工作按计划推进，4.3千米长的若耶溪河道段管线施工提前完成。整个工程预计在2015年年底建成通水。

小舜江供水环线工程最长桥管——大长畈板桥桥管安装现场（市水务集团提供）

【建筑泥浆处理项目建成投运】 12月，由市水务集团、德昌源建材公司、袍江建设投资公司合资组建的绍兴市建设副产品再生利用有限公司完成厂房建设及主体设备安装，调试结果整体工艺处理效果达到预期，样品砖经检测符合质量要求，整条生产线年处理建筑泥浆有望达到130万立方米。该公司于5月组建，项目于7月动工建设，按照市政府要求的“国有控股、多元投资、市场运作”的原则，市水务集团占股51%，“德昌源”占股40%，“袍江建投”占股9%，注册资本金为3500万元，由市水务集团牵头实施。公司位于袍江经济技术开发区孙端镇，项目总占地面积约3.3公顷，其中一期项目用地约1.3公顷。公司主要负责对越城区范围内（包含绍兴高新区、袍江经济技术开发区、镜湖新区）建设工程产生的泥浆，采用板框压滤机进行集中脱水处理，脱水后的干泥饼用于隧道窑制砖，尾水就近接入市政排水管网排放或循环利用，是造福子孙后代的惠民工程。一期项目总投资3500万元，设计年处理建筑泥浆能力为80万立方米。

建筑泥浆处理主体设备——压滤机（市水务集团提供）

【绍兴管网漏损控制工作全国领先】 年内，市水务集团在前几年管网漏损控制工作的基础上，在管网分区计量、管网智能化建设、检漏模式完善、漏损绩效考核等方面进行了深化和创新，特别是在优化市区供水压力的前提下，管网漏损率仍创3.68%的历史最好水平。10月19日，绍兴市水务集团作为全国唯一一家供水企业，在全国城市基础设施建设经验交流会上作了经验介绍，建设部副部长陈大卫高度评价了绍兴管网漏损控制的经验做法，要求各地认真学习借鉴。10月20日，《人民日报》刊文介绍了绍兴水务集团的经验和做法。已有200多家国内供水企业和法国威立雅集团等国际知名企业到绍兴市水务集团参观交流。

【优化“20分钟服务圈”建设】 年内，市水务集团继续开展“20分钟服务圈”活动，通过升级水务服务热线、增设服务点和车辆、对抢修人员和抢修车辆配置GPS定位系统、加强用户服务队伍建设等手段，在便民服务上形成了任务下派、事件处理、服务回访“三位一体”的闭环服务。平均服务响应时间为14.9分钟。（市水务集团提供）

市水务热线全面升级（市水务集团提供）

建筑业

综　述

【概况】 2014年，全市建筑业以做大做强为主线，市场开拓为重点，创新发展为动力，优化结构为保障，完成总产值6178亿元，同比增长11.74%；上缴税金180亿元，同比增长12.22%；实现利润153亿元，同比增长9.98%。实缴地税36.59亿元，占全市地税总收入的13.56%，同比增长7.6%，各项指标继续位居全国同类城市前列。

市直建筑业完成总产值810亿元，与2013年持平；上缴税金23.4亿元，同比增长3.55%；实现利润18.4亿元，同比增长1.6%；实缴地税8.93亿元，同比增长14.19%。至年底，全市共有建筑企业1050家，其中特级企业17家，一级企业175家，二级企业300家，三级企业558家。（陈成程）

建筑行业管理

【概况】 2014年，市建管局进一步运用"以地区推介拓市场、以小额投资拓市场、以收购兼并拓市场"等方式，引导建筑企业扎实开展"市场开拓年"活动。省外建筑业产值达到4402亿元，占总产值的71.3%；市外建筑业产值达到5448亿元，占总产值的88.2%，"走出去"发展继续保持良好态势。全市建筑企业新签工程合同额6005亿元。全市房屋建筑施工面积5.79亿平方米，新开工面积2.56亿平方米，竣工面积2.11亿平方米。

【市区工程报建率100%】 年内，市建管局共办理工程报建30只，工程总投资额14.32亿元，开具施工许可证21份，总建筑面积78.9万平方米，总造价23.2亿元。工程报建率达100%。

【市区公开招标24个项目】 年内，市区24个项目实行建筑工程施工公开招标，建筑面积21.69万平方米，工程造价3.67亿元；公开招标项目平均造价下浮率为11.1%。凡投资额在50万元以上的政府投资项目，全部进入招投标中心公开招标，50万元以下的项目，也纳入监管渠道，基本上消除了规避招标和肢解发包的现象。

【考评建筑工地33个】 年内，市建管局根据建设部JGJ59-99标准要求，重点抓好施工现场文明施工管理、统一文明施工标准、落实文明施工制度。着重加强施工现场的围墙、大门、现场硬化、材料堆放及民工宿舍的管理。全年共考评建筑工地33个，出具整改通知单21份，通报批评项目经理3人次，通报表扬项目经理3人次。

【办理工程监理合同备案49个】 年内，市建管局针对监理人员不到位、监理工作质量不高等现象，实行监理合同备案制度，并设立监理分会自律办，每月对市区的工程进行一次全面检查，全年市区共办理监理合同备案49个。

【在建工程项目经理挂靠行为专项整治】 年内，市建管局对市区在建工程单位项目经理挂靠行为进行了专项整治，在制度上建立了施工企业、项目经理考评制，把建筑企业施工诚信手册及项目经理诚信手册年审与综合考评及日常管理挂钩，年审施工企业诚信手册132家。

【未发生违规用工和计划外生育现象】 年内，市建管局根据建筑工地的具体情况制率外来人员管理制度，重点抓好外来人员的持证上岗及计划生育管理，建立健全了外来人员登记及计划生育查验制，规定每一处工地都必须有计划生育台账，特别是对外来育龄妇女按计生部门要求做到进入工地先查孕查环，确保情况清楚措施到位，全年建筑工地无外来人员计划外生育。同时，按照省建设厅和市综治委的要求，多次开展了建筑工地劳动用工及劳动保护专项检查，未发现违规用工现象。

【办理行政处罚案件25起】 年内，市建管局在管辖权限内共办理行政处罚案件25起。其中无证施工13起，肢解发包1起，超越资质施工1起，违反安全生产技术规程4起，未履行管理职责1起，未按照工程建设强制性标准实施监理1起，特种作业人员未经建设行政主管部门考核发证上岗1起，暂扣执业证书1起，未办妥建筑起重机械安装告知手续1起，未对涉及结构安全的试块进行取样检测1起，共罚款1423万元。

【受理建筑工程质量投诉35起】 年内，市建管局共受理建筑工程质量投诉35起，组织召开质量投诉协调会议9次。（陈成程）

工程质量管理

【概况】 2014年，市建管局加强《中华人民共和国建筑法》等有关法律法规的宣传教育，加强质监监理人员持证上岗检查，加大对建筑工程质量的监管，全市建筑工程质量合格率达100%。全市建筑企业承建和参建的工程共获得“鲁班奖(国家优质工程)”“詹天佑奖”“中国钢结构金奖”“全国建筑工程装饰奖”等国家级优质工程奖80多项,获得“白玉兰杯”“钱江杯”“海河杯”“中州杯”“长三角优秀石材金石奖”“浙江省优质安装质量奖”“浙江省优质建筑装饰工程奖”等省级优质工程奖300多项。

【市区工程质量监督率为100%】 年内,市区新增工程受监面积78.6万平方米(住宅64.8万平方米),竣工面积103.3万平方米(住宅73.3万平方米),在建工程受监面积465.2万平方米,市区工程质量监督率为100%,质量合格率100%;出具工程质量整改单224份,工程质量停工整改单11份,质量查处通知单9份,出具工程监督报告191份;受理质量投诉27起,处理27起,处理率100%;桩基动测35494根,不合格92根,静压检测1370根,不合格10根;各种建筑材料检测96959组,不合格658组(0.7%),抽检材料614组,不合格54组(8.8%)。

【11项工程荣获“鲁班奖(国家优质工程)”】 年内,浙江中成建工集团承建的天津宇旺凯悦酒店,浙江勤业建工集团承建的萧山供电局电力调度大楼,浙江勤业建工集团参建的济南市公安局大厦,中设建工集团参建的上海展讯中心二期,浙江精工钢构集团参建的温州国际会展中心三期展馆和太古汇商业酒店办公楼,浙江展诚建设集团参建的诸暨市中医院完东分院一期住院门诊大楼,浙江诸安建设集团参建的湖州浙北大厦购物中心,浙江亚厦装饰集团参建的大连国际会议中心、总后勤部大礼堂室内精装修工程和青岛世纪名人共11项工程荣获“中国建设工程鲁班奖(国家优质工程)”。

【1个工程入选中国当代十大建筑】 6月28日,中国建筑文化研究会和北京大学文化资源研究中心共同主办的中国当代十大建筑评选活动结果揭晓,浙江中成建工集团承建的上海证大喜马拉雅中心被评为“中国当代十大建筑”之一,与国家体育场(鸟巢)、中央公园广场、北京国贸三期、中国尊、上海中心大厦、上海金茂大厦、台北101大厦、广州新电视塔(小蛮腰)、中国美院象山校区齐名。

【获省级以上QC成果奖97项】 年内,全市建筑企业共获得省级以上QC成果奖97项。(陈成程)

安全生产管理

【概况】 3月,市建管局召开建筑业安全生产工作会议,分别与下属各企业及各区、县(市)建管部门签订了安全生产责任状。在市区每个项目办理开工安全生产条件申报手续时,市建管局都与其签订建筑工程施工现场安全生产文明施工目标管理责任书,责任书明确规定项目经理作为施工现场安全生产第一责任人的职责和义务,并附有奖罚措施,使安全生产责任制落到实处。全年全市建筑工地发生安全生产死亡事故3起,死亡3人,控制在省建设厅指标内。

【发放建筑施工安全生产许可证77份】 年内,市建管局根据国务院《安全生产许可证条例》和《建设工程安全生产管理条例》,积极进行建筑企业施工安全生产许可证的初审及上报工作,从源头上制止不具备安全生产条件的企业进入绍兴建筑市场,全年共发放建筑施工安全生产许可证77份。

【落实各项安全生产监督措施】 年内,市建管局认真落实各项安全生产监督措施。一是针对市区施工现场安全管理的实际情况,修订完善了《建筑起重机械安全管理规定》《施工现场安全生产日检制度》《市区建筑工地安全生产重要节点隐蔽工程验收制度》《加强井架物料提升机安全管理制度》《支模架安全管理制度》等安全生产管理制度,并开展专项检查和整治活动、通报处理等方式进行落实。二是在市区范围实施了起重机械租赁、搭拆单位登记管理办法。

【安全生产大检查发现问题979条】 年内,市建管局共组织了三次全市建筑安全生产大检查,累计抽查工程64个,建筑面积达301.86万平方米,涉及企业111家,发现问题达979条,通报批评企业55家和人员33人,并对6家单位提出行政处罚的检查意见。(陈成程)

勘察设计管理

【概况】 2014年,市建管局申报勘察设计资质企业31家、设计与施工一体化企业11家,办理注册建造师、监理工程师、建筑师、勘察设计注册工程师注册2870人。其中一级建造师注册431人,二级建造师注册1855人,监理工程师初始、变更、延续注册130人,办理注册建筑师、勘察设计注册工程师注册285人,办理勘察设计进绍备案169项。

【审查完成323个设计项目】 年内,市建管局共完成323个项目施工图的审查。其中住宅建筑38个、公共建筑85个、工业建筑58个、幕墙工程62个、装饰工程44个、桩位及修改36个,总建筑面积784万平方米。

【建筑业科技进步成效显著】 年内,全市共获得浙江省“钱江杯”优秀勘察设计奖3项,省级以上科技成果奖5项,省级以上建筑业新技术应用示范工程和绿色施工示范工程13项,省级以上工法27项,省级以上发明专利和实用新型专利45项,通过建设科技推广项目应用评估9项、省级科研项目13项,参与或者主持省级以上标准编制10项。

【完成既有建筑节能改造35.98万平方米】 年内,全市完成既有居住建筑节能改造面积34.4万平方米,完成既有公共建筑节能改造1.58万平方米。实施节能评估和审查项目数429个,面积2046.77万平方米。8月开始强制执行《民用建筑设计标准》,涉及项目64个,面积228万平方米;完成可再生能源建筑应用面积84.5万平方米。(陈成程)

交通运输　邮政业

交通运输综述

【概况】 2014年，全市交通建设完成投资66.62亿元，其中公路建设57.56亿元，水路建设0.71亿元，公路运输设施建设6.15亿元，铁路建设2.2亿元。绍兴迄今里程最长、投资额最大的基础设施投资项目——杭绍台高速公路"工可"报告获省发改委批复，新104国道嵊州段全线贯通，104国道柯桥段高架改造、孙端至上虞曹娥公路项目全面推进，绍诸高速公路诸暨延伸线开工建设，绍诸高速陶堰互通及连接线工程、甬金高速公路绍兴段嵊州互通工程完工，杭金衢高速拓宽新岭隧道段工程形象进度达到73.8%。绍兴境内第二条高铁杭长客运专线试运营。投资2.36亿元完成191.602千米高速公路路面大中修。

【完成国、省道建设工程计划工程量】 年内，全市国、省道建设工程均完成年度和跨年度计划工程量。新104国道嵊州段、37省道义乌至诸暨段复线建成通车；31省道北延绍兴市区段工程完成投资3亿元，完成年度计划；投资1.55亿元，完成40.7千米的国、省道公路大中修，维修改造病危桥21座。

【继续推进农村公路提档升级】 年内，全市完成64个农村公路联网项目计101千米。农村公路安保工程共投资3438.3万元，实施549千米，并投入6.08亿元实施农村公路路面大中修和27座病危桥梁维修改造。

【优化公交客运资源配置】 年内，市交通运输部门优化调整市区公交客运线路26条，开通BRT一号线夜班和BRT二号线（滨海线），新增21个公交站点，新建公交座椅303个，更新电子站牌35个。越城区新购置公交车50辆，更新50辆，迪荡梅龙湖公交站、金昌美院、大禹陵首末站完成改建并投入使用。市区城东社区巴士1线、2线正式营运。上虞区完成《城乡公交一体化规划》编制，实施公交国有化改革，新开通10条二级公交，新增电混合公交车40辆。越城区、柯桥区共招募社会人士51名，在省内率先成立公交乘客委员会。越城区、柯桥区更新双燃料清洁能源出租汽车109辆，诸暨市、新昌县分别更新CNG双燃料出租车160辆和50辆。

社区巴士（市交通运输局提供）

【出租车电召服务全省领先】 年内，全市交通运输部门继续推进智能交通建设，推出安卓版和苹果版手机出租车电召服务平台，并与"易行绍兴"公众出行信息智能查询系统对接，出租车电召服务全省领先。ETC"一站式"发行点达到17个，发展ETC用户12037个。

【发展绿色循环交通】 年内，全市新增各类新能源和清洁能源公交车123辆、出租车574辆。对3402辆新增或转藉车辆进行了燃料消耗量限值核查，全市排查出营运黄标车淘汰总底数4801辆，全年淘汰黄标车1063辆。新建液化石油气（LPG）船舶9艘，电动客船11艘；启动内河船型标准化升级，淘汰老旧船舶20艘。在国、省道路面大中修工程中应用水泥就地冷再生和泡沫沥青就地冷再生技术，旧路面料100%回收利用；推广应用抗车辙剂，实施里程24.023千米，延长路面使用寿命、降低维修频率；试点应用9千米公路自发光节能照明标识。完成集亚物流基地甩挂运输站场建设，全市已有3家物流公司开展甩挂运输，现有甩挂运输车辆173辆、挂车195辆。

【多管齐下加强运输市场管理】 年内，全市交通运输部门多管齐下加强运输市场管理，开展"打非治违"、绍兴北站站场秩序管理、出租汽车专项整治等专项整治行动，查处黑车26辆，罚款30.4万元。全年全市共查获超限车辆5479辆，卸载货物10.95万吨，罚款1325.2万元。（戚斌）

交通设施建设

【概况】 2014年年末，全市公路总里程达9893.006千米。其中高速公路304.705千米，国道471.253千米，省道459.064千米，农村公路8962.689千米。公路密度为119.48千米/百平方千米；乡镇公路通畅率100%，行政村公路通畅率100%。全市现有公路桥梁4005座，长度合计220674.72延米，其中新增桥梁38座，计2688.85延米。公路建设共完成投资57.55亿元。其中高速公路14.95亿元，省道28.06亿元，县道公路13.82亿元，乡镇、村道公路0.73亿元。

【扩展公路“三化”工作成效】 年内，市交通运输部门根据年初工作目标，主要在绍诸高速公路、绍大线和104国道上虞、嵊州、新昌段开展“三化”示范路创建。同时在绍诸、杭甬、杭金衢高速公路和绍大线开展“无违建”公路创建。全市共拆除各类非公路标牌1805块，清除垃圾1.34万吨，桥下堆积物1.65万立方米，拆除违法建筑物125处计3.54万平方米，清除清理违法种植1.93万平方米，拆除搭建围墙4000米。在针对高速公路、国省道沿线广告牌的整治中，全市高速公路沿线广告牌拆除1304处，普通国省道公路沿线广告牌拆除123处。并对绍三线实施首次大修并进行绿化提档。

拆除上三高速沿线广告牌（市交通运输局提供）

【新模式治理公路超限超载难题】 3月，由交通运输、公安交警、城管执法等部门联合组建的绍兴市市直治超联合大队挂牌成立，实现了路面执法全天化、处罚手段综合化。同时，积极开展非现场执法试点，实施104国道、杨绍线和绍三线9个车道3个执法点建设，在S308绍大线兰亭治超站试行超高、超长、超宽与超重为一体的检测系统建设。该系统采用先进的激光扫描技术，对通过公路断面的行驶车辆进行快速三维轮廓扫描，获取车辆长度、宽度、高度等数据，具有检测精度高、可全天候运行不受光线变化及恶劣天气影响等特点。全年全市组织各县（市、区）集中治超专项行动12次。嘉绍大桥治超站以收费站称重系统为依托开展流动治超。12月20日开始，市交通运输局联合市公安局开展为期60天的车货总重55吨、超限100%以上及非法改装货运车辆重点整治行动。

绍兴市市直公路治超联合执法大队挂牌（市交通运输局提供）

全市共检测车辆9046辆，查处超限车5479辆，同比增长110.2%；查处超载车518辆，查处抛洒滴漏车等76辆；卸载货物10.95万吨，同比增长111.4%。平均单车超限量由2013年的20.26吨下降到19.98吨；共收缴罚款1325.2万元，平均单车罚款额由2013年的3071元下降到2533元；查处非法改装车辆和恢复车辆技术标准状况3800多辆（其中强制恢复593辆）。

【杭绍台高速工可获省发改委批准】 12月，杭绍台高速工程可行性研究报告获省发改委批复同意，正式进入设计施工阶段。该项目是《浙江省综合交通“十二五”发展规划》和《浙江省公路水路民用机场交通运输十二五发展规划》中的预备公路项目，全长约166.3千米，工程总投资约384.3亿元。其中绍兴段约113.8千米，投资估算约278.4亿元，是绍兴市历史上里程最长、投资最大的基础设施项目。项目规划起于钱江通道南接线齐贤枢纽，经齐贤、灵芝、东浦、福全、兰亭至越城区鉴湖镇接绍诸高速，在甘霖附近沟通甬金高速，往南经新昌县澄潭、镜岭、回山进入金华市磐安县，沿磐安县与天台县交界处穿越大盘山区，在临海市境内接台金高速公路。该项目的建设可以进一步完善全省综合交通运输网，发挥上海、杭州都市经济圈对绍兴中南部偏远山区、金华东北山区、台州北部山区的辐射力，对促进绍兴、金华、台州三市欠发达地区的经济社会发展具有十分重要的意义。

【首创定单式报批法】 年内，市交通运输局首创定单式报批法，在杭绍台高速公路前期专项资料报批中应用,取得明显效果。定单式报批法即项目沿线所有审批专题材料均统一制作、填写,以“定单”模式发给沿线政府职能部门审核签字、盖章的报批方式。杭绍台高速项目跨越3个市(绍兴、金华、台州)、7个县(市、区)、22个乡镇,共9个专项报告(方案),需1个国家部委意见、6个省级部门备案或批复,前后需200余个单位审核(核准)盖章500余次。省内同类项目完成上报类似工作量的报批资料普遍需至少1年,而采用定单式报批法仅用了约半年时间。

【8条市直公路首开浙江公路“指尖管理”先河】 年内,全市8条市直公路在实行路长制网格化管理基础上,按线路建立5个微工作平台,由各级路长统筹管理。三级路长各司其职,通过微信群综合决策。各级路长任务交办、结果反馈及协调商榷均通过“I公路”微工作平台实施。执行路长处理案件,利用微信拍照实时反馈,通过微群远程调度。吸收公路站、绿化站、桥梁站、保洁单位入微群,利用各站点的第一手反馈结果,进一步缩短上级路长与所辖公路的时空距离。每日4次微信定位签到,巡查车安装GPS定位系统、行车记录仪等。“路长制”全员联动实施范围为:104国道(西线、北复线、东泾线)、绍大线、绍甘线、绍三线、杨绍线、新杨绍线、尹大线与钱陶公路共8条主要公路市区段,共83.102千米,桥梁102座。较2013年增加公路里程17.59千米,增加桥梁23座。

【37省道复线义乌至诸暨段建成通车】 1月10日,37省道复线诸暨段建成通车。37省道复线诸暨段起点位于义乌楂林燕窝村,自南向北穿过善溪水库,经上新屋、宣宅、宣何、红桥、蔡家畈,与诸安快速通道相连,路线全长约5000米,工程总投资1.7亿元,征地面积25.72公顷。主线采用双向四车道一级公路技术标准,设计速度80千米/小时,部分路段限速60千米/小时。

【新104国道嵊州段全线贯通】 12月26日,新104国道嵊州段全线贯通。新104国道嵊州段改建工程起点连接104国道上虞段,途经三界镇西,上跨上三高速,穿越招士湾、清风、仙岩三座隧道,向东经浦口街道,穿越彭山隧道,终点在黄泥桥附近与104国道新昌段相接,全长33.577千米,跨越高速公路4处,建设大桥7座,打通隧道4座。该路段按照一级公路技术标准设计,双向四车道,是省重点工程之一。

【曹娥江东山大桥通车】 6月1日,曹娥江东山大桥正式通车。该大桥是上虞区上浦镇境内连接联江片、和平片、上浦片的重要通道,也是东山景区的重要配套工程和104国道与县道(梁章线)的连接线。大桥西起新104国道,经老国道,跨曹娥江,终于章联公路。大桥全长1.36千米,路基宽12米,桥宽13.2米,桥梁设计荷载为公路Ⅱ级,总投资6169万元。

【诸暨浦阳江撤渡建桥】 6月,诸暨市浦阳江直埠段航道上最后一道碍航浮桥——甲塘浮桥成功拆除,这标志着诸暨境内浦阳江主航道上设置的碍航浮桥全部拆除。历史上该市浦阳江沿线渡口设置较多,1978年时有51个,后来渡口逐步被改建成公路桥梁或浮桥,至1989年有浮桥13道。诸暨市先后累计投入2000余万元专项资金补贴撤渡建桥工程,现境内渡口只暂时保留两个农渡,浮桥已全部拆除,改建为安全美观的钢筋混凝土公路桥梁。

【杭甬运河首座人行钢箱桥架设完成】 9月15日,杭甬运河首座人行钢箱桥采用“整体平移法”架设完成。该桥位于柯桥区杨汛桥镇,原系50米混凝土钢架拱桥,因不符四级航道通航技术标准,拆除重建为人行钢箱桥。由于地处杭甬运河,桥梁施工受船舶通航频繁、水流不稳定等因素影响,重型吊机无法进场施工。为确保施工及通航安全,经多次论证协调,最终采用“整体平移法”进行桥梁架设,即在两艘拼装成一体的货船上,完成钢箱桥体整体拼装,并用船装运,平移至桥位位置,利用压水船舶,下沉落架。该方法系全市范围内首次使用,在省内也属罕见。

【绍诸高速陶堰互通及接线工程完工】 12月8日,绍诸高速公路陶堰互通及接线正式通车。该项目总投资1.24亿元,互通按照四车道高速公路标准建设,设计速度100千米/小时,路基宽26米。互通区匝道设计速度30~60千米/小时,单向单车道匝道路基宽度为8.5米,双向双车道匝道路基宽度为15.5米。

【甬金高速嵊州互通及西接线工程完工】 11月23日,甬金高速嵊州互通建设工程完工,12月3日通过交工验收。甬金高速嵊州互通位于甬金高速公路K80+524处,工程由互通及长500米接线两部分组成,总投资1.4亿元,于2012年12月29日正式动工建设。

【维修改造病危桥梁66座】 年内,全市交通运输部门维修改造国、省道病危桥21座。其中104国道大帝山立交桥维修项目投资5497万元,7月完成改造并通车;航鹭大桥项目总投资1052万元,6月完成改造并通车;S308绍大线鉴湖大桥项目总投资967.2万元,富恩大桥项目总投资441万元,均完成维修改造。全年完成维修改造农村公路病危桥梁27座,完成维修樊攒线芝山桥等县道病危桥梁18座。

【嵊州黄泽江大桥重建恢复通车】 5月1日,嵊州市道畈黄线黄泽江大桥恢复正常通行。黄泽江大桥建于1982年5月,为九跨双曲拱桥,桥梁全长152米,桥面总宽10.5米,是黄泽江两岸居民来往的唯一通道,车流量较大。2009年,经第三方检测已属病危桥梁,急需加固和改造。2011年7月经多方论证后,决定实施“拆除老桥、原址重建”的设计方案。2013年9月,

老桥改造工程正式开工，按公路Ⅰ级的荷载标准建设，桥梁全长152米，桥面总宽13米，总投资约895万元。（戚斌）

公路运输

【概况】 2014年，全市公路完成旅客运输量9721万人次，旅客周转量368086万人千米，分别比2013年减少690万人次和1419万人千米，分别同比下降6.6%和0.4%。越城区各客运站共发送旅客307.6万人次，为2013年的84.6%，创营业收入11868.38万元，为2013年的87.1%。

全市现有客运业户30家，其中班车客运18家、包车客运20家，与上年持平（注：有部分企业同时经营班车客运和包车客运）。全市拥有班线客车1523辆、客位39932个，包车客车498辆、客位20901个，比2013年减少客车77辆、客位3349个。

在全市道路货运经营业户中，拥有100辆及以上车辆的业户有6家，拥有50辆以上99辆以下车辆的业户有12户，拥有10辆以上49辆以下车辆的业户有159户，个体户占全部业户数的76.9%。全年共完成货物运输量10091万吨、货物周转量818443万吨千米，分别同比增长7%和11.1%。

全市拥有汽车维修经营户2732户，同比减少298户。其中一类维修户87户（增加8户），二类维修户309户（增加10户），三类维修户1956户（减少143户），摩托车维修户380户（减少173户）。全市共完成维修351.8万辆次（含整车维修2660辆次），其中汽车专业修理340.3413万辆次，占全部工作量的96.8%。全市检测站完成总检测95644辆次，同比减少45.44%。

全市现有经营驾驶员培训业户66户，比2013年增加3户；教练员5820人，比2013年增加545人；教学车辆5201辆，同比增长9.8%。（韦莎莎）

【市区基本实现公交一体化】 年内，市交通运输局完成越城区、柯桥区、上虞区公交整合，共收购线路113条、企业8家、公交车823辆，接收从业人员2115名，推进了公交集约化、规模化发展；编制完成《绍兴中心城市公共交通规划》《绍兴市公交示范城市创建实施方案》，并通过专家评审；制定并统一了“三区”公交线路编号规则，开通越城区至上虞区公交7路、7A路，建设并运行越城至滨海的BRT5号线，基本实现三区融合、公交一体化初步目标；新昌县、诸暨市分别实施了公交企业国有化改革，嵊州市形成公司化运营的公交发展体制，上虞大力推动行政村公交通达计划及二级公交建设，二级公交线路由3条增加至17条。

【完成6个公路客运站场建设】 12月底，绍兴柯桥区客运中心、诸暨市城西客运枢纽站建成投用。同时，建成绍兴上虞区曹娥老站、诸暨璜山公用型车站和嵊州市显潭、舜皇山汽车站4个农村客运站，并通过省运管局验收。（韦莎莎）

【越城区至上虞区开通公交线路】 5月1日，越城区至上虞区普通公交7路和快速公交7A路正式开通，当天客流超过7500人次。越城区至上虞区的县际班车，绍兴客运东站至上虞肖金的普客班车同时停运。

【官方版手机打车软件正式上线】 3月12日，市运管局正式发布绍兴市出租汽车电召服务系统手机叫车软件“51扬召”。手机打车软件是绍兴市出租汽车电召服务系统的组成部分。为保障价格合法和公平，官方软件删除了加价功能。同时，规避在商用打车软件中常出现的司机误点、爽约、挑客等问题，有利于保障乘客权益。

【公交乘客委员会成立】 4月22日，绍兴市公交乘客委员会成立，同时《绍兴市公交乘客委员会工作规则》公布，共招募30位市民担任委员。9月4日，柯桥区成立公交乘客委员会，21位市民成为首批委员。委员在日常工作、生活中，对发现的公交服务质量问题进行记录并反馈，同时广泛收集市民意见，帮助运管部门在线路新辟、调整、站点设置、时间优化、班次优化等方面科学决策，成为运管部门的“民间智囊团”。

4月22日，绍兴市公交乘客委员会在市运管局成立（市交通运输局提供）

【确定市区（不含上虞区）出租汽车车型】 5月15日，市运管局召集政府、市民、驾驶员等12位专家代表，召开了客运出租汽车车型选择会议，经专家评审，6款车型进入备选名单。5月19日至21日，备选车辆统一停放到市出租汽车服务中心，供广大驾驶员和市民选择。经集中展示和公开投票，上海大众新桑塔纳CNG、一汽大众新捷达CNG、上海大众新桑塔纳汽油车、一汽大众新捷达汽油车4款车型被确定为绍兴市区（不含上虞区）出租车使用车型。

【完成“12328”平台接入】 6月23日，市交通部门完成“12328”全国交通运输服务监督电话平台接入工作。原“96266”路政服务热线与“96520”运管服务热线已整体升级并统一纳入到全国交通运输服务监督电话平台“12328”热线导航中。其主要功能包括交通运输行业的服务监督、投诉举报、咨询服务等,业务领域覆盖公路管理、道路运输、水路运输等行业。12月,全市启动号码升级替换工作,在“96520”号码向“12328”并轨过渡期,继续按照原工作规则做好投诉受理与资料汇总,逐步建立“12328”工作联动机制和快速反应机制。同时,开展公交、客运、货运、维修行业的标识替换工作。

【新增4家A级以上物流企业】 年内,全市新增4家A级物流企业,绍兴港现代物流有限公司等3家物流企业为AAA级,绍兴海盛航运有限公司为AA级。同时,绍兴顺丰速运有限公司由AAA升级为AAAA级。全市共有25家物流企业获得A级企业称号,同比增长20%。交通部门鼓励和引导绍兴港现代物流、兴业物流、飞马货运、茂阳配送、嵊州中联等重点物流龙头企业加强物流企业品牌建设,5家物流企业申报A级评估。

【完成节假日运输任务】 年内,市运管局加强运力调配和安全检查,制订应急预案,落实抢险队伍和值班制度,完成重要节假日时段的运输任务。春运期间,全市道路客运日均投入运力5210辆,共运送旅客1680.18万人次。

【柯桥区联托运市场稳定发展】 年内,柯桥区加快货运行业转型升级,投入资金改造车载远程视频监控、GPS定位系统和发展重型箱式货车,推动全区货运行业集约化、专业化发展。全年新增托运部21家,注销15家。至年底,全区共有物流经营户159家,全年联托运运量达403.76万吨,同比增长1.61%,周转量576688万吨千米,同比下降1.75%。全区有危险品货运车辆113辆,运力载重吨位2477.09吨。(戚斌)

水路运输

【概况】 2014年年末,全市共有航道116条,通航总里程为1121.17千米。其中等级航道735.92千米,准七级航道385.25千米;在等级航道中四级航道有177.1千米,初步形成以“一河二江”H型四级以上高等级骨干航道为骨架的航道网。

全市有营运船舶963艘,载重214417吨,客位3015个,载重比2013年增加13803吨;其中,内河营运货运船舶898艘,载重192094吨,平均吨位达213.91载重吨,同比增长1.02%。

全市有持有合格证书的三类船舶船长854人、驾驶员339人、轮机长741人、轮机员67人。

全市现有水路运输企业32家,其中,沿海运输企业2家、内河普货运输企业20家(新增5家);内河客运企业10家(客船57艘,客位3015个);水路运输服务企业3家;船舶管理企业2家,代管船舶4艘(载重6801吨,全为散货船);港口经营企业96家,其中危险货物港口经营企业8家。

全市共完成水路客运量103.17万人次、客运周转量335.11万人千米,水路货运量1390万吨、货运周转量305703.5万吨千米,分别为2013年的72.97%、95.97%、110.7%和104.6%;完成港口吞吐量1813.4万吨,同比增长34.9%。其中进港1490.1万吨,同比增长27.1%,出港323.3万吨,同比增长34.9%。

全市全社会水运投资完成1.34亿元。上虞曹娥作业区西区工程完成投资4550万元,6个泊位水工主体完工。绍兴港越城港区中心作业区A区3个危化泊位液体散装及化工原材料部分配套工程完工。全年投入航道例行和专项养护资金1507万元,完成浦阳东江江藻大桥至墨城宣家埠航道疏浚工程和柯桥区钱海线钱清街河航道恢复工程。完成杭甬运河绍兴段航道标志增设工程。

全市共办理船舶登记1801件,船舶进出港签证66360艘次,船舶安检991艘次,发现整改安全隐患(缺陷)1140次,客渡游船舶和危险品船舶的安检率为100%;发布各类航行通(警)告32次,开展通航安全评估20次,发放水上水下活动许可29份,实施现场交通管制32批次,举办三类船员适任证书培训、客船船员特殊培训、船员基本安全培训各1期和乌篷船船员适任证书考试培训6期。

全市共检验船舶1501艘次计、313245总吨位。其中建造检验120艘次计26799总吨位,海船22艘次计87061总吨位;完成船用产品检验397套;实施吨位现场复核并核发新版临时吨位证书285艘次、长期吨位证书278艘次。

全市港航系统共查处各类违法案件146件,罚款20.35万元,办结行政许可1335件,水路交通行政处罚案件正确率、行政许可正确率和结果公示率、行政许可正确率和结果公示率、行政规范性文件的审查合格率和报备率、执法人员持证率均达100%,无行政执法有责投诉,未发生行政复议、行政听证、行政诉讼案件和水路“三乱”现象。

全市征收水运规费906.5万元,免征小型微型企业货物港务费680万元。

【杭甬运河绍甬段可通行500吨级船舶】 10月7日,杭甬运河宁波至绍兴段300吨级船舶正式通航。11月3日至8日,两艘500吨级船舶试航杭甬运河绍兴至宁波段,船舶顺利通过上虞境内三座船闸及该辖区航段,标志着杭甬运河绍兴至宁波段500吨级试航成功。自10月至12月底,宁波至绍兴船舶煤炭运输达54艘次,运输煤炭15165吨。

500 吨级试航船舶完成试航通过宁波姚江船闸（市交通运输局提供）

【内河集装箱运输实现"零"的突破】 8月29日，绍兴汇海航运有限公司"汇海集006号"集装箱船在绍兴港中心作业区成功首航，绍兴至上海集装箱运输航线正式开通。绍兴成为省内继嘉兴、湖州、杭州之后第四个开展内河集装箱运输的城市。作为水路运输的发展方向，集装箱长途水路运输有着运量大、成本低和节能环保等显著优势。

【杭甬运河绍兴段信息化系统工程建成】 年内，市港航管理局在全长101.73千米的杭甬运河绍兴段建成91个监控点（144路视频），6处水位检测点、1处自动气象信息站、3个指挥分中心、改造3座船闸信息系统。全市已建成116个航道视频监控点 179路视频。完成甚高频通信系统建设，在全市共架设5个模拟信号中继台和12个数字信号中继台，并通过交通内网进行组网联动，实现对辖区船舶统一或分布调度指挥。全市港航系统利用新建成的航道视频监控系统，尝试非现场执法，对途经杭甬运河的船舶进行视频查看，将船舶信息输入"浙江港航综合监管系统"进行比对查验，对发现的违法船舶，进行跟踪、截停，并通过港航短信平台告知船舶经营人违章情况，要求其在规定时间内接受处理。全年利用非现场执法查处违法船舶5艘，并实施行政处罚。

【滨海物流中心投产营运】 8月，柯桥区最大的民营现代物流中心——滨海物流中心（滨海港）正式投产营运。该物流中心规划面积40公顷，项目总投资5.85亿元，已有40家大中型物流企业入驻。滨海物流中心可承接覆盖滨海、袍江、柯桥等大型工业园区物流业务，并具有综合信息交易、联托运、仓储配送、水路联运等配套功能。

【单家溇锚泊区船舶油污水接收处理点通过验收】 12月18日，杭甬运河单家溇锚泊服务区油污水接收处理点通过验收。该油污接收处理点作为全市"五水共治"船舶防污染的重点工程，是绍兴辖区内唯一的船舶油污水处理点。工程投入60万元，于10月18日开工建设，工期60天，设计标准为每小时可处理5吨船舶油污水。收集的船舶油污水通过隔油、调节池、加药气浮池、水解/好氧池、二沉池等一系列处理后，可达到国家规定的直接排放标准。全市105家运营港口码头企业和9个签证站点共设置了125处船舶污染物和废弃物接收设施，收集来的油污水都将经过该处理点处理后再排放。

单家溇锚泊区船舶油污水接收处理点（市交通运输局提供）

【曹娥作业区（西区工程一期）散货码头项目竣工】 9月，杭甬运河上虞港曹娥作业区（西区工程一期）散货码头项目工程完成交（竣）工验收并投入使用。该项目于2012年10月正式开工，位于杭甬运河上虞区道墟镇济生桥西侧，由上虞港通源物流有限公司投资建设，总投资3.58亿元，是省重点建设物流项目。曹娥作业区占地面积138785平方米，共建设500吨级泊位8个，500吨级锚泊位3个，仓库用房1.60万平方米，建成后年吞吐量可达131万吨。

【出台《水上交通突发事件应急预案》】 10月20日，市政府下发《绍兴市水上交通突发事件应急预案》。《预案》从完善辖区水上交通运输安全管理出发，包括总则、组织机构与职责、预防与预警、应急响应与处置、后期处置、应急保障等六个方面的内容，以有效地应对水运经济发展给通航秩序和水上交通安全管理带来的挑战。

【建造首艘起重打捞船】 9月，市港航管理局完成绍兴首艘起重打捞船建造项目的招标工作，并于11月13日开工建造起重打捞船。至年底，起重打捞船主船体已经成型。该船为钢质单底、单甲板、纵骨架式结构起重船，设有双机、双桨、双舵，船舶总长37.14米，型宽9米，型深2.5米，在船体艏部两侧沿船长方向对称设置了两个边浮箱。该船最大起吊能力达到120吨，主要用于绍兴市内河航道的沉船打捞等水上应急施救。

全市首艘起重打捞船(市交通运输局提供)

【推进杭甬运河绍兴段“河长制”管理】 年内,市港航管理局建立健全杭甬运河绍兴段“河长制”管理联席会议等制度,召开了4次河长制联络员会议,做好“二级河长”联席会议工作,联系、指导、督促各责任主体完成运河两侧污染源调查摸排,完成杭甬运河绍兴段水环境综合治理方案制定上报,建立了“一河一档”,制定了“一河一策”。开展了运河“河长制”走访督查与日常巡查工作,指导协调工作落实。

【《杭甬运河集装箱船舶标准船型研究》项目通过验收】 11月19日,受省交通运输厅委托,省港航局在绍兴组织召开《杭甬运河集装箱船舶标准船型研究》课题验收会,认为课题组研发的36TEU集装箱船、30TEU集散两用货船(Ⅰ型、Ⅱ型)三种标准船型,可作为杭甬运河集装箱运输发展的推荐船型。

【全面实施船舶垃圾和油污水上岸工程】 年内,市港航管理局在全市9个港航签证站点、105个港口码头企业完成“两桶一牌”(船舶垃圾回收桶、船舶油污水回收桶、船舶污染物接收告示牌)设置,共设置指示牌或相关标示105块、船舶垃圾接收点114处、船舶油污水回收桶105个,发放船用生活垃圾袋10.3万个、船用垃圾桶200个,实现内河航道船舶垃圾和油污水接收设施覆盖率100%。自5月起,新建主机功率22千瓦以上船舶均安装油污水舱(柜)替代油水分离设备,航行产生的点滴含油舱底水全部储存此舱(柜),并全部上岸回收处理,实现油污“零排放”。同时,引入3家泥浆运输企业,对75艘泥浆运输船舶实行专用化管理,实现市区泥浆船舶运输定点装卸、定船载运、定线航行。

【推进内河船型标准化工作】 年内,市港航管理局根据《“十二五”推进全国内河船型标准化工作实施方案》实施内河船型标准化工作,积极引导和推动全市符合条件的小吨位和老旧船舶拆解改造,补贴资金由中央和省级财政各按50%的比例分担。至年末,全市审核拆解船舶申请60艘,实际拆解20艘,进入拆解程序40艘。

【诸暨市无重大水上交通事故】 年内,诸暨市水上交通安全形势保持平稳态势,客渡游船连续29年无事故。该市港航部门加强对境内144.36千米航道管理,每月对七级以上航道和水上水下施工活动场所进行巡查。完成2014年航道例行养护工程和浦阳东江专项养护工程,疏浚土方9.95万立方米。同时,设置浦阳西江新亭埠至金浦桥航道里程牌15座,枫桥江草江口指向标3座;修复店口港航码头护岸50米,设置系缆桩5座及安全警示标牌7座;修复浦阳西江沿线航标、警示浮标等22座。

【上虞区开展“轧石轧砂”行业专项整治】 6月,上虞市交通运输局牵头相关部门、乡镇共同参与,按照“关停一批、取缔一批、整改一批”的总体要求,对全区86家轧石轧砂企业进行了整治,停产整改32家有证照单位,关停移址整改5家位于江滩地的企业,取缔14家无证经营、35家超范围经营企业。通过整治,轧石轧(洗)砂行业环境污染现象得到极大改观。

【柯桥区开展“水上突发事件油污水清除”应急演练】 6月27日,柯桥区港航管理部门在杭甬运河齐贤兴浦锚地组织开展“水上突发事件油污水清除”应急演练,4艘海事艇、1艘货运船舶和1艘救捞船及24名工作人员参加。年内,柯桥区港航管理部门调整实施《绍兴市柯桥区水上交通“三防”应急预案》《绍兴市柯桥区水路重点物资运输保障应急预案》《绍兴市柯桥区水上交通突发公共事件应急运输保障预案》《绍兴市柯桥区水上交通突发和船舶污染事件应急处理预案》《绍兴市柯桥区水上交通事故应急处理预案》,增强了有关人员应对水上交通突发事件的能力。(戚斌)

柯桥区水上突发事件油污水清除应急演练(陈铁亮　摄)

铁路运输

【萧甬铁路柯桥城区段高架建成通车】 1月7日,萧甬铁路柯桥城区段高架建成通车,结束了柯桥城区南北阻隔58年的历史,实现了“南北同城”,改善了柯桥区环境。该路段全长7.8千米,其中稽山路至百舸路段5.66千米为高架桥,建成后拆除柯桥站,扩建钱清站,总投资 14 亿元。2013 年 12 月 19 日,工程通过上海铁路局专业验收;同年 12 月 25 日,货车首次通过铁路高架。(戚斌、陈立明)

【杭长客运专线绍兴段工程完工】 12 月 20 日,铁路杭长客运专线正式投入运行。该工程是国家重点工程建设项目,总投资约 90 亿元,设计时速 350 千米 / 小时。其中绍兴段境内段正线里程 54.242 千米。累计征用土地 143.67 公顷,办理施工临时用地 100 公顷,拆迁房屋 30 万平方米,累计完成投资 59 亿元。(戚斌)

邮政业管理

【概况】 2014 年,全市邮政行业业务总量为 22.71 亿元,同比增长 44.3%,业务收入 17.12 亿元,同比增长 25.1%。快递业完成业务量 9421 万件,同比增长 56.2%,业务收入 11.95 亿元,同比增长 3[illegible].7%。

【确保快递企业邮路安全】 年内,市邮政管理局为规范邮政行业特别是快递企业安全生产管理工作,开展了形式多样、内容丰富的“安全生产规范年”活动,开展安全生产培训,制定并下发安全生产台账,开展“安全生产月”主题活动,部署邮路安全及反恐工作,严格落实寄递企业收寄验视制度。根据国家、省局要求,做好全国两会、“亚信”峰会、南京青奥会、新疆亚欧博览会、第十五届省运会等重大活动期间的邮路安保工作;根据市政府要求做好“打非治违”专项工作,确保辖区内快递企业及营业网点规范经营。全年全市共出动 936 人次进行快递市场执法检查,下发整改通知书 115 份,立案查处违法行为 14 起。开展“普遍服务”检查 182 人次,检查“普遍服务”营业场所 86 个。“扫黄打非”专项行动中,检查邮政、快递企业收寄场所 284 处,抽查邮政报刊亭 69 个,查获非法出版物 4 种。

【加强城镇住宅信报箱建设与管理】 4 月 25 日,市邮政管理局与市建管局联合下发《关于加强我市城镇住宅信报箱建设和管理的通知》,文件明确了城镇住宅信报箱建设目标、设计审查职责、日常监管职责、专项验收监督职责及日常管理维护职责。对各相关单位提出了要求。一是要严把图审关。要求施工图审机构对没有或者不符合信报箱设计的,不予发放施工图审合格书。二是要严把日常监管关。要求质监部门、监理单位督促建设或施工单位按设计要求向有生产资质的企业采购信报箱产品,并责令未按要求施工的单位限期整改。三是要严把验收监督关。质监部门在工程竣工验收前核查邮管部门出具的信报箱合格证明,未取到合格证明的,不得进行工程竣工验收。

【出台扶持政策助推快递行业发展】 9 月,市政府出台《关于加快推进我市快递行业持续健康发展的实施意见》。明确成立以常务副市长为组长的领导小组,制订快递行业发展目标,提出 7 项工作举措,制订 10 条扶持政策,为全市快递行业持续健康发展增添了新的动力。

【全市首届快递行业技能竞赛】 9 月,全市首届快递行业技能竞赛在浙江省邮电职业技术学院举行。竞赛依照《快递业务员国家职业技能标准》,突出实岗操作技能,共设理论知识、行政区划、违禁品识别、文字录入和数据统计等四个项目。全市 35 家邮政快递企业 74 名选手参赛,经过紧张激烈的角逐,绍兴申通代表队获得团体一等奖,绍兴圆通和绍兴申通员工包揽个人一等奖。

【邮政空白乡镇补建项目全部建成运营】 11 月 10 日,绍兴市鉴湖邮政所正式开业运营。至此,全市邮政空白乡镇补建项目全部建成运营,实现了乡镇邮政普遍服务的全覆盖,补建项目竣工率和运营率均达到 100%。

【快递企业“双十一”业务“爆棚”运行不“爆仓”】 年内,为保障“双十一”(11 月 11 日至 20 日)平稳度过,市邮政管理局下发《2014 年绍兴市邮政行业业务旺季服务保障工作方案》,召开全市快递业务旺季服务保障与安全生产工作会议,加强科学部署。“双十一”期间,全市主要快递企业实际处理快件约 1122.39 万件(不含国际快件),同比增长 61.34%。其中发往外市快件 671.22 万件,处理进入绍兴市快件 451.17 万件,派送件约为揽收件的 67.21%。整个行业运行稳定,没有发生大面积网络瘫痪和分拨中心“爆仓”现象。

【建成村邮站 2220 个】 至年底,全市共建成村邮站 2220 个,信息化村邮站 1042 个,信息化村邮站建设率 46.9%。全年共投送报纸 3091.2 万件、杂志 58.8 万件、平函 607.2 万件、给据邮件 58.44 万件,受理各类缴费业务 289.44 万笔、金额 2.33 亿元,助农取款 1.99 万笔、金额 1510.08 万元。(市邮政管理局提供)

信息化建设

综　述

【概况】 2014年，绍兴市加快发展信息经济，促进信息消费，信息化发展环境不断优化，成功入选全国第二批信息消费试点城市；"两化"融合发展水平全省领先，发展指数达70.09，示范试点建设成效显著；农村信息化建设有序推进；"智慧安居"试点建设稳步实施。7月9日，省企业信息化促进会绍兴分中心正式成立。

【工业企业智能制造水平全省领先】 年内，全市工业企业"两化"融合工业应用指数居全省第一位，制造执行系统（MES）普及率达40%，产品生命周期管理（PLM）普及率达33%，机器联网率达50%，信息技术在工业领域各个环节广泛覆盖、深入渗透，智能制造水平全省领先。

【"两化"深度融合示范试点工作实施方案发布】 年内，市经信委制定了《绍兴市两化深度融合示范试点工作实施方案》，计划用三年时间，在全市范围内选择有代表性的园区、集群、总部型企业、工业电子商务、服务平台等5个综合性领域，以及纺织服装、家具、医药、化工、装备制造等5个行业开展"两化"深度融合示范试点工作，全市"两化"融合发展指数达到80以上。

【4个县（区、市）列入省"两化"融合示范区】 年内，柯桥区、诸暨市分别被确定为全省"两化"深度融合国家综合性示范区、试点区；上虞区、新昌县分别被确定为全省"两化"深度融合绿色安全制造信息化示范区、试点区。

【4家企业成"两化"融合管理体系贯标试点】 年内，全市有精功集团、海亮集团、三花控股、上峰包装等4家企业被确定为全国首批"两化"融合管理体系贯标试点单位。其中精功集团已通过工信部专家组评定验收，成为全国首批200家通过评定进入公示的企业之一。

【"智慧安居"试点一期项目基本完成】 年内，枫桥镇"智慧安居"试点建设整体完成，在此基础上，市经信委进一步落实"智慧安居"试点项目八大建设任务，在诸暨市区、店口镇、大唐镇深入推进试点建设。一期项目原方案建设内容基本完成，一些项目已投入使用或开展试运行。年内，绍兴"智慧安居"试点项目参加了首届世界互联网大会"互联网之光"主题展。

【开展"两化"深度融合培训活动】 年内，绍兴市以省"两化"深度融合千人培训计划为契机，围绕"两化"深度融合、绿色安全制造、首席信息官、贯标试点等主题，以培训会、现场会、交流会等形式，先后组织开展了10余场主题活动，培训1000余人次。同时，在海亮集团、精功集团、龙盛集团等企业举办"两化融合进企业"系列活动，发挥龙头企业的典型示范作用。

【农村信息化建设稳步推进】 年内，全市共创建市级新农村信息化示范乡镇（街道）10个、示范村103个、达标村84个。自2008年以来，全市已连续7年开展市农村信息化示范试点创建，已累计创建市级农村信息化示范乡镇（街道）58个、示范村（或达标村）1307个，分别占全市乡镇、行政村总数的61%和60%。（市经信委提供）

电子信息制造业

【概况】 2014年，全市电子信息制造业完成工业总产值、工业销售值和出口交货值分别为283.3亿元、278.7亿元和56.6亿元，分别同比增长5.8%、4.9%和2.1%。实现主营业务收入280.9亿元，同比增长2.0%。实现利税14.8亿元，同比增长9.4%，其中利润9.2亿元，同比增长5.6%。

【新产品快速增长】 年内，全市电子信息制造业完成新产品产值133.0亿元，同比增长41.2%。新产品产值率达46.1%，比2013年同期增加11.6个百分点。

【内销成为行业增长主动力】 年内，全市电子信息制造业完成内销产值231.7亿元，同比增长6.8%。内销占销售产值的比重高达79.6%，对全行业贡献率达93.1%，拉动全行业增长5.4个百分点，是行业增长的主动力。

【积极实施信息化重点项目】 年内，全市23个项目列入省电子信息产业重点项目计划。其中：A类项目9个，项目总投资8839万元；B类项目14个，项目总投资28611万元。同时，积极实施绍兴市推进软件信息化产业项目，全年确定软件信息化项目11个，总投资

2190万元。

【重点企业行业地位继续提升】　年内,中国轻纺城网络有限公司入选工信部批准的99家“中国中小企业首选服务商”。浙江向日葵光伏科技股份有限公司入选工信部公布的第二批52家符合光伏制造行业规范条件企业。浙江天乐集团有限公司入选省电子信息制造业30家和电子信息出口10家重点企业名单。浙江晨辉照明有限公司入围省电子信息50家成长性特色企业名单。

【行业资质认证】　年内,全市共完成软件企业年审24家,认定8家;完成软件产品登记89套(个);完成集成电路设计企业年审4家,认定1家。(市经信委提供)

无线电管理

【概况】　2014年,全市共完成无线电管理行政许可审批125件,同比增长40.45%。其中:无线电频率指配行政许可审批46件,指配频率67个(对);无线电台呼号指配行政许可审批18件,指配电台呼号19个;无线电台(站)设置和变更审批67件,新设及变更台站6974个。办理台站报停单位7家,收回频率12个(对),注销台站66个。全市累计核发无线电台(站)执照6653张,换发321张,收取无线电频率占用费21.57万元;开展频率预支配监测34个,开展无线电台站核查22站次,检测固定无线电发射设备36台,移动无线电发射设备318台。

【开展打击非法设台专项活动】　年内,市无线电管理局根据国家无线电办公室《关于开展打击非法设置无线电台(站)专项治理活动的通知》和省经信委《关于开展全省打击非法设置无线电台(站)专项治理活动的通知》精神,在全市开展了为期4个月的打击非法设置无线台(站)专项治理活动。其间,共接受涉及“伪基站”投诉举报3起,查处办结案件1起;全年受理非法调频广播电台投诉举报9起,发现并查获非法调频广播电台信号目标9个。

【杭长高铁绍兴段GSM-R通信系统通过验收】　年内,杭长高铁、杭甬高铁绍兴段沿线的GSM-R通信系统使用频率的日常无线电监测工作有序开展,周边区域铁路GSM-R系统无线电通信安全畅通,无线电干扰隐患逐一查明排除。10月23日,杭长高铁绍兴段GSM-R通信系统顺利通过验收,为杭长高铁的顺利开通打下良好技术基础。

【查处无线电干扰48起】　年内,市无线电管理局受理无线电台(站)用户投诉无线电干扰30起,监测发现不明信号18起,累计查处无线电干扰48起。随着无线通信设备的广泛使用,电磁环境日益复杂,无线电干扰投诉呈逐年上升趋势。

【查处利用无线电发射设备作弊案例8起】　年内,市无线电管理局对全市举行的全国高考、全国建造师执业资格考试、省市级公务员录用考试等21项重大考试开展无线电监测保障工作,防止利用无线电发射设备进行考试作弊,共压制无线电作弊信号5起,查没无线电发射设备17台,查处涉案人员13名,立案8起,罚款8000元。

【全市无线电监测网络布局进一步完善】　至年底,全市共建成越城区、柯桥区、上虞区、诸暨市四个小型无线电监测站,柯桥区福全镇豆腐尖、马鞍镇驼峰山两个高山测向站以及一辆无线电移动监测车和多套便携式无线电测向设备。年内,嵊州市小型无线电监测站站房已购置完成,新昌县、柯桥区(新增)小型无线电监测站已完成立项,预计2016年将基本建成覆盖全市的无线电监测网络。(市无线电管理局提供)

豆腐尖山上的无线电监测分站仿生塔(市无线电管理局提供)

电　信

【概况】　2014年,中国电信绍兴分公司完成投资5.7亿元,上缴税收2.6亿元,同比增长10%;新招员工168人。完成绍兴市“两会”和中考、高考、首届“中国(绍兴)曹娥江国际游艇展”及第15届省运会等重大节日、活动期间和抗击第16号强热带风暴“凤凰”的通信保障工作。中国电信绍兴分公司全年收入市场份额为34.8%,较2013年下降0.73个百分点;新兴业务(包括流量、互联网、ICT 业务)收入同比增长 21.71%。

【加快光网及无线城市建设】 年内,中国电信绍兴分公司高带宽接入能力达到 131 万线,互联网出口带宽达到 640G。无线城市建设完成滚动性资本开支 3.847 亿元和战略性资本开支 1.974 亿元。对 3G 网络进行优化并进行 4G 移动网络的建设,完成 1344 个室外站建设和 562 个室分系统建设,LTE 城区覆盖率达到 96.5%。

【LTE 混合组网启动】 年内,中国电信绍兴分公司 4G 网络已基本覆盖主要城区、重点乡镇、高速公路以及重要风景区。12 月 17 日,工信部批准中国电信增加绍兴等 15 个 LTE 混合组网试验城市,中国电信绍兴分公司获得 LTE-FDD 的运营许可。12 月 29 日,中国电信绍兴分公司在绍兴大剧院举行 LTE 混合组网试验商用启动大会。

【推进农村信息化建设】 1 月,由市、区两级经信委、农办、财政局组成的农村信息化验收小组,分别对越城区、柯桥区范围内的两个示范镇、79 个示范村、22 个达标村的农村信息化示范村镇建设进行验收,验收通过率达 100%。2013 年度市本级示范村镇电信创建率达 99%,基本实现"以电信主导"创建的目标,共争取到市财政局、柯桥区财政局下拨的 188 万元以奖代补专项资金。

农村信息化示范村验收现场(中国电信绍兴分公司提供)

【推进智慧农业建设】 9 月 2 日,中国电信绍兴分公司与市农业局签订推进绍兴市智慧农业建设与发展战略合作协议。协议包含智慧农业测量系统、农产品电子商务、农民信箱(农技咨询)移动智能终端应用软件、基层信息服务站点、"农技 110"即"12316"系统标准化改造、农业物联网应用、"农机通"普及、"全球眼"建设等八方面的战略合作内容。中国电信绍兴分公司将充分利用 4G、3G、物联网、智能终端、云计算、智能呼叫中心等新型技术手段,提升现代农业智能化、网络化、集成化和协同化能力。

【轻纺城省级通信机楼通过初验】 12 月 30 日,总投资 10 亿元的轻纺城省级通信枢纽楼完成通信机楼项目及枢纽楼配套工程,并通过初验。轻纺城省级通信机楼建筑面积 40488 平方米,机楼建成后,将作为浙江省通信第三节点枢纽,与杭州武林枢纽、杭州第二枢纽楼共同装载长途出口及本地网数据、传输等核心设备,全力助推智慧城市建设。

【电信"114"预约挂号 12 万次】 至 11 月底,绍兴市民通过"114"预约成功挂号 12 万次。其中浙一、浙二、邵逸夫等省级医院挂号 2.5 万次,市级医院挂号 9.5 万次。(中国电信绍兴分公司)

移 动

【概况】 2014 年,中国移动绍兴分公司把信息化发展作为突破口,加强信息基础设施建设和民生服务,推进信息技术的广泛应用,促进绍兴市经济社会转型发展、科学发展。全年实现运营收入 29 亿元,与 2013 年基本持平;完成通信基础设施投资超 10 亿元。围绕"新三年建设计划"要求,狠抓项目投资建设进度,着力推进 4G、WLAN 网络、光纤网络、信息化、交通干线等重大项目建设。积极贯彻落实"宽带中国"战略,推进"中国移动光宽带"建设,加快新农村信息化建设,为推进城乡统筹和发展现代农业提供了有力保障。贯彻落实手机实名制工作,加大垃圾短信检查治理工作,确保网络和信息安全,营造良好的通信消费环境。

【全面推进社会信息化建设】 年内,中国移动绍兴分公司加快无线城市建设,倡导便民和惠民服务。以"强政、兴业、惠民"为三大切入点,积极开展无线城市平台开发和信息整合应用,丰富生活、交通、民生、旅游和医疗等五大频道内容,打造社保、公积金、水煤电、驾照积分、自行车租赁点以及手机预约挂号等特色应用,以先进的网络技术,让用户体验到便民、利民、惠民的民生服务。公司依托在移动互联网、云计算、大数据等方面的网络和技术优势,重点承办了浙江省智慧旅游年启动仪式、省第十五届运动会短信火炬传递项目;承建"市司法局—区县司法局—乡镇(街道)司法所"三级司法社区矫正监管指挥系统;加快绍兴环保局刷卡排污项目和各类水库的视频监控建设。此外,还积极开展保密手机、重点区域人流量监测、移动警务通、公安高清视频监控和车辆定位等行业应用,促进各种资源的整合利用。

【4G 网络形成规模化覆盖】 1 月 17 日,中国移动绍兴分公司成功举办 4G 商用发布会,宣布 4G(TD-LTE)网络在绍兴正式商用。年内,中国移动绍兴分公司扎实推进 4G 网络建设,快速形成 4G 网络的规模化覆盖,实现绍兴 6 个主城区、118 个街道乡镇和 5 条高速公路的全覆盖,行政村覆盖率达到 90%以上。

1月17日，中国移动绍兴分公司举办4G商用发布会（中国移动绍兴分公司提供）

【客流量监控系统服务绍兴旅游“花卉节”】 3月，中国移动绍兴分公司在绍兴市景区“花卉节”活动期间，使用基于移动信息技术应用的景区客流量监控系统，有效保障了活动的顺利举办。该平台实时监控客流量，每隔10分钟更新景点当时客流量数值，同时为景区管理人员提供分析数据，便于对游客的数量调控和对突发事件的应急处理。（中国移动绍兴分公司提供）

联　通

【概况】 2014年，中国联通绍兴分公司围绕规模发展这条主线，聚焦工作重点，以营销体系深化、渠道规模扩张、名单制运营管理、存量价值挖潜为抓手，努力解决企业发展中的瓶颈问题。全年公司实现主营业务收入5.27亿元。中国联通绍兴分公司首家4G体验厅及售后服务中心开业。圆满完成为第十五届省运会提供通信保障的任务。

【加强通信基础设施建设提高网络能力】 年内，中国联通绍兴分公司完成1.16亿元资本性投资，共完成148个WCDMA基站、240个4G基站、252幢室分楼宇的建设，完成8个重点疑难基站攻关，开通热点投诉基站9个，提升了目标区域的用户感知度。新建228个宽带接入点、127个无线宽带基站、123个“光进铜退”改造点，新增FTTH端口2.7万个、FTTH覆盖用户13.6万户。

【抓行风建设提升通信服务质量】 3月19日，中国联通绍兴分公司承办绍兴市2013年度行风建设工作座谈会。会议就绍兴市2013年通信优质服务、行风建设等问题进行沟通、交流，为构建通信行业和谐发展的客户服务环境建立更好的平台。市纪委副书记杨晔带领市纪委纠风室、中国移动绍兴分公司、中国电信绍兴分公司相关负责人员参加会议。

【反恐防暴安全生产专项检查】 6月25日，省通信管理局副局长李凯、发展与保障处处长余建军一行到中国联通绍兴分公司进行反恐防暴安全生产专项工作检查。李凯指出，中国联通绍兴分公司将反恐防暴工作和安全生产工作较好地结合起来，希望加强局部演练，总结经验，提高反恐防暴实战能力，争取再上一个台阶，在全省树立标杆。

【完成LTE一期网络建设】 7月15日，中国联通绍兴分公司完成LTE一期网络建设，包括FDD-LTE室外基站、室内分布、TDD-LTE室外基站等97个，为今后中国联通绍兴分公司的4G品牌战略实施打下了坚实的基础。

【建设特定基站促进防恐维稳】 7月25日，中国联通绍兴分公司与市公安局在中国联通绍兴分公司举办特定基站建设项目签约仪式，成功签署“关于特定基站建设与信息服务”框架协议。该协议旨在促进联通4G技术在防恐维稳、现场执法、应急保障等工作中的应用，推动“平安绍兴”建设。

7月25日，中国联通绍兴分公司与市公安局签署建设特定基站协议（中国联通绍兴分公司提供）

【与诸暨市政府签署合作协议】 8月21日，由省直机关党工委主办、诸暨市政府承办的诸暨市招商引资合作项目签约仪式在诸暨会展中心举办，9家央企参加了签约仪式。浙江联通副总经理童海波代表浙江联通与诸暨市政府签订“战略合作框架协议”，双方将遵循互惠互利、优势互补、共同发展的原则，在工业、服务业、城镇化建设等领域建立长期稳定的战略合作关系。

【扩大员工对企业事务的参与度】 年内，中国联通绍兴分公司开通了“绍兴联通沃思沃想”微信平台，通过实名认证方式吸纳员工粉丝850余人，总点击率近2万。在微信公众号开设“总经理在线”栏目，定期开展OA总经理在线问答，召开面向各层级的员工座谈会。通过这些方式，收集百余条建议与意见，回复与反馈率达100%。成立员工评审委员会，将一些涉及员工切身利益的事项交由评审委员会裁决，提高了员工参政议政热情。（孟兴妹）

广播电视传输

【概况】 2014年，绍兴广播电视传输在全省一体化运营战略下，提升播出和传输安全保障能力，升级产品体系和运营支撑系统，在省内率先尝试大众业务化代理新模式，加强网络和技术支撑，提高服务效率，向全业务运营转型。全市广电系统站在“大安全”的高度，建立健全安全播出长效机制。严格加强“人防、技防、物防”，从前端系统、城域网、终端三个层次开展自查自纠，完成了数字电视播出平台物理隔离等工作。

【探索大众业务公司化代理销售模式】 年内，中广有线绍兴分公司在省内首家尝试大众业务公司化代理销售模式，实现城区安装、销售、维系的一体化、网格化，促进销售和服务间良性互动，逐步显现出灵活、主动、反应快速的优势。在安置房小区试点升级核心业务，小区高清互动升级率最高达98%，云宽带入户率最高近82%。进一步拓展代理渠道，发展房产中介、票务中心、报刊亭等代理网点425个，同时与流管所及流动人口专管员建立业务合作关系，通过该渠道拓展市场。

【参与智慧城市和行业信息化建设】 年内，中广有线绍兴分公司实现消防安全宣教平台实质性落地，在世茂皇冠假日酒店、咸亨大酒店等35家单位上线，合计覆盖3500余个互动终端。开创集客发展全业务模式，合作内容包括数字电视、互联网接入、行业个性化平台、商务信息及ICT业务等。建设“智慧医院互动平台”，覆盖绍兴市妇幼保健医院、绍兴文理学院附属医院昌安分院、绍兴市中医院，互动终端合计500余个，并推出全省首个“智慧互动医院”宣教平台。监控业务由道路治安监控扩展到社会监控，滨海新城2014年第一期高清治安视频监控系统租赁项目中标，签订了市环保局固体废物动态监管项目，合计承建660余个点位的监控设施。

【以升级产品体系提升市场覆盖率】 年内，中广有线绍兴分公司推出高清互动云电视，拥有超过1万小时高清内容（节目量增加近9倍）和近10万小时标清内容，实现多屏互动，并可提供智能服务，确保了公司视频业务的领先优势。引入CCTV-3、5、6、8频道高清及3套华数高清看吧、4套高清求索频道、15套华数家庭看吧（标清轮播）等高清、标清频道，进一步丰富高清节目内容。将云宽带作为基础业务，拓展销售渠道，推出“旺铺快线”业务，推广裸宽带、10M宽带等业务产品，并通过“有线+无线”的营销策略，提升云宽带在写字楼、商住区、沿街商铺等中小企业的覆盖率。尝试智能云电视一体机合约销售，将互动电视和云宽带服务包装为合约套餐，加快全业务发展。

【升级高清互动终端4400余个】 年内，中广有线绍兴分公司通过“机顶盒技术”模式推进市本级农村应急广播，全年发展“互动村”20个，升级高清互动终端4400余个，发展云宽带1000余户。打破以居民用户为主的局限，开始发展集团客户，承接部分戒毒所、福利院、卫生院的有线电视建设项目。针对城郊接合部非法“卫星锅”用户，尝试推广“数字电视+宽带”组合套餐。

【提升网络可靠性】 年内，中广有线绍兴分公司完成城域网扩容工作，使其具备4万兆双路由传输能力，实现对宽带、互动节目等核心业务的相对独立承载。继续推进有线电视宽带网络改造，全年完成37个村（社区）的施工，覆盖用户14391户。升级1605台亿通EOC局端设备，有效提高网络运行可靠性。完成越城区城东、城北、城西机房CMTS扩容及袍江机房5800CMTS安装调试及网络割接，提升设备运行的可靠性和稳定性。

【开展网络清查工作】 年内，中广有线绍兴分公司实施一系列网络清查工作，规范信息管理，包括启动清查光缆交接箱，完善基础网络资源信息，为战略部署提供数据和支持。规范网络资源资产管理，并对存量网络的资源资产信息进行清查、统计。已清查232条管道，合计431.9沟千米、805.4孔千米。对历年工程中接收的642个接入机房进行清查、统计。对网络数据信息进行系统性收集与整理，包括管网信息表、大众用户网络信息表、集团用户网络信息表等9类。启动建设项目管理系统，加强IT支撑能力建设，提升工作效率，降低管理成本。完成公司10个机房的出局光缆普查，将相应信息录入资源管理系统，为维护、抢修及资产的正确性提供了详尽准确的数据基础。

【启用省网BOSS系统】 年初，中广有线绍兴分公司实现华数省网BOSS上线运行，并顺利完成越城区、柯桥区、上虞区近110万条数据的迁移。成立云宽带技术攻关小组和应急响应小组，建立及时、有效地运行、运维数据采集和跟踪机制。5月底，结合“宽带中国”发展战略，启动主城区HFC网络接入带宽升级工作，为开展多兆接入带宽服务奠定基础。6月，“绍兴电视图书馆”三屏合一项目投入试运行。

【“收费专席+网上支付”方便用户交费】 年内，中广有线绍兴分公司在收费高峰期在人民路、城北营业厅设置收费专席，方便用户交费。代收代扣协议银行从5家增至9家，提供网上银行、自助终端、手机银行等支付服务。新增支付宝、天猫店等支付渠道，并以此为契机，带动公司业务消费及支付模式的改革创新。（张槐林）

商贸流通业

综 述

【概况】 2014年，全市消费品市场总体平稳。全年全社会消费品零售总额1487.14亿元，同比增长12.8%。其中：批发和零售业1372.27亿元，同比增长12.7%；住宿和餐饮业114.87亿元，同比增长14%；城镇社消品零售总额1297.11亿元，同比增加12.6%，乡村社会消费品零售总额190.03亿元，同比增加14.3%。

生活必需品市场平稳运行，供应充足。全年生猪市场猪肉均价19.09元/千克，同比下降7.15%。全年屠宰生猪277784头，比2013年增加25932头，同比增长10.3%。

重点流通企业运行平稳。19家重点百货零售企业共实现年销售额87.29亿元，同比增长1.3%；20家重点住宿餐饮企业实现年营业额21.08亿元，同比增长5.5%；15家重点连锁企业实现年营业额86.75亿元，同比增长7.6%；17家重点商品交易市场实现年交易额2352.51亿元，同比增长9.2%；绍兴·中国汽车城全年销售汽车61666辆，实现销售额142.2亿元，同比增长10.2%。（沈炜）

【有序开展商贸投资】 2014年，全市商贸系统投资额1000万元以上的商贸流通项目（包括商品批发零售、住宿餐饮、仓储及各类商品交易市场等商贸服务设施建设项目）共139个。其中续建项目82个，新增项目57个；计划投资152.06亿元，全年完成实际投资211.1亿元。139个项目中，未开工5个，已开（复）工134个。其中完工43个，项目主体工程完工进入装修阶段8个。涌现了如越城区的金帝银泰城、柯桥区的夏威夷风情园、上虞区的杭州湾商旅综合体、诸暨市国际商贸城、嵊州市领带服饰家纺城、新昌县海洋城购物中心等一批重大项目。

【启动实施"绍兴老字号"振兴计划】 自5月1日起，国家限制对中国驰名商标、国家名牌产品的公开宣传，"老字号"品牌的价值更加显现。3月，市商务局启动振兴"绍兴老字号"计划，全市范围内开展了"老字号"品牌和企业的摸底调查，摸清"老字号"的历史变迁、文化沉淀和发展现状，了解其经济效益、社会效益、人才效益等。同时，着手制定《"绍兴老字号"认定办法》，为振兴"绍兴老字号"打下良好的基础。1月，省商务厅认定绍兴咸亨食品有限公司和绍兴市枫桥酒厂为第四批"浙江老字号"。9月，市商务局认定"绍兴老字号"企业21家。

【推动城镇超市设立生鲜农产品"放心柜"】 年内，全市积极推进省政府十大实事工程之一——在城镇超市设立生鲜农产品"放心柜"，分解落实三年工作任务，7月中旬在嵊州市召开现场会，至10月，全市已设立25个"放心柜"，发放奖励资金120万元。

【完善家政服务体系】 年内，全市开展家政服务体系建设试点工作，各家政试点企业运行后非常注重服务质量，不断探索家政服务的内容和方式，相继涌现了越城诚信一百96345、诸暨暨阳、新昌梁氏、嵊州越乡嫂等一批家政品牌。如诚信一百96345中心，于2013年7月18日正式挂牌运行，共有各类加盟商330家，至2014年年底，中心共接到市民热线电话69610个，提供电话派单服务26104次，提供咨询服务43506人次，提供养老服务32083人次，服务满意率达99.67%。

【首次承办中华老字号精品博览会】 9月26日至29日，2014年第十一届中国中华老字号精品博览会暨浙江名品展在绍兴举行，来自18个省市的老字号企业参展参会，共设展位近400个。4天的展会成果显著，展会现场人气远超预期，交易火爆。共有1.20万余人到现场参观展览，共实现交易额2800多万元。大批外地企业因为携带展销商品不够，第二天即告脱销。绍兴市商务局和浙江省老字号企业协会积极推动老字号企业间的商贸合作，有多家企业实现了现场签约，签订购销合同6000多万元。（楼扬波）

商 贸

【概况】 2014年，市直商贸流通企业完成销售34.56亿元，同比增长5.76%；利润1.5亿元，同比下降24.4%；上缴税金1.76亿元，同比下降4.03%；自营出口完成2505万美元，同比增长37.64%。

【国庆黄金周商贸餐饮企业销售略有下降】 国庆节黄金周期间，全市秋高气爽，方便市民出游和购物，但工贸系统商贸餐饮企业在2013年国庆黄金周销售收入下降9.2%的情况下，同比又略有下降。工贸系统下属4家商贸餐饮企业合计实现销售收入4405.4万元，同比下降1.26%。其中酒店餐饮营业额小幅增长，商厦下降幅度明显，销售热点主要是服装、鞋子、黄金珠宝、化妆品等。

【国商大厦“国金购物中心”项目通过市规管委评审】 年内，国商大厦“国金购物中心”项目施工图被提交规划局和建管局审核。根据规划，“国金购物中心”总建筑面积达10万平方米，建筑总高度达24米，包括五层地上建筑和两层地下建筑。在“国金购物中心”和国商大厦的连接处，将设置地下通道，与规划中途经解放路的绍兴地铁1号线接轨。

【咸亨酒店再次蝉联“中国餐饮百强企业”】 4月19日，在第八届中国餐饮业发展大会上，中国烹饪协会对外公布了“2013年度中国餐饮百强企业”，咸亨酒店再次进入百强企业排行榜，名列第31位。这是咸亨酒店自2008年以来连续第七年获得该荣誉称号。（张钢）

粮油

【概况】 2014年，全市国有粮食购销企业实现利润455万元，同比增长54.24%。全市“一符四无”粮库达98%以上，7家三星级以上粮库经省级年审全部合格。至年底，全市已有1家四星级、6家三星级、3家二星级粮库。全市继续实施“放心粮油”工程，共开展各类检查162次，出动人员738人次，检查企业及经营户529户次，检验收购、库存及出库粮油共3704批次，未发生后果严重的粮油质量事故。新增3500户农户家庭配置新型彩钢小粮仓，累计已达13645户。

【收购订单粮食11万吨】 年内，全市粮食部门与种粮大户签订粮食订单11.5万吨，实际收购粮食11万吨，与2013年基本持平。其中早稻4.56万吨，晚稻6.21万吨，小麦0.23万吨。发放粮食预购定金1324万元，与2013年持平。全市争取省级订单粮食指标3.75万吨，其中市本级1.31万吨，为市财政节约订单粮食价外补贴600多万元。全市统一执行国家出台的小麦、早稻和晚稻谷最低收购保护价，每50千克分别为118元、135元和155元，比2013年分别提高6元、3元和5元。订单奖励分别为30元、30元和20元。粮食放开后，全市春粮作物种植面积减少，农民少量生产的春粮均在市场自由销售。年内，按照省粮食局要求，越城、柯桥、诸暨三地首次将小麦列入订单粮食范畴，为粮农提供了更多选择余地，对春粮生产起到一定促进作用。

【三区新增储备粮4.64万吨】 年内，根据省政府安排，越城区政府储备粮增加1.82万吨，柯桥区增加1.45万吨，上虞区增加1.37万吨，三区新增储备粮共计4.64万吨。

【粮食应急保障能力进一步提升】 年内，全市粮食应急保障能力进一步提升。一是在柯桥城区组织开展了粮食应急预案四级响应演练。二是全市各地落实好应急粮源、应急加工、应急供应网点、粮价监测点和应急工作经费。三是落实161家应急供应粮店，应急大米日加工能力达到1970吨，设置粮食价格监测点90个。全市3家粮食专业市场年成交粮食45万吨以上，建立省外粮食产销协作基地3万公顷。

【强化库存管理和履行安全监管职能】 3月至5月，市发改委按国家发改委等三部委部署，对全市7家国有粮食企业、78个储粮库点中存储的20多万吨粮食开展六方面库存粮食大检查。结果表明，库存粮食数量真实、质量良好、轮换及时、补贴到位、管理健全、执行政策规范。6月至9月，市发改委根据全国“转圈粮”专项整治行动的通知要求，对辖区内国有粮食收储企业的81个政策性粮食委托收储库点组织开展了“转圈粮”专项检查。未发现国有粮食收储企业在执行国家政策性粮食收储和储备粮轮换过程中存在“转圈粮”问题。各县（市、区）粮食局与所属粮食收储企业签订安全生产责任状，并实行年度考核。市储备粮公司斥资130万元改造粮库排涝系统，前赵中心粮库改造排水涵管，新增两台900立方米/每小时和两台400立方米/每小时的排水泵；对地处低洼的上蒋粮库的部分围墙进行了重砌。

【完成本地产稻谷重金属项目检测】 5月至6月，市粮油质监站会同省粮油质检中心，对全市2013年本地产71395吨库存稻谷库存进行镉、铅、无机砷和汞等重金属项目检测。金华、衢州两市的此项检测工作也由绍兴市承担完成。

【越州粮食批发市场建成运行】 7月，越州粮食批发市场建成并通过竣工验收。该市场由市财政全额投资，市发改委负责项目建设与国有资产管理。市场占地46667平方米，总投资11074万元，建筑面积23590平方米，建有351间营业房、容量为5000吨的成品粮仓库以及配套商务楼。6月，经市政府同意，越州粮食批发市场委托市供销总社经营管理。10月28日，市场正式开业运行，入场粮食经营户118家。（市粮食局提供）

供销

【概况】 2014年，全市供销社系统实现总经营收入397.60亿元，同比增长12.30%；商品销售总额238.58亿元，同比增长19.40%；市场交易额150.69亿元，同比增长1.70%；商品总购进额177.06亿元，同比增长13.20%。其中，市社本级企业汇总实现总经营收入74.17亿元，同比增长5.90%；商品总销售20.60亿，同比增长25.60%；市场交易额53.53亿，同比减少0.1%。全系统从生产者农副产品购进总额35.34亿元，同比增长43.1%。其中畜产品购进额有较大幅度下降，而茶叶、棉花、干鲜果品等购进额则有所上升。全系统农资销售额13.72亿元，同比增长15.00%。其中，化肥类销售额10.21亿元，同比增长15.60%；农药类销售额2.63亿元，同比增长10.60%；农用薄膜销售额0.37亿元，同比减少3.50%。

全市供销社系统实现工业总产值16.48亿元，同比增长9.40%。工业产品销售收入19.38亿元，同比增长10.10%；工业产品出口交货值4372万美元，同比减少15.7%。

全市供销社系统实现利税总额8.81亿元，同比增长15.77%。其中，利润总额4.40亿元，同比增长11.35%；上缴国家税费总额4.41亿元，同比增长20.30%。期末所有者权益33.17亿元，同比增长28.11%。其中市社本级企业汇总实现利税总额8236万元，同比增长98.74%。其中，利润总额3498万元，同比增长6.13%；上缴国家税费总额4738万元，同比增长458.73%。期末所有者权益6.87亿元，同比增长187.04%。

上虞区供销社被人力资源和社会保障部和中华全国供销合作总社授予“2014年度全国供销社系统先进集体”称号，柯桥区供销社、上虞区供销社分别以第4名、第21名跻身“2014年度全国供销社系统百强县级社”。

【接管经营市粮食批发市场】 10月28日，越州粮食批发市场正式开业。市场总投资1.2亿元，总建筑面积2.36万平方米，建有营业用房16幢350余间，成品粮仓库3幢，为市政府“米袋子”实事工程，是市区最大的粮食批发(零售)市场，承担着市区80%以上的居民口粮及大部分学校、宾馆、企事业单位食堂粮油及制品的配送任务。当年，根据绍兴市人民政府《关于明确越州粮食批发市场经营主体相关事宜的协调会议纪要》文件精神，越州粮食批发市场由市发改委(粮食局)委托市供销总社经营管理。6月，绍兴市供销总社注册成立“绍兴市粮食批发市场经营有限公司”。年内，完成3期350余间营业房的招商及140余经营户入驻。年内累计成交2200吨，实现销售880万元。

参加市粮食批发市场“双十一”惠民活动的居民搭乘免费直通大巴回家(杨晓威　摄)

【重点项目顺利推进】 7月30日，市供销总社下属的市农资公司投资2500万元、面积12331平方米的农资储备仓库及管理用房易地新建项目正式开工建设，1号仓库于当年完工，2、3号仓库及管理用房正在建设中，至年底完成有效投资1068万元。计划投资700万元、建筑面积2100平方米的绍兴市镜湖供销社综合服务社建设项目规划设计方案获规划审批，列入政府有效投资目录，并启动建设。项目竣工后将为周边居民、农民提供配套综合服务。投资620万元、占地1206平方米、建筑面积1700多平方米的坡塘综合服务社项目楼体基本完工。

位于城南坡塘的绍兴市供销总社鉴湖镇坡塘综合服务社完成主体工程(高卉　摄)

【保持农资供应主渠道地位】 年内，全市供销社农资部门根据农资和市场供求情况的新变化，及时开展专题调研、专题座谈会，草拟了关于农资需求的分析报告，得到市政府副市长冯建荣批示表扬。建立健全农资分级储备制度，淡储旺供，市农资公司常年储备化肥3000吨，农药250吨，确保市场农资供应。全市供销社系统农资供应坚持价格预测预警、稳定供应、淡季储备、科技服务四项机制，全年未发生农资质量安全问题。

【开展“三位一体”农合联组建试点工作】 年初，根据市委、市政府部署，市供销总社牵头研究全市深化“三位一体”(供销合作、生产合作、信用合作)农村新型合作体系建设。当年8月，省委、省政府部署安排“三位一体”农民合作经济组织联合会改革试点工作，上虞区、诸暨市列入全省试点。市供销总社建立领导联系制度，与当地政府加强沟通，帮助指导完善两地“农合联”试点工作。11月19日，上虞区“农合联”执行委员会(筹)揭牌。上虞、诸暨两地“农合联”试点方案于当年12月获批。

【市社机关实行公车制度改革】 年内，市供销总社按照相关规定和要求，按时封存机关车辆，对驾驶员进行妥善安置分流。6月11日，市供销总社委托绍兴市佳诚拍卖公司公开拍卖公务车辆共计6辆，成交总额59.30万元。

【首家“供销菜店+蒸菜馆”正式开业】 8月8日，全市首家“供销菜店＋蒸菜馆”开业，是继市供销总社开展“农超对接”“农市对接”和开设老百姓农产品进社区直销店之后，农产品进社区又一项新尝试。该店为两店合一，由绍兴市今品缘农产品超市有限公司具体负责建设管理，公司由市供销总社与今品缘现代农业开发有限公司等共同牵头组建。“供销菜店”与“蒸菜馆”两店紧密联系但又独立运营管理。

位于市区城南大道“供销菜店+蒸菜馆”（高卉　摄）

【成立全市首家秸秆专业合作社】 10月，绍兴市首家秸秆专业合作社——为民秸秆专业合作社成立。该社注册资金为50万元，联结农户150家，将开展稻草加工销售等业务。该社获市供销总社赠送20台价值2.4万元的草绳机，将在保护大气环境、助农增收、建设美丽乡村方面发挥重要作用。

【组织阿瓦提县农产品在绍销售】 市供销合作总社自2011年3月与对口支援的新疆阿瓦提县达成产业经贸合作框架协议以来，发挥系统优势，促进阿瓦提县农产品销售。

10月，市供销合作总社组织50余家企业赴阿瓦提县参加林果产品洽谈会，并深入当地合作社实地考察，采购农产品近千吨。与阿瓦提县签订在绍营销网络建设合作协议，在农批市场、超市等设立直销点20余个。

元旦期间，市供销合作总社在城区、诸暨两地举办为期10天的“阿瓦提农林产品元旦展销会”，总计成交农林产品1072.62吨计524.42万元。来自阿瓦提、四川甘孜州的43家参展商带来阿瓦提红枣、核桃、香梨、石榴、苹果、慕萨莱思葡萄酒等20余种农产品参展。

7月，市供销总社依托特有工种职业技能鉴定站，联合绍兴市援疆指挥部、阿克苏地区供销社，在阿瓦提县成功举办2014年新疆阿克苏地区中级农产品经纪人培训班，来自阿瓦提供销社系统从事农产品加工、市场营销，农民专业合作社负责人，种植大户和合作社财务管理人员，部分干部职工等63人参加培训。

市供销总社积极争取政府支持，落实专项扶持资金补助农展会，对阿瓦提农产品采购资金实行全额贴息，对在绍开设专营店实行资金补贴。供销社系统超市对阿瓦提农产品进场费、条码费等给予减免。

【承接越城区行政区域人力客运三轮车回收销毁工作】 8月1日，历时1个多月的越城区行政区域人力客运三轮车整治工作正式启动。市供销总社作为该项工作领导小组成员单位，负责提供人力客运三轮车回收场地回收并开展销毁工作。为此，市供销总社落实会稽路7000多平方米的回收销毁站，签订“人力客运三轮车回收销毁处理合同”，共计销毁人力客运车1008辆。

人力客运车销毁现场（董吉根　摄）

【开设农产品电商地方馆】 年内，全市供销社系统大力推动电商换市，积极开展农产品电商地方馆建设，率先在1号店“特产中国”版块开设新昌馆、上虞馆等县级馆。12月29日，“淘宝·特色中国·上虞馆”开馆，农村电子商务服务站正式启动。市供销总社本级投资300万元，注册成立市供销电商公司，牵头负责网上农产品交易平台建设。同时，积极争取市委、市政府支持，抓紧筹建“淘宝·特色中国·绍兴馆”。

【新发展基层供销社15家】 年内，全市供销社系统通过资产整合、业务联合等，吸引专业合作社、经营大户及其他经济实体加入基层供销社，扩大基层社的资本实力和经营范围，不断加强基层社经营和服务功能。市供销总社本级新建两家基层供销社，指导帮助新办基层供销社充实管理人员、建立健全组织制度，正常开展业务。全市供销社系统内还开展了薄弱基层供销社的对接帮扶工作。全年全市供销社系统新发展基层供销社15家，改造提升基层供销社8家，基层供销社累计达53家。

【新建农民专业合作社43家】 年内，全市供销社系统按照量质并举、以质为先的发展方针，领办和提升农民专业合作社。全年全系统新建农民专业合作社43

家，累计达201家。其中新建联合社6家，累计达8家。创建农资服务类专业合作社1家，庄稼医院4家。同时，着力培育农民专业合作社品牌意识，广泛开展示范社创建活动。当年新认定供销社系统省级农民专业社示范社1家，累计达26家；新认定全国总社级农民专业社示范社3家，累计达22家。全年供销社系统农民专业合作社实现销售30.5亿元，联结标准化基地8486公顷，带动农户16万户，帮助农民实现收入13.54亿元。

【新建村级综合服务社181家】 年内，市供销总社修订完善创建农村综合服务社基本标准，细化建设项目和内容，规范创建工作，及时组织对2013年村级综合服务社创建工作验收。全年全市供销社系统新建村级综合服务社181家，一年的新建数超过了此前历年累建数。此外，新建经营服务综合体21家，累计达33家。

【连锁经营网点达3460家】 年内，全市供销社系统共发展连锁经营网点79家，累计达3460家。其中日用消费品连锁网点2554家，医药连锁网点119家，农资连锁网点711家，再生资源连锁网点28家，农产品连锁网点48家，实现连锁销售额76.59亿元，农副产品市场交易额150亿元。

【农产品经纪人培训鉴定发证1022人】 年内，全市供销社系统高质量地开展农民职业技能培训和鉴定工作。全年共举办职业技能培训鉴定班15期，其中高级农产品经纪人培训班6期，鉴定发证1022人。同时，还为舟山市培训与鉴定高层次人才。

【市农合联完成换届】 12月19日，绍兴市农村合作经济组织联合会（简称市农合联）召开第二次会员代表大会，会议总结了绍兴市农合联五年来的工作，选举产生了市农合联第二届理事会理事、会长、副会长、秘书长等班子成员。市供销总社副主任张兴昌当选市农合联第二届理事会会长。（市供销总社提供）

烟 草

【概况】 绍兴市烟草专卖局（公司）组建于1986年，下辖上虞区、诸暨市、嵊州市、新昌县4个县级局（分公司）。2014年年底，全系统共有职工874人。市局（公司）机关下设11个处室（部门），全地区有卷烟零售户28096户。

全年，全市累计销售卷烟21.62万箱，和2013年持平；实现批发销售额81.65亿元，同比增长7.62%；实现税利20.1亿元，同比增长9.11%；实现利润12.41亿元，同比增长8.96%。全市落实香料烟种植面积146.6公顷，实收烟叶163636千克。

【查获涉烟案件886起】 年内，全市共查获涉烟案件886起，同比增长55.7%。其中5万元或20件以上真烟案件78起，同比增长69.57%；查获违法卷烟49567.5条，同比增长19.7%，判刑25人；破获假烟国标网络案8起，视同国标的真烟案1起。卷烟外流同比下降47.06%。完成“APCD”信息系统[即分析（Analysis）、计划（Plan）、检查（Check）和处理（Do）系统]研发、试点运行工作。

【精准营销不断深化】 年内，全市重点骨干品牌（1~3类）烟草销售17.59万箱，同比增长5.46%，占总销量比例达81.4%。现代终端、网上配货占比分别达11.25%和5.29%，网上订货率达91.9%。致力客户评价分类的改进创新，探索形成了以“客户分类评价模块”和“星级客户评定模块”为主要内容的“1+1”客户评价与分类体系，并以此为基础科学投放货源，完善供应节奏，较好地保持了卷烟供求的稍紧平衡、社会库存的适度合理和卷烟价格的持续坚挺。

【深入挖掘管理效益】 年内，市烟草公司瞄准“精益物流”目标，探索实施非法人实体运作和“两周一送”送货模式，精简配送线路5条；建立全市集中采购目录，通过公开招标或竞争性谈判建立小零散项目长期定点供应商，提高采购的规模效应，降低采购成本，物资、服务公开招标率91.66%，节约资金197.46万元。注重企业标准化建设，成为全国率先通过行业首批商业标准化示范企业评审的7家单位之一。（市烟草局提供）

金融业

综 述

【概况】 2014年，全市金融运行总体平稳，社会融资方式趋于多元化。全年全市社会融资总量新增1231.6亿元，比2013年多增52.4亿元。企业融资渠道拓宽，直接融资比重上升，债券已经成为除贷款外全市企业重要的融资渠道，全年直接融资384.2亿元，多于贷款增量21.6亿元。

年末，全市金融机构本外币存款余额6666.7亿元，比年初增加205.0亿元，同比少增331.7亿元。其中单位存款增加0.3亿元，同比少增244.0亿元；储蓄存款增加82.2亿元，同比少增151.0亿元。余额同比增长3.2%，比2013年年末回落5.9个百分点。

年末，全市金融机构本外币贷款余额6006.7亿元，比年初增加362.6亿元，同比少增149.1亿元。其中中长期贷款增加322.0亿元，同比多增125.9亿元；短期贷款减少47.3亿元。余额同比增长6.4%，增速比2013年年末回落3.6个百分点。余额存贷比90.1%，比年初提高2.8个百分点；增量存贷比176.9%，比2013年提高81.5个百分点。

全年银行结售汇总量308.7亿美元，同比增长7.7%。其中，结汇247.2亿美元，同比增长6.7%；售汇61.5亿美元，同比增长12.2%；净结汇185.7亿美元，同比增长4.9%。

年末，全市证券资金账户64.03万户，比年初新增5.6万户；全年证券交易金额23479.3亿元，同比增长64.4%。全年保险机构保费收入92.9亿元，同比增长10.4%。其中，寿险保费收入46.5亿元，同比增长5.7%；财险保费收入46.4亿元，同比增长15.4%。

年末全市金融机构本外币存贷款情况

表10

银行	存款		贷款	
	余额(亿元)	增幅(%)	余额(亿元)	增幅(%)
农发银行	17.06	17.08	76.18	3.40
工商银行	707.89	-1.66	723.70	3.60
农业银行	767.06	-3.87	689.17	5.52
中国银行	549.57	8.10	588.99	6.73
建设银行	509.89	-5.40	493.11	-0.42
交通银行	311.95	-1.52	307.22	3.47
绍兴银行	367.13	-1.92	287.18	6.06
中信银行	283.11	1.33	238.37	5.62
光大银行	43.92	11.76	52.91	-3.07
华夏银行	139.49	3.55	160.96	14.83
广发银行	23.18	1.55	32.96	32.76
招商银行	135.97	11.18	166.86	-3.97
浦发银行	262.58	-13.80	241.06	0.35

续表 10

银行	存款		贷款	
	余额(亿元)	增幅(%)	余额(亿元)	增幅(%)
兴业银行	76.44	-6.60	66.34	-2.78
民生银行	121.20	17.69	146.75	2.57
恒丰银行	64.97	-14.30	61.32	5.24
浙商银行	134.11	9.89	133.35	13.24
渤海银行	36.50	-5.40	35.97	-9.66
北京银行	54.47	10.30	92.51	13.97
上海银行	38.50	-12.57	43.91	-15.32
杭州银行	92.59	36.13	87.51	59.68
宁波银行	21.44	—	13.05	—
嘉兴银行	16.19	4.09	15.18	3.69
泰隆银行	3.46	—	3.71	—
民泰银行	8.17	31.07	7.78	97.74
邮储银行	218.84	13.49	88.54	13.92
村镇银行	43.05	39.54	45.74	49.47
农商银行	1182.19	6.65	856.60	7.27
天津滨海农商行	28.16	-16.12	29.66	-16.04
义乌农商	4.72	—	3.11	—
农合银行	286.92	5.22	202.31	4.65
华侨银行	1.48	358.40	5.38	170.25
财务公司	38.88	164.80	42.06	161.52

【运用央行手段撬动更多信贷资金】 年内，人民银行绍兴市中心支行积极用好央行政策和资金支持工具，累计发放再贷款 5.5 亿元、再贴现 3.8 亿元，支持两家法人银行发行小微企业金融债券 60 亿元，推动两家法人金融机构参与利率市场化创新并发行同业存单 18 亿元，落实 8 家法人金融机构两次定向降准增加可用资金 14 亿元，撬动更多的信贷资金服务经济发展。

【发行银行间债务融资工具 158.9 亿元】 年内，人民银行绍兴市中心支行加强重点企业的培育辅导，积极推动超短期融资券、资产支持票据、项目收益票据等创新产品在全市试点发行。全年发行银行间债务融资工具 158.9 亿元，同比增长 10.3%。

【跨境人民币融入资金 52.2 亿元】 年内，人民银行绍兴市中心支行搭建境外银行与境内企业之间的资金桥梁，引导企业合理运用跨境人民币、跨境担保等政策，全年累计从境外融入人民币资金 52.2 亿元，是 2013 年融入额的 3 倍。

【率先试点国库出口退税电子化】 年内，人民银行绍兴市中心支行创新国库服务，在全省率先试点出口退税电子化，企业办理大批量退税业务的时间由原来的平均两天缩短至 5 分钟，减少了退税资金在途时间，加快了企业资金周转。全年办理电子退税业务 14298 笔计金额 57.7 亿元。

【跨境人民币结算额居全省第三位】 年内，人民银行绍兴市中心支行简化跨境人民币结算手续和审核流程，推动金融机构创新并扩大人民币在跨境贸易中的使用，全年实现跨境人民币结算 1127.5 亿元，同比增长 26.3%，居全省第三位。

【电子支付业务占 50%以上】 年内，人民银行绍兴市中心支行大力推广应用网上支付、手机支付、银行卡、电子商业汇票等业务，全市电子支付业务占银行柜面可替代交易比例达到 50%以上，并创建网上支付示范区 21

个，加快了社会资金周转速度，提高了使用效率。

【实施外汇管理“四项改革”】 年内，外汇局绍兴市中心支局实施跨国公司外汇资金集中管理试点、跨境电子商务外汇支付业务试点、个人贸易外汇管理、跨境担保外汇管理等“四项改革”。海亮集团被外汇总局列为浙江省5家跨国公司外汇资金集中管理试点单位之一，大大节约财务费用。年末，全市企业对外担保余额6.47亿美元，同比增长33.13%，外保内贷余额2.51亿美元，为解决企业贷款担保难问题开辟了新的渠道。（人民银行绍兴市中心支行提供）

银　行

【概况】 2014年，绍兴银行业贯彻落实国家宏观调控政策，大力支持实体经济转型升级，不断满足地方经济发展有效信贷需求，全力守住系统性、区域性风险底线，确保全市经济金融协调稳健发展。

【存款增长放缓】 年末，全市银行业金融机构各项存款余额6666.73亿元，比年初增加205.00亿元，同比少增331.70亿元，存款增速3.17%，较2013年同期下降5.89个百分点，存款增量及增速均为五年来最低水平。总体呈现三大特点：一是单位存款增长乏力。年末余额3418.81亿元，比年初增加0.26亿元，同比少增244.03亿元。二是储蓄存款分流。年末余额2817.69亿元，比年初增加82.17亿元，同比少增151.00亿元。三是存款波幅收窄。季末存款冲高的程度明显下降，存款稳定性有所加强。

【贷款投放减速】 年末，全市银行业金融机构各项贷款余额6006.70亿元，比年初增加362.55亿元，同比少增149.07亿元，贷款增速6.42%，较2013年同期下降3.55个百分点。全年贷款增速呈一路下滑态势，是近三年来最低。总体呈现三大特点：一是新增存贷比176.85%，居全省第一。二是信贷投放“有进有退”。与“五水共治”战略高度相关的水利、环境和公共设施管理业全年新增贷款136.80亿元，同比多增94.78亿元；票据融资大幅上升；制造业贷款收缩明显。三是信贷结构持续调整，短期贷款出现下降，中长期贷款大幅增加。

【不良贷款持续“双升”】 年末，辖内银行业金融机构不良贷款余额163.71亿元，比年初增加56.16亿元；不良贷款率2.73%，比年初上升0.82个百分点。全年累计处置不良贷款219.38亿元，其中核销38.07亿元，转让121.15亿元。

【经营效益下滑】 年内，全市银行业经营效益继续下滑，全年实现净利润72.02亿元，比2013年同期减少33.01亿元，减幅为31.43%。净息差收窄、资产质量下降是影响利润下滑的主要原因。

【普惠金融稳步推进】 年内，全市银行业稳步推进普惠金融，支农支小成效显著。一是信贷支持力度不断增强。年末，全市银行业金融机构小微贷款余额2354.78亿元，比年初增加306.60亿元，同比多增16.25亿元；户数84041户，较年初增加13075户，同比多增9555户。二是小微金融服务环境不断优化。绍兴银监分局与市经信委联合建立小微企业金融服务公共平台，至年底，各银行业金融机构通过该平台累计受理贷款1910笔，累计放贷成功1507笔，放贷金额33.93亿元。三是涉农贷款投放力度不断加大。年末，全市涉农银行机构涉农贷款余额1020.33亿元，比年初增长7.95%，高于全市银行业贷款平均增速1.53个百分点。四是还款方式创新继续推进。已有包括年审制在内的还贷方式创新品种10余项。其中年审制贷款余额67.79亿元，惠及企业2677户，比年初增加200余户。试点范围扩大至所有银行机构，无还贷续借期限从两年延长至三年。

【金融改革继续深化】 年内，全市银行业继续深化金融改革，金融体系持续完善。一是金融服务体系进一步健全。泰隆银行绍兴分行、宁波银行绍兴分行、义乌农商银行绍兴柯桥支行开业；渤海银行绍兴支行升格为分行。二是机构网点布局重心进一步下沉。年内，绍兴银监分局批准新设机构22家，升格机构23家，其中向县域和欠发达地区延伸17家。批准小微专营支行开业6家，批准筹建1家；批准设立社区支行5家。三是农村金融体系改革继续深化。设立上虞富民村镇银行，实现辖内县域村镇银行全覆盖。上虞农村合作银行顺利改制为农村商业银行。

【农发行绍兴市分行】 年末，农发行绍兴市分行各项存款余额17.06亿元，比年初增加2.49亿元，同比增长17.09%；各项贷款余额76.18亿元，比年初增加2.50亿元，同比增长3.39%。在履行政策性金融职责方面，该行配合市政府实施粮食安全“四保一稳”工程，累计发放贷款5亿元，支持企业调入粮油28.69万吨。

【国有商业银行】 年末，全市5家国有商业银行各项存款余额2846.37亿元，比年初减少35.58亿元，同比少增118.11亿元，比年初下降1.23%。存款余额占全市存款余额的42.70%，比2013年同期下降1.90个百分点。各项贷款余额2802.19亿元，比年初增加106.55亿元，同比少增51.22亿元，比年初增长3.95%。贷款余额占全市贷款余额46.65%，比2013年同期下降1.11个百分点，其中新增贷款占全市新增贷款的29.39%，比2013年同期下降1.45个百分点。

【工行绍兴分行】 全年工行绍兴分行实际贷款投放62亿元，发放项目贷款39个计54.64亿元，其中对“五水共治”等政府重点建设项目投放资金38.70亿元。

【农行绍兴分行】 全年农行绍兴分行处置不良贷款超过29亿元，其中批量转让22.86亿元，累计户数55户。不良贷款处置所释放的信贷规模全部用于实体企业信贷投放。

【中行绍兴市分行】 年内,中行绍兴市分行存贷款大幅增长,人民币存款新增39.99亿元,人民币贷款新增42.09亿元,对接"五水共治""两重"发展战略,投放政府项目22.96亿元。

【建行绍兴分行】 年内,建行绍兴分行全面推进网点"一柜通"建设,"一柜通"柜台占比99.07%,客户平均等待时间5.3分钟,同比下降30%,网点为客户服务的效率明显提升。

【交行绍兴分行】 年内,交行绍兴分行做大离岸业务,年末离岸结算量26亿美元,同比增长30%,在结算总量中占38.96%;累计为客户办理出口风险参与业务7458万美元,保票通业务10268万美元。

【股份制商业银行】 年末,全市股份制商业银行各项存款余额1321.48亿元,比年初减少2.93亿元,同比少增160.39亿元,同比减少0.22%。存款余额占全市存款的19.82%,同比下降0.68个百分点。各项贷款余额1336.87亿元,比年初增加50.45亿元,同比少增67.37亿元,同比增长3.92%。贷款余额占全市贷款余额的22.26%,同比下降0.53个百分点,其中新增贷款占全市新增贷款的13.92%,比2013年同期下降9.11个百分点。

【中信银行绍兴分行】 年内,中信银行绍兴分行票据业务呈现突破式发展,全年票据贴现304.73亿元,其中企业直贴119.82亿元,同比增长102.13%。

【华夏银行绍兴分行】 年内,华夏银行绍兴分行推出中型企业年审制贷款等特色产品,年末,小微企业用信客户1671户、82.55亿元,分别达到该行营销机制改革前总量的3.4倍、3.2倍。

【招商银行绍兴分行】 年内,招商银行绍兴分行大力发展新兴业务,FPA(对公新兴业务融资总量)余额83.10亿元,比年初新增30亿元。

【浦发银行绍兴分行】 年内,浦发银行绍兴分行大力发展零售业务,非存款类个人金融资产日均余额35.70亿元,比2013年增加22.40亿元,增长幅度168%。

【兴业银行绍兴支行】 年内,兴业银行绍兴支行推进社区金融服务,首批5家社区支行开业,服务网点初步覆盖越城区全境及柯桥区核心区块。

【民生银行绍兴分行】 年内,民生银行绍兴分行让利小微企业,将绍兴基金池内客户保证金比例从原先的18.5%下调至10%,放款利率从上浮20%下降到15%。

【光大银行绍兴支行】 年内光大银行绍兴支行大力发展小微业务,与平安、人保两家保险公司合作的保证保险信用贷款投放475笔计3034万元。

【广发银行绍兴分行】 年内,广发银行绍兴分行重点开展小微企业担保方式创新,完成小微企业流程改造,年末小微企业贷款余额11.77亿元,比年初新增94.22%。

【恒丰银行绍兴支行】 年内,恒丰银行绍兴支行深化金融服务,在2014年"千家企业评银行"活动中,列10家小型银行第一名。

【浙商银行绍兴分行】 年内,浙商银行绍兴分行首推B2B电子商务金融综合服务特色平台,注册购销e网会员、购销通会员均超过310户,开通率与使用率超过55%。

【渤海银行绍兴分行】 年内,渤海银行绍兴分行健全案防机制,持续实现"无案件、无事故、无舆情",实现"平安金融单位"创建工作目标。

【城市商业银行】 年末,全市城市商业银行各项存款余额601.94亿元,比年初增加44.42亿元,同比少增67.76亿元,同比增长7.97%。存款余额占全市存款的9.03%,比上年同期上升0.40个百分点。新增存款占全市新增存款的21.67%,同比上升5.41个百分点。各项贷款余额550.83亿元,比年初增加73.66亿元,同比少增18.58亿元,同比增长15.44%。贷款余额占全市贷款余额的9.17%,同比2013升0.72个百分点,其中新增贷款占全市新增贷款的20.32%,同比上升5.57个百分点。

【绍兴银行】 年内,绍兴银行持续推广小微企业专项信用贷款、"年审工厂"、"微型贷"等明星产品。完成20亿小微企业金融债券和三期同业存单的发行,有效拓展了信贷资金来源。扩大异地经营领域,台州分行、嘉兴平湖小微企业专营支行开业。

【杭州银行绍兴分行】 年内,杭州银行绍兴分行创新营销方法,通过与社区管理人员对接,开展社区营销上门开卡;与"93车友俱乐部"开展合作,在车友中宣传推广各类产品;筹建科技支行,推进科技金融。

【北京银行绍兴分行】 年内,北京银行绍兴分行坚持"服务小微"市场定位,年末有小微企业贷款户数528户,比年初增加80户,贷款余额59.42亿元,比年初增加7.85亿元。

【上海银行绍兴分行】 年内,上海银行绍兴分行推出"网上循环贷""IFC能效贷""新三板股权质押贷"等特色产品,为小企业客户量身定制综合金融服务方案。

【民泰银行绍兴分行】 年内,民泰银行绍兴分行全年50万(含)以下小微贷款的增量12113.50万元,较2013年同期增量增加8824.50万元,增幅达268%。

【嘉兴银行绍兴分行】 年内,嘉兴银行绍兴分行加强产品服务优化创新,推出个人自助循环贷款、"融易贷"、"无还本续贷"和船舶抵押贷款等业务。

【宁波银行绍兴分行】 年内,宁波银行绍兴分行通过投行产品增加融资渠道,共投放表外信贷业务合计34.48亿元,其中非银资管业务23.20亿元。

【泰隆银行绍兴分行】 年内,泰隆银行绍兴分行持续"服务小微",全年共举办89场社区活动,社区客户数(含农村)2943户,占57.67%;社区存款余额10494万元,占45.28%;社区贷款余额20569万元,占63.65%。

【邮储银行绍兴市分行】 年内,邮储银行绍兴市分行建立5个农村综合金融服务点,将助农取款点打造成集理财、结算、信贷为一体的农村综合金融服务点。开展三农项目创新，开发新昌中国茶市项目和嵊州农贸市场项目，研发新型交易终端设备“茶易宝”（电子秤、商易通、交易管理平台“三合一”）。开展产品创新，成功发放首笔农民专业合作社贷款、首笔增信贷、首笔代发工资消费贷款和首笔农产品交易市场内摊位购买贷款。

【农村中小金融机构】 年末全市农村中小金融机构各项存款余额1512.16亿元，比年初增加111.23亿元，同比少增59.14亿元，同比增长7.94%。各项贷款余额1104.65亿元，比年初增加89.21亿元，同比少增32.1亿元，同比增长8.79%。2014年年末存、贷款市场占比分别为22.68%和18.39%，分别同比提高1.00和0.40个百分点。

【农村合作银行】 恒信农村合作银行挂牌成立浙江省内首家青年创业支行，为创业青年提供金融服务480余次，发放青年个人贷款145户计3644万元，青年企业贷款46户计4815万元。瑞丰银行实施农业产业链金融服务模式，推出村集体股权承诺贷、拆迁承诺贷、特色“农链贷”、“美丽乡村”助力接力贷等创新产品。推进农村金融便捷普惠，全市首推延时报务、流动银行服务车。诸暨农村商业银行设立小微企业贷款中心。上虞农村合作银行正式改制为上虞农村商业银行。嵊州农村合作银行推进村级金融自治，创建农村金融服务小组90个。新昌农村商业银行在全县335个行政村建立村级金融服务小组，实施“丰收三网”战略，实现机构网、电子网和人员网的普惠服务网络。

【村镇银行】 年末全市村镇银行各项存款余额43.05亿元，比年初增加12.20亿元，同比增长39.55%。各项贷款余额45.74亿元，比年初增加15.14亿元，同比增长49.48%。随着上虞富民村镇银行开业，辖内各县（市、区）实现村镇银行全覆盖。

【外资银行及非银机构】 年内，华侨银行绍兴分行利用新加坡母行融资平台优势，引进境外资金。至年底，境内外联动产品业务余额21.79亿元，当年累计发生额38.40亿元。海亮财务公司做大资金归集，提升资金使用效率。公司资金集中度由年初的25.99%上升到11月末的42.70%。建立外币资金池。获批外汇资金集中运营管理资格，实现集团境内外、本外币资金一体化管理。（市银监分局提供）

保　险

【概况】 2014年，全市共有市级保险机构54家（财产险27家，人身险27家）。各类保险机构311家。其中：市级分公司2家、中心支公司46家、营销服务部5家和办事处1家，县级及以下支公司90家、营业部36家和营销服务部131家。保险专业代理机构13家，保险兼业代理机构949家；保险从业人员1.3万余人，其中营销员近9000人。

全年全市总保费收入92.96亿元，同比增长10.34%。其中：财产险保费46.44亿元，同比增长15.41%；人身险保费46.52亿元，同比增长5.71%。

各县（市、区）保险业务数据

表11

县（市、区）	财产险保费（万元）	人身险保费（万元）	总保费（万元）	同比(%)	市场份额(%)
柯桥区	69953.07	52041.96	121995.03	8.74	13.12
诸暨市	100216.76	107740.90	207957.66	14.22	22.37
上虞区	63988.05	60420.30	124408.35	17.32	13.38
嵊州市	45333.54	57241.87	102575.41	24.92	11.03
新昌县	29682.09	25681.09	55363.18	11.37	5.96
市区	155238.50	162032.34	317270.84	2.24	34.13
合计	464412.01	465158.45	929570.46	10.34	100.00

全市各财产险公司主要业务数据

表12

序号	公司名称	累计保费（万元）	同比（%）	赔款（万元）	市场份额(%)
1	人保财险	168833.36	15.68%	97011.61	36.35%
2	太保产险	74400.49	32.74%	43139.23	16.02%

续表 12

序号	公司名称	累计保费（万元）	同比（%）	赔款（万元）	市场份额(%)
3	平安产险	66328.34	22.61%	34693.08	14.28%
4	天安财险	8921.17	3.02%	5522.09	1.92%
5	华泰财险	4527.69	-15.94%	3105.12	0.97%
6	史带财险	8218.26	-41.19%	8171.07	1.77%
7	中华联合	17762.07	13.10%	9550.74	3.82%
8	大地保险	8708.23	1.56%	6708.96	1.88%
9	华安财险	690.18	-44.85%	650.90	0.15%
10	永安保险	6094.50	-10.20%	4629.82	1.31%
11	太平财险	8123.80	-12.53%	5313.00	1.75%
12	安邦财险	8344.82	60.33%	4399.78	1.80%
13	都邦保险	3622.29	17.78%	1977.57	0.78%
14	安盛天平	6165.55	19.71%	3990.28	1.33%
15	中银保险	4088.81	16.93%	745.79	0.88%
16	渤海保险	2044.96	30.78%	1231.52	0.44%
17	阳光财险	7657.97	27.40%	4579.73	1.65%
18	民安保险	3360.80	-24.98%	3119.31	0.72%
19	国寿财险	19868.67	26.61%	13427.28	4.28%
20	永诚保险	4263.39	3.15%	2650.75	0.92%
21	长安责任	7684.61	22.42%	3759.74	1.65%
22	安诚保险	5585.15	19.78%	2538.16	1.20%
23	安信农业	2318.74	5.65%	1440.19	0.50%
24	浙商保险	12883.60	17.77%	5244.67	2.77%
25	紫金保险	2441.00	-35.82%	2310.79	0.53%
26	信达财险	1473.56	—	88.83	0.32%
27	出口信用	—	—	—	0.00%
合计		464412.01	15.41%	270000.01	100.00%

全市各人身险公司主要业务数据

表 13

序号	公司名称	累计保费（万元）	同比（%）	赔款与给付（万元）	市场份额(%)
1	中国人寿	94437.52	3.66%	16126.91	20.30%
2	太保寿险	53101.20	8.81%	8246.60	11.42%
3	平安人寿	118527.76	22.84%	18186.05	25.48%
4	泰康人寿	72027.10	55.82%	5621.14	15.48%
5	新华人寿	24910.34	-4.96%	4463.97	5.36%
6	民生人寿	2098.69	11.51%	421.96	0.45%
7	太平人寿	26921.95	-22.45%	1018.22	5.79%
8	富德生命	8214.74	-30.16%	454.55	1.77%
9	中宏人寿	7344.06	16.61%	336.09	1.58%
10	中德安联	24.71	-81.73%	43.84	0.01%
11	农银人寿	5654.80	-18.62%	921.80	1.22%
12	合众人寿	649.45	2.42%	230.80	0.14%
13	华泰人寿	3059.09	11.68%	342.55	0.66%
14	人保人寿	13139.22	-46.63%	3705.27	2.82%
15	国华人寿	646.41	-4.43%	103.98	0.14%
16	阳光人寿	7910.29	33.21%	762.84	1.70%
17	人保健康	3115.30	-4.86%	113.63	0.67%
18	光大永明	328.28	-12.57%	21.37	0.07%
19	大都会人寿	572.15	-7.51%	0.36	0.12%
20	信诚人寿	436.87	107.16%	11.56	0.09%
21	信泰人寿	12844.69	-39.93%	321.60	2.76%
22	平安养老	4700.19	-4.29%	3386.44	1.01%
23	工银安盛	2957.64	-13.88%	195.00	0.64%
24	招商信诺	1043.86	98.38%	49.44	0.22%
25	华夏人寿	492.14	—	14.24	0.11%
26	海康人寿	—	—	0.00	0.00%
27	安邦人寿	—	—	0.00	0.00%
合计		465158.45	5.71%	65100.21	100.00%

【承担56582.4亿元的风险责任】 年内，全市保险企业共提供56582.4亿元的风险保障。其中财产险公司保障48953.5亿元、人身险公司保障7628.9亿元。支付各类赔款和给付33.5亿元，同比增长9%。其中财产险公司赔款金额27亿元，同比增长5.91%，人身险公司赔付金额6.5亿元，同比增长31%。

【为重点工程提供风险保障金逾80亿元】 年内，人保财险公司继续为嘉绍大桥提供风险保障金额为44.9亿元的路面及附属设施财产、公众和雇主责任等一揽子保险，为杭金衢高速公路拓宽工程提供风险保障达33亿元；人保财险公司和太保产险公司联合为上虞区世纪新丘治江围涂工程提供3.6亿元的风险保障。

【提供47.8亿美元出口信用保险】 年内，全市保险企业为出口企业提供47.8亿美元的出口信用保险支持，占到同期绍兴市一般贸易出口的17.7%，承保金额同比增长10.7%；服务出口企业1006家，约占全市同期出口实绩企业数的12.5%；为全市境外投资企业提供海外投资保险1.51亿美元，同比增长11.9%。因国外买方破产、拖欠货款、拒收货物、匡外开证行拒绝承兑等原因，受理报损案件173起，同比增长4.2%，涉及企业112家，同比降低8.9%，报损总金额3001万美元，同比增长4.5%。

【为小微企业提供风险保障】 年内，中国出口信用保险公司与政府出台联保政策，扶持成长型小微企业，涉及出口企业730余家，新增283家。太保产险公司持续推出中小企业专属保险产品包，为1426家小企业提供169亿元风险保障，持续为1000多户诸暨家庭作坊提供13亿元风险保障。人保财险公司开展小额贷款保证保险，为269户个人提供830.3万元信用保证保险。多家公司持续推出借款人意外伤害保险，解决借款难问题。

【支持企业开拓国际市场】 年内，中国出口信用保险公司提供个性化保险方案，鼓励企业通过在海外设立贸易窗口、绿地投资和对外承包工程带动一般贸易的出口，实现外贸发展方式的转型升级，浙江精工沙特吉达机场和麦加火车站两个项目就带动相关出口7000多万美元。部分保险企业创新承保模式，将服务延伸至境外，为绍兴出口企业在境外再销售的收款风险提供风险保障，全年通过境外关联公司对外销售模式承保出口金额达2亿美元；推出“出运前风险”的附加保险，解决出口企业按照商务合同备好货但还未能出运买方就违约的风险。放宽承保条件，一方面通过国别风险预警等方式引导企业开拓收汇高风险国家市场时保持谨慎，另一方面对25个新兴市场国家争取政策，全年支持企业向新兴市场出口超过20亿美元，同比增长约15%。

【做好防灾防损服务】 年内，绍兴保险企业开展全市洪涝灾害车险理赔协作，通过排查确定首批18个预警点，并组织了一次现场演练，使行业大灾理赔协作工作制度化、常态化。加强保险咨询防灾宣传，提高保险消费者防灾防损意识。组织开展对全市重点企业的安全检查，提供防灾防损物资，防范灾情风险。

【直接投资基础设施】 年内，人保财险公司和平安保险公司积极参与市高速公路基础建设项目。其中人保财险公司投资杭绍台高速越城区段，与市交投集团签订了25亿元项目协议，在2013年出资5.3亿元的基础上，再次落实20亿元，使投资项目资金及时全部到位。平安保险公司拟投资杭绍台高速柯桥区段，与市交投集团基本达成30亿元项目协议。

【拓宽企业融资渠道】 年内，中国出口信用保险公司利用保单帮助43家投保企业向商业银行获得贸易融资13亿元；中银保险公司通过中国银行为中小企业融资9.5亿元；太保产险公司联合工商银行为7家小企业注入1630万元流动资金。全市人身险公司普遍利用保单质押贷款功能，推出保单借款服务，如新华人寿公司推出保单借款服务，全年共完成584件保单借款，涉及款项2601.8万元。

【扩大“三农”保险范围】 年内，全市保险企业新增露地蔬菜、葡萄和大棚西瓜等政策性农业保险业务，农业保险金额达21.1亿元，共向1.1万受灾农户支付赔款4215万元。农房保险金额达249.3亿元，参保农户逾111万户，基本实现应保尽保，已赔付844.9万元。诸暨市全部乡镇（街道）落实家庭室内财产保险，涉及农户31.5万户。安信农业保险公司新增农业机械损失、操作人员意外、第三者人身伤害和财产损失多层次保险等保障服务；联手省邮储银行开展农业设施小额贷款服务等；开展全省唯一茶叶种植低温霜冻气象指数政策性保险试点；推出蔬菜价格指数保险，促进绍兴绿叶菜的均衡生产和均衡供应。人保财险诸暨支公司设立500多个基层保险服务网点，将服务触角延伸至涉农第一线。

人保财险绍兴市分公司配备“三农服务”专用车，实现公司产品、服务、人员“三下乡”（市保险行业协会提供）

【积极开展责任保险】 年内，全市保险企业普及校园方责任险，涉及430余所中小学校和幼儿园，计学生50余万名；扩大承运人责任险，涉保金额280亿元；开展医疗责任险，为越城区、柯桥区、上虞区和嵊州市支付赔款 1078.6 万元；在嵊州开展农村家宴和学校食品安全责任险；承保袍江经济技术开发区斗门镇和马山镇、诸暨市店口镇的自然灾害公共责任险、附加见义勇为责任险和无责事故救助责任险；继续推行环境污染、火灾、燃气管道、道路、电梯和雇主等一系列责任险。

【商业大病保险覆盖 275 万人】 年内，绍兴保险企业做好城乡居民基本医疗保险经办服务外包和补充医疗保险再保险项目，主动参与医保信息系统的建设，摸索建立与医保中心“合署办公”的风险管控流程。在社保大厅专设服务窗口，派驻专人负责城乡居民医疗费用审核结算、医保政策咨询解释、定点医疗机构和参保单位的日常工作联系，以及特检特治特药和特殊病门诊转院审批工作；承担与多家定点医疗机构每月对账、社保经办机构费用清算、群众信访处理和医疗费用报销资料建档等工作；对各街道（镇）巡回服务，每月派专人进行现场服务，现场报销医疗费用、解答疑难问题。除诸暨市外，各县（市、区）全面落实商业大病保险工作，覆盖约 275 万人。

【特殊人群意外伤害保险】 年内，全市保险企业为第十五届省运会、省残疾人运动会提供公众责任险和意外险保障；为浙江省第十二届兰花博览会提供公众责任险保障；为所有志愿者在参与红十字志愿服务期间提供人身意外伤害保险；为市慈善总会和市慈善义工联合会组织开展大型服务活动的义工提供人身意外伤害保险等。中国人寿公司为诸暨市 8 万余名老年人提供 50.4 亿元的保险保障，为绍兴市区 8600 名残疾人提供 4.8 亿元的保险保障，连续两年承保了新昌县流动人口意外伤害保险，为 36814 名新昌流动人口提供 8.1 亿元的保险保障。浙商保险公司为嵊州 607 辆残疾人车辆提供 2.7 亿元的非机动车责任保险保障。

【完善消费维权机制】 年内，市保险协会联系市消保委完善消费维权监督（联络）站（员）制度；与公安联合打击保险欺诈；与交警完善交通事故快处理赔机制，开展“微事故微处理”工作，两个服务点共处理案件 1805 件；与法院明确机动车法律适用统一有关问题，搞好诉调对接工作；与司法局做好涉保理赔司法鉴定工作和保调会人民调解工作；与仲裁委协调促进保险消费案件仲裁解决。完善车险简易赔案快处机制，加强消费提示，综合治理车险理赔难和寿险销售误导问题。（市保险行业协会提供）

资本市场

【概况】 2014 年，绍兴市持续推进企业对接多层次资本市场。会稽山、金盾股份两家企业成功上市，“绍兴板块”累计实现上市 54 家，其中境内 43 家、境外 11 家，居全省地级市首位；累计实现上市融资 512.04 亿元；新增新三板挂牌企业 6 家；新增浙江股交中心成长板挂牌企业 11 家，累计达到 30 家，挂牌企业数量仅次于杭州，居全省第二位。

【新增直接融资数量居全省首位】 年内，全市实现新增直接融资额 384.16 亿元，占社会融资总量的比例达 31.19%；新增直接融资数量居全省地级市首位。其中上市公司融资再融资 45.09 亿元，同比增长 294.83%，私募股权融资 11.05 亿元，同比增长 96.27%；债权类融资方式更趋多元，创新开展保险资金、资产证券化、融资租赁等融资方式，总金额达到 334.02 亿元。

【10 家上市公司获评年度优胜】 年内，全市上市公司发展良好，通过综合考评，浙江龙盛集团股份有限公司、浙江闰土股份有限公司、浙江亚厦装饰股份有限公司、卧龙电气集团股份有限公司、三力士股份有限公司、浙江三花股份有限公司、浙江海亮股份有限公司、宝业集团股份有限公司、浙江新和成股份有限公司、浙江万丰奥威汽轮股份有限公司等 10 家上市公司获评为 2013 年度优胜上市公司，市政府给予通报表彰。

【6 家企业挂牌“新三板”】 年内，全市有 6 家企业挂牌全国中小企业股份转让系统（俗称“新三板”）。这 6 家企业分别是：捷昌驱动、海博小贷、中林股份、健力股份、春晖智控、云涛生物。

【13 家上市公司开展 20 起并购重组】 年内，全市有 13 家上市公司开展 20 起并购重组，并购金额 45.17 亿元。全市累计有 35 家上市公司开展 137 次并购重组，金额 216.96 亿元，其中跨境 22 次，金额 43 亿元。6 月，全省并购重组现场会在绍兴召开。

【市本级产权交易机构成交额不足 2013 年 1/2】 年内，市本级产权交易机构产权交易 98 宗，成交 81 宗 5441 个标的，出让底价 54972.15 万元，总成交额 58205.23 万元，溢价增幅 5.88%。成交标的、总成交额和溢价增幅分别同比下降 11.56%、51.78%和 9.87%。

【证券交易增幅大】 年末，全市共有 51 家证券营业部，1 家期货公司（大越期货）和 12 家期货营业部。全年证券交易金额 23479.32 亿元，同比增长 64.40%；期货交易金额 16916.91 亿元，同比下降 27.37%。至年底，全市证券开户数为 597253 户，同比增长 2.23%；期货开户数为 16914 户，同比增长 0.8%。经考核，银河证券绍兴营业部、海通证券绍兴营业部、财通证券绍兴人民中路营业部、方正证券绍兴营业部、浙商证券绍兴人民路营业部、浙商证券绍兴解放北路营业部、中信证券诸暨营业部、海通证券上虞营业部、浙江大越期货经纪有限责任公司、中信期货绍兴营业部等 10 家机构获评为 2014 年度最佳证券（期货）机构，市政府予以表彰。（市金融办提供）

全市上市企业基本情况

表 14

公司名称(代码)	总股本(万股)	流通股本(万股)	上市时间	上市地点	募资总额(万元)
绍兴百大(600840)	30408	30408	1994-03-11	上海	5700
轻纺城(600790)	80537.96	61877.62	1997-02-28	上海	78100
浙江震元(000705)	33412.33	27272.08	1997-04-10	深圳	84800
浙江天然(600797)	84200.85	81304.35	1997-04-18	上海	65000
古越龙山(600059)	80852.42	80852.42	1997-05-16	上海	264500
浙江富润(600070)	27431.77	27431.77	1997-06-04	上海	27100
浙江医药(600216)	93610.80	93610.37	1999-10-21	上海	158210
上风高科(000967)	30666.65	24576.49	2000-03-30	深圳	73300
阳光照明(600261)	95806.86	96806.86	2000-07-20	上海	129600
浙江玻璃(HK0739)	78500	78500	2001-12-10	香港	117200
卧龙电气(600580)	111052.72	68772.88	2002-06-06	上海	152900
菲达环保(600526)	40688.95	40688.95	2002-07-22	上海	104000
浙江永隆(HK8211)	10635	10635	2002-11-08	香港	12600
宝业集团(HK2355)	66296	66296	2003-06-30	香港	120300
浙江龙盛(600352)	152996.59	152996.59	2003-08-01	上海	289100
华夏幸福(600340)	53794.65	23251.95	2003-12-30	上海	29200
海越股份(600387)	38610	38571	2004-02-18	上海	31200
浙江展望(HK8273)	7660	7660	2004-02-18	香港	3200
稽山控股(Jishan)	30200	30200	2004-05-10	新加坡	12600
新和成(002001)	108891.90	107301.28	2004-06-25	深圳	155200
精功科技(002006)	45516	43677.89	2004-06-25	深圳	69600
盾安环境(002011)	84342.75	83980.14	2004-06-30	深圳	299900
京新药业(002020)	28645.09	20373.47	2004-07-15	深圳	114000
三花股份(002050)	77315.85	75871.93	2005-06-07	深圳	122300
中国印染(ChinaPDye)	40143	40143	2006-09-07	新加坡	15300
万丰奥威(002085)	39009.90	37188.29	2006-11-28	深圳	80200
天外天伞业(TWT)	4800	4800	2007-04-12	澳大利亚	2400
千足珍珠(002173)	20500	10804.87	2007-09-25	深圳	19200
卧龙地产(600173)	72514.75	72505.75	2007-10-09	上海	140000

续表 14

公司名称(代码)	总股本(万股)	流通股本(万股)	上市时间	上市地点	募资总额(万元)
海亮股份(002203)	154803.66	146151.62	2008-01-16	深圳	138600
华程房产(ALHUA)	1300	1300	2008-04-08	法国	10000
三力士(002224)	65466.97	44120.34	2008-04-25	深圳	56800
大东南(002263)	76851.75	76851.75	2008-07-28	深圳	229800
三鼎股份(ALTLX)	179	179	2008-10-22	法国	5000
唐龙针纺(TBI)	7000	7000	2009-03-20	澳大利亚	3200
绅花纺织(SHU)	12586	12586	2009-07-30	澳大利亚	7500
亚太药业(002370)	20400	14417.92	2010-03-16	深圳	48000
亚厦股份(002375)	89072.58	68121.28	2010-03-23	深圳	384300
闰土股份(002440)	76700	44518.33	2010-07-06	深圳	230300
向日葵(300111)	111980	110612.23	2010-08-27	深圳	115700
日发精机(002520)	21600	20871	2010-12-10	深圳	56000
天立环保(300156)	28872	15111.23	2011-01-07	深圳	116300
步森股份(002569)	14001	13794.28	2011-04-12	深圳	39400
明牌珠宝(002574)	52800	52800	2011-04-22	深圳	292000
万安科技(002590)	20628.14	18019.96	2011-06-10	深圳	36400
世纪华通(002602)	51354.60	12600	2011-07-28	深圳	103500
露笑科技(002617)	18000	14638.50	2011-09-20	深圳	89000
申科股份(002633)	15000	8021.25	2011-11-22	深圳	35000
宏磊股份(002647)	21958.30	7694.80	2011-12-28	深圳	54000
晶盛机电(300316)	40005	13325.80	2012-05-11	深圳	110055
喜临门(603008)	31500	19827.19	2012-07-17	上海	65625
美盛文化(002699)	9350	3155	2012-09-11	深圳	47447
会稽山(601579)	40000	10000	2014-08-25	上海	44300
金盾股份(300411)	8000	2000	2014-12-31	深圳	25600
合计	2664449.79	2268381.63			5120537

说明：本表为在绍兴实现首次上市融资和借壳上市迁址绍兴的企业(包含注册地在绍兴或虽在市外，但主要业务和募资投向均在绍兴的企业)。其中绍兴百大已退市，浙江天然、华夏幸福、天立环保迁址市外

全市证券营业部交易金额

表 15

营业部	全年交易金额(亿元)	营业部	全年交易金额(亿元)
财通证券绍兴营业部	1429.14	中信建投证券绍兴营业部	90.65
财通证券绍兴袍江营业部	4.88	招商证券绍兴营业部	6.55
财通证券凤林西路营业部	1.53	华安证券绍兴营业部	1.52
财通证券柯桥营业部	1130.00	国信证券绍兴营业部	0.81
财通证券绍兴县钱清营业部	240.84	国信证券嵊州营业部	52.86
财通证券上虞营业部	259.15	浙商证券绍兴人民路营业部	902.99
财通证券诸暨营业部	206.18	浙商证券绍兴解放路营业部	569.11
财通证券诸暨店口营业部	2.87	浙商证券柯桥营业部	298.40
财通证券新昌石城路营业部	733.96	浙商证券钱清营业部	3.70
银河证券绍兴营业部	2420.63	浙商证券上虞营业部	3.86
银河证券柯桥营业部	35.51	浙商证券诸暨营业部	423.56
银河证券上虞营业部	343.10	中信证券绍兴营业部	1150.55
广发证券绍兴营业部	562.66	中信证券柯桥营业部	722.36
广发证券诸暨营业部	57.21	中信证券上虞营业部	121.17
方正证券绍兴营业部	1240.03	中信证券诸暨营业部	1456.97
方正证券诸暨营业部	43.28	中信证券嵊州营业部	450.65
方正证券新昌营业部	400.86	华泰证券绍兴营业部	1242.85
光大证券绍兴营业部	327.91	齐鲁证券绍兴营业部	590.54
国泰君安绍兴营业部	375.02	山西证券绍兴营业部	213.02
银泰证券绍兴营业部	38.52	山西证券柯桥营业部	3.04
海通证券绍兴营业部	2274.15	国元证券柯桥营业部	356.20
海通证券上虞营业部	1616.14	信达证券柯桥营业部	3.85
海通证券诸暨营业部	7.15	安信证券诸暨营业部	5.58
海通证券新昌营业部	7.47	南京证券新昌营业部	27.56
海通证券嵊州营业部	742.61	东方证券上虞营业部	6.78
万联证券绍兴营业部	273.36		
合计	23479.29		

全市期货机构(营业部)交易金额

表 16

机构	全年交易金额(亿元)	机构	全年交易金额(亿元)
浙江大越期货经纪有限公司	7608.11	国海良时绍兴营业部	882.35
中信期货绍兴营业部(原中证期货绍兴营业部)	903.17	中大期货上虞营业部	645.49
浙商期货绍兴营业部	1165.28	永安期货绍兴营业部	2814.55
南华期货绍兴营业部	561.51	永安期货诸暨营业部	633.88
国海良时越城营业部	210.64	新世纪期货嵊州营业部	324.13
国海良时柯桥营业部	616.42	大地期货诸暨营业部	551.38
合计	16916.91		

说明:浙江大越期货经纪有限公司全年交易金额含下属的上虞和柯桥两家营业部的交易金额

商务服务业

法律服务

【概况】 2014年，全市共有律师事务所79家。其中合伙律师事务所63家、个人律师事务所16家。全市共有律师962名，有执业律师872人（其中专职律师858名、兼职律师14名），另有法律援助律师18名，公职律师70名，公司律师2名。全市律师担任各类法律顾问4645家，共办理各类案件35735件。其中，办理刑事辩护案件3670件，民事代理15147件，经济案件12664件，代理行政诉讼326件，办理非诉法律事务3928件，律师业务总收入达5.013亿元，同比增长18.34%。

【加强律师党建工作】 年内，市司法局进一步夯实和规范律师事务所党支部建设，落实律师事务所党支部组织生活制度，加强对律师党员的教育、管理和服务，提高律师党员的思想政治素质，提升律师党员密切联系群众的能力。下发《关于推进律师行业党建工作标准化建设的实施意见》《关于在律师行业中开展青春党建工作的实施意见》《深入开展党的群众路线教育实践活动实施意见》等文件。全市共建立党支部52家，覆盖73家律师事务所；无党员律师的律师事务所6家，均派专人担任党建工作指导员，全市共有律师党员310名，占全市执业律师总数的35.55%。

【积极参政议政】 年内，全市律师担任各级党代会代表5人，担任人大代表、政协委员34人，担任党代表、人大代表、政协委员人数占律师总数的5%。2人担任省人大代表，占全省律师担任省人大代表总数的29%。3名律师被委派为绍兴市政协民主监督小组成员。2014年共提交提案（议案、建议）76件，其中4件被评为优秀提案（议案），1件被列为重点提案。

【基层法律服务】 年内，全市共有54家基层法律服务所，320名基层法律服务工作者，共代理各类案件7889件，担任法律顾问1269家，年业务收费3099.36万元。（市司法局提供）

公证服务

【概况】 2014年，全市公证行业积极开展公证服务“五水共治”、“三改一拆”、帮扶中小企业等专项工程，组织落实“公证质量建设年”活动，参与司法行政“百千万”活动，切实加强公证公信力建设、公证人员能力建设，全市7家公证机构共办理各类公证事项55015件。

【服务“五水共治”“三改一拆”行动】 年内，全市公证机构办理“五水共治”项目207件。其中为水库、堤坝等水利建设涉及的民生事项提供服务共20件，涉及家庭65户，为治水有关的工程招投投标、排污权交易提供公证服务106件，涉及金额130亿元。为“三改一拆”、危旧房改造等工作的提供拆迁安置、送达文书等相关公证，解决政府在工程进行中遇到的难点难题，共办理“三改一拆”工程相关公证6041件，涉及家庭3000余户，涉及改造面积和拆违面积36万余平方米。全年全市各公证机构为中小企业办理各类保护知识产权公证350余件，办理各类对外贸易公证430余件，办理企业融资合同公证5000余件，涉及金额约2.5亿元。（市司法局提供）

会计服务

【概况】 2014年底，全市共有会计师事务所30家。其中有限责任公司事务所12家，合伙会计师事务所17家，分所1家。全年全市会计师事务所业务收入13858.98万元，比上年减少2246.42万元，同比下降13.9%。其中审计收入9209.58万元，验资收入560.91万元，咨询服务收入793.46万元，培训收入41.95万元，其他收入1267.92万元。

【推进会计管理制度建设】 年内，市财政局推进财政预算管理制度和政府会计改革，制定《关于加强行政事业单位会计队伍建设的若干意见》，建立会计队伍激励机制和人才培养长效机制，进一步夯实行政事业单位财务管理基础。贯彻实施《中小学校会计制度》等文件，联合市教育局等行业主管部门，加强单位财会人员专题培训，同时组织开展《行政事业单位内部控制制度》知识竞赛，编撰发放《行政事业单位会计制度汇编》，確保各项新制度落实到位。

【加大会计监督管理力度】 年内，市财政局组织实施《中华人民共和国会计法》专项执法检查，制定《绍兴市〈会计法〉专项执法检查工作实施方案》，成立《会计法》专项执法检查工作领导小组，组织全市1878家行政事业单位，分宣传发动和部署、自查自纠、重点检查、整改处理四个阶段，开展执法检查，责令发现问题的225家单位限期改正。组织开展会计信息质量检查，对市级8家单位进行会计信息质量检查，检查内容包括预算执行情况、财政专项资金使用情况、财务会计管理情况、厉行节约情况等，针对检查发现的问题及时下达行政处理决定书责令整改。

【注重会计专业人才培养】 年内，市财政局深入推进会计初级职称无纸化考试改革，制定实施《会计初级职称无纸化考试绍兴考点实施方案》，成功开展无纸化考试，报名人数和参考人数创历史新高。继续开展会计从业资格无纸化考试，全年安排考试222场，33060人次参加考试，无纸化考试实施两年来，实现考试零差错。深化会计人员分类分级网格化培训管理，对会计人员继续教育实行分类分级培训，其中按行业分企业类和行政事业类两个类别，每个类别分为初级及以下、中级、高级三个级别，全年全市7.8万人完成继续教育，占应参加人员总数的78%。进一步加强会计高端人才培养，全年全市共有50人申报高级会计师，其中38人获得高级会计师资格。

【加强会计中介机构管理】 年内，市财政局完善会计代理记账机构管理制度，制定实施《绍兴市代理记账机构监督管理办法（试行）》，加强对代理记账行业事中、事后监管，促进行业健康发展。成立“会计人员服务中心”，重新定位会计服务机构管理服务职能，将原“注册会计师服务中心”变更为“会计人员服务中心”，具体负责会计人员的考试、培训及会计师事务所具体事务管理等工作。

【设立注册会计师和评估师行业关爱基金】 年内，市财政局制定出台注册会计师、评估师行业“关爱基金”实施办法，按照遵循公平透明、专款专用的原则，从会计师事务所、资产评估机构上缴的会费中按比例提取，启动资金为10万元。基金的申请和发放采取“一事一议”的方式，由市注协秘书处负责组织筹集、管理和发放，主要用于行业所有在职在保员工及家庭成员遭遇重大交通事故、医疗事故、遭受重大灾害或恶性肿瘤、严重心脑血管疾病、需要进行重大器官移植的手术、有可能造成终身残疾的伤病、晚期慢性病、深度昏迷、永久性瘫痪、严重脑损伤等重大疾病。（裘立周）

税收服务

【概况】 2014年年底，全市共有税务师事务所18家，较2013年增加两家。分别是绍兴中天税务师事务所有限责任公司、绍兴天鹰税务师事务所、绍兴中兴税务师事务所有限公司、绍兴益地税务师事务所有限公司、浙江通达税务师事务所有限公司、绍兴东方税务师事务所有限公司、诸暨天地税务师事务所有限公司、浙江众顺税务师事务所有限公司、上虞正大税务师事务所、嵊州信元税务师事务所有限公司、嵊州剡穗税务师事务所有限公司、新昌国瑞税务师事务所有限公司、新昌信安达税务师事务有限公司、新昌弘立合伙税务师事务所、新昌县金禾税务师事务所、浙江金瑞税务师事务所有限公司诸暨分公司、绍兴同晖税务师事务所、嵊州大联合税务师事务所。18家事务所注册资金合计981.12万元，共有从业人员926人，较2013年增加33人。其中执业注册税务师167人，较2013年增加22人。

【实施税务登记“三合一”改革】 年内，全市实施税务登记、税种登记、定额核定“三合一”改革，实现纳税人新办税务登记与税种登记、定额核定的同步办理，即纳税人在办税窗口办理税务登记后，税务部门结合纳税人生产、经营范围及相关部门导入的涉税信息，即时对纳税人所适用的税种、征收品目、税率等进行登记，同时对新办纯地税个体工商户直接进行定额核定，避免纳税人在便民中心、税务分局的多次往返，大大减轻办税负担。

【加强税务政策宣传服务】 年内，市地税局建立集政策发布、权益维护、政策咨询、发票查询等功能于一体的“绍兴财税微发布”微信公众号，对涉税信息及时受理、及时处理、及时答复。整合各类政策发布渠道，形成绍兴地税网、网税系统、微信、涉税信息月报、地税政策发布会“五位一体”的政策发布体系。探索建设面向全市的网上纳税人学校，制定出台《网上纳税人学校管理办法》，依托绍兴财税网，采取视频、PPT课件、文字材料等方式，为纳税人提供在线税收知识培训，帮助纳税人及时、正确地掌握应用税收政策和办税流程，从而提高纳税人满意度和税法遵从度。

【拓展纳税服务途径】 年内，市地税局拓展纳税人权益保护形式，在“绍兴财税微发布”微信公众号内设立“我要维权”栏目，方便纳税人维权。完善大厅前后台审核制度，按照“窗口受理、内部流转、即时办理、窗口出件”的原则，在保证审核人员不断岗的前提下，对资料齐全、手续完善、符合规定的相关涉税事项，由前台受理，后台人员复核，确保当场办结（理）的涉税事项当场完成。市地方税务局第二税务分局江滨办事处利用与国税办事处合署办公的优势，通过整合资源、创新模式，探索多领域、深层次合作，推出联合窗口服务、联合信息服务、联合定制服务、联合提示服务、联合维权服务“五联”服务新模式，进一步提升纳税服务质量。推行稽查一次进场、一次告知、一次调账、一次询问、一次签证的“五一次”行动，有效减轻纳税人负担。

【加强纳税服务质量管理】 年内，市地税局落实《全国县级税务机关纳税服务规范》和《浙江地税县级纳税服务规范》，制订全市地税系统纳税服务绩效评价工作管理办法，对办税服务厅、“12366”远程服务团队、网络服务、税法宣传、纳税咨询、办税服务、权益保护、信用管理、社会协作等9大方面的服务绩效进行综合评价，纳税服务标准化、专业化、信息化、集约化水平进一步提升。建立面向全市的办税服务质量情况通报制度，充分利用办税服务厅综合管理系统的数据采集、分析功能，通过质量评价、实时监控、电话回访和服务投诉等途径，对全市30个税务分局（所、延伸点）的服务质量、服务效率和服务投诉等情况开展监督，按季度对各单位办税时间、差错率、满意度情况等进行量化排名并公开通报。完善首问责任制实施办法，严格规范纳税人上门或来电咨询、办理的受理时间、答复方式、答复依据等事项。（袁立周）

职业介绍服务

【概况】 2014年年底，全市共有民办职业介绍机构74个，从业人员223人。按地域分：市本级14个，柯桥区16个，上虞区15个，诸暨市11个，嵊州市5个，新昌县13个。

【民办职介机构介绍成功6.52万人次】 年内，民办职业介绍机构共发布招聘岗位20.25万个次，推荐就业12.37万人次，介绍成功6.52万人次，为缓解用人单位的用工难问题发挥了重要的作用，得到社会各界和上级领导的肯定。（市人力社保局提供）

广告监督管理

【概况】 2014年年底，全市共有广告经营单位1371家，广告从业人员8597人，广告经营额达15.06亿元，纳税额3674万元，较2013年均有所增长，呈稳步发展趋势。全市广告发布行为得到进一步规范，媒体广告发布监测信用指数有较大提高。

【强化媒体广告监管】 年内，市市场监管局对媒体广告监测职能进行整合，市广告监测中心共监测电视广告504972条，发现违法广告10474条；监测广播广告24960条，发现违法广告366条；监测报纸广告4654条，发现违法广告45条。媒体广告发布违法率较上年有明显下降。

【规范热点广告发布行为】 年内，市市场监管局在全市范围内针对热点广告开展专项整治。一是开展两次电视购物广告专项整治，加强对电视购物节目的日常监测，把播放电视购物的频道、时段、短片广告作为日常监测的重点，及时制止违法电视购物广告，净化电视购物市场环境。二是开展互联网广告专项整治，梳理全市各类网站的广告发布情况，探索监测互联网广告的方法，有的放矢地开展专项行动。三是开展户外广告、企业招牌专项整治，配合绍兴市全国文明城市的创建活动，规范户外广告发布和招牌、广告用字，美化城市环境，提升城市整体形象。

【对媒体违法广告案件追究刑事责任】 7月底，市市场监管局将绍兴广播电视总台涉嫌发布虚假广告一案移送公安机关查处，开创了绍兴市查办媒体违法广告案件追究刑事责任的先河。年内，由于相关机构改革的原因，广告监督执法力量有所削弱，至第三季度，全市共查处广告违法案件64件，同比下降57.89%，罚没款62.64万元，同比下降38.53%。

【推进建立广告园区】 年内，市市场监管局根据绍兴实际和省工商局发布的《浙江省广告产业园区认定和管理办法》，确定培育柯桥区中国轻纺城创意园广告创意产业园区。为做好这项工作，市市场监管局会同柯桥区市场监管局多次调研走访，取得了柯桥区政府的支持。该园区已向省工商局申报省级广告产业园区。同时，2015年在市区建立一个广告产业园区的工作也在积极筹划之中。

【开展小微企业免费专题广告推介活动】 2月，市市场监管局会同市级媒体，利用刚组建的“广告扶持小微企业联盟”，组织首批9家加入联盟的小微企业成员，在《绍兴晚报》和绍兴广播电视总台推出免费专题广告推介活动，大力宣传小微企业的本土品牌和名特优产品，推进小微企业健康发展和迅速成长，促进小微企业广告意识的提高。（市市场监管局提供）

商标监督管理

【概况】 2014年，市市场监督管理局按照工商职能转变和体制调整的要求，认真履行商标广告监管职能。全市共申请商标注册11419件，新增注册商标9174件。与2013年相比，申请商标注册减少121件，新增注册商标增加1714件，总体呈平稳发展态势。至年末，全市有效注册商标总量达67729件，其中服务商标7315件。全年全市共查处各类商标违法案件284件，罚没款361.05万元。

【新增行政认定中国驰名商标6件】 年内，全市新增行政认定中国驰名商标6件，行政认定中国驰名商标总量达70件。

【继续实施商标富农战略】 年内，市市场监管局进一步强化商标富农战略，坚持实施“培育+规范”双向扶持引导战略，积极为申请人出谋划策，强化服务和指导。在2013年地理标志证明商标实现全市“全覆盖”的基础上，年内上虞区成功注册“覆卮山樱桃”集体商标。全年全市共新增农副产品商标731件，总量达5541件；新增地理标志证明商标13件、集体商标4件。

【提升品牌指导站工作】 年内，市市场监管局会同柯桥区市场监管局开展品牌指导站工作的提升推进工作，以轻纺城品牌指导站、杨汛桥品牌指导站为样板，以

"知识产权网"为基本平台,开展了一系列实践探索。年内推出的"一张网、一本书"在指导商标品牌建设中发挥出积极作用,受到省工商局好评。

【加大商标监管执法查处力度】 年内,全市共查办商标侵权案件284件,罚没款361.05万元。嵊州市市场监管局开展2014年春茶品牌保护专项行动,加大对假冒"越乡"龙井茶叶商标案件的查处力度,保护商标合法所有人、使用人权益。越城区市场监管局根据群众举报线索,查获一宗涉嫌商标侵权案件,查扣涉嫌商标侵权服装3000余件。新昌县市场监管局组织开展大佛、龙井茶等中国驰名商标、地理标志证明商标专用权保护,加大查处和曝光力度。

【集中宣传新《商标法》】 4月起,市市场监管局在全市系统开展"贯彻实施新商标法宣传月"活动,在绍兴晚报开辟专栏推出5期专题报道,宣传新《商标法》和近年来绍兴品牌建设所取得的丰硕成果。5月1日新《商标法》正式实施当天,市市场监管局局长在《绍兴晚报》发表宣传新商标法的署名文章。市市场监管局还针对新《商标法》对中国驰名商标方面作出的特别规定,专门对64家行政认定中国驰名商标企业进行新《商标法》的知识培训。

【嵊州市设立品牌建设扶持资金】 年内,嵊州市设立品牌建设扶持资金2000万元,对工业行业协会注册集体商标和证明商标的,其经费给予全额补助。(市市场监管局提供)

节　会

【概况】 2014年,全市承办多项重大节会活动,如公祭大禹陵典礼、中国书法兰亭奖、兰亭书法节、中国黄酒节等。

【第30届中国兰亭书法节】 4月2日,第30届中国兰亭书法节在兰亭开幕。省政协副主席陈加元宣布开幕,中国文联党组成员、书记处书记罗成琰,中国书协分党组书记、秘书长陈洪武,中国书协副主席张改琴、胡抗美、聂成文,中国书协顾问、浙江省书协名誉主席朱关田,浙江省文联党组书记、书记处常务书记田宇原,浙江省文联党组成员、书记处书记高克明,浙江省书协主席鲍贤伦,市领导钱建民、谭志桂、陈长兴等出席开幕式。开幕式上为第三届兰亭雅集42人展"兰亭七子"获奖者颁奖,并举行了《徐渭书画精品集》签约仪式。朱关田等书法名家为本届书法节开笔。

【2014年公祭大禹陵典礼】 4月20日,2014年公祭大禹陵典礼在绍兴大禹陵广场举行。全国政协文史和学习委员会副主任、浙江省政协原主席周国富,浙江省副省长黄旭明,全国人大常委会委员、中国科学院副院长丁仲礼,中国工程院院士金东寒,水利部政策法规司司长李鹰,市委书记钱建民,市委副书记、市长俞志宏,市人大常委会主任谭志桂,市政协主席陈长兴作为主祭人参加公祭典礼。市委常委、常务副市长陈月亮任祭典司仪。此次公祭大禹陵典礼仍采用古代最高礼祭——"禘礼"。

【浙江省第十五届运动会】 10月18日,浙江省第十五届运动会在中国轻纺城体育中心开幕。该届省运会坚持节俭办赛,突出群众参与,是近20年来首次在白天举办开幕式。省委书记、省人大常委会主任夏宝龙宣布省运会开幕,省委副书记、省长李强致开幕辞。第十五届省运会组委会执行主任、省体育局局长孙光明主持开幕仪式。该届省运会共设21个大项、27个分项、710个单项、874枚金牌。省运会首个项目皮划艇、赛艇比赛于7月9日举行。除赛事活动外,该届运动会还包括开幕式、闭幕式、火种采集、火炬传递,群众体育先进表彰大会、体育文化展等活动。10月28日省运会闭幕式在绍兴大剧院举行。

【第20届中国绍兴黄酒节】 11月7日,第20届中国绍兴黄酒节在中国黄酒博物馆广场开幕。开幕式上举行了隆重的"祭酒神"仪式。本届黄酒节设三大系列主题活动,除黄酒节开幕式暨黄酒文化主题展活动外,还有绍兴黄酒广场嘉年华系列活动、"绍兴黄酒走进百店万家"活动,前后历时两个月。(市节会办提供)

典　当

【概况】 典当融资作为一种特殊的融资方式,具有简便、灵活、快捷的特点,为小微企业和居民急需、小额、短期的融资需求服务。2014年年底,全市共有典当企业50家(其中4家分支机构),注册资金8.72亿元,同比增长26.01%,资产总额9.55亿元,同比增长23.57%,净资产9.19亿元,同比增长24.62%。全年全市典当企业实现典当总额23.1亿元,同比下降15.93%,利息和综合服务费收入4065万元,同比下降16%,税后利润331万元,同比下降56%,上缴税金473万元,同比下降18%,开展典当业务9066笔,同比下降8.05%。从业人员290人,同比增长6%。受宏观经济下行,市场竞争加剧等因素影响,全市典当企业经营业绩与2013年相比有明显下降,典当行业经营状况不容乐观。(童晓琳)

水　利

综　述

【概况】 2014年,全市成功应对梅雨期多轮强降水和第16号台风"凤凰"的影响,科学调度各类水利工程拦蓄洪水,有效降低了灾害损失,实现了人员"零伤亡"目标。进一步健全完善应急预案,提高水文测报能力,深入开展基层防汛防台体系规范化建设,提高全市防汛防台能力和水平。全年完成水利建设投资47.73亿元,同比增长19.9%,争取到省级以上有关部门支持资金7.86亿元,增幅达85.8%。新昌钦寸水库、诸暨永宁水库顺利实现截流,长诏、门溪两座大中型水库和15座小型水库完成除险加固,新三江闸排涝配套河道南片拓浚工程菖蒲溇直江段完工验收,鉴湖水环境治理工程三期完成选址红线调整并开展土地征用、现场摸排调查和设计方案完善等前期工作,柯桥区防洪排涝河道整治一期、上虞世纪新丘围垦工程、虞北平原滨江河——沥北河整治、诸暨浦阳江治理一期、新昌县澄潭江河道治理等重点项目有序推进。

虞北平原滨江河——沥北河整治工程（上虞区水利局提供）

年内,深入推进河道综合整治、"三河"清理、"河长制"管理等工作,全市水环境质量持续好转。加强市区引水工程运行管理,全年安全运行305天,引入平原河网水量约2.48亿立方米。严厉打击各类涉水违法行为,全市共立案查处水事违法案件126起,拆除涉水违建30.1万平方米。完成《绍兴市水系历史变迁及水资源保护利用专题研究》《绍兴中心城市河湖体系规划》等重点课题研究和水利现代化试点中期评估。深化审批改革,全面理清水利"权力清单""责任清单"。强化质量和安全管理,全市717个水利工程和企事业单位安全生产基本信息全部录入水利部安全生产信息平台。

【年度水利建设投资同比增长19.9%】 年内,全市水利建设总投资47.73亿元,同比增长19.9%。其中:市本级完成投资9.71亿元,占20.3%;越城区完成0.51亿元,占1.1%;柯桥区完成4.08亿元,占8.5%;上虞区完成9.46亿元,占19.8%;嵊州市完成7.33亿元,占15.4%;新昌县完成8.05亿元,占16.9%;诸暨市完成8.59亿元,占18.0%。

在全市完成的水利建设投资中:中央投资1.20亿元,占2.5%;省级投资4.50亿元,占9.4%;市、县投资39.69亿元,占83.2%;乡镇自筹2.27亿元,占4.8%;其他投资0.07亿元,占0.1%。在中央新增投资的带动下,市、县融资渠道进一步拓宽,投入力度加大,投资总额达39.69亿元。其中:财政投入10.09亿元,占25.4%;水利建设基金6.61亿元,占16.7%;土地出让金0.65亿元,占1.6%;银行贷款15.13亿元,占38.1%;自筹7.21亿元,占18.2%。

在全市完成的水利投入中:防洪减灾工程完成24.59亿元,占51.5%;水资源保障工程完成12.02亿元,占25.2%;农田水利工程4.37亿元,占9.2%;水环境整治4.02亿元,占8.4%;滩涂围垦完成2.73亿元,占5.7%。（市水利局提供）

【河道保洁工作卓有成效】 年内,按照省委、省政府部署的"五水共治"、"四边三化"、河道"双清"、"三改一拆"、"三河"整治等工作要求,全市开展形式多样的河道整治和保洁专项行动,取得显著效果。柯桥区开展大规模的河道集中清理保洁活动,共清养关停沿河畜禽养殖场35家,清理河面水草、漂浮物1675吨,清除沿岸垃圾934吨,打捞沉船79艘,船屋3艘,清理乱搭乱建109处,废弃箔桩510支。新昌县严格执行曝光督察制,成立以县委常委、纪委书记为组长,人大、政协、纪委、宣传以及新闻单位主要领导为成员的督查组,实行"一月一督查",狠抓水环境治理各项工作的落实,定期曝光。上虞区积极组织开展"河道保洁专项行动",对全区历年来积压在平原河道内的水草、垃圾和漂浮物及河岸垃圾进行突击清理和整治，打捞上岸集中处理。7月，新昌县获全省河道保洁长效管理先进单位一等奖，市本级和上虞区获二等奖，柯桥区获三等奖。（市河道管理站提供）

防汛抗旱

【概况】 2014年，全市遭遇典型梅汛、8月持续阴雨和“凤凰”台风影响，但总体汛情平稳，未造成大的灾害损失。

一是梅雨典型、降水偏多。6月17日入梅，7月7日出梅，梅期20天（常年23天）。梅雨期全市连续遭遇多轮强降水过程，累计平均梅雨量277.1毫米（常年229.2毫米）。其中嵊州市321.3毫米、诸暨市308.5毫米、新昌县306.3毫米、上虞区261.2毫米、柯桥区208.1毫米、越城区181.5毫米，最大降水站嵊州三单站473.5毫米。全市有8个站雨量超过400毫米，117个站雨量超过300毫米，270个站雨量超过200毫米。

二是8月持续连阴雨、气温偏低。因锋面雨带一直在浙江省上空徘徊，8月，全市出现了长达20余天类似梅雨的连阴雨天气，雨日多、雨量大、气温低，且西太平洋无台风生成，为历史罕见。8月全市平均降水量328.3毫米，较常年偏多94.26%，特别是18日至20日出现大范围强降雨，全市平均降雨量132.4毫米，有234个站点累计雨量超100毫米。

受大范围持续强降雨影响，绍虞平原河网水位猛涨，浦阳江和曹娥江支流长乐江发生洪水。绍兴平原南门站最高水位4.51米，出现在8月20日14时，超警戒水位0.21米；虞北平原小越站最高水位3.44米，出现在8月20日15时，超高水位0.34米。浦阳江诸暨太平桥站最高水位11.22米，出现在8月20日17时05分，超警戒水位0.58米；湄池站最高水位8.79米，出现在8月20日21时，超保证水位0.13米。长乐江西球站8月20日12时实测最大洪峰流量850立方米/秒，接近10年一遇。

诸暨市和嵊州市不同程度受灾，受灾人口1.96万人，转移544人，倒塌房屋两间，损坏堤防21处计1.28千米，堤防决口1处计30米，损坏护岸24处，损坏灌溉设施20处，公路中断7条；农作物受灾面积1456公顷，成灾350公顷。直接经济损失2285万元。

三是台风外围影响全市，局部受灾。第16号台风“凤凰”9月18日02时在西北太平洋洋面上生成，19日14时加强为强热带风暴，台风中心于22日19时35分在浙江象山鹤浦沿海登陆，外围环流带来的强降雨影响绍兴，农作物局部受灾。9月21日至23日15时，全市平均降雨量56.2毫米，其中新昌县77.1毫米、上虞市71.3毫米、柯桥区61.3毫米、越城区59.1毫米、嵊州市42.8毫米、诸暨市40.2毫米；全市超过100毫米的有42个站，超过200毫米的有两个站，最大降水站为上虞乌洞水库站为225.0毫米。农作物受灾面积6573.33公顷，其中成灾2800公顷，直接经济损失4253万元。

【强化应急救援保障】 年内，为进一步落实防汛防台非工程措施，各地全面落实以行政首长负责制为核心的各级各类防汛责任制，明确各乡镇、街道和工程管理单位的防汛职责，层层分解落实防汛责任。深度细化各类防汛防台抗旱预案，提高预案的科学性和可操作性；备足备齐防汛抢险物资，确保抢险物资“运得出、进得去、用得上”，组建落实防汛应急队伍，确保应急队伍“召之即来、来之能战、战之能胜”。全市成立抢险队伍800余支，抢险人员2万余人；储备防汛草包（麻袋、编织袋）218.06万条、铁锹7394把、救生衣7501件、橡皮船（冲锋舟、防洪艇）49艘、土工布（编织布）5.93万平方米、发电机76台、块石（沙石料）15.68万立方米、水泵186台、应急灯（便携式工作灯、投光灯）3346只、汽柴油7.3吨。

【成功应对持续阴雨和16号“凤凰”台风】 8月8日起，全市出现近20天的阴雨天气，特别是18日至20日出现大范围强降雨，绍虞平原、浦阳江、长乐江等发生洪水，嵊州、柯桥等地遭受不同程度的洪涝灾害。从8月16日起，陆续开启曹娥江大闸、新三江闸、马山闸等排涝水闸进行预泄，汤浦水库从19日14时开闸泄洪，长诏水库从8月21日15时起开启泄洪洞泄洪。为确保浦阳江防洪安全，诸暨市主动防御，安华水库从19日6时开闸泄洪，陈蔡、石壁水库从20日上午起相继开闸泄洪，湖畈电排站也全力开启加强预排。市防指连续下发持续性强降雨防范工作的通知，启动防汛Ⅳ级应急响应，要求将库水位降至汛限水位以下。其间，曹娥江大闸泄洪水量2.42亿立方米，绍兴平原排涝水量1.76亿立方米，虞北平原排涝水量0.44亿立方米，17座大中型水库拦蓄洪水1.1亿立方米。

长诏水库（新昌县水利水电局提供）

第16号台风“凤凰”是年内对全市影响最大的台风，市防指及时发布预测预报预警信息，适时启动防台风Ⅳ级应急响应，并根据实际情况提升至Ⅲ级，强化山塘水库安全巡查和施工管理，充分发挥基层防汛防台体系功能。防御期间，绍兴平原预泄9000万立方米，虞北平原预排水量3000万立方米，曹娥江大闸预排1.7亿立方米，大中型水库预泄水量1000万立方米。台风影响期间，农作物受灾6573.33公顷，但群众人身安全及水利设施得到保障，最大限度减轻了灾害损失。

【完善基层防汛体系规范化建设】 年内，按照省防指《关于开展基层防汛防台体系规范化建设的意见》等文件精神，市防指迅速布置，分解落实基层防汛防台体系规范化建设任务，编制完成绍兴市基层防汛防台体系规范化建设实施方案，与市财政出台基层防汛防台规范化建设考核资金补助办法，落实资金约300万元。抓好督查检查指导工作，并专题召开规范化建设推进会，确保了上虞区、诸暨市在年底前完成并通过省、市防指组织的联合考核验收，其余县（市、区）也落实措施加快建设，可在2015年汛期前基本完成，全面达到“组织健全、责任落实、预案实用、预警及时、响应迅速、全民参与、救援有效、保障有力”的规范化建设要求。（市防汛办提供）

水利工程建设

【概况】 2014年，全市按照生态文明理念，积极开展水环境治理，切实加强河道水域管护，水环境质量不断改善。一是深入推进市区水环境治理建设。鉴湖水环境治理工程累计完成投资73184万元，占总投资的75.2%，其中一期和二期工程全面完工，三期工程完成选址红线调整，并同步开展了土地征用、现场摸排调查和设计方案修改完善工作。二是深入推进河道综合整治建设。全市建成“万里清水河道”234千米，完成河道综合整治242.7千米，完成河道清淤442万立方米。在全市106条河道95481平方米水域开展狐尾藻种植试点。柯桥区建成年处理淤泥（泥浆）100万立方米的固化处理中心，基本解决区域河道淤泥出路问题。三是实现“河长制”管理全覆盖。出台《绍兴市“河长制”管理项目建设及资金补助办法》，落实补助资金1300万元，牵头开展市级“河长制”项目建设。协调开展面上“河长制”管理工作，全市已落实市级“河长”35位、县级“河长”241位、镇级“河长”1154位、村级“河长”3935位，基本实现“河长制”管理全覆盖。（市水利局提供）

【新三江闸排涝配套河道工程建设进展顺利】 年内，新三江闸排涝配套河道南片拓浚工程被列为省重点工程。该工程治理河道15.47千米，护岸20.3千米，改扩建桥梁8座。包括袍江经济技术开发区片的外官塘、菖蒲溇直江、三江大河和镜湖新区片的后横江、梅山江、河横江、九流渡、北环河、王家溇、新开河和横湖江共11条河道，批复概算总投资80078万元。建成后将增强新三江闸配套河道的行洪排涝能力，使虞北平原农村地区平原河网治涝标准达到20年一遇，最大三日雨量四日排至作物耐淹水位，城区及建制镇城区治涝标准达到20年一遇，最大24小时暴雨不受淹。

该拓浚工程袍江经济技术开发区片的菖蒲溇直江工程于2013年9月底开工，至2014年6月5日正式通水，11月27日完工验收，完成投资8000万元，开挖土方38万立方米，河道砌坎2.4千米，完成7座桥梁的改扩建和加固工作。

该拓浚工程外官塘工程于2014年9月进场施工，至年底完成投资1800万元，土方开挖约15万立方米，河坎砌筑1700米，完成工程量的85%。（市河道投资公司提供）

浙东运河陶堰段（市水利局提供）

【民生水利建设成效显著】 年内，全市民生水利建设取得显著成效。一是农田水利标准化建设稳步开展。新增旱涝保收面积3880公顷，超额完成21.25%；扩大灌溉面积4440公顷，超额完成11%；新增固定式喷微灌面积1069.33公顷，超额完成7%；整治1万至10万立方米山塘166座，超额完成23.88%；改造灌区渠道634千米，超额完成17.41%，其中3333.33公顷以上灌区干支渠沟26.4千米，超额完成32%。二是农村饮水安全工作扎实推进。全市改善农村饮用水人口4.178万人，超额完成40%。三是小型农田水利建设成效明显。第一批重点县柯桥区顺利完成三年建设任务，第三批重点县诸暨市按时完成2013年度建设任务，第四批重点县嵊州市、新昌县抓紧开展2013年度建设项目。（市农村水利站提供）

河道砌坎（柯桥区水利水电局提供）

【柯桥主城区活水二期工程建成投运】 5月，柯桥主城区活水二期工程建成并投入运行，完成投资3000多万元。该工程是柯桥主城区活水一期工程的延续项目，通过泵站以及各节制闸的控制调度，可实现区块内每条河道的水体流动，达到换水活水的目的。在流经区行政中心、万达广场、总部经济中心、之江学院和众多新开发住宅小区的河道内建设两座翻水泵站和7座节制闸，使柯桥主城区的活水范围从3平方千米扩大到近15平方千米，实现活水封闭区换水活水的功能要求，城区水质普遍提高。

5月，柯桥主城区活水二期二程建成投运（柯桥区水利水电局提供）

【多个水利工程顺利推进】 年内，柯桥区继续推进防洪排涝河道整治一期工程建设，该工程的姚家埠闸至长虹闸段河道治理工程完工，治理河道长度4.71千米，完成投资2.2亿元；壶瓶山至马鞍横湖陆段河道治理工程正式动工建设，至年底，完成工程量的30%。诸暨市永宁水库工程累计完成投资11.5亿元，完成总投资额的82.1%，其中2014年完成4.2亿元。上虞市虞北平原滨江河——沥北河整治工程基本完成Ⅰ标段主体工程，提前完成年度3亿元投资计划。上虞区世纪新丘治江围涂工程一期项目完成年度投资0.77亿元，累计完成投资3.56亿元；二期项目完成年度投资1.72亿元；三期项目开展了前期各项准备工作，已完成施工图及施工图审查、招标文件编制等工作。新昌县钦寸水库工程累计完成投资29.95亿元，年内完成投资7.04亿元，江拔线改建工程完成路基工程的90%、桥梁工程的80%；全长1.805千米的枫家潭至钦寸水库坝区段（上下坝段）公路通过完工验收；库周交通（应急保障）工程严棠公路完成路基建设。新昌县门溪水库除险加固改造工程完成主体建设；长诏水库加固改造工程累计完成投资约4450万元，完成形象进度的71%，大坝加固主体工程建设项目顺利完成。新昌县首个液压式水力自控翻板闸门完工，完成投资41万元。

新昌县首个液压式水力自控翻板闸门（新昌县水利水电局提供）

【柯桥区淤泥固化处理中心建成投运】 8月，柯桥区河道淤泥、建筑泥浆脱水固化处理中心正式动工，10月31日建成投产。为解决淤泥、泥浆处置难题，柯桥区首次引进淤泥脱水固化处置技术。该项目位于齐贤镇兴浦淤泥中转站东南，占地面积1公顷，采用BOO（建设、拥有、运营）模式，由合作方湖北武汉路德环境科技股份有限公司全资建设，先期配备脱水固结一体化系统6套，备用系统两套，年固化处理泥浆100万立方米。真正实现淤泥、泥浆处理工厂化、减量化、无害化和资源化的要求。

【柯桥区启动鉴湖（西段）综合整治】 4月，柯桥区鉴湖（西段）综合整治工程启动前期工作，10月正式动工。该工程是绍虞平原“十纵七横”骨干河道整治工程建设项目之一。主要针对河道沿线普遍存在河坎杂乱破损、填占河道和农田河岸多为土坎、水土流失等问题，通过护岸、清障等措施，在保持鉴湖原有河道走向及岸线布置的基础上，对鉴湖两岸、湖心岛破损问题、护岸坍塌现象和土坎进行整治，提高河道行洪排涝能力，美化沿河环境。工程起自夏履江，终于香林大道，全长7.8千米，计划新建、整修护岸16.28千米，工程批复概算4600万元。至年底，完成总工程量的60%，预计到2015年5月完工。（柯桥区水利水电局提供）

【上虞区实施曹娥江“一江两岸”景观工程（一期）】 上半年，上虞区曹娥江“一江两岸”景观工程建设启动，计划总投资35560万元，至年底完成投资6800万元，计划于2016年全面建成。该工程主要通过构筑城市阳台、休闲广场等各类亲水平台，强化亲水互动性等功能，综合考虑水上活动的开展，使城市滨水环境重新达到生态功能、防洪排涝和市民活动“三位一体”状态。该工程（一期）建设内容包括曹娥江两岸三环大桥至四环大桥1.8千米段进行岸线切滩、清淤疏浚，建设城市阳台、园林小品、硬地铺装、景观绿化，并配备公共艺术、公共设施及水电工程等。（上虞区水利局提供）

【浦阳江治理一期堤防工程完成】 年内，浦阳江治理一期堤防工程的安华镇湖头畈段、牌头镇定荡畈长潭街至姜宣家段、王家井镇定荡畈江下至西闸段、暨阳街道江东畈回水段、暨阳街道大侣湖西江段、江藻镇连七湖西江段、直埠镇下四湖段和山下湖镇西泌湖段等8段堤防陆续建设完工，标志着浦阳江治理一期15段堤防全面完成建设任务。该工程以防洪为主，结合排涝，建设范围为诸暨市浦阳江河段，加固堤防总长49.23千米，工程总投资56878万元，涉及安华、牌头、王家井、暨阳、江藻、直埠、山下湖、店口等浦阳江沿线8个镇乡（街道）。

山下湖镇西泌湖段堤防（诸暨市水利水电局提供）

【诸暨市高湖蓄滞洪区改造工程项目初步设计获批】 12月30日，省发改委批复《诸暨市高湖蓄滞洪区改造工程初步设计报告》。该工程作为浦阳江流域“上蓄、中分、下泄”防洪总体布局的重要“中分”工程，被列入浙江省重点建设项目。按照规划，工程一区占地面积611.07公顷；一区单独运用可满足15年一遇洪水分洪要求，滞洪量可达2700万立方米，工程总投资约22亿元，施工工期为36个月。（诸暨市水利水电局提供）

水资源管理

【概况】 2014年，全市水资源总量为72.40亿立方米，比多年平均值（63.78亿立方米）偏多13.5%。其中地表水资源量为70.35亿立方米，占水资源总量的97.2%。产水系数0.56，产水模数87.7万立方米/平方千米。全市共有17座大中型水库，年末蓄水量3.68亿立方米，比2013年年末蓄水量（4.79亿立方米）减少23.2%。

全市总供水量为20.17亿立方米，比2013年（18.72亿立方米）增长7.7%。其中地表水源供水19.97亿立方米，占99.0%。

全市总用水量为20.17亿立方米。其中，农田灌溉用水量占35.9%，林牧渔畜用水量占8.8%，工业用水量占28.4%，城镇公共、居民生活和生态环境用水量占21.6%，环境配水用水量占5.3%。

全市总耗水量9.73亿立方米，平均耗水率48.24%。其中：农田灌溉耗水量4.78亿立方米，占49.1%；林牧渔畜耗水量1.09亿立方米，占11.2%；工业耗水量1.53亿立方米，占15.7%；城镇公共、居民生活和生态环境耗水量2.33亿立方米，占24.0%。（市水文站提供）

【编制完成《绍兴市水系历史变迁及水资源保护利用专题研究》】 9月，《绍兴市水系历史变迁及水资源保护利用专题研究》编制完成。基于绍兴市行政区划的调整，市委、市政府于4月开展绍兴大城市发展战略专题研究工作。其间，结合浙江省“五水共治”，以及市委、市政府“重构绍兴产业、重建绍兴水城”的战略部署，提出绍兴水系历史变迁及水资源保护利用研究，具体由市水利局承担，委托市水利水电勘测设计院开展编制工作。该课题主要分析了绍兴平原、绍兴古水城、曹娥江、浦阳江的历史演变及绍兴市水资源保护和开发利用现状，提出了水资源保护利用的目标、水资源保护利用的主要任务、节约利用水资源和保护水资源等措施，为编制绍兴城市总体规划打下基础。

【编制完成《绍兴中心城市河湖体系规划》】 年底，《绍兴中心城市河湖体系规划》由市水利水电勘测设计院编制完成。该规划范围为绍兴市中心城市范围，含越城区、柯桥区、上虞区，区域总面积2942平方千米。规划期限的基准年为2013年，远景至2030年。根据实施《绍兴市城市总体规划（2011—2020）》和行政区划调整的要求，整合提升越城区、柯桥区、上虞区的规划成果，系统分析绍兴市区排水防涝现状及存在问题，综合评估城市排水防涝能力与内涝风险，提出绍兴市区城市排水防涝综合规划的目标、原则，体现河道治理与流域治理相结合、城市排涝与区域防洪相结合、设施建设与用地布局优化相结合的要求。根据绍兴大市区融合发展的要求，对城市重要排水、防涝设施进行总体布局。

【编制完成《绍兴市水资源保护规划》】 年底，《绍兴市水资源保护规划》由市水利水电勘测设计院编制完成送审稿。该规划范围为绍兴市行政区域，总面积8256平方千米。规划现状（基准）年为2010年，近期水平年为2020年，远期水平年为2030年，规划重点为2020年。规划总投资1082185万元。其中提出52个水资源保护工程措施，规划投资1030185万元；5个水资源保护非工程措施，规划投资52000万元。该规划按照有利保护、突出重点、统筹兼顾、便于实施的原则，提出入河排污口布局与整治、内源治理与面源控制、饮用水水源地保护、地下水资源保护、生态基流及敏感生态需水保障、水生态系统保护与修复、水资源保护监测和水资源保护综合管理等工程与非工程措施。在以往监测站运行管理的基础上，结合水利事业发展规划，加强了水资源管理和保护的要求，规划的水质监测站网均能保证全市县级以上城区饮用水安全，满足水功能区水质监督监测的要求。

【落实最严格水资源管理制度】 年内，绍兴市建立最严格水资源管理制度框架，“三条红线”控制指标体系覆盖到各县（市、区），水资源管理各项制度建设、基础能力建设等得到实质性推进。一是落实取水许可和有偿使用制度。全市完成56家企业取水许可审核和换证工作,取水许可率达100%;完成7个新建、扩建取用水申请项目的水资源论证;严格实行水资源费足额征收,10月1日起,水资源费按新标准征收,全市全年共征收水资源费5759万元,同比增长34%。二是推行建档制度和实时监控制度。全市所有取水户均建成"一户一档",并将取用水户信息录入省水资源管理信息系统。同时,对重点取水企业实时监控,安装实时监控采集点642个。三是推进两个试点建设。越城区和柯桥区基本完成为期三年的全省限制纳污控制红线试点县(市、区)工作。12月4日,柯桥区顺利通过全省节水型社会建设试点区中期评估。

【深化行政审批制度改革】 年内,市本级进一步推进依法行政工作,按照职权法定、简政放权、便民高效、责权一致、公开透明的原则,深化行政审批制度改革。整理行政职权296项。其中行政许可23项,非行政许可15项,行政处罚173项,行政强制6项,行政征收2项,行政给付1项,行政裁决0项,行政确认4项,行政奖励3项,其他行政权力69项。整理责任清单54项。其中部门职责13项,与相关部门的边界职责2项,事中事后监管职责31项,公共服务事项8项。

【加强水利建设市场管理】 年内,市水利局加强对市本级、越城区及市级有关部门实施的水利工程招标监管工作,全面推行电子招标评标,实施全过程、全方位的服务和监管,全年完成32个项目的招投标监管。加强水利行业监管,严格水利施工企业和人员的资质审核和监督管理。积极推进"阳光水利"建设,制定《绍兴市水利建设市场信息公开制度》,水利建设图审、施工、监理等市场主体基本信息、工程业绩及人员信息全部上网公开。强化项目管理,加强在建工程安全度汛管理和稽查工作,规范施工图审查工作,制定《水利建设工程施工图审查备案制度》。加强施工现场管理,开展水利建设工地扬尘、泥浆治理和人员到岗到位监督,约谈年内两起因施工不当导致河道污染事件的参建各方。同时,编制印发《市区水利建设工程现场主要管理人员实施LBS考勤管理系统》等文件,进一步规范行业监管。(市水利局提供)

【行政审批项目"回头看"专项执法行动】 4月,市水利局为进一步加强对行政审批项目的监督管理,开展了行政审批项目"回头看"专项执法行动,对市区涉水审批项目开展集中检查,督促清理到期临时占用水域设施,及时查处未按审批事项实施的违法行为。此次行动共集中检查涉水行政审批项目32个,沿河建设项目57个,督促施工单位清理围堰(便道)16条,恢复水域面积1.46万平方米,通过执法手段责令补办占用水域手续6起,立案查处违法案件3起,根据临时占用水域项目的检查情况绘制了《市区临时涉河构筑物分布图》,为防汛调度及应急清障提供了决策依据。

拆除违法占用水域的建筑物(市水利局提供)

【老三江闸周边河道集中清障】 7月底和9月初,由市水利局牵头,会同柯桥区、袍江经济技术开发区,以及市公安局、市港航管理局、市农业局等部门,分两次在老三江闸周边河道水域开展了集中清障整治行动。老三江闸周边河道水域位于柯桥区、袍江经济技术开发区交界处,因保洁责任不清,该段河道内沉船众多、箔桩林立、水草积聚,河道水环境持续恶化,对三江闸行洪排涝产生了较大影响。此次行动,共清除河道沉船96只、非法板罾捕鱼船10只,清理非法养殖、捕捞设施192处,拔除废弃箔桩1.8万余根,清理水草及河岸垃圾2000余吨,老三江闸周边河道水环境得到明显改善。

【开展自备农用船整治试点工作】 8月起,由市水利局牵头,在袍江经济技术开发区孙端镇开展了自备农用船专项整治试点工作。绍兴市市郊自备农用船只保有量大,无序停放、无人管理和沉没破损等问题突出,妨碍了行洪、航运安全,对河道水环境也造成严重影响。在整治中,各村对农户自备船只实行统一回收,根据实际需要保留少量船只定点停放,集中管理,其余船只集中销毁。通过整治,共处置销毁闲置船只3364只计15919.5吨位,清理船屋41只,新建停船码头59个、工具亭20个,制作管理警示牌22块。同时,制定出台《市区农用自备船只登记使用管理办法》《船只集中停放制度》《船只使用管理制度》《码头管理员职责》等相关制度,加强长效常态化管理。在总结孙端镇经验的基础上,自备农用船专项整治工作预计于2015年年初在市区全面推开。(市水政监察支队提供)

生态环境

综　述

【概况】 2014年，全市环保部门全力加强环境污染整治和执法监管，各项工作取得了明显成效。一是深化污染整治，稳步提升环境质量。以推进印染、化工等重污染行业整治，落实“五水共治”“五气合治”和固废管理“五统一”等各项工作。二是完善减排体系，加快健全总量制度。以结构减排为核心，以工程减排为保障，以管理减排为补充，有序落实各项下降工作，加快推进三大体系建设，全年化学需氧量、氨氮、二氧化硫和氮氧化物四项主要污染物排放量分别削减3.26%、4.40%、2.98%和4.61%。三是注重多措并举，切实严格执法监管。在不断加大执法力度，切实强化多部门联合执法的基础上，积极探索执法监管的新模式，为2015年新《中华人民共和国环保法》实施做好技术上、机制上和政策上的保障。四是依托生态创建，不断强化生态意识。深入开展“四边三化”等生态专项行动，大力推进体系化的生态创建工作，贯彻“纵向到底，横向到边”的生态文明体制改革思路，提升公众参与度，提高公众满意度。五是致力整体提升，切实加强队伍建设。加强内部规范，形成有效合力，提高队伍整体素质。

【大力实施四大行业整治】 年内，全市环保部门按要求全面开展制革、化工、印染、造纸等为重点的重污染行业整治。至年底，列入整治计划的25家制革和27家造纸企业已全部完成整治任务；426家印染企业有392家完成整治，其中关停淘汰68家，整治提升281家，搬迁入园43家；193家化工企业已有188家完成整治，其中关停淘汰11家，整治提升165家，搬迁入园12家。同时，巩固重金属行业整治成果，将诸暨19家电镀企业合并为5家搬迁入园。

【全面推进大气污染防治】 年内，全市环保部门开展以“控烟气、降废气、减尾气、消浊气、除臭气”为主要内容的“五气合治”行动，完成110家印染企业燃煤锅炉的清洁能源替代工作，全市共淘汰1876台燃煤小锅炉。通过“煤改气”，全年工业用天然气消耗量同比增长76.2%，工业煤炭消耗量同比下降4.40%。全面完成2174台(套)印染企业定型机废气二级深度治理。严格实施机动车排气监测，正式启动“黄标车”限行联合执法。争取上级财政资金对提前淘汰“黄标车”进行补助，全年淘汰“黄标车”和老旧车3.36万辆。城市空气PM2.5平均浓度为63微克/立方米，比2013年度同期(71微克/立方米)下降11.3%。

【落实水污染防治举措】 年内，全市环保部门根据市政府“五水共治”的整体部署，对重点河道实施局领导分片包干的“一河一策”综合治理。深入开展曹娥江流域、钱塘江流域浦阳江段的水污染防治；完成《绍兴市水功能区水环境功能区划》编制；按照“水城建设”要求重新修订《绍兴市地表水质量考核办法》，将原55个断面增加到85个断面，每月开展水质断面监测和结果分析通报。全市70个功能区断面中四类及优于四类断面占比达到82.9%。整治23家规模化养殖场。联合农业部门完成6137家养殖场的关停、搬迁和标准化治理。继续开展市区“六小”行业污水治理。

市环保局在淘宝平台公开拍卖排污权（市环保局提供）

【规范工业固体废物管理】 年内，市本级47家印染企业污泥实现“五统一”模式监管。围绕工业固体废物“源头管理精细化、贮存转运规范化、过程监控信息化、设施布局科学化、利用处置无害化”要求，建成固体废物动态监管系统，市本级81家企业安装了视频监控，全市414家企业使用固体废物动态监管系统，109家企业完成了基础信息和日常管理信息录入，对运输车辆行驶轨迹进行GPS全程监控，实现对企业固体废物从产生到处置的全过程监管。建立全市固体废物企业交流平台和固体废物产生单位联络员制度。

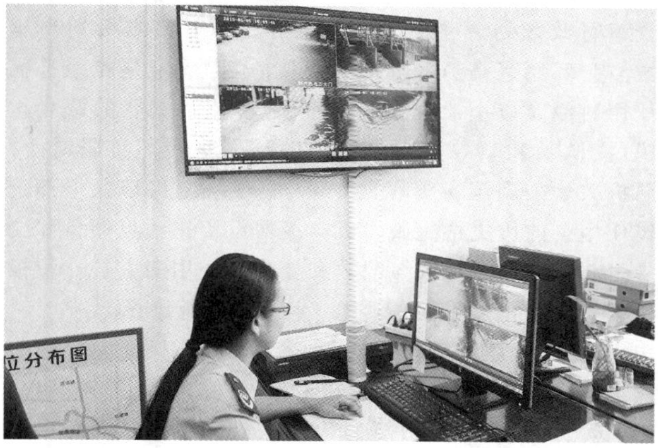

绍兴市固体废物动态监管系统建成，对工业固体废物实行全过程闭环监控（市环保局提供）

【水处理能力不断提升】　年内，绍兴市提出“分质提标集中预处理”模式，被环保部列为集聚区执行纺织印染行业废水排放新标准的全国唯一试点。市政府成立了主要领导任组长，17个职能部门为成员的工程项目建设领导小组，预计将于2015年年底顺利建成投运。同时启动集聚区外印染企业的提标改造和搬迁入园，11家企业新厂区已投产，另有30余家企业新厂区落实土地指标并启动搬迁。嵊新、上虞等大型污水处理厂已启动提标改造，诸暨市璜山、次坞两家乡镇污水处理厂完成主体建设。山下湖、店口和牌头等3家乡镇污水处理厂配套管网建设逐步完善，水量已达到验收负荷要求。

【减排工程有序推进】　年内，全市累计完成18家热电企业64台锅炉炉外脱硫和18家热电企业62台锅炉脱硝改造，另有3家10台锅炉的炉外脱硫和3家9台锅炉的脱硝工程尚在改造。规划保留的5条水泥熟料生产烟气脱硝工程均已建成并通过168小时试运行。为满足污水入网和处理标准提升所增加的污泥的处理需求，加快推进集中焚烧设施建设，污泥处置能力已达到4550吨/日。处置能力2000吨/日的中环二期焚烧处置工程也已纳入建设计划。

【排污权体系持续完善】　年内，全市将排污权有偿使用和交易制度与排污许可证管理制度结合，深入开展政府储备排污权基本账户管理平台试点，建立了“1+9”基本账户管理体系，对新建、扩建和改建项目涉及排污权指标总量变化实施平台管理。进一步提高排污许可证持证率，至年底已累计核发A证2541本、B证1143本。严格管理年初核定、分配进入基本账户的指标，实行指标用完后区域自动限批，提高项目环保准入门槛。全市共否决建设项目240个，环保否决率达11.28%。

【继续深化总量激励制度】　年内，全市通过按综合经济效益排序政策，对企业实施有保有压的分类动态管理。越城区在2013年基础上再次削减废水排污指标7075吨/日，占全区指标总量的5.05%。柯桥区“亩产论英雄”政策被作为总量激励的先进典型在全省推广。不断扩大刷卡排污系统覆盖范围，累计建成废水控制系统404套，废气控制系统37套，覆盖全市所有省控以上重点污染源和部分市控源，可对92%的水污染物和73%的气污染物排放进行监控，绍兴成为全国首个实现刷卡排污系统化应用的城市。

【对环境违法行为实施“零容忍”】　年内，全市环保部门实施以“严管、严查、严打”为主要内容的“三严”措施，对各类环境违法行为坚决实行“零容忍”。建立环保局领导非工作时间带队夜间巡查、环境信访24小时值班备勤、信访重点区域驻点蹲守等工作机制，全天候开展环境专项执法行动。全面推行环保约谈、媒体曝光、挂牌督办、责任追究等制度，严厉打击环境违法行为。全年共处罚企业906家，同比增长47%；行政处罚3956万元，同比增长66%；责令整改企业3884家，同比增长376%；停产整顿企业181家，同比增长132%；取缔低小散非法企业915家，同比增长915%。

【深化群众监督】　年内，全市环保部门保障群众的知情权和监督权，将每月28日设定为“环境公开日”，公开发布环境质量信息、曝光违法企业。每月定期开展环保执法“你点我查”活动，邀请媒体、公众代表全程参与环保执法工作。创立“环保e超市”电子平台，整合项目审批、排污交易、环境监测、投诉信访、政策查询、信息公开等与企业和群众关系紧密事项，实现网上全流程、透明化办理，不断提升群众满意度。对50名环境执法人员进行环境专业法律培训和考试，提升环保执法人员依法行政水平。

【强化环保联合执法机制】　年内，全市环保部门突出强化环保、公安、检察、法院等多部门联合执法和办案工作机制，推行环境案件区域集中办理，提高环境案件审理效率。全年向公安机关移送环境违法案件44起，同比增长100%；采取刑事强制措施案件42起，涉案人员85人，分别同比增长425%和166%。探索建立环境事故损害评估和赔偿机制，成为全国唯一在地级市开展的环境损害评估试点，追缴环境损害赔偿金1767万元。

【提高监管信息化水平】　年内，绍兴市建成全国首个印染企业中控系统监控管理系统平台。汇总在线监控、刷卡排污、排污许可证、企业直报、现场监察等多方来源的数据，实现对企业生产运行和污染治理情况的实时监控、汇总统计、异常报警和分类管理。进一步加大信息化建设的力度，生态环保信息化建设项目得到市发改委的批复同意，项目计划总投资2250万元。

【强化环境资源理念】　年内，市环保局联合发改、物价部门分档上调越城区行政区域和柯桥区的非居民生活类污水处理费基准价格，增强民众的环境资源使用成本意识。出台脱硫电价核算管理办法，提高热电企业正常稳定运行环保设施的积极性。推进排污权等资源价格市场化，至年底，全市累计已有 4221 家企业实现排污权有偿使用，缴纳使用金 3.72 亿元；完成交易 654 笔，涉及金额 1.60 亿元；办理抵押贷款 589 笔，发放贷款金额 79.24 亿元。12 月初，越城区越梅印染的 575 吨 / 日废水排污权指标拍出 1623 万元的高价，折合 COD 排污权指标达每年 94.1 万元 / 吨，创全国新高。

【开展生态创建系列行动】 年内，新昌县通过环保部国家级生态县的考核验收，诸暨市启动创建国家级生态市。全市新创建成功国家级生态乡镇 22 个，至年底，全市共有国家级生态乡镇（街道）63 个，省级生态乡镇（街道）107 个，分别占全市乡镇总数的 55.3%和 93.9%。市级生态村 1144 个，占全市村庄数的 52.3%。加强生态建设工作目标责任制考核力度，把各县（市、区）、市直开发区目标责任制考核中直接涉及生态省建设工作的权重提高到 16.5%。

【加大生态环保宣传力度】 年内，市环保局围绕提升公众满意度组织开展"1+10+X"系列宣传活动，在《绍兴日报》《绍兴晚报》推出"创建生态市，全民在行动""生态建设，你我见证"等专题。会同市文明办、绍兴日报社联合主办"绍兴市首届环保先锋评选活动"，开展宣传"进机关、进社区、进学校、进企业、进农村、进家庭"的"六进"活动，营造全民参与生态建设的良好氛围。充分发挥网络、环境手机报、微博、微信等新兴媒介的作用，扩大宣传辐射面，并在各县（市、区）、市直开发区目标责任制考核中设置了满意度倒扣分 0.5 分，在全省测评中全市生态群众满意度上升 4.6 个百分点。

绍兴市首届"环保先锋"评选活动（市环保局提供）

【完善绿色生态制度体系】 年内，全市环保部门开展企业环境行为信用等级评价，覆盖全部 21 个重点污染行业规模以上企业和各县（市、区）30 强企业，对企业环境行为开展信用评价和分级管理。会同人民银行、银监局制定绿色信贷制度，试行环保绿色信贷信息系统共享，使环境信用等级与企业信贷、财政补贴、退税等经济政策挂钩。初步建立和完善环境责任保险制度，全面推进市本级企业环境责任保险工作。开展汤浦水库水源保护区生态补偿机制研究。

【加强环保人员和机构配置】 年内，市环保局根据全市行政区划调整要求，平稳有序做好市本级划出越城、袍江、绍兴高新区分局的各项衔接工作。局本级选拔任用科级及以上干部 14 名，市环境监察支队的两名正职（支队长和教导员）同时升格高配，落实了实职副处，局机关增加副调研员职数 1 个，实现了绍兴环保干部选拔任用上的历史性突破。市本级增设市排污权储备和交易中心，增加 1 名领导职数和 5 名编外用工人员。积极探索基层乡镇（街道、管委会）生态环保所建设。

【行风效能进一步推进】 年内，市环保局完成部门权力清单和责任清单的编制工作，明晰权利义务，明确职能边界。按照"一放到底"要求，全面下放相关环保审批、总量管理、监管执法等权限，实现"市县同权"。针对不同类型的建设项目实施差别化审批服务，出台环评中介机构规范化管理制度，推行环保审批服务代理制，承诺办理平均时限压缩到法定时限的 25%。进一步推进环保执法的法制化、程序化和规范化，成功创建"浙江省环保系统依法行政示范单位"。（市环保局提供）

环境质量

【空气环境质量状况】 年内，全市城市空气环境质量总体较好，国控监测站点细颗粒物（PM2.5）均值为 63 微克 / 立方米，比 2013 年下降了 8 微克 / 立方米，下降 11.3%，国控监测站点可吸入颗粒物（PM10）浓度比 2013 年下降 8.6%，国控监测站点二氧化硫（SO_2）浓度比 2013 年下降 5.3%。全市重度污染及以上天气比 2013 年减少 12 天，未出现严重污染天气（2013 年重度污染天气 16 天，严重污染天气 7 天）。全市各地 PM2.5 平均浓度由低到高分别为：新昌县 46，嵊州市 56，上虞区、绍兴高新区 61，越城区本级 62，诸暨市、柯桥区 64，袍江开发区 65。

全市各县（市、区）按六项监测指标（二氧化硫、二氧化氮、可吸入颗粒物、细颗粒物、一氧化碳、臭氧）综合评价环境空气质量：全市空气质量指数（AQI）达到优良天数比例在 63.0%~84.8%之间，平均为 71.8%，环境空气质量综合指数范围在 5.10 ~ 6.63 之间，平均为 5.76；绍兴市及各县（市、区）环境空气质量均不能达到国家二级标准要求，"SO2 年平均"和"CO（95%）"达到国家二级标准要求。

【日综合评价达标天数和达标率】 年内，全市累计环境空气质量达到一级标准天数（优）37 天，二级标准天数（良）215 天，累计出现环境空气污染天数 99 天，其中三级标准天数（轻度污染）78 天，四级标准天数（中度污染）13 天，五级标准天数（重度污染）8 天。全市环境空气质量指数（AQI）优良天数比例为 71.8%，其中优天数比例为 10.5%。

各县（市、区）环境空气质量指数（AQI）达到优良天数比例分别为：越城区行政区 63.2%（按国控 3 个站点计）、柯桥区 68.4%、上虞区 68.9%、诸暨市 63.0%、嵊州市 76.3%、新昌县 84.8%。与 2013 年相比，越城区行政区优良天数比例下降了 2.0 个百分点。

【二氧化硫平均浓度下降 21.6%】 年内，全市各县（市、区）级以上城市二氧化硫年均值浓度范围为 0.021 ~ 0.038 毫克 / 立方米，全市年均值为 0.029 毫克 / 立方米，与 2013 年的 0.037 毫克 / 立方米相比，下降了 21.6%。各县（市、区）二氧化硫日均值浓度、年平均和特定百分位数浓度均达到国家二级标准。

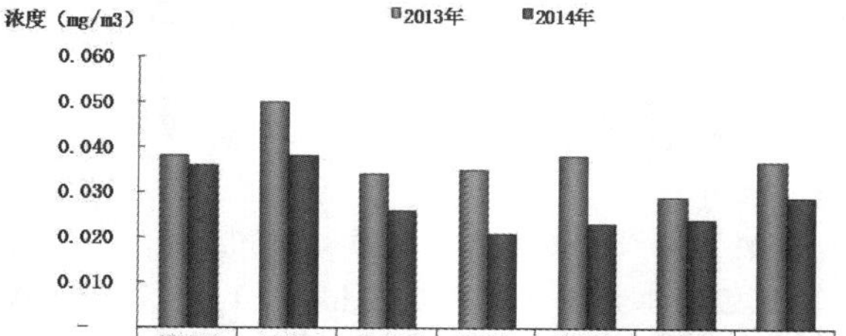

	越城区	柯桥区	上虞区	诸暨市	嵊州市	新昌县	全市平均
2013年	0.038	0.050	0.034	0.035	0.038	0.029	0.037
2014年	0.036	0.038	0.026	0.021	0.023	0.024	0.029

图 3　绍兴市城市环境空气二氧化硫变化情况

【二氧化氮年均浓度下降 4.8%】 年内，全市各县（市、区）级以上城市二氧化氮年均值浓度范围为 0.031 ~ 0.050 毫克 / 立方米，全市年均值为 0.040 毫克 / 立方米，与 2013 年的 0.042 毫克 / 立方米相比，下降了 4.8%。各县（市、区）除诸暨市和嵊州市外，年平均和特定百分位数浓度均未达到国家二级标准。

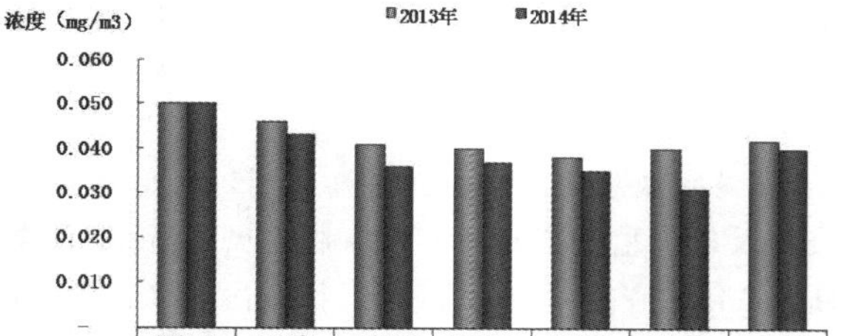

	越城区	柯桥区	上虞区	诸暨市	嵊州市	新昌县	全市平均
2013年	0.050	0.046	0.041	0.040	0.038	0.040	0.042
2014年	0.050	0.043	0.036	0.037	0.035	0.031	0.040

图 4　绍兴市城市环境空气二氧化氮变化情况

【可吸入颗粒物下降 5.1%】 年内，全市各县（市、区）级以上城市可吸入颗粒物年均值浓度范围为 0.080 ~ 0.104 毫克 / 立方米，全市年均值为 0.093 毫克 / 立方米，与 2013 年的 0.098 相比，下降了 5.1%。各县（市、区）年平均和特定百分位数浓度均未达到国家二级标准。

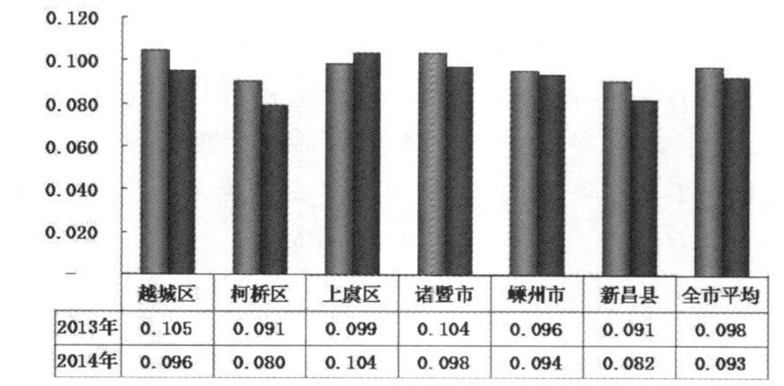

	越城区	柯桥区	上虞区	诸暨市	嵊州市	新昌县	全市平均
2013年	0.105	0.091	0.099	0.104	0.096	0.091	0.098
2014年	0.096	0.080	0.104	0.098	0.094	0.082	0.093

图 5　绍兴市城市环境空气可吸入颗粒物变化情况

【细颗粒物下降 11.3%】 年内，全市各县（市、区）级以上城市细颗粒物年均值浓度范围为 0.046 ~ 0.064 毫克 / 立方米，全市年均值为 0.063 毫克 / 立方米。其中越城区行政区年均值为 0.063 毫克 / 立方米，与 2013 年相比下降了 11.3%。各县（市、区）年平均和特定百分位数浓度均未达到国家二级标准。

图 6　绍兴市城市环境空气中细颗粒物年平均浓度空间分布图

【一氧化碳下降 20.0%】 年内，全市各县（市、区）级以上城市一氧化碳年均值浓度范围为 0.7~1.3 毫克 / 立方米，全市年均值为 0.9 毫克 / 立方米，其中越城区行政区年均值为 0.8 毫克 / 立方米，与 2013 年相比下降了 20.0%。各县（市、区）一氧化碳日均值浓度和特定百分位数浓度均达到国家二级标准。

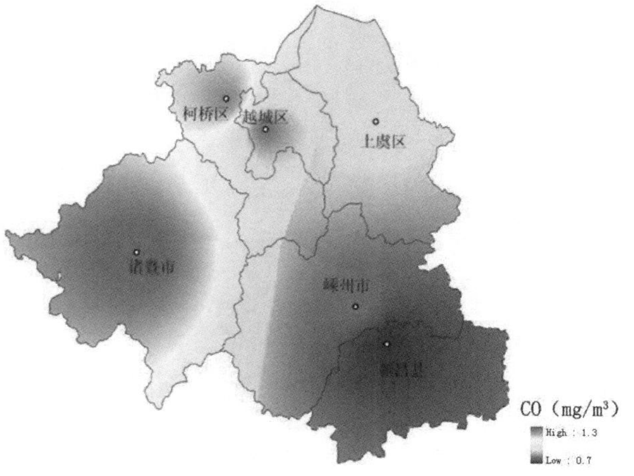

图 7　绍兴市城市环境空气中一氧化碳年平均浓度空间分布图

【臭氧年均值为 0.093 毫克/立方米】 年内，全市各县（市、区）级以上城市臭氧年均值浓度范围为 0.082~0.104 毫克 / 立方米，全市年均值为 0.093 毫克 / 立方米，其中越城区行政区年均值为 0.098 毫克 / 立方米，与 2013 年相比上升了 24.1%。各县（市、区）除越城区行政区和诸暨市外，特定百分位数浓度均达到国家二级标准。

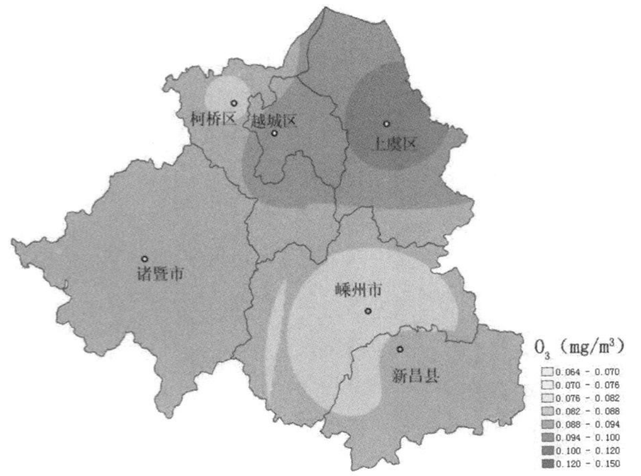

图 8　绍兴市城市环境空气中臭氧年平均浓度空间分布图

【环境空气质量综合指数平均为 5.76】 年内，绍兴市城市环境空气质量综合指数范围为 5.10 ~ 6.63，平均为 5.76。其中越城区本级 6.01、绍兴高新区 6.03、袍江经济技术开发区 6.63、柯桥区 6.10、上虞区 6.12、诸暨市 6.27、嵊州市 5.38、新昌县 5.10。

【酸雨率平均为 72.8%】 年内，全市酸雨污染仍较严重，降水 pH 值范围为 3.11~7.67，全市降水 pH 均值为 4.74，酸雨率平均为 72.8%；各县（市、区）降水 pH 年均值都低于 5.60，其中柯桥区为重酸雨区，越城区行政区、上虞区和诸暨市为中酸雨区，嵊州市和新昌县为轻酸雨区。

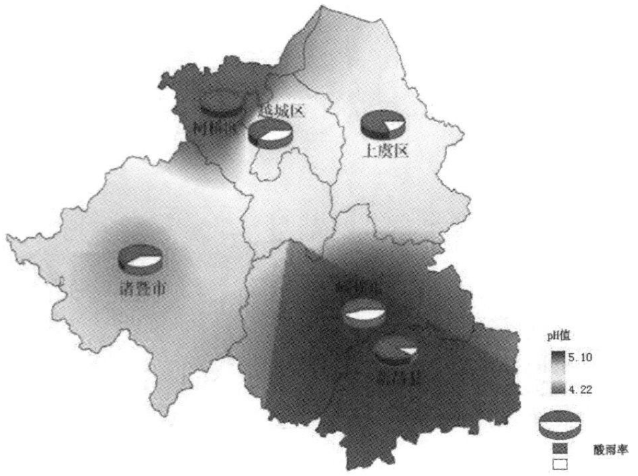

图 9　绍兴市酸雨污染状况空间分布图

【地表水环境质量状况】 年内，全市 70 个市控及以上断面中，38.6%的断面水质达到或优于地表水环境质量Ⅲ类标准，61.4%的水质为Ⅳ类、Ⅴ类或劣Ⅴ类。其中：Ⅰ类断面有 3 个，占总断面数的 4.3%；Ⅱ类 16 个，占 22.9%；Ⅲ类 8 个，占 11.4%；Ⅳ类 31 个，占 44.3%；Ⅴ类 7 个，占 10.0%；劣Ⅴ类 5 个，占 7.1%，总体水质状况为轻度污染。满足水域功能要求的断面有 31 个，占总监测断面数的 44.3%，不满足功能要求的断面有 39 个，占总监测断面数的 55.7%。全市地表水超标的 6 项主要污染物分别为石油类、氨氮、五日生化需氧量、化学需氧量、总磷、高锰酸盐指数。水域污染分布特征表现为：城市周边河流和流经城市水体水质污染较为严重；曹娥江水系总体水质无明显变化；鉴湖水域水质有明显好转；绍虞平原河网总体水质好转，但变化程度不大；浦阳江及壶源江水系水质继续保持优秀。

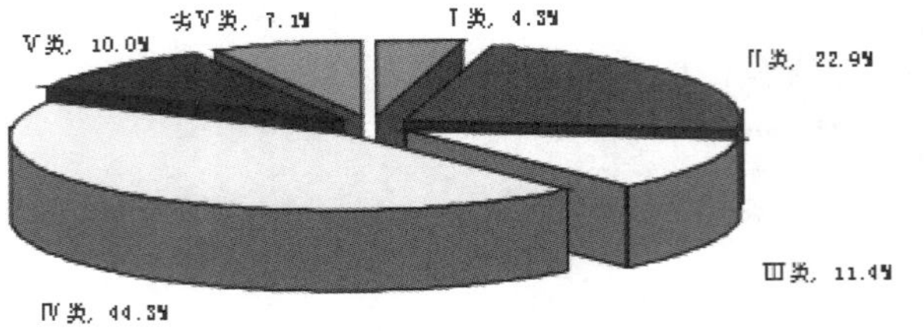

图 10　绍兴市地表水环境质量状况示意图

【曹娥江水系水质无明显变化】 年内，曹娥江水系 21 个市控及以上监测断面中：Ⅰ ~ Ⅲ类水质断面 17 个，占总监测断面数的 81.0%；Ⅳ类水质断面 4 个，占 19.0%；无劣于Ⅳ类水质断面；水质状况为良好，主要污染指标为石油类。曹娥江水系满足功能要求的断面 17 个，占 81.0%，尚有 4 个断面不能满足功能要求，占 19.0%。总体水质无明显变化。

【浦阳江及壶源江水系水质保持优秀】 年内，浦阳江水系 10 个市控及以上监测断面中，Ⅰ类水质断面 1 个，Ⅱ类 3 个，Ⅲ类 5 个，Ⅳ类 1 个，水质状况为优。浦阳江水系满足功能要求的断面 9 个，占 90.0%，水质总体保持稳定。壶源江水系 1 个市控监测断面为Ⅱ类水质，水质满足Ⅲ类水功能要求，水质保持优秀。

【鉴湖水域总体水质明显变好】 年内，鉴湖水域 16 个市控及以上监测断面中：无Ⅰ~Ⅲ类水质断面；Ⅳ类水质断面 14 个，占 87.4%；Ⅴ类 1 个，占 6.3%；劣Ⅴ类 1 个，占 6.3%。水质状况为轻度污染，主要污染指标为石油类、五日生化需氧量、氨氮。鉴湖水域满足水域功能要求的断面比例与 2013 年持平，有 6 个断面水质类别上升，总体水质明显变好。

【绍虞平原河网总体水质好转】 年内，绍虞平原河网 22 个市控及以上监测断面中：无Ⅰ~Ⅲ类水质断面；Ⅳ类 12 个，占 54.5%；Ⅴ类 6 个，占 27.3%；劣Ⅴ类 4 个，占 18.2%。水质状况为轻度污染，主要污染指标为石油类、氨氮、五日生化需氧量。绍虞平原河网满足功能要求的断面 4 个，占 18.2%，尚有 18 个断面不能满足功能要求，占 81.8%，总体水质好转，但变化程度不大。

其中，绍兴市区内河 6 个市控监测断面中：Ⅳ类水质断面 4 个，占 66.7%；劣Ⅴ类 2 个，占 33.3%。水质状况为中度污染，主要污染指标为氨氮、总磷和五日生化需氧量。绍兴市区内河满足功能要求的断面 3 个，占 50.0%，尚有 3 个断面不能满足功能要求，占 50.0%。

浙东运河 4 个市控及以上监测断面中：Ⅳ类水质断面 1 个，占 25.0%；Ⅴ类 2 个，占 50.0%；劣Ⅴ类 1 个，占

25.0%。水质状况为中度污染，主要污染指标为氨氮、石油类、化学需氧量。所有断面水质均不能满足功能要求。

【跨行政区域河流交接断面】 年内，全市19个跨行政区域河流交接断面中：Ⅰ～Ⅲ类水质断面11个，占57.9%；Ⅳ类5个，占26.3%；Ⅴ类1个，占5.3%；劣Ⅴ类2个，占10.5%。满足水域功能要求的断面有11个，占总监测断面数的57.9%，不满足功能要求的断面有8个，占42.1%。

【集中式生活饮用水源地】 年内，全市各县（市、区）级以上集中式生活饮用水源地（汤浦水库、陈蔡水库、南山水库、长诏水库）水质优良，水质状况为Ⅰ～Ⅱ类水质，全部满足水域功能要求。其中对汤浦水库开展了109项水质指标监测，基本项目及特定项目指标全部达标。

【“清水工程”55个断面89.1%为“基本达标”以上】 年内，全市55个“清水工程”断面中，水质类别为Ⅰ～Ⅲ类的断面有38个，Ⅳ类断面9个，Ⅴ类断面3个，劣Ⅴ类断面5个。有31个断面考核结果为“达标”，占总数的56.4%；18个断面考核结果为“基本达标”，占总数的32.7%；6个断面考核结果为“不达标”，占总数的10.9%。

【城市区域声环境质量总体水平保持稳定】 年内，全市各县（市、区）以上城市区域环境噪声平均等效声级值范围为53.5~56.1分贝。所有城市区域环境噪声平均等效声级值低于60分贝的国控标准。区域环境噪声声级值总体水平保持稳定，越城区行政区、柯桥区、上虞区和诸暨市城市区域声环境质量略有下降，嵊州市与2013年持平，新昌县略有改善。

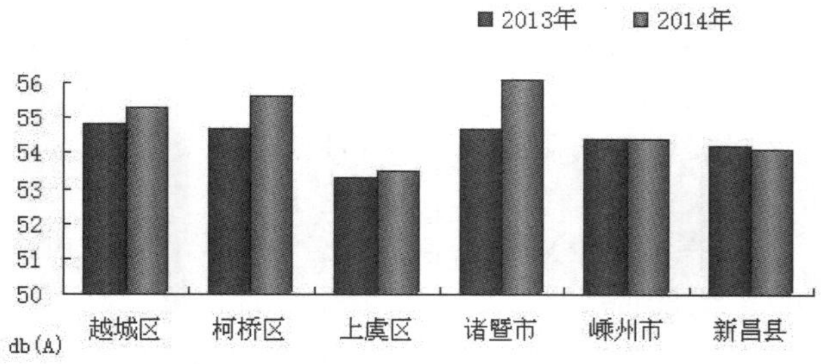

图11 绍兴市城市区域声环境质量比较图

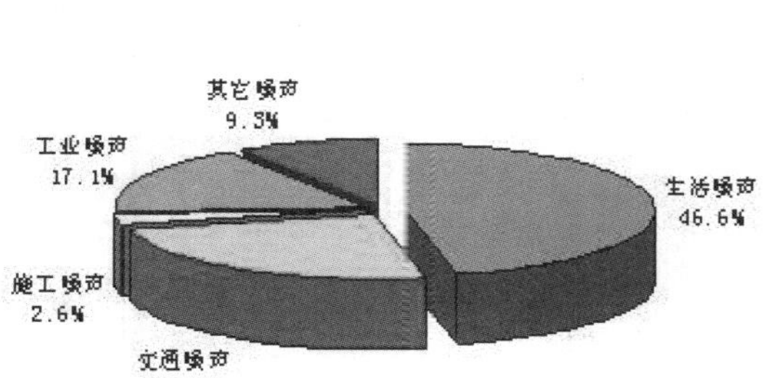

图12 绍兴市城市区域环境噪声声源构成比现状图

在影响城市声环境的各类噪声源中，以生活噪声源和交通噪声源所占比例最高，分别为46.6%和24.4%，工业噪声源所占比例为17.1%，施工噪声源所占比例为2.6%，其他噪声源所占比例为9.3%。噪声源强度以工业噪声源和施工噪声源最高，均为56.1分贝，生活噪声源最低，为54.0分贝，交通噪声源和其他噪声源分别为55.9分贝和55.4分贝。与2013年的噪声构成比情况相比，生活和其他噪声源比例有所增加，交通、工业和施工噪声源比例有所减少。各类噪声源强度与2013年相比，交通、工业、其他噪声源强度有所升高，施工噪声源强度略有升高，生活噪声源强度略有下降。

【城市道路交通噪声达到70分贝的控制值】 年内，全市各县（市、区）以上城市交通干线噪声平均等效声级范围为62.7～69.7分贝，各县（市、区）道路交通噪声平均等效声级均达到70分贝的控制值。全市道路交通噪声路长加权平均等效声级值为66.9分贝，路长超标率为15.1%，与2013年相比，路长加权平均等效声级值略有下降，路长超标率有所上升。

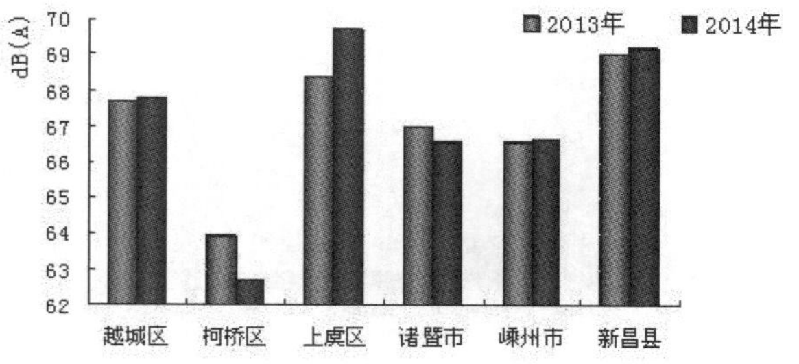

图13 绍兴市城市道路交通噪声年际变化比较图

【环境γ辐射空气吸收剂量率在天然水平涨落范围内】 年内，全市环境γ辐射空气吸收剂量率平均值范围在66.2～94.0纳格瑞/小时，均在浙江省γ辐射空气吸收剂量率天然水平涨落范围内。

【电磁辐射水平远低于国家标准】 年内，全市综合电场强度监测点电磁辐射水平远低于国家标准《电磁辐射防护规定》（GB 8702-1988）中有关公众照射的参考值12伏/米(频率范围30～3000兆赫兹)。输变电设施周围环境工频电磁辐射水平均满足相应标准限值要求。

【污染物排放状况】 年内，全市工业废气排放量1726.66亿标立方米。二氧化硫排放总量为65747.42吨，其中工业部分为64935.25吨、城镇生活部分为734.40吨，集中式治理设施部分为77.77吨。氮氧化物排放总量为54752.55吨，其中工业部分为41944.31吨、城镇生活部分为201.60吨、集中式治理设施部分为25.15吨、机动车12581.49吨。废水排放量为48250.24万吨，其中工业废水排放量26341.19万吨。废水中污染物排放量如下：重金属（汞、六价铬）234.2千克；挥发酚1644.9千克；氰化物8.6千克；石油类7.1吨；工业污染源排放化学需氧量29814.3吨；城镇生活污染源排放化学需氧量

35547.0 吨；集中式治理设施排放化学需氧量 92.88 吨；农业源排放化学需氧量 14448.6 吨。化学需氧量排放量为 79902.78 吨。氨氮排放量为 8684.58 吨。

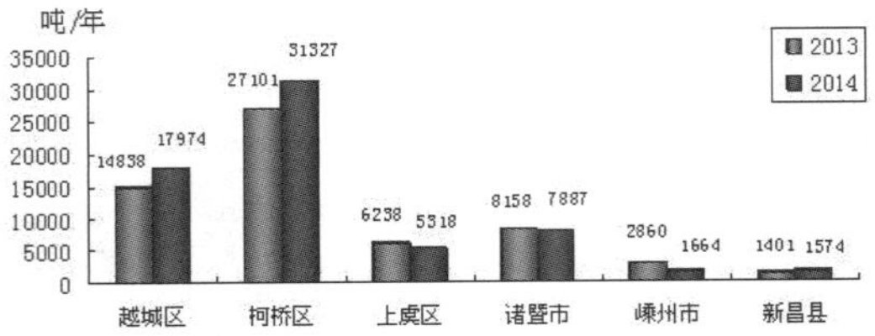

图 14 各县(市、区)二氧化硫排放量图

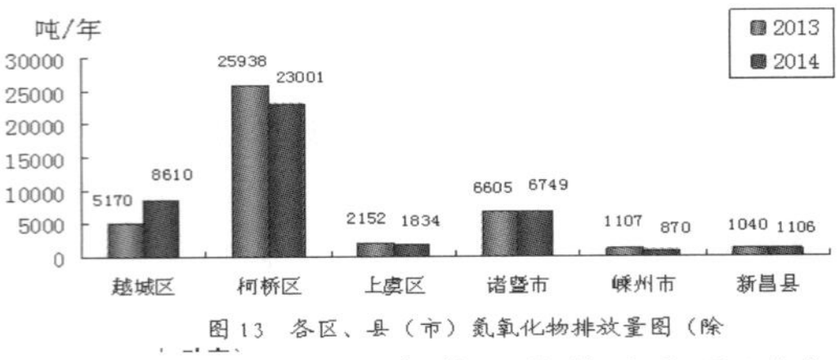

图 15 各县(市、区)氮氧化物排放量图(除机动车)

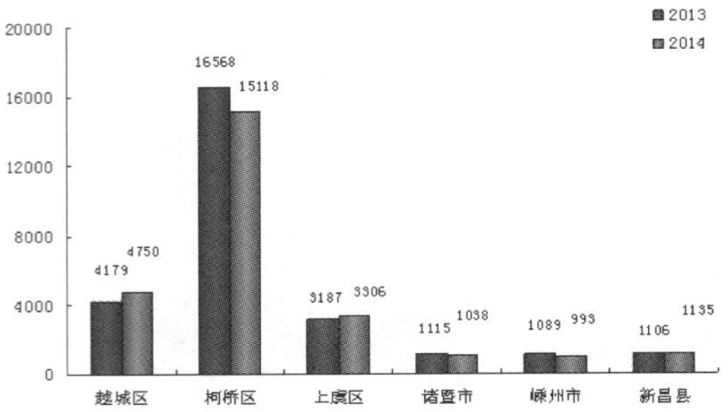

图 16 各县(市、区)工业废水排放量图

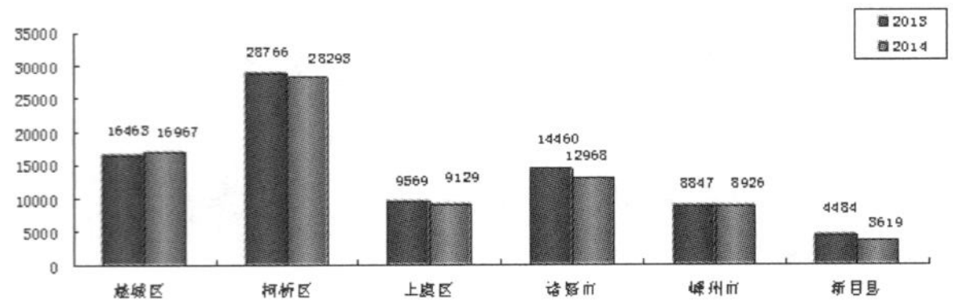

图 17 各县(市、区)化学需氧量排放图

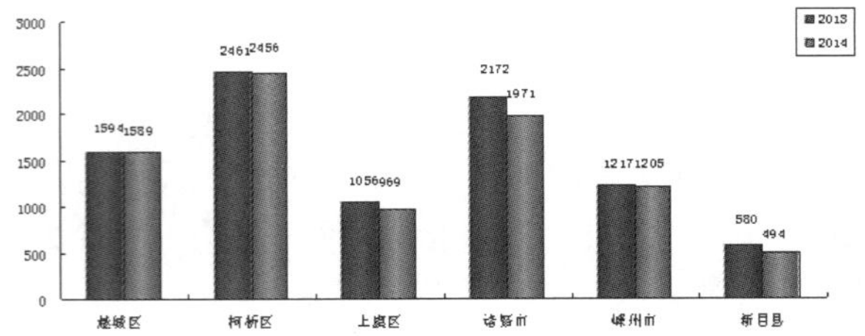

图 18 各县(市、区)氨氮排放图

【"三废"处理和利用】 年内，全市"三废"处理与利用情况如下：工业用水重复利用率 84.32%；工业烟(粉)尘去除率 97.91%；工业固体废物综合利用率 95.18%。

【污染减排】 年内，全市通过强化工程减排、结构减排和管理减排等措施，全力推进总量减排工作，化学需氧量(COD)、氨氮(NH_3-N)、二氧化硫(SO_2)、氮氧化物(NOX)排放量分别同比下降 3.26%、4.40%、2.98% 和 4.61%。(市环保局提供)

备注： 图表中的越城区指越城区行政区（含越城区本级、绍兴高新技术产业开发区、袍江经济技术开发区和滨海新城江滨区）

污染整治和环境治理

【污水厂提标改造】 年内，嵊新污水处理厂投资 1.67 亿元完成一期提标改造工程建设并投入试运行，工程采用粉末活性炭工艺，出水水质提高到一级 A 标准。绍兴污水厂"分质提标集中预处理"工程全面开工建设，生活污水改造项目完成总工程量的 35%，集中预处理单元已基本完成改造。江滨污水厂集中预处理项目完成总工程量的 42%。上虞污水厂分质提标工程完成项目前期准备，已开工建设。

【城市污水处理工程】 年内，全市共新增污水集中收集处理量 9.11 万吨 / 日。其中越城区行政区新增纳管企事业单位 54 家，生活小区 35 个，新增生活污水收集处理量 0.6 万吨 / 日；柯桥区完成 22 座泵站和 59.5 千米管线建设，新增生活污水收集处理量 0.55 万吨 / 日；诸暨市建成并投运海东污水处理厂，污水处理能力增加 8 万吨 / 日，新增配套污水管网 44.8 千米，另有生活污水新纳管企事业单位近百家，生活小区 20 余个；上虞区新建和改造管网 16.03 千米、泵站 6 个，新增生活污水 0.72 吨 / 日；嵊州市和新昌县新增生活污水处理量 1.09 万吨 / 日。

【工业废气治理】 至年底，全市累计完成 21 家热电企业 70 台锅炉炉外脱硫和 20 家热电企业 67 台锅炉脱硝改造，全面完成 5 条规划保留水泥熟料生产线脱硝改造，实现省政府下达的钢铁球团竖炉脱硫改造和规划保留平板玻璃窑炉脱硫脱硝改造目标，淘汰燃煤小锅炉 571 台。

【五气合治】 年初，市环保局出台《绍兴市 2014—2017 年大气污染防治行动计划》和年度实施方案，全面部署了大气污染防治的工作重点内容，提出"五气合治"(控烟气、降废气、减尾气、除臭气)工作方案；市政府生态市建设工作会议上与各县(市、区)及市直各开发区签订了大气治理任务书，5 月开始实施以"五气合治"为重点的大气污染防治工作，12 月开展冬季大气污染专项巡查工作。

【机动车尾气检测首检合格率 88%】 年内，全市 6 个机动车排气检测站形成了 41 条简易瞬态工况法检测线、12 条双怠速检测线和 16 条柴油车检测线、年检测车辆约 65 万辆的检测能力。全年，全市共检测车辆 344071 辆，首检合格率 88.0%，总达标率 98.0%；全面实行环保分类合格标识管理，发放标识 508137 张，其中绿标 481778 张、黄标 26359 张，标识发放率达 90%。

【淘汰黄标车】 年内，全市实施“黄标车区域限行”，各县(市、区)均出台了黄标车淘汰补助实施办法，全年全市淘汰补助车辆5651辆，补助金额达4481.74万元；淘汰黄标车及老旧车33637辆。

【治污水行动】 年内，市环保局根据市委、市政府“五水共治”决策部署，大力推进治污水行动，印发《绍兴市2014年治污水实施计划》。至年底，全市671家印染、化工、造纸、制革企业实施污染整治，累计完成淘汰关停108家、整治提升469家、搬迁入园55家。关停或搬迁禁养区养殖场(户)3403个，完成治理年存栏50~100头养殖场(户)1284个，治理年出栏100头以上养殖场1450个，建成标准化水禽场15个。完成水产养殖禁养限养区划定和整治1800公顷，实施水产养殖塘生态化改造1733公顷，增殖放流7900万尾。新增城镇污水管网196.2千米。全市543个村开工建设生活污水治理，新增治理农户201653户，完成总投资15.2亿元。

【三河整治】 年内，全市整治垃圾河529条，清理长度1093千米；整治黑臭河199条，治理长度237.7千米。

【固体废物处置】 年内，全市工业固体废物产生量376.4981万吨，综合利用量358.4575万吨(其中综合利用往年贮存量0.1207万吨)，处置量16.1543万吨(其中处置往年贮存量为0.5193万吨)，贮存量2.5263万吨，排放量0万吨。处置城市生活垃圾170.78万吨，城市生活垃圾无害化处置率为100%。对213家县(市)、乡(镇)两级医院调查统计，医院医疗废物产生量为3759吨，全部进行了集中焚烧处置。工业危险废物产生量为16.8904万吨，利用处置量16.5549万吨、排放量为0吨。进口固废加工利用企业共11家，主要进口铜废碎料、废塑料、废纸等。年内，批准进口量为159300吨，实际进口量为45530吨，加工利用量为41474吨。

【固体废物监管】 年内，绍兴市制定出台《关于进一步加强危险废物和污泥处置监管工作的实施意见》。上虞区、诸暨市、嵊州市相继制定了工业污泥长效管理机制。越城区行政区固体废物动态监管系统于10月投入运行，对越城区行政区81家污泥及危险废物重点产生单位进行实时监控，对48家污泥产生单位实现刷卡转运。诸暨市工业污泥动态监管系统于年初基本建成，实现对35家企业联网监控。柯桥区96家企业实现统一结算。市环保局组织开展5次危险废物专项检查，组织举办两次危险废物相关法律法规培训班，并督促危险废物经营单位完成标准化出入口建设，建立危险废物经营单位法人承诺制，组织编制危险废物经营单位环境监管方案，加大力度推进危险废物处置设施建设。

【固体废物处理工程】 至年底，全市共有集中污泥处置设施单位5家，焚烧处理能力为4550吨/日。危险废物焚烧处置单位两家，核准年焚烧处置能力为1.20万吨；全市危险废物综合利用单位7家，核准年综合利用能力为12.17万吨；废铅酸蓄电池收集单位1家，收集规模为1万吨；废矿物油收集单位8家，收集规模为2470吨；医疗废物焚烧处置单位1家，年焚烧处置能力为3650吨。

【危废许可证管理】 至年底，全市已申领危险废物经营许可证单位为17家。其中收集类经营单位9家(分别为1家废铅酸蓄电池收集单位和8家废矿物油收集单位)，焚烧处置类经营单位两家，综合利用经营单位7家，其中1家经营单位包括焚烧处置和综合利用。

【辐射源污染防治】 年内，全市共有辐射工作单位265家。涉源单位持证率达到100%，射线装置使用单位持证率达到100%。全年完成辐射项目环境影响评价文件审批50个，审批颁发辐射安全许可证16份。收贮闲置和废弃放射源48枚。全市共有在册放射源应用单位67家，放射源674枚，比2013年减少17枚。在册射线装置应用单位198家，比2013年增加了7家，射线装置513台，比2013年增加了49台。共有206家电磁辐射设备(设施)使用单位。(市环保局提供)

生态建设与环境保护

【概况】 2014年4月，绍兴市生态市建设领导小组(扩大)会议召开。会议全面贯彻落实第十一次生态省建设工作领导小组全体(扩大)会议精神，并对当年的“811”生态文明建设行动、生态省、生态市建设等目标任务作出部署。市生态办印发了《绍兴市“811”生态文明建设推进行动2014年实施计划》，年度生态文明建设的11件实事基本实现。制定《生态文明体制改革专项小组2014年工作计划》，成立深化生态文明体制改革领导小组及工作组，明确改革的总体目标。

【生态县和生态乡镇创建】 年内，新昌县通过环保部组织的国家级生态县验收，全市国家级生态乡镇(街道)已达63个，省级生态乡镇(街道)107个，占全市乡镇总数的93.9%。大力推进市级生态村创建，已创建市级生态村1264个，占全市村庄的57.8%。

【绿色单位创建】 年内，全市新创建国家金叶级绿色旅游饭店1家，省级生态文明教育示范基地两个、绿色家庭26户，省级绿色学校16所。

【工业园区循环化改造】 年内，市环保局印发《绍兴市园区循环化改造推进工作方案》，在杭州湾上虞经济技术开发区、绍兴滨海工业区推进工业园区循环化改造。绍兴滨海工业区被国家发改委和财政部联合授予“国家级循环化改造示范试点园区”称号。

【大力推进节能降耗】 年内，全市环保部门实施能源“双控”月度预警机制，按月发布绍兴市能源消费月度监测。实施用能预算化管理，根据企业综合经济效益排序，对重点用能企业的年度用能总量、煤炭消费总量、用电量实行差异化预算管理。同时,对全市72家重点用能和用水企业开展清洁生产审核。

【新增无公害农产品73个】 年内,全市新增无公害农产品73个(包括水产品21个),新增绿色食品16个,复查换证无公害农产品116个,新申报无公害农产品58个,新申报绿色食品9个。上虞区原则通过省级生态循环农业示范县验收,上虞区龙浦畈、嵊州市车架湖坂原则通过省级生态循环农业示范区验收,新昌县雨露食品厂等两家公司原则通过省级生态循环农业示范企业验收。

【美丽乡村行动】 年内,全市深入开展农村生活污水治理,新增治理农户165617户。以美丽乡村先进县、先进乡镇、精品村和美丽农家创建为载体,深入开展"四级联创"活动。嵊州市成功创建为全省美丽乡村建设先进县。全市创建市级美丽乡村先进乡镇12个、市级美丽乡村精品村17个、各级美丽农家1.83万户。

【"森林绍兴"行动】 年内,全市完成绿化造林2980公顷,完成平原绿化2093公顷,完成重点防护林1140公顷,完成林区道路359千米,森林抚育13333公顷,建成优质林15.2万公顷,全市松材线虫病除治面积15473公顷。

【"四边三化"和"双清"行动】 年内,全市通过"四边三化"和"双清"行动,全市集中打捞处理河面漂浮物7.8万吨,清除河中障碍物62.8万平方米计13.5万吨,清理河岸垃圾16.7万吨,清理违法排污口404个,打捞并无害化处理病死动物47539余只。累计清理阴沟、臭水沟近11051条,清理农村垃圾40万吨。全市公路边共拆除广告牌1870余块,拆除沿线违法建筑、桥下空间堆积物及马路市场1063个,清除"四边"区域生活和建筑垃圾35.3万吨。

【环保机构有编制人员510人】 至年末,县(市、区)两级环保机构各类工作人员(编制)510人,其中绍兴市区(含越城区行政区、柯桥区、上虞区)125人,县级385人;有环境监测人员294人,环境监察人员116人。

【检查企业37196家次】 年内,全市共出动环境执法人员88369人次,检查企业37196家次,依法做出环境行政处罚案件906件,罚款金额3956.9万元,责令停产整顿违法企业181家。依法移交公安刑事追责42件85人,起诉55人,行政拘留2件3人。

【排污收费8226.2万元】 年内,全市缴纳排污费的单位有1576家,开征排污费总额8226.2万元。

【环境行为信用评定】 年内,全市纳入环境行为信用等级评定覆盖面范围内的企业已达639家,共评出绿色企业13家、蓝色企业541家、黄色企业57家、红色企业20家、黑色企业8家。市环保局与金融监管部门联合下发了《关于推进绿色信贷工作的指导意见》,建立了"银行业环保绿色信贷信息共享平台",将企业的基本信息、违法信息、环境信用等纳入银行征信体系,提高了企业的环保违法成本。

【排污权有偿使用和交易】 年内,全市开展排污权有偿使用和交易金额16223.40万元,交易313笔,涉及交易金额8615.80万元;办理排污权抵押贷款153笔,金额290391万元。

【环境影响评价审批】 年内,全市共审批建设项目1888个。其中编制报告书的项目236个、编制报告表的项目1017个、填报登记表的项目635个。否决不符合审批要求的建设项目240件,否决率为11.28%。审批项目总投资1419.4亿元,其中环保投资34.5亿元,约占总投资额的2.43%。年内,市本级(越城区行政区)审批的建设项目443个,其中编制报告书的项目101个,编制报告表的项目263个、填报登记表的项目79个、否决项目164个、否决率为27.02%。

【执行"三同时"制度】 年内,全市通过环保"三同时"验收建设项目941个,环保投资17.86亿元。绍兴市区(含越城区行政区、柯桥区、上虞区)通过环保"三同时"验收建设项目数为549个,环保投资15.3亿元。

【环境信访增长50.06%】 年内,全市各级环保部门办理环境信访投诉案件6550件。其中涉水1459件、涉气3996件、涉声690件、固废100件、建设45件、其他260件,信访总量同比增长50.06%,办结率100%。

【刷卡排污】 年内,全市继续推进刷卡排污系统建设,刷卡排污自动控制系统已覆盖517家废水、废气重点监控企业。

【污染源在线监控预警】 年内,全市通过污染源自动监测数据预警企业2515家次,向企业发出预警短信2611条,向各级环保部门、乡镇领导发出企业预警短信51858条。

【环境监测能力建设】 年内,全市环境监测系统以监测站标准化建设为载体,大力提升实验硬件设备设施。市本级共投入实验室仪器设备采购资金670多万元,用于重点污染源监督性监测、饮用水源地水质109项全分析监测和废气中挥发性有机物(VOCs)监测能力建设。(市环保局提供)

城市建设与管理

综　述

【概况】 2014年，绍兴市城市建设管理工作坚持“改革创新促发展、求真务实惠民生”工作基调，进一步深化工作举措，推进城乡建设，保障改善民生。

一是围绕基础设施抓项目统筹。至年底，镜湖中心区、公共服务、城市道路及基础设施等33个工程，已有8个完工，19个在建，其余正在抓紧推进之中。其中绍兴市科文广场、市越州粮食批发市场、保障性住房（鹅境地块）等建设工程已完工；中兴南路延伸段二期形象进度达到80%；二环北路拓宽改造（一期）形象进度达到60%。同时，通过《市区机动车骨架网涉及城市道路新三年（2015—2017年）推进计划》《绍兴市区环境卫生专项规划（2014—2030年）》等专项规划的编制，统筹城市建设管理项目。

二是突出重点工作抓民生保障。深入推进全市“三改一拆”工作，加大了城中村安置房建设，推进城中村高层集聚改造。继续加大保障房建设力度，并逐步转到保障房分配环节上来。加大组织协调力度，较好完成新增公共自行车、改善拥堵点、住宅小区停车场（库）归位整治等11项交通治堵任务。全面启动了农房登记发证工作，全面完成农房改造任务。

三是强化城市管理抓环境提升。以全国文明城市创建、国家园林城市复查为重要载体，抓好城市有机更新，探索推进城区内河沿岸截流式改造试点。提升城市园林生态，切实做好国家园林城市复查迎检工作，将上虞区皂李湖、白马湖纳入“六湖”植物景观工程建设范畴，推进“八湖”植物景观工程，实施“花卉绍兴”“五个一”工程，完成了仓桥直街、解放路沿街、城市广场等鲜花布置、绿化提档及花展等工作。加强市政、园林、广场、公园等的日常养护管理，及时做好汛期防范工作，大力开展道路、人行道以及窨井专项整治，推进城管重心下移，扎实推进物管属地管理。

四是坚持依法行政抓服务到位。以推进审批制度改革为重点，扎实推进行政审批和服务事项的“归零清理”工作，切实履行行业管理职责。完善政策优化服务，制定出台了《关于加强市区广场舞管理的实施意见》《关于进一步加强行道树管理的通知》《关于加强市政基础设施工程施工现场临时围挡搭设管理的意见》《绍兴市越城区域廉租住房与公共租赁住房并轨运行的实施意见》《越城区行政区域城中村改造集体土地上房屋征收货币补偿安置实施意见》等文件。启动市政工程质量治理两年行动，在全市市政施工领域集中开展“打非治违”专项整治，加强在建市政工程现场管理大检查，并在供水、燃气、市政设施以及风景名胜等方面开展了安全隐患排查大整治。针对涉及群众生命和财产安全的危旧房，牵头组织开展了一次大排查并督促推进鉴定和解危工作。（袁越菲　盛宇坤）

城市规划

【概况】 2014年，市规划局紧扣“城市发展，规划先行”的工作主线和规划编制工作要注重超前性、科学性和实用性的总体要求，从绍兴市部分行政区划调整的实际出发，与相关部门一起组织开展各类专题研究，包括加强绍兴大城市的规划研究，深化城市综合交通规划研究和加快专项规划的编制等，启动修编新一轮城市总体规划和编制《绍兴水城概念性规划》，完成编制《绍兴市快速交通通道体系规划》，并完成基础地形图更新测绘工作等，为绍兴大城市发展战略的实现打好基础。

【两项成果获全国城乡优秀规划设计奖】 年内，市规划局组织中国城市规划设计研究院和绍兴市城市规划设计研究院联合编制的《绍兴市城市总体规划（2011—2020）》获得全国城乡优秀规划设计奖城市规划类一等奖。《绍兴市城市综合交通规划（2010—2030）》获得城市规划类三等奖。“全国优秀城乡规划设计奖”由中国城市规划协会组织评选。

【启动修编新一轮城市总体规划】 4月28日，由市委办公室牵头、市规划局具体参与编写的《绍兴市城市发展战略纲要》正式发布。《纲要》提出了大城市建设的战略构想：绍兴城市定位为国家历史文化名城、江南生态宜居水城、长三角区域中心城市；近期至2020年城市人口规模达到225万，远期至2030年城市人口规模达到280万；市域城镇空间结构为“一个中心、二大组群、三条轴线”。《纲要》为科学编制下一轮城市总体规划提供了基础性依据。据此，由市城乡规划管理委员会牵头，开展绍兴城市发展战略专题研究工作，研究内容包括产业布局、公共服务配套设施容量预测、土地适用性、生态容量和环境保护、轨道交通、水系历史变迁和水资源保护利用、文化传承和发展、旅游平台和框架、城市人口、快速交通通道体系、环境卫生等 11 个专题。

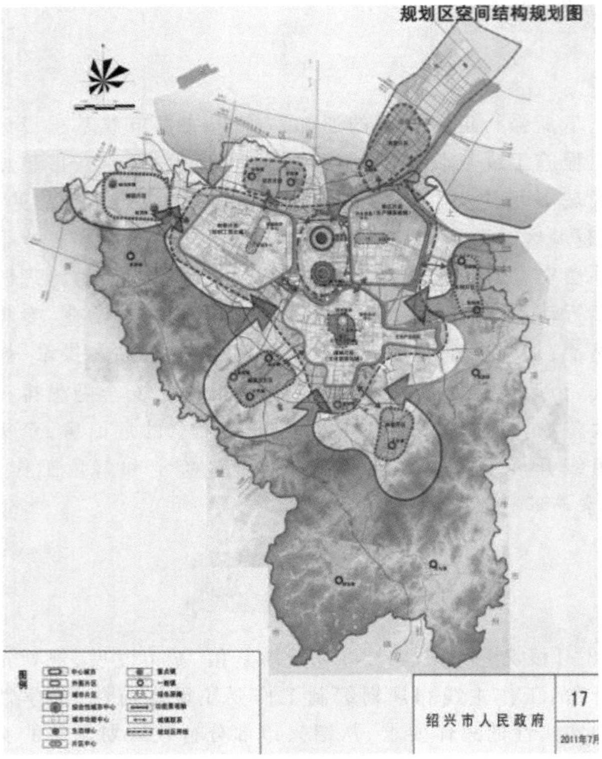

图 19 《绍兴市城市总体规划(2011—2020)》之空间结构规划图

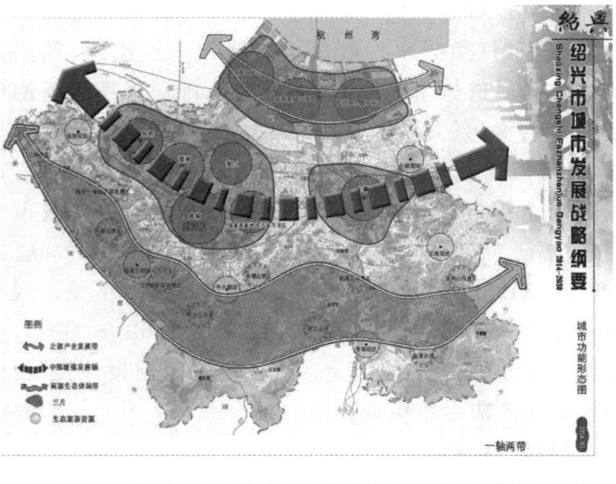

图 20 《绍兴市城市发展战略纲要》之城市功能形态图

【启动编制《绍兴水城概念性规划》】 3 月，市规划局承办了绍兴水城国际研讨会，并根据会议研讨成果完成了《绍兴水城规划理念研究》。此后，《绍兴水城概念性规划》启动编制。该规划将遵循总体发展原则和不同分区的发展原则，围绕市区“一城八湖”“一江两岸”开发建设重点区域，在整体统筹、空间规划、水利建设、水质治理、经济发展、生态保护、文化传承、景观塑造等方面作出具体规划，尽快形成水城形象，传承和弘扬绍兴特色文化。

【完成编制《绍兴市快速交通通道体系规划》】 年初，市规划局开展了《绍兴市快速交通通道体系专项规划》编制工作，10 月底编制完成并进行了公示。该规划旨在加强越城、柯桥、上虞片区间的联系及城市的空间聚集，促进三区间的融合发展，加快构建内联外达、快速便捷、高效安全的快速通道体系。该规划主要构建了“一环三横三纵”的高速公路结构、“六横八纵三联”快速路及结构性主干路网，形成具有较高通行能力的城市快速干道网系统。研究城市快速公交体系、BRT 线路、大站快车线路，初步形成了萧甬铁路改造思路，提出了近期建设计划等。

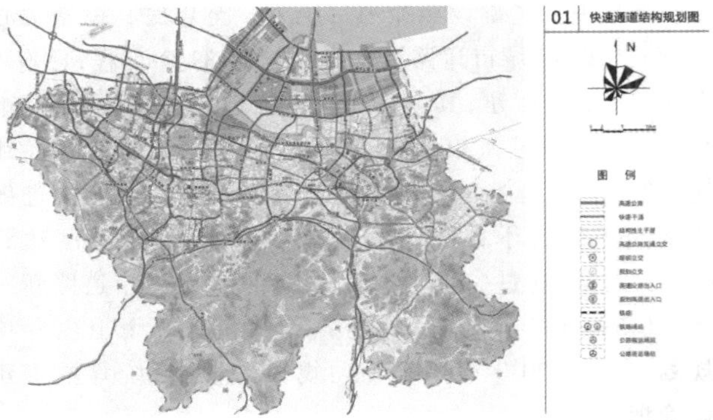

图 21 《绍兴市城市快速交通通道体系专项规划(专题研究)》之快速通道结构规划图

【编制《绍兴市城市排水(雨水)防涝综合规划》】 年内，市规划局按照《国务院办公厅关于做好城市排水防涝设施建设工作的通知》等文件的要求，牵头与市建设局、市水利局开展了《绍兴市城市排水(雨水)防涝综合规划》联合编制工作。规划范围为绍兴市区范围，包括越城区、柯桥区、上虞区。规划分总体层面和区级两个层面，针对绍兴城市排水防涝提出了各类规划目标，研究了排涝系统方案、城市排水(雨水)管网系统规划、排水(雨水)管渠规划、排水泵站及其他附属设施、城市防涝系统规划等方面的内容。

【开展基础地形图更新测绘】 年内，市规划局组织开展对原属绍兴县管辖的东部三镇(孙端镇、陶堰镇、富盛镇)进行 1:500 基础地形图测绘，主要内容包括 DLG 数据采集、数据入库及地名地址普查等，项目成果已经省测绘质量监督检验站检验合格。柯桥区分局完成王坛镇、兰亭镇等地区约 6.5 平方千米的 1:500 地形图测绘项目，完成城区约 26 平方千米 1:500 基础地形图修补测项目。上虞区分局完成上虞区江东片 52 平方千米范围内 1:500 基础地形图的测绘。

【地下管线更新测绘及入库】 年内，市规划局在

2013 年度地下管线更新的基础上，继续开展了地下管线的更新测绘工作，主要内容包括城市地下管线的竣工测绘及更新入库到管线信息系统中。越城区范围内全年共完成地下管线竣工测绘项目 35 项，测绘管线长度共计 217.195 千米，保证了绍兴市管线信息系统数据库的时效性和准确性。柯桥区分局全年共完成管线竣工图测绘项目 175 千米，完成地下管线更新测绘及数据建项目 1 个。上虞区分局对各乡镇的骨干网络综合管线做了相应的普查，其中包含了雨水管道、污水管道、电力、有线电视、联通、移动、电信、长城网络、宏宇通信等十余种管线，全年共计完成上虞区域骨干网综合管线普查 659 千米。

【采集完成市区卫星影像图】 年内，市规划局采集完成绍兴市区卫星影像图。该项目采集了绍兴中心城市（越城区、柯桥区、上虞区）2959 平方千米范围内 0.5 米分辨率的卫星影像数据，其成果已应用到基础地理信息系统、地理信息交换共享平台、“天地图”绍兴等平台，并制作成挂图，是已有的时效性最强的影像成果数据。（市规划局提供）

重点工程建设

【概况】 2014 年，“八湖”植物景观建设工程实施项目 17 个。其中柯桥区 2 个，高新技术开发区 5 个，袍江经济技术开发区 3 个，镜湖新区 6 个，城投集团 1 个。完成投资 10.75 亿元。

按期完成年度计划的项目共 12 个。其中柯桥区瓜渚湖景观改造二期工程、高新区梅龙湖环境整治工程（含梅龙湖电影主题公园）、镜湖新区湿地梅山公园西入口工程、狭猱湖南入口公园工程、群贤路镜湖新区段改造工程、体育路北侧绿化工程等 6 个工程建成并投入使用。坂湖公园建设工程、迪荡湖区市政工程和水系环境整治工程——西区Ⅰ标、平江路隧道工程、洋泾畈一期景观绿化工程二标、湿地儿童公园工程、洋江路景观改造工程等 6 个工程完成年度建设计划。

未按期完成年度投资的项目共 5 个。分别为：青甸湖越城区域工程一期、迪荡湖区市政工程和水系环境整治工程——西区Ⅱ标、铁路防护绿带——东北区块工程、洋泾畈一期景观绿化工程一标、洋泾畈一期景观绿化工程三标。5 个工程占年度总工程量的 18.0%，其中未完成工程量占年度总工程量的 5.4%。

另外，除以上列入 2014 年建设计划的项目外，上虞区的虞东河湖综合整治工程、市水利局的萧绍运河和市交投集团的 31 省道连接线工程等 3 个工程也已启动。（任晓蓉）

【镜湖广场建设完成】 3 月，镜湖广场完工，标志着绍兴镜湖新区“三中心一广场”全面落成。该广场原名科技文化广场，位于镜湖新区洋江西路以南，东侧为市科技馆，西侧为市文化中心，北面为新的市行政中心。工程总投资约 2.4 亿元，广场总用地面积为 109569 平方米。镜湖广场以市民集会、居民休闲为主要功能，分为中央广场、科技馆新馆场外广场和文化中心场外广场三大区域。广场设置 104 个地上机动车位，630 个地下机动车位（不包括文化中心、科技馆新馆地下停车场），可完全满足市民到广场和文化中心、科技馆新馆游玩参观的停车需要。镜湖广场是全市首个采用 BT 建设模式的大型公建工程，即由社会资本投资广场建设，投入使用后再由国资分期回购。这一模式拓宽了城市建设的多元化融资渠道，有利于吸引社会资本参与城市基础设施。

【二环北路拓宽改造一期二标工程通车】 9 月 17 日，二环北路拓宽改造一期二标工程（曲屯路至客运中心）全线通车。二环北路拓宽改造工程西起钟家湾立交桥，东至大帝山立交桥，全长约 8300 米，向南、北两侧分别拓宽 9 米，总投资约 8.6 亿元。

【渔化桥河沿老旧房改造工程】 10 月，渔化桥河沿老旧房改造工程开工建设。这是市区首个老旧房地块改造工程，位于市区渔化桥河沿地块，需征收各类房屋 13687.44 平方米（86 户住户和 4 家单位），新建地上总建筑面积 26980.3 平方米，地下建筑面积 7942.7 平方米，工程总投资 32017 亿元。（市城投集团提供）

【城市轨道交通线网规划修编完成】 年初，《绍兴市城市轨道交通线网规划》的修编工作启动，5 月初初步成稿并召开了专家咨询会；6 月至 8 月，多次征求各区和相关部门意见并向市委常委会作了专题汇报。9 月份，经同省发改委及国家发改委等部门汇报沟通，形成了此次线网规划修编的最终成果；9 月底，修编成果提交市委常委(扩大)会议讨论，得到市领导的高度认可。11 月 7 日召开了绍兴市城市轨道交通线网规划修编成果专家评审会，通过了修编成果并在进一步修改完善后形成上报稿。12 月初，绍兴市城市轨道交通近期建设规划对接工作会议召开，近期建设规划及各配套专题的编制工作重新启动。（高白越　毛文涛）

市政建设

【概况】 2014 年，城市基础设施管养维护工作有序开展，包括道路大中修、桥梁检测、背街小巷整治、路灯消暗改造以及市区公共自行车服务系统（四期）工程等。

【实施市区 3 条道路路面维修整治工程】 5 月至 10 月底，市区 3 条道路维修整治工程按期完成。其中车站西路（寨下路—绍兴油库）段车行道维修面积约 1372 平方米，车行道改造成人行道面积约 191.5 平方米，铺设侧平石约 516 米，增设雨水管 304 米、雨水检查井 13 座、路灯设施 10 套。中兴北路西侧非机动车道（昌安环岛—铁路涵洞）段车行道维修面积约 9120 平方米，人行道维修面积约 800 平方米，铺设侧平石约 600 米，并对雨水管进行疏通。解放南路(二环南路—玉山路)段车行道维修面积约 1350 平方米，人行道维修面积约 4368 米，铺设侧平石约 200 米，更换石座栏约 270 米，增设雨水管 23 米。

【实施 5 座桥梁整修工程】 7 月至 10 月底，市建设局相继对市区风则江廊桥、偏门桥、胜利西路 2 号桥、胜利西路 4 号桥、胜利西路 5 号桥进行整修。其中风则江廊桥重新铺设沥青面层约 21 平方米、木地板约 80 平方米，拆除木栏杆约 610 米，新建木栏杆约 90 米、钢栏杆约 520 米，修复部分人行道缘石及青石板，清理伸缩缝，对梁板进行加固和屋脊瓦片整理等；偏门桥重新铺装桥面约 107 立方米，修复人行道构件及护栏，增设船只通航标识等；胜利西路 2 号桥重新铺装桥面约 2080 立方米，人行道约 13 平方米，清理伸缩缝，修复护栏等；胜利西路 4 号桥重新铺装桥面约 1284 立方米，人行道约 19 平方米，清理伸缩缝，修复护栏，进行桥坡注浆等；胜利西路 5 号桥重新铺装桥面约 1013 立方米，人行道约 16 平方米，清理伸缩缝，修复护栏，进行桥坡注浆等。

【完成两条背街小巷整治工程】 5 月至 9 月底，对银塔路(包括城南大道西侧桥坡)改造工程段、快阁路(漓渚铁路涵洞—大叶池南区门口)段背街小巷开展整治并如期完工。其中银塔路(包括城南大道西侧桥坡)段铺设沥青路面约 5000 平方米、人行道路面约 950 平方米，疏通管道约 800 米，清理雨水井 86 只；快阁路(漓渚铁路涵洞—大叶池南区门口)段铺设砼路面约 3850 平方米、人行道路面约 750 平方米，疏通管道约 1680 米，清理雨水井约 250 只。

【实施市区公共自行车服务系统(四期)工程】 6 月底，市区公共自行车服务系统(四期)工程建成并投入使用，工程总投资 738 万元，在主城区、镜湖新区和绍兴高新区新增 50 个服务网点，新投放 2500 辆自行车。同时，为迎接省运会召开，投资 142.5 万元，在镜湖新区“三中心”建设 8 个服务网点，方便市民和参赛队员出行。

【实施积水整治与雨水泵站改造】 5 月至 7 月，市建设局对昌安西街(二环北路—中兴北路)段开展零星积水整治，铺设沥青路面约 6258 平方米，改造人行道面积约 2589 平方米，更换侧平石约 1600 米，增设青石板树池 33 只，增设雨水口两座，更换雨水井盖 33 套，疏通雨水管约 840 米。8 月至 9 月，对草藐弄积水点进行改造，工程起点为下大路，终点为解放北路，新建雨水管 300 米、雨水口 26 座、检查井 16 座，修复路面 1650 平方米。3 月至 5 月，开展严家潭、昌安立交桥、白马畈泵站改造以及昌安立交桥、火车站铁路涵洞进水口改造，解决了排水泵站故障频繁、雨水排放不畅的问题。

【实施 4 条人行道整修工程】 5 月至 8 月，相继对市区 4 条人行道开展整修并按期完工。其中胜利西路(越西路—绍大线)改造人行道面积约 6972 平方米，更换破损侧石，补种绿化，修复挡墙压顶约 500 平方米，增设两侧人行道树池 308 只；山阴路(杨绍线—鉴湖前街)人行道改造面积约 8044 平方米，更换树池压口石 306 只、侧石 200 米，修复挡墙压顶约 20 平方米，疏通管道约 3067 米，补种绿化；树下王路(越西路—树下王小区)人行道改造面积约 4367 平方米，补种行道树 10 棵，更换树池压口石 253 只，修复挡墙压顶约 150 平方米，补种绿化；东光路车行道改造面积约 1055 平方米，人行道改造面积约 4509 平方米，更换侧石约 1420 米，增设树池 208 只，管道疏通约 1500 米。

【路灯消暗改造工程】 3 月至 6 月底，市建设局完成城南大道、新建南路、鲁迅故里、胜利西路河边支路、中兴大桥、越西桥、书圣故里、蕺山新村、东光路、水木清华小区、桂园畈支路、春波弄、胜利西路延伸段、合作弄等路段的 714 柱路灯、6000 余米电缆的整体改造，解决了因线路老化、灯具破损、树木遮荫等原因造成夜间照明不够理想并存在安全隐患的问题。同时，采用能耗低、亮化效果好的新型 LED 灯具，完成风则江廊桥、昌安立交桥、府山蓬莱阁等 7 座建筑的亮化改造。(吕振洲　张佐皓　谢劼)

开启夜景亮化平时模式的风则江廊桥(市建设局提供)

【基本完成 15 个老小区雨污分流改造】 年内，市建设局对 15 个老小区进行雨污分流改造，工程投资概算 2594 万元。此批小区是越城区老城区的南后街住宅(51、80、81 号)，唐家弄、人民路(394、396、450 号)、观音弄 12 号、猫儿桥燃料公司宿舍、丁家弄、营桥河沿、保佑桥直街住宅(劳动路以北)、胜利桥北(1~18 幢)，高家弄和钱王祠前 16 号等；绍兴高新区的东升苑、镜水苑、渡东小区、洪都小区、地勘住宅小区、永胜新村小区等。至年底，除胜利桥北(1~18 幢)外，其余均按计划完成。

【“六小行业”污水治理】 年内，市建设局在巩固越城区城南街道、塔山街道、府山街道“六小行业”污水治理工作的基础上，完成了蕺山街道、北海街道 644 家“六小行业”经营户的入户调查。9 月，经市政府协调，将“六小行业”污水治理改造工作纳入“六小行业”整治范畴。至年底，牵头各行业主管部门整治了 84 家不符合行业要求的经营户，并制定了相关行业准入标准。同时，市建设局牵头环保、交通、行政执法等部门进一步推进“洗车行业专项整治”工作，针对城区67家、城东16家洗车店制定“一点一策”改造方案，督促相关部门出台了洗车行业准入标准，启动行业规划编制工作。至年底，城区一环内基本完成整改，二环内洗车店污水漫流、乱搭乱建现象得到改观，总共关停洗车店6家，拆除1家。（戚一秦）

房地产业

【概况】 2014年，全市完成房地产开发投资613.5亿元，同比增长14.2%；商品房销售额440.26亿元，同比下降22.6%；商品房销售面积531.7万平方米，同比下降12.5%；新开工面积1094.53万平方米，同比增长7.4%；待售面积427.65万平方米，同比增长46.1%。

【完成保障性安居工程建设】 年内，全市开工保障性安居工程住房19536套。其中开工公共租赁住房2447套、城中村改造17089套，基本建成13985套，竣工7920套，分配5715套，新增公共租赁住房货币补贴家庭215户。利用社会力量建设公租房，全年新开工企业公租房1194套。“十二五”期间，全市企业建设公租房6657套，占全市公租房总量的36.3%。

【廉租住房与公共租赁住房并轨】 年内，全市新增廉租住房租赁补贴家庭215户。其中越城区在4月开展了廉租住房保障申请登记工作，共有34户家庭获得廉租住房。按照住房城乡建设部、省建设厅要求，全市于年底前全面实现廉租住房和公共租赁住房并轨运行，廉租住房统一纳入公共租赁住房管理。（许枫）

【越城区规范和调整物业管理】 年内，市建设局出台《越城区行政区域物业服务企业综合信用等级评定暂行办法》，启动《绍兴市区物业专项维修资金管理办法（试行）》修订工作。对1家逾期申报资质的物业企业，给予重新核定资质等级的行政处理。落实保障性住房的物业服务费补贴及市级物业管理示范项目奖励金额304896.1元；归集物业专项维修资金19134048.58元，其中补收物业维修资金1608940.45元；核实拨付使用物业维修资金118万元，受益面积约达50万平方米。完成高新区物业行业属地管理工作移交，完成市房管处直管的22个小区中19个小区移交属地管理工作。配合越城区建设局对2007年后、1998—2006年的住宅小区物业用房、社区用房情况进行调查摸底。（吴翊）

【市第十四届房博会成交房屋286套】 10月31日，绍兴市第十四届房地产博览会在市奥体中心会展馆开展。此次房博会以“同筑大绍兴，共享好人居”为主题，展馆面积达8300平方米，室内面积3800平方米，26家房产商携32个楼盘参展，三天时间内，成交房屋286套，成交面积37250平方米，总成交金额35391万元；达成意向579套。（费民）

【出台促进市区房地产平稳发展的意见】 8月1日，市建设局发布《关于促进市区房地产市场平稳健康发展的意见》，给绍兴楼市限购限贷松绑。具体内容包括：取消户籍限购政策；二套房及以上贷款的最低首付比例由原先的60%降至40%，并且可以申请第二次公积金贷款；要求各商业银行加快对房地产按揭贷款的发放速度等11条意见，使2014年冷淡的房地产市场有了明显回暖，第四季度市区商品房市场成交整体回升。（许枫）

【继续推进农村住房改造】 年内，全市计划完成农村住房改造6200户，实际完成11054户；计划完成农村困难家庭危房改造650户，实际完成979户；计划启动建设农房改造示范村项目16个，实际已启动18个。同时，深入推进全市农村房屋登记发证工作，共发放权证82456户。为了切实破解当前集体土地范围内房屋登记发证难问题，维护农民和农村集体组织的合法权益，市委、市政府于6月14日印发了《关于加快推进集体土地范围内房屋登记发证工作的指导意见》，市农房登记发证工作领导小组印发了《全市集体土地范围内房屋登记发证工作实施方案》，越城区委、区政府出台了《关于加快推进集体土地范围内房屋登记发证工作的实施细则（试行）》。越城区把鉴湖镇丰乐村作为农房登记发证的试点村，完成725户住宅、74108.89平方米工业用房、4720.31平方米的公建用房的调查测绘工作。（何文）

城市绿化

【概况】 2014年，市建设局在日常养护管理的基础上，通过绿化补种、绿化提档及“八湖”植物景观工程等项目的实施，带动市区园林绿化逐步完善。年内，投资约490万元，实施公园亭、廊设施景观改造工程，市区退化绿地改造及乔木补种工程，市区沿河绿化提档、园路改造工程，罗门、南门公园绿地提档改造工程，树池覆盖工程，花镜制作工程等。同时，继续做好市区934582平方米绿地、19702株行道树、2311.15平方米鲜花、社区398080.14平方米绿地、13665株乔木，147株古树名木的日常养护工作。（钟国跃）

市区实施鲜花工程“五个一”试点（市建设局提供）

【城市广场绿化节点改造及基础设施维养】 年内，市建设局完成城市广场绿化节点改造工程。工程历时45天，总投资340万元，在解放路光明路口、大善塔口、解放路胜利路交叉路口等重要路口交汇处布置绿化结合硬质景观小景小品，突出文化与环保概念。完成广场有机更新改造工程，历时10个月，对广场排涝泵、绿化喷淋、喷泉、各类灯具、线路、广场监控、音响系统、广场基础设施、果壳箱、木椅等进行整体改造和更换。（严科裔）

城市管理

【概况】 2014年，市城管执法局按照“邻学杭州、内学上海、外学新加坡”的要求，以加强市区城市科学运营和精细管理为工作重点，以“洁净、有序、靓丽”为目标，结合市区区划调整、城管体制调整和大城市发展的需要，全力抓好城市管理工作。起草并出台了《关于进一步加强城市管理工作的若干意见》，建立了城市管理考评体系，研究出台《城市管理考核办法》，组建城市管理考核员队伍，加强考核培训工作，从10月起，正式组织对越城区、市直各开发区和市级相关职能部门的城市管理工作进行量化考核，全面提升了城市科学运营和精细管理水平。

【全市“控违拆违”专项整治势态良好】 年内，市城管执法局出台了《关于加快推进集体土地范围内房屋登记发证工作的指导意见》《越城区行政区域城镇违法建筑分类处置指导意见》，制定了《2014年全市“无违建”创建和控违拆违工作考核办法》等制度，各县（市、区）和市直各开发区全面开展了“无违建县（市、区）”创建，完成了52个镇（街）验收工作，拆除“违建典型”34批次，整治宗教违建场所907处，整治了农村“一户多宅”1.7万余处，较好地处置了204件“裁执分离”的历史遗留违建案件。全市累计拆除违法建筑1506万平方米。诸暨市在全省率先接受省级“无违建县”创建考核验收，绍兴市被评为全省“三改一拆”先进集体。

【市容环境秩序整治有序】 年内，市城管执法局结合文明城市创建，持续开展了占道经营、流动摊点、人行道停车秩序等为整治重点的春风行动，按照“属地负责、同步推进”原则，在越城区、绍兴高新区、袍江经济技术开发区建成区内全面实施整治。91条主、次干道沿街店铺基本实现齐门经营，城市道路流动摊点大幅减少，人行道停车秩序有所好转。执法人员整治占道经营户9879家，建立诚信档案3337家，取缔马路市场21个，立案查处265起；处罚机动车违停84146次，处理私占车位182个。7月，按照“无证一律取缔，有店规范经营”思路，取缔市区无证夜宵摊点281个（越城区125个，绍兴高新区70个，袍江经济技术开发区86个）。

执法人员在整治占道经营（市城管执法局提供）

【市区“放心早餐”经营点提档升级基本完成】 年内，市城管执法局牵头组织对市区现有早餐摊点开展了调查摸底，制定了《越城区早餐摊点规范管理办法（试行）》和《越城区行政区域早餐经营点提档升级工程实施方案》。10月8日起，市政府召开了早餐经营点工作部署会，提档升级工作正式启动，早餐经营点新车置换上路工作全力推进。各区块组织对早餐经营业主开展培训，办理占道经营证和健康证，统一更新餐车，统一配置保洁设施，统一餐饮服饰着装。越城区、绍兴高新区和袍江开发区范围内的早餐经营点提档升级工作已全面完成，共计更换餐车258辆。

【专项整治市区街亭】 年内，市城管执法局按照“控制总量、统一规划、专项整治、长效管理”的要求和“拆除一批、提升一批、整合一批”的方案，对市区的街亭进行集中整治，全面完成了市区二环内384个街亭（含66个早餐亭）的集中整治和拆除工作，遏制了市区乱设置街亭现象。并起草和下发了《市区街亭长效管理办法（试行）》，积极抓好长效管理工作。

【启动“智慧城管”建设】 年内，市城管执法局按照全省的统一部署，启动了智慧城管建设。研究起草了《绍兴市智慧城管实施方案》《绍兴市智慧城管项目可行性研究报告》《智慧城管项目建设技术方案（初稿）》。开通了“绍兴数字城管”微博和微信，拓宽了问题信息采集渠道，新增了50路监控视频。同时，整合“96310”与“12319”投诉平台，建立了“阳光执法”系统。全年累计采集问题信息183891条，办结率为98.54%，按时结案率为96.19%。

【基本完成市区人力客运三轮车整治】 年内，市城管执法局落实市政府《关于进一步加强越城区行政区域内人力客运三轮车集中整治工作的实施意见》精神，根据“依法管理、控制总量、严管限行、提升质量”的管理原则，积极参与开展了人力三轮车整治，回收人力客运三轮车1008辆。

市城管执法局回收的人力客运三轮车(市城管执法局提供)

【体制机制调整工作全面落实】 年内,市城管执法局按照市委、市政府有关文件精神,调整完善了与绍兴高新区、袍江经济技术开发区城管执法体制。6月,将执法人员编制、人事权、执法权全部下放到绍兴高新区、袍江经济技术开发区。自2013年以来,先后有26名正式队员、18名协勤员调动到开发区执法局工作。职权调整下放后,局机关内设处室职能进行了调整,进一步强化了对城市管理工作的指导监督。(余云海)

【旧住宅区、旧厂区和城中村改造】 年内,全市“三改”项目累计完成建筑面积882.30万平方米。其中全市旧住宅区改造项目累计完成29911户(套),建筑面积324.60万平方米;旧厂区改造项目累计完成160个,建筑面积235.75万平方米;城中村改造项目累计完成16971户(套),建筑面积321.96万平方米。(凌坚强)

【推进城市交通拥堵治理】 年内,全市完成交通治堵六大任务:一是全市新增公共自行车10090辆;二是新建改造道路开工11.99千米,完成7.92千米;三是打通断头路3条;四是改善影响通行的拥堵点14处;五是完成新增公建、配建停车位11533个,其中新增公共停车位1496个;六是减少影响交通功能的路面停车位478个。(娄宗望)

公共自行车(第四期)(市建设局提供)

【环卫工作体制调整】 6月25日,绍兴市环境卫生管理集团有限公司成立。9月底,市政府批准实施《绍兴市区环境卫生专项规划(2014—2030)》。同期开展循环生态产业园区和生活垃圾中转站项目建设的选址和前期工作,初步明确了拟建中转站的用地面积和规划红线,并完成项目建议书和可行性研究报告初稿的编制工作等。

7月11日,绍兴市环境卫生管理处成立。先后起草《绍兴市区环境卫生管理办法(试行)》、《绍兴市区环境卫生作业考核办法》《绍兴市区环境卫生作业考核标准》《绍兴市区垃圾分类试点工作(2015年—2017年)实施方案》,组织《生活垃圾处置费征收方案》《绍兴市垃圾分类全民宣传推广方案》的编制工作,制定《越城区行政区域道路洒水保洁标准》,并组织检查督促。

年内,市政府明确由市建设局牵头协调督查飞灰无害化处理。市发改委批复处理成本为19.9元/吨,在大坞岙二期单独建立填埋区,无害化处理后经环保部门检测后单独填埋。改建工程已完成图纸和立项工作。(楼奕翎)

【全面开展“五水共治”】 年内,全市建设管理部门积极参与“五水共治”,改造积水点82处,建设雨水管网151.2千米,提标改造管网71.5千米,雨污分流改造62.43千米,清淤排水管网1395千米,增加应急设备总流量1.8522万立方米/小时。嵊州市4个镇级污水处理设施主体完工,诸暨市建成容量350吨/日污泥处置设施一座,嵊新污水处理厂完成规模提标改造,全市新建污水管网196.2千米。全市新建供水管网594.8千米,改建供水管网110.4千米。诸暨市完成扩建6万吨/日水厂项目。全市完成屋顶集雨等雨水收集利用系统514处,完成改造节水器具17698套,完成“一户一表”改造42880户。(谢晶)

【建设城镇污水处理】 年内,全市建成镇级污水处理设施4个;建设城镇污水配套管网196.181千米。至年底,全市集中式城市污水处理厂COD削减量达228760吨,氨氮去除量达21067吨。(戚一秦)

【加大市政工程监督管理力度】 年内,市建设局统一和明确了市政工程围挡的制作标准和搭设要求,并配套出台了相应的图册。对新开工的200万元以上的政府投资的市政项目全面施行LBS管理系统进行考勤。加大违法违规行为的查处力度,加强市政工程施工现场巡查抽查的力度,加大查处力度。(宋晓婷)

市场与管理

商品市场

【概况】 2014年，在国际国内经济逐渐复苏和稳中向好的背景下，全市商品交易市场积极开拓国内外市场，加快转型升级步伐。全市商品交易市场共411家，成交额2904.5亿元，同比增长12.84%；网上交易市场15家，成交额2718.7亿元，是2013年的4倍。

全市年成交额超10亿元市场

表17

序号	市场名称	年成交额(万元)	区域
超100亿元市场共9家			
1	浙江绍兴中国轻纺城	7421011	柯桥区
2	钱清中国轻纺原料城	4960300	柯桥区
3	绍兴县中国轻纺城网上交易市场	4977713	柯桥区
4	绍兴县网上轻纺城交易市场	4960300	柯桥区
5	浙江大唐轻纺袜业城	1247991	诸暨市
6	诸暨华东汽配水暖城	1076310	诸暨市
7	浙江汇联贵金属制品网上交易市场	9600000	绍兴高新区
8	绍兴市袍江汽车城	1342460	袍江开发区
9	绍兴市越州轻纺市场(原绍兴市越州轻纺工贸园区)	2976000	越城区
10亿元至100亿元市场共18家			
1	绍兴(中国)染料城	388328	绍兴高新区
2	绍兴市蔬菜果品批发交易市场	277000	绍兴高新区
3	绍兴市大昌水产批发市场	120000	越城区
4	绍兴正大装饰商城	155000	越城区
5	绍兴金德隆五金机电城	179000	越城区
6	绍兴河山桥建筑材料市场	105000	越城区
7	绍兴钢材市场	200000	越城区
8	浙江亚太粮食批发交易市场	168546	柯桥区
9	新昌县羊毛衫兔毛市场	183000	新昌县
10	新昌中国茶市	326793	新昌县
11	浙江南方五金城	305250	诸暨市
12	诸暨华东国际珠宝城	936567	诸暨市
13	诸暨市小商品市场	500000	诸暨市
14	诸暨市农副产品批发市场	321000	诸暨市
15	浙江石狮商贸城	350000	上虞区
16	浙江大通集团公司农副产品批发交易市场	205000	上虞区
17	嵊州(中国)领带城	269331	嵊州市
18	浙东农副产品批发市场	254777	嵊州市

【21家市场申报创建省放心农贸市场】 年内,市市场监管局积极推动市政府将省放心农贸市场创建工作列为2014年度政府十方面民生实事工程,深入开展省放心农贸市场创建活动,全市共申报创建省放心市场21家,其中柯桥轻纺城综合市场被列为全省4个创建试点市场之一。

【改造提升16家农贸市场】 年内,全市共投入1.26亿元,对16家农贸市场进行改造提升。组织开展全市农贸市场普查工作,重点对已进行市场登记而未开展改造提升的农贸市场做好备案登记,并调研草拟《绍兴市新一轮农贸市场改造提升实施方案》,计划从2014年至2016年,对全市范围内对登记在册的未改造的90家农贸市场进行改造。

【300万元推动农贸市场长效管理】 3月,市市场监管局起草《关于建立绍兴市农贸市场长效监管机制的实施意见》,并会同市财政局出台《考核与创建奖补办法》,落实300万元财政资金,作为市区农贸市场规范管理和文明城市创建的考核奖补。考核办法主要是将月度考评与年终综合考评相结合,从市场的基础设施、制度建设、食品安全以及文明创建等方面进行考评,根据考核排名结果,设置农贸市场规范管理奖和文明城市创建奖,对在规范管理考核中获得一、二、三等奖的市场举办者分别给予25万元、16万元、10万元的资金奖励,对文明城市创建考核获得一、二、三等奖的市场举办者分别给予7万元、5万元、3万元的资金奖励。

【编印发行《市场通讯》月刊】 年内,市市场监管局围绕全市农贸市场改造提升及创建工作,专门编印了《市场通讯》月刊,每期发行量为5000份,分别寄送市级四套班子、市级各相关部门,以及各县(市、区)、乡镇(街道)、市区各市场。

【五星级市场数量继续居全省首位】 2月,绍兴市柯桥区裕民农副产品综合市场被认定为浙江省五星级文明规范市场,成为全省第二家、全市首家五星级农贸市场。至年底,全市五星级文明规范市场总数达到5家(全省14家),五星级市场数量继续居全省首位。全年全市共推荐申报省三星级以上文明规范市场26家,其中新申报四星级10家、三星级8家,延续确认五星级1家、四星级4家、三星级3家。

【组织参加省外浙商市场采购浙货对接会】 年内,市市场监管局组织相关市场赴海宁参加浙江省首届省外浙商市场采购浙货对接会,并开展对接服务,指导帮助嵊州中国领带城相关企业签约价值70万元的围巾订单项目。

【18个市场建立非公党建工作联系点】 年内,市市场监管局以"千名机关干部访万家企业"活动"学最美人、做最美事"等主题活动为载体,推进非公市场党建工作。建立红星美凯龙家居市场党支部等18个县(市、区)市场监管部门党建工作联系点。同时,推进市场党建工作标准化建设和个体党员先锋指数考评工作,确定诸暨大唐袜业城等10家市场开展标准化创建。其中钱清中国轻纺原料城被作为先进单位,在全省开展树立和学习党建工作示范点、党务工作者和个体工商户党员先进典型活动表彰会上受到表彰。

【活禽"杀白上市"工作平稳有序】 年内,市市场监管局按照省政府的要求,做好市场禽流感防控及活禽"杀白上市"工作,力促市政府出台《农贸市场家禽"杀白上市"及经营户转产转业工作实施意见》,落实好奖补政策,组织农贸市场举办者、活禽经营户召开动员会、座谈会和培训会,指导督促市场活禽区域硬件改造,经营户转产转业。配合市疾病预防控制中心开发绍兴活禽定点屠宰可追溯系统,主城区定屠"杀白上市"家禽全部佩带检疫检验二维码标志标识。活禽"杀白上市"工作平稳有序推进。

【开展农贸市场"自制食品清源"行动】 年内,全市市场监管部门组织开展农贸市场"自制食品清源"行动,共检查农贸市场231家、自制食品经营户1337户、生产加工场所607个,发现存在隐患的生产加工场所58个,责令整改55个,立案查处20起,移送司法机关案件两件。同时,指导市场建立经营户档案169家,指导经营户建立自制食品进货台账1109户。

【开展市场食品安全百日严打行动】 年内,全市市场监管部门在市场食品安全百日严打行动中,重点对农贸市场内熟食制品等食品源头开展调查摸底,要求对熟食、现场制售食品索证索票和台账登记两个100%,并牵头组织开展了食品安全百日严打全市熟肉制品联合执法检查。全市共检查市场224家,检查(检测)经营户751户,检测熟食样品1041批次,查封熟食加工场所16个,共检测出不合格31批次,查封熟食加工场所16个,移送司法机关案件14起。

执法人员在检查豆制品(市市场监管局提供)

【为全国文明城市创建营造良好市场环境】 年内，市市场监管局会同市文明办开展“文明在市场，诚信在摊位——诚信经营示范店”主题创建活动，授予34户经营户为2014年度“绍兴市诚信经营示范店”。通过开展市场“诚信经营示范店”创建活动，组织评选、表彰一批全市“诚信经营示范店”，以标杆带动、品牌引领，为绍兴全国文明城市创建营造一个规范经营、诚实守信的良好市场环境。

【整治霸王条款查出“问题合同”97份】 年内，全市市场监管部门组织开展银行业、电信业格式合同霸王条款专项整治行动，共检查合同5358份。其中预付式消费合同386份、快递合同2003份，银行123家次，电信企业108家次。查出“问题合同”97份，发放行政建议书12份，开展行政约谈43次。

【36家拍卖企业全部开展网上备案】 年内，全市市场监管部门引导督促全市36家拍卖企业全部开展网上备案工作，开展拍卖前后期备案1035次，备案拍卖委托书667份，标的总金额762965.71万元；备案拍卖确认书1927份，成交金额125159.85万元。全市共办理动产抵押登记1580件，同比减少6.45%；办理主债权金额1739050.50万元。

【认定国家和省级“守合同重信用”企业58家】 年内，全市市场监管部门组织开展“守合同重信用”申报、合同监管实务培训等，大力推广使用合同管理软件，提升企业合同管理水平，全市共培训合同管理人员800余人次。年内，全市通过国家级“守合同重信用”企业认定和延续认定的企业34家，通过省级AAA级企业认定的企业24家。

【指导签订土地流转合同和农业订单11.17万份】 年内，全市市场监管部门指导农业重点乡镇建立土地经营权流转服务机制，为土地经营权流转推广示范合同文本，指导土地承包、流转等合同的签订。全市共指导签订土地经营权流转合同22315份，面积约3000公顷。同时以新农村服务指导站为依托发展订单农业，帮助做好农产品超市对接工作，全市共指导签订各类农业订单89404份，金额364179万元。（市市场监管局提供）

人才市场

【概况】 2014年，全市共引进各类人才4.81万名，其中硕士或副高职称以上高级人才2560名。市直共引进各类人才7141名，其中硕士或副高职称以上高级人才601名。全市共举办交流会267场，共计招聘单位9394家次，提供岗位15.2万余个，达成意向5.1万余人次。

11月29日，“相约高校·创业绍兴”毕业生招聘会在市人力市场举行（市人力社保局提供）

【赴北京、西安、武汉、上海四地引进高层次人才】 年内，全市采取大部队、小分队相结合的灵活方式，以岗位对口的形式赴专业匹配度较高的高校与市场广揽人才。市本级外出引才12次，共计311家企事业单位参会，提供中高层次人才岗位6851个，现场达成初步意向3988人次，其中硕士及以上人才2085人次。

【互联网人才招聘蓬勃发展】 年内，绍兴人才网新增注册会员单位820家，新增招聘岗位10300余个，新增网络求职人员34800余人次；“绍兴人才市场”微信平台关注者达10500余人次，借助微信平台“高校毕业生推荐园”向用人单位推荐各类人才3400余人次。（市人力社保局提供）

人力资源市场

【概况】 2014年，全市人力资源市场共接受求职登记258103人次，其中城镇失业人员94062人次、农村及外来劳动力164041人次。有63086家次的用人单位提供招聘就业岗位463947个次，经介绍成功招聘218704人，其中城镇失业人员82460人、农村及外来劳动力136244人。市区接受求职登记111474人次，其中城镇失业人员34548人次、农村及外来劳动力76926人次；有43934家次的用人单位提供招聘就业岗位212525个次，经介绍成功招聘101951人次，其中城镇失业人员32347人次、农村及外来劳动力69604人次。全市人力资源市场的繁荣，为企事业单位招用工提供了服务平台，有效地促进了城乡劳动者的就业和再就业。

【密集举办各类招聘会】 年内，全市举办各类人力资源招聘会209场，提供就业岗位31万个次，达成就业意向8万人次。

【“就业大篷车”帮助2717名城镇失业人员再就业】 年内，全市共组织开展“就业大篷车”进乡镇送岗位活动17场，分别在越城区稽山街道、新昌县儒岙镇、嵊州市下王镇等地开展专场招聘会，共有533家企业提

供10080个岗位,2717名城镇失业人员和农村务工人员通过“就业大篷车”活动实现就业。(市人力社保局提供)

文化市场

【概况】 2014年年底,全市登记在册的文化市场经营单位4382家,其中:互联网上网营业场所607家,歌舞娱乐场所225家(含歌舞厅、卡拉OK厅),电子游戏室107家,文艺表演团体140家,演出场所56家,出版物经营单位1479家,印刷单位1137家,打字复印店357家,企业报106家,演出经纪机构20家,艺术品经营单位17家,电影发行放映单位28家,网络文化经营单位6家,广播电视47家,其他50家。市本级(含越城区)共有文化市场经营单位1166家,其中:歌舞娱乐场所65家,电子游戏室26家,营业性演出单位24家,演出团体13家,网吧109家,书报刊543家,印刷企业304家,演出经纪机构3家,艺术品经营单位6家,其他73家。全市文广系统继续实施行政审批、行政服务“三集中”工作。全年共受理申请并办结事项219件。

【调整市“扫黄打非”工作领导小组成员】 年内,市委、市政府为加强“扫黄打非”成员单位沟通协作,调整了绍兴市“扫黄打非”工作领导小组组成成员。领导小组组长由市委常委、宣传部长何加顺担任,副组长由副市长丁晓燕担任。领导小组共有25个成员单位:市委办、市府办、市委宣传部、市文明办、市经信委、市教育局、市公安局、市财政局、市交通运输局、市文广局、市旅委、市城管执法局、高新区管委会、袍江管委会、市法制办、市中级法院、市检察院、团市委、市市场监督管理局、绍兴海关缉私分局、市邮政管理局、市邮政公司、中国移动绍兴分公司、中国联通绍兴分公司、中国电信绍兴分公司。绍兴市“扫黄打非”工作领导小组办公室设在市文广局。

【调整越城区文化市场管理体制】 根据市委、市政府的要求,2月7日起,越城区政府负责区域内文化市场经营单位(场所、活动)的监管,由区文化旅游局承担文化市场的管理工作。10月1日起,越城区政府实管区域内(袍江经济技术开发区、绍兴高新区除外)涉及文化市场、广播电视、新闻出版的行政审批及行业监管工作全部由越城区文化旅游局承担。从而实现了县(市、区)文化执法队伍全覆盖,完善了市、县、乡镇三级文化市场监管和责任体系。

【开展文化市场专项整治行动】 年内,全市先后组织开展了“2014·净网行动”“2014·清源行动”“2014·秋风行动”“校园周边文化市场环境专项整治”等一系列整治行动。“净网行动”期间,全市取缔非法出版物摊点254个,收缴各类非法出版物(音像制品、电子出版物、书刊)12898张(盒、部、册),责令限期整改19家。同时,根据上级交办单,依法取缔了5家非法网站。“清源行动”期间,全市取缔游商地摊37个,收缴非法音像制品8972张(盒)、非法出版物2814册,立案查处违规出版物、印刷复制经营单位4家。未发现政治性非法出版物。“秋风行动”期间,全市立案查处违规经营单位14家次,收缴盗版光盘5426张(盒)、非法报纸期刊246份,检查网站运营单位2560家次,删除各类不良有害信息11197条,关闭违法网站6家。“校园周边文化市场环境专项整治”重点清查了学校周边书店、文具店、报刊亭等经营场所,严厉查缴非法教辅材料、非法工具书、有害卡通画册、低俗“口袋本”图书等各类影响青少年身心健康的有害出版物。同时,严查电子游艺在非法定节假日接纳未成年人,加大对歌舞娱乐、演艺等场所的监管力度,严查各类违禁播放曲目,加强对外来演出团体演出节目的审核、监管。

【开展“黑网吧”集中整治行动】 3月18日至4月15日,市扫黄办牵头开展了为期一个月的“黑网吧”集中整治行动。其间,全市发现并整改问题253处,处置举报投诉14件,立案查处15件,取缔无照黑网吧11家。(马国兴)

对外及对港澳台经济贸易

综　述

【概况】 2014年，绍兴市紧扣“扩大开放”主题，树立“开放商务、阳光商务、民生商务”理念，统筹国内国外两个市场，主动应对宏观形势变化，商务运行总体保持平稳发展态势。

全年，全市外贸出口297.5亿美元，同比增长6.58%，出口额占全国总量的1.27%，占比与2013年持平。出口额在全国所有城市中排名第18位，在地级市中排名第7位。

全年，全市新批外资项目141个，合同外资10.30亿美元，同比增长9.70%；实到外资6.71亿美元，同比下降16.90%。至年末，全市历年累计批准外商投资企业5976家，总投资396.78亿美元，合同外资206.42亿美元，实到外资达117.95亿美元。

全年，全市新批境外投资企业37家，境外企业投资总额65342万美元，其中中方投资额60756万美元，同比增长83.01%。至年末，全市历年累计批准境外投资企业1080家，总投资31.52亿美元，其中中方投资额29.98亿美元。

全年，全市新注册服务外包企业14家，累计达204家。服务外包合同签订额1.20亿美元，其中离岸合同额1.18亿美元，同比下降21.90%；完成合同执行额11108万美元，其中离岸执行额10946万美元，同比增长20.48%。（胡祖平）

对外及对港澳台贸易

【概况】 2014年，全市完成自营进出口总额346.84亿美元，同比增长3.95%。其中自营出口297.51亿美元，同比增长6.58%；自营进口49.32亿美元，同比下降9.52%；自营出口额和自营进出口总额均居全省第四位，自营进口额居全省第五位。

【加工贸易进出口41.34亿美元】 全年，全市加工贸易进出口41.34亿美元，同比增长10.70%。其中加工贸易出口27.47亿美元，同比增长6.78%，高于一般贸易出口0.20个百分点，占全市出口总额的9.23%，较2013年上升0.01个百分点。

【新登记备案企业1988家】 全年，全市新登记备案企业1988家，历年累计获进出口经营权企业17618家。至年底，全市有出口实绩企业8580家(包括三资企业)，比2013年同期增加435家。其中年内新开展自营出口业务的企业1479家，比2013年增加146家，出口额为123319万美元。全市出口超1000万美元企业638家，比2013年增加11家。

【进口贸易49.32亿美元】 全年，全市完成自营进口49.32亿美元，同比下降9.52%。其中：一般贸易进口35.46亿美元，同比下降15.77%，占全市进口总额的71.90%，比2013年下降5.33个百分点；加工贸易进口13.86亿美元，同比增长19.21%，占全市进口总额的28.10%。主要进口商品为对二甲苯（进口额89870万美元）、丙烯（进口额74190万美元）、精炼铜阴极（进口额69278万美元）、乙二醇（进口额41089万美元）、软玉（31340万美元）等，进口商品以原材料商品为主。

【纺织服装出口197.14亿美元】 全年，全市纺织服装出口197.14亿美元，同比增长4.33%，占全市出口总额的66.26%，较2013年下降1.34个百分点。其中：纺织纱线织物及其制品出口占主导地位，出口额达150.09亿美元，占全市纺织服装出口额的76.13%，较2013年提高0.27个百分点，是全市纺织品出口的主导商品；服装出口47.05亿美元，同比增长3.11%。在纺织品出口的主要目的地国家和地区中，排在前三位的是美国、欧盟和中东，出口额分别为214558万美元、285955万美元和315942万美元，分别同比增长2.23%、8.31%和3.28%。

【机电产品出口49.66亿美元】 全年，全市机电产品出口49.66亿美元，同比增长3.84%，占全市出口的17.77%，较2013年增长0.63个百分点。主要出口产品有灯管灯泡、液晶电视机、纺织机械及零件、汽车零件、滚动轴承及零件、摩托车零附件、太阳能电池、阀门等。其中：灯管灯泡出口24989万美元，同比下降27.86%；液晶电视机出口25682万美元，同比下降30.12%；纺织机械及零件出口28875万美元，同比增长10.62%；汽车零件出口15168万美元，同比下降1.39%；滚动轴承及零件出口30689万美元，同比增长4.69%；摩托车及自行车零附件出口22869万美元，同比增长12.15%；阀门出口15889

万美元，同比增长7.99%。

【化工产品出口196697万美元】 全年，全市化工产品出口196697万美元，同比增长11.41%，高于全市平均出口4.83个百分点，占全市出口的6.61%，较2013年提高0.28个百分点。主要出口产品为维生素、有机合成染料、氮化合物、医用敷料等。其中：维生素出口40018万美元，同比增长27.95%；有机合成燃料出口32873万美元，同比增长17.15%；氮化合物出口19583万美元，同比增长14.28%；医用敷料出口14747万美元，同比增长2.09%。

【高新技术产品出口81190万美元】 全年，全市高新技术产品出口81190万美元，同比下降9.74%，占全市出口的2.73%，较2013年下降0.49个百分点。主要出口产品为光敏半导体器件、液晶显示器电视接收机等。

【农副产品出口63181万美元】 全年，全市农副产品出口63181万美元，同比下降8.15%，占全市出口的2.12%。主要出口产品有珍珠及其制品、茶叶、水果罐头、黄酒等。其中珍珠及其制品出口11400万美元，茶叶出口15848万美元，水果罐头出口3628万美元，黄酒出口1724万美元。

【出口超1000万美元的国家和地区108个】 全年，与绍兴有进出口业务的国家和地区有209个，比2013年增加12个。其中出口超1000万美元的国家和地区108个，比2013年减少1个。在15个主要出口国家和地区中，对美国、阿联酋、巴西的出口额分别为391176万美元、156128万美元和143799万美元，分列前三名；出口额增幅排在前三名的国家和地区分别是香港、越南、英国，同比分别增长98.89%、25.01%和22.63%。

【民营企业出口占比达70.94%】 全年，全市民营企业出口211.06亿美元，同比增长10.91%，占全市出口为70.94%，较2013年提高2.41个百分点。三资企业出口70.66亿美元，同比下降3.12%，占全市出口比重为23.75%。民营企业和三资企业为主要出口企业类型，占比达94.69%。

【企业参加各类展览会441次】 全年，全市共有2983家企业参加了441批次国内外各类展览。其中境内展116批次，共有1916家企业参加，摊位数2919个；境外展325批次，共有1067家企业参加，摊位数1435个。

【市级以上出口名牌达146个】 至年底，全市共有市级以上出口名牌146个，比2013年增加8个。其中省级出口名牌76个，市级出口名牌70个。按类别分：纺织服装53个，机械电子47个，建材冶金12个，轻工工艺17个，化工医药10个，农副产品7个。按地域分：柯桥区33个，诸暨市48个，上虞区23个，嵊州市14个，新昌县14个，越城区7个，袍江6个，市直1个。

【年度自营出口十强企业】 年内，综合考虑出口排名、出口规模、出口增幅和品牌创建，浙江绍兴飞联贸易有限公司、万丰奥特控股集团有限公司、浙江新和成股份有限公司、浙江天乐集团公司、浙江来益进出口有限公司、海亮集团有限公司、浙江古纤道新材料有限公司、浙江三花集团有限公司、浙江红绿蓝纺织印染有限公司、浙江绍兴苏泊尔生活电器有限公司等10家企业被评为2014年度绍兴市自营出口十强企业，受到市委、市政府表彰。

全市自营进出口总值

表18 单位：万美元

区分		进出口总值		出口额		进口额	
		总值	同比(%)	总额	同比(%)	总额	同比(%)
全市		3468393	3.95	2975147	6.58	493245	-9.52
市区		2544651	3.88	2139198	6.74	405452	-8.98
其中	市直	51346	125.57	22606	25.25	28740	509.7
	越城区	219879	1.79	215336	2.71	4543	-28.46
	柯桥区	1260797	0.47	1101392	4.63	159404	-21.19
	上虞区	373776	0	330852	6.09	42924	-30.67
	绍兴高新区	240535	64.57	203569	45.21	36966	519.96
	袍江开发区	398319	-8.66	265443	-2.34	132876	-19.1
	诸暨市	565184	4.57	491438	6.42	73747	-6.27
	嵊州市	163577	0.42	155035	1.91	8543	-20.57
	新昌县	194980	6.18	189476	9.31	5504	-46.5

续表 18

区分	进出口总值		出口额		进口额	
	总值	同比(%)	总额	同比(%)	总额	同比(%)
全省(亿美元)	3551.5	5.8	2733.5	9.9	817.9	-6
全国(亿美元)	43030.4	3.4	23427.5	6.1	19602.9	0.4

说明：各区域统计口径暂未调整，市区数据中不包含柯桥区和上虞区，下同

全市主要进出口国家和地区（前 15 位）

表 19

单位：万美元

国家和地区	出口额	同比(%)	国家和地区	进口额	同比(%)
美国	391176	6.01	韩国	103245	10.78
阿联酋	156128	-7.60	日本	66587	-19.50
巴西	143799	3.42	台湾	59582	-21.54
印度	113530	9.22	沙特阿拉伯	32455	-32.22
德国	106383	6.18	智利	31286	-19.04
巴基斯坦	102317	10.49	瑞士	26176	569.61
越南	92155	25.01	美国	20006	95.73
印尼	89218	19.11	泰国	13289	37.81
香港	89128	98.88	德国	12932	-17.50
日本	77491	-1.26	科威特	12869	16.30
俄罗斯	70070	-3.63	新加坡	11464	28.89
墨西哥	65856	16.64	印度	11260	-5.54
英国	62506	22.59	澳大利亚	6961	-1.84
意大利	60215	5.11	马来西亚	6354	-40.34

全市出口商品主要大类

表 20

单位：万美元

类别	全年出口额	同比(%)
一、纺织品及服装	1971402	4.33
(一)纺织纱线、织物及制品	1500922	4.72
其中：纺织纱线	65811	1.53
纺织面料	1222360	5.61
化纤布	1048721	8.12
棉布	139597	-10.18
麻布	5667	25.3
纺织制品	212751	0.83
刺绣品	57610	-2.15

续表 20

类别	全年出口额	同比(%)
成品家纺	119448	3.29
(二)服装及衣着附件	470480	3.11
其中:织物制服装	235815	0.29
衬衫	53667	-10.57
裤子	52416	0.5
T恤衫、汗衫、背心等	14876	4.2
套头衫	15396	8.25
织物制袜子	164429	8.43
领带及领结	31949	-0.26
织物制手套	15155	17.96
二、机电产品	496620	3.84
其中:灯管、灯泡	24989	-27.86
液晶电视机	25682	-30.12
纺织机械及零件	28875	10.62
汽车零件	15682	-1.39
滚动轴承及零件	30689	4.69
摩托车及自行车零附件	22869	12.15
太阳能电池	7167	-30.31
阀门	15889	7.99
三、化工及相关产品	196697	11.41
其中:维生素	40018	27.95
医用敷料	14747	2.09
有机合成染料	32873	17.15
氮化合物	19583	14.28
四、农副产品	63181	-8.15
其中:珍珠及制品	11400	-31.38
茶叶	15848	-1.97
水果罐头	3628	-5.27
黄酒	1724	1.17
五、其他产品		
铜管	26175	1.03
弹簧床垫、寝具及类似品	16006	17.75
高新技术产品	81190	-9.74

全市主要进口商品

表 21　　　　单位:万美元

商品	进口额	同比(%)
对二甲苯	89870	15.62
丙烯	74190	0.17
精炼铜阴极	69278	-5.20
1,2-乙二醇	41089	-40.36
经其他加工的软玉	31340	
初级形状的聚四亚甲基醚二醇	12949	-28.20
铜废碎料	9338	13.28
其他芳烃混合物	8963	59.21
初级形状的聚丙烯	7307	20.37
其他未锻轧非合金镍	5853	-61.93
以贵金属载体催化剂	4977	3736.03
其他精炼铜阴极	4699	-57.21
非零售粗梳中支纯棉单纱	4261	-20.81
液晶显示板	3823	-48.55
精对苯二甲酸	3137	-90.98
非零售粗梳较细支纯棉单纱	2972	37.26
聚酰胺-6切片	2369	-64.96
橡胶或塑料加工机器	2238	-47.91
棉≥85%未漂平纹布	2209	-30.67
合成纤维长丝纺丝机	2019	85.65
含有石油类的处理纺织等材料制剂	1986	-10.25
锰矿砂及其精矿	1952	14.52

全市进出口贸易方式

表 22　　　　单位:万美元

	进出口总额	占比(%)	其中:出口额	同比(%)	占比(%)
合　计	3468393	100.00	2975147	6.58	100.00
1. 一般贸易	3051432	88.01	2699726	6.60	90.72
2. 加工贸易	413367	11.92	274724	6.78	9.19
其中:来料加工	19578	0.56	12038	-0.32	0.41
进料加工	393789	11.41	262686	7.18	8.78
3. 其他贸易	3594	0.09	697	47.31	0.02

全市各类所有制企业出口额

表 23　　单位：万美元

企业类别	出口额	同比（%）	占比（%）
合 计	2975147	6.58	100.00
国有企业	37523	3.71	1.29
三资企业	706556	-3.14	23.71
集体企业	110469	-2.10	3.68
私营企业	2110578	10.89	70.89
个体工商户	10021	0.04	0.30

全年外贸经营权登记备案情况

表 24　　单位：家

区分		全年新登记备案企业数	历年获权累计	内资企业		个体工商户	
				全年新登记备案数	历年累计	全年新登记备案数	历年累计
全市		1988	17618	1978	17432	10	186
市区		1606	13977	1600	13909	6	67
其中	市直	0	105	0	105	0	0
	越城区	146	2248	146	2232	0	16
	柯桥区	1013	8540	1011	8524	2	16
	上虞区	188	1700	187	1670	1	29
	绍兴高新区	97	430	95	428	2	2
	袍江开发区	162	954	161	950	1	4
诸暨市		246	2167	244	2091	2	76
嵊州市		74	881	74	857	0	24
新昌县		62	593	60	575	2	18

全市市级以上出口名牌

表 25

类别	类别序号	品牌	企业名称	属地
纺织服装	1	富润	富润控股集团有限公司	诸暨
	2	步森	浙江步森服饰股份有限公司	诸暨
	3	情森	浙江情森制衣有限公司	诸暨
	4	裕隆及图	裕隆控股集团有限公司	柯桥
	5	HENGGEER 亨哥尔	浙江神鹰集团有限公司	诸暨
	6	月兰	新天龙集团有限公司	上虞
	7	七色彩虹	浙江港龙织造科技有限公司	袍江
	8	永利	浙江永利经编股份有限公司	柯桥

续表 25

类别	类别序号	品牌	企业名称	属地
纺织服装	9	丹吉娅	浙江袜业有限公司	诸暨
	10	巴贝	浙江巴贝领带有限公司	嵊州
	11	金蝉	浙江金蝉家纺服饰有限公司	柯桥
	12	天龙(图形)	浙江天龙数码印染有限公司	柯桥
	13	越美	越美集团有限公司	诸暨
	14	朗莎尔	浙江朗莎尔维迪制衣有限公司	柯桥
	15	情怡	浙江情怡袜业有限公司	诸暨
	16	GXD	浙江古纤道新材料股份有限公司	袍江
	17	东伟	东伟纺织集团有限公司	诸暨
	18	TENDIER 坦迪	浙江新兴针织服饰有限公司	诸暨
	19	步人	浙江步人袜业有限公司	诸暨
	20	申佰利	浙江申佰利袜业有限公司	诸暨
	21	美邦	浙江美邦纺织股份有限公司	诸暨
	22	宝纺 BAOFANG 及图	浙江宝纺印染有限公司	柯桥
	23	中佳	绍兴县中佳布业有限公司	柯桥
	24	宝兹漫(POSMI)	浙江华都纺织印染有限公司	诸暨
	25	国申	浙江国申纺织有限公司	诸暨
	26	黛林娜	浙江华联集团有限公司	柯桥
	27	丝诺	绍兴市南亚羽绒制品有限公司	越城
	28	双驹	浙江耿基实业有限公司	新昌
	29	越胜	浙江稽山印染有限公司	柯桥
	30	绅花	绍兴绅花纺织有限公司	柯桥
	31	麦地郎 MDL	浙江麦地郎领带织造有限公司 麦地郎集团有限公司(省级)	嵊州
	32	国周	绍兴金渔印染有限公司	袍江
	33	伟丰	浙江伟丰织造印染有限公司	越城
	34	迷帅	浙江迷帅服饰有限公司	柯桥
	35	SF 嵊峰	浙江嵊峰针织有限公司	诸暨
	36	MS	浙江梅盛实业股份有限公司	柯桥
	37	达利发	达利丝绸(浙江)有限公司	新昌
	38	盛兴	浙江东盛印染有限公司	柯桥
	39	飘蓝	浙江四通纺织服饰有限公司	诸暨
	40	馨浪	绍兴鼎立装饰品有限公司	柯桥
	41	海通	绍兴海通印染有限公司	柯桥
	42	凌达?丹奴尔	浙江凌达实业有限公司	柯桥
	43	润根	绍兴市润根纺织品有限公司	袍江

续表 25

类别	类别序号	品牌	企业名称	属地
纺织服装	44	众华	浙江众华家纺集团有限公司	柯桥
	45	春夏秋冬	浙江春夏秋冬纺织贸易有限公司	柯桥
	46	洁丽雅	浙江洁丽雅毛巾有限公司	诸暨
	47	猎头人	泰荣针纺集团有限公司	诸暨
	48	中强 + 图形	诸暨市中强纺织有限公司	诸暨
	49	莎耐特 SOXNET	浙江莎耐特袜业有限公司	诸暨
	50	雅士林 YASHILIN+ 图	浙江雅士林领带服饰有限公司	嵊州
	51	英其尔 INCHER	浙江英其尔针织有限公司	诸暨
	52	华欣 HUAXIN	浙江华欣家纺有限公司	柯桥
	53	BAILIER	浙江佰利领带服饰有限公司	嵊州
机械电子	1	ZCW	浙江万丰奥威汽轮股份有限公司	新昌
	2	阳光	浙江阳光照明电器集团股份有限公司	上虞
	3	三花	三花控股集团有限公司	新昌
	4	丰球	丰球集团有限公司	诸暨
	5	卧龙	卧龙电气集团股份有限公司	上虞
	6	恒久 CHJC	浙江恒久机械集团有限公司	诸暨
	7	盾安 DUNAN	浙江盾安人工环境设备股份有限公司	诸暨
	8	XCC	浙江五洲新春集团有限公司	新昌
	9	JINDUN(金盾)	浙江金盾压力容器有限公司(省级) 浙江金盾消防器材有限公司(市级)	上虞
	10	CH 晨辉	浙江晨辉照明有限公司	上虞
	11	东舜	浙江东舜电器集团有限公司	上虞
	12	Sunlit	上虞舜和照明电器有限公司	上虞
	13	万安(VIE)	浙江万安科技股份有限公司	诸暨
	14	铁鎯	铁鎯电动工具有限公司	诸暨
	15	盛名	浙江盛名机电制造有限公司	诸暨
	16	精大 Jing Da	浙江精功科技股份有限公司?	柯桥
	17	YOHAMA	绍兴市通用发动机制造有限公司	越城
	18	TBM	浙江双鸟机械有限公司	嵊州
	19	奥力	浙江奥力电器有限公司	嵊州
	20	越剑	浙江越剑机械制造有限公司	柯桥
	21	飞鹰	浙江飞鹰缝制设备有限公司	诸暨
	22	北峰	浙江北峰制冷设备有限公司	嵊州
	23	Racoon 及图	浙江濠泰机械有限公司 濠泰控股集团有限公司(省级)	诸暨
	24	信胜	浙江信胜缝制设备有限公司	诸暨

续表 25

类别	类别序号	品牌	企业名称	属地
机械电子	25	全世通	浙江世纪华通车业股份有限公司	上虞
	26	尧亮照明	浙江尧亮照明电器有限公司	上虞
	27	新柴(图形)	浙江新柴股份有限公司	新昌
	28	西密克 CMI	浙江新昌西密克轴承有限公司	新昌
	29	SETEC+ 图形	上虞大东南照明有限公司	上虞
	30	LEJIA	浙江乐佳机电有限公司	诸暨
	31	HC SOLAR	浙江弘晨光伏能源有限公司	诸暨
	32	ENTIVE+ 图形	浙江亿田电器有限公司	嵊州
	33	鑫兴	全兴精工集团有限公司	诸暨
	34	SANFEN 帅丰	浙江帅丰电器有限公司	嵊州
	35	constant	浙江康思特动力机械有限公司	袍江
	36	JIECANG	浙江捷昌线性驱动科技股份有限公司	新昌
	37	YAOFENG	浙江耀锋动力科技有限公司	高新区
	38	富士力	浙江梅轮电扶梯成套有限公司	柯桥
	39	BL-Bright	浙江亮亮照明电器有限公司	上虞
	40	金海	浙江金海环境技术股份有限公司	诸暨
	41	crafab	浙江格美机电科技有限公司	诸暨
	42	TEINURO	浙江天乐集团有限公司	嵊州
	43	SENG 森歌	浙江森歌电器有限公司	嵊州
	44	ROMWAY	浙江龙威机械制造有限公司	嵊州
	45	SLING	新昌县双菱汽车轴承有限公司	新昌
	46	“SETEC 牌”	浙江上光照明有限公司	上虞
	47	Energetic	浙江阳光照明电器集团股份有限公司	上虞
建材冶金	1	海亮	浙江海亮股份有限公司	诸暨
	2	宏磊	浙江宏磊铜业股份有限公司	诸暨
	3	铭仕	浙江铭仕管业有限公司	诸暨
	4	JOL 健立	浙江健力股份有限公司	诸暨
	5	富得利 FUDELI	浙江富得利木业有限公司	袍江
	6	星鹏	浙江星鹏铜材集团有限公司	上虞
	7	VALPEX	浙江中亿管业有限公司	诸暨
	8	ASB	浙江爱水宝管业有限公司	诸暨
	9	方腾 FOUNDAIN	绍兴县雅思戈洁具有限公司	柯桥
	10	DAMNO+ 图形	绍兴市天龙锡材有限公司	越城
	11	Alucosuper	浙江墙煌建材有限公司	柯桥
	12	精大	浙江精工钢结构有限公司	柯桥

续表 25

类别	类别序号	品牌	企业名称	属地
轻工工艺	1	喜临门	喜临门家具股份有限公司	越城
	2	阮仕 Ruans	浙江阮仕珍珠股份有限公司	诸暨
	3	千足	浙江山下湖珍珠集团股份有限公司	诸暨
	4	绿海	浙江大东南包装股份有限公司	诸暨
	5	佳丽	浙江东方神州珍珠集团有限公司(市级) 浙江佳丽珍珠首饰有限公司(省级)	诸暨
	6	金皇后	浙江无名皮塑集团有限公司	柯桥
	7	西施	浙江大东南包装股份有限公司	诸暨
	8	风雨 WIND&RAIN	天外天伞业有限公司	上虞
	9	花为媒	浙江花为媒集团有限公司	柯桥
	10	FEINUO 菲诺	浙江友谊菲诺伞业有限公司	上虞
	11	天使之泪 angeperle	浙江天使之泪珍珠股份有限公司	诸暨
	12	XFP 凯利 KINLEAD	浙江凯利新材料股份有限公司	柯桥
	13	思尔 SIER+图形	浙江思尔珠宝首饰有限公司	诸暨
	14	腾鑫伞业	浙江腾鑫伞业有限公司	上虞
	15	图形	浙江天玮雨具有限公司	上虞
	16	杰龙玻璃	绍兴杰龙玻璃有限公司	柯桥
	17	金鼎图形	绍兴市金鼎伞业有限公司	上虞
化工医药	1	众	浙江医药股份有限公司新昌制药厂	新昌
	2	NHU 新和成	浙江新和成股份有限公司	新昌
	3	龙盛	浙江龙盛集团股份有限公司	上虞
	4	三力士	浙江三力士橡胶股份有限公司	柯桥
	5	京新	浙江京新药业股份有限公司	新昌
	6	闰土	浙江闰土股份有限公司	上虞
	7	金科	浙江金科化工有限公司	上虞
	8	GBG	国邦医药化工集团有限公司	新昌
	9	ZD	绍兴振德医用敷料有限公司	高新区
	10	皇马	浙江皇马科技股份有限公司	上虞
农副产品	1	古越龙山	中国绍兴黄酒集团有限公司	市直
	2	皇帝	浙江华发茶业有限公司	嵊州
	3	toyoshima+图形	丰岛控股集团有限公司	新昌
	4	华瀛	绍兴华瀛竹木制品有限公司	柯桥
	5	华发	浙江华发茶业有限公司	嵊州
	6	大越	绍兴市大越酒业有限公司	柯桥
	7	塔牌	浙江塔牌绍兴酒有限公司	柯桥

全市进出口市场情况(一)

表 26

单位:万美元

地区	出口额	同比(%)	进口额	同比(%)
合计	2975146	6.58	493238	-9.52
亚洲	1222765	8.85	348823	-13.03
非洲	333001	4.11	13635	52.56
欧洲	576251	6.00	59565	-4.72
拉丁美洲	385482	5.92	39515	-19.66
北美洲	423792	5.19	23763	57.96
大洋洲	33855	-10.51	7937	-5.26

全市进出口市场情况(二)

表 27

单位:万美元

区分	出口额	同比(%)	进口额	同比(%)
欧盟	477542	9.59	28380	-30.69
北美自由贸易区	489648	6.59	24227	55.88
亚太经合组织	1203206	9.71	350470	-8.65
东盟	333924	10.06	41681	5.35
中东	380766	-3.21	50131	-29.19
东欧	39229	10.29	2628	-34.54
独联体	98725	-8.08	5263	-66.81

全市出口额前 30 位

表 28

单位:万美元

企业	出口额	同比(%)
浙江绍兴飞联贸易有限公司	56821	2373.74
万丰奥特控股集团有限公司	42023	14.33
浙江万丰奥威汽轮股份有限公司	23558	22.06
浙江万丰摩轮有限公司	18374	7.03
浙江万丰科技开发有限公司	92	-68.41
浙江新和成股份有限公司	34454	0.65
浙江新和成股份有限公司	24936	3.23
浙江新维普添加剂有限公司	8933	4.15
浙江新和成进出口有限公司	586	-60.93
浙江天乐集团公司	29385	1.18

续表 28

企业	出口额	同比(%)
浙江天乐数码电器有限公司	27218	2.56
浙江天乐集团有限公司	1489	-11.64
嵊州市天乐音响有限公司	541	-4.11
浙江天乐进出口有限公司	137	-42.48
世纪阳光控股集团有限公司	25870	-5.66
浙江阳光照明电器集团股份有限公司	16683	23.13
浙江阳光照明有限公司	8726	-32.30
浙江阳光碧陆斯照明电子有限公司	272	41.91
浙江阳光进出口有限公司	190	-76.15
浙江海亮股份有限公司	25545	11.08
浙江海亮股份有限公司	25110	10.80
浙江海亮国际贸易有限公司	330	38.78
浙江科宇金属材料有限公司	91	21.72
浙江铜加工研究院有限公司	14	2.76
浙江三花集团有限公司	23602	9.76
浙江三花制冷集团有限公司	12160	16.89
浙江三花股份有限公司	11441	3.09
浙江古纤道新材料有限公司	23381	15.60
浙江绍兴苏泊尔生活电器有限公司	17393	18.72
浙江庆茂纺织印染有限公司	13954	-2.59

(市经信委提供)

利用外资

【概况】 2014年,全市新批外商投资企业141家,总投资17.18亿美元,同比增长35.5%,合同外资10.30亿美元,同比增长9.7%,实到外资6.71亿美元,同比下降16.9%。其中市区新批外资企业113家,合同外资6.44亿美元,同比下降12.0%,实到外资5.47亿美元,同比下降2.5%。

至年底,全市累计批准外商投资企业5976家,总投资396.78亿美元,合同外资206.42亿美元,实到外资117.95亿美元。投资总额1000万美元以上的外资大项目1331个,投资总额292.72亿美元,合同外资137.78亿美元,分别占外资总量的22.28%、73.77%和66.75%,其中投资总额超5000万美元的大项目81个。

至年底,全市已投产外资企业1892家,规模以上企业实现销售(营业)收入2015.55亿元,实现利润总额116.77亿元,税金总额50.94亿。资产总额2016.33亿元,负债总额1226.08亿元,全市外资企业人员26.65万人次。全年外资企业自营出口70.64亿美元,同比下降3.10%,占全市总出口额的23.74%。

全市利用外资情况（一）

表 29

区分		企业数量（家）		总投资(万美元)		
		全年新增	历年累计	全年	同比(%)	历年累计
合计		141	5976	171800	35.5	3967785
市区		113	4007	106919	5.4	2767975
其中	市直	—	159	—	—	60700
	越城区	7	385	2296	-52.5	90044
	柯桥区	59	1573	33678	-6.3	1097084
	上虞区	32	1207	47858	16.8	846386
	绍兴高新区	4	177	2429	806.3	134859
	袍江开发区	3	498	6611	-66.1	524855
	滨海新城	8	8	14047	—	14047
诸暨市		27	967	54309	115.7	679121
嵊州市		1	757	9870	—	356429
新昌县			245	702	-17.2	164250

全市利用外资情况（二）

表 30

单位：万美元

区分		合同外资			实到外资		
		全年	同比(%)	历年累计	全年	同比(%)	历年累计
全市		102993	9.7	2064217	67130	-16.9	1179531
市区		64421	-12	1375539	54670	-2.5	811108
其中	市直	—	—	17786	—	—	6061
	越城区	1538	447.3	49155	1051	166.8	22603
	柯桥区	17034	-34.8	502128	21003	2.3	319775
	上虞区	34571	-1.2	457097	22025	10.1	237106
	绍兴高新区	2140	1846	81829	2226	15	54063
	袍江开发区	3841	-63.1	262247	6808	-48.5	169943
	滨海新城	5297	—	5297	1557	—	1557
诸暨市		35300	87.4	403285	10045	-52.9	239285
嵊州市		806	179.9	197409	209	-69	90954
新昌县		2466	-14.7	87984	2206	-18.8	38184

全市实到外资前十位企业情况

表 31

单位:万美元

排名	外资企业	实到外资	所属地区
1	浙江华孚色纺有限公司	7470	上虞区
2	绍兴县天府商贸有限公司	6287	柯桥区
3	浙江鸿盛化工有限公司	4160	上虞区
4	绍兴世茂置业有限公司	2097	绍兴高新区
5	绍兴县铭琪投资咨询有限公司	1562	柯桥区
6	浙江三花制冷集团有限公司	1200	新昌县
7	浙江贝得药业有限公司	1196	袍江开发区
8	绍兴县天奇投资咨询有限公司	1110	柯桥区
9	绍兴柯桥福盛投资咨询有限公司	1041	柯桥区
10	绍兴柯桥钱富投资咨询有限公司	1041	柯桥区

【全市世界500强投资项目】 年内,已有荷兰的飞利浦、德国的西门子和费森尤斯、瑞士的斯特拉塔集团、英国曼宁加、韩国SK集团及日本的丰田、伊藤忠、松下、双日、川崎重工等12家世界500强企业在绍兴投资创办19家外商投资企业,累计总投资7.95亿美元,合同外资1.95亿美元,实到外资1.89亿美元。

【新增独资企业106家】 年内,全市新批独资项目122个,合同外资7.20亿美元,同比下降3.95%,占全市总量的86.52%;实到外资4.37亿美元,同比下降19.79%,占全市总量的65.13%。独资项目占全市总量指标高于合资项目。总投资超千万美元的大项目中独资项目35个,占大项目总量的63.64%。

全市利用外资分方式情况

表 32

企业类型	项目数(个)	合同外资(万美元)	同比(%)	占比(%)	实到外资(万美元)	同比(%)	占比(%)
合计	141	102993	9.68	100	67130	-16.9	100
合资	19	27064	53.31	26.28	22169	-15.68	33.02
合作	—	7	—	—	—	—	—
独资	122	72044	-3.95	69.95	43708	-19.79	65.11
股份制		3878	211.24	3.77	1253	—	1.87

【开发区利用外资总量同比下降】 年内,全市共有省级及以上开发区13家,其中国家级经济技术开发区3家,国家级高新技术产业开发区1家。全市开发区(园区)引进合同外资6.78亿美元,实到外资5.10亿美元,分别占全市总量的65.83%和76.01%。实际利用外资超1亿美元的开发区有1家(杭州湾上虞经济技术开发区1.05亿美元,占全市的15.65%),比2013年减少2家。

全市经济开发区(工业区)利用外资情况

表 33

开发区	项目数(个)	合同外资(万美元)	同比(%)	实到外资(万美元)	同比(%)
合计	49	67808	2.4	50971	-14.2
绍兴高新技术开发区	4	2140	1845.5	2226	15
袍江经济技术开发区	3	3841	-63.1	6808	-48.5
滨海新城	8	5297	--	1557	--
柯桥经济技术开发区	7	5398	45.7	5621	286.6
柯桥区滨海工业区	1	9157	-43.4	8392	-20.2
诸暨经济开发区	10	12532	93.8	5088	-44.7
诸暨山下湖珍珠园区	—	16	-98.7	—	—
上虞经济开发区	8	13130	66.5	8383	124.5
杭州湾上虞经济技术开发区	7	13065	-29.8	10491	-27.5
嵊州经济开发区	1	806	--	209	-69
新昌高新技术产业园	—	2426	-9	2196	-17.6
新昌工业园区	—	—	—	—	—

【第三产业利用外资大幅增长】 年内,全市新批三产项目 110 个,同比增长 15.79%;合同外资 5.60 亿美元,同比增长 31.49%;实到外资 3.30 亿美元,同比增长 34.16%;占比分别较 2013 年同期增长 9.17 个百分点、9.01 个百分点、18.73 个百分点。三产项目中,批发和零售项目 74 个,合同外资 1.98 亿美元,租赁和商务服务项目 16 个,合同外资 0.90 亿美元。

全市利用外资分产业情况

表 34

产业名称	项目数(个)	合同外资(万美元)	占比(%)	同比(%)	实到外资(万美元)	占比(%)	同比(%)
总计	141	102993	100	9.68	67130	100	-16.9
第一产业	—	1600	1.55	292.77	52	0.08	—
第二产业	31	45415	44.1	-12.93	34036	50.7	-39.39
第三产业	110	55978	54.35	31.49	33042	49.22	34.16

【制造业仍然是利用外资重点领域】 年内,全市新批制造业项目 31 个,合同外资 4.56 亿美元,实到外资 3.38 亿美元,分别占全市总量的 21.99%、44.27%、50.37%。所投项目中,机械、电子等高新技术产业项目共 19 个,合同外资 1.78 亿美元,同比下降 43.49%,实到外资 1.06 亿美元,同比下降 52.25%。从外资投向看,近年来,全市制造业引资比例不断下降,服务业引资比例逐年增长。

全市主要行业投资情况

表 35

行业类别	项目数(个)	合同外资(万美元)	同比(%)	实到外资(万美元)	同比(%)
机械	14	15245	–48.8	8873	–57.4
批发零售	74	19786	–32.5	12747	–23.6
纺织业	3	12890	320.4	10686	5.6
化工业	1	6223	–26.3	6423	–29.4
租赁商务服务	16	8970	–13.5	8386	124.2
服装	5	1626	212.1	1094	–65.8
房地产	—	2100	—	2097	–22.4
电子及通信	5	2564	–51.1	1769	29.3

【亚洲地区仍为外资主要来源地】 年内,亚洲国家或地区在绍兴投资项目121个,同比增长1.68%;合同外资8.65亿美元,同比下降1.38%;实到外资6.00亿美元,同比下降8.79%;各项指标分别占全市总量的85.82%、84.02%、89.37%。亚洲国家和地区中,又以港资为主。全市新批港资项目72个,合同资金8.67亿美元,占全市总量的84.22%,实到资金5.72亿美元,占全市总量的85.23%。欧、美等发达国家项目引进数比2013年有所提高,引进外资项目14个,合同外资7997万美元,分别同比增长75.00%、355.67%。

全市主要投资国家(地区)投资情况

表 36

国家(地区)	项目数(个)	合同外资(万美元)	占比(%)	实到外资(万美元)	占比(%)
香港	72	86739	84.22	57217	85.23
英属维尔京群岛	2	3926	3.80	2407	5.27
日本	4	207	0.20	1871	2.79
美国	6	5140	4.99	1598	2.38
英国	3	949	0.92	1020	1.52
西班牙	0	0	0	660	0.98
以色列	0	219	0.21	366	0.55
萨摩亚	3	99	0.10	268	0.40
塞舌尔	0	307	0.30	167	0.25
新加坡	1	–1126	—	150	0.22

【参加第十六届浙江投资贸易洽谈会】 年内,绍兴组织、参加了一系列招商引资活动,取得了可喜的成果。在第十六届浙江投资贸易洽谈会上,促成20个投资项目签约,总投资108亿元。其中外资项目17个,总投资10.74亿美元,协议利用外资3.3亿美元,主要涉及机械科技、动漫、旅游、纺织等领域。其中由IBM集团和安防城控股有限公司合作开发的总投资15900万美元的全球智慧市场项目、由大连隆翔松辽游艇有限公司投资20亿元的绍兴滨海新城游艇产业基地项目、由巍华新材料股份有限公司投资6亿元的海洋化工新材料项目,参加了全省重大投资项目签约仪式。8月,市政府专门召开全市招商专业人才业务培训会,邀请国内招商领域著名专家授课,市长俞志宏到会并讲话。

【21家外商投资企业入选省"百强"榜单】 年内,在浙江省第五届百强外商投资企业评选中,绍兴市的浙江佳宝新纤维集团有限公司等5家外商独资企业和宝业集团股份有限公司等16家中外合资企业分别入围浙江省第五届百强外商独资企业和百强中外合资合作企业。

全市入选2013年浙江外商独资百强企业名单

浙江佳宝新纤维集团有限公司

浙江欧亚薄膜材料有限公司

浙江鸿盛化工有限公司

浙江加多宝饮料有限公司
浙江庆茂纺织印染有限公司
全市入选2013年浙江外商合资百强企业名单
宝业集团股份有限公司
浙江明牌珠宝股份有限公司
浙江海亮股份有限公司
浙江古纤道新材料股份有限公司
浙江南方石化工业有限公司
杭州湾化纤有限公司
绍兴亿丰化纤有限公司
绍兴滨海石化集团有限公司
浙江绍兴三圆石化有限公司
浙江嘉利珂钴镍材料有限公司
浙江龙盛染料化工有限公司
浙江华孚色纺有限公司
浙江三花制冷集团有限公司
浙江盾安禾田金属有限公司
索密克汽车配件有限公司
浙江金鑫化纤有限公司

【外资企业利润下降明显】 年内,全市已投产开业的外商投资规模以上企业实现销售收入2105.70亿元，同比增长13.62%，实现利润总额12.67亿元，同比下降86.71%,负债总额2276.40亿元,同比增长99.53%,外资企业负债率达71.13%,外资企业负债逐年攀升。(陈素琴)

对外及对港澳台经济合作

【概况】 2014年,全市新批境外投资企业37家(企业增资12家),境外投资企业总投资额65342万美元。其中中方投资额60756万美元，同比增长83.01%。全市新签承包工程合同额8107万美元，完成营业额15077万美元,同比增长24.41%。全市外派劳务53人次,期末在外人数205人。

【年度外经合作十佳企业】 年内,综合考虑承包劳务、境外工程建设及境外投资等因素,卧龙电气集团股份有限公司、华汇建设集团有限公司、浙江精工钢结构有限公司、浙江菲达环保科技股份有限公司、越烽建设集团有限公司、海亮集团有限公司、浙江神鹰集团有限公司、浙江盾安人工环境股份有限公司、浙江日发精密机械股份有限公司、浙江龙盛集团股份有限公司等企业被评为“2014年度全市外经合作十佳企业”。

【境外投资呈多元化发展态势】 至年底,全市累计批准设立境外投资企业1080家，总投资额31.52亿美元。其中中方投资额29.98亿美元。境外投资呈现多元化趋势,生产基地、资源开发、增资和并购项目、展示中心等各占相当比重,投资市场拓展到东欧、中东等新兴市场的国家和地区。涌现了一批境外投资大项目,海亮有机农业集团有限公司在香港投资9917.8万美元收购澳大利亚瑞维瑞纳食用油生物能源公司66%的股权和澳大利亚树顶种植园公司100%的股权，是全市在境外最大的农业并购项目。海亮集团有限公司在英属维尔京群岛投资9900万美元设立富邦投资有限公司,主营业务股权投资、商业贸易投资、金属贸易、投资管理与咨询。三花控股集团有限公司等12家企业在境外的项目共增资14864万美元。除往年常见的生产性企业、贸易性窗口之外,全年新设的25个项目还涉及农业、股权投资、文化产业、酒店、建筑装饰等多个新领域,且增资项目明显增加,占总投资额的26%。

【境外工程承包业务领域扩大】 年内,除建设工程承包、机电设备出口以外,全市境外工程承包企业在境外工程承包业务所涉领域上有所突破,新涌现了一批如华汇公司、亚厦公司等承包建筑业、装潢装饰等业务。境外工程主要分布在赞比亚、尼日利亚、日本、阿尔及利亚、印度等9个国家。

全市承包劳务情况

表37　　单位:万美元

区分	承包工程			劳务合作			
	合同额(万美元)	营业额(万美元)	同比(%)	工资总额(万美元)	收入总额(万美元)	外派劳务(人次)	期末在外(人)
合计	8107	15077	20.4	264	285	53	205
越城区	0	0	—	264	285	53	205
柯桥区	4227	3615	-21.5	—	—	—	—
上虞区	3880	4549	73.4	—	—	—	—
诸暨市	0	4009	-24.2	—	—	—	—
嵊州市	0	2904	—	—	—	—	—
新昌县	0	0	—	—	—	—	—
市直	0	0	—	—	—	—	—

全市境外工程分国别情况

表 38

单位：万美元

单位	国别	新签合同额	完成营业额
合计		8107	15077
浙江精工	日本	1027	596
浙江精工	尼日利亚	3200	3019
浙江华升	蒙古	0	669
卧龙电气	赞比亚	3880	3880
菲达环保	越南	0	440
菲达环保	印度	0	1521
洁达环保	土耳其	0	1230
浙江越烽	新加坡	0	818
华汇建设	阿尔及利亚	0	2904

全市新批境外投资企业情况

表 39

区分	全年新批				历年累计		
	企业数（家）	总投资额（万美元）	其中中方投资（万美元）	同比（%）	企业数（家）	总投资额（万美元）	其中中方投资（万美元）
合计	37	65342	60756	83	1080	315155	399847
越城区	2	23	23	-62.3	45	1965	1728
柯桥区	7	3955	3955	-59	484	71272	69254
上虞区	7	8676	6437	642.4	102	50392	44860
诸暨市	13	43309	41865	337.5	251	137849	135043
嵊州市	5	1061	1029	2.9	66	6996	5886
新昌县	3	6646	5775	-23.7	68	29119	26520
市直	0	1672	1672	-62.9	64	17562	16556

全市新批境外投资企业基本情况

表 40

单位：万美元

中方单位	境外企业	国别(地区)	总投资	中方投资额	境外企业性质
浙江赋山文化传媒有限公司(柯桥)	赋山传媒(香港)有限公司	香港	160	160	文化产业
绍兴县华田投资有限公司(柯桥)	新西兰华田投资有限公司	新西兰	360(增资)	360(增资)	酒店、服务业
浙江瑞弘实业有限公司(柯桥)	瑞弘 BC 实业有限公司	萨摩亚	980	980	贸易性
绍兴县鹏利进出口有限公司(柯桥)	鹏利国际纽约有限责任公司	美国	55	55	贸易性

续表 40

中方单位	境外企业	国别(地区)	总投资	中方投资额	境外企业性质
绍兴县海栋布艺有限公司(柯桥)	海通进出口有限公司	智利	200	200	贸易性
绍兴县万客纺织品有限公司(柯桥)	万客纺织品有限公司	美国	200	200	贸易性
精功集团有限公司(柯桥)	精功集团(香港)有限公司	香港	1300(增资)	1300(增资)	投资、贸易
浙江稽山印染有限公司(柯桥)	福华进出口有限公司	新加坡	700(增资)	700(增资)	贸易性
绍兴县中国轻纺城展会有限公司	柯桥轻纺城巴西办事处	巴西	—	—	办事处
绍兴县中国轻纺城展会有限公司	柯桥轻纺城新加坡办事处	新加坡	—	—	办事处
浙江飞达铜材有限公司(上虞)	飞达国际有限公司	香港	5	5	贸易性
浙江麦达尔电器有限公司(上虞)	澳大利亚斯德力有限公司	澳大利亚	800	800	贸易性
浙江亚厦装饰股份有限公司(上虞)	亚厦(澳门)工程一人有限公司	澳门	198.3	198.3	建筑装饰
卧龙控股集团有限公司(上虞)	香港卧龙集团投资有限公司	香港	1000	1000	投资;贸易
浙江上风实业股份有限公司(上虞)	上风(香港)有限公司	香港	350(增资)	350(增资)	实业投资
卧龙电气集团股份有限公司	荷兰奥特比技术有限公司	荷兰	736	501.6	研发、制造
永农生物科学有限公司(上虞)	动源有限公司	美国	1100	330	贸易性(并购)
浙江龙盛集团股份有限公司(上虞)	香港桦盛有限公司	香港	1400(增资)	1400(增资)	贸易、投资
浙江龙盛集团股份有限公司	龙盛 KIRI 化工有限公司	印度	3087	1852.2	生产性
浙江盾安人工环境股份有限公司(诸暨)	日本盾安国际株式会社	日本	100	100	贸易性
海亮有机农业集团有限公司(诸暨) [名称变更:海亮生态农业集团有限公司]	香港国际农业投资有限公司	香港	9917.8	9917.8	农业投资(并购)
海亮集团有限公司(诸暨)	富邦投资有限公司	英属维尔京群岛	9900	9900	贸易、股权投资
海亮集团有限公司	海亮铭瑞贸易有限公司	英属维尔京群岛	1	1	贸易、股权投资
浙江金海环境技术股份有限公司(诸暨)	金海科技(泰国)有限公司	泰国	500	500	生产性
越美集团有限公司(诸暨)	越美(坦桑尼亚)经贸投资有限公司	坦桑尼亚	2002(增资)	2002(增资)	贸易性
浙江神鹰集团有限公司(诸暨)	潇文控股有限公司	斐济	998	998	实业投资
浙江神鹰集团有限公司(诸暨)	蒙古辽阔戈壁矿业有限公司	蒙古	4000	4000	矿产品勘探、开发加工(并购)
浙江金至医药包装有限公司(诸暨)	香港永盈有限公司	香港	480	480	贸易性
诸暨市五阳袜业有限公司	五陽(香港)有限公司	香港	210	210	贸易性
泰荣针纺集团有限公司(诸暨)	香港猎头人国际有限公司	香港	2000(增资)	2000(增资)	贸易性

续表 40

中方单位	境外企业	国别(地区)	总投资	中方投资额	境外企业性质
盾安传感科技有限公司(诸暨)	盾安传感有限责任公司	美国	400	400	生产性
明峰医疗系统股份有限公司(诸暨)	明峰医疗系统有限公司	美国	1200(增资)	1200(增资)	研发、制造
浙江如山投资管理有限公司(诸暨)	如山资本(香港)有限公司	香港	100	100	贸易性
浙江上峰建材有限公司(诸暨)	上峰 ZETH 水泥有限公司	吉尔吉斯斯坦	11438	9994	生产性
浙江盾安人工环境股份有限公司(诸暨)	盾安国际(欧洲)有限公司	德国	61.8	61.8	贸易性
浙江亿田电器有限公司(嵊州)	亿田电器伊朗办事处	伊朗			办事处
嵊州市中侨矿业有限公司	密英合营会社	朝鲜	62.86	30.8	生产性
浙江恒丰遮阳用品有限公司(嵊州)	汇智国际股份有限公司	英国	460	460	贸易性
浙江嵊州鑫嵋服装有限公司	新时尚股份有限公司	美国	50	50	贸易性
嵊州市浙东电子商务产业园运营有限公司	睿勤电子商务有限公司	美国	488	488	电子商务
浙江向日葵光能科技股份有限公司(市直)	向日葵(卢森堡)光能科技有限公司	卢森堡	1672.3(增资)	1672.3(增资)	贸易性
浙江捷昌线性驱动科技股份有限公司(新昌)	捷事达有限公司	美国	500	500	贸易性
浙江五洲新春集团股份有限公司(新昌)	五洲(香港)贸易有限公司	香港	980(增资)	980(增资)	贸易性
浙江日发精密机械股份有限公司(新昌)	意大利 MCM 股份有限公司	意大利	2181.5	1745.2	生产性(并购)
三花控股集团有限公司(新昌)	香港好易得国际有限公司	香港	2500(增资)	2500(增资)	贸易性
浙江三花股份有限公司	海利福克斯有限公司	以色列	151.5(增资)	0	生产性
浙江京新控股有限公司(新昌)	AsMedic 有限责任公司	以色列	333.3	50	生产性(并购)
喜临门家具股份有限公司(越城)	香港喜临门有限公司	香港	12.9	12.9	贸易性
绍兴市杰华纺织品贸易有限公司(越城)	杰华国际有限公司	美国	10	10	贸易性

（市经信委提供）

服务贸易

【概况】 2014 年，全市服务贸易进出口额达 18.03 亿美元，同比增长 26.48%，其中出口 11.85 亿美元，同比增长 28.59%；进口 6.18 亿美元，同比增长 22.62%，实现贸易顺差 5.66 亿美元。服务贸易总额占全市对外贸易总额（货物与服务贸易之和）比重为 4.94%，占全省服贸总额 4.73%。

【服务贸易增速高于同期货物贸易增速】 年内，全市服务贸易进出口规模进一步扩大，进出口额、出口额和进口同比增速分别高于同期货物贸易 22.48、21.99 和 32.14 个百分点。服务贸易 12 个领域中，有 5 个领域的进出口额超过 1 亿美元，其中运输服务和旅游服务进出口超过 5 亿美元；有 6 个领域的进出口额增幅超过 20%，其中文化服务、教育服务、金融服务领域进出口额增长超过 50%，计算机和信息服务（国际服务外包）增长 20.33%，其他商业服务增长 39.50%。

【服务贸易进口比重高于出口比重 7.31 个百分点】 年内，全市服务贸易进出口额占全市对外贸易总额的比重为 4.94%，比 2013 年增加 0.84 个百分点。其中出口占全市对外贸易出口总额的 3.83%，比 2013 年增加 0.64 个百分点；进口占全市对外贸易进口总额的11.14%，比2013年增加2.68个百分点，进口比重高于出口比重7.31个百分点。

【出口服务主要领域】 年内，运输、旅游、建筑及相关工程服务列全市出口服务前三位，这三大领域出口额分别为5.95亿美元、2.49亿美元和1.54亿美元，共计出口9.98亿美元，占全市出口总额的84.27%，其中运输服务出口占到出口总额的50.2%。

【进口服务主要领域】 年内，全市进口服务以旅游、教育、运输服务为主，这三大领域进口额分别为3.21亿美元、1.02亿美元和9865万美元，共计5.22亿美元，占全市服务进口总额的84.43%。其中旅游服务进口占到进口总额的51.92%，教育服务占比为16.55%，全市出境游境外消费及出国留学等服务支出大于服务收入。

【高附加值服务进出口额占比提高】 年内，在以知识与技术密集的新兴服务贸易领域，计算机和信息服务（国际服务外包）、金融服务、保险服务、通信服务、教育服务和文化服务进出口额共计占全市服务贸易进出口总额的13.3%，较2013年提高了2.77个百分点。同期，作为全市服务贸易进出口传统三大领域，运输服务、旅游服务、建筑及相关工程服务进出口额占总额的比重较2013年下降了0.97个百分点。

【服务外包离岸执行额首破1亿美元】 年内，全市新增加服务外包企业14家，其中绍兴高新区4家，柯桥区、上虞区、诸暨市和嵊州市各2家，袍江经济技术开发区和新昌县各1家。全年全市新增服务外包从业人员3746人。至年底，全市在商务部服务外包业务管理和统计系统注册企业204家，累计从业人员3.42万人。全年承接服务外包离岸合同额1.18亿美元，同比下降21.85%；完成离岸执行额1.09亿美元，同比增长20.48%。

【三个省级服务外包示范园区集聚发展】 年内，新昌县、绍兴高新区和柯桥区三个省级服务外包示范园区离岸执行额分列全市前三位，分别为5806万美元、2660万美元和1303万美元，三个省级服务外包示范园区离岸执行额占全市总量的89.2%，集聚效应明显。（陈晓春）

【离岸业务来源于70个国家及地区】 年内，全市承接的离岸业务来自香港、瑞士、美国、韩国等70个国家和地区，比2013年增加11个国家和地区。排在前三位的国家和地区是香港（离岸执行额3434万美元，占全市离岸执行额的31.37%）、瑞士（离岸执行额2140万美元，占19.55%）、美国（离岸执行额839万美元，占7.66%）。

【知识流程外包比重提高9.91个百分点】 年内，全市承接的离岸业务类型依次为知识流程外包（KPO）、信息技术外包服务（ITO）和业务流程外包服务（BPO），全年离岸执行额分别为10411万美元、484万美元和51万美元，分别占总离岸执行额的95.11%、4.42%和0.47%。其中，知识流程外包的离岸执行额比重较2013年提高9.91个百分点。相关业务主要是新昌县的医药和生物技术研发，绍兴高新区的产品技术开发、软件技术服务、信息系统运营服务和柯桥区的工业设计服务。

【认定文化服务贸易重点企业和项目】 年内，全市开展浙江省文化服务贸易城市试点申报工作，积极培育文化出口重点企业和重点项目。其中美盛文化创意股份有限公司被认定为2013—2014年度国家文化出口重点企业，绍兴特立宙电脑动画有限公司、浙江行者影视动漫有限公司、美盛文化创意股份有限公司、达利丝绸（浙江）有限公司4家企业和动画片《兰亭小精灵》、《少年师爷》、“动漫产业生产出口基地及走出去文化贸易发展”3个项目分别被认定为2013—2014年度浙江省文化出口重点企业和重点项目。

【推动企业开拓境内外市场】 年内，全市积极推动和组织服务贸易企业参加国内外重要服贸展会。全年共组织29家次企业先后参加了第二届中国（上海）国际技术进出口交易会、第三届中国（北京）国际服务贸易交易会、第十二届中国国际软件和信息服务交易会、上海软件贸易论坛、2014年中国浙江商务服务交易博览会，以及2014年日本IT展、美国GARTNER外包峰会、法国戛纳秋季电视节等8个境内外服务贸易展会活动。（陈晓春）

口岸管理

海 关

【概况】 2014年,绍兴海关围绕落实“四好”总体要求和建设“五型”海关目标,全面深化海关改革。全年,两税入库18.68亿元,累计受理报关单4.6万票,同比增长4.69%;稽(核)查移交案件9起,案值4.68亿元。加工贸易合同备案15.53亿美元。至年底,辖区内共有A类企业1249家,AA类企业28家,分别占关区总数的20.16%和22.76%。年内,绍兴海关顺利完成办公大楼搬迁安置,内外工作有效衔接、业务平稳过渡、保障井然有序。

为迎接“4·26”世界知识产权日,绍兴海关编制了《知识产权海关保护“一册通”》,为企业提供进出口知识产权方面的权威解读(绍兴海关提供)

【优化海关监管和服务】 年内,绍兴海关推动落实“长三角”区域通关一体化、通关无纸化、关检合作“三个一”等,全年受理跨关区一体化报关单5651票,占杭州关区一体化报关单量的23.1%;不断扩大通关无纸化范围和规模,无纸化报关单达96.6%。积极拓展“全球拼”拼箱业务,全年受理报关单4.6万票,同比增长4.7%;“全球拼”航线从1条增加到8条,涉及报关单近万票,同比增长16.3%。诸暨“华都农民创业园”加工贸易的成功试点为嵊州领带、新昌轴承等其他块状外向型经济发展提供新思路,促进加工贸易转型升级。全年全市共审批加工贸易合同备案金额15.53亿美元。加大稽核查风险分析力度,结合绍兴地区实际,重点查处漏报特许权使用费现象,全年稽查追补税1200万元。

【适应新常态服务地方经济】 全年,绍兴海关辖区新增A类以上企业207家,累计保有A类以上企业数1249家,高资信企业新增数、保有数均居杭州关区首位。做好对重点企业、重点工程、重点项目和文教科技等领域的减免税审批前伸服务,为企业提供政策辅导以充分用好国家产业优惠政策,促进行业转型升级。全年共审批减免税项目129票,减免两税1.1亿元,同比增长63.5%。组建绍兴海关统计监测评估分析小组,多部门合力做好统计监测预警和分析研究,统计数据服务全市各县(市、区),累计编发统计分析23篇次,《要情专报》9期,《统计快报》60期。开展“春风惠企业”“走亲连心百家企业大走访”等活动,落实专职关企联络员制度,建立重点企业一对一日常联络机制。推动海关总署以公告的形式明确了β-胡萝卜素等商品的归类问题,妥善解决了绍兴地区医药保健品的归类争议和绍兴医药外贸企业的退税难题。

【切实提升打私效能】 年内,绍兴海关扎实推进打击走私专项斗争和联合行动,全力开展“绿风”专项行动,重点打击出口骗退税及涉枪、涉农产品、涉“洋垃圾”的违法活动。全年,绍兴海关缉私分局立案侦查涉嫌走私犯罪案件7起,案值1.286亿元,涉税3297万元,抓获犯罪嫌疑人14名,刑事罚没入库50万元;立案调查行政违法案件28起,案值5.081亿元,涉税3259万元;已审结30起,执行完毕26起,行政罚没入库369.664万元,补税817.34万元。建成近300平方米的执法办案场所。“2·28”专案组被海关总署记集体二等功,1人被记个人二等功,3人被记个人三等功,6人次获个人嘉奖。(绍兴海关提供)

检验检疫

【概况】 2014年,绍兴检验检疫局规范法治建设,成为全省检验检疫系统首批四个依法行政示范单位之一,通过省级文明单位复评,成为第四批全国文明单位。加强装运前检验工作,维护“绍兴制造”在非洲等新兴市场的声誉,稳步推进出口双边协议国家重点企业专项稽查,检查重点企业158家,完成出口装运前检验1939批,货值11083.47万美元，分别同比增长15.97%和10.59%。

【规范执法打击假冒伪劣】 全年，绍兴检验检疫局开展各类执法稽查共出动执法人员1067人次，专项调查523家次，破获1起涉案金额5.43万美元的伪造原产地证案件；与市环保局、绍兴海关联合对辖区11家进口固体废物加工利用企业开展执法检查，查证1家企业违法转销事实。加强退货调查结果综合运用，其中发现一批出口越南的纺织面料因AZO超标退运，经检测确认上报后，由浙江检验检疫局、国家质检总局分别向全省、全国发布警示通报。联合市质监局、市公安局开展打击出口"黑心棉"地毯专项检查活动，共检查企业11家次，查获涉嫌使用"黑心棉"生产出口地毯企业7家，涉案地毯及朝拜毯成品96994条，地毯半成品170卷又2000片及"黑心棉"原料143卷。

检验检疫人员对含有害植物种子的进境粮食采取封存措施（绍兴检验检疫局提供）

【把控进出境动植物检疫安全风险】 年内，绍兴检验检疫局截获有害生物439批79种，分别同比增长98.64%和58%。其中截获检疫性有害生物89批8种，分别同比增长250%和100%。对辖区7家重点企业周边环境开展了3次杂草监测工作，监测到豚草、长芒苋、北美刺龙葵等检疫性杂草，同时还在浙江省内首次监测到非检疫性杂草蒜芥茄。做好进境粮食的安全保障工作，妥善处置含有曼陀罗种子的美国高粱案件，指导企业第一时间对入仓高粱采取封存等措施。不定期对进口储备粮入库和加工企业实施现场监管，对储存和加工过程中产生的下脚料定期进行焚烧处理。

【应对香港《食物内除害剂残余规例》】 8月1日起，香港特别行政区政府制定的《食物内除害剂残余规例》正式实施。为保证绍兴辖区供港产品安全，绍兴检验检疫局开展供港食品普查和风险评估排查。抽取16家食品企业27个样品，检测79个除害剂残留项目。重点加强对供港猪监测普查，从144种除害剂中筛选出97种。同时，有效指导企业加强投入品、原辅料验收、实验室建设、自检自控等质量安全管理。

【抗击埃博拉援外物资检验获非洲官方高度认可】 年内，辖区内医药企业获援助非洲刚果（布）、塞内加尔、多哥等多国抗击埃博拉疫情紧急物资订单，绍兴检验检疫局指定援外检验经验丰富的检验员全程跟踪，根据商务部、质检总局援外物资检验要求，认真审核资料和标准，开启24小时查货检验模式。检验的援外紧急物资质量得到非洲官方高度认可，工作效率也获企业和上级相关部门赞赏。（毛剑铮）

检验检疫人员检验援非抗埃博拉疫情紧急物资（绍兴检验检疫局提供）

经济管理

发展改革管理

【概况】 2014年，全市发展改革工作围绕“重构绍兴产业、重建绍兴水城”战略部署，主动适应经济发展新常态，突出落实有效投资、加大改革创新力度、加快产业转型升级、推进“越商回归”和价格惠民助企、巩固粮食安全等重点工作。

【完成33个调研课题】 年内，市发改委完成了33个调研课题，主要有《关于进一步加快市级经济发展的对策研究》《绍兴市企业综合评价和分类管理对策研究》《绍兴中心城市重大公共服务设施容量预测及规划布局建议专题研究》《加快中心城市总部经济集聚发展的对策研究》《关于全面深化接轨上海战略的对策研究》《绍兴中心城市重大基础设施布局研究》《绍兴中心城市重大公共服务设施规划研究》《构建绍兴滨海产业集聚区生产性服务业体系研究》等，其中部分转化成决策成果。

【有效投资完成2305亿元】 年内，市发改委制定出台《2014年度绍兴市扩大有效投资考核办法》。实施市区产业投资项目准入评估制度，出台《绍兴市项目流转和企业迁移暂行办法》《关于进一步加快市级经济发展的若干意见》，对市区67个新建政府投资项目进行审核投票，淘汰不符合条件的政府投资项目4个；开展投资项目审批制度改革，推进以“四张清单一张网”为主要内容的行政审批制度改革，开展行政审批事项“归零清理”工作。召开全市推进“中介超市”建设工作现场会，设立市级“中介超市”，完善“中介超市”建设管理和考核评价相关体制机制。编制实施《“双百双千”工程重大基础设施项目建设计划（2014—2017年）》，安排实施“双百双千工程”重大基础设施项目102个，总投资1752亿元，其中2014—2017年计划投资1104亿元。2014年计划投资238亿元，实际完成投资287.4亿元。全市全年完成有效投资2305亿元，同比增长15.1%。

【全市累计7只86亿企业债券获准发行】 年内，市发改委编制实施2014年全市企业债券申报发行计划，制定了《关于进一步加强市本级及越城区企业债券主承销商遴选工作的通知》和《绍兴市发改委企业债券受理及初审工作规程》，基本形成了从源头审核、到存续监管、再到兑付管理等全流程债券监管体系。全市累计有7只86亿元企业债券获准发行。

【省重大工业项目总投资占全省的22.1%】 年内，全市共争取到产业振兴和高技术产业、循环经济、社会事业、农村经济和重大基础设施等项目中央预算内投资资金6.1亿元。上虞区崧厦镇新增列为省小城市培育试点镇，诸暨市店口镇、柯桥区钱清镇、上虞区崧厦镇3个试点镇共争取到省小城市培育专项资金1.05亿元。全市共有36个新增省重点项目，争取土地指标565.40公顷；共有44个项目列入2014年省重大工业项目实施类计划名单，计划总投资598亿元，分别占全省的16.7%和22.1%。124个重点项目达成融资授信意向288亿元。

【制定促进“越商回归”政策】 年内，市政府出台市领导联系1家异地绍兴商会和10名在外知名越商的“1+10”制度，深化“绍兴乡贤信息库”建设，出台《进一步促进越商回归的若干意见》。

【出台加快产业转型升级若干政策】 年内，市发改委印发《绍兴市发展生命健康产业重点领域导向目录（2014—2016年）》，列出生物医药、医疗器械、养生保健品、健康医疗、健康养老、养生旅游、体育休闲七类具体目录。建立项目库并推进一批重点项目建设，共有70个项目入库，总投资671亿元，全年完成投资102.4亿元。出台《绍兴市温室气体清单编制工作方案》，针对能源、工业、农业、林业、废弃物处理五大领域，全面开展摸底调查，编制形成绍兴市温室气体清单报告，为产业结构的进一步调整优化提供数据支撑。

【出台差别化道路停车收费政策】 8月15日起，为缓解城市道路交通拥堵，在越城区行政区域范围内实施差别化道路停车收费政策，提高核心区块严重拥堵区域停车收费标准，降低了一般拥堵区域停车收费标准，引导车辆分流停车。其标准为15分钟免费停车，超过免费时间，特级区域每小时8元/次，一级区域每小时6元/次，二级区域每小时2元/次。

【推进社会信用体系建设】 年内，市发改委建设“信用绍兴”网站，开展信用联合发布工作；制定出台了《在行政管理事务中应用信用记录和信用报告的实施意见》。

重构绍兴产业重建绍兴水城“双百双千”工程重大基础设施项目2014年推进表

表41

序号	项目名称	建设内容和规模	总投资（万元）	建设（完工）期限	2014年计划投资(万元)	2014年实际完成投资(万元)	责任单位
	合计102个		17523157		2376272	2874478	
	一、河湖综合整治工程(28个)		2702474		291474	405551	
1	小舜江南北溪治理工程	对地处王坛镇、稽东镇境内的小舜江南溪、北溪实施综合治理，治理溪流长度24千米，建设内容包括两岸堤防加固、建造堰坝、修建桥梁等	16000	2013—2015	1000	1320	柯桥区政府
2	柯桥区防洪排涝河道整治一期工程	对西小江至长虹闸段全长40.351千米河道进行综合整治，包括拆除桥梁32座，拆除节制闸5座，新建桥梁33座，对河道进行拓宽和疏浚等	80900	2013—2017	15000	15000	
3	柯桥城区活水工程	柯桥城区30平方千米区域换水活水，由进口闸站、引水河道箱涵及节制闸等组成，引水规模9立方米/秒	16000	2013—2015	2000	3500	
4	上虞区虞北平原滨江河—沥北河整治工程	整治河道总长27.53千米，其中新开挖12.25千米，新建、改建桥梁37座，新建水闸1座	95500	2014—2019	20000	31110	上虞区政府
5	上虞区世纪新丘围垦工程	围垦工程滩涂面积1713公顷，标准海塘15千米	117619	2013—2015	17000	24907	
6	迪荡湖工程（含“梅龙湖环境整治”“梅龙湖下穿铁路框架桥”）	土地、水域的征用、调整，绿化，砌坎，周边基础设施建设等	135000	2011—2016	50000	53973	绍兴高新区管委会
7	滨海新城南部片区河道整治工程	整治河长15.8千米，设置调蓄区0.6平方千米	47000	2013—2016	28197	35200	滨海新城管委会
8	全市中小河流治理工程	澄潭江、长乐江、黄泽江、小舜江等中小河流治理	32900	2014—2017	10000	10400	市水利局、各县(市、区)政府
9	全市水库除险加固工程	长诏、门溪、安华、陈蔡等大中型4座，小型水库100座	87300	2014—2017	10000	10000	
10	全市河道整治	一般河道综合整治1000千米，河道清淤疏浚1000万立方米	114100	2013—2015	5000	29607	
11	绍兴市新三江闸排涝配套河道南片拓浚工程	袍江开发区片外官塘、菖蒲溇直江和三江大河3条河道，镜湖新区片后横江、梅山江等8条河道拓浚，整治长度15千米	80078	2013—2016	6300	10400	市水利局
12	全市山塘整治	整治山塘600座	43900	2014—2017	10000	10000	市水利局、各区、县(市)政府

续表 41

序号	项目名称	建设内容和规模	总投资(万元)	建设(完工)期限	2014年计划投资(万元)	2014年实际完成投资(万元)	责任单位
13	全市水土流失综合整治	每年完成水土流失综合治理面积60平方千米	23000	2014—2017	5000	5000	市水利局、各区、县(市)政府
14	诸暨市电排站改造工程	连七湖、下四湖、定荡畈、白塔湖等17座电排站改造	39000	2013—2016	6000	8100	诸暨市政府
15	诸暨市永宁水库工程	新建总库容2308万立方米中型水库1座	155000	2013—2017	40000	54000	
16	嵊州市曹娥江治理工程	建设堤防16.46千米,新建、改建排涝闸3座	30600	2013—2015	10977	10977	嵊州市政府
17	嵊州市黄泽江综合治理工程	新建浦口左岸堤防工程5268.22米，浦口右岸堤防防冲加固处理4732.15米，城东堤防563.44米，新建官俞翻板闸一座,过水桥梁一座,浦口排涝站一座,浦口北部高排渠7287.7米	44357	2012—2015	15000	18577	
18	新昌县钦寸水库工程	新建总库容2.44亿立方米大(二)型水库一座,电站装机容量为2750千瓦	327600	2010—2015	40000	70400	新昌县政府
19	绍虞平原南部河道整治工程	整治富盛江、上蒋江、娄宫江、南池江、坡塘江等南北向骨干排涝河道	230000	2015—2017		0	市水利局
20	虞东河湖综合整治工程	对皂李湖、白马湖、东泊、西泊、小越湖、孔家岙泊等6湖泊水系进行综合整治	150000	2015—2019		0	上虞区政府
21	上虞海涂二线海塘建设工程	九六一丘至港区西堤建设50年一遇12千米标准海塘建设	15000	2015—2017		0	
22	上虞区虞北平原崧北河综合治理工程（海涂三号闸）	新建5孔×6米水闸一座及11.3千米配套河道	30000	2016—2018		0	
23	上虞区隐潭水库工程	新建总库容7820万立方米中型水库	40000	2017—2020		0	
24	绍兴平原“十纵七横”骨干河道整治	整治外官塘、长水江、马山大河、三江大河等骨干排涝河道,总长100千米	320000	2015—2025		0	市水利局、袍江开发区管委会
25	诸暨市高湖滞洪区改造工程	新建隔堤16.5千米，以及分洪设施和节制闸等，将高湖蓄滞洪区划分出首级滞洪区（简称“一区”)和除一区以外的其余范围(简称“二区”)。一区占地面积约600公顷,滞洪量约2700万立方米	215620	2015—2019		1900	诸暨市政府
26	诸暨市陈蔡水库扩容提蓄工程	水库扩容1831万立方米,移民556人	10000	2017—2018		300	
27	嵊州市长乐江干流综合治理工程（太平桥至环城桥段）	河段长约24.2千米,包括堤防加高加固工程、滞分洪改造工程及桥梁等附属建筑物。堤防加高加固工程总长47.65千米	140000	2015—2017		800	嵊州市政府

续表 41

序号	项目名称	建设内容和规模	总投资（万元）	建设（完工）期限	2014 年计划投资(万元)	2014 年实际完成投资(万元)	责任单位
28	嵊州市湛头滞洪区改造工程	改造滞洪区 6.9 平方千米	66000	2015—2017		80	嵊州市政府
二、环境综合治理工程(17 个)			824793		207600	240366	
29	迎恩门环境改造工程风情水街建设	总用地面积 95462 平方米,总建筑面积 109438 平方米	69120	2014—2016	50000	50000	越城区政府
30	污水处理提标改造项目	出厂水质由 COD150 降低至 COD100,规模:90 万吨 / 日	47676	2011—2014	4000	4990	柯桥区政府
31	滨海污水处理厂工程	20 万吨 / 日污水处理能力	80000	2013—2015	15000	18000	
32	上虞区“一江两岸”景观工程(一期)	曹娥江两岸三环大桥至四环大桥 1.8 千米段进行岸线切滩、清淤疏浚,建设城市阳台、园林小品、硬地铺装、景观绿化,并配备公共艺术、公共设施及水电工程等	35560	2014—2017	10000	6800	上虞区政府
33	铁路防护林（含铁路挡土墙、下穿人行通道、铁路两侧绿化）	铁路挡土墙、下穿人行通道、铁路两侧绿化	21240	2011—2014	4000	4290	高新区管委会
34	中心河西段综合治理工程	友谊河至南滨路与世纪大道转弯处,全长约 6.5 千米,包括:河道两侧砌坎、疏浚和绿化。	45000	2014—2015	40000	42000	滨海新城管委会
35	绍兴市鉴湖水环境综合整治工程	对鉴湖沿线 5.35 千米河道进行整治,砌坎约 8700 米,清淤约 43 万立方米,新增建筑约 4.8 万平方米，绿化改造 6 万平方米。新建鉴湖文化园、陆游故里、快阁揽胜、钟堰遗韵、鉴湖诗廊、鱼耕文化长廊六个景点，分三期实施	97309	2013—2015	5000	5000	市水利局
36	绍兴滨海新城污水收集系统一期工程	铺设 DN300-1200 排污管约 70.3 千米,其中 DN400-1200 排污管线 60.7 千米,DN300 排污管 9.6 千米,配套建设污水提升泵站 8 座	37432	2012—2017	3300	3376	市水务集团
37	诸暨市城镇污水设施建设	污水处理厂和污水管网建设工程	60000	2013—2017	25000	33750	诸暨市政府
38	白毛尖卫生填埋场扩容改造项目	新增垃圾填埋容量约 285 万立方米	17500	2013—2015	8000	10800	
39	嵊州市城镇污水设施建设	嵊州污水处理工程一期提标治理;二期扩建 7.5 万吨 / 日,新建剡湖、仙湖泵站及排水调度中心；中心城区新建 DN300-1600 各类管道 10.5543 千米,新建泵站 4 座,检测疏通修复老管网 10.62 千米; 崇仁等 11 个乡镇污水处理系统	122873	2013—2016	14100	25770	嵊州市政府

续表 41

序号	项目名称	建设内容和规模	总投资（万元）	建设（完工）期限	2014年计划投资（万元）	2014年实际完成投资（万元）	责任单位
40	嵊州市生活垃圾处理设施建设	嵊州市垃圾填埋场二期工程、嵊州市城东城南垃圾中转站	27890	2014—2016	10000	10050	嵊州市政府
41	新昌县城镇污水设施建设	里江段铺设污水管线2000米，管径为D400；南门片铺设污水管线18.7千米，管径为D200-D400；礼泉片、城北片、西镇路南明坑区、孝行磡区块铺设污水管线	25000	2014—2015	9200	9200	新昌县政府
42	生活垃圾卫生填埋场工程	总库容量为626万立方米，包括填埋库区、管理区、场外工程和等项目	33823	2014—2017	10000	10000	
43	南线污水收集工程	建设0.8万吨/日泵站1座，3万吨/日泵站2座，配套DN600-400污水管道29.1千米	9370	2015—2016		1500	上虞区政府
44	诸暨市白塔湖生态湿地	河道清淤疏浚、护岸工程、水土涵养工程等工程	60000	2016—2017		3490	诸暨市政府
45	浣东污水处理厂及配套管网建设工程	近期日处理污水5万吨，远期15万吨的污水处理厂1座，配套管网30千米	35000	2015—2017		1350	
三、城市有机更新工程（20个）			4277790		1011276	1133234	
46	越城区老小区改造三、四期	长城新村、驸马池、乐昌苑、都昌坊等老小区改造	18000	2011—2016	4500	4720	越城区政府
47	绍兴市鉴湖地块保障性住房二期工程	总建筑面积67778平方米	20640	2014—2016	9000	9950	
48	城南街道横桥凤凰山自然村拆迁安置项目	地上总建筑面积51229平方米	17394	2013—2014	7894	7894	
49	城南街道城郊村城中村改造建设工程	总建筑面积77623平方米	21634	2014—2016	13000	11050	
50	坂湖公园	对大小坂湖区域进植物景观建设，包括泽国东路建设、道路慢行系统、停车场设置等总用地面积约38.8万平方米	25000	2014—2015	10000	10000	柯桥区政府
51	柯桥区安置小区建设	华舍张溇安置小区、齐贤迎福小区、管湖沿安置小区、鉴湖水庄三期等13个安置小区建设	1274254	2011—2015	390000	412000	
52	上虞区水务系统建设工程	尾水提标改造工程、上虞区3号泵站及城北泵站迁建工程、上虞区经济开发区交汇井泵站迁建及DN1200过江穿越管工程、路东泵站及排水公司管理用房新建工程、长海线DN1200复线工程、农村“一户一表”工程（含城乡供水一体化）完成30个村的改造、高层住宅二次供水改造工程完成4个小区的二次供水设施的改造	47909	2013—2015	25000	16000	上虞区政府

续表 41

序号	项目名称	建设内容和规模	总投资(万元)	建设(完工)期限	2014年计划投资(万元)	2014年实际完成投资(万元)	责任单位
53	上虞区城中村改造安置工程	征迁改造相关居委的村民住宅1367户,非住宅68家,征迁旧房总建筑面积约38.3万平方米,新建安置房约42.7万平方米,其中地上31.8万平方米、地下10.9万平方米	482000	2013—2017	85000	114444	上虞区政府
54	迪荡中学及迪荡湖路南延所涉米行街拆迁安置工程(含安置房回购)	拆迁18.52万平方米,安置房回购15万平方米	92600	2014—2015	35000	35454	高新区管委会
55	两湖景观工程一期	两湖区域绿化景观工程	23000	2013—2014	18000	14500	袍江新区管委会
56	两湖景观工程二期	长5.2千米,规划红线宽50米,一期为老路部分改造,投资2.3亿元;二期为非机车道及人行道拓宽,以及道路两侧绿化。	33000	2014—2015	8000	8000	
57	两湖区域环湖道路建设	两湖区域配套道路建设及部分拆迁工程	25851	2013—2014	15851	11600	
58	袍江安置房建设项目	G32-1、G33-1、G36安置房工程;凤林路1号安置房工程;凤林路2号安置房工程;恂南恂北安置房工程	227051	2013—2017	63400	74500	
59	镜湖新区安置房建设工程	强头小区、湖西小区、大庆寺小区、曲屯小区、泗汇江十一期	586481	2013—2017	84131	95230	越城区政府
60	滨海新城安置房建设工程	阮家安置房小区工程、城沿村拆迁安置一期工程	129108	2013—2017	45000	48109	滨海新城管委会
61	绍兴平水江水厂及配套管线工程	新建水厂15万吨/日、曹娥江引水工程水源取水泵站以及平水江水库取水泵站一座;铺设原水管线DN1400长约11千米,净水管DN1000-1400长约2.3千米	68765	2014—2015	11000	12263	市水务集团
62	小舜江供水环线工程	1.小舜江一二期连通管:水厂至鸡笼山段,埋设DN1800管长约2.4千米;2.供水东线工程:凤林路口—阮家湾,埋设管径DN1400长5千米,建设DN1600管3.65千米;3.供水西线工程:沿绍大线敷设,天涯木业至霞西路线DN1000长约7.5千米,北复线至钱陶公路DN800长约8000米	30600	2013—2015	8500	8620	

续表 41

序号	项目名称	建设内容和规模	总投资（万元）	建设（完工）期限	2014年计划投资(万元)	2014年实际完成投资(万元)	责任单位
63	诸暨市城北水厂及城乡供水管网配套工程	新建20万吨/日的城北水厂，以及配套的原水、配水管网和加压泵站等	102661	2013—2016	20000	27000	诸暨市政府
64	诸暨市安置小区建设项目	银泰安置小区、红泰安置小区、云泰安置小区、杨树畈安置小区二期工程	401842	2011—2015	128000	172800	
65	嵊州市城南城中村改造安置房及配套基础设施项目	城南：用地面积22.88万平方米，地上建筑面积73.16万平方米，地下建筑面积18.36万平方米。城东:用地面积5.5公顷,建筑面积13.3万平方米。	650000	2014—2018	30000	39100	嵊州市政府
四、道路交通畅通工程(37个)			9718100		865922	1095327	
66	104国道柯桥段改造工程	全长10千米，采用主线高架+地面道路形式,高架桥宽26米,长6.245千米,地面道路宽度45米	259500	2014—2016	40000	79650	柯桥区政府
67	绍兴滨海产业集聚区钱清至滨海工业区公路工程	全长约39.12千米，全线按一级公路兼顾城市道路标准设计，主线路基宽度39米	429627	2014—2017	50000	59550	
68	绍兴柯桥综合客运枢纽	由停车场、综合楼、客运站三部分组成,总建筑面积3.8万平方米	18477	2012—2014	1477	1477	柯桥区政府
69	上虞区交通道路建设及配套工程	建设绍兴孙端至曹娥公路上虞段工程总体形象进度44%；上虞边沥线（边墩至杭州湾上虞工业园区段)综合治理工程、上虞虞南大环线工程、章路线章镇斜拉桥至八洞段道路改建工程、江东路北延工程、曹娥江上浦大桥、曹娥作业区工程(西区)等	78467	2012—2016	31000	51000	上虞区政府
70	孙曹公路	一级公路,袍江段长3000米	17831	2014—2017	2000	2000	袍江新区管委会
71	东拓南延路桥建设二期(平江路以东路网)	迪荡新城内西施山路、胜利东路以及五泄路等8条道路、5座桥梁的建设	48070	2014—2015	19000	19181	高新区管委会
72	袍中路南延工程（越城段）	长2182米,宽40米,沿线设桥梁5座,拆迁房屋约85616平方米	99011	2014—2016	25000	25080	
73	平江路湖底隧道	平江路北延穿过迪荡湖至北复线以北,新建双向四车道隧道一条及相关道路、管线、电气、景观、附属设施等工程,线路总长2179米	46707	2014—2015	20000	20500	
74	越兴路改造工程(三江路至洋江路段)	起于袍江新区汤公路与三江路交叉口,沿着汤公路向北延伸,跨过荷湖江和杭甬高速公路，终点与柯桥区柯海线相接。全长4000米,其中柯桥区段1.3千米,袍江段2.7千米	50000	2014—2017	5000	5000	袍江新区管委会

续表 41

序号	项目名称	建设内容和规模	总投资(万元)	建设(完工)期限	2014 年计划投资(万元)	2014 年实际完成投资(万元)	责任单位
75	镜湖新区路网建设工程	包括洋江西路(绿洲路—行政区域界线)、支纵二路、梅山路一期、群贤路改造工程(解放北路—镜江桥)、站前大道南延(群贤路—大西江)段、环城西路(洋江西路—体育场路)	29443	2014—2015	21515	21517	越城区政府
76	群贤路改造(解放北路——绍齐公路)段	工程东起解放北路,西至绍齐公路,全长 5150 米,路幅宽度拓宽至 51 米(另道路人行道各 4.5 米设在防护绿带内),双向 6 车道,再加 2 辅道,提档中央绿化隔离带,道路两侧各种植不小于 30 米的控制性防护绿带,涉及桥梁 17 座	58213	2012—2014	11061	11450	
77	曹娥江大桥工程	引桥长 1004 米,主桥长 1440 米,桥宽 44 米,按城市快速路标准设计,设计时速 60 千米 / 小时	88752	2010—2014	18431	27219	滨海新城管委会
78	绍兴滨海产业集聚区新东线公路工程(江滨区段)	项目西起萧山区临江新城与滨海西区的交界处,接临化一路,东至疏港公路,路线全长约 29.4 千米,其中滨海大桥约 2000 米已开工建设。标准段道路红线宽度 53.5 米。道路全线共设置桥梁 15 座。其中特大桥 1 座(在建),大桥 4 座,中桥 11 座,全线设平面交叉 21 处	72106	2013—2015	30000	38000	
79	滨海大桥工程	主桥长 343.601 米,桥宽 40 米,按城市干道Ⅰ级标准设计,设计时速 60 千米 / 时	68688	2010—2014	13248	20033	
80	滨海新城商贸区配套路网新建工程	海天道二期、花宫道二期、思孝道二期、花宫道一期、全德道新建工程、思孝道一期、勤丰路一期及海东路修复工程	30958	2013—2014	22258	22258	
81	31 省道北延绍兴至萧山段工程绍兴市本级(青甸湖至镜湖段)	主线 10.2 千米,互通大桥 2 座,大中小桥 11 座,连接线 1000 米,养护管理用房 1 处	185804	2011—2015	30000	30000	市交通局
82	绍诸高速公路诸暨延伸线	# 双向四车道高速、设计速度 100 千米 / 小时	338000	2014—2017	88000	88200	市高速公路建设指挥部
83	绍诸高速陶堰互通	四车道高速公路互通区,匝道总长 3.23 千米,收费站 1 处	12385	2011—2014	1285	1285	
84	二环北路拓宽改造一期工程	一期工程西起新世界家具城大门口,东至规划袍中路路口,向两侧外边各拓宽 9 米(桥梁处 10 米)	57403	2012—2016	10755	11400	市城投集团

续表 41

序号	项目名称	建设内容和规模	总投资(万元)	建设(完工)期限	2014年计划投资(万元)	2014年实际完成投资(万元)	责任单位
85	中兴南路延伸段	一期长约1780米，宽60米，机非分隔带改作机动车道、设二对BRT站房等，新增投资约5300万元；二期道路全长3026.553米，路宽40米	55394	2013—2015	7830	9501	市城投集团
86	越兴路南延工程(越城区段)	道路全长3.7千米，宽50米，桥梁8座	149458	2012—2015	33000	33000	市交投集团
87	快速公交(BRT)5号线一期建设工程	自高铁绍兴北站至滨海新城，全程30.7千米，中间站、首末站建设，专用道改造，智能化建设等	2400	2014—2015	2062	3076	
88	三环线西北段环境提升工程	拆迁、征地	200000	2014—2016	70000	94500	诸暨市政府
89	杭长客运专线诸暨段	诸暨段全长50.92075千米，双线电气化高速铁路，旅客列车设计行车速度为350千米/小时	900000	2010—2014	200000	270000	
90	03省道东复线江藻至王家井段建设工程	全长73.337千米，一级公路	433099	2014—2016	50000	67500	
91	31省道诸暨王家湖至五泄段工程	主线全长25.95千米，一级公路，支线长3.91千米，一级公路	311497	2012—2015	35000	47250	
92	诸暨市新店湾至王家宅公路改建工程(永宁水库淹没段)	全长10.83千米，二级公路	29800	2013—2015	10000	13500	
93	秀洲至路桥公路新昌梅渚至澄潭段改建工程	路线长约7.5千米。按一级公路标准结合城市道路功能设计，设计速度80千米/小时，路基宽36米	62200	2013—2015	8000	12000	新昌县政府
94	36省道江拔线新昌段一期改建工程	全长约16.22千米的道路建设。工程按交通部颁二级公路技术标准建设，设计速度80千米/小时(部分困难路段采用60千米/小时)；路基宽12米，行车道宽2×3.75米	51810	2011—2015	10000	10200	
95	杭绍甬高速公路(绍兴段)	绍兴段长约29千米，其中柯桥区段约6000米，上虞区段约23千米，按双向六车道高速公路标准建设，设计速度采用100千米/小时	960000	2017—2020		0	市交通局
96	32省道绍兴兰亭至平水段改建工程	全线长约14.4千米，其中越城区段约8.7千米，柯桥区段5.7千米	113000	2015—2018		0	市交通局、越城区政府、柯桥区政府
97	杭金衢高速至杭绍台高速联络线	全长约23千米，其中绍兴段约18千米，总投资约估算约56亿元，绍兴段约40亿元，采用双向六车道高速公路标准设计，设计速度100千米/小时	400000	2016—2018		0	市交通局

续表 41

序号	项目名称	建设内容和规模	总投资（万元）	建设（完工）期限	2014年计划投资（万元）	2014年实际完成投资（万元）	责任单位
98	杭甬运河绍兴滨海连接线工程	一期建设三江船闸及闸前大桥	45000	2016—2020		0	市水利局、市交通局、市交投集团、滨海新城管委会、袍江开发区管委会
99	杭绍台高速公路	路线全长约166千米，起点至绍诸高速为双向六车道，绍诸高速以南为双向四车道；全线设计速度100千米/小时	3744000	2015—2019		0	市高速公路建设指挥部
100	城西（青甸湖）公交换乘中心综合体	公交换乘、旅游集散等，总用地面积14.67公顷	240000	2015—2018		0	市交投集团
101	BRT快速公交柯桥线	BRT快速公交钱清线全程22.3千米，从绍兴原客运西站经104国道至钱清轻纺原料城。沿线设置16对中途停靠站点	16000	2015—2017		0	
102	BRT快速公交上虞线	BRT快速公交上虞线全程27.6千米，从上虞汽车西站经104国道至绍兴汽车东站。沿线设置16对中途停靠站点	15000	2016—2017		0	

（市发改委提供）

国有资产监管

【概况】 2014年，全市国有资产监督管理工作以提高国有经济综合竞争力为目标，各监管企业克服宏观经济下行压力较大等不利因素影响，通过加大有效投入、增强资源配置、优化资本结构、提升效益水平等措施，确保各项经济指标基本完成。至年底，市国资委直接监管企业资产总额225.51亿元，同比增长1.58%；所有者权益135.54亿元，同比增长6.54%；实现营业收入79.78亿元，同比增长4.60%；实现利润总额3.80亿元，同比增长0.94　%；上缴税费4.90亿元，同比减少4.99%。

【不断优化国资布局】 年内，市国资委根据绍兴经济发展战略和产业导向，按照“有进有退、有所为有所不为”的总体要求，结合全市发展中心工作和市属国企实际情况，推进国企整合重组。由市国资委和市旅游集团合资，成功组建绍兴震元健康产业集团，注册资本金5亿元，市旅游集团持有51%，市国资委持有49%。同时，为进一步推动企业做强做优，市国资委提出《关于进一步深化体制机制改革，做强做优绍兴银行的若干政策建议》，为市委、市政府决策提供参考。

【重点项目建设顺利推进】 年内，市国资委各监管企业积极承建市重大项目和民生保障工程。市燃气集团完成钱清高中压调压站、“三锦石化”天然气专线、LNG液化天然气应急气源站、天然气云东路注气站等重点工程建设，并推进老旧管网改造等民生工程。市水务集团污水分质提标与集中预处理、平水江水厂及配套管线、小舜江供水环线、中环2000吨/日污泥焚烧发电等重点工程顺利推进，老高层住宅小区二次供水接收改造、老小区截污改造、河道截污改造等工程均取得较好效果。黄酒集团顺利实施黄酒产业园黄酒生产技术升级，黄酒文化园一期黄酒博物馆的提升改造完成并于10月初重新对外开放，国家黄酒工程中心基本完成改造任务。工贸国资公司总投资5667万元的漓铁尾砂综合利用开发技改项目和平铜铜带3吨熔铜炉技术改造项目均建成并投入使用。

【保障企业融资需求】 年内，市国资委指导企业创新融资方式，通过利用上市公司资源、发行企业债券、中期票据等方式，帮助企业提升直接融资比重，降低融资成本。支持市水务集团发行5亿元中期票据和10亿元非公开定向债务融资工具；支持黄酒集团完成股份公司配股工作，募集资金11.11亿元。

【规范产权管理】 年内,市国资委进一步加强产权交易监管,重点把好国有资产评估及进场交易关,严格要求企业必须按国有资产处置程序进入市公共资源交易中心挂牌交易,公开拍卖,确保国有资产的保值增值。全年批准产权公开转让事项4项,转让金额合计1.83亿元。开展产权转让、重大资产处置、产权登记专项检查和中介机构产权转让业务资格年检。规范产权管理事项备案工作,进一步提高国有资产监管效率。落实监管企业产权变更报告制度,切实做好监管企业经营风险管控。制定出台《绍兴市市属企业投资监督管理办法》,进一步加强企业投资、担保日常监管,全年共核准备案投资事项4项,金额合计0.83亿元。

【完善考核激励机制】 年内,市国资委完成工贸国资公司等6家出资(代管)企业和绍兴银行负责人2013年度年薪考核。完成2013年度企业经营发展目标责任制考核。按照资产属性和业务类型,提出将全市国有企业分为竞争类、功能类、公共服务类和文化类企业。围绕分类考核要求,进一步完善业绩考核制度,制定了《绍兴市属国有企业负责人薪酬分类考核办法》,进一步增强了业绩考核的针对性、科学性和可操作性。同时,就加强国有企业中长期激励工作进行了调研摸底,形成了国有上市公司经营者股权激励和中长期激励总体思路。

【加强企业运营监管】 年内,市国资委加强企业运营监管。一是开展监管企业经济运行分析,加强对快报统计信息的分析和运用,指导企业防范和化解经营风险。二是牵头组织、指导推动企业开展全面预算管理工作,提升企业管理水平和资源配置效率,增强企业财务、信息、风险及负债规模等整体控制能力,有效降低运营成本和管理成本,规避企业发展过程中存在的风险。三是进一步规范内部审计工作,深入企业查找内控体系建设短板和瓶颈,督促企业建立健全内控制度体系。强化内审实务,提升内审人员专业水平,组织开展国企内审人员内审培训。四是加大出资企业财务监督力度。组织对所属国有企业的财务审计和监督检查,规范企业财务管理,确保国有资产安全。全年共对9家企业实施了财务审计和财务检查。

【加强企业领导班子建设和党组织建设】 年内,市国资委起草《绍兴市国资监管企业中层干部管理暂行办法》,加强国有企业中层干部宏观管理。完成了震元集团、绍兴市文化产业发展集团和绍兴广播电视传媒集团等3家企业的董监事和市燃气集团总工程师选配工作。继续完善法人治理结构,加强企业董事会、监事会规范建设,探索建立外部董事制度,进一步完善外部监事制度,提高监事会监督实效。积极探索市场化的国有企业选人用人机制,面向全省公开遴选绍兴银行行长。加强企业党组织建设,全年共发展党员92人。(市国资委提供)

国土资源管理

【概况】 2014年,全市国土资源管理工作做到保护与保障并举,管理和服务并行,维护了国土资源管理的良好秩序。

全市土地利用现状变更调查年末面积

表42

单位:公顷

区分	耕地	园地	林地	草地	城镇村及工矿用地	交通运输用地	水域及水利设施用地	其他土地
全市	199162.95	63781.31	354413.12	5809.28	94441.99	21863.13	70681.15	17755.04
越城区	12910.08	1007.17	10075.34	197.37	14412.99	2565.17	7857.27	299.27
柯桥区	18364.37	6974.74	45455.13	545.35	18040.73	3261.84	12413.87	1545.73
上虞区	43165.44	9578.20	39828.40	287.46	17455.22	4338.16	24706.07	1220.13
诸暨市	51127.67	10698.83	115353.22	3954.73	25025.69	5577.33	14066.96	5336.23
新昌县	28671.73	12964.74	60476.33	377.01	6877.49	2159.45	4536.24	5291.78
嵊州市	44923.66	22557.63	83224.70	447.36	12629.87	3961.18	7100.74	4061.90

【连续17年实现耕地占补平衡】 年内,全市垦造耕地746.67公顷,落实高标准基本农田建设任务2万公顷,并向云和县、青田县等地调剂耕地占补平衡指标200公顷,连续17年实现耕地占补平衡。全市国土系统共组织巡查1.61万余次,发现违法用地581宗,对62名责任人员提出党政纪处分建议,将10名涉嫌犯罪责任人员移送司法机关处理。全市全年土地卫片执法检查违法耕占比仅为4.96%,实现“个位数、

零问责”目标。

【加强土地要素保障】 年内,市国土资源管理局完成绍兴大城市土地适用性专题研究,并通过市委常委会审定,以“着眼当前、分类保障”的理念科学测算大城市用地规划空间。积极开展绍兴市土地利用总体规划中期修改,指导各县(市、区)开展土地利用规划修改工作,其中柯桥区、上虞区、新昌县已取得阶段性规划成果。全年共获取用地计划指标 1568.80 公顷(耕地 1084.54 公顷),分别占全省新增建设用地计划指标 1.33 万公顷(耕地 7333 公顷)的 11.7%和 14.8%。市区保障性住房用地涉及新增建设用地 88.87 公顷(其中耕地 83.47 公顷),指标数位居全省首位,供地率实现 100%。

【启动城镇低效用地再开发】 年初,绍兴被列为全省“城镇低效用地再开发”试点。9 月,市政府召开全市城镇低效用地再开发工作会议,并拟定出台《关于加快推进城镇低效用地再开发工作的实施意见》及相关配套政策,成立由市长任组长、分管副市长任副组长,各县(市、区)政府,以及市政府各相关部门主要负责人为成员的全市城镇低效用地再开发试点工作领导小组。全年全市共启动试点区块 565.73 公顷,超额完成省下达的 346.67 公顷城镇低效用地再开发任务。

【落实货币化安置等惠民政策】 年内,市政府出台政策,对越城区行政区域内村级留用地除实施土地安置、物业安置外,还可实行货币化安置。货币安置标准按区域不同共分为 140 万元 / 亩、100 万元 / 亩、60 万元 / 亩三档。调整完善了全市新一轮征地区片综合价,市本级由原先 4 个区片调整为 3 个区片,并统一提高安置补助费标准到 1.6 万元 / 人,最高区片综合价与最低区片综合价差距缩小至 4000 元,提高了对被征地村和被征地农民的补偿标准。按照“村级审查、乡镇审批、县管转用”审批模式,破解农民建房难题。全年共完成农民建房审批 4675 户,面积 48.33 公顷。

【防治地质灾害无人员伤亡】 年内,市国土资源管理局继续实施地质灾害搬迁避让和治理工作,全年共避让搬迁 225 户 768 人,完成应急排险和工程治理项目 49 个,减少受威胁群众 890 人。全年全市共发生地质灾情 16 次、险情 31 次,无人员伤亡。其中成功避让 3 起,避免伤亡 13 人。同时,对全市 152 所山区学校开展“地质灾害防治知识进课堂”活动,57315 名小学生接受防灾知识教育。

【构建“一市多区”国土管理体制】 年内,市国土资源管理局在绍兴行政区划调整后,按照“条块结合,以块为主”的管理办法,对柯桥区、上虞区国土资源工作实行“两统一、两备案”制度,构建起符合绍兴“一市多区”大城市建设发展格局的国土管理体制。同时,按照“简政放权、权责一致,人随事走、充实基层,有利工作、保持稳定”的原则,积极推进实施市区国土资源管理体制机制改革,逐步理顺国土资源管理职能。(劳益瑾)

市场监督管理

【概况】 2014 年,全市新设国有或集体内资企业 469 家,同比增长 7.82%;新增外资企业 234 家,同比增长 32.20%;新设私营企业 19993 家,同比增长 7.54%;新设农民合作社 334 户,同比下降 39.16%,新设个体工商户 46346 户,同比增长 11.06%。

全市新增“个转企”4190 家,其中 3785 家转为公司,占比 84%;至年末,全市累计完成“个转企”14807 家,其中 5099 家转为公司,占比 34.44%。新登记有限公司 14714 家,注册资本 480 亿元,分别同比增长 62%和 30%。

全市工商管理部门查处各类违法违章案件 3018 件,同比增长 11.78%。其中大要案 648 件,罚没款 2429.36 万元,同比下降 39.27%。市市场监管局查办案件 261 件,同比增长 186.8%。其中大要案 74 件,同比增长 57.4%;罚没款 279.32 万元,同比增长 64.4%。全年共查办不正当竞争案件 169 件,案值达 397 万元,罚没款 338 万元。

全市食品药品监督部门共查处食品药品案件 853 件,同比增长 37.3%。其中大要案 18 起,涉案金额 1.4 亿元;移送公安机关 20 起;省级督办案件 5 起,占全省督办案件 28 起的 17.9%;国家级督办案件 1 起。

全市“12315”举报申诉指挥中心共接到咨询、申诉、举报 47359 件。其中消费投诉 9846 件,成功调解 8736 件,成功率 93.93%,为消费者挽回经济损失 713.74 万元。全市消保委系统共受理消费投诉 2077 件,为消费者挽回经济损失 289.85 万元。

【市市场监管局成立】 1 月 26 日,根据《浙江省人民政府关于改革完善市县食品药品监管体制的意见》《浙江省人民政府办公厅关于调整省级以下工商质监行政管理体制的通知》《中共绍兴市委办公室 绍兴市人民政府办公室关于改革完善市级及市辖区食品药品监管体制的实施意见》,成立绍兴市市场监督管理局(以下简称“市市场监管局”),作为主管食品药品监督管理和工商行政管理工作的市政府工作部门,同时挂绍兴市工商行政管理局、绍兴市食品药品监督管理局、绍兴市食品安全委员会办公室牌子。原绍兴市工商行政管理局、绍兴市食品药品监督管理局和绍兴市食品安全委员会办公室的职责一并划入,另增加划入绍兴市质量技术监督局承担的生产加工环节食品安全监督管理的职责。取消已由省、市政府公布取消的行政审批事项和扩权强县改革中省、市政府规定交由县(市、区)政府主管部门具体实施的事项的职责。

市市场监管局机关编制 73 名,内设 17 个职能处室(规格均为正科级)、3 个直属机构(规格均为正科级)、12 个派出机构和 4 个事业单位。纪检、监察机构的设置、人员编制和领导职数按有关文件规定执行。

市市场监督管理局所属机构

表 43

序号	名称
	内设机构
1	办公室
2	政治处
3	政策法规处
4	财务(审计)处
5	食品综合协调和督查处
6	应急管理与宣传处
7	行政审批服务处(挂外商投资企业登记管理处、企业注册处牌子)
8	市场合同监督管理处
9	商标广告监督管理处
10	企业监督管理处(挂个体私营经济监督管理处牌子)
11	食品生产监督管理处
12	食品流通监督管理处
13	餐饮服务监督管理处
14	保健食品化妆品监督管理处
15	药品生产监督管理处
16	药品流通监督管理处
17	医疗器械监督管理处
	直属机构
18	消费者权益保护分局(挂“12315”举报申诉指挥中心、食品药品投诉举报中心牌子)
19	网络经营监督管理办公室(挂信息化办公室牌子)
20	经济检查分局
	派出机构
21	绍兴市市场监督管理局高新区分局(挂绍兴市工商行政管理局高新区分局、绍兴市食品药品监督管理局高新区分局牌子)
22	绍兴市市场监督管理局袍江分局(挂绍兴市工商行政管理局袍江分局、绍兴市食品药品监督管理局袍江分局牌子)
23	绍兴市市场监督管理局滨海新城分局(挂绍兴市工商行政管理局滨海新城分局、绍兴市食品药品监督管理局滨海新城分局牌子)
24	绍兴市市场监督管理局东湖镇市场监督管理所(挂绍兴市工商行政管理局东湖镇工商行政管理所、绍兴市食品药品监督管理局东湖镇食品药品监督管理所牌子)
25	绍兴市市场监督管理局皋埠镇市场监督管理所(挂绍兴市工商行政管理局皋埠镇工商行政管理所、绍兴市食品药品监督管理局皋埠镇食品药品监督管理所牌子)
26	绍兴市市场监督管理局陶堰镇市场监督管理所(挂绍兴市工商行政管理局陶堰镇工商行政管理所、绍兴市食品药品监督管理局陶堰镇食品药品监督管理所牌子)
27	绍兴市市场监督管理局富盛镇市场监督管理所(挂绍兴市工商行政管理局富盛镇工商行政管理所、绍兴市食品药品监督管理局富盛镇食品药品监督管理所牌子)
28	绍兴市市场监督管理局稽山街道市场监督管理所(挂绍兴市工商行政管理局稽山街道工商行政管理所、绍兴市食品药品监督管理局稽山街道食品药品监督管理所牌子)
29	绍兴市市场监督管理局迪荡街道市场监督管理所(挂绍兴市工商行政管理局迪荡街道工商行政管理所、绍兴市食品药品监督管理局迪荡街道食品药品监督管理所牌子)
30	绍兴市市场监督管理局马山镇市场监督管理所(挂绍兴市工商行政管理局马山镇工商行政管理所、绍兴市食品药品监督管理局马山镇食品药品监督管理所牌子)

续表 43

序号	名　称
31	绍兴市市场监督管理局斗门镇市场监督管理所(挂绍兴市工商行政管理局斗门镇工商行政管理所、绍兴市食品药品监督管理局斗门镇食品药品监督管理所牌子)
32	绍兴市市场监督管理局孙端镇市场监督管理所(挂绍兴市工商行政管理局孙端镇工商行政管理所、绍兴市食品药品监督管理局孙端镇食品药品监督管理所牌子)
	事业单位
33	绍兴市市场监督稽查支队(原绍兴市食品药品监察稽查支队更名)(相似副县处级事业单位)
34	绍兴市食品药品检验中心(相似副县处级事业单位)
35	绍兴市药品不良反应监测中心(挂绍兴市食品、药品、医疗器械评审认证服务中心牌子)(相似正科级事业单位)
36	绍兴市消费者权益保护委员会秘书处(相似正科级事业单位)

【体制改革全部“三定”到位】 年内,市委、市政府根据省政府的统一部署,积极推进食品监管体制改革,1月26日新组建的绍兴市市场监管局正式挂牌运行后,根据主要职责、内设机构和人员编制规定的“三定”方案,3个直属开发区市场监管分局以及开发区内10个镇(街)市场监管所人员于5月底全部到位。市市场监管局坚持“依法还权,能放则放,应放尽放”的原则,向越城区市场监管局及市直各市场监管分局下放审批权和监管权限,其中向越城区市场监管局下放事权31项。各县(市、区)都在6月底前完成市场监管局的机构“三定”工作,并挂牌运行。全市118个乡镇(街道)设立市场监管所106个,其中越城、上虞、诸暨、新昌和市直开发区都实现按镇(街)设所的目标,柯桥和诸暨还根据区域需求分别设立了轻纺城市场监管分局、诸暨商贸城市场监管所。

【开展食品安全百日严打行动】 2月27日至6月10日,全市市场监管部门开展食品安全百日严打行动,严厉打击8类食品安全违法犯罪行为。其间,先后开展清查冷库冷冻食品的“一号行动”,熟肉制售专项整治的“二号行动”“三号行动”和重点场所、重点食品专项整治的“四号行动”,加大对食品违法行为的查处打击力度。“一号行动”对166家大型食品冷冻仓库实施检查,查封食品及食品原料19.29吨,立案查处37起,查封仓库3家,移送涉嫌犯罪案件2起;熟肉制售专项执法的“二号行动”“三号行动”共检查市场224个,检查自制食品经营户751户,检测熟食样品1396批次,检出不合格31批次,查封熟食加工场所16个,捣毁小区内无证熟食小作坊2家,公安部门依法刑拘8人;专项整治重点食品的“四号行动”共检查发现无生产日期大米4110千克、过期大米545千克、标签不规范大米5200千克,立案调查25件。在“百日严打”期间,全市共约谈食品违规企业1418家,查处食品违法行为1405起,处罚451万元,向公安部门移送案件29起,刑事立案14起,打掉食品生产“黑窝点”“黑作坊”108个。

【全市乡镇村居全部建立食品药品安全机构】 年内,市市场监管部门根据市政府《关于加强食品药品安全基层责任网络建设的意见》精神,对全市118个乡镇(街道、开发委),全部正式调整建立食品药品安全委员会及其办公室;2634个村居(除合署办公和拆迁19个村居外)全部建立食品药品安全工作站,共配备食品药品安全协管员2640个。

【完成“食品安全放心城市”建设试点工程】 年内,市食品安全委员会办公室起草《绍兴市建设食品安全放心城市工作方案(2014—2016)》,结合全市各地实际,推出放心早餐提升工程、基层食品安全“强网”工程、“菜篮子”放心工程、农产品质量安全可追溯体系建设工程、食品经销源头整规工程等13个试点工程,要求各地从政府层面进行试点,年底完成试点工作并在全市推广。同时,探索开展食品安全长效监管机制“一地一试点”工作,确定越城区开展食品安全信息公开试点工作,柯桥区开展食品药品安全责任主体试点工作,上虞区开展食品安全监管责任试点工作,诸暨市开展食品安全网格化管理试点工作,嵊州市开展食品领域行政执法与刑事司法衔接试点工作,新昌县开展食品生产经营企业诚信建设及“黑名单”制度试点工作,市市场监管局本级开展食品安全信息化建设试点工作。

【“百万学生饮食放心工程”走在全省前列】 年内,市市场监管局把推进“百万学生饮食放心工程”纳入2014年度市政府十大民生实事工作,出台实施方案,就规范全市学校大宗食品统一配送、定点采购和食堂托管等工作提出了具体的要求,并开发了“百万学生饮食放心工程”信息系统。至年末,全市中小学和幼儿园大宗食品统一配送或定点采购率为96%,A、B等级学校食堂比例为92%(全省第一),品牌超市进校园比例为92%(全省第一),学校饮用水城镇管网接入率达97%。基本实现“省千万工程三年任务两年完成,各项指标走在全省前列”的目标。

【开展小餐饮集中整治行动】 年内,全市市场监管部门开展小餐饮集中整治行动,按照“标本兼治、疏堵结合、提升一批、整治一批、关停一批”的原则，重点对小餐饮单位无证经营、从业人员无证上岗、经营场所环境“脏、乱、差”、餐饮具不消毒、台账制度不落实等问题进行重点整治。至年底，全市小餐饮单位有13145家，其中有证11884家，无证1261家，有证率为90.41%；责令整改6895家次，取缔818家，立案463起，涉案金额136.6万元。市本级小餐饮持证率保持在90%以上。柯桥区、上虞区、新昌县等地小餐饮整治也都取得较好成效。同时，实施远程实时监控，以学校食堂以及承接重大活动、承办喜庆婚宴的餐饮单位为重点，安装远程视频电子实时监控系统，促使餐饮单位加强食品安全管理。已投资530万元在全市228家大型餐馆、学校食堂安装了视频监控系统。

【组建市县两级食品药品检验检测中心】 年内，市市场监管局组建了市食品药品检验检测中心，内设食品化妆品检验所、药品检验所、医疗器械检验所，为市市场监管局所属相似副县处级事业单位。将原市食品药品监管局所属市食品药品检验所的全部人员编制和装备、市质监局所属市质量技术监督检测院涉及食品安全的检验检测人员编制和装备，整合划入市食品药品检验检测中心。各县(市、区)都建立了食品药品检验检测中心，人员及检测设备基本都已划转到位，柯桥区、上虞区、新昌县等地已经通过了实验室资质认定，可以对300多个项目进行检测。

【强化食品生产领域监管】 年内，市市场监管局积极推行食品生产许可行政审批事项一审一核制，下放(委托授权)食品生产环节委托加工备案办理权限；强化食品生产领域专项整治，检查食品生产企业2756家次，发出整改通知书230份，取缔无证黑作坊12家，消除隐患750个。做好省级食品生产许可权限下放市级的承接和全市食品生产许可准入工作。至12月22日，全市共受理食品生产许可292家371张，累计获得有效食品生产许可证789家1053张、食品添加剂生产许可证企业22家。推进主体责任自查报告替代许可证年审相关工作，培训生产企业752家，约谈企业负责人、签订承诺书815家。

【整治食品流通领域】 年内，市市场监管局牵头开展农村市场食品安全“四打击四规范”专项行动，全市查处食品违法案件共255件，查扣劣质食品1600千克。开展流通环节夏季食品安全专项整治、儿童食品专项整治、校园及其周边食品安全专项整治等行动。其中夏季食品安全专项整治中抽检食品410批次，查扣不合格食品1950千克，查处食品案件104起，发出责令改正通知书182份。在上虞区试点开展经销源头整规工程，加强对食品批发企业(总经销、总代理、一级批发)和大中型食品零售企业等流通环节食品经销源头和食品仓储的监管，开展统一备案登记，推行食品安全电子追溯系统。开展市级食品电子化示范单位创建工作，全市创建50家(比计划多创建两家)。开展药店试行婴幼儿配方乳粉销售工作，全市已领取销售婴幼儿配方乳粉食品流通许可证的药店有271家。其中开展试点销售婴幼儿配方乳粉的药店65家；全市可经营婴幼儿配方乳粉的食品经营店有1710家。

【构建药品流通诚信体系】 年内，市市场监管局以药品流通“红黑榜”制度为核心，对照文明指数测评标准，积极构建药品流通诚信体系。在媒体上公布全市药品安全示范乡镇(街道)工作推进情况和构建药品市场诚信机制的主要做法，公布通过新创建考核验收乡镇(街道)24个、复评乡镇(街道)27个，曝光2013年度全市失信警示零售药店66家，同时在网上通报175家次药店在构建药品流通诚信体系中存在的各种问题。

【开展民生领域消费维权专项行动】 年内，全市市场监管部门统一开展家装服务和家居建材商品领域专项行动，抽检相关商品87批次，其中不合格7个批次，查处案件13起；开展保健品违法行为专项整治行动，查处案件6起，罚没款16万元；推进餐饮行业整治行动，揭露餐饮业“霸王条款”，发布《越城区餐饮行业“霸王条款”消费调查报告》，并在媒体公布，先后约谈调查中涉及的40家问题餐饮企业，要求严格落实整改。开展不锈钢保温杯比较试验、洗衣粉和洗衣液比较试验、残疾人消费环境测评、快捷酒店消费测评、宽带速度测试、通信运营商信号盲点查找等消费维权专项行动，针对发现的问题，督促商家整改到位。

【保持打击传销高压态势】 年内，全市市场监管部门继续强力打击传销，检查出租房881间，发放预防传销宣传资料2.5万份，发出警示、提示328次，取缔传销活动场所215个，教育、遣散传销参与人员1577人，解救被困群众831人，抓获犯罪嫌疑人18名。开展“无传销县(市、区)、乡镇(街道)”创建，共创建“无传销县(市、区)2个、无传销乡镇(街道)53个，分别超额15%和20%完成创建任务。

【查处网络违法经营案件】 年内，市市场监管局在全市范围内部署开展“健网四号”暨2014年红盾网剑专项行动，以网络交易平台、大型购物网站和团购网站为重点整治目标，严厉打击网络交易违法违规行为，全市共查处网络违法案件177件，有力地规范了网络市场经营秩序。

【医疗器械“五整治”行动】 4月开始，全市市场监管部门开展以隐形眼镜、助听器、物理治疗及康复设备、体外诊断试剂等为重点的医疗器械“五整治”专项行动，共检查医疗器械生产企业96家次、经营企业666家次、使用单位850家次，责令整改34家次，立案61起，查处无证黑窝点14个，罚没款300余万元，开展电台宣传两次，报刊宣传两次，网络宣传13次，现场宣传45次，产品累计监督抽样 130 批次，张贴、发放海报宣传资料2730 余份。

【查办不正当竞争案件 169 件】 年内，全市市场监管部门共查办不正当竞争案件 169 件。其中侵犯知识产权不正当竞争行为案件 22 件，虚假表示和虚假宣传行为案件 103 件，限制竞争行为案件 26 件，商业贿赂案件 6 件（总案值达 397 万元），共计罚没款 338 万元。其间，受省工商局委托，市市场监管局联合上虞区市场监管局查办了一起特大垄断行为案件，共处罚商品混凝土企业（协会）9 家，罚款合计 172 万元。（市市场监管局提供）

质量技术监督

【概况】 2014 年，省、市、县三级质监部门共在绍兴市抽检产品 172 种 2751 批次，批次合格率为 96.44%，综合合格率为 98.32%，产品质量连续 10 年位居全省地市第一。“嵊州厨具”入选国家级块状产业质量提升试点示范项目。全市质监部门分级管理体制调整完成。12 月 10 日，国家质检总局发文同意绍兴市为“全国质量强市示范城市”创建城市。

【“浙江制造”品牌培育全省率先试点】 年内，市政府率先在全省出台《关于大力推进“浙江制造”品牌建设的实施意见》，积极开展“浙江制造”品牌培育试点工作。上虞区、嵊州市获选首批“浙江制造”培育认证试点区（全省 7 个），浙江菲达环保成为全省首批通过“浙江制造”品牌认证试点的 4 家企业之一。“山下湖珍珠”获批“全国知名品牌创建示范区”，“洁丽雅”获纺织轻工组全国知名品牌价值第一名。全年全市新增浙江名牌产品 39 个，新增数位居全省第一位。新评绍兴名牌 79 个。

【加强标准化建设】 年内，市政府出台了《关于进一步加强标准创新工作的意见》，组建成立绍兴市标准化研究院。加强“五水共治”等重点工程的标准化体系建设，以标准约束污水、废水排放，以标准引领水环境治理。柯桥区《工业废水与生活污水管网收集输送标准化》项目入选国家服务标准化试点，建成全国规模最大的县（区）级工业污水收集输送中心。柯桥区《生活饮用水供水服务标准化》和诸暨枫桥镇《枫桥镇基层社会治理综合标准化》项目被确定为全国首批社会管理和公共服务标准化试点项目。

【参与制订修订标准 120 项】 年内，全市企业共参与制订、修订国际标准 23 项（累计 35 项）、国家标准 33 项（其中作为主导单位 9 项；累计 569 项）、行业标准 64 项（其中作为主导单位 20 项；累计 473 项）。浙江海亮股份有限公司主导制定的 GB/T 23609-2009《海水淡化装置用铜合金无缝管》获 2014 年度“中国标准创新贡献奖”二等奖，这是全市企业获得的首个“中国标准创新贡献奖”二等奖，也是 2014 年度浙江省获得的标准创新最高奖项。

【开展计量器具专项执法检查】 年内，市政府出台《关于进一步加强计量工作的实施意见》，市质监局以民生计量、能源计量为重点，组织开展以电子秤、医用计量器具、呼出气体酒精探测仪和测速仪等为重点的计量器具专项执法检查，全市重点计量器具受检率达到 99.1%，共检查各类计量器具 1091 台（件），合格 1063 台（件），合格率为 97.4%。97 家重点用能企业通过能源计量现场审查，新增省级能源计量示范单位 7 家。

【启动工业产品生产许可证“当场许可”试点改革】 4 月 14 日起，经省质监局授权，全市选择建筑防水卷材等 6 种化学品及橡胶密封制品等 9 类 14 种质量稳定、安全风险相对较低的工业产品，在全省第一个启动工业产品生产许可证“当场许可”试点改革工作。相关企业只要按要求提交申报材料并出具确保满足相关生产和检验条件的书面承诺书，即可当场获得生产许可证书。6 月 19 日，全市首张“当场许可”证书由绍兴市蓝迪涂料有限公司获得，年内共有 8 家企业按此模式获得生产许可证书。

【推行特种设备使用安全管理标准化管理】 年内，全市质监、安监等部门联动推行特种设备使用安全管理标准化工作，282 家特种设备使用单位建立了标准化管理模式，98 家单位通过了标准化管理考评定级，其中 A 级 41 家、B 级 48 家、C 级 9 家。省质监局发文在全省推广绍兴市的做法。

【开展“蓝剑”“红黑榜”打假治违行动】 年内，全市质监部门持续保持高压打假态势，围绕农资产品、儿童用品、建材产品等重要消费品，组织开展“蓝剑”系列专项执法行动和“六打六治”打非治违专项行动。全市出动执法人员 1200 余人次，检查企业 300 余家次，立案查处质量违法案件 34 件。制定出台《绍兴市产品质量“红黑榜”发布制度（试行）》《行政处罚信息公开规则》，并发布两期“红黑榜”，及时公开监督抽查、执法打假信息。

【获批建设第 4 个国家质检中心】 4 月 8 日，国家质检总局发文同意在绍兴市质量技术监督院的基础上，筹建国家有色金属加工产品质量监督检验中心（浙江），这是绍兴市获批建设的第 4 个国家质检中心。

【开展“利企惠民”活动】 年内，全市质监部门扎实开展“实验室开放”“你送样，我检测”等“利企惠民”活动，面向中小企业开放了印染技术、橡塑制品、机电产品、有色金属材料、血压计、建材、照明电器、袜业产品、厨具、轴承产品等 10 个实验室，开放检验检测设备 181 台（套），为 264 家企业的新产品研发、新工艺应用、新技术测试提供了 3205 批次产品的检测试验，为 1279 家次企业的 3935 人次提供了技术咨询、质量管理培训，为企业节省产品研发成本 1295.3 万元，实现产品增值 1.17 亿元。

【完成质监部门分级管理体制调整】 3 月底前，根据上级统一部署，全市县（市、区）级质量技术监督部门陆续由省级以下垂直管理调整为地方政府分级管理。6

月13日，原市质监局承担的生产加工环节食品安全监管职能，整合划入市市场监督管理局。12月30日，市质量技术监督检测院涉及食品安全的检验检测人员编制和专用装备也成建制划入市食品药品检验检测中心。（市市场监管局提供）

安全生产监管

【概况】 2014年，绍兴市安全生产工作以确保事故起数、死亡人数“双下降”，减少一般事故，控制较大事故，坚决遏制重特大事故为目标，扎实推进各项工作，安全生产形势持续稳定好转。全市共发生各类事故（除生产经营性火灾外）1526起，同比下降2.68%；死亡498人，同比下降9.78%；发生较大事故4起。

【出台加强安全生产促进安全发展的意见】 8月8日，市委、市政府发布《关于加强安全生产促进安全发展的意见》，明确全市安全生产发展方向、工作目标和主要任务。《意见》进一步细化了隐患排查治理、安全生产标准化和诚信机制建设、乡镇（街道）及各类园区安监队伍建设、“网格化”管理等方面的工作要求，明确乡镇（街道）安监员享受安全生产监管监察岗位津贴，积极探索向条件成熟的乡镇（街道）、园区管委会下放安全生产执法权限。

【开展安全生产综合整治】 年内，市安监局按照省局部署，开展安全生产综合整治工作。越城区开展以“园中厂、厂中厂、楼中厂”和出租厂房、仓库为重点的安全生产综合整治行动。全区共取缔“低小散”涉污企业182家；拆除违建厂房148.6万平方米；排查无证无照生产经营单位1122家，责令改正738家，关闭取缔114家；检查生产经营单位1532家，排查安全隐患1445处，发出整改指令书945份。新昌县以“拆违法、查无照、除隐患、严执法、强基础、建机制”为着力点，开展“三合一”企业及“多合一”建筑安全综合整治试点工作。通过全面摸排，确定七星街道上礼泉村、南明街道挂帘山村区块为重点区域。推广政府购买社会服务模式，聘请专家排查企业142家次，查出各类安全隐患2056条，并函告质监、供电、消防，城管等主管部门，做到信息联通、部门联动、隐患联治。

2月27日，国务院安委会第十五督查组在漓铁尾矿库检查（市安监局提供）

【安全生产标准化达标率达90%】 年内，市安监局印发《关于进一步做好工贸行业企业安全生产标准化工作的通知》，实行标准化评审“一票否决”“亮分亮牌”制度，规范安全标准化评审工作。至年底，全市危化企业三级以上安全达标170家，烟花爆竹批发经营企业三级以上安全达标12家，矿山企业三级以上安全达标37家，工矿商贸企业二级安全达标190家，三级安全达标2458家，达标率为90%。

【推动化工企业进化工园区】 年内，市政府批准实施《绍兴市化工行业安全发展规划》，要求新建危险化学品建设项目必须进已规划的化工园区或化工集聚区，积极推动现有区域外化工企业进入化工园区，禁止设立风险不可控或与地区应急救援力量、物资和器材不匹配的建设项目等。

【两支队伍被确定为省级矿山应急救援队伍】 年内，浙江漓铁集团和绍兴平铜的矿山专业救援队伍被省安监局确定为4级（省级）矿山应急救援队伍，为辖区和周边地区提供矿山应急救援支撑，两支专业救援队伍分别获得20万元和15万元省级应急救援专项资金补助。

【严把培训考核关】 年内，市安监局严把高危行业负责人、安管员和特种作业人员培训考核关，积极做好一般工贸企业从业人员培训考核工作。全年全市共举办各类安全生产培训班406期，考核合格发证25390人。

【加大安全宣传强化“红线”意识】 6月17日，副市长杨文孝在《绍兴日报》发表题为“强化红线意识促进安全发展——写在全市第十三个“安全生产月”活动开展之际”的署名文章，要求强化“红线”意识，做到“守土有责、属地管理”。全年共在绍兴电视台新闻综合频道投放安全公益广告365条次，在广播电台滚动播放安全公益广告3285条次。同时，围绕2014年全国“安全生产月”，以安全生产进企业、进农村、进社区、进学校为载体，广泛开展安全生产摄影比赛、知识竞赛、咨询日、安全生产现场行、应急演练等活动。（杨丹）

劳动保障监察

【概况】 2014年，全市各级劳动保障监察机构主动检查用人单位9680家，办结举报投诉3570件，为15105名劳动者追发工资9835.98万元，办结行政处罚（处理）案件236起，向公安机关移送拒不支付劳动报酬案件35起。完成企业劳动保障书面审查4.1万家，其中市本级全面实施网上书审，参与企业占书审总数的88.69%。全市各级仲裁机构共办结劳动人事争议案件6796件，涉及经济标的2.2亿元，其中市本级957件，涉及经济标的1904万元。乡镇(街道)基本实现劳动争议调解组织全覆盖，95%以上的规模以上企业建立了企业调解组织，并将调解组织向小微企业延伸。

【深入推进“双爱”活动】 年内，全市规模以上企业“企业关爱职工，职工热爱企业”(简称“双爱”)活动参与率达到100%，已建工会企业的工资集体协商、集体合同签订率达到92%以上，小微企业劳动合同签订率巩固在92%以上。

【加强企业人力资源管理队伍建设】 3月，绍兴市构建和谐劳动关系领导小组成立。5月，领导小组印发《关于加强企业人力资源管理人员队伍建设的意见》，计划到“十二五”期末，对全市企业人力资源管理人员进行一次轮训，建立较为完备的培训、鉴定、管理制度，基本实现持证上岗。年内已举办培训班5期，培训企业人力资源管理人员503人。

【开展劳动关系和谐指数测评】 年内，市人力社保局继续对各县(市、区)开展劳动关系和谐指数评测，测评结果为：越城区78.768、柯桥区82.877、上虞区80.558、诸暨市81.64、嵊州市89.382、新昌县75.644。8月1日起，全市最低工资标准调整为每人每月1470元，非全日制工作的最低小时工资标准调整为12元。

【建立处理拒不支付劳动报酬案件机制】 1月，市中级法院、市检察院、市公安局、市人力社保局联合出台了《绍兴市移送和办理拒不支付劳动报酬案件实施办法(试行)》。以转移财产、逃匿等方法逃避支付劳动者的劳动报酬或者有能力支付而不支付劳动者的劳动报酬；拒不支付一名劳动者3个月以上的劳动报酬且数额在1万元以上，或拒不支付10名以上劳动者的劳动报酬总额达8万元及以上等情形，列为应当及时移送公安机关案件。

【试行兼职仲裁员制度】 5月，绍兴市劳动人事争议仲裁委员会通过了《绍兴市劳动人事争议兼职仲裁员管理办法(试行)》。兼职仲裁员将在仲裁委员会各成员单位及社会各界的专家、学者、律师中择优聘任；选聘程序将遵循公正性、合法性原则，由本人申请或所在单位推荐，经仲裁员审核，由仲裁委员会决定聘任及续聘；兼职仲裁员建立诚信档案，日常管理、年度考核和奖惩将记入诚信档案，作为续聘和解聘依据。

【“12333”接到54.8万个劳动保障咨询电话】 年内，全市“12333”劳动保障投诉咨询热线来电总数为54.8万个，同比减少1.97%。其中市本级来电总数25.1万个，同比增长10.1%。咨询服务热线开通人力社保政策咨询、社保信息查询、办事指南、投诉举报及常见办事项目微信自助查询、地址短信推送、办事资料电子邮件发送等便民服务功能。(市人力社保局提供)

价格管理

【概况】 2014年，全市实际使用价格调节基金1.98亿元，比2013年增加0.25亿元，增长14.45%。绍兴市区居民消费价格总水平同比上涨0.1%(全省平均水平为2.1%)，列全省11个城市第8位。

【运用价格杠杆促企业转型升级】 年内，市发改委扎实推进重点领域价格改革，促进企业转型升级。一是结合“五水共治”战略，加大污水处理费征收力度。提高市本级和越城区、柯桥区非居民生活类污水处理费基准价格，重污染企业在原收费标准3.00元/立方米的基础上提高0.50元/立方米；工业污水中的一般工业污水和非工业污水中的经营性污水在原收费标准2.40元/立方米的基础上提高0.40元/立方米；非经营性污水在原收费标准1.40元/立方米的基础上提高0.40元/立方米，简化了污水处理费分类结构。二是落实省物价局布置的调查任务。调研上报污水处理、城市供水、水利工程供水、天然气等经营、成本情况；调研上报水资源费、排污费征收标准调整方案意见。三是为配合做好建筑泥浆无害化处理工作，核定市本级建筑泥浆处理费标准和诸暨市污泥处置收费标准。四是核定浙江龙德环保公司污泥焚烧发电上网电价政策和浙江精工新能源有限公司等5个项目光伏发电上网电价政策。五是贯彻落实了小水电和非省统调热电联产机组上网电价调整方案。

【查处各类价格违法案件29件】 年内，全市共查处各类价格违法案件29件，其中明码标价案件 [illegible] 件；实施经济制裁1034.91万元，其中退还用户38.53万元，没收违法所得868.38万元，罚款128万元。市本级对2013年度发文处理的17起案件结案，对11起案件发出处罚决定，查处金额80.33万元，共实施经济制裁854.48万元，其中退还用户35.02万元、没收违法所得749.56万元、罚款69.9万元。

【受理价格投诉举报2003件】 年内，全市共受理价格投诉举报2003件，已办结1991件其中咨询办结1881件，协调办结107件，查处3件。退还用户(消费者)9.73万元，没收违法所得0.06万元，罚款金额31.52万元。其中市本级共受理价格投诉举报1522件，已办结1518件，其中咨询办结1465件、协调办结53件，退还用户(消费者)1.44万元。

【核减成本14.21亿元】 年内，市发改委开展了供水、垃圾、教育、保障房等十大类17项成本调查监审项目，审核成本63.58亿元，核减不应计入定价成本的费用14.21亿元，核减率为22.35%。

【出具价格鉴定报告10155份】 年内，全市价格认证系统配合司法、纪检机关办理案件，共出具各类财物价格鉴定报告 10155 份，涉案金额 1.57 亿元。市本级出具各类案件所涉财物价格鉴定 698 份，涉案金额 1163 万元。（市发改委提供）

财　政

【概况】 2014 年，全市实现财政总收入 546.34 亿元，同比增长 8.8%，其中一般公共预算收入 317.27 亿元，完成预算的 100.2%，同比增长 8.1%，同口径增长 8.3%；全市一般公共预算支出 346.44 亿元，同比增长 11.0%。市区财政总收入 348.72 亿元，同比增长 8.2%，其中：一般公共预算收入 201.13 亿元，完成预算的 100.1%，同比增长 6.9%；市区一般公共预算支出 204.82 亿元，完成预算的 104.8%，同比增长 9.5%。市级财政总收入 116.93 亿元，同比增长 5.1%，其中一般公共预算收入 72.56 亿元，完成预算的 100.1%，同比增长 7.6%，同口径增长 5.0%；市级一般公共预算支出为 83.39 亿元，完成预算的 113.0%，同比增长 13.9%。

全市公共预算收支情况

表 44

区分		收入		支出	
		总额(亿元)	增幅(%)	总额(亿元)	增幅(%)
市区	越城区	72.56	7.6(5.0)	83.39	13.9
	柯桥区	82.01	5.7(8.2)	71.42	4
	上虞区	46.56	8	50.01	10.6
诸暨市		66.34	11.3	74.14	10.6
嵊州市		25.05	10.2	34.45	13.3
新昌县		24.75	9.5	33.03	19.8
合计		317.27	8.3	346.44	11

说明：市级和柯桥区括号中的同口径增幅为柯桥区东部三镇划转至市级后，对上述地区的 2013 年同期基数进行调整后的增幅

【财政收入结构】 2014 年，全市公共财政预算收入占财政总收入的比重为 58.1%，高于全省平均比重 3.3 个百分点，比 2013 年比重下降 0.3 个百分点，其中：市区比重为 57.7%，比 2013 年下降 0.7 个百分点；市级比重为 62.1%，比 2013 年下降 0.3 个百分点。全市公共财政预算收入中税收收入 302.56 亿元，占公共财政预算收入的比重为 95.4%，高于全省平均比重 1.9 个百分点，其中：市区比重为 96.5%，比 2013 年提高 1.9 个百分点；市级比重为 97.5%，比 2013 年提高 2.6 个百分点。

【公共财政民生支出增幅较大】 2014 年，全市及市级一般公共财政预算支出中用于民生支出总额分别为 259.53 亿元和 56.12 亿元，分别同比增长 14.0%和 18.0%，分别占总支出的 74.9%和 67.3%。强化社保资金统筹，当年全市及市级地税部门分别征收五项社会保险基金 163.00 亿元和 39.33 亿元，分别同比增长 12.9%和 15.1%；市级国有资本经营预算收缴户数由 81 户增加到 102 户，首次明确按收入的 30%统筹用于社保基金。

【政府非税收入有所下降】 2014 年，全市共征收政府非税收入 345.78 亿元，同比下降 2.9%，其中：土地出让金 253.52 亿元，同比下降 9.37%；其他政府性基金 59.47 亿元，同比增长 41.59%；专项收入 8.27 亿元，同比下降 0.40%；行政事业性收费 17.07 亿元，同比下降 6.5%；罚没收入 7.17 亿元，同比下降 3.6%；国有资本经营收入 -2.83 亿元，同比下降 3.5%；国有资源（资产）有偿使用收入 2.70 亿元，同比下降 11.9%；其他收入 0.37 亿元，同比增长 24.4%。年内，市级共征收政府非税收入 79.49 亿元，同比增长 18.4%，其中土地出让金 55.34 亿元，同比增长 16.16%；其他政府性基金 14.20 亿元，同比增长 71.44%；专项收入 1.68 亿元，同比下降 10.8%；行政事业性收费 7.93 亿元，同比下降 8.6%；罚没收入 1.24 亿元，同比下降 19.3%；国有资本经营收入 -1.95 亿元，同比下降 6.8%；国有资源（资产）有偿使用收入 0.74 亿元，同比下降 21.6%；其他收入 0.27 亿元，同比增长 10.0%。

【助推经济转型】 年内，市财政局出台《关于进一步促进经济转型升级的若干政策》配套细则，确定 29 项财政政策扶持细化办法，推动传统产业转型。培育新兴产业发展，全市及市级分别筹措落实战略性新兴产业专

项资金25亿元和5亿元，支持培育壮大先进装备制造、新材料、生物医药等战略性新兴产业；发挥创投引导基金作用，推动落实项目有效投资11.75亿元。促进现代服务业提质，实施服务业“310”工程，全市及市级分别兑现服务业扶持资金9540万元和4132万元。推进科技人才创新，实施“八倍增、两提高”科技专项行动，支持国家可持续发展实验区建设，全市及市级分别落实科技经费18.46亿元和3.87亿元；实施“330海外英才计划”“百千万”人才培育工程，市级落实人才专项资金5000万元。

【落实财政支农政策】 年内，市财政局制订实施2014年农业农村配套财政政策，市级统筹安排现代农业、美丽乡村、森林绍兴、花卉绍兴等财政性资金2.69亿元；推进粮食安全体系建设，市级兑现粮食订单收购奖励资金867万元，落实政策性粮油补贴资金1800万元，发放农资综合补贴资金1688万元；健全财政支农资金管理机制，探索建立财政支农项目库，完善财政支农项目联审制度。

【保障重点支出】 年内，全市财政部门筹措“五水共治”建设资金22.54亿元保障“五水共治”战略实施；加强“五水共治”捐款收缴管理，建立捐款资金周报统计制度，全年收到各界捐款资金2.54亿元。推进“五气合治”大气污染防治三年行动计划。加大环境整治、节能减排等投入，市级落实“五气合治”专项资金5523万元。促进“交通治堵”“公交优先”战略实施，全市筹措公交企业财政补贴资金5.27亿元。支持“绍兴大学”创建工作，全市三年统筹设立财政专项资金3.8亿元，年内到位资金1.30亿元。

【社保标准普遍提标】 年内，全市养老保障待遇进一步提高，市级企业退休人员基本养老金人均月增资238元，城乡居民养老保险基础养老金提高至125元/月，80~90岁和90岁以上高龄补贴分别提高40元/月和80元/月，被征地农民养老保障待遇标准提高至590元/人。城乡困难群众生活保障标准进一步提高，城乡最低生活保障分别提高至每月580元/人和520元/人，农村五保户供养标准提高至11350元/年，机构供养和社会散居孤儿基本生活费标准分别提高至1450元/月和870元/月，企业退休军转干部生活补助每月增加200元/人，重点优抚对象慰问标准提高至1300元/人。城乡医保标准进一步提高，城乡医疗保险筹资标准提高至800元/人，市级财政补助提高至440元/人，参保人员在基层医疗机构门诊、住院最高报销比例分别提高5个百分点。

【保障民生事业】 年内，全市财政部门推进公立医院和基层医疗机构综合改革，市级兑现补助资金3.30亿元。加大教科文体事业投入，落实中职免费生均补助、中专改革发展示范学校财政资金1.33亿元；落实高校国家励志奖学金、国家助学金、教育券、营养券等资助资金6227万元；落实科技、院校科技合作、创新驱动等专项资金7900万元；落实文化产业发展政策配套资金6140万元；落实文化惠民系列工程建设资金7053万元；推动旅游事业发展，落实“全城游”“全市游”“绍兴人免费游绍兴”等旅游活动专项资金8700万元。加大创新社会管理投入，支持推进创新社会管理，落实政法经费6.26亿元；推进公共租赁住房和廉租房建设，落实保障性住房建设资金1.19亿元；正式成立市级道路交通事故社会救助基金；落实就业再就业政策扶持资金1.30亿元。

【推进预算公开】 年内，全市财政部门扩大预算公开范围，首次将市级一般公共预算、政府性基金预算、社保保险基金预算、国有资本经营预算等“四本账”提交市人代会审议，其中市级共有52个部门的预算（含下属单位）提交市人代会审议，数量比2013年增加21家，除不宜公开单位外，50个上会部门的预算和“三公”经费预算情况全面向社会公开，首次将29个市级部门2013年决算情况向社会公开。对向社会公开的预算信息，进一步细化预算公开内容，重点科目支出预算细化到“款”级，并完善预算有关栏目，增加报告摘要和有关名次（术语）解释内容。

【深化财政改革】 年内，市财政局推进预算编制改革，出台《2015年度部门预算精细化编制试点工作方案》，选择卫生、财政、环保、水利、经信等5部门先期开展改革试点；健全市级预算单位基本支出和项目支出预算编制管理制度，出台《基本支出预算编制管理办法》《项目支出预算编制管理办法》；完善新一轮财政体制，制定并实施市对越城区、绍兴高新区、袍江经济技术开发区财政体制。推进预算执行改革，在全省率先实现乡镇层面国库集中支付改革和公务卡改革“两项改革”全覆盖，全市全年发放公务卡53361张，同比增长13.2%，其中激活卡44441张，激活率83.3%。深化国库集中支付预算执行动态监控，实现市、县两级预算执行动态监控；加强预、决算执行对接，全面分析2013年度160个预算单位的2700个项目预算支出情况，对849个执行率低于85%的项目压缩其新一年度预算安排指标。推进公务管理改革。深入实施厉行节约反对浪费专项整治行动，当年全市及市级“三公”经费支出分别为4.68亿元和1.06亿元，分别同比下降36.5%和37.3%；细化预算执行定额标准，出台机关事业单位培训费、会议费管理规定，调整并建立物业管理费、临时机构经费、课题调研经费等预算编制标准，统一行政事业单位临聘人员工资及劳务费等支出标准。

【试编财务报告】 年内，市财政局正式启动政府综合财务报告编制工作，成立试编工作领导小组。制定出台《2013年政府综合财务报告试编实施方案》，明确将市级405个纳入部门决算管理范围的行政事业单位、116家政府管理的公益性国有企业财务数据纳入政府财务报表合并范围。建立试编工作联络员制度，将编制任务逐项分解落实到具体经办人员。至8月底，市级和各县(市、区)均按要求完成政府综合财务报告的编制。根据各地报告，政府总体财务状况良好，资产负债率普遍在30%以上，债务水平具有较高安全边际。根据市级报告，至2013年底，市级政府拥有资产总额1550.78亿元，负债总额591.62亿元，资产负债率38.2%，净资产总额959.16亿元。

【实施公车改革】 2月8日，市委、市政府出台《关于绍兴市市级机关公务用车制度改革的实施意见》《市级机关公务交通费管理办法》《市级机关公务用车改革后公杂费开支规定》等配套制度，启动实施市级机关公务用车改革。改革方案明确涉改单位取消公务用车，机关工作人员在车改区域内从事公务活动的，交通费用在岗位公务交通费中开支，不再报销任何交通费用和公杂费，其中按涉改人员职级和岗位确定九个档次公务交通费标准，上限每人每月2800元，下限每人每月450元，由车改单位按月转入专用卡，并由涉改人员本人凭卡使用，结余滚存，不得提现、套现，不得用于与公务交通无关的其他个人消费。随着公共用车服务公司的投入运行、涉改驾驶员分流安置的陆续完成及208辆涉改公务用车的公开拍卖，公务用车改革各项目标任务完成。

【强化财政监管】 年内，市财政局深化财政绩效管理，完善《财政支出绩效评价工作实施方案》《市级部门财政支出绩效管理工作考评细则》，全面推进部门预算绩效目标管理，全年涉评部门131家，评价项目660个，涉及资金16亿元，建议缓拨、核减资金2532.13万元。加大财政监督力度，开展执行“八项规定”严肃财经纪律和“小金库”专项治理工作，加大财政扶持资金监管力度，探索建立财政资金资助备选项目库。强化政府采购管理，探索开展采购项目归类集中采购，实施省市联动办公设备协议供货项目网上竞价采购工作；支持中小企业信用融资，当年累计发放政府采购信用融资贷款1691万元；当年市级共组织政府采购活动2314次，采购预算17.97亿元，节约资金1.15亿元，节资率6.4%。全面开展财政地税权力清单梳理、责任清单编制工作，共梳理上报权力清单147项、编写25大类部门职责、183项具体工作事项、12项与其他部门相关的管理事项，7项事中事后管理制度、10项公共服务事项。推进财政管理信息化进程，全面升级非税征管系统版本；建立预算支出执行数据库和财政扶持企业数据库，对企业拨款账户实行严格管理。

【防控债务风险】 年内，市财政局编制并实施政府投资项目资金计划，当年市级计划安排政府投资项目资金262.27亿元，实际执行219.48亿元，执行率83.7%；进一步拓宽融资渠道，组织开展银企对接，市级到账各类直接融资144.50亿元；以市政府名义制定出台《市级资金余缺调剂制度》，通过整合融资平台资源，缓解平台公司资金供需矛盾。加强债务风险防控。全面开展政府存量债务清理甄别工作，逐笔核对债务情况，客观真实反映地方政府存量债务现状；完善投融资公司主要财务指标汇总报表，定期汇总分析平台公司融资情况和有关财务指标，强化动态监控和风险预警，注重平衡偿债期限分析研究。加强建设资金监管，启动市级政府投资项目工程结算和竣工财务决算工作，探索开展政府投资项目绩效评价试点，加强工程项目预结算审核，当年共审核工程预结算项目200个，涉及资金66亿元，核减资金3.70亿元。(*裘立周*)

国　税

【概况】 2014年，全市国税税收收入280.93亿元，增收21.58亿元，同比增长8.32%。其中市本级组织国税税收收入58.58亿元，同比增长12.57%。各县(市、区)组织国税税收收入为：柯桥区77.25亿元，上虞区45.42亿元，诸暨市53.55亿元，嵊州市20.48亿元，新昌县25.65亿元。全市国税系统落实税收优惠减免税款55.28亿元，同比增长11.88%。全市国税系统优化出口退税服务实行出口退税“天天退”，办理出口退(免)税款251.77亿元，同比增长10.57%。上述两项合计减免退税款达307.05亿元，超过当年征收税款26.12亿元，同比增长10.75%。

【“营改增”试点扩面】 年内，全市铁路运输业、邮政服务业和电信业进行营业税改征增值税试点，“营改增”范围进一步扩大。至年底，全市共有“营改增”试点纳税人24875户，其中一般纳税人2487户。共实现销售额211.29亿元，入库增值税款5.98亿元，合计减税款5.88亿元，其中“营改增”企业减税款1.25亿元，一般纳税人增加抵扣税款4.63亿元。

【深化税源专业化管理】 年内，市国税局出台《关于深化完善税源专业化管理工作的若干意见》，成立税收风险分析监控中心，建立各项工作机制，明确中心工作职责、岗位设置、监控范围和行业模型整合思路，开发中小企业风险识别系统。强化涉税数据采集利用，开发纳税人基本信息采集软件，进一步夯实征管基础。

【持续推进依法行政】 年内，市国税局制定出台《绍兴市国家税务局进户执法工作管理办法》，进一步规范进户执法行为，落实《关于开展税务柔性执法的指导意见》，稳步推进税收柔性执法试点。开展“四合一”执法检查，对柯桥区国税局、新昌县国税局两个单位进行了重点督察。继续运用“发起式”手段，共对“稽查案件后续跟踪管理”等8个项目进行了督察，排查出执法风险事项20个共7725条疑点数据，共计补缴税款及滞纳金1030.29万元；发现汇算清缴应退未退税款5560万元。严格过错责任追究，共追究执法过错责任28人次，经济惩戒 2600 元。

【整顿税收秩序】 年内，市国税局创新稽查手段，整合全市稽查力量，建立“三合一”稽查集群实战竞技平台，不断提升稽查效率。深化积案清理机制，开展稽查欠税执行月活动，成功追缴以前年度欠税、滞纳金及罚款合计 509 万元。积极实施专项稽查，组织开展行业性纳税评估，全年全市共评估纳税人 449 户，入库税款 6093 万元；实施检查 417 户，补税罚款 2.39 亿元，向公安机关移送案件 201 件。制定《欠税管理工作规程》和《欠缴税款人员不准出境通报备案工作规程》，明确工作程序和职责。开发欠税台账管理软件，对欠税实行电子化管理。全年全市共对 51 人实行阻止出境措施，并对 13 人的出国证照提请公安部门作失效处理。

【强化税种管理】 年内，市国税局强化了各税种的有效管理。做好消费税涉税信息采集工作。做好税控系统金税盘和税控盘打通整合试点系统升级工作，加强金税工程和增值税专用发票管理，开展增值税税控系统技术服务情况专项检查。推进车购税自助办税服务和社会化改革。实行普通发票查验管理。做好所得税汇算清缴及后续审核工作。开展股权转让企业所得税团队管理，补缴所得税税款 3452 万元，核减亏损 2.84 亿元。实施股息红利专题检查，切实加强非居民税收管理。完善出口退税专业化管理，以产能和货物流监管为抓手强化预警监控，防范出口骗税。

【优化纳税服务】 年内，市国税局以纳税人需求为导向，深入开展“便民办税春风行动”，推出便民办税服务措施 7 个大项、45 个子项。上虞区国税局开辟汇算清缴工作室、落实大厅值班长制度，嵊州市国税局实行“一机双屏、双屏同显”办税，进一步推进办税服务厅个性化服务工作。同时，对现有税企沟通渠道进行整合，建立专业化网上纳税服务平台。市国税局推出“绍兴国税·税事通”官方微信，嵊州市国税局开通微信平台，新昌县国税局开发“税收掌上通”APP 软件，方便纳税人及时掌握政策。（倪燕）

地　税

【概况】 2014 年，全市地税部门组织各项收入 462.23 亿元，同比增长 11.0%，其中税收收入 269.90 亿元，同比增长 9.8%；组织社会保险基金收入 163.00 亿元，同比增长 12.9%。市区地税部门组织各项收入 293.00 亿元，同比增长 11.5%，其中税收收入 171.32 亿元，同比增长 9.4%；组织社会保险基金收入 101.60 亿元，同比增长 14.5%。市级地税部门组织各项收入 111.63 亿元，同比增长 10.2%，其中税收收入 65.70 亿元，同比增长 8.4%；组织社会保险基金收入 39.33 亿元，同比增长 15.1%。

全市地税部门组织收入情况

表 45

区分		税收收入		社保基金收入	
		总额(亿元)	增幅(%)	总额(亿元)	增幅(%)
市区	市本级	65.75	8.4	39.33	15.1
	柯桥区	67.28	9.8	38.42	15.2
	上虞区	38.29	10.7	23.85	12.2
诸暨市		55.27	9.2	32.17	10.5
嵊州市		22.05	13.3	15.72	15.9
新昌县		21.26	11.4	13.51	4.4
合计		269.9	9.8	163	12.9

【地税收入呈“一缓一稳”走势】 从增幅看，呈现“一缓一稳”走势。“一缓”就是税收收入增速明显趋缓，当年四个季度各季末增幅分别为 12.2%、11.2%、9.7%和 9.8%，呈前高后低、逐季回落的走势；“一稳”就是非税收入增长较为平稳，且增速快于税收收入，当年全市非税收入入库 192.34 亿元，同比增长 12.7%，增幅高于同期税收收入 2.9 个百分点。从税种看，呈现“三升一降”局面。“三升”就是企业所得税、个人所得税和地方十税同比分别同比增长 20.9%、17.9%和 13.1%；“一降”就是全市营业税同比下降 3.1%。从产业看，呈现“二产高

三产低”增长态势。当年全市第二产业、第三产业税收增长分别为18.2%和5.4%，第二产业增幅高于第三产业12.8个百分点，其中第二产业中的制造业税收入库63.91亿元，同比增长24.2%，成为拉动第二产业快速增长的主要原因；第三产业中的房地产业税收入库86.79亿元，同比增长仅为4.22%，成为拉低第三产业增速的主要原因。从区域看，呈现“齐头并进”格局。全市各县(市、区)税收收入增幅差距较往年有所缩小，增幅依次为嵊州市13.34%、新昌县11.38%、上虞区10.65%、柯桥区9.76%、诸暨市9.22%、市级8.37%，区域间的均衡性相对较好。

【加强税源培育】 年内，市地税局加大税源培育力度，出台《培育涵养地方优质税源实施方案》，全市共确定优质税源培育企业121户；建立税源信息收集传递处置机制，明确信息传递处置的种类、收集渠道、传递处置流程、后续管理等事项。开展支持浙商越商创业创新“百日集中行动”暨“长效机制建设年”活动，依托《税友龙版》下行数据库，在地税数据综合分析平台创设浙商创业创新管理模块，组建重大回归项目专家联合服务团队，全年全市地税系统通过开展浙越商创业创新“百日集中行动”，落实回归项目306个，到位资金492.86亿元，重大项目贡献地方税收8.53亿元，其中：市级落实浙商回归引进项目44个，到位资金74.31亿元，当年贡献税收1.25亿元。加大政策扶持力度，全年全市地税部门共减免各类税费17.97亿元；调整城镇土地使用税标准，对综合排序在前的企业实施政策扶持，充分发挥“亩产税收”的正向激励作用，全年市级合计减免税收9625万元，惠及企业722家。

【“营改增”改革再扩面】 年内，全市“营改增”改革进一步扩面，在2013年基础上先后将工程监理业、电信业纳入“营改增”范围，制订实施相关行业“营改增”改革实施计划，依托《税友龙版》对涉改纳税人进行逐户认定，全面清理纳税人发票使用、税款缴纳、税务登记、税种鉴定等信息，全年共完成74户涉改企业的确认并移送同级国税部门，顺利实现新旧税制转换。

【强化依法治税】 年内，全市地税部门推进税收法治工作，完善自由裁量规则，制定《税务行政处罚自由裁量细化标准》；规范税务文书表述形式，对违法事实表述库进行全面梳理、解释和修订，形成模板化的表述样本；出台《法律顾问管理办法》，促进法律顾问工作规范化。

【加强内部风险管理】 年内，全市地税部门加强内部风险管理，在全市地税稽查线及市级各税务分局推行廉政效能风险防控模块应用、内部风险管理、业绩考评“三结合”风险防控工作机制，实施风险动态管理和季度风险分析通报制度；强化稽查风险报备管理，制定实施《稽查风险报备制度》，针对争议较大的政策业务、办案程序、职权范围内的疑难、敏感案件以及内部管理风险事项、其他重大风险事项主动向上级报告风险信息；深入实施内部风险科技防控工作，实施廉政效能风险防控模块月查、季析制度，当年全市累计消除风险预警13814个。

【加强征收管理】 年内，全市地税部门加强税收计划管理，完善收入计划分配及考核办法，首次按照“零基法”统一下达包括柯桥区、上虞区在内的市区收入计划指标；加强重点税源监控，全市及市区重点税源企业户数分别为3724户和2345户，监控面均达70%以上；加强收入预测分析，组建收入预测分析团队，实施收入上、下旬月度预测分析制度，完善“月初有安排，月中有预测，月末有通报”收入预测考核机制，对增减变动超过10%的税种(项目)进行重点分析。创新分行业、分税种专业化征管举措，探索开展土地增值税集中清算，全市完成清算项目138个，入库税款2.07亿元；出台企业股权变更登记、注销登记税收联合控管办法，市级调整股权转让208人(户)次，增加应纳税所得额1.09亿元；开展存量房交易等信息比对工作，全年增加税收收入2935万元。

【探索税源间接控管新模式】 年内，全市地税部门探索制订完善税源间接控管新模式，在坚持现有机构设置不变、《税友龙版》技术支撑不变、税源间接控管的总体要求不变“三个不变”的前提下，明确日常税源管理岗的工作职责及工作着力点，将辖区内的纳税人分为重点税源、一般税源两类，实施分类管理，并将日常税源管理事项分为基础性、专业性两大类，通过组建税源调研纳税评估、征管质效、政策效应等特定事项分析等专业化团队，更加有效地加强税源管理，充分体现“户籍警”和“巡特警”相结合的管理理念。年内，该模式已在市级税务分局全面推广，并在有关县(市、区)局基层分局成功运行。

【实施科技管税】 年内，市地税局深入应用《税友龙版》(以下简称《龙版》)，组织开展《龙版》异常数据清理，利用“地税数据综合分析平台”异常数据推送功能及时向各县(市、区)局推送异常数据；规范下行库后台数据查询用户权限管理，建立后台数据查询审批存档制度；开发并应用“地税数据综合分析平台”，启用浙商越商创新创业项目、异常数据推送、税收收入分析等功能。做好第三方涉税数据的引进、分析、利用工作，出台《第三方信息引进方案》，对需要引进的26个部门52个方面的第三方信息明确职责分工、传递周期、时间要求和引进协议样本，在公安数据方面实现自动交换传输；开发国税查补税款、定额查询及工商投资变更登记等数据比对查询报表，并在全市地税系统推广应用相关功能，提高数据利用率；参与修改完善全省不动产建筑业软件，为全省推广应用提供技术支撑。加强信息网络安全管理，完善业务数据和第三方数据存储、使用等安全管理制度,组织开展以“一贴、一课、一签、一查”为内容的网络与信息安全月专题活动,成功开展网络与信息安全综合应急演练。

【加大稽查力度】 年内,市地税局加大欠缴税费催收催缴力度,出台《欠缴税费管理办法》,建立欠缴税费跟踪管理台账;建立地税、法院协作机制,出台《人民法院与地税部门案件执行、税款追缴相互支持协作操作规程》;开展五项社会保险费年度结算清缴,全市共补缴五项社保费2.35亿元。深化全市联动稽查工作,全市同步实施指令性专项检查,统一相关口径和标准、统一推送联动检查案源,将联动环节进一步拓展到处罚处理阶段,当年对11户重点房地产企业及股权转让企业依托《税友龙版》开展下查一级,并由市局直接进行审理并作出税务处理处罚决定,查补金额近2000万元;建立房地产企业稽查模型,打造房地产企业全过程税收检查模式新架构,并在房地产业专项检查中成功运用该模型;构建常态化的稽查案件复查机制,采取事后复查、随机选案,事中复查、人工选案的办法,全面规范案件复查工作;当年全市地税稽查部门共检查户数1519户,查补总额2.86亿元,其中查处大要案29件,查补金额6649万元。(裘立周)

审 计

【概况】 2014年,全市审计机关完成审计项目172个,查出主要问题金额384457.77万元,其中违规金额3904.52万元、损失浪费金额477.35万元、管理不规范金额380075.89万元;损益(收支)不实778.17万元;审计处理处罚金额65574.47万元,其中应上缴财政2735.40万元、应减少财政拨款或补贴9138.48万元、应归还原渠道资金118.95万元、应调账处理金额52603.41万元。审计发现非金额计量问题1012个;审计促进整改落实有关问题资金65521.75万元,其中增收节支11940.12万元、已缴纳其他资金908.61万元、已调账处理金额52603.41万元,审计后挽回(避免)损失9232.02万元。移送司法机关、纪检监察机关和有关部门处理事项38件。出具审计报告和专项审计调查报告267篇,提出审计建议594条,提交审计信息381篇,被有关领导批示和有关部门采用296篇,向社会公告审计结果5篇。

【经济责任审计】 年内,市审计局受省审计厅委托,完成了对宁波市江东区区委书记、区长经济责任审计;开展了对16名市管领导干部的经济责任审计。编印了《领导干部经济责任知识读本》,建立了党政主要领导干部和国有企业领导人员经济责任任前告知、任期经济责任年度报告等制度,设立领导干部经济责任审计对象库,与市纪委、市委组织部联合开展履责联审试点。在市、县两级同步开展领导干部自然资源资产审计试点。

【财政审计】 年内,市审计局完成了市本级财政预算执行和其他财政收支情况审计及2013年年末财政存量资金专项审计调查,在向市人大提交报告中共点出了52个(类)问题。市本级完成对越城区斗门镇、富盛镇政府2013年度财政决算审计,对财政资金运用的规范性、安全性和风险性情况进行了全面检查。

【经贸金融审计】 年内,市审计局重点开展了市本级2013年度第二产业发展专项资金审计调查,抽查扶持项目63个、扶持资金4198万元,实地延伸审计项目30个、扶持资金3305.90万元,揭示了部分项目经济指标未达验收要求、部分项目研发投入不实等问题,提出了严格院校科技合作项目管理、严格项目审核、完善扶持政策等审计建议。完成了小额贷款公司2013年度经营风险审计、新昌农村商业银行2013年度经营风险专项审计调查。

【行政事业审计】 年内,市审计局组织对市本级94家一级预算单位和259家二、三级预算单位的“三公”经费和培训费、会议费等情况开展自查,对37家一级预算单位及31家二、三级预算单位进行了重点审计。完成了对市安监局、市交通局、市科技局、市经信委2013年度部门预算执行情况的审计和绍兴市第一中学2012年至2013年度财务收支的审计。

【政府投资项目审计】 年内,市审计局开展了市本级城镇保障性安居工程跟踪审计、政府投资项目招投标管理专项审计调查,完成阿瓦提县干部教育培训中心综合教育楼、综合性社会福利中心综合楼竣工决算审计和市支持新疆发展资金和项目审计,出台政府投资项目委托审计管理办法、委托审计质量监控办法和质量评价评分办法等制度。市本级完成政府投资项目审计(标段)28个,审计金额12.09亿元,核减金额1.30亿元。

【农业与资源环保审计】 年内,市审计局开展了市本级农业产业化经营组织专项审计调查,揭示了部分农业经营组织通过虚列项目、虚报投资额、重复申报建设内容等方式骗取财政资金等问题,发出审计移送处理书10份、审计建议书3份,多篇审计专报获市委、市政府主要领导批示;完成了“五水共治”专项审计调查。抽调市、县两级审计人员赴嘉兴参加全国土地出让金收支和耕地保护专项审计,顺利完成审计署武汉特派办对绍兴市土地出让金收支和耕地保护专项审计的综合协调和后勤保障工作。

【社会保障审计】 年内,市审计局实施了绍兴市妇幼保健院2012—2013年运行情况和财务收支审计和绍兴市红十字会2012—2013年度捐赠款物管理、市本级2012—2013年度殡葬事业等专项审计调查,其中红十字会捐赠款物管理专项审计结果通过《绍兴日报》全文公告。

【完成审计信息化管理】 年内,市审计局初步完成财政预算执行审计分析系统和非税收入审计分析系统建设，构建相关审计查询分析模型，并在当年“同级审”中得到应用。推进计算机审计应用，所有项目都通过审计管理系统、现场审计实施系统和联网审计平台（OLA）上的联网审计分系统的全程信息化管理，实现审计管理系统（OA）与现场审计实施系统（AO）交互使用常态化。市本级有3个项目入选省审计厅计算机审计项目（计算机审计方法）案例库。

【加强内部审计】 年内，市政府制定出台《关于进一步加强内部审计工作的意见》，将审计整改和内审工作列入市委、市政府对市级各部门年度工作目标责任制考核。推动市级相关部门（单位）按要求成立内审组织，开展分类指导、经验交流、理论研讨、项目评比、业务培训等系列工作。全年共举办内审培训班6期，参训人员2100余名。

【出台提升审计质量10项举措】 年内，市审计局根据省审计厅统一部署，全面开展“质量提升年”活动，出台提升审计质量的10项举措，制订审计现场管理办法，广泛开展专题培训、经验交流等活动。“绍兴市本级残疾人社会保障和服务体系建设专项审计调查”等4个项目被评为浙江省优秀审计项目。“绍兴县、上虞市2011—2012年度杭州湾海洋环境保护专项资金专项审计调查”等两个项目被评为省表彰项目，创历年最好成绩。（陆森锋）

统　计

【概况】 2014年，全市经济运行面临新常态，统计部门更加注重发挥经济社会发展“晴雨表”的作用，高度关注新常态下绍兴经济社会热点和民生问题，捕捉新形势下社会隐患苗头和企业经济风险。同时，针对热点问题，分析苗头性、趋势性问题，提出对策建议。针对企业开工延迟和用工荒问题，开展企业开工和“机器换人”情况调查；针对行政审批制度改革，开展重点政策措施落实情况调查；针对粮食生产安全问题，开展财政支持、播种情况调查，等等。同时，加强各级各层面的统计服务，在按月向社会各界发放《2014年绍兴统计月报》、向市委、市政府主要领导报送月度主要经济指标的基础上，完善短信发送平台，及时向市四套班子主要领导通报主要经济数据；通过“民情在线”“绍兴微博”发布月度经济指标数据。第三次经济普查进入全面登记和数据处理阶段。至年底，已完成普查登记、数据审核、处理汇总、评估分析等工作。

【加强经济社会热点问题监测】 年内，全市统计部门积极开展生命健康产业、有效投资、节能降耗、新兴产业、服务业、文化产业、电子商务、“八倍增、两提高”等指标统计监测，及时反映全市社会经济发展成果；对“僵尸”企业和停产、高负债、高亏损等风险企业进行常态监测，了解企业经营动态和问题症结。探索民生发展满意度、环境监测等方面的社会调查分析，为党政领导掌握民生状况提供参考；首次建立市级统计联席会议制度，密切监测政府工作报告所涉主要经济指标及省对市考核所涉9项指标等数据。其中生命健康产业统计为全省首创性工作，分别在工业、服务业、投资等领域开展统计监测；《民生发展蓝皮书》为省内率先发布；首次开展“双11”电商企业交易情况快速调查。

【抓实能源消耗统计数据质量】 年内，全市统计部门在加强规模以上工业企业非电能耗即时监测的同时，加强重点能耗企业、行业、地区节能核心指标的统计监测和重大项目计划和进展情况的统计监测。加大能耗统计数据质量评估和核查力度，重点核实瞒报漏报现象。主动配合减排统计，与环保局等部门保持密切联系，共同研究节能形势、数据变化，对原煤消费、印染布产量等减排相关指标进行预见性跟踪。

【创新投资和服务统计工作】 年内，市统计局贯彻国家、省局固定资产投资制度方法改革试点部署要求，有序推进试点工作，选取较具代表性的嵊州市作为试点市。至年底，试点工作已完成全流程运作，2015年将在全市推广。根据省局总体安排和市委、市政府工作要求，开展了电子商务统计试点工作，与市商务局协商具体工作部署，重点落实建立电子商务平台统计、企业电子商务应用统计、电子商务消费情况统计，研究探索未登记个人卖家统计方法及改进措施等任务。首次建立服务业重点行业统计监测制度，明确市现代服务业管理局、市统计局、各行业主管部门（责任部门）及其他相关部门的具体职责，确定健康服务业、电子商务（服务）业、现代金融业、文化服务业、现代物流业、旅游业、消费服务业、软件和信息服务业、高技术服务业、服务外包等十大监测重点行业，切实做好服务业重点行业统计监测。

【加快推进统计“双基”建设】 年内，全市统计部门贯彻省政府推进统计基层基础建设会议精神，进一步加强统计基层基础建设，促进统计基层基础规范化。市统计局首次将统计业务培训列入市委干部教育培训内容，以市政府名义出台《进一步推进统计基层基础规范化建设实施意见》，同时印发了《绍兴市乡镇统计工作规范化建设意见》和《绍兴市企业统计工作规范化建设指导意见》，从部门、乡镇（（街道）、企业三个层面全面促进统计规范化建设。健全内部约束机制，修订完善《绍兴市统计局统计行政执法安全指导制度等》五项制度，促进统计法制规范化、透明化。

【加大统计核查和处罚力度】 年内，全市统计部门按照国家统计局统一部署，专项整治“一套报”联网直报工作中冒名报送和指令报送等统计违法行为，通过监测修改痕迹和接受群众举报两大途径发现可疑线索，纠正了一批统计违规甚至违法行为。加大投资项目核查力度，对全市425个项目进行了现场核查，重点剖析核查中发现的问题，以及影响投资统计数据质量的关键因素。加强统计稽查和巡查，全年全市共完成统计稽查416家，对90起各种类型的统计违法行为进行了立案查处，罚没21.3万元。7月，对嵊州市政府统计工作进行巡查。（朱美红）

仲　裁

【概况】 2014年，绍兴仲裁委员会受理各类民商事纠纷案件762件，同比增长6%，涉案争议标的额10.2亿元，同比增长20%。仲裁案件中，和解、调解率78%，裁决率22%，快速结案率75%，平均办案时间47天，实现了经济效果、法律效果与社会效果的统一。

【启动仲裁“两化”改革试点】 2月，绍兴仲裁委被国务院法制办列为全国19家仲裁改革试点单位之一。主要内容为“两化”，即受理案件多样化、纠纷处理多元化。7月7日，市府办发出《关于实施仲裁“两化”试点的若干意见》。12月9日，市政府召开推进仲裁“两化”改革试点工作会议，对全市仲裁“两化”改革试点工作进行动员部署。

【绍兴仲裁委内设机构更名】 7月2日，经市编委办批复，绍兴仲裁委秘书处更名为绍兴仲裁委办公室，增挂绍兴金融仲裁院牌子，内设机构综合部、发展部、仲裁一部、仲裁二部分别更名为综合处、发展处、仲裁一处和仲裁二处。

【快捷高效解决金融借贷案件】 年内，绍兴金融仲裁院运用仲裁法律手段及时仲裁各金融类单位包括银行机构、小额贷款公司、担保公司、融资公司以及民间借贷方面的纠纷。制定《金融仲裁特别规则》，编制《金融仲裁员名册》和《金融仲裁流程》。至年底，审理各类金融案件51件，涉案标的额2.7亿元，平均办案时间为35天。

【出台服务重点市场和重点企业十条意见】 年初，绍兴仲裁委出台对重点市场、重点企业提供主动服务、免费服务的十条意见。仲裁的快速高效和专家办案，受到了企业和社会各界好评。重点企业之间因货物买卖、股权转让、委托经营、加工承揽、装饰装修等产生的纠纷，提交仲裁解决占全部仲裁案件的30%以上。

【开展和解（调解）协议仲裁确认】 年内，针对双方达成和解协议或者有调解意向的案件呈增多的趋势，绍兴仲裁委制定了《关于和解（调解）协议仲裁确认的若干规定（试行）》，积极开展和解（调解）协议的仲裁确认工作，因其低成本、高效率，在商品房买卖合同解除、借贷展期等处理中取得了良好的社会效果。至年底，共办理仲裁确认事项23件。

【携手部门建立5个专业仲裁中心】 年内，绍兴仲裁委经与有关部门协商，携手建立5个专业仲裁中心。与市建设局联合建立市房地产仲裁中心，与市国资委联合建立了市国有资产经营管理仲裁中心，与市小贷协会联合建立了小额贷款速裁中心，与市发改委、市建设局、市建管局等九部门联合建立市建设工程仲裁中心和市建设工程争议评审中心。同时，与公安交警部门联合建立市道路交通事故仲裁调解中心，设立城区仲裁调解庭。12月，嵊新仲裁联络站在嵊州市设立。

【发布四部《绍兴仲裁蓝皮书》】 年内，绍兴仲裁委先后发布了商品房买卖、建设工程施工合同、保险理赔和民间借贷四部《绍兴仲裁蓝皮书》。蓝皮书通过对绍兴市房地产、建筑市场、保险理赔和民间借贷纠纷分析，提醒房地产开发企业、施工企业、保险公司和广大群众应注意的法律问题，提出多种风险防范对策，以供房地产开发企业、建筑施工企业、保险企业和广大群众借鉴。

【仲裁员队伍日益壮大】 上半年，根据仲裁业务发展需要，绍兴仲裁委增聘43名仲裁员，使绍兴仲裁员队伍扩大至340名。组织仲裁员开展仲裁理论研讨，开展市仲裁员协会活动，与市法官协会联合发文建立法律业务交流互动机制。10月，市法官协会、市律师协会和市仲裁员协会联合举行执行工作研讨会。同时，组织部分仲裁员参加市建管局组织的新颁《建设工程施工合同示范文本》培训讲座，选派两位业务骨干参加全国建设工程和金融借贷法律问题业务培训班。

【推动业务文书规范化】 年内，绍兴仲裁委全面整理现有规章制度，修订35种仲裁办案文书，以推动业务文书格式化、规范化。根据形势发展需要，全面修订完善常用合同示范文本，计17大类170种合同文本，在绍兴仲裁委官网上免费提供下载。（绍兴仲裁委提供）

中共绍兴市委员会

综　述

【概况】 2014年，中共绍兴市委贯彻落实党的十八大和十八届三中、四中全会精神，紧扣转型升级主线，坚持“改革创新促发展、求真务实惠民生”工作基调，全面实施“重构绍兴产业、重建绍兴水城”战略部署，全力以赴防风险、稳增长、调结构、促改革、惠民生，保持了经济社会平稳健康发展。市委主要抓了以下几方面工作：

以开展教育实践活动为总抓手加强党的建设。学习贯彻党的十八届三中、四中全会和中共中央总书记习近平系列重要讲话精神，统筹谋划、高标准抓好全市党的群众路线教育实践活动，加强理想信念教育，加大正风肃纪力度，“四风”突出问题得到有效整治，密切联系服务群众的长效机制不断健全，实现了教育实践活动与经济社会发展“两促进、两提高”。领导干部社会化评价工作不断深化，“民情通”标准化工作扎实推进，杭兰英先进事迹得到中央领导批示肯定，基层服务型党组织建设取得新进展，党的建设各项工作全面加强。

启动新一轮大城市建设。编制实施《绍兴市城市发展战略纲要》，完成大城市发展战略11个专题研究，市与越城区、绍兴高新区、袍江经济技术开发区的管理体制进一步理顺。谋划推进“一环六横八纵”快速路网建设，杭长客运专线绍兴段如期建成，杭绍台高速前期工作高效推进，31省道北延工程越城区段基本建成，越城区至上虞区公交开通运营。交通治堵工作走在全省前列。奥体中心、文化中心、科技中心“三中心”正式投运。着手制定嵊州和新昌融合发展的政策意见和行动计划。全省“美丽县城”建设现场会在诸暨召开。

切实防范各类风险。把防止区域性金融风险作为大事来抓，全力做好风险处置和帮扶解困工作。加强企业风险监测，建立“一企一策”和“一周一督查一协调”工作机制。强化金融保障，开展金融支持经济“百日服务”活动，加大直接融资力度，金融机构积极核销不良资产。市级部门“一对一”联系规模以上企业，全力帮助企业渡过危机。加大企业重组重整力度，加快司法处置进度，严厉打击恶意逃废债等现象。年末，全市企业亏损面比一季度下降8.6个百分点，有效遏制蔓延趋势，确保了区域经济安全和金融稳定。

推动产业结构深度调整。积极培育生命健康、电子商务、文化创意和旅游等产业，战略性新兴产业产值占比提高到29.1%，现代服务业比重达到42.7%。“四换三名”工程深入实施，工业总产值和销售收入逐季回升，工业利润增幅高于全省平均水平。整治“三高一低”行业，淘汰一批落后产能，GDP能耗下降6%。加强科技创新，高新技术产业增加值增幅快于规模以上工业4.3个百分点。土地流转率居全省第二位，现代农业“两区”建设走在全省前列。

扎实抓好专项改革。建立全面深化改革7个专项小组，排出具体改革项目，逐项明确年度目标任务，27个年度重点突破项目进展顺利。加强行政审批制度改革，“四张清单一张网”建设稳步推进，市县扁平化审批改革、柯桥区高效审批试点和绍兴滨海新城“不再审批”试点全面推开，设立市级中介超市。加强经济体制改革，完善企业综合评价、分类管理制度，成立绍兴震元健康产业集团、绍兴市文化产业发展投资公司。加强社会事业改革，鼓励社会力量办医、办学、办文化，基层卫生综合改革、公立医院改革等国家级试点稳步实施。完成食品药品监管体制改革。改革市级机关公务用车制度。

全面推进“五水共治”。编制绍兴水城概念性规划，四级“河长制”全面落实，55个市“清水工程”监测断面中五类和劣五类水质断面减少6个，21个省控及以上断面水质考核保持优秀，垃圾河、黑河、臭河整治年度任务全面完成，农村生活污水治理稳步推进。“双百双千”工程超额完成年度投资任务，钦寸水库、永宁水库顺利截流，鉴湖水环境综合整治工程二期、梅龙湖环境整治工程、镜湖湿地公园西入口建设工程等项目完工，“八湖”植物景观工程加快建设。污水分质提标和印染废水集中预处理项目有序实施，“六小行业”污水治理力度加大。

持续改善城乡环境。贯彻落实省委十三届五次全会精神，制定出台《关于全面贯彻落实省委建设美丽浙江创造美好生活决定的实施意见》，扎实推进生态文明建设。开展“五气合治”，实施大气污染防治三年行动计划，3个国控点PM2.5下降11.3%，生态环境质量公众满意度有所提高。超额完成“三改一拆”年度目标任务，绍兴市被评为全省“三改一拆”先进集体，诸暨市接受省“无违建县”创建验收。深化“四边三化”“双清”行动，工业污泥、建筑泥浆、工程渣土规范化处置走在全省前列。加强环保监管执法，环境违法案件处理数、责令整改企业数大幅增加。加快美丽乡村示范区建设，嵊州市创建成为省级美丽乡村建设先进县。

全力争创全国文明城市。扎实抓好53个创建重点项目，健全完善长效机制。积极培育和践行社会主义核心价值观，农村文化礼堂建设扩面提质，各级各类道德模范不断涌现，再次获评全国慈善七星级城市。成功承办第15届省运会，群众满意度达到93.4%。

以惠民富民为导向促进社会和谐稳定。十方面民生实事如期完成，社会保障水平稳步提升，劳动关系更加和谐，农村住房和困难家庭危房改造扎实开展，实施家禽“杀白上市”，实现全省联网就医“一卡通”，全面落实“单独两孩”政策，城乡居民收入可望分别超过4.40万元和2.14万元，分别同比增长9%和9.5%。深化“平安绍兴”建设，开展“枫桥式”乡镇（街道）创建，实施重大事项社会稳定风险评估，做好重要时段、重要节点安保维稳工作，强化社会面防控，群众对平安建设满意率不断提高。抓好信访积案化解，有效控制非访。创新基层治理，推广祝温村治村模式，探索乡贤文化作用发挥机制。各类事故、死亡人数及单位生产经营活动死亡率实现“零增长”。

【市委全体会议】 7月14日，市委七届七次全体（扩大）会议在市区召开。会议贯彻党的十八届三中全会精神，全面落实省委十三届五次全会和省委常委扩大会议精神，深入实施“重构绍兴产业、重建绍兴水城”战略部署，总结上半年工作，重点部署下半年经济工作，审议通过《中共绍兴市委关于全面贯彻落实省委建设美丽浙江创造美好生活决定的实施意见》，不断深化党的群众路线教育实践活动，动员全市各级党组织和广大干部群众奋勇争先、攻坚克难，决战三季度、冲刺四季度，努力完成全年目标任务，为建设“两美”浙江、加快推进绍兴现代化进程而努力。市委书记钱建民代表市委常委会作工作报告。市委副书记、市长俞志宏就当前工作进行部署。

【市委常委会议】 年内，市委多次召开市委常委会议和常委扩大会议，就有关重要工作进行研究和作出决定。

1月9日的会议，听取市发改委关于绍兴市本级和越城区2014年政府投资项目安排的情况汇报，并进行讨论；听取市食安办关于2013年全市食品药品安全工作的情况汇报，并进行讨论；听取市城管执法局关于全市控违拆违专项整治情况的汇报，并进行讨论；听取市安监局关于全市安全生产工作情况的汇报，并进行讨论；听取市编委办关于市级食品药品监管体制调整建设方案有关情况的汇报，并进行讨论；听取市农办关于欠发达乡村和低收入农户奔小康工程结对帮扶活动的情况汇报，并进行讨论；听取市纪委关于2013年度“企业评部门、群众评行风”及重点岗位评议情况的汇报，并进行讨论。

1月13日的会议，听取市委政研室关于调整完善市本级与越城区、开发区（高新区）管理体制的情况汇报，并进行讨论；听取市委统战部关于政协绍兴市第七届委员会委员、常委调整方案的情况汇报，并进行讨论；听取市委组织部关于干部任免事项的汇报。

1月27日的会议，听取市委政研室关于2013年县（市、区）及有关开发区工作目标责任制考核情况的汇报，并进行讨论；听取市考评办、市直机关工委关于2013年度市级机关（部门）工作目标责任制考核、市级机关十佳公务员评选情况、市直机关先进基层党组织评选情况的汇报，并进行讨论；听取市委组织部关于市级部门社会化评价结果的汇报，并进行讨论；听取市委组织部关于市管干部年度考核优秀等次情况的汇报，并进行讨论；听取市府办、市发改委、市经信委、市商务局、市环保局关于2013年度市长奖候选人评选，“范蠡”奖、扩大有效投资工作、越商回归、小城市培育发展、服务业工作考核，综合优胜企业、工业转型升级、淘汰落后产能考核、开放型经济竞赛考核和生态建设责任制考核等情况的汇报，并进行讨论；听取市政府、市人大、市政协、市中级法院、市检察院关于市七届人大四次会议政府工作报告，市七届人大四次会议常委会工作报告，市政协七届三次会议常委会工作报告，市七届人大四次会议市中级法院工作报告，市七届人大四次会议市检察院工作报告的汇报，并进行讨论；听取市财政局关于2013年全市和市级财政预算完成和2014年预算草案安排建议情况、市级2013年政府投资项目资金计划执行和2014年计划安排建议情况汇报，并进行讨论；听取市发改委关于绍兴市2013年国民经济和社会发展计划执行情况和2014年国民经济和社会发展计划草案报告的汇报，并进行讨论；听取市委办关于贯彻执行中央八项规定精神和“26条办法”的情况汇报，并进行讨论；听取市纪委关于全市会所整治工作方案的汇报，并进行讨论；听取市车改领导小组关于市级机关公务用车改革实施意见的情况汇报，并进行讨论；听取市农办关于全市农村生活污水治理工作情况的汇报，并进行讨论；听取市委政法委关于中央、全省政法工作会议精神及贯彻意见的汇报，并进行讨论；听取市信访局关于全省信访工作会议精神及贯彻意见的汇报，并进行讨论；听取市国资委关于转让古越龙山持有的咸亨集团股份有限公司和咸亨酒店股权情况的汇报，并进行讨论；听取市工贸国资公司关于浙化联资债处置方案的情况汇报，并进行讨论；传达省对绍兴市2013年度落实党风廉政建设责任制检查情况的反馈意见，并进行讨论；听取各县（市、区）委书记抓基层党建工作专项述职，并进行讨论；听取市委组织部关于中央、省委党的群众路线教育实践活动会议精神及贯彻意见的汇报，并进行讨论；听取市纪委关于中纪委、省纪委全会精神及贯彻意见的汇报和市纪委七届三次全会会议方案的汇报，并进行讨论；听取市纪委关于2013年度全市党风廉政建设和反腐败工作的汇报，研究2014年度全市反腐倡廉工作，并进行讨论；听取市纪委关于《绍兴市推进构建惩治和预防腐败体系2013—2017年实施计划（送审稿）》的汇报，并进行讨论；听取市委组织部关于干部任免事项的汇报。

2月12日的会议，省委党的群众路线教育实践活动督导组介绍督导组工作职责、主要任务和总体安排，提出相关要求；听取市公安局关于全省公安工作会议精神及贯彻落实意见的汇报，并进行讨论；听取市委宣传部关于全省宣传思想工作会议精神及贯彻意见的汇报，并进行讨论。

2月27日的会议，开展党的群众路线教育实践活动集中学习；学习中共中央总书记习近平在省部级主要领导干部专题研讨班上重要讲话精神，并进行部署；听取市委政研室关于市委全面深化改革领导小组组织架构和主要职责的汇报，并进行讨论；听取市水城办、市农办、市发改委、市经信委关于推进“五水共治”重构绍兴产业重建绍兴水城2014—2017年行动计划、2014年工作要点、考核办法、暗访方案、捐款情况、“双百双千”重大项目的汇报，并进行讨论；听取市体育局关于要求申办皮划艇马拉松世界杯、世锦赛情况的汇报，并进行讨论；听取市人力社保局关于调整市直事业退休人员退休补贴等问题的汇报，并进行讨论；听取市委组织部关于全国、全省组织部长会议精神及贯彻意见的汇报，并进行讨论；听取市委组织部关于干部任免事项的汇报。

3月28日的会议，专题研究绍兴市城市发展战略纲要，并进行讨论；传达省委书记夏宝龙在绍兴调研“五水共治”工作时的讲话精神，并作出部署；听取市水城办关于推进“五水共治”重构绍兴产业重建绍兴水城工作的汇报，并进行讨论；听取市农办关于绍兴市农村生活污水治理三年行动计划（2014—2016年）的汇报，并进行讨论；听取市委政法委关于坚持发展“枫桥经验”，开展“枫桥式”乡镇（街道）创建活动的情况汇报，并进行讨论；听取市纪委关于省纪委对绍兴市委履行党风廉政建设主体责任情况的评价反馈和贯彻落实建议的汇报，并进行讨论；听取市财政局关于滨海新城人事分配管理制度改革的汇报，并进行讨论；听取市委组织部关于2014年社会化评价工作方案的汇报，并进行讨论。

4月8日的会议，研究绍兴市城市发展战略纲要，并进行讨论；听取市环保局关于大气污染防治行动计划等情况汇报，并进行讨论；听取市委政研室关于2014年县（市、区）及有关开发区工作目标责任制考核办法的汇报，并进行讨论；听取市发改委关于2014年绍兴市扩大有效投资、促进越商创业创新目标责任制考核办法的汇报，并进行讨论：听取市旅委关于推进“全市游”的工作意见和分步推进“绍兴人免费游绍兴”实施方案的汇报，并进行讨论；传达贯彻省委书记夏宝龙关于做好近期党的群众路线教育实践活动有关要求的精神，并进行部署；听取市委组织部关于干部任免事项的汇报。

4月18日的会议，学习贯彻中央第七巡回督导组来绍督查党的群众路线教育实践活动有关精神；研究分析一季度全市经济运行和社会稳定工作情况，并作出部署；听取市委政研室关于调整柯桥区、上虞区规划和国土资源管理体制的意见，并进行讨论；听取市委组织部关于干部任免事项的汇报。

5月7日的会议，传达学习《关于在第二批教育实践活动中切实抓好党的干部理想信念教育严格执行政治纪律和组织纪律的通知》文件精神，并作出部署；听取市委办、市人大办、市府办、市政协办关于对市四套班子意见建议征集情况汇报，并进行讨论；听取市纪委关于2014年反腐倡廉建设组织领导与责任分工汇报，并进行讨论；听取市商务局关于2014年全市开放型经济竞赛办法的汇报，并进行讨论；听取市委组织部关于干部任免事项的汇报。

5月8日的会议，向省委督导组汇报四套班子意见建议征集情况；听取市委组织部关于开展向杭兰英学习活动决定的汇报，并进行讨论。

5月20日的会议，专题讨论市委常委会班子对照检查材料；听取市委政研室关于进一步完善越城区和镜湖新区管理体制机制意见的汇报，并进行讨论。

5月26日的会议，传达学习省委十三届五次全体（扩大）会议精神，并作出部署；专题讨论市委常委会班子对照检查材料；听取市委组织部关于干部任免事项的汇报。

6月4日的会议，传达学习省委常委扩大会议关于第二次中央新疆工作座谈会精神，并作出部署；传达学习中共中央总书记习近平同中央办公厅干部座谈会时的讲话精神；讨论市委常委会班子对照检查材料；听取市工贸国资公司关于浙化联后续处置有关情况的汇报，并进行讨论；听取市安监局关于加强安全生产促进安全发展的意见的汇报，并进行讨论；听取市农办关于加快推进集体土地范围内房屋登记工作的指导意见的汇报，并进行讨论。

6月17日的会议，研究市委常委会专题民主生活会方案，并进行讨论；听取市纪委关于全省纪检监察机关“转职能、转方式、转作风”专题研讨班和省委常委、纪委书记任泽民到绍兴调研期间讲话精神汇报，并进行讨论；听取市财政局关于完善市对越城区、绍兴高新区、袍江经济开发区财政体制，关于2014年绍兴市农业农村工作财政配套资金安排,关于2013年市级财政决算(草案)的报告编制情况的汇报,并进行讨论;听取市委组织部关于干部任免事项的汇报。

6月25日至26日,根据市委党的群众路线教育实践活动安排,召开常委民主生活会。

7月7日的会议,传达学习省委常委扩大会议精神,并进行讨论;传达学习省委常委陈德荣、省委督导组组长林恺俊在市委常委专题民主生活会上的讲话精神,并进行讨论;听取市委办关于市委七届七次全体扩大会议建议方案、报告思路和关于全面贯彻落实省委建设美丽浙江创造美好生活决定的实施意见的汇报,并进行讨论;听取市委宣传部关于文化产业发展若干政策意见的汇报,并进行讨论;听取市残联关于市直和越城区残疾人就业保障金征收的情况汇报,并进行讨论;听取市经信委关于企业综合考评奖励办法的汇报,并进行讨论;听取市流动人口管理局关于完善和创新流动人口管理服务工作意见的汇报,并进行讨论;听取市文明办关于全国文明城市创建工作的汇报,并进行讨论;听取市旅委关于进一步完善旅游经营管理体制的意见的汇报,并进行讨论;传达学习全省各级人大常委会主任读书会精神,并进行讨论。

7月25日的会议,听取市委办(政研室)关于加强市委常委会自身建设意见的汇报,并进行讨论;听取市委办(政研室)关于深入推进新型城市化的实施意见和会议方案的汇报,并进行讨论;听取市委办关于全市经济发展大会方案的汇报,并进行讨论;听取市经信委、市活动办关于市领导走访企业及市级部门一对一联系服务规模以上工业企业活动的汇报,并进行讨论;听取市发改委关于建立市领导联系异地绍兴商会和在外知名越商制度的汇报,并进行讨论;听取市发改委关于进一步加快市级经济发展的若干意见的汇报,并进行讨论;听取市水城办关于"五水共治、重构重建"半年度工作情况的汇报,并进行讨论;听取市农业局关于全面推进农村集体资产股份合作制改革的实施意见的汇报,并进行讨论;听取市公安局关于全省外国人管理服务工作会议精神及贯彻落实建议的情况汇报,并进行讨论;听取滨海新城关于滨海新城开发建设的汇报,并进行讨论;听取援疆指挥部关于新疆工作和纺织产业转移的汇报,并进行讨论;听取市委组织部关于干部任免事项的汇报。

8月11日的会议,听取市活动办关于贯彻落实中央领导批示学习杭兰英先进事迹、扎实推进绍兴基层治理现代化的工作方案汇报,并进行讨论;听取市委办关于市委常委会党的群众路线教育实践整改方案的汇报,并进行讨论。

8月25日的会议,听取市委办公室关于市委常委会党的群众路线教育实践活动整改方案的汇报,并进行讨论;听取镜湖新区关于镜湖新区三年建设计划(2015—2017年)的汇报,并进行讨论;听取市委统战部关于在市级民主党派组织中开展"届中总结、民主评议"活动的方案汇报,并进行讨论;听取市文物局关于加强大运河(绍兴段)世界遗产保护利用传承工作的意见汇报,并进行讨论;听取市委宣传部关于加快推进文化产业发展决定的汇报,并进行讨论;听取绍兴广电总台关于绍兴广播电视传媒集团有限公司组建方案的汇报,并进行讨论;听取市发改委关于进一步促进越商回归工作若干意见的汇报,并进行讨论;听取市委办公室关于明確兰亭旅游度假区指挥部、会稽山旅游度假区工作推进组、绍兴震元健康产业集团有限公司筹备组等机构人员的汇报,并进行讨论;听取市科技局关于省督察组对绍兴市贯彻落实省委十三届三次全会精神督查情况的书面汇报;听取市纪委有关案件处理情况的汇报;听取市委组织部关于干部任免事项的汇报。

9月2日的会议,传达学习省委书记夏宝龙在省委理论学习中心组专题学习会上的讲话精神和在新昌县、柯桥区、上虞区调研时提出的工作要求;传达学习中共中央总书记习近平和省委书记夏宝龙关于做好党的群众路线教育实践活动整改落实工作的讲话精神。

9月27日的会议,听取市委办关于进一步加强会议文件、表彰活动管理若干规定的汇报,市评比办关于清理规范评比达标表彰活动情况的汇报,并进行讨论;听取市接待办关于绍兴市党政机关国内公务接待管理办法的汇报,并进行讨论;听取市编委办关于市政府职能转变和机构改革方案情况的汇报,并进行讨论;听取市国资委关于进一步深化国资国企改革暂行意见的汇报,并进行讨论;听取市规划局关于城市规划展示馆有关情况的汇报,并进行讨论;听取市委组织部关于干部任免事项的汇报。

9月29日的会议,听取绍兴市大城市发展战略11项专题研究成果汇报。

10月16日的会议,学习贯彻中共中央总书记习近平在中央党的群众路线教育实践活动总结大会上的重要讲话和中央民族工作会议精神;专题研究分析全市三季度经济运行和社会稳定工作情况;听取市委政法委关于坚持发展"枫桥经验"、推进乡村治理现代化的情况汇报,并进行讨论;听取市考核办关于建立县(市、区)党政领导班子实绩考核评价体系和开展公众满意度测评工作的汇报,并进行讨论;听取市财政局关于调整2014年度市级财政预算和调整2014年政府投资项目资金计划的汇报,并进行讨论;听取越城区关于绍兴动漫产业基地项目投资合作情况的汇报,并进行讨论。

11月14日的会议,传达全省"深化千万工程建设美丽乡村"现场会精神;听取诸暨市委关于大唐镇"11·3"案件有关情况的汇报;听取市委办关于行政区划调整一年来运行情况的汇报，并进行讨论；听取市人大党组关于市七届人大五次会议、市政协党组关于政协七届四次会议召开时间及议程安排的汇报，并进行讨论；听取市人才办关于加强社会事业高层次人才队伍建设若干政策意见（施行）的汇报，并进行讨论；听取市国资委关于进一步规范市属国有企业负责人薪酬管理实施意见的汇报，并进行讨论；听取市委宣传部关于实施培育和践行社会主义核心价值观30个重点项目的汇报，并进行讨论；听取市信访局关于信访工作有关情况汇报，并进行讨论；听取绍兴日报报业传媒集团关于完善法人治理结构情况的汇报，并进行讨论；听取市委组织部关于干部任免事项的汇报。

12月5日的会议，传达学习省委十三届六次全会精神；传达学习省委人大工作会议精神；听取关于绍兴市市级党政机关办公用房管理暂行办法的汇报，并进行讨论；听取市委组织部关于干部任免事项的汇报。

12月15日的会议，传达贯彻中央经济工作会议和省委常委扩大会议精神。

12月30日的会议，听取市委办（政研室）关于市委七届八次全体（扩大）会议的建议方案、报告思路和全面深化法治绍兴建设意见的汇报，并进行讨论；听取市委办关于加快三区融合、促进大城市建设若干意见的汇报，并进行讨论；听取市规划局关于杭州湾都市区规划纲要编制工作情况的汇报，并进行讨论；听取市人大党组关于加强和改进人大工作意见的汇报，并进行讨论；听取市委党史办关于全省党史工作会议精神的汇报，并进行讨论；听取市节会办关于2015年公祭大禹陵典礼总体考虑的汇报，并进行讨论；听取市工商联关于绍兴市第四届优秀中国特色社会主义事业建设者人选方案的汇报，并进行讨论；听取市纪委关于2014年度落实党风廉政建设责任制情况检查考核工作的汇报，并进行讨论；听取市委组织部关于“一报告两评议”工作的汇报，并进行讨论；听取市委组织部关于市“两会”组织机构名单，市委统战部关于民进绍兴市委会领导班子届中调整方案，市委统战部关于政协绍兴市第七届委员会常委、委员调整方案的汇报；听取市委组织部关于干部任免事项的汇报；听取市纪委有关情况的汇报。

【高标准抓好党的群众路线教育实践活动】 年内，市委认真学习贯彻中共中央总书记习近平系列重要讲话精神，按照“照镜子、正衣冠、洗洗澡、治治病”的总要求，坚持高起点谋划、高标准要求、高质量推进，全市1.5万个党组织、33万名党员参加党的群众路线教育实践活动，整个活动规定动作落实到位、自选动作富有特色，有力整治了“四风”问题，恢复和发扬了批评与自我批评优良传统，有效打通了联系服务群众的“最后一公里”，选树了以杭兰英为代表的一批先进典型，统筹推进了发展经济、深化改革和“五水共治”等各项工作，取得了重要成果。

【研究编制绍兴市城市发展战略纲要】 绍兴市部分行政区划调整后，绍兴中心城市结构发展重大变化，迫切需要对新一轮城市发展思路、规划进行必要调整。市委、市政府审时度势，及时成立课题组，着手编制《绍兴市城市发展战略纲要》。纲要编制过程体现了科学决策、民主决策和依法决策原则，3月16日，市委、市政府组织召开纲要专家论证会；3月28日，市委常委（扩大）会议对纲要进行审议；4月8日，市委常委会对城市定位进行审定；4月9日至15日，纲要在市规划局网上全文公示、公开征求意见；4月17日，市政协就纲要举行主席会议进行专题协商；4月25日，市人大常委会就纲要作出决议。整个纲要贯彻落实中央和省委有关精神，体现“重构绍兴产业、重建绍兴水城”战略部署，确立了“国家历史文化名城、江南生态宜居水城、长三角区域中心城市”的城市定位，明确了“一个中心、两大组群、三条轴线”的市域城镇空间，“一城三片、一江两岸”的中心城市空间结构，“一轴两带”的中心城市形态功能，以及城市发展方向，是指导绍兴新一轮城市发展的纲领性文件。

【行政权力缩减比例达53.93%】 年内，市委坚持以改革统领全局，成立市委全面深化改革领导小组，设立领导小组办公室和7个专项小组，制定出台重点改革任务分工方案，明确全面改革的13个方面、160条任务，重点加强行政审批制度改革，制定“四张清单一张网”，49个市级部门共梳理出各类职权8781项，大幅缩减行政权力4736项，缩减比例达53.93%。全面推开市县扁平化审批改革、绍兴滨海新城“不再审批”试点。

【新确定国家和省部级改革试点19项】 年内，市委认真抓好各级各类改革试点，获批国家和国家部委改革试点6项，省委、省政府改革试点13项。至年底，全市有省级以上改革（创建）试点61项，其中国家级24项，省级部门以上37项。

【全力抓好保稳促调】 年内，市委坚持把防止区域性金融风险作为大事来抓，建立“一企一策”和“一周一督查一协调”工作机制，组织开展“企业服务年”活动，制订完善市领导及市级部门联系重点企业制度，开展市县联动的集中性企业走访活动，开展金融支持经济“百日服务”活动，建立企业应急转贷资金，成功帮助200余家企业转贷150亿元。同时加大企业重组重整力度，加快司法处置进度，严厉打击恶意逃废债等现象，确保了区域经济安全和金融稳定。积极培育生命健康、电子商务、文化创意和旅游等产业，深入实施“四换三名”工程，全年全市战略性新兴产业产值占比提高到30.1%，现代服务业比重达到43.6%，单位工业增加值能耗下降6.2%。（市委办提供）

纪检监察

【概况】 2014年,全市各级党委(党组)贯彻落实中央、中央纪委和省委、市委关于党风廉政建设和反腐败工作的新思路新要求,抓好任务部署和工作落实。全市各级纪检监察机关聚焦中心任务,强化监督执纪问责,深入推进纪律检查体制改革,全面深化转职能、转方式、转作风(简称"三转"),党风廉政建设和反腐败斗争取得新进展、新成效。

【市纪委召开七届三次全体(扩大)会议】 2月12日,市纪委召开七届三次全体(扩大)会议。会议回顾总结2013年党风廉政建设和反腐败工作情况,研究部署2014年工作任务。市委书记钱建民出席会议并讲话。他要求各级党组织和广大党员干部,抓住开展党的群众路线教育实践活动的契机,进一步强化纪律建设,切实纠正形式主义、官僚主义、享乐主义和奢靡之风方面的问题;进一步深化改革,不断强化党委主体责任和纪委监督责任;各级党委要切实承担党风廉政建设的主体责任,主要领导必须履行党风廉政建设的"第一责任人"职责;各级纪委要切实承担党风廉政建设的监督责任,进一步明确职责定位,切实做好"三转",聚焦党风廉政建设和反腐败斗争这个中心任务。市委常委、纪委书记傅祖民代表市纪委常委会作题为《转职能、转方式、转作风,深入推进党风廉政建设和反腐败斗争》的工作报告。会议审议通过《中共绍兴市第七届纪律检查委员会第三次全体会议决议》。

【检查政治纪律执行和遵守执行党章情况】 年内,市纪委积极开展对政治纪律执行情况和遵守执行党章情况的监督检查,严肃整治有令不行、有禁不止、口无遮拦、阳奉阴违等组织涣散、纪律松弛的问题。围绕转型升级、环境保护、安全生产、政府投资项目推进、文明城市创建等重要决策部署落实情况开展监督检查,对城市交通拥堵治理、"五水共治"、"三改一拆"、"五气合治"、"中介超市"建设、联系服务企业群众等重点工作开展专项督查,其间,共对14名党员干部进行了党政纪处分,对607名个人及相关单位进行通报批评、诫勉谈话等责任追究。狠抓执行力建设,严肃整治党员干部"庸懒散奢浮粗"等"为官不为"问题,共受理此类投诉806件,对485人次进行责任追究。深化行风评议工作,开展"局长,我问你说、你做我评"电视直播评议等活动,企业群众对经济社会发展软环境和行风建设总体满意度为94.73%。

【层层落实履行党风廉政建设主体责任】 6月18日,市委办、市府办印发《2014年党风廉政建设和反腐败工作组织领导与责任分工》,36项重点任务分解落实到市委、市政府领导,58项具体工作分解落实到34个市级牵头部门。市委书记钱建民履行"第一责任人"职责;市委常委履行职责范围内党风廉政建设的领导责任;市纪委履行监督责任,协助市委抓落实,督促推动各级党委履行主体责任。全面推行党风廉政建设主体责任报告制度,全市各地各单位党委(党组)普遍向上一级党委、纪委提交书面报告,市、县两级党委分别召开主体责任落实集体约谈会,市、县两级纪委对下一级党委(党组)主体责任落实情况开展面对面评议。全市领导干部主动上交"581"廉政账户等417.8万元。同时,对落实党风廉政建设主体责任不到位的地方、单位和领导干部,进行倒查问责。全市共有10个单位因主体责任报告不及时被通报,42人次因主体责任落实不到位被问责追究。

【狠刹"四风"进入常态化】 年内,市纪委把贯彻落实中央八项规定精神作为一项常态化工作。严肃查处对落实中央八项规定精神打折扣、搞变通,穿上"隐身衣"收受节礼、公款相互吃请、公车私用、违规发放津补贴等问题,重拳正风肃纪。全市共组织正风肃纪专项行动1128次,发现各类问题1149个,处理责任人员710人次,下发通报422起,媒体曝光51起,市本级连续4次发文点名道姓通报曝光典型案例31人次。深入开展厉行节约反对浪费专项行动,全市"三公"经费同比下降36.5%,其中市直下降37.3%;党政事业单位因公出国境人次同比下降67.6%。大力整治"会所歪风",市本级关停取缔6家、整改转型6家,全市3.9万余名党员干部作出"不出入私人会所、不接受和持有私人会所会员卡"的承诺。制定出台《纪检监察机关落实"十大整改行动"五项牵头工作的责任分解》,启动"三整治两规范一创建"整改行动,组织开展党员干部非法集资、民间违规借贷等自查自纠活动。建立工作例会、工作情况双周报、曝光报备、举报投诉办理等机制,推行不作通知、不打招呼的随访暗访工作法,在媒体设置"正风肃纪进行时"专栏,开辟网上投诉窗口,常态化、长效化机制进一步健全。

全市纪检监察机关"转职能转方式转作风"专题研讨班(市纪委提供)

【立案查办各类违纪违法案件数量大幅增加】 年内,市纪委坚持加大查办案件力度,始终保持惩治腐败的高压态势,以同级党委管理干部为重点,查处了一批大案要案。全市各级纪检监察机关共受理各类信访举报11023件(次),立案查办各类违纪违法案件1123件,分别同比增长62.5%和56.2%。查办的案件中,涉及县处级干部5人，乡科级干部79人；处分党员干部1129人，其中党纪处分1064人，政纪处分136人，党政纪双重处分71人，移送司法机关追究刑事责任49人；为国家和集体挽回直接经济损失1.6亿余元。全市检察机关立案侦查贪污贿赂等职务犯罪170人。全市法院系统审结贪污贿赂等职务犯罪案件86件。

【健全惩治腐败工作协作机制】 年内，市纪委与市检察院联建了职务犯罪预防信息共享平台。注重抓早抓小，对出现苗头性、倾向性问题的35人次市管干部进行约谈警示。加强办案、案管、陪护、监控四支队伍建设，全面落实县级纪委单设案管室等举措。建立"四位一体"信访举报受理网络，做好中央巡视组交办转办信访、重点疑难信访、重信重访等信访件的调查核实工作。组织开展案件质量检查，加强案件剖析和警示教育，发挥办案治本功能。

【层层推进纪检体制改革】 年内，市委设立纪律检查体制改革专项小组，制定出台实施意见，积极支持纪检监察机关转职能、转方式、转作风。市、县两级纪委突出主责主业，大幅减少参与的议事协调机构，优化完成内设机构调整，集中力量执纪监督问责。其中市纪委牵头或参与的议事协调机构调整为14个，内设纪检监察室数量由原来的2个增至5个，70%以上工作力量集中到监督执纪一线。加强派驻（出）机构管理，明确市直派驻（出）纪检机构主要负责人不分管驻在部门其他业务工作，柯桥、上虞、诸暨等地探索推进派驻（出）机构统一管理改革。加强上级纪委对下级纪委的领导，制定出台《区、县（市）纪委向市纪委报告工作暂行办法》，探索开展区、县（市）纪委书记、副书记的提名考察。认真落实乡镇纪委规范化、专职化建设要求，推进乡镇（街道）纪委书记、副书记专职专用。抓住村级换届契机，选优配强村监委成员和村监委主任，进一步加强监督作用。

【建章立制防止"灯下黑"】 年内，市纪委修订《市纪委常委会工作制度》，出台《进一步加强市纪委常委会自身建设的意见》，制定《全市纪检监察干部若干行为规范（试行）》和《调整不适宜担任现职纪检监察干部暂行办法》。市纪委还设立纪检监察干部监督室严格内部监督，举办全市纪检监察机关"三转"（转职能、转方式、转作风）专题研讨班，开设"纪检监察讲堂"。全市办理纪检监察干部信访投诉23件，党纪政纪处分两人。（市纪委提供）

政策调研

【概况】 2014年，市委政研室围绕市委中心工作、重大决策和重要工作部署开展调查研究，强化调研辅政作用。做好市级领导重点课题的组织协调工作和市级部门主要领导年度重点课题的评审工作。编发《决策参考》14期。

【开展三大类15个课题调研】 年内，市委政研室围绕市委、市政府中心工作开展课题调研。一是抓住重点，开展了深入推进新型城市化、绍兴市"十三五"全面深化改革基本思路调、"建设美丽绍兴，创造美好生活"、绍兴市2015年工作思路、完善考核工作等课题的调研。二是围绕热点，开展了完善越城区与镜湖新区管理体制机制，加快三区融合发展，越城区、柯桥区、上虞区民生政策统筹，市与越城区、绍兴高新区、袍江经济技术开发区管理体制机制调整，行政区划调整一年"回头看"等课题的调研。三是关注难点，开展了深化市属国资国企改革、发展夜间经济、完善旅游经营管理体制调、关于嵊新集约发展、经济形势分析等课题的调研。

【起草13件重要政策意见】 年内，市委政研室先后起草《关于调整完善市本级与越城区管理体制机制的意见》《关于调整完善市与绍兴高新区、袍江经济技术开发区管理体制机制的意见》《关于促进我市经济稳定增长转型发展的若干意见》《关于进一步完善旅游经营管理体制的意见》《关于调整柯桥区上虞区规划和国土资源管理体制的通知》《关于进一步完善越城区和镜湖新区管理体制机制的意见》《关于全面贯彻落实省委建设美丽浙江创造美好生活决定的实施意见》《关于深入推进新型城市化的实施意见》《关于加快三区融合促进大城市建设若干意见》《关于2014年重点突破改革项目》《中共绍兴市委全面深化改革领导小组办公室关于印发专项小组近期工作计划的通知》《绍兴市2014年区、县（市）及市直开发区工作目标责任制考核办法》《绍兴市2014年区、县（市）及市直开发区工作目标责任制考核细则》等政策意见。

【起草有关文稿】 年内，市委政研室组织起草市委全会、新型城市化、市区经济工作会议、工业转型升级、市委理论中心组学习等重要会议文稿，完成市领导在全国两会期间有关提案建议、发言材料，撰写县（市、区）党政领导班子实绩评价分析报告等。

【编印两本文集】 年内，市委政研室完成《2013年绍兴市领导干部优秀调研成果文集》编印工作，收录评选出60篇市级部门主要领导和县（市、区）党政班子领导干部的优秀调研文章。完成2013年《绍兴市市级重点课题调研成果文集》编印工作，收录了18篇市级重点课题调研报告。（李月娟）

农业农村工作

【概况】 2014年，市农办贯彻全市农村工作会议精神和"三农"工作的决策，按照市委、市政府"重构绍兴产业、重建绍兴水城"战略部署，坚持以农民增收为核心、农村人居环境改善为重点、农村改革为动力，切实履行“三农”工作决策参谋部、政策咨询部、综合协调部、群众工作部的职能。

【全面实施农村生活污水治理】 年内，全市380个村完成生活污水治理，新增受益农户14.4万户。一是形成了一个上下联动的工作格局。市、县两级都成立了以主要领导为组长的工作领导小组，全年举办县级以上各类培训班超过20个，累计培训超过3000人次。二是建立了一套比较规范的运作体系。制定实施了质量巡查、材料检测、招标采购、专家指导、月报统计、档案管理、设计规范、长效管理等一系列管理制度和工作举措，在全省率先研究制定了项目设计指导性意见，率先建立完善了材料检测工作办法，有关经验做法获得省里肯定并在全省推广，基本建立起系统全面、科学管用的制度体系和工作机制。三是培养了一支能打硬仗的治污队伍。农办、乡镇、行政村等各个层面都培养了一批懂技术、会管理、肯钻研、有干劲的农村治污骨干，特别是建立了市、县两级农村生活污水治理专家团，共有专家126名，其中市级专家30名。

【开展美丽乡村“四级联创”】 年内，嵊州市创建成为省级美丽乡村先进县，全市第二批10个美丽乡村示范区建设加快推进，12个乡镇、16个村成功创建市级美丽乡村先进乡镇、精品村，全市累计建成各级美丽农家3.9万户。加强历史文化村落保护利用，完成省第二批5个重点村、21个一般村规划编制，确定第三批10个市级重点培育村，累计完成顶瓦修补近4.57万平方米，墙体加固3.45万平方米，立面改造16.52万平方米，修复构建2974个，整体拆除不协调建筑2.11万平方米，修复村内古道31.4千米。

【有序推进空心村改造】 年内，全市共有184个村开展空心村改造，其中2014年新启动106个村，累计完成27个村，完成改造面积87公顷，其中退宅还耕17公顷，安置农户近3000户，探索形成了原地改造、土地收储、退宅还耕等多种行之有效的改造模式。

【提升农村环境质量】 年内，全市积极推进整乡整镇综合整治，诸暨市农村环境连片整治国家示范项目通过省级验收。探索农村垃圾减量化、资源化处理试点，推进全市14个试点村建设，其中4个列入省级试点。开展“花卉绍兴”建设，新增花卉交易市场两个，新增花卉苗木基地1333公顷，培育花卉学校10所、花卉农庄16家、花卉村庄10个、花卉家庭400家。

【推进乡村休闲旅游工作】 6月23日，市政府出台发展乡村旅游产业扶持政策，全面实施乡村旅游“1112”工程，即力争到2016年，创建1个全国休闲农业与乡村旅游示范县、10个乡村旅游集聚示范区、100个乡村旅游特色基地、2000家乡村旅游特色经营户（农家乐经营户、越乡民宿、家庭农场）。至年底，全市累计发展各类农家乐旅游村（点）574个，农家乐从业人员4.1万人。全年接待游客997万人，营业收入12.51亿元，分别同比增长17.29%和15.83%，带动农产品销售2.21亿元。“乡村民宿”发展势头迅猛，全市已有23个村开展“越乡民宿”建设，床位超过1万张。

【农民培训转型升级】 年内，全市建立健全了市级“农民学院”、县级“农民学校”教育培训体系。柯桥区、上虞区、诸暨市、嵊州市、新昌县已完成“农民学校”组建工作。继续实施农民素质提升工程，全面推行农民培训信息化管理，至年底，已培训农民9.4万人，其中农村实用人才2.2万人，农村电子商务应用人才2652人，并全部录入市农民培训信息化管理系统。

【启动第三轮结对帮扶活动】 年内，全市全面启动第三轮结对帮扶活动。积极推进区域协作扶持、部门结对帮扶、干部联系助推、金融服务支持、社会关爱促进五大帮扶行动，160个结对单位已帮扶160个经济薄弱村启动项目358个，落实帮扶资金1505万元，其中建设规模型联建项目5个，惠及结对村152个。

【启动农村土地和房屋确权登记发证】 6月，市委、市政府专门出台政策意见，在全市范围内全面启动农房确权登记发证工作，至年底，全市1802个村完成调查摸底，完成农房测绘26.53万户，新发权证82456本；符合宅基地确权登记发证条件的农户整体发证率达79.4%。

【构建农村产权交易平台】 年内，全市县、镇两级农村产权交易平台建设全面推进，主要采取两种模式，一种为交易中心模式，新昌县、诸暨市、嵊州市均采用此类模式；另一种为指导中心模式，柯桥区主要采用此种模式。柯桥区已经实现所辖16个乡镇平台全覆盖，全年成交额达1.3亿元；新昌县县、镇两级交易平台也于11月全面投入运行，16个乡镇中有15个完成镇级平台搭建。

【开展农村金融创新】 年内，全市大力推进金融支持“三农”五大行动，对低收入农户创业、带动农民增收、扶贫重点村发展集体经济、美丽乡村建设、农业两区建设等五大项目，在信贷额度、贷款利率、风险补偿等方面提供扶持。至年底，14家涉农银行共授信436户、达成贷款意向10.7亿元，已发放贷款290户计5.3亿元。全市积极推进权证担保，农房抵押贷款已在所有中心镇开展试点。诸暨市在15个镇乡街道推广。全年全市发放农房抵押贷款129笔，贷款金额4100万元；积极引导金融机构创新，全市已实现村镇银行县域全覆盖，共开业小额贷款公司37家，贷款规模达135亿元。

【加大农村改革试验力度】 年内，柯桥区省级农村改革试验区建设继续推进，上虞区和诸暨市被列为省级构建专业合作、供销合作、信用合作“三位一体”农民合作经济组织联合试点县市。（市农办提供）

组织工作

【概况】 2014年,全市组织系统着力抓好第二批党的群众路线教育实践活动,树立杭兰英先进典型。探索以基层党建引领乡村治理现代化,举办"2014年乡村治理现代化高峰论坛",市领导干部社会化评价、民情通、民间人才"万人计划"等工作被与会专家评价"具有全国性的参考价值"。

【选优配强领导班子】 年内,全市提拔任用或转任重要岗位的干部中,因"三改一拆""五水共治"等工作表现优异的有3名,从乡镇(街道)党政正职中产生的有5名,1975年后出生的年轻干部有3名,1980年后出生的年轻干部有1名,重基层、重实干、优结构的选人用人导向更加鲜明。同时,合理调整不适合担任现职的干部,市本级调整11人,县(市、区)调整50人。

【加强干部日常监督和选拔任用监督】 年内,市委组织部深化完善"三会"监督制度,受理会前报告103批次,会前审核68批次,指出问题、提出意见48条次。开展超职数配备干部问题自查和专项检查工作,配合做好领导干部兼职清理有关工作。随机抽查核实36名市管干部的个人事项报告,重点查核85名县(市、区)党政副职后备干部报告的有关事项。

【加强干部教育培养】 年内,全市组织系统先后举办"五水共治"与产城融合、新型城市化、县域经济向都市经济转型等多个专题培训班,共培训干部1714人次。选派6名优秀年轻干部到滨海新城进行为期3年的挂职锻炼,分两批外派14名县(局)级干部到上海浦东新区挂职学习。

【推进软弱涣散基层党组织整顿工作】 年内,全市共调整不适宜担任村主职的干部50人,年初确定的273个软弱涣散党组织已基本完成整顿。以落实"四不"公开承诺为抓手,抓好村居干部底线管理和目标管理,全年查处违反公开承诺案件55件,处理违反公开承诺村干部58人。

【加强党员队伍建设】 年内,全市组织系统进一步规范党员发展、日常管理和不合格党员处置工作,严把"进口",畅通"出口",着力提高党员质量,全年确定警示型党员818人,开除党籍127人,劝退除名59人。

【加强"两新"组织党建】 年内,全市组织系统着力推进党的组织和工作覆盖,组织开展"千企联千村,党建助治水"行动,全市"两新"组织中的党组织结对帮扶166个村(社区)治水,落实专项帮扶资金1662.5万元。

【着力引进高端紧缺人才】 年内,全市组织系统引进的海外高层次人才中,新入选"330海外英才计划"人才104名,通过国家"千人计划"企业创新人才评审答辩3名,入选省"千人计划"8名。举办"名士之乡"人才峰会,开展院士专家治水科技成果发布会、"赢在绍兴"海内外高层次人才创业创新大赛等6项活动,采取成果发布、对接洽谈、大赛评审、联合攻关等方式,构建起以企业为主体、问题为导向、项目为纽带的引才用才机制。加强高端人才项目对接,确定22名"海外工程师"年薪资助项目。

【推进民间人才队伍建设】 至年底,全市已累计评鉴产生各类民间人才66.9万名,培育各类民间人才协会2187个(其中年内新建710个),覆盖到20%以上的民间人才。普遍建立镇村干部联系民间人才制度,选拔1901名民间人才作为入党积极分子,1589名民间人才列为村级后备干部培养对象。

【培养本土高层次人才】 年内,全市组织系统遴选67名治水专家成立"五水共治"专家服务团,启动专家服务团服务基层专项行动。试点建设滨海新城海创园,推进院士专家工作站、博士后工作站规范化建设。牵头制定《关于加强市级社会事业高层次人才队伍建设的若干政策意见(试行)》,选派53名高层次人才赴英国牛津大学等国内外知名高校进修深造。新昌制药创新团队获选首批浙江省领军型创新创业团队。全省人才资源调查统计结果显示,全市高技能人才数量列全省第二位,企业经营管理人才、专业技术人才和农村实用人才数量列全省第三位。(余一苗)

宣传工作

【概况】 2014年,全市宣传思想文化工作加强理论武装,践行社会主义核心价值观,提升舆论引导水平,推进文化改革发展,扎实抓好文明创建,为加快现代化绍兴建设提供强大的精神文化力量。

【完善理论中心组学习制度】 年内,市委宣传部围绕中共十八大和十八届三中、四中全会精神,以及习近平总书记系列重要讲话精神,出台市委理论学习中心组意见,建立重要讲坛联盟,实施党委中心组学习旁听、直播、交流、点评等学习制度,对75个部门开展旁听活动,在5个部门开展专家点评。在《浙江日报》刊发《学讲话凝神聚气谋发展干在实处》等市委理论学习中心组署名文章。

【培育践行社会主义核心价值观】 年内,市委宣传部出台《关于培育和践行社会主义核心价值观的实施意见》,在全市组织实施培育和践行社会主义核心价值观30个重点项目。开设孝道"红黑榜",开展"孝子进校园"、家风家训道德讲堂等活动;开展文明餐桌、文明交通、文明旅游专题行动;普及学雷锋志愿服务活动,实现志愿服务制度化;组织道德模范身边好人进基层巡讲巡演27场。杭兰英先进事迹得到中央领导和省委书记夏宝龙批示肯定,作为全省重大典型宣传推广。

【提升主流舆论引导能力】 年内,市委宣传部加强传统媒体和新兴媒体融合发展,建立绍兴报业和绍兴广电两大传媒集团。协调市级媒体做好重大主题宣传。通讯《儿子，今晚我和你爸睡在政府会议室》和图片新闻《世界上最长最宽的多塔斜拉桥——嘉绍大桥建成通车》分别荣获中国新闻奖二、三等奖。中央、省级媒体有关绍兴主题的宣传报道量达到9000余篇（含网站转载）。《把美丽水乡请回来》等一批重点报道在《人民日报》、央视《新闻联播》、《新华每日电讯》、《光明日报》等媒体刊播。其中绍兴市推进乡贤文化与乡村治理的有关做法得到中央领导批示。

【加强新闻舆论监督】 年内，市委宣传部在市级媒体开设“舆论直击”“民生求证”“行风热线”“今日焦点”等舆论监督专题专栏，推出有关民生实事系列报道，刊发舆论监督信息531篇(条)，解决问题386项。

【发展繁荣公共文化】 年内，市委宣传部制定市本级农村文化礼堂扶持奖励办法和服务配送菜单，开展全市农村文化礼堂特色示范点评选，建成农村文化礼堂95家。推进以“稽山·鉴水”为主题的城市文化主题公园建设。国庆群众文化周推出近百场活动，近20万群众参与国庆文化活动。绍剧《于谦》、电影《兰亭》、越剧《马寅初》、动画片《少年师爷》等作品获省“五个一工程奖”或被评为精品扶持项目。

【加快文化产业发展】 年内，市委宣传部出台《关于加快推进文化产业发展的决定》，制定《关于加快文化产业发展的若干政策意见》和《绍兴市扶持实体书店建设实施意见》等政策意见，组建注册资本8000万元的文化产业投资发展有限公司，实施重点文化企业和文化产业集聚区(创意园)培育工程，分类建立绍兴市重点文化企业名录和文化产业项目库，梳理摸排投资额1000万元以上项目61个，累计完成投资110亿元。(市委宣传部提供)

统战工作

【概况】 2014年，全市统战部门切实按照“重点工作重抓不放形成新亮点、常规工作常抓不懈形成新常态、内部建设齐抓共管形成新气象”的工作基调，扎实开展党的群众路线教育实践活动，充分发挥统一战线独特优势和作用，全面促进“五大关系”和谐，不断提升统战工作科学化水平，为促进全市经济社会平稳较快发展提供了应有保障。

【全面落实多党合作有关制度】 年内，市委统战部全面落实多党合作有关制度。督促检查全市各级党委政府和统战部门贯彻落实多党合作相关制度情况，强化对各县(市、区)党委统战工作目标责任制的考核，协助市委、市政府召开市领导与市各民主党派、工商联负责人和无党派代表人士谈心交心座谈会、征求意见会和党风廉政建设情况通报会等活动。组织开展“届中总结、民主评议”工作。回顾总结全市各民主党派自换届以来的各项工作，书面测评各党派领导班子及成员的履职情况，分别与133名代表开展个别谈话，推荐产生各党派主委、副主委后备人选34名，市管近期可使用县处级党外后备干部和优秀乡科级后备人选各10名，为全市各民主党派2016年的换届工作奠定了坚实的思想基础和组织基础。同时，对民进市委会的主要领导进行年龄到杠调整。切实加强党外代表人士队伍建设。指导市各民主党派和无党派人士积极开展坚持和发展中国特色社会主义学习实践活动，坚定了党外代表人士的理想信念。着手制订市级机关党外中层干部职数配备的实施意见，从制度上落实党外代表人士教育培训和培养使用等工作。组织举办全市各民主党派、工商联负责人和无党派代表人士暑期读书会，全市党外科级干部培训班和民主党派、知联会骨干培训班等，提升了党外代表人士的能力素质。全面发挥党外知识分子作用。顺利完成市知联会换届工作，紧紧围绕“同心、知联”主题开展社会服务为主的各项活动，特别是开展了为期三周、以6名教师为志愿者的赴贫困偏远山区小学的“帮扶小候鸟、学习传统古典”义教活动，受到了当地群众的一致好评。

【开展民族团结进步模范单位创建活动】 年内，市委统战部以认真学习贯彻中央民族工作会议精神为抓手，积极开展民族团结进步模范单位创建活动，集中宣传全国、全省民族团结进步模范单位和个人。有两名少数民族市民被评为国务院第六次全国民族团结进步模范个人荣誉称号，绍兴西藏民族中学被国务院命名为“全国民族团结进步创建活动示范单位”。启动实施全市少数民族家庭“万人互助”行动，积极搭建少数民族群众互助、互动的联谊网络和平台。目前，全市各县(市、区)和市直已全面启动“万人互助”行动。以配合做好文明城市创建工作为抓手，进一步做好少数民族流动人口管理服务工作。全年走访慰问少数民族困难家庭55户、助学12户，审核办理少数民族成分变更181份，审核完成少数民族初、高中学生享受优惠政策工作。积极组织参加全省第5届少数民族传统体育运动会，获得2个一等奖、28个二等奖和21个三等奖，总成绩位列全省前茅。培养挖掘少数民族代表人士，建立完善全市少数民族代表人士后备干部名册，及时发现和增补少数民族代表人士，不断加强少数民族干部队伍建设。帮扶少数民族贫困家庭，组织少数民族联谊会和党外代表人士赴结对县松阳开展“三下乡”、结对帮扶等活动，全年落实各类帮扶资金35.25万元，推进新一轮少数民族低收入群众增收帮扶行动。

【规范管理精心做好宗教工作】 年内，市委统战部制定出台《绍兴市宗教活动场所和民间信仰场所违法建筑专项整治方案》，分门别类提出处置意见、落实整改措施，确保全市涉宗领域“三改一拆”工作平稳顺利推进。

全年全市共拆、改违法宗教活动场所和民间信仰场所926处计20.24万平方米，整治超高超大超标宗教标志物6处，拆、改民间信仰场所907处。处置完毕违法宗教建筑、"三沿两侧"和建成区超高超大超标宗教标志物，民间信仰点违法建筑处置量占总量的37.3%。积极推进和谐寺观教堂创建和星级场所评选工作。全年全市创建成功达标场所340处，占总数的74.9%。其中市级和谐场所268处、省级29处、国家级6处，四星级场所3处。全年新上报达标场所36处、星级场所2处(五星级、四星级各1处)。成功举办首届"佛教书道发展论坛暨首届兰亭雅集"系列活动，承办传授护国兴教三坛大戒法会，组织开展以汉传佛教讲经道场和基督教、天主教讲台为平台的"生态美好"宣讲活动，正式创刊《绍兴佛教》杂志，指导协助市佛教协会完成换届工作，指导推进宗教活动场所开展"文明礼佛、文明敬香"活动，进一步引导和发挥宗教界正能量。制定出台《绍兴市民宗领域网络舆情应对处置工作方案》，定期与公安、安全等部门联合开展情报信息分析研判，着力梳理全市制定出台的涉宗教文件和法规，配合做好邪教组织涉案人员转化工作。认真做好天主教信徒余山朝圣工作，全力确保全市宗教领域和谐稳定。《因地制宜创新方法成功解决阳嘉弄基督教私设聚会点转化难题》入选绍兴市推进重点工作方法案例汇编。

【构筑经济统战工作新格局】 年内，市委统战部加强对市工商联党组的领导，指导工商联做好换届工作，新一届工商联执常委规模分别从上届146名和75名增加至199名和99名，非公企业副会长从16名增加至24名，较好地调动了非公经济代表人士的积极性。指导工商联在广西举办2014年绍兴商会年会，配合做好第五届越商大会有关工作，制定出台"两新"组织党建工作方案。筹备第四届绍兴市优秀中国特色社会主义事业建设者评选表彰工作，开展非公有制经济代表人士综合评价，引导和组织非公有制经济代表人士积极参与"五水共治"、光彩事业等活动，进一步增强非公有制经济代表人士的社会责任感。

【做好新时期海外统战工作】 年内，市委统战部新时期海外统战工作做得有声有色。组织绍兴各旅港同乡会参加在香港举行的新春联欢活动，组织举办深圳·绍兴海外联谊会迎春团拜会，做好出席市"两会"的海外政协委员、特邀委员赴滨海新城考察调研等工作，全面落实到绍参加2014年公祭大禹陵活动的港澳代表人士的有关接待工作，进一步加强联络联谊工作。定期召开各旅港同乡会会长专题会议，规范和充实海外乡情资料，进一步增强旅港乡贤爱国爱港的责任感、使命感。制定出台港澳统战《实施意见》，建立完善例会制度，并在深圳举办了有108名联络员参加的港澳有关工作业务培训班，进一步提高骨干人员的业务工作能力，确保了乡情资源的持续扩大和乡情资料完整性的有效提升，进一步扩大旅港乡贤的政治安排。在2014年的政协委员调整过程中，新增加3名旅港同乡会骨干为市政协特邀委员。(市委统战部提供)

机关党建

【概况】 2014年，市直机关工委围绕市委"改革创新促发展，求真务实惠民生"工作基调，以创新创优精神，坚持践行"服务中心、建设队伍"两大核心任务，全力推进党的群众路线教育实践活动的有效开展，为建设为民、务实、清廉的党政机关做好各项工作。

【开展中央精神学习活动】 4月至12月，市直机关工委举办"习近平总书记系列重要讲话精神""中国共产党辉煌历史与践行群众路线经验""学习贯彻党的十八届四中全会精神"等7次专题报告会，近2000人次机关科级干部参加。10月至12月，开展深入学习《习近平总书记系列重要讲话读本》主题读书月活动，召开市直机关"学讲话，见行动"读书心得交流会，近70名机关党员干部参加，在"绍兴机关党建网"上开展学习《习近平总书记系列重要讲话读本》网上学习答题竞赛活动，7400余名市直机关党员干部参加。

【推进学习型机关党组织建设】 年内，市直机关工委与市委组织部、市委宣传部联合下发《关于进一步规范和落实周一晚学习制度的通知》，从内容形式、纪律要求、组织领导等方面进一步完善周一晚学习制度。举办3期入党积极分子党的基础知识培训班，150名入党积极分子参加；举办两期市直部门直属事业单位党组织书记党建理论轮训班，共100人参加；举办加强新形势下机关党建工作专题培训班，邀请中央国家机关工委领导、专家讲课辅导，机关党组织书记、副书记及党务干部近200人参加；举办市直部门副科级领导干部进修班。坚持办好夜学讲坛、三味讲堂和绍兴机关党建网，发挥其在机关学习中的指导引领作用。

【推进服务型机关党组织建设】 年内，为推进全国文明城市创建工作，市直机关工委组织93个部门志愿者2800人次参加历时一个半月的市直机关文明交通劝导志愿服务活动，为各部门制作志愿者帽子6000顶、个性化的志愿服4000件，发放交通宣传单1.5万张。坚持组织指导服务市直部门与社区结对共建工作。一年中(2013年6月至2014年7月)市直部门领导到结对社区开展调研108次，参与人员392人次；开展各项结对共建活动104次，参与人员1379人次；组织机关党员干部到结对社区开展志愿服务活动91次，参与人员1811人次；资助结对社区资金145.34万元(不包括实物)；慰问社区困难群众504人(户)，发放慰问金47.22万元；党员"一对一"帮扶困难群众302人，帮扶资金28.53万元。开展市直机关在职党员“两地报到、双岗服务”活动，党员干部到“两地”报到7354人次，认领“微心愿”2425个，认领服务项目2486个，开展志愿服务8387人次，为群众办实事1828件。

【推进民主型机关党组织建设】 年内，市直机关工委部署、组织指导市直14个部门机关党总支部按期统一换届，并根据《关于市直机关系统基层党组织领导班子换届实行“公推直选”的实施意见》开展选举，确保党员选举权。在绍兴机关党建网全面公开市直机关工委党务工作，同时要求各党组织严格按照市直机关工委下发的《党务公开目录》公开党务，确保党员的知情权。

【推进机关廉政建设】 年内，市直机关工委围绕“严纪律、正作风、作表率”集中行动主题，组织开展市直机关党员干部网上党纪法规知识竞赛活动；举办“学习习近平总书记系列重要讲话，深入推进反腐倡廉建设”专题讲座，市直机关200多名科级干部参加。与市纪委联合举办迎“国庆”市直机关“为民、务实、清廉”书画作品展，39个市级部门（单位）选送参赛作品213件，评选出获奖作品75件。

【做好群团工作】 年内，市直机关工委在充分调研市直机关团组织情况的基础上，恢复了机关团工委，成立新一届团工委领导班子。组织开展“走基层、接地气、看发展”系列活动，组织200多名机关青年参观中国水利博物馆、走近黄酒文化和参观绍兴大城市建设等；组织由80多名单身机关青年干部参加的联谊会。市直机关工会联合会坚持实施“1+1”行动计划，动员干部职工每人参加1项文体活动，成立篮球、登山、摄影、书法等8个文体俱乐部，拥有会员2800名。组织开展市直机关干部职工摄影、象棋、围棋、五子棋、乒乓球、羽毛球、趣味健身比赛。开办“三味”讲堂，年内推出“王阳明与绍兴”“绍剧与鲁迅笔下的社戏”“健康生活方式和日常保健”等三个专题。举办3期女子防身术和气排球等培训，共39个单位近百人参加。

【完善考核评价体系】 年内，市直机关工委修改完善了列入部门年度岗位目标责任制考核的“机关基层组织建设”项目，突出党组（党委）抓党建工作的第一责任人责任和基层党组织的主要工作职责，力求简化务实，重抓过程。加强对机关党组织贯履行职责、落实责任的综合考核，制订考核评价体系，对所有直属机关党组织进行全面考核，在考核的基础上评先推优、表彰奖励。（谢菲）

党史编研

【概况】 2014年，市委党史研究室完成党和国家领导人在绍兴考察调研期间的相关资料收集工作，完成《绍兴应对国际金融危机纪实》课题。完成《中国共产党绍兴历史（第二卷）》第一轮修改任务，形成60余万字的稿件，进入审读与第二轮修改阶段。同时，启动第三卷的编写前期工作，开展了相关专题资料的征集、整理。

【出版《〈之江新语〉诗词古语浅解》】 年内，市委党史室在学习《之江新语》的基础上，摘录该书中的诗词古语99条，对诗词古语的出处、内涵、价值加以简要注解，汇编出版《〈之江新语〉诗词古语浅解》一书。

【成立中共党史宣讲团】 年内，为纪念中国共产党建党93周年，绍兴市党史系统成立了中共党史宣讲团。宣讲团成员先后走进机关、农村文化礼堂开展党史宣讲近20次，受到干部群众的好评。（朱伟明）

党校工作

【概况】 2014年，全市党校系统共举办计划内和社会培训班次441期，培训学员4.8万余人次。其中，绍兴市委党校共举办计划内班次31期，培训学员2668人次；社会培训引进班次187期，培训学员12245人次；各层次学历教育有在籍学员1491人。

【开设新课36门】 年内，绍兴市委党校调整中国特色社会主义理论体系教育内容，开设“推进国家治理体系治理能力现代化”“激发全社会的发展动力和创造力”“掌握意识形态工作的领导权管理权和话语权”等一批新课程；加大市情课分量，增设“两重”战略、发展战略性新兴产业、“五水共治”与产城融合等专题，共开设新课36门。

【一课题获国家社科基金项目立项】 6月16日，国家社科规划办公布了《2014年国家社科基金年度项目和青年项目立项结果》，绍兴市委党校余湘老师申报的“服务型基层党组织的服务机制研究”课题获得2014年国家社科基金项目立项。绍兴市委党校成为浙江省第一个获得国家社科基金课题立项的地市级党校。

5月29日至30日，中东问题高层研讨会在市委党校举办（市委党校提供）

【打造“枫桥经验”专业培训品牌】 5月，绍兴市委党校开设“枫桥经验”专题培训班，培训班采用专题讲座与现场教学相结合的形式，开设“枫桥经验”与群体性事件处置、“枫桥经验”与平安建设、“枫桥经验”与基层社会治理创新、“枫桥经验”与法治建设等多个专题课程。年内，绍兴市委党校成功举办“枫桥经验”专题研修班11期，培训学员477人，覆盖全国20个省(市)，实现了“枫桥经验”宣讲全国化。(市委党校提供)

来信来访

【概况】 2014年，绍兴市、县两级党政信访部门共受理群众来信来访17370件(人)次，同比下降8.0%。其中：来信1547件，同比下降12.2%；来访3877批次15823人次，分别同比下降28.0%和8.5%。群众到省集体上访44批次627人次，分别同比下降32.3%和43.5%。进京非访257人次，同比下降71.4%。全年信访形势总体平稳，没有发生影响较大的信访人、事、案。市、县两级党政领导全年共接待群众信访7299批16305人次，切实调处化解了一大批信访问题。

【深入开展信访积案化解工作】 年内，市信访局开展信访积案排查化解专项行动，进一步摸清底数，逐案登记建档，明确化解责任，各级领导包案督查协调积案化解，各责任单位通过复查复核、公开听证、联合办案等方法，集中化解攻关。至年底，国家级积案全部化解，省级挂牌积案办结率达92.3%。

【治理群众越级上访】 年内，市信访局以秩序规范为导向，紧扣“依法信访”主题，引导群众依法、有序信访。规范初信初访办理，及时就地处理好群众合理诉求，初信初访的办结率达到99%以上，差错率控制在5%以内。合力推进非访处置，各级党政领导负责协调重大问题。开展“依法信访、理性维权”宣传活动，营造依法信访舆论氛围。

【破解信访工作难题】 年内，市信访局以制度创新为抓手，努力解决制约全市信访工作的体制、机制弊端。按照“稳控劝返归属地、调处化解归部门”的原则，解决了长期以来困扰信访工作的涉“市直”问题。调整驻京信访工作机制，严格执行非访劝返政策，杜绝进京人员“以访谋利”现象。建立健全重要信访会商协调、群众集体上访响应接待等制度，解决集体上访信息不灵、处置不及时问题。出台领导批示件报结、信访事项督查督办等制度，进一步落实工作责任，解决信访事项办理过程中拖延、推诿、敷衍等问题。(市信访局提供)

老干部工作

【概况】 2014年年底，全市有离休干部995人，其中红军时期1人，抗日战争时期188人，解放战争时期806人。属党政机关310人，事业单位317人，企业单位368人。享受地(厅)级待遇28人，享受县(处)级待遇401人，享受科级及其他待遇566人。市直有离休干部284人，其中红军时期1人，抗日战争时期66人，解放战争时期217人；享受地(厅)级待遇20人；属党政机关64人，事业单位88人，企业单位132人。

【杨光照获评全国先进】 年内，全市共有3个老干部集体、4位离退休干部获全国、全省表彰。其中由诸暨枫桥派出所退休干部杨光照负责并命名，多名退休干部组成，以防范化解基层矛盾纠纷为职责的“老杨调解中心”，在11月26日举行的全国离退休干部先进集体和先进个人表彰大会上被授予先进集体称号，杨光照作为代表赴京参加表彰会并受到党和国家领导人接见。

【利用社会资源强化老干部居家养老服务】 年内，在总结近几年来居家养老工作的经验和前期调研的基础上，市老干部局与绍兴市仁本居家服务有限公司签约，充分发挥专项资金作用，推出了为市直离休干部提供生活照料、生活陪护、家政服务、心理疏导、医疗保健、法律维权等多种有偿服务项目，从而缓解部分离休干部居家养老的困难。同时，继续推进社区服务离休干部“四就近”(就近学习、就近活动、就近得到关心照顾、就近发挥作用)工作。深化离休干部与居住地社区卫生服务机构责任医生结对机制，为需要服务的离休干部上门提供医疗服务；着力为社区开展“四就近”服务创造条件，自2014年起，社区离休干部人均工作经费由原200元/年提升至500元/年。

【探索老年大学外延化办学模式】 年内，为进一步满足老年人求学需求，全市老年大学在办好本级学校的基础上，积极探索外延化办学模式。绍兴市本级新成立乡镇老年大学分校1所，社区教学点3个，共8个班，学员240多人(次)。柯桥区新成立乡镇老年大学分校5所，共18个班，学员458人。6月，绍兴市本级开通了“绍兴网上老年大学”网站。该站有视频课程1280余个，设学习栏目10个，开通半年访问人数达9100余人、2.5万余人(次)，点击量近83万次，学员规模超现有实体学校。(市委老干部局提供)

绍兴市人大常委会

综　述

【概况】 2014年,绍兴市人大常委会依法召开市七届人大四次会议,召开常委会会议6次、主任会议20次,听取和审议专项工作报告25个,作出决议决定8项,就11部法律法规的执行情况进行检查,组织常委会组成人员开展专题视察8次,组织代表开展专题约见活动2次,依法任免国家机关工作人员62人次。认真做好信访接待工作,共受理人民群众来信来访528件。

【七届人大四次会议】 绍兴市第七届人民代表大会第四次会议于2月18日至21日在市区举行。会议听取和审议市人民政府工作报告;审查和批准绍兴市2013年国民经济和社会发展计划执行情况的报告及2014年国民经济和社会发展计划;审查绍兴市2013年全市和市级预算执行情况的报告及2014年全市和市级预算草案;批准绍兴市2013年市级预算执行情况的报告和2014年市级预算;听取和审议市人大常委会工作报告;听取和审议市中级法院工作报告;听取和审议市检察院工作报告,并作出相关决议。

【人大常委会会议】 2月10日,市七届人大常委会召开第十五次会议。会议听取和审议了市住建局局长王旭波受市政府委托所作的关于市花命名后最近十年工作情况的报告,并作出审议意见。会议听取了市人大常委会秘书长寿炳尧所作的关于市七届人大四次会议筹备工作情况的报告,通过提交会议审议的大会各套名单草案和日程草案。会议听取了市人大常委会研究室主任俞锦宾所作的市人大常委会工作报告(送审稿)起草说明,同意将报告提交人代会。会议书面审议了"一府两院"工作报告及计划、预算报告,提出了相应的修改意见。会议听取和审议了副市长陈月亮所作的人事任免议案提请报告,通过有关人事任免事项。决定任命魏鹏程为市市场监督管理局局长。决定免去魏鹏程的市食品药品监督管理局局长职务。

4月25日,市七届人大常委会召开第十六次会议。会议听取和审议了副市长钟洪江所作的关于绍兴市城市发展战略纲要有关情况的报告,作出了关于《绍兴市城市发展战略纲要》的决议。会议听取和审议了市发改委主任傅陆平受市政府委托所作的关于绍兴市与北京市西城区建立友好区市关系的报告,作出了关于同意绍兴市与北京市西城区缔结友好城市关系的决定。会议听取和审议了市民政局局长叶卫红受市政府委托所作的关于全市社会养老服务体系建设情况的报告,并作出审议意见。会议听取和审议了市检察院检察长胡东林所作的关于全市检察机关查办和预防职务犯罪工作情况的报告,并作出了审议意见。会议听取和审议了副市长钟洪江、市检察院检察长胡东林所作的人事任免议案提请报告,通过有关人事任免事项。决定任命施新民为市商务局局长,周慧娟为市检察院检察员、检察委员会委员。批准周慧娟辞去上虞区检察院检察长职务。决定免去张素峰的副市长职务,章光华的市商务局局长职务。免去章梁的市检察院检察委员会委员、检察员职务,苗四元的市检察院检察员职务。批准任命章梁为上虞区检察院检察长。

4月25日,市七届人大常委会召开第十六次会议,审议并通过了市政府关于《绍兴市城市发展战略纲要》有关情况的报告(王利渡　摄)

6月24日,市七届人大常委会召开第十七次会议。会议听取和审议了市财政局局长王水君受市政府委托所作的关于2013年市级财政决算情况的报告,作出关于批准绍兴市2013年市级财政决算的决议。会议听取和审议了市审计局局长王建新受市政府委托所作的关于2013年市本级财政预算执行和其他财政收支审计工作的报告,并作出审议意见。会议审议了市交通局2013年度部门决算报告和市安监局2013年度部门决算报告,并作出审议意见。会议听取和审议了市农办主任楼铁谔受市政府委托所作的关于全市美丽乡村建设工作情况的报告，并作出审议意见。会议听取和审议通过了市人大常委会城建环保工委主任张小帆所作的市人大常委会执法检查组关于检查《城镇排水与污水处理条例》实施情况的报告。会议听取和审议了市人大常委会主任谭志桂和市委常委、常务副市长陈月亮所作的人事任免议案提请报告，通过有关人事任免事项。决定任命袁立江为市卫生局局长，楼灿忠为市安监局局长。决定免去马国灿的市卫生局局长职务，陈国良的市监局局长职务。

8 月 26 日，市七届人大常委会召开第十八次会议。会议听取和审议了市长俞志宏所作的关于上半年全市经济工作基本情况和下半年经济工作重点安排的报告，审议了市政府关于 2014 年上半年绍兴市国民经济和社会发展计划执行情况的报告、关于 2014 年上半年市级财政预算执行情况的报告，并作出审议意见。会议听取和审议了市人大常委会秘书长寿炳尧所作的关于《绍兴市人民代表大会常务委员会议事规则》修改情况的说明，通过《绍兴市人民代表大会常务委员会议事规则》修订草案。会议听取和审议了市长俞志宏、市人大常委会主任谭志桂和市中级法院院长陈惠明所作的人事任免议案提请报告，通过有关人事任免事项。决定任命凌志峰为市公安局局长，叶放为市人大常委会代表工作委员会副主任。决定免去刘国富的市公安局局长职务，严照良的市中级法院审判委员会委员、审判员职务，史和新的市中级法院审判委员会委员、金融审判庭庭长、审判员职务，余洪的市中级法院审判员职务。

10 月 28 日，市七届人大常委会召开第十九次会议。会议听取和审议了副市长陈月亮所作的关于食品安全审议意见落实情况的报告，并作出审议意见。会议听取和审议了市中级法院院长陈惠明所作的关于全市法院执行工作情况的报告，并作出审议意见。会议听取和审议了市林业局局长张宪疆受市政府委托所作的关于提请审议香榧作为绍兴市树的报告，作出了关于确定香榧为绍兴市树的决议。会议听取和审议了市财政局局长王水君受市政府委托所作的关于调整 2014 年度市级财政预算的报告，作出了关于同意调整 2014 年度市级财政预算的决议。会议听取和审议了市人大常委会秘书长寿炳尧所作的关于要求许可对袁孝炳采取司法强制措施的情况说明，作出关于许可的决定。会议听取了市人大常委会主任谭志桂所作的关于补选袁家军为省十二届人民代表大会代表的议案、市人大常委会代表工委主任鲁孟河所作的关于补选袁家军为省十二届人民代表大会代表的说明，补选袁家军为省十二届人民代表大会代表。会议听取和审议了市人大常委会主任谭志桂、副市长陈月亮所作的人事任免议案提请报告，通过有关人事任免事项。决定任命何建为市科技局局长，商世敏为市人大常委会教科文卫工作委员会副主任，刘峰为市人大常委会研究室副主任。决定免去潘晓辉的市科技局局长职务，谢振江的市外侨办主任职务，朱菁的市人大常委会研究室副主任职务。

12 月 15 日，市七届人大常委会召开第二十次会议。会议听取和审议了市政府副秘书长王忠灵受市政府委托所作的关于市七届人大四次会议以来代表建议办理工作情况的报告，并作出审议意见。会议听取和审议了市人大常委会秘书长寿炳尧所作的关于召开市七届人大五次会议决定(草案)的说明，作出关于召开绍兴市第七届人民代表大会第五次会议的决定。会议听取和审议了市中级法院院长陈惠明、市检察院检察长胡东林所作的人事任免议案提请报告，通过有关人事任免事项。任命黄世军为市检察院检查委员会委员、副检察长，胡黄勇为市中级法院审判委员会委员，张凯为市中级法院刑事审判第一庭庭长，马军乐为市中级法院审判委员会委员、刑事审判第二庭庭长，朱森蛟为市中级法院金融审判庭庭长，袁小梁为市中级法院民事审判第三庭庭长，孙志萍为市中级法院审判监督庭庭长，单卫东为市中级法院刑事审判第一庭副庭长，陈伟明为市中级法院刑事审判第一庭副庭长，钱耀炯为市中级法院刑事审判第二庭副庭长，俞湘静为市中级法院刑事审判第二庭副庭长，郑森铁为市中级法院民事审判第一庭副庭长，丁林阳为市中级法院民事审判第一庭副庭长，柳雪松为市中级法院民事审判第二庭副庭长，田欣为市中级法院金融审判庭副庭长，秦善奎为市中级法院民事审判第三庭副庭长，王普庆为市中级法院审判监督庭副庭长。免去张凯的市中级法院刑事审判庭庭长职务，孙志萍的市中级法院民事审判第三庭庭长职务，单卫东的市中级法院审判监督庭副庭长职务，陈伟明的市中级法院刑事审判庭副庭长职务，钱耀炯的市中级法院刑事审判庭副庭长职务，陈杭城的市中级法院审判监督庭庭长、审判员职务，高伯军的市中级法院民事审判第一庭副庭长职务，王安洁的市中级法院民事审判第一庭副庭长职务，王朝阳的市中级法院民事审判第二庭副庭长职务，陈哲宇的市中级法院金融审判庭副庭长职务，金伟军的市中级法院审判员职务。

【视察工作】 3 月 25 日，市人大常委会视察行政审批制度改革工作。实地察看了市行政服务中心，听取和审议了市政府关于行政审批制度改革工作的情况汇报，提出《关于我市行政审批制度改革工作情况的视察意见》。

5 月 15 日，市人大常委会视察职业教育工作。到浙江农业商贸职业学院和市职教中心，实地察看两所学校的办学情况，观摩了教学现场，听取和审议了市政府关于全市职业教育工作情况汇报，提出《关于全市职业教育工作情况的视察意见》。

6月10日，市人大常委会视察全市防洪排涝、防灾减灾工作。实地察看了诸暨永宁水库工程现场、永宁农业园区气象工作室、大侣湖电排站改造工程现场，听取和审议了市政府关于全市防洪排涝、防灾减灾工作情况汇报，提出《关于防洪排涝、防灾减灾工作情况的审议意见》。

6月27日，市人大常委会视察省运会筹备工作。实地察看了中国轻纺城体育中心和市奥体中心，详细了解场馆的建设管理和设备器材的调试使用等情况，听取和审议了市政府关于省运会筹备工作情况汇报，提出《关于第十五届省运会筹备工作情况的视察意见》。

8月28日，市人大常委会视察残疾人就业创业工作。实地察看了市人大代表、残疾人王志丽创办的绍兴王氏纸业有限公司和全国扶残助残先进集体绍兴市力博集团有限公司，听取和审议了市政府关于全市残疾人就业创业工作的情况汇报，提出《关于全市残疾人就业创业工作情况的视察意见》。

9月25日，市人大常委会视察水城建设工作。实地察看了鉴湖二期工程、迪荡梅龙湖、新三江闸配套排涝河道拓浚工程和滨海新城上虞世纪新丘围垦工程，听取和审议了市政府关于水城建设工作的情况汇报，提出《关于绍兴水城建设情况的视察意见》。

11月7日，市人大常委会视察经济平台建设工作。实地察看了绍兴高新技术产业开发区迪荡新城世茂天际中心等地，听取和审议了市政府关于全市经济平台建设情况的汇报，提出《关于经济发展平台建设情况的视察意见》。

12月12日，市人大常委会视察城中村及老小区改造情况。实地察看了袍江经济技术开发区城中村安置房建设项目、越城区渔化桥河沿老旧房改造项目等，听取和审议了市政府关于全市城中村和老小区改造工作的情况汇报，提出《关于城中村及老小区改造情况的视察意见》。

【代表建议办理】 4月2日，全市召开市两会人大代表建议和政协委员提案交办暨总结表彰大会。2013年，全市政府系统共承办市人大代表建议257件，各承办单位按照办理工作意见、规定和要求，全部按时办理完毕。人大代表对办理情况表示满意或基本满意的达到100%。2014年市两会期间，全体人大代表积极履行职责，共提出建议237件。会议在充分肯定办理工作取得成绩的同时，对进一步做好承办工作提出了要求。

11月11日，市人大常委会举行代表建议办理工作绩效评估和满意度测评会议。市人大常委会主任谭志桂、副主任施淑汝，副市长丁晓燕等出席会议。56名市七届人大代表与市教育局、市国土局和市建设局等部门负责人参加会议。现场测评结果显示，代表对被测评单位建议办理工作的满意或基本满意率达到89%以上。

【食品安全和大气污染防治专题约见】 10月15日，市人大常委会组织部分市人大代表约见市政府及有关部门单位负责人，就市民群众广泛关注的食品安全相关问题进行现场提问。市市场监管局、市教育局、市公安局、市建设局、市农业局、越城区、绍兴高新区、袍江经济技术开发区等部门和单位的负责人回答代表提问，并就确保全市食品安全提出长远构想和近期目标。

11月12日，市人大常委会举行绍兴市大气污染防治工作专题约见会。市人大代表就大气污染防治工作相关问题进行现场提问，市环保局、市发改委、市经信委、市公安局、市建管局、市交通运输局、市农业局、越城区、绍兴高新区、袍江经济技术开发区等部门和单位的负责人回答代表提问，并就绍兴大气污染防治提出长远构想和近期目标。

11月12日，市人大常委会举行绍兴市大气污染防治工作专题约见会（王利渡　摄）

【纪念人民代表大会成立60周年座谈会】 9月17日，绍兴市召开纪念人民代表大会成立60周年座谈会。市委书记钱建民出席会议并讲话。市人大常委会主任谭志桂主持会议。市历届人大常委会主任张文传、陈礼安、陈章方、黄秋芳及六届人大常委会副主任，市政府、市政协有关领导，市中级法院院长，市检察院检察长等出席会议。市人大常委会老领导黄秋芳，市中级法院院长陈惠明，全国人大代表、浙江万丰奥特控股集团董事长陈爱莲，省人大代表、越城区人大常委会主任赵国苗，省人大代表、浙江大公律师事务所主任李旺荣，市人大代表、上虞区小越镇人大主席崔伟灿等，回顾总结人大历程和成就，结合工作经历畅谈履职体会，并提出意见建议。钱建民代表市委向市人大常委会提出希望和要求。（市人大办公室提供）

绍兴市人民政府

综 述

【概况】 2014年,绍兴市政府着力深化各项改革。积极推进行政审批制度改革,推广柯桥区高效审批省级试点经验,在滨海新城试行核准目录外企业投资项目不再审批,设立市级“中介超市”,完成审批事项“归零清理”,市级行政审批事项从843项减少到506项。大力推进“四张清单一张网”改革,编制并向社会公布政府权力清单和责任清单、企业投资项目负面清单、财政专项资金管理清单,建成政务服务网,市级部门行政权力从8781项减少到4045项。加快推进经济体制改革,实施市场监管体制调整和商事制度改革,探索企业综合评价分类管理制度。健全国资监管体系,组建震元健康产业集团、文化产业发展投资公司、广播电视传媒集团、环卫集团,开展绍兴银行人事制度改革,完善绍兴报业传媒集团法人治理结构。统筹推进城管、旅游等社会领域改革,推动社会力量办医、办学、办文化,在基层卫生综合改革和公立医院改革领域被列为国家重点联系市。深入推进农村综合改革,实施农村集体资产股份制改革,启动“三位一体”农民合作经济组织体系试点,开展农房确权发证,县级农村产权交易平台实现全覆盖。稳步推进政府运行机制改革,实行全口径财政预算管理,首次公开部门“三公”经费预算,有序推进市级机关公车改革。开展机关事业单位控编减编,清理规范编外用工。调整完善市与越城区、开发区体制机制,推动权力下放和人员下移。

全力稳定经济运行。扩大有效投资,建立产业项目准入评估制度,制订项目市内流转办法,开展政府投资项目现场监督,完成固定资产投资2305亿元,同比增长15.1%,其中工业投资1106亿元,同比增长10.6%。高度重视招商引资,越商回归实到资金192亿元,实到外资6.7亿美元。建设外贸综合服务平台,开展“百场展会拓市场”活动,实现外贸出口298亿美元,同比增长6.6%。推进商品市场提升发展,建成金帝银泰城、诸暨国际商贸城、新昌世贸广场等一批商贸综合体,实现社会消费品零售总额1487亿元,同比增长12.8%。培育电子商务等新模式,实现网络零售额165亿元,同比增长65.5%。加强政银企联动,开展金融支持经济百日服务活动,新增社会融资1232亿元,其中直接融资384亿元。稳步推进城镇低效用地再开发,消化批而未供土地2000公顷,盘活存量用地666.7公顷。培育壮大新兴市场主体,完成“个转企”4467家、“小升规”462家。切实防范经济金融风险,出台企业帮扶、兼并重组等系列政策,设立应急转贷资金,依法打击恶意逃废债,有力有效处置银行不良资产,平稳有序处置经营风险企业。加强经济交流和协作,开展与新加坡等国家和地区的合作,荣获国际友城交流合作奖。制订接轨上海、对接上海自贸区三年行动计划,全面落实援疆、援藏、援青和山海协作等各项任务。

大力调整产业结构。实施“四换三名”工程,加大腾笼换鸟、机器换人、电商换市、空间换地力度,积极培育名企、名品、名家。完善战略性新兴产业扶持政策,培育发展高端装备制造、生命健康、文化旅游等产业,战略性新兴产业产值占工业总产值比重达到30.1%。加快传统产业技术改造步伐,推进印染等“三高一低”产业转型升级,淘汰1625家企业的落后产能,单位工业增加值能耗下降6.2%。促进工业化、信息化融合,柯桥区、诸暨市成为省“两化”深度融合示范区,上虞区、新昌县成为省绿色安全制造信息化示范区。加快建筑产业现代化步伐,实现建筑业总产值6178亿元,同比增长11.9%。扎实推进现代服务业“310工程”和“百项百亿”计划,完成服务业投资1183亿元,同比增长19.8%,服务业增加值占生产总值比重提高到43.6%。积极推进全市游,分步实施“绍兴人免费游绍兴”,实现旅游总收入652亿元,同比增长11.6%。加快推进农业现代化,建成省市级现代农业园区28个、粮食生产功能区7800公顷,粮食生产实现11年连续增长。开展“八倍增、两提高”科技领航行动,新认定国家高新技术企业172家,预计研究与试验发展经费支出占生产总值的2.2%,国家可持续发展实验区建设通过验收。优化人才住房保障等政策,引进硕士及副高以上人才2560名。

合力推进城乡统筹。编制实施绍兴市城市发展战略纲要,完成大城市发展战略11个专题研究。谋划推进“一环六横八纵”中心城市快速路网建设,杭长高铁绍兴段如期建成,31省道北延越城区段基本建成,104国道柯桥区高架、绍诸高速诸暨延伸线开工建设,杭绍台高速前期工作高效推进，越城区至上虞区公交开通运营。积极推进绍兴高新区迪荡湖整治建设，加快袍江“两湖”区域开发，进一步完善滨海新城基础设施，建成开放市科技中心、市文化中心、市奥体中心。制定绍兴智慧城市概念规划，完善通信等信息基础设施。系统治理城市交通拥堵，完善机动车、非机动车、公交和水运“四网”规划，新增公共自行车1万辆。顺利推进越城区人力客运三轮车整治，取消东街夜市。完善城中村拆迁安置办法，基本完成越城区小区移交工作。积极建设诸暨城东新城。推进嵊新区域集约发展。健全小城市分类培育机制。深入开展美丽乡村示范区建设，改造农房1.1万户，嵊州市成为省级美丽乡村先进县。

强力治理生态环境。编制绍兴水城概念性规划，积极构建现代水城。大力推进“五水共治”，组织实施“双百双千”工程，完成投资595亿元，钦寸水库、永宁水库顺利截流，鉴湖二期工程、梅龙湖建设工程等项目完工，“八湖”植物景观工程加快建设。推行分级“河长制”，整治黑臭河199条、238千米，基本消灭垃圾河，五类、劣五类水质断面由14个减少到8个。开展农村生活污水治理，完成治理村527个，新增受益农户20万户。实施污水分质提标和印染废水集中预处理。加强防洪、排涝、城市供水等水利基础设施建设。稳步推进“五气合治”，实施大气污染防治三年行动计划，淘汰黄标车及老旧车3.4万辆，淘汰燃煤锅炉878台，市区空气质量优良率达到67.4%，PM2.5国控点监测指数下降11.3%。建立工业污泥、建筑泥浆、工程渣土“五统一”制度，实现市场化运作、资源化利用。全面推进“三改一拆”，开展“无违建镇村”创建，拆除违法建筑1506万平方米，改造旧住宅区、旧厂区和城中村882万平方米。扎实推进“四边三化”，规范整治高速公路沿线广告牌。积极推进“森林绍兴”“花卉绍兴”建设，选定香榧为绍兴市树，省级森林城市实现县(市、区)“满堂红”。新昌县成为国家级生态县，全市生态环境公众满意度比2013年提高4.6个百分点。

尽力改善群众生活。全市公共财政用于民生支出260亿元，同比增长14%，占公共财政预算总支出的74.9%，市七届人大四次会议确定的十方面民生实事如期完成。持续增加城乡居民收入，及时落实上级有关政策，企业退休人员基本养老金人均每月增加238元，城乡居民基础养老金每月增加25元，最低月工资标准提高160元。完善就业创业促进体系，新增城镇就业11万人，帮助城镇失业人员再就业4万人，城镇登记失业率为2.8%。健全社会保障体系，启动全民参保登记工作，实施城乡居民大病保险制度，实行职工医疗互助保障市级统筹，新建改建农村养老服务中心507家，开工建设保障性安居住房1.9万套，竣工7920套，再次荣获全国“七星级慈善城市”称号，成为全国适度普惠型儿童福利制度建设试点市。大力促进教育惠民、卫计惠民、文体惠民。规范外来务工人员子女入学，推行义务教育学校教师交流制度，义务教育标准化学校创建率居全省第一，浙江树人大学落户柯桥区。建成全市统一的预约诊疗平台，启动分级诊疗试点，实现全省联网就医“一卡通”，落实“单独两孩”政策。开展“文化三下乡”活动，新建农村文化礼堂126家。组织“全民健身与省运同行”系列活动，成功承办第十五届省运会。

努力促进社会和谐。全力争创全国文明城市。深入推进社会治安防控体系建设，严厉打击各类违法犯罪活动。实施重大决策社会稳定风险评估，加大信访积案化解力度，信访总量下降8%。高度重视安全生产、食品药品安全等工作，安全生产事故起数、死亡人数分别同比下降2.7%和9.8%，乡镇食品药品监管网络实现全覆盖。推行家禽“杀白上市”，做好人感染H7N9禽流感等重大疫情防控工作。广泛开展“六五”普法。稳步发展老龄、妇女儿童、残疾人、民族宗教、对台事务、文史档案、红十字等事业，气象等防灾减灾体系建设居全省前列。支持国防和军队建设，扎实推进国防动员、人民防空、国家安全等工作，连续六次成为省“双拥模范城”。

致力转变工作作风。认真开展政府系统党的群众路线教育实践活动，严格执行中央八项规定和省、市有关精神，聚焦“四风”问题，大力整治文风会风、酒局牌局、公款旅游，全市“三公”经费支出、因公出国(境)人次分别同比下降37%和68%。充分发挥审计、监察、政府督查等作用，深入开展领导干部社会化评价、机关干部“一对一”联系服务企业、行政主职暗访检查、“民情通”等工作，进一步提高机关效能。务实办理人大代表建议、政协提案，按时办结率达到100%。(杨红玉)

5月28日，俞志宏等市领导参加“沟通零距离”电视直播节目(袁云　摄)

【市政府常务会议】　1月3日会议，审议并原则通过《关于加快推进绍兴市区二环线内国有及国有绝对控股工业企业关停歇业搬迁改造的意见》《关于改革完善市级食品药品监管体制的方案》。听取关于市本级战略性新兴产业专项资金使用、全市拆违控违专项整治、全市安全生产工作、实施绍兴市公共实训基地二期项目建设、转让古越龙山持有的咸亨集团股份有限公司和咸亨酒店股权、浙化联资债处置方案的情况汇报。

1月23日会议，审议并原则通过七届人大四次会议《政府工作报告（送审稿）》《绍兴市2013年国民经济和社会发展计划执行情况与2014年国民经济和社会发展计划草案报告》《市级机关公务用车改革实施意见》。听取关于2013年全市和市级财政预算完成与2014年预算草案安排建议情况、市级2013年政府投资项目资金计划执行与2014年计划安排建议、加快发展养老服务业、调整越城区行政区域内城乡低保标准、2013年度工业转型升级、淘汰落后产能考评以及企业综合考核、全市开放型经济竞赛考核结果和奖励建议、2013年度生态市建设工作考核、2013年度市长奖候选人评选、2014年市政府十方面民生实事工作、扩大柯桥区企业投资项目高效审批试点市级放权实施范围、开展行政审批事项“归零清理”工作、2013年度科技进步目标责任制考核、2013年度范蠡奖评选以及有效投资、越商回归、小城市培育、服务业发展等考核的情况汇报。

2月26日会议，审议并原则通过《合理确定市区房地产抵押价值的指导意见》《加快分布式光伏发电应用的实施意见》。听取关于绍兴市委党校改建工程概算调整、进一步完善政府投资项目审计监督体制和开发区审计、推进“五水共治”重构绍兴产业重建绍兴水城2014—2017年行动计划、2014年工作要点、“双百双千”重大项目建设计划以及岗位目标责任制考核办法、明察暗访方案、开展全市城镇低效用地再开发试点工作、申办皮划艇马拉松世界杯和世界锦标赛、调整市直事业退休人员退休补贴标准、《政府工作报告》和十方面民生实事工作任务分解、“两会”期间人大代表、政协委员对政府工作的建议意见分解落实的情况汇报。

3月27日会议，审议并原则通过《推进“全市游”的工作意见》以及“绍兴人免费游绍兴”实施方案、《全面开展市级部门职权清理推行权力清单制度工作的实施意见》、《绍兴市公共用车服务有限公司运营方案》、《越城区行政区域城中村改造集体土地上房屋征收货币补偿安置的实施意见（试行）》。听取关于落实特殊人才陈华波事业编制相关事宜，滨海新城人事和分配管理制度改革试点，组建杭绍台高速公路绍（兴）金（华）段项目业主公司，推进“五水共治”，“重构绍兴产业·重建绍兴水城”的工作情况、宣传方案及经费预算，绍兴市大气污染防治行动计划、绍兴市农村生活污水治理三年行动计划（2014—2016年），2014年绍兴市扩大有效投资，促进越商创业创新和服务业发展目标责任制考核办法，绍兴市与北京市西城区建立友好区市关系，绍兴市级和越城区及柯桥区污水处理费调整，市政府领导领办市“两会”建议提案工作的情况汇报。

4月24日会议，审议并原则通过《进一步加强企业帮扶促进经济平稳较快发展的实施意见》《2014年绍兴市工业转型升级考核办法》《越城区行政区域城中村改造集体土地上房屋征收货币补偿安置的实施意见（试行）》《市级机关事业单位编外用工使用管理的若干意见》《推进建筑业持续健康发展的若干意见》《2014年全市开放型经济竞赛办法》。听取关于天宇名都大酒店项目成本审计情况及下步建议、筹集创建绍兴大学专项资金、绍兴市2014年行政审批制度改革工作、绍兴市对接上海自贸区推进工作、2014年绍兴市劳动模范和模范集体评选工作、调整城乡居民社会养老保险基础养老金和高龄补贴标准、调整越城区及市直各开发区被征地农民生活补贴缴费及待遇标准问题的情况汇报。

5月27日会议，审议并原则通过《加快推进集体土地范围内房屋登记工作的指导意见》《大力发展乡村旅游产业的若干意见》《加快文化产业发展的若干政策意见》《加强安全生产促进安全发展的意见》。听取关于浙化联后续处置工作、要求政府性房产划转城投集团、绍兴市列入全国仲裁“两化”改革试点的情况汇报。

6月12日会议，审议并原则通过《绍兴市城乡规划管理委员会议事规则》《推进全市森林消防“引水灭火”队伍建设的实施意见》《2013年市级财政决算（草案）的报告》。听取关于绍兴市城市轨道交通前期工作、要求组建绍兴市环境卫生管理集团有限公司、完善市对越城区和绍兴高新技术开发区及袍江经济技术开发区财政体制、2011—2013年全市行政机关行政诉讼败诉、要求对浙江绍兴三锦石化有限公司年产45万吨丙烷脱氢制丙烯项目实行市特别重大战略性新兴产业项目“一事一议”扶持、绍兴滨海产业集聚区创建省级现代医药高新园区、2014年绍兴市农业农村工作财政配套资金安排、市级部门行政审批和行政服务事项“归零清理”工作及市县扁平化审批改革工作的情况汇报。

7月2日会议，审议并原则通过《社会保障市民卡项目建设的实施意见》《发展水城旅游的实施意见》《进一步加强城市管理工作的若干意见》《完善和创新流动人口管理服务工作的意见》《进一步支持小型微型企业发展的若干意见》《绍兴市企业综合考评奖励办法》。听取关于绍兴水城规划理念研究的主要内容及《绍兴水城概念性规划》下一步编制工作、人力客运三轮车整治前期筹备工作、天宇名都大酒店项目帮扶、要求支持袍江新区G7-4地块处置事项、无偿划拨涉改公车至公共用车服务有限公司、滨海新城开展企业投资项目不再审批试点、开展“越州·金兰”统借统还贷款业务、市直和越城区残疾人就业保障金征收、开展市区残疾人人身意外伤害保险的情况汇报。

7月22日会议，审议并原则通过《深入推进新型城市化的实施意见》《进一步加快市级经济发展的若干意见》《全面推进农村集体资产股份合作制改革的实施意见》《市政府七届五次全体会议报告》。听取关于全省外国人管理服务工作会议精神及贯彻落实建议、全市“五水共治、重构重建”半年度工作、袍江环境污染整治的情况汇报。

8月12日会议，审议并原则通过《加强大运河（绍兴段）世界遗产保护利用工作的意见》《加快推进我市快递行业持续健康发展的实施意见》《进一步促进越商回归工作的若干意见》。听取关于全国适度普惠型儿童福利制度建设试点、绍兴市电子商务发展、绍兴广播电视传媒集团有限公司组建、促进大学生创业、调整绍兴市最低工资标准、2014年上半年市级财政预算执行、对祁淼荣和冯海根违纪问题处理的情况汇报。

9月3日会议，审议并原则通过《进一步规范市属国有企业负责人薪酬管理的实施意见》《2014年度绍兴市金融支持经济发展考核办法》《绍兴市区犬类管理暂行办法》《越城区行政区域城镇违法建筑分类处置指导意见（试行）》《加大越城区行政区域“三改一拆”专项行动中房屋征收货币补偿安置力度》《进一步加快养老服务业发展的意见》《鼓励和引导民间资本进入养老服务业的实施意见》《绍兴市分级诊疗试点工作实施方案（试行）》《绍兴市全国基层卫生综合改革重点联系点工作方案》。听取关于对市公安局要求破格招录杨壹为市强制医疗所事业编制工作人员、2010年10月29日至2011年5月间55周岁时办理退休的事业处级女干部和副高以上女性专业技术人员给予经济补偿、做好市政协《进一步加强水城治水工作的建议》吸纳落实工作、编制2015年市级预算的情况汇报。

9月25日会议，审议并原则通过《绍兴市党政机关国内公务接待管理办法》《进一步促进企业兼并重组的实施意见》《进一步深化国资国企改革的若干暂行意见》《绍兴市恶意逃废债失信行为黑名单管理办法》。听取关于越城区行政区域内房地产项目分期开发分块验收、近期全市安全生产工作、2014年绍兴市市长质量奖评审、绍兴蕺山书院要求租用绍兴中专校舍及减免租金、加强评比达标表彰活动管理、市级部门权力清单工作、绍兴市人民政府职能转变和机构改革的情况汇报。

10月14日会议，审议并原则通过《加强社会事业高层次人才队伍建设的若干政策意见（试行）》。听取关于提请审议香榧作为绍兴市树，深化市农科院体制改革促进科研创新，三江闸保护、利用、传承工作，调整2014年度市级财政预算和政府投资项目资金计划的情况汇报。

11月5日会议，审议并原则通过《绍兴市政务信息资源共享和交换管理办法》《完善城乡居民基本医疗保险实施细则的意见》。听取关于与浙商资产管理有限公司和中国东方资产管理公司分别合作组建资产管理公司、分解落实市人大常委会《绍兴水城建设情况的视察意见》的建议及内环城河沿河洗涤专项治理工作、政府投资项目工程结算和竣工财务决算、进一步加强市级财政专项资金管理的情况汇报，并进行市政府常务会议集中学法活动。

11月27日会议，审议并原则通过《绍兴市智慧城市建设规划》《加快推进城镇低效用地再开发工作的实施意见》《绍兴市区环境卫生专项规划（2014—2030年）》《绍兴市市级党政机关办公用房管理暂行办法》《进一步完善城乡居民基本养老保险制度的实施意见》。听取关于在越城区开展调整城镇土地使用税政策促进土地节约集约利用试点工作减免税、市政府务虚会议有关建议意见分解落实的情况汇报。

12月31日会议，审议并原则通过《促进绍兴市越城区行政区域房地产市场平稳健康发展的意见》《绍兴市创建公交优先示范城市建设实施方案》《绍兴市本级科技投资专项资金使用管理试行办法》《全面开展“四化融合”“三位一体”安全防控治理体系建设的意见》《绍兴市安全生产委员会组织结构设置及工作规则》《实施流动人口积分制管理的若干意见》《进一步加强全市司法所建设的意见》《进一步加强和改进律师工作的实施意见》。听取关于2014年度绍兴市科学技术奖奖励、市公安局袍江分局侦破周银彩寻衅滋事专案组申报集体二等功、开展市级机关事业单位控编减编工作、市级部门责任清单总体情况、各县（市、区）政府职能转变和机构改革、绍兴市创建浙江省体育强市、绍兴市与白俄罗斯博布鲁伊斯克市等四个国外城市建立友好交流关系、新行政中心办公室平面分隔调整的情况汇报。（袁兰林）

【市政府全体会议】 3月5日，市政府召开七届四次全体会议，主要任务是认真贯彻市委七届六次全体（扩大）会议和市“两会”精神，动员广大干部群众进一步认清形势、抢抓机遇，勇挑重担、狠抓落实，努力推动全市经济持续健康发展和社会和谐稳定。

7月24日，市政府召开七届五次全体会议，主要任务是全面贯彻省委常委扩大会议和市委七届七次全体（扩大）会议精神，回顾总结上半年政府工作，再部署、再落实下半年各项重点任务，真抓实干推动全市经济持续健康发展和社会和谐稳定。

【奖励惩处】 奖励：1月 《绍兴市人民政府关于表彰第二届绍兴市工艺美术大师的通报》《绍兴市人民政府关于命名全市公安系统第二批“枫桥式”派出所的通报》《绍兴市人民政府关于为冯亚飞等4位同志记二等功并授予绍兴市见义勇为模范市民荣誉称号、为徐忠根等3位同志记二等功并授予绍兴市见义勇为好市民荣誉称号的决定》《绍兴市人民政府关于命名2013年度计划生育示范乡镇（街道）的通知》《绍兴市人民政府关于表彰2013年度科技进步目标责任制考核优胜单位的通报》《绍兴市人民政府关于表彰国防后备力量基层建设先进单位和个人的通报》《绍兴市人民政府关于印发绍兴市本级和越城区2014年度政府投资项目计划的通知》《绍兴市人民政府关于表彰2013年度绍兴市市长奖获奖人员的决定》《绍兴市人民政府关于表彰2013年度企业综合考评先进单位的通报》《绍兴市人民政府关于表彰2013年度淘汰落后产能工作先进单位的通报》《绍兴市人民政府办公室关于学前教育先进县(市、区)的通报》《绍兴市人民政府办公室关于公布2013年气象防灾减灾示范村(社区)和达标村(社区)名单的通知》《绍兴市人民政府办公室关于命名2013年度绍兴市工业强镇的通知》《绍兴市人民政府办公室关于表彰2013年度工业经济比学赶超主题活动先进单位和机器换人工作先进单位的通报》。

2月　《绍兴市人民政府办公室关于表彰2013年度服务业发展先进集体和优秀服务单位的通报》《绍兴市人民政府办公室关于表彰2013年度小城市培育发展优胜单位的通报》《绍兴市人民政府关于表彰2013年度绍兴市范蠡奖的通报》《绍兴市人民政府关于表彰2013年度清水工程建设先进单位和先进个人的通报》《绍兴市人民政府办公室关于命名绍兴市首批无违建示范村(社区)的通知》《绍兴市人民政府办公室关于表彰清水工程示范乡镇(街道)、村及河长制管理三级河长先进单位的通报》《绍兴市人民政府办公室关于命名绍兴市体育特色村的通知》《绍兴市人民政府办公室关于表彰2013年度绍兴市农业工作先进单位和个人的通报》。

3月　《绍兴市人民政府关于授予周建平等三位同志绍兴市劳动模范称号的通报》《绍兴市人民政府办公室关于表彰2013年度城市道路交通拥堵治理工作先进单位的通报》《绍兴市人民政府办公室关于表彰2013年度政务信息工作先进单位和个人的通报》《绍兴市人民政府办公室关于表彰2013年度市级政府投资项目推进工作先进单位和全市重点建设优胜项目的通报》《绍兴市人民政府办公室关于表彰2013年度金融机构先进集体的通报》《绍兴市人民政府办公室关于表彰2013年度绍兴市粮食安全工作优秀单位的通报》。

4月　《绍兴市人民政府关于表彰绍兴市劳动模范和模范集体的决定》。

5月　《绍兴市人民政府关于为赵国海等2位同志记二等功并授予绍兴市见义勇为模范市民荣誉称号、为尉建民等5位同志记二等功并授予绍兴市见义勇为好市民荣誉称号的决定》《绍兴市人民政府办公室关于表彰2013年度全市政府系统优秀调研报告的通报》。

6月　《绍兴市人民政府　绍兴军分区关于表彰2013年征兵工作先进单位和个人的通报》。

7月　《绍兴市人民政府办公室关于绍兴市第十五届(2011—2012年)哲学社会科学优秀成果评审情况的通报》。

9月　《绍兴市人民政府办公室关于第四批绍兴市劳动关系和谐企业的通报》。

10月　《绍兴市人民政府关于2014年绍兴市市长质量奖获奖单位和个人的通报》。

12月　《绍兴市人民政府办公室关于2013—2014年度绍兴市校企合作先进集体的通报》《绍兴市人民政府绍兴军分区关于表彰国防后备力量基层建设先进单位和个人的通报》《绍兴市人民政府关于命名第三批绍兴市教育优质均衡示范乡镇的通报》。

惩处:8月　《绍兴市人民政府关于给予冯海根行政开除处分的批复》《绍兴市人民政府关于给予祁淼荣行政开除处分的批复》。

9月　《绍兴市人民政府关于给予王皆兵同志行政撤职处分的批复》;《绍兴市人民政府关于撤销阮洪良绍兴市劳动模范称号的批复》。(吕彭)

【扎实开展“山海协作工程”】 年内,绍兴到衢州投资的项目共有12个,协议投资7.3624亿元,到位资金3.4662亿元。新实施了群众增收合作项目4个,协议投资65万元,到位资金40万元;社会事业和新农村建设合作项目8个,协议投资130万元,到位资金120万元;培训转移劳动力575人次,到位资金80万元。此外,绍兴市本级还向衢州市捐赠资金200万元,分别用于“山海协作”新农村建设和相关人员培训,其中新农村建设14个村安排资金150万元,“山海协作”经济服务型干部及企业管理人员技能提升培训安排资金50万元。(周志贤)

【加强电子政务工作统筹管理】 年内,市政府出台《关于电子政务项目预审工作的意见》和《绍兴市电子政务项目预审工作实施细则》等相关文件。全年共有21家单位申报2014年预算外电子政务项目,51家单位申报2015年电子政务项目预审。

【推进政府门户网站建设和政府信息公开】 年内,绍兴市政府门户网站发布信息4万余条,公开政府信息1.8万余条,收到信息公开申请54件、信息公开意见箱信件126件、“12345”市长信箱信件4000余件、部门咨询投诉信件1000余件、机关效能投诉信件169件。依据省政府网站监管系统提示,及时查错、改正信息9000余条。积极利用门户网站统一平台推进部门子网站、专题集约化建设。全年,开发完成市发改委、市经信委、市规划局等部门子网站20个、相关部门的专题网站10个。(华庭龙)

【新增、调整和撤销非常设机构】 年内,市政府新增、调整和撤销非常设机构321个,其中新设立的非常设机构有:绍兴市畜禽定点屠宰领导小组,绍兴市儿童福利工作领导小组,绍兴市参与杭州都市经济圈综合改革试点工作协调小组,绍兴市公共实训基地二期建设领导小组,绍兴市统计工作联席会议制度,绍兴市社会救助联席会议制度,“六小行业”规范整治工作领导小组,绍兴市“十三五”规划编制工作领导小组,绍兴市第二次全国地名普查领导小组,绍兴市区生活垃圾治理工作领导小组,绍兴市推进建筑产业现代化“双试点”工作领导小组,绍兴市项目流转和企业迁移工作协调小组,“六小行业”规范整治工作领导小组,绍兴市“十三五”规划编制工作领导小组,绍兴市第二次全国地名普查领导小组,市随军家属就业安置工作协调领导小组,绍兴市区生活垃圾治理工作领导小组,绍兴市推进建筑产业现代化“双试点”工作领导小组。

调整的非常设机构有:绍兴市发展总部经济领导小组,绍兴市财政支出绩效管理工作领导小组,绍兴市审计整改工作领导小组,绍兴市扩大有效投资重点建设领导小组(由绍兴市扩大有效投资工作领导小组和绍兴市重点建设领导小组合并),绍兴市中长期规划工作领导小组,绍兴市接轨上海参与长江三角洲合作与交流工作领导小组,绍兴市经济体制改革工作领导小组,绍兴市投资决策协调委员会,绍兴市服务业发展工作领导小组,绍兴市深化医药卫生体制改革领导小组,绍兴市区经济工作领导小组,绍兴市通用航空产业发展领导小组,绍兴市应对气候变化及节能减排工作领导小组,绍兴市企业上市工作领导小组,绍兴市国家可持续发展实验区建设工作领导小组,绍兴市引进“大院名校”共建创新载体工作领导小组,绍兴市国家创新型试点城市创建工作领导小组(绍兴市技术创新工程领导小组并入),绍兴市全面推进依法行政工作领导小组,绍兴市食品安全委员会,绍兴市智慧城市建设领导小组,绍兴市基本医疗保险市级统筹工作领导小组,绍兴市创建省级创业型城市工作领导小组,绍兴市运河保护管理领导小组(由绍兴市大运河保护与申报世界文化遗产领导小组更名),镜湖旅游综合体项目工作领导小组,“中国兰亭”旅游度假区开发建设领导小组,绍兴镜湖高教园建设领导小组,绍兴市创建浙江省卫生强市工作领导小组,绍兴市国家卫生信息建设试点暨区域卫生信息化建设领导小组,绍兴市对外经济开放领导小组,绍兴市质量强市工作领导小组,绍兴市利用外资工作领导小组,绍兴市安全生产委员会,绍兴市推进杭绍甬高速公路绍兴段前期工作领导小组,绍兴市央企对接工作领导小组,绍兴市区印染产业转型升级工作领导小组,绍兴市曹娥江流域水环境保护工作领导小组,绍兴市现代农业园区建设领导小组,绍兴市会稽山古香榧群保护联席会议,绍兴市城市道路交通拥堵治,绍兴市住房公积金管理委员会,绍兴市城市管理委员会,绍兴市“无违建”创建工作领导小组,绍兴市保障性住房建设领导小组(由绍兴市经济适用住房建设领导小组更名),绍兴市城市轨道交通规划建设领导小组,绍兴市城市土地经营管理领导小组,绍兴市区被征收集体土地上滞留建筑物拆除专项行动领导小组,绍兴市城乡规划管理委员会,绍兴市鉴湖水域保护工作领导小组,绍兴市“双清”专项行动领导小组,绍兴市污水分质提标和印染废水集中预处理工作领导小组,绍兴市城镇低效用地再开发试点工作领导小组,越城区住宅小区移交管理领导小组,绍兴市电子政务实时监督系统建设领导小组,绍兴市综合应急救援联席会议,绍兴市信访事项复查复核工作领导小组,绍兴市信用绍兴建设领导小组,绍兴市小城镇综合改革试点领导小组,绍兴市政策性农村住房保险工作领导小组,绍兴市企业债券融资工作领导小组,绍兴市推进基本公共服务均等化工作协调小组(由绍兴市基本公共服务均等化行动计划工作协调小组更名),绍兴市区推广应用天然气汽车工作领导小组,市区二环线内工业企业转型发展现代服务业工作协调督查小组,绍兴市对口帮扶和山海协作领导小组,绍兴市参与杭州都市经济圈综合改革试点工作协调小组,绍兴市科技体制改革和创新体系建设领导小组,绍兴市知识产权保护工作领导小组,绍兴市防震减灾领导小组,绍兴市“八倍增、两提高”科技服务专项行动协调小组,绍兴市打击经济犯罪协调会商工作领导小组,绍兴市区社会应急联动工作领导小组,绍兴市纠正行业不正之风领导小组,绍兴市奥体、文化、科技“三中心”运营绩效评价工作领导小组,绍兴市社会保障市民卡项目建设领导小组,绍兴市菜篮子和市场价格稳定工作领导小组,绍兴市第三次经济普查领导小组,绍兴市级统计工作联席会议,绍兴市发展民营经济领导小组,绍兴市药品安全示范乡镇(街道)建设工作领导小组,绍兴市商品交易市场及农贸市场提升发展工作领导小组(由绍兴市商品交易市场提升发展工作领导小组和绍兴市农贸市场改造提升工作领导小组合并,绍兴市农贸市场规范管理工作领导小组并入),绍兴市查处规范无照经营工作联席会议,绍兴市实施商标战略工作领导小组,绍兴市“个转企”工作领导小组,绍兴市电力设施保护领导小组,绍兴市电网建设领导小组,特高压电网建设领导小组,绍兴市打击和处置非法集资工作领导小组,绍兴市农村金融工作领导小组(绍兴市创新农村金融服务综合工作领导小组并入),绍兴市仲裁委员会,绍兴市军事设施保护委员会,绍兴市征兵领导小组,绍兴市TD建设与发展领导小组,绍兴市三网融合工作协调小组,绍兴市医疗保险制度改革工作领导小组,绍兴市农民工工作领导小组(由绍兴市农民工工作联席会议更名,绍兴市清理拖欠农民工工资领导小组并入),绍兴市就业创业工作联席会议(绍兴市高校毕业生就业工作联席会议并入),绍兴市人事考试联席会议,绍兴市事业单位改革领导小组,绍兴市公共实训基地二期建设领导小组,绍兴市假日旅游协调小组,绍兴市文物保护委员会,绍兴市第一次全国可移动文物普查领导小组,绍兴市语言文字工作委员会,绍兴市学前教育领导小组,绍兴市幼儿园园舍安全工程领导小组,绍兴市学生交通安全保障工程领导小组,绍兴市区社会非学历教育培训机构整治工作领导小组，绍兴市高等学校招生委员会，绍兴市级公立医院综合改革试点工作领导小组，绍兴市公共卫生工作委员会，绍兴市爱国卫生运动委员会，绍兴市献血工作领导小组，绍兴市惠民医院工作领导小组，绍兴市药品集中采购监督管理工作领导小组，全国亿万农民健康促进行动绍兴市领导小组，绍兴市医疗纠纷第三方调处工作领导小组，绍兴市非物质文化遗产保护工作领导小组，奥体、文化、科技"三中心"运营管理工作协调小组，绍兴市优生促进工程实施工作领导小组，绍兴市出生人口性别比偏高治理工作领导小组，绍兴市实施全民健身计划领导小组，绍兴市妇女儿童工作协调委员会，绍兴市巾帼建功活动协调小组，绍兴市关爱留守流动儿童工作协调小组，绍兴市未成年人保护委员会，绍兴市全民科学素质工作领导小组，绍兴市退伍军人和军队离退休干部安置领导小组，绍兴市减灾委员会，绍兴市地名管理委员会，绍兴市社会福利有奖募捐委员会，绍兴市城市生活无着的流浪乞讨人员救助管理工作协调小组，绍兴市家庭经济核对工作联席会议，绍兴市水库移民工作领导小组，绍兴市养老服务工作领导小组，绍兴市殡葬改革和管理工作领导小组，绍兴市儿童福利工作领导小组，绍兴市助学工作领导小组，绍兴市推进农村消费安全建设领导小组，绍兴市促进服务外包发展工作领导小组，绍兴市商务工作联席会议，绍兴市开发区(园区)整合提升工作领导小组，绍兴市推进国际物流发展领导小组，绍兴市商贸服务发展领导小组，绍兴市生活必需品市场应急保供工作领导小组，绍兴市出口基地培育工作领导小组，绍兴市"走出去"工作领导小组，绍兴市电子商务工作领导小组，市区专业市场提升发展工作领导小组，绍兴市"96345"便民服务中心建设发展工作协调小组，绍兴市涉外事件处置领导小组，绍兴市人民政府残疾人工作委员会，绍兴市打击走私综合治理领导小组，绍兴市迪荡湖区域开发建设领导小组，绍兴市市长质量奖评审委员会，绍兴市特种设备安全大监管工作领导小组，绍兴市标准化发展战略工作领导小组，绍兴中国汽车市场城发展协调小组，绍兴市计量工作联席会议，绍兴市发展新型墙体材料领导小组，绍兴市减轻企业负担领导小组，绍兴市有序用电协调领导小组，绍兴市信息化工作领导小组，绍兴市特色工业设计示范基地建设领导小组，绍兴市促进中小微企业发展工作领导小组，绍兴市"腾笼换鸟"工作协调小组，绍兴市履行禁止化学武器公约工作领导小组，市区二环线内搬迁改造工作协调督查小组，绍兴市中国义乌国际装备博览会组委会，绍兴市"下升上"工作领导小组，绍兴市推进工业经济发展服务小组，绍兴市治理车辆超限超载工作领导小组，绍兴市出租汽车管理工作联席会议，绍兴市区推进国内物流发展领导小组，绍诸高速诸暨延伸线工程建设工作领导小组（由绍兴市杭金衢至诸永高速诸暨连接线工程前期工作领导小组更名），杭金衢高速拓宽工程绍兴段工作领导小组，绍兴市新能源汽车推广应用工作领导小组，绍兴市粮食安全工作协调小组，绍兴市减轻农民负担监督管理领导小组，绍兴市农业产业化工作领导小组，绍兴市动物植物疫病疫情防控指挥部，绍兴市畜禽定点屠宰领导小组，绍兴市政府防汛防旱指挥部，绍兴市水利现代化试点工作领导小组，绍兴市人民政府森林消防指挥部，绍兴市绿化委员会，绍兴市湿地保护委员会，绍兴市松材线虫病防治工作指挥部，绍兴市农业发展基金管理委员会，绍兴市户籍管理制度改革试点工作指导小组，绍兴市禁毒委员会，绍兴市道路交通安全工作领导小组，绍兴市见义勇为工作领导小组，越城区行政区域人力客运三轮车集中整治工作领导小组，绍兴市消防安全委员会，绍兴市人民防空指挥部，绍兴市农村妇女双学双比竞赛活动协调小组，绍兴市政策性农业保险工作协调小组，"花卉绍兴"建设领导小组，绍兴市防雷减灾工作领导小组，绍兴市气象现代化建设领导小组，绍兴市人工影响天气工作领导小组，绍兴市住房改革委员会，绍兴市信息管网建设领导小组，绍兴市节水型城市复查工作领导小组，绍兴市城乡住房工作协调委员会，绍兴市八湖植物景观工程领导小组(由绍兴市六湖植物景观工程领导小组更名)，绍兴市农房改造建设示范村工作领导小组，绍兴市区城中村安置房建设工作协调小组，绍兴市"365"节约集约用地工作领导小组，绍兴市保护耕地和造地改田领导小组，绍兴市土地矿产卫片执法检查工作领导小组，绍兴市矿产资源保护与开发利用管理工作领导小组，绍兴市地质灾害防治工作领导小组，绍兴市土地利用总体规划实施评估工作领导小组，绍兴市建筑节能工作领导小组，绍兴市区建筑泥浆处置管理领导小组，绍兴市区控违拆违专项整治工作领导小组，绍兴市区数字化城市管理工作领导小组，绍兴市汤浦水库水源环境保护领导小组，绍兴市重污染高耗能行业整治提升工作领导小组，绍兴市城市空气污染应急领导小组，绍兴市区户外广告整治工作领导小组，绍兴市汤浦水库枯水期原水应急调度领导小组，绍兴平水江水厂及配套管线工程建设领导小组，迎恩门工程建设工作联席会议，绍兴市行政中心建设工作领导小组，狭猱湖及周边区域综合保护工作领导小组，绍兴市引进内资工作小组，绍兴市 BRT 快速公交建设协调小组，绍兴市青年文明号、青年岗位能手活动指导委员会，绍兴市中小学(幼儿园)食品安全工作领导小组，绍兴市区学校体育场地设施向社会开放工作领导小组，绍兴市青少年健康教育工作协调小组，农函大绍兴市分校校务委员会，绍兴市农民技术人员职称评定工作领导小组，绍兴市大通关工作协调小组，绍兴市地理空间信息协调小组，绍兴市区燃气管理工作领导小组，绍兴市无障碍建设工作领导小组，绍兴市区国有土地上房屋征收与补偿联席会议，绍兴市政府投资项目代建制工作领导小组（绍兴市政府投资项目代建单位资格审查委员会并入),绍兴市药品安全专项整治工作协调小组,绍兴市输油气管道安全保护工作联席会议,绍兴市劳动人事争议仲裁委员会,绍兴市城乡规划管理委员会专家小组,绍兴市危险化学品安全监管部门联席会议,统筹嵊新区域集约发展领导小组。

撤销的非常设机构有:绍兴市创业投资引导基金管理委员会,绍兴市扩权强县改革协调小组,绍兴市区小餐饮单位整治工作领导小组,北大工学院绍兴技术研究院专项资金管理委员会,绍兴市基层应急管理规范化建设活动领导小组,绍兴市推进企业分离发展服务业工作领导小组,营业税改征增值税试点工作领导小组,绍兴市打击传销工作联席会议,绍兴市市级机关节能降耗工作领导小组,绍兴市公共机构节能工作领导小组,绍兴市金融体制改革领导小组,绍兴市征信管理工作领导小组,绍兴市跨境贸易人民币结算试点工作领导小组,绍兴市清理公务员津贴补贴和规范公务员收入分配秩序工作领导小组,绍兴市改革完善食品药品监督管理体制工作领导小组,绍兴市区政府性融资平台融资工作领导小组,绍兴市智慧城市建设试点工作领导小组,绍兴市区解决养老保障领域若干群体利益问题工作领导小组,绍兴市城乡居民社会养老保险工作领导小组,绍兴市劳动争议调解仲裁工作联席会议,省级教育体制改革试点项目领导小组,绍兴市新疆班工作协调小组,绍兴市毕业后医学教育委员会,绍兴市农家书屋工程建设协调小组,绍兴市农村部分计划生育家庭奖励扶助制度实施工作领导小组,绍兴市出口反补贴应对工作联席会议,绍兴市外商投资项目工作联席会议,绍兴市打击侵犯知识产权和制售假冒伪劣商品工作领导小组,绍兴市深化万村千乡市场工程建设领导小组,绍兴市救灾工作领导小组,绍兴市退役士兵职业技能教育培训工作领导小组,绍兴市工业循环经济协调领导小组,绍兴市电动汽车充电设施建设工作领导小组,绍兴市推进军民结合产业发展协调小组,绍兴市区和绍兴县城乡公交一体化工作协调小组,绍诸高速公路建设工作领导小组,绍兴市“绍兴黄酒”知识产权保护委员会,绍兴市铁路道口安全管理领导小组,绍兴市甲醇汽油试点工作小组,绍兴市实施清水工程领导小组,绍兴市推进农民生活用房与生产用房分离建设试点工作领导小组,绍兴市农家乐休闲旅游工作领导小组,绍兴市农业区划委员会,绍兴市第一次水利普查领导小组,绍兴市清水工程示范乡镇(街道)、村创建工作领导小组,绍兴市绿色生态建设领导小组,绍兴市劳动教养管理委员会,绍兴市社会矛盾调解协调小组,绍兴市农产品质量安全监督检测协调会议,绍兴市山林纠纷调处工作领导小组,绍兴市房地产市场调控领导小组,绍兴市房地产市场信息系统建设及监测分析工作领导小组,绍兴市“双保双服务”行动领导小组,绍兴市加快推进新型建筑工业化领导小组,绍兴市工业企业污泥规范化处置集中整治行动领导小组,绍兴市大气污染防治工作领导小组,绍兴市大气污染防治联席会议,绍兴市城市扬尘专项整治工作领导小组,绍兴污水处理三期钱塘江工程建设协调小组,绍兴市排污权有偿使用和交易改革工作领导小组,绍兴市区物业管理联席会议,嵊新首创污水处理尾水外排工程协调小组,袍中路(越城段)工程建设领导小组,绍兴市中环再生能源发展有限公司污泥处置项目协调小组。(吕彭)

人事管理

【概况】 2014年,市人力社保局在市委、市政府的领导下,承担全市公务员、事业单位招考、调配,军队专业干部安置,机关事业单位工资管理等工作。

【规范公务员录用考试】 全市公开招考录用公务员686人,24970人报名考试,平均竞争比例36.40:1。9月,市委组织部、市卫生局、市人力社保局印发了《关于指定绍兴市各级机关(单位)录用公务员体检医院的通知》,市卫生局、市人力社保局印发了《关于公布绍兴市机关事业单位招考(聘)体检医学专家组名单的通知》,进一步规范全市各级机关(单位)公务员(含参照《公务员法》管理事业单位工作人员)录用体检工作。10月,市委组织部、市人力社保局印发了《关于建设绍兴市公务员考试录用面试考官库的通知》,建立市、县两级面试考官库,进一步细化公务员面试考官职责,加强对面试考官队伍管理。

【强化公务员更新知识培训】 年内,全市开始实行公务员更新知识培训考核结果与非领导职务晋升挂钩的政策。6月,举办了两期市直机关基层公务员知识更新培训班,446名学员参加培训。10月,组织实施初任公务员培训班4期,288人参加培训。

【市直完成两批次事业单位公开招考】 年内,市直组织完成两批次事业单位公开招考,47个部门所属的88个单位共招录160名工作人员。市直共办理调配手续1105人次,其中调动317人次,公开招聘592人次,引进硕士研究生以上人才196人次。11月,市人力社保局印发《绍兴市直事业单位工作人员招聘调配工作实施意见》,明确了市直事业单位招聘和调配的对象、程序和要求。

【加强专业技术资格评审管理】 7月,市人力社保局印发《关于加强专业技术资格评审管理工作的意见》,全市各系列中评委对事业单位申报人员的通过(推荐)率基本上都控制在60%以内。

【提高市直事业单位退休补贴水平】 年内,市人力社保局提高市直事业单位退休人员补贴水平,原则上按照事业单位在职人员绩效工资同职级水平的80%确定,人均月增资998元,市直183家事业单位的3975名退休人员受益。

【安置军队转业干部85名】 年内，全市安置军队转业干部85名，其中计划安置84名，自主择业1名。计划安置军队转业干部中，副师职干部1名、正团职干部7名、副团职干部17名、营职以下干部59名。59名营职以下军队转业干部中，各级党政机关（含参照《中华人民共和国公务员法》管理事业单位）安置58人，事业单位安置1人。安置随调家属18名。（市人力社保局提供）

编制工作

【概况】 2014年，市编委办充分发挥机构编制部门体制机制保障作用，深化体制机制改革，推动“两张清单”建设，严格部门职能管理，强化机构编制管理，各项工作取得了积极成效。

【启动政府职能转变和机构改革工作】 年内，市编委办按照中央、省的总体部署，积极研究谋划市级政府职能转变和机构改革工作。9月底，《绍兴市人民政府职能转变和机构改革方案》分别通过市政府常务会议和市委常委会审议，报送省编委办审核。12月底，待省政府正式批复改革方案后，组织调整制订相关部门“三定”方案。同时，认真加强统筹协调和指导督促，确保市、县政府机构改革工作同步推进。根据全省统一部署，按时完成全市改革完善食品药品监管体制和调整省级以下工商、质监行政管理体制工作。6月底前，市本级和各县（市、区）全部完成体制调整和“三定”方案制订工作。

【推动机构编制重心下移】 年内，市编委办根据市委、市政府《关于调整完善市本级与越城区管理体制机制的意见》和《关于调整完善市与绍兴高新技术产业开发区、袍江经济技术开发区管理体制机制的意见》精神，会同相关部门妥善处理好后续体制机制理顺相关工作，切实推动机构编制资源向基层一线倾斜。共完成15个市级部门与越城区、绍兴高新技术产业开发区、袍江经济技术开发区的机构、编制、人员调整划转工作，共涉及划转机构36个、划转编制461名，在编在职人员404名，编外用工人员48名。

【全面推行权力清单制度】 年内，市编委办全方位梳理政府部门职权，摸清底数，49个市级部门共梳理出各类职权8781项。通过保留、取消、整合等途径，对现有职权进行清理规范。至年底，40个市级部门共保留行政权力4045项，承担省级部门委托行政权力234项；2个省垂直部门保留行政权力96项。对清理保留的行政权力，编制权力运行流程图，明确履职程序、办理期限和具体承办机构，并向社会全面公开。同时，建立行政权力动态调整制度，对行政权力实现严格控制和及时更新。

【推进责任清单编制工作】 年底，市编委办向社会公布政府部门责任清单，明确部门履职范围，厘清责任边界。市及6个县（市、区）累计梳理269个部门（单位）的主要职责3240项，涉及具体工作事项15950项，与相关部门的职责边界612项，事中事后监督管理制度2443项，公共服务事项1581项。其中，市本级部门（单位）43家，主要职责535项，涉及具体工作事项3330项，与相关部门的职责边界29项，事中事后监督管理制度545项，公共服务事项322项。

【严格机构编制日常管理】 年内，市编委办按照财政供养人员只减不增的要求，做好控编减编工作，切实加强机构编制总量控制。以机构编制实名制管理平台为依托，扎实开展编制使用计划核准、中层职数使用审核和人员入（出）编登记等动态调整工作。

【加大机构编制监督检查力度】 年内，市编委办根据上年开展的机构编制政策执行情况专项检查情况和省联合检查组的反馈意见，组织对各县（市、区）的整改落实情况进行了督查，及时做好整改落实工作。同时，配合市委组织部做好各县（市、区）超职数配备干部情况专项检查工作。在全市范围内组织开展了深化机构编制核查完善实名制管理工作，在市级部门和各县（市、区）自查的基础上，对47个部门的150余家单位进行了实地检查，进一步规范了机构编制管理，理清了实有人员情况。

【清理规范编外用工】 年内，市编委办按照“总量控制、只减不增”的原则，结合市级各单位的工作职责、经费类型、编制数量等情况，严格核定市级机关事业单位编外用工控制数。研究出台了《市级机关事业单位编外用工使用管理若干意见》，进一步加强编外用工使用管理，并开展了市直各开发区混岗使用企业人员情况调研。依托机构编制实名制系统建立编外用工信息库，实行实名动态管理。组织开展编外用工集中清理，至年底，共清理减少编外用工1403名，占清理前总数的20%，完成两年集中清理减少10%以上的目标。

【规范事业单位登记管理】 年内，市本级共设立登记事业单位9家、变更129家、注销9家、调整区域管辖34家，完成年度检验393家。推进事业单位年度报告公示制度。继续做好党政机关和事业单位中文域名注册管理工作，市直共新增中文域名注册单位58家。

【加强机关事业单位网站标识管理】 年内，全市党政机关网站开办审核、资格复核以及网站标识管理工作有序进行。至年底，全市纳入管理范围的党政机关网站开办审核申报297个，申报率达100%。其中，市级党政机关网站开办审核申报56个，申报率达100%；市级事业单位网站标识申报审核60个。（市编委办提供）

外事与侨务

【概况】 2014年，绍兴市邀请、接待来自美国、日本、芬兰、新加坡等24个国家的49批389人次的来访团组，其中包括塞尔维亚总统托米斯拉夫·尼科利奇，斐济总理姆拜尼马拉马、外交部部长库布阿布拉等近20位高级别政要，同时还接待了外交部组织的中东欧国家高级别官员访华团。组织了6批36人次的市领导重点团组出访塞尔维亚、美国、日本、瑞典、斐济等14个国家；因公出国(境)团组为174批539人次，其中市党政、事业单位出国人数为221人次；邀请2230批次外国人来华；处理或参与处理涉外事件10起，处置领事保护事件5起，接待或参与管理3批外国新闻记者，接待使领馆官员或安排拜访领馆共14批。至年底，绍兴市(含县市区)友城已有18个国家的38个城市，签署友好备忘录城市21个。11月，在广州召开中国国际友好城市大会上，绍兴市获得由中国人民对外友好协会、中国国际友好城市联合会授予的“国际友好城市交流合作奖”。这是绍兴继2012年获“国际友好城市战略发展奖”之后，再次获得国家级友城奖。

【与芬兰南塞沃地区缔结为友好城市】 1月5日至7日，芬兰南塞沃地区议会副主席马库·卡克瑞亚宁率该地区友好访问团一行12人访问绍兴。市委书记钱建民会见访问团一行，并代表绍兴签署了与芬兰南塞沃地区建立友好城市的协议书。2011年，钱建民曾率团访问南塞沃地区，并签署两地发展友好关系备忘录。南塞沃地区有丰富的生态、旅游、文化资源，绍兴和南塞沃地区互补性强，在很多领域存在合作空间。

绍兴与芬兰南塞沃地区建立友好城市协议签署仪式(市外侨办提供)

【纺织企业代表参加“印度之夜”商业招待会】 3月4日，应印度驻沪总领事馆的邀请，绍兴奥克特家纺有限公司、裕隆控股集团有限公司、绍兴凯越进出口有限公司等8家纺织行业企业代表参加了由印度驻沪总领事馆主办、中国纺织工业联合会赞助的“印度之夜”商业招待会。与会的企业代表在商业招待会上与印度外商及国内同行等进行了交流。此次活动为绍兴纺织行业了解印度最新市场动态和行业趋势提供了机会。

【市友协换届】 4月21日，绍兴市人民对外友好协会召开第五届理事会第一次全体会议。会议选举产生了市友协第五届理事会领导成员，市人大常委会主任谭志桂当选会长；市委常委、市委秘书长魏伟，市人大常委会副主任阮坚勇，市政府副市长徐明光，市政协副主席余利明当选常务副会长；市外侨办主任谢振江当选执行副会长。此外会议还选举产生了第五届理事会秘书长、副秘书长人选。会上，审议通过了新的市友协章程，向杨仲庆、陈莲青等10位海外特聘顾问颁发了聘书。

【日本南砺市日中友好协会会长访绍兴】 5月23日，市委书记钱建民会见了到绍兴访问的绍兴市荣誉市民、日本南砺市日中友好协会会长桃野忠义，日本旭工业株式会社、绍兴旭日绵轴承有限公司董事长前田诚一一行。曾37次到绍兴访问的桃野忠义对绍兴长期以来给予日企的支持表示感谢。会见现场，前田诚当场为绍兴市“五水共治”捐款50万元。

【侨界为“五水共治”踊跃捐款】 年内，绍兴市侨界积极响应省委、省政府提出的“五水共治”号召，支持市委、市政府“双重”战略部署，为“五水共治”工程踊跃捐款，至5月底，已向“五水共治”工程捐款953.31万元。其中市侨商会及侨企捐款360.7万元，柯桥区侨联及侨企捐款482.12万元。

【绍兴市翻译协会成立】 6月27日，绍兴市翻译协会成立大会暨首次会员大会举行。会议选举浙江越秀外国语学院校长、中国翻译协会副会长徐真华为会长，市委常委、市委秘书长魏伟，副市长徐明光担任名誉会长。绍兴市译协首批吸纳会员170余名，分别来自高校、医院、机关部门、企业等各个行业，涵盖英、日、韩、法、德、俄、意大利、阿拉伯、西班牙等9个语种。

【与斐济首都缔结为友好城市】 7月28日，绍兴市与斐济共和国苏瓦市正式缔结为友好城市，这是绍兴的第二个首都友城。结好协议书签署仪式在苏瓦市政厅举行，苏瓦市市长邬玛拉、市政府秘书长陶卡劳以及苏瓦市政府外事、规划、财政等部门的主要领导及绍兴友好经贸洽谈团成员共50余人出席了签约仪式。斐济首都苏瓦市已列入中国外交部中斐外交重点包干城市，人口30万，不仅是斐济的政治、经济和文化中心，也是南太平洋的重要的交通枢纽。绍兴共有4家企业在斐济投资。

绍兴与苏瓦市正式缔结为友好城市(市外侨办提供)

【与新西兰陶波市签署友好交流备忘录】 7月30日，绍兴与新西兰陶波市发展友好交流合作关系备忘录签字仪式在陶波市市政厅举行，副市长徐明光和淘波市长崔瓦瓦斯分别代表两地签字。陶波市是绍兴在新西兰第一个结好城市，该区位于新西兰北岛中部，人口约10万，经济基础雄厚，生态环境优美，旅游资源丰富，地热等新能源和节能环保技术先进。除了同为旅游城市，绍兴与陶波市在经贸领域的互补性也很强，在农业、贸易、投资、新能源、科技研发、旅游、教育和基础设施等领域还有很多的合作机会和空间。

【匈牙利佩奇市巴托克·贝拉男声合唱团在绍演出】 8月5日，由匈牙利文化部部长霍帕尔·彼得率领的匈牙利佩奇市巴托克·贝拉男声合唱团一行47人到绍兴交流演出，市委书记钱建民会见了霍帕尔·彼得一行。佩奇市是绍兴的友好城市。此次到访的巴托克·贝拉男声合唱团曾在北京举行的第十二届中国国际合唱节比赛中，获得了男声成人组金奖和国际和平奖。当晚，绍兴—佩奇友好音乐会在文理学院音乐厅举行，巴托克·贝拉男声合唱团与绍兴市市直机关合唱团、市文化馆合唱团、市文化馆童声合唱团、绍兴爱乐少儿合唱团等同台演出。

【与波兰皮亚塞奇诺区签署友好交流合作关系备忘录】 9月15日至16日，波兰皮亚塞奇诺区区长扬·戴贝克率友好经贸访问团访问绍兴。市长俞志宏会见代表团一行，双方签署友好交流关系备忘录。波兰地处欧洲心脏地带，又在建筑、物流、精密机械等领域拥有明显优势，吸引了绍兴近10家企业投资。

【海外华侨华人专家绍兴行活动】 9月21至23日，由浙江省外侨办、绍兴市政府联合主办的2014年“相聚长三角”海外华侨华人专家绍兴行活动在绍兴举行。来自美国、加拿大、德国等11个国家和地区的35位海外华侨华人专家及部分侨领应邀到绍兴，听取绍兴创业环境情况介绍，与在绍兴企业进行项目对接洽谈，实地考察绍兴高新技术开发区、柯桥区等地。在项目对接洽谈会上，海外华侨华人专家向绍兴60余家开发区、园区及企业推介了30余个项目，涉及新材料、生物科技、IT产业等应用科学技术领域，以及生命健康、传媒技术等人文社科技术项目，与绍兴企业达成初步合作意向项目近20个。

【中法艺术交流展在绍兴举行】 10月24日，由法国国际艺术交流协会、绍兴文理学院等部门主办的“重逢——中法建交50周年中法艺术交流展”在绍兴文理学院开展。画展为期一星期，展出了油画、国画、铜版画、综合材料和法国可来顺古董店（Collections Gallery）收藏的文物等共计100多件，题材涉及欧洲风情、水乡风光、历史人文等。

【市领导出访活动】 10月21日至30日，市委书记钱建民应意大利威尼斯、阿尔巴尼亚斯库台、塞尔维亚苏博蒂察市政府邀请，率团赴三市访问，拜会当地多位政要，洽谈有关合作事宜，考察绍兴在当地投资的企业，分别与三市签署发展友好交流关系备忘录。

11月4日至11月9日，市政协主席陈长兴应邀率领绍兴市经贸代表团访问坦桑尼亚。代表团拜会了坦桑尼亚投资中心、达累斯萨拉姆省政府和拜访坦桑尼亚工贸部。坦方向代表团介绍了该国的国情和投资政策，表达了与绍兴进一步加强经贸合作的意愿。

11月19日至28日，绍兴市人大常委会主任谭志桂应加拿大绍兴同乡会、日本小山市政府、韩国大邱广域市政府的邀请，率绍兴市友好经贸访问团赴三国访问，会晤当地政府、议会政要，拜访旅外绍籍侨界人士，增进友好交流合作，推动越商回归项目，访问取得圆满成功。

12月1日至10日，市委副书记、市长俞志宏率领绍兴市经贸访问团应邀赴日本、新加坡和香港访问。访问团走访了多家日本知名企业，实地了解日本企业最新的投资战略和投资动向，并就纺织、生物医药和汽车及零部件制造等重点产业针对性地推介了绍兴的投资环境。同时，与日方企业在纺织产业转型升级和生物医药、节能环保、产业用机器人、健康护理产业等方面达成了多项合作意向。此外，访问团还考察了日本在交通管理、垃圾处理和环境保护等方面的做法和经验。在新加坡访问期间，访问团拜访了新加坡盛邦国际总部、普洛斯集团和新加坡盛大网络集团，深化推进2013年访问新加坡后达成的盛邦国际咨询、滨海新城环普产业园等合作项目建设，并达成了进一步的投资合作意向。访问团还与新加坡企业发展局、新加坡华侨总商会合作，举行了“绍兴市新型城镇化建设座谈会”，邀请了30多位新加坡城建规划设计专家和企业代表，就绍兴滨海新城的规划建设和招商引资进行了全面深入的研讨、交流。此外，还考察了新加坡城市规划、建设和管理科学化的经验。在香港访问期间，访问团专程拜访了香港贸易发展局，就2013年访问香港以来合作项目的推进情况和进一步深化双方合作交流进行了座谈，并在发展电子商务、创意设计、会展经济等方面达成了共识。访问团还走访了香港九龙仓集团、查氏集团、信和集团和港铁集团，就城市开发建设、轨道交通投资等进行了商谈。此外，俞志宏还会见了旅港绍兴同乡会会长车弘健。

【接待重要来宾】 年内，市外侨办积极利用外侨渠道，邀请、接待外国友好人士、华侨华人和驻外使节到绍从事经贸科技、文化教育及友好交流，主要有：

1月3日至4日，厄瓜多尔驻沪总领事孔嘉铭携夫人访问绍兴，就进一步加强两地往来等事项与副市长徐明光交换了意见。

1月9日，由新加坡驻上海总领事馆商务领事、新加坡国际企业发展局副司长王俐恩率领的新加坡国际企业发展局代表团一行16人到访绍兴。10日，市委副书记、市长俞志宏出席了绍兴—新加坡项目洽谈会，并就双方合作小城市整体规划开发和基础设施、公益事业建设项目等进行了磋商。

1月13日,韩国韩中经济文化交流院理事长安炅郁一行访问绍兴。市长俞志宏会见了客人。

2月11日,日本静冈县政府生活环境部部长代理斋藤和裕率访问团一行6人到绍兴,与柯桥区妇联就社区帮扶、居家养老、妇女权益保障等方面情况进行了交流,并参观了鲁迅故里、兰亭等地。

2月17日,日本福井县议会议长笹冈一彦率领福井县议会代表团一行11人考察绍兴,市人大常委会主任谭志桂,副市长徐明光会见了代表团。

2月26日至27日,新加坡普洛斯集团首席财务官谢芳一行6人到绍兴访问,实地考察了滨海新城和杭州湾上虞经济技术开发区,并与市长俞志宏进行了会谈。双方就该集团物流项目在绍落户事宜进行了详细磋商。普洛斯集团已有两个项目落户绍兴,分别是上虞的仓储物流项目和滨海的普洛斯产业园项目。

4月12日,日本放送协会制作局文化艺术教育部总制作人鹤谷邦显等一行3人到绍,为专题片《绍兴黄酒》和《鲁迅三兄弟》做前期采风,与绍兴黄酒集团、鲁迅故里等部门就专题片制作进行了交流。

4月17日,斯洛文尼亚驻华旅游投资发展委员会总代表尹晓骁一行2人到绍兴访问,旨在深化斯洛文尼亚与绍兴在旅游、文化、商贸等领域的合作。市外侨办纪检组长宋南接待了客人,并对双方建立沟通机制的可行性进行了探讨交流。

6月17日,埃塞俄比亚人民革命民主阵线高级干部考察团一行7人到绍兴访问,学习了解传统产业发展和转型升级经验,中联部参赞杜艳陪同到访,市委常委、市委秘书长魏伟会见了考察团。

7月11日至12日,阿尔巴尼亚等11个中东欧国家高级别官员组成的访华团一行12人在外交部欧洲司副司长陈波的陪同下到绍访问,副市长徐明光接待了客人。

7月25日,多米尼加共和国前总统拉法埃尔·伊博利多·梅西亚·多明戈兹一行,在全国友协美大部副主任吉拥军、浙江省友协专职副会长陈爱珍的陪同下到绍兴访问。市人大常委会主任、市友协会长谭志桂接待了客人。多明戈兹一行考察了浙江泰达作物科技有限公司,并与该公司达成了初步合作意向。

10月28日,印度人民党全国书记希达哈特·纳特·辛格率印度人民党干部考察团一行14人访问绍兴,越城区委常委、组织部长徐荻和共青团绍兴市委副书记韩彬翔分别接待了客人。考察团参观了越城区越都社区和青少年活动中心,分别就基层党建、服务民众和基层团组织建设、志愿服务进行了交流,

11月23日至25日,第十九期海外华侨华人文化社团负责人"文化中国之旅"观摩团一行27人,在国侨办宣传司和省侨办文宣处领导的陪同下访问绍兴。观摩团成员均是海外侨务文化工作骨干力量,分别来自美国、加拿大、英国、意大利、丹麦等16个国家和地区。市委常委、宣传部部长何加顺接见了观摩团一行。

12月19日,土耳其驻沪总领事欧兹江·沙辛一行两人到绍访问。副市长徐明光会见了客人。(市外侨办提供)

港澳台事务

【概况】 2014年,全市新批设立台资企业5家,总投资321万美元,合同台资258.99万美元;绍兴对台贸易出口18836万美元,同比增长21.5%,进口54054万美元;向在绍台资企业签发ECFA原产地证412份,涉及金额3578万美元。全年全市共有62批次商务团组117人赴台开展商务洽谈、技术合作等方面交流。

【重要参访交流活动】 年内,港澳台人士到绍兴的参访交流主要有:

1月6日至7日,以研究所顾问汪雅康为团长的台湾纺织产业综合研究所代表团到绍兴参访考察,市委副书记、市长俞志宏接见考察团一行,省台办主任崔小玲、副市长徐明光等陪同考察。双方初步达成建立共同的绍台纺织业检测标准、加强纺织品后整理合作,引进台湾纺织业科研、管理人才(专家团队)等多个合作成果。

1月10日,香港九龙仓集团副主席周安桥一行到绍兴访问,市长俞志宏与客人进行了会谈,并陪同考察了滨海新城,副市长徐明光、秘书长丁如兴、外侨办主任谢振江等参加会谈考察。

2月26日至3月2日,由台湾南投县埔里镇妇女会组成的台湾民间团体一行26人到绍兴访问,与越城区妇女界签订了结对交流合作备忘录,开展了两地妇女代表民间文化专题互动活动。

2月28日,台湾南投县参访团访问古越龙山酒厂,并举行南投酒厂与古越龙山酒厂合作交流签约仪式。双方有意通过一系列业务交流,联谊互访,促进两地酒业在制作工艺、生产管理、市场信息互动、资源产品开发等方面实现深度融合,优势互补。

5月11日至13日,台湾侨联总会秘书长郑致毅率领文教考察团一行25人到绍兴,拜会绍兴市侨联,参观考察绍兴老街和风景名胜。

5月27日,香港特别行政区政府驻上海经贸办主任谭惠仪一行5人到绍兴考察访问,了解在绍兴港资企业的生产经营状况,进一步推动港绍两地经贸往来。省港澳办叶桦陪同。市侨联主席、外侨办副主任张小华接待了来宾一行。

6月27日至7月2日,高雄大寮区农会参访团一行16人应市政府台湾事务办公室邀请到绍兴作农业方面的考察交流。参访团先后参观了新昌县的中国茶市、天福集团新昌厂区、达利生态园等农业市场和企业,与新昌县名茶协会进行了座谈交流,并签订结对合作交流备忘录,结成了友好协会。

高雄大寮区农会与新昌县名茶协会签订结对合作交流备忘录(市台办提供)

6月30日，由市政府台湾事务办公室主办的2014年绍台大学生义工文化交流活动启动仪式在浙江越秀外国语学院举行。该活动项目是国务院台办2014年度重点交流项目。在10天活动期间，来自台湾5所高校的50名师生和越秀学院的50名学生共同开展了现场救护技能宣传、景区引导服务等多项义工服务。同时，越秀派出了20名师生与台湾大学生一起参加台湾地区的义工服务。

2014年绍台大学生义工文化交流活动(市台办提供)

12月18日，由香港特别行政区政府驻上海经济贸易办事处主办的"同根同心　共创双赢"2014年香港巡回展览绍兴站活动在柯桥万达广场启幕。绍兴市副市长徐明光出席开幕式并致辞。活动为期6天，旨在推介香港独特的营商优势，推动越港两地更紧密地合作。

【市台胞台属联谊会换届】 4月16日，市台胞台属联谊会第六次会员大会在银泰酒店举行。副市长徐明光，省台办副主任、省台谊会副会长张正镛等出席会议。与会会员听取了《第五届理事会工作报告》，审议了《第五届理事会财务工作报告》。大会选举产生了第六届理事会和新一届会长、副会长和秘书长，聘请了新一届名誉会长。

【张志军和郑立中到绍兴考察】 5月15日，中共中央台办、国务院台办主任张志军一行到绍兴考察台资企业，并与在绍兴台商代表座谈交流。市委书记钱建民会见张志军等，省台办主任裘小玲、副市长徐明光等陪同考察。在绍兴期间，张志军考察了浙江正裕化学工业有限公司、浙江拓进五金工具有限公司两家台资企业。7月30日，海协会常务副会长郑立中到绍兴调研两岸文创产业发展情况。郑立中一行走访了台商投资建设的金徕旺电子商务园和绍兴文理学院兰亭书法学院。

【举办绍台纺织产业科技合作交流活动】 7月29日至8月1日，绍台纺织产业科技合作对接交流活动在柯桥区举行。来自台湾纺研所和浙江省内高校的20多位纺织业专家、80余家绍兴纺织企业的代表参加活动。其间，浙江省现代纺织工业研究院和台湾逢甲大学纺织与材料工业研究中心签署"绍台纺织产业科技合作关系备忘录"；省、市领导为"绍兴纺织产业台湾专家辅导中心"授牌；举办专家辅导讲座、考察交流活动；台湾纺研所与华通色纺有限公司等多家企业就共同开展功能性纺织面料开发、创意设计、纺织品检测等业务达成了合作意向。(市台办、市外侨办提供)

行政审批服务

【概况】 2014年，市行政服务中心(市行政审批管理办公室)办结各类事项242164件，日平均办结1034件，分别同比增长20.49%和28.76%。

【推广柯桥区高效审批试点经验】 1月下旬，为使柯桥区企业投资项目高效审批试点经验产生更大效益，加快企业投资项目落地，市行政审批管理办公室将柯桥区高效审批试点市级放权的实施范围扩大至其他县(市、区)，并推广柯桥区试点经验，市政府及8个部门共下放15项市级审批事权。11月20日，省政府办公厅下发文件，在全省推广柯桥试点经验，加快建立企业投资项目高效审批服务机制。其中与高效审批试点配套的13项省级审批事权先行下放到绍兴市。

【完成审批事项"归零清理"工作】 年内，市行政审批管理办公室会同相关部门在市级部门开展行政审批和行政服务事项"归零清理"工作。7月下旬，市政府正式发文公布"归零清理"后的市级行政审批事项目录。清理前，市级41个部门共有行政审批事项843项，清理后，保留事项506项，其中直接审批的事项432项。

【推进市县扁平化审批改革】 年内，市行政审批管理办公室在全市与"归零清理"工作同步推进实施市县扁平化审批改革，进一步扩大县(市、区)审批权限，减少审批层级。经清理，在年初全市下放15项审批事权的基础上，再对11个部门41项行政审批和管理事项实施下放。

【"不再审批"从试点推广全市】 年内，根据全省部署，柯桥区开始实施核准目录外企业投资项目不再审批的试点工作。在实施柯桥区省级试点的基础上，全市将滨海新城作为市级"不再审批"的试点，专门制订"不再审批"流程。11月下旬，将"不再审批"做法推广到全市。

【在全省率先实现"中介超市"全覆盖】 年内，市府办下发了《关于做好涉及企业投资项目审批中介机构入驻"中介超市"有关工作的通知》。6月下旬，市行政服务中心"中介超市"挂牌试运行，9月起正式运行，12类共146家中介机构入驻"中介超市"。全市各县（市、区）也积极推进"中介超市"建设，至7月底，除越城区行政服务中心刚筹建成立与市中心同一地点办公外，全市其他县（市、区）行政服务中心均设立了"中介超市"，在全省率先实现"中介超市"全覆盖。

市行政服务中心"中介超市"正式运行（市行政服务中心提供）

【建设完善审批代理服务体系】 年内，市行政服务中心会同相关部门和开发区进一步加强审批代理员队伍建设。在2013年市发改委、市经信委、市审管办出台《绍兴市重大产业项目审批代理暂行办法》的基础上，制定出台《绍兴市投资项目审批代理考核细则（试行）》；组织开展项目审批代办员培训，由市工商局、市发改委、市经信委、市规划局、市环保局等部门对代理业务进行专门讲解；组织编写了《项目代办员手册》，进一步加强对代办员的操作指导。

【推行项目办理"打包式"引导服务】 年内，市行政服务中心对与企业、个人关系较为密切、办件量较多的事项推行项目办理"打包式"引导服务，将各个分立的审批事项办理须知整合为分项目全流程式的审批指引。7月下旬，制定完成新办内资公司"多证联办"、建筑施工图联合图审、个人商品房（无按揭）"三证联办"、个人二手房（存量房）交易办理、政府/核准类企业/备案类企业投资项目行政审批的"打包式"引导服务流程图，并在办证大厅对应办事窗口公示。

【开展"规范服务、提速增效、创新创优"百日活动】 8月至11月，市行政服务中心组织开展"规范服务、提速增效、创新创优"百日活动，各窗口积极内挖潜力、自我加压，大幅缩短办理事项承诺时间。活动期间，有建设、质监、交通运输、卫生、环保、建管、市场监管、消防、公安、商务等11个窗口25个事项由原承诺件转为"即办件"办理。

【做好区划调整配套行政审批工作】 年内，陶堰、富盛、孙端三镇由原绍兴县划入越城区，相关企业证照需要变更。市行政服务中心为方便企业办理，在工商、质监、国地税窗口为三镇企业设立变更登记专窗。对三镇的企业因区域调整而变更相关证照的，做到立等可取。两次组织市场监管、质监、国地税等窗口工作人员，赴陶堰镇、孙端镇为企业上门服务，集中办理营业执照变更手续。（市行政服务中心提供）

市长公开电话受理

【概况】 2014年，市长公开电话受理中心共接处群众来电（来信）88827件，同比下降6.56%。其中，受理"12345"来电84458件，"96178"来电131件，"市长信箱"来信4369件，"人民网市长信箱"来信66件。在全部受理来电中，受话员当场答复处理36028件，占总数的40.56%；电话联系2951件，占总数的3.32%；交（转）有关部门办理40127件，占总数的45.17%；引导9721件，占总数的10.94%。部门按时反馈率为100%，办结率为98.74%，剔除不合理因素，来电人满意率在99.12%。全年共办理市领导批示件6件，收到群众来电来信表扬160件。

【建立完善9项制度提升群众满意度】 年内，市长公开电话受理中心安装了"满意度测评系统"，对不满意件用听取录音的方法进行核实，并纳入月度考核之中。为提升群众满意度，中心建立并完善了《关于进一步明确考勤有关事项的通知》《关于进一步加强月工作纪律考核的通知》《关于公布2015年市长公开电话受理中心聘用人员工资方案的通知》《绍兴市市长公开电话受理中心绍兴市发展环境投诉中心网络成员单位2014年度工作目标责任制考核细则》等9项制度。

【利用互联网拓宽投诉咨询受理渠道】 年内，随着信息化程度的不断深入以及政务公开制度的不断推进，"市长信箱"全年受理量达4300余件，信件的点击浏览量也不断攀升。"市长信箱"已发展成为"12345"热线以外市民投诉咨询的重要平台。同时，还进一步拓宽了"民情在线""民情通""人民网市长信箱"等官方平台。

【与媒体联动打响热线品牌】 年内，市长公开电话受理中心继续与新闻媒体合作，与绍兴电视台联办《第一热线》《今日焦点》栏目，及时报道曝光群众反映强烈的热点难点问题，如违法建筑、环境保护、市政建设、物业管理、干部工作作风等。全年，《第一热线》栏目选择报道素材246件，其中电视台自选237件（同意报道230件）、中心提供9件，实际播出101件。另外，根据市委宣传部要求，从8月起受理中心为《今日焦点》栏目提供素材，至年底，已向市委宣传部提供素材7篇，已播出2篇。

【借热线平台报送社情民意】 年内，市长公开电话受理中心借助热线平台获得的大量信息，向市委、市政府呈报《市长月度工作交流会汇报材料》5篇、《一周简况》48期、《市长公开电话》12期、《市长热线快报》10期，为领导提供各类信息312条。其中，“黑心棉加工厂问题”“市区夹塘路路面积水问题”“人力三轮车宰客多，希望部门加强监管”等多条信息在领导批示后得到了解决落实。（市长公开电话受理中心提供）

公共资源交易管理

【概况】 2014年，全市公共资源交易平台共完成交易项目14706项（笔、宗），总成交金额685.58亿元。其中，市本级公共资源交易平台完成交易项目8791项（笔、宗），成交金额171.48亿元。分别是建设项目134.62亿元，比底价下浮8.97%；政府采购7.38亿元，比预算降低12.03%；产权交易5.82亿元，比底价增长5.88%；土地交易23.66亿元，比底价增长1.28%。四项交易累计增效节资14.90亿元。市本级平台自建立至年底，累计成交1607.03亿元，增效节资245.57亿元。

4月28日，绍兴市首期涉改公务用车公开拍卖会举行（市公管办提供）

【完善交易平台管理制度】 年内，市公共资源交易管理委员会办公室（简称市公管办）制定出台了13项制度规定，废止了8个规定，修改了8个规定。新出台的制度主要有《绍兴市公共资源交易管委会办公室绍兴市公共资源交易中心业务处理规程》《绍兴市公共资源交易评审专家和专家库管理办法》《绍兴市本级政府采购项目履约检查办法》《关于调整和完善规模以下工程建设项目交易监督管理的意见》《设计招标办法和设计招标示范文本》《绍兴市公共资源交易职能部门现场监督管理办法》《绍兴市政府投资公司等国有企业采购监督管理暂行规定》等，促进了公共资源交易工作的规范化和公平性。

【“三个规范”加强市场监管】 年内，市公管办不断加强市场监管，确保交易公正公平。一是规范招标文本格式。新制定了《市区工程招标代理（咨询）服务项目招标文件范本》，在建设项目交易的施工、监理、招标代理等项目中全面实行规范化文本格式，促进了招标文件编写的规范化。二是规范交易现场监管。督促职能部门履行行政监管职能，监督评标专家按规定评标，至年末开标场次达800余场，同比增长100%。通过认真监管，及时规范处理异议纠纷，确保了市场运行的平稳。全年处理投诉13起，对违反规定评标的专家进行了停权处理，对违规企业进行了通报和停止参加招投标的处理。三是规范合同履行。采取有力举措加强标后监督，主要措施有：（一）落实标后约谈制度，标后约谈重大工程项目17个，并向部分外地中标单位介绍绍兴本地的政策规定与交易规则，督促中标单位及时与建设单位签约；（二）开展建设工程投标会员考核工作，重点对外地中标企业会员登记时的资质、营业场所、经营状况、诚信等信息进行严格复核，加强了对投标会员的管理和监督；（三）开展履约检查，对23个重大工程项目进行标后跟踪检查，由建设单位和相关职能招标办进行评价，由市公管办对有违规操作的代理机构、施工单位、监理单位，在会员考核中予以扣分。

【逐步实现三大类交易电子化】 年内，全市公共资源交易管理信息化建设继续推进，逐步实现三大类交易电子化“全覆盖”。一是拓展电子招投标应用范围。在房建、市政、园林绿化施工项目已全面实行电子招投标的基础上，年内水利施工项目也启用了电子招投标，咨询、监理和资格预审项目电子化在年底也逐步开始试运行。全年全市共完成电子招投标项目206个，总成交额76.20亿元，比底价下浮9.35%。电子招投标的实施，进一步降低了企业投标成本，投标企业不再需要购买纸质招标文件，同时通过制作电子投标文件进行投标，使投标人的交易成本大大降低。仅建设工程领域，初步估计全年可为投标企业节约成本1000万元以上。二是政府采购“实时比对”和“网上交互”。通过中关村实时比对系数，对通用办公设备等13种协议供货产品实行了网上二次竞价，打破原协议供货定点单位的限制，让所有有资格投标的企业参与竞争，实行网上竞价后产品设备的成交价格比定点供货价下降了5%左右。同时，开发建设了“采购人网上交互平台”，启用后，可以通过网络递交采购需求，组建评标小组，确认采购结果，减少纸质流转，节约采购时间，提高采购效率，增强采购过程的公开性和透明度。三是产权交易网上竞价。开发完成了小型汽车号牌号码网上竞价系统，12月25日投入试运行。对2万元以下（含2万元）3000元以上（含）的个性化汽车号牌，竞买人可以通过中心网站下载竞价客户端，按照提示在电脑上安装，然后在规定的时间进行网上报价，足不出户就能竞得自己心仪的个性汽车号牌。该系统的启用，将传统的现场举牌竞价方式转变为互联网竞价，使汽车号牌竞价更加规范、便捷、高效。同时，也使竞价更加充分，首次网上竞价15块号牌号码全部顺利完成，总成交价

23.3 万元，涨幅达 142.71%。

【实施重点项目差别化服务】 年内，市公管办遵循务实高效的原则，对重点项目实施差别化服务。一方面，加大对重点项目服务力度。市公管办将“五水共治”项目作为工作重点，在招标开始前，与业主单位、代理机构、职能部门等相关方面协调沟通，提前开展服务。至12 月底，完成“五水共治”建设项目招投标 51 项，成交金额4.86 亿元，节约资金 0.63 亿元。另一方面，对部分关系民生的重大工程，在符合法律法规规定的前提下，在招投标环节实行灵活处理。如城南城中村改造九里组团安置小区项目设计招标比较困难，经多次研究，将该项目以政府采购方式组织招标，使该项目设计招标工作顺利完成。

【加强专家队伍和代理机构队伍建设】 年内，全市公共资源交易管理部门加强了专家队伍和代理机构队伍建设。专家队伍建设方面，重点推行“两个制度、一个机制、四批培训”。“两个制度”，即《绍兴市公共资源交易评审专家和专家库管理办法》和《绍兴市公共资源交易评审专家及专家库操作管理细则》。“一个机制”，即专家退出机制和专家考核培训机制。在做好专家库扩容工作的基础上，对一些不合格或者随着时间推移条件变化了的专家进行清退解聘，确保库内专家合理的新陈代谢。全年新增评标专家 69 名，清理解聘 38 名；“四批培训”，即加强对专家的培训考核，对市本级630 余名评审专家分四批进行业务培训，并进行了统一考试打分，促进评标质量的提高。代理机构队伍建设方面，主要是建立“一个制度”和“一个机制”。“一个制度”，即修订完善了《绍兴市公共资源交易代理机构考核管理办法》，加强对中介机构的执行法律法规和政策制度情况、专职人员执业、管理情况、服务质量等考核，进一步规范招标代理行为。“一个机制”，即代理机构问责制，对出现不规范行为的代理机构进行问责，全年有两家代理机构由于业务操作错误被暂停会员资格，并被责令进行内部整改。

8 月 2 日，市公管办举办绍兴市 2014 年度专家培训会（市公管办提供）

【全面落实投标保证金联保制度】 年内，市公管办按照《绍兴市工程建设项目投标保证金联保办法》相关规定，在全市全面实施建设工程投标保证金联保制度。企业一次性向绍兴市招标投标协会交存一定数额的联保保证金，在参加投标时，提供“投标保证金联保证明”，作为投标保证金的缴纳凭证，由多次缴纳变为一次缴纳，大大降低了投标交易成本。至年底，已有两个批次共57 家单位申请并获准参加联保，企业资质涵盖房建、市政、水利、公路等领域。

【下放部分项目招投标权限】 年内，市公管办下放部分项目招投标权限。一是城市有机更新项目。城市有机更新项目通常金额较小，进度要求快。如果按常规程序进入中心交易，招标周期较长。为此，市公管办在 9 月出台了《关于调整和完善规模以下工程建设项目交易监督管理的意见》，规定将 200 万元以下施工项目和 50 万元以下勘查、设计项目的招标权限下放给各开发区和各职能招标办，不再进入市公共资源交易中心招标，由建设单位按规定自行负责招标，以进一步加快城市有机更新项目和涉及民生等小型项目的建设进程。二是农村污水治理项目。农村污水治理项目是“五水共治”中的重要内容，需要快速、高效、规范进行。为此，市公管办会同市农办出台政策，下放该类项目的招标权限。农村生活污水治理管材管件、一体化检查井、一体化化粪池、一体化生态处理设备的采购，由越城区、绍兴高新区、袍江经济技术开发区通过联合招投标方式预选供应商，确定最高限价，具体供应商和价格由各区根据预选目录自行确定；农村生活污水治理单个项目总额（不包括上述四大类材料款）200 万元以内的招投标权限下放到各区，由各区自行决定各乡镇的额度权限。（市公管办提供）

住房公积金管理

【概况】 2014 年，绍兴市住房公积金管理中心不断提升内部管理和创新服务举措，资金规模、增值收益再创新高。全市当年归集住房公积金 49.6 亿元，同比增长9.1%；提取住房公积金 30.97 亿元，同比下降3%；发放住房公积金贷款 6137 笔计 22.97 亿元，贷款笔数和放款额度分别同比下降 19.7%和 22.89%；实现增值收益 2.6 亿元，同比增长 25.6%。至年底，全市归集公积金总额 316.1 亿元、余额 135.2 亿元，贷款总额184.6 亿元、余额106.3 亿元，缴存职工 35.5 万人，资金存贷比为 78.6%，风险准备金充足率 7.45%，贷款逾期率为 0.003%。

全市住房公积金缴存情况

表 46

区分	缴存单位数(个)		缴存人数(人)		当年缴存额(万元)	历年缴存总额(万元)	缴存余额(万元)
	实缴单位数	当年新增单位数	实缴人数	当年净增人数			
市本级	2778	335	113975	5109	174800	1169405	466867
柯桥区	1259	152	48320	3675	72901	494323	192627
上虞区	1427	139	54745	5099	69125	444388	187832
诸暨市	1073	168	56538	5511	86106	545831	239469
嵊州市	1029	113	36367	3387	48220	260884	138286
新昌县	809	92	44916	4184	44630	246613	127262
合计	8375	999	354861	26965	495782	3161444	1352343

全市住房公积金提取情况

表 47　单位：万元

类别	市本级	柯桥区	上虞区	诸暨市	嵊州市	新昌县	合计
购建房提取	37709	16720	11925	19919	7497	8863	102633
退休提取	11577	5333	5679	8171	4457	3859	39076
还贷提取	51515	19085	21616	28109	14159	12518	147002
调离提取	1912	1223	393	388	291	227	4434
解除劳动关系	6191	1647	1585	2619	358	448	12848
其他	1522	670	510	491	345	147	3685
当年提取总额	110426	44678	41708	59697	27107	26062	309678
历年提取总额	702537	301697	256555	306363	122599	119352	1809103

全市住房公积金贷款情况

表 48　单位：万元

类别	市本级	柯桥区	上虞区	诸暨市	嵊州市	新昌县	合计
当年个贷发放笔数	1758	652	768	1344	855	760	6137
累计个贷发放笔数	25816	7590	11736	13833	7219	8578	74772
当年个贷发放额	71341	30342	27217	58028	25914	16868	229710
累计个贷发放总额	659475	229612	275535	327073	184310	169962	1845967
当年个贷回收额	36533	12726	17648	17284	11358	10272	105821
个贷余额	373577	138694	147617	184521	119878	98425	1062712
存贷比	80%	72%	78.6%	79%	83.1%	77.3%	78.6%
个人贷款逾期余额	10.5	3.2	2.1	2.9	0.2	0.3	19.2
个人贷款逾期率(%)	0.003	0.002	0.002	0.004	0.001	0.009	0.003

全市住房公积金业务收支情况

表 49 单位：万元

区分	业务收入			业务支出				增值收益	增值收益率(%)
	存款利息收入	委贷利息收入	其他收入	公积金利息支出	归集手续费支出	委贷手续费支出	其他支出		
市本级	3183	15872	1	9431	1	794	0	8830	2.03
柯桥区	2148	5634	5	3819	0	276	3	3689	2.06
上虞区	990	6533	1	3744	1	326	0	3453	1.98
诸暨市	1860	7224	245	4920	1	264	1	4143	1.80
嵊州市	368	5261	1	3045	1	206	0	2378	1.86
新昌县	1364	4341	3	2585	1	104	0	3018	2.54
合计	9913	44865	256	27544	5	1970	4	25511	2.02

全市住房公积金增值收益分配情况

表 50 单位：万元

区分	增值收益	提取风险准备金	提取管理费用	提取廉租房补充资金
市本级	8830	5740	988	2102
柯桥区	3689	2398	384	907
上虞区	3453	2244	332	877
诸暨市	4143	2693	253	1197
嵊州市	2378	1546	260	572
新昌县	3018	1962	390	666
合计	25511	16583	2607	6321

【核定公积金缴存基数】 年内，按市统计局公布的绍兴市 2013 年度职工平均工资 50380 元计，核定全市职工每月住房公积金单位和个人最高缴存额分别为2519 元，最低分别为 126 元。根据有关规定，单位和职工缴存住房公积金的月工资基数最高不超过当地统计部门公布的职工平均工资的三倍，有条件的单位，经管理中心批准，可适当放宽到五倍；最低不得低于统计部门公布的上一年当地职工平均工资的 60%。全市住房公积金缴存比例单位和职工最高各为 12%，最低不低于 5%。

【提取住房公积金同比下降 3%】 年内，全市提取住房公积金 30.97 亿元，完成年计划 123%，受房地产市场低迷影响，购房提取减少，同比下降 3 个百分点。其中，购建房提取约占 43%，还贷提取约占 40%，离退休及离职提取约占 15%。

【公积金缴存职工数净增 8.2%】 年内，受宏观经济形势向弱影响，全市公积金企业缴存职工减员现象较为突出。公积金系统因地制宜扎实抓好各项举措努力推进扩面工作。市中心开展规模以上企业摸底和中小企业催建催缴工作，并与市行政服务中心合作，由工商窗口向新设立企业发放住房公积金建缴告知书等；诸暨分中心力争政府支持分批为机关编外聘用人员建立制度；上虞分中心充分发挥乡镇、街道扩面工作联系网的作用；嵊州分中心与银行联动，重抓大型企业制度扩面；新昌分中心努力强化宣传，利用新闻媒体宣传公积金相关政策以扩大制度影响面。至年底，全市新增公积金缴存职工 73135 人，净增 26965 人，净增率达 8.2%，完成省考核目标的 129.3%。其中诸暨、上虞、嵊州、新昌 4 个分中心净增率连续 4 年突破 10%。

【修订出台五方面 53 项制度规范】 年内，市住房公积金管理中心结合群众路线教育实践活动和公积金制度发展趋势，全面梳理与调整各类制度、规范，切实抓好废、改、立工作，共计修订、出台了党务制度、政务制度、业务制度、资金管理制度、服务制度等五个方面的 53 项制度规范。同时，通过抓学习培训、优化管理平台参数控制、开展专项检查等举措在全市范围推进制度规范的贯彻落实，促进管理工作的制度化、规范化。特别是在资金管理上，严格资金管理制度，出台了《资金存储考核办法》等一系列规范性文件。

【推出十项便民利民新举措】 年内，市住房公积金管理中心推出十项便民利民新举措。推出“公积金夜市”，市中心服务窗口于3月3日起每周周一18时30分至20时为缴存职工提供窗口服务，正常受理公积金归集、提取、贷款等业务。营运首月，公积金夜市共接待群众120余人次，接受业务咨询50余人次，累计办理提取业务47笔、贷款业务7笔。上调贷款保底标准，按公积金最低标准缴存的职工最少可以贷款15万元，高出原标准25个百分点，惠及全市三成多计10万余名公积金缴存职工。审批增效提速，归集、提取实现即到即办，贷款审批从原规定的5个工作日缩减到1个工作日。提供特需服务，为无法到窗口办理公积金业务的伤病职工提供上门服务。优化信息化平台，以整合服务功能升级中心网站和针对智能手机开发“掌上公积金”APP应用服务为依托，促进公积金中心与缴存职工的畅通交流。

【加强“内控外管”体系建设】 年内，市住房公积金管理中心按照“治本抓源、强内固外”的指导思想，努力加强“内控外管”体系建设。一是完善内审稽核机制。成立内审稽核工作领导小组，建立配套制度并按季开展全市范围内的专项稽核。二是成立贷款审查委员会，通过优化楼盘备案流程、实施备案楼盘动态监督、优化信贷管理流程，加强对公积金贷款楼盘的动态管理，以及对全市公积金贷款政策落实和贷款风险防范进行专项管理。三是加强外部监管。按照省建设厅实时联网监管数据标准，在全省率先完成监管数据库建设。在新系统平台上开发内审系统，并在新的数据库上，完善与市审计局联网的“1+N”审计系统。四是建立联动机制。与市中级法院联合出台《关于建立协作联动机制的若干意见》。建立扩面联动机制，对违反条例规定，拒不建立公积金制度的单位，依法向法院提请强制执行后，法院在7个工作日内完成合法性审查，3个月内执行结案；优先贷款案件审理和执行，对公积金贷款案件尽可能采用简易程序，抵押物与其他案件有交叉的，确保公积金中心优先偿付和执行权，最大限度保全贷款资金安全；保全职工利益，在企业破产清偿中，已建立公积金制度的企业，明确将公积金以工资性质纳入第一清偿顺序。（市住房公积金管理中心提供）

地方志编研

【概况】 2014年，全市二轮修志工作全面展开。至年底，《绍兴市志（1979—2010）》基本完成专业篇志稿编写和联审工作。上虞、柯桥二轮修志工作平稳推进，新昌、诸暨的二轮修志工作分别于4月和7月正式启动。继续推进方志系统信息化建设，嵊州、诸暨相继开通史志网。全年，全市地方志系统共编纂出版《绍兴年鉴》等市、县年鉴6部；编印出版《绍兴史志》5期（含以增刊形式汇编出版《〈之江新语〉诗词古语浅解》1期）6000册；完成对章学诚故居的充实升级和续志照片征集活动。

【新昌和诸暨启动二轮修志工作】 4月10日，《新昌县志》编纂动员大会召开，会议由县委常委、县委宣传部部长、县地方志编纂委员会副主任潘岳梦主持，各乡镇（街道）负责人、县级各部门负责人共100人参加会议。9月3日，《诸暨市志（1979—2012）》编纂工作动员会在诸暨市会展中心召开，标志着诸暨市二轮修志工作全面启动。浙江省地方志办公室主任潘捷军、处长汤敏华，诸暨市市长徐良平、副市长俞越参加了会议。

【照片征集活动完成评选】 5月，“留住绍兴记忆，书写绍兴历史”照片征集活动完成各奖项评选。此次活动历时近半年，收到专业摄影师、摄影爱好者和热心市民等社会各界提供的照片420余张，内容囊括1979年至2010年间绍兴城市发展和社会变迁的方方面面。专业摄影评委和史志专家共同评选出陈新《古运河的回忆》、杨乃燕《1988年城北大滩》等“最珍贵照片”10件，葛阳生《农村医院对比》、周向阳《绍兴电话升7位》等“最具社会价值照片”20件以及“入选奖照片”30余件。

【《绍兴市志（简本）》再版】 6月，《绍兴市志（简本）》由浙江人民出版社再版发行。《绍兴市志》规模宏大，全志540余万字。1997年8月获全国地方志评选一等奖。1999年，中国地方志指导小组为更好地发挥新编地方志的社会效益，决定从1997年中国地方志优秀成果奖获奖的志书中选取若干种改编为简本，每种30万字，以《新编中国优秀地方志简本丛书》的形式向国内外公开发行，《绍兴市志》被列入第一辑出版发行。

【“嵊州春秋网”开通】 7月，由嵊州市委党史研究室、嵊州市地方志办公室主办的“嵊州春秋网”建成运行，网址为 http://sz.szzj.gov.cn/。该网站设机构职能、史志动态、嵊州地情、地方党史、史志宣教、资政课题、历史遗迹、地方文献、剡地人物、法规文件、史志刊物等栏目，采用文字、图照、互动等形式，实现党史、地情资源共享，更好地发挥史志资政育人的作用。

【“诸暨史志网”开通】 10月10日，“诸暨史志网”正式向公众开放，网址为 www.zhujisz.com。诸暨史志网由诸暨市史志办公室创建，已经过一年多的调试，进行了3次较大的改版和充实。目前，诸暨史志网设有诸暨概况、诸暨党史、诸暨方志、数字史志等9个栏目，是了解诸暨历史文化、风土人情的一个窗口，也是交流探讨诸暨党史研究和志鉴编研的一个平台。

【章学诚故居重新布展】 10月，市地方志办公室会同市住房和城乡建设局，对章学诚故居陈列内容进行充实升级,特别从天津市博物馆引进了章学诚殿试卷,并从田家英收藏的《清代学者书札》中摘录了章学诚手稿,撷取、精选了大量的章学诚相关材料和图片。按“方志之乡绍兴”“章学诚生平事迹”“章学诚学术成就与后世研究”以及“绍兴历代志书”等板块陈列,并于12月重新对外开放。

【《绍兴年鉴(2014)》出版】 11月,由市政府主办、市地方志办公室编纂的《绍兴年鉴(2014)》由方志出版社正式出版发行。该年鉴是创刊后的第15部,全鉴合计42个类目、256个分目、1764个条目,约114.1万字,收录2013年新版绍兴市政区图和绍兴市城区图各一幅、宣传彩页30页、正文黑白照138帧、图表124张。(市地方志办公室提供)

机关后勤保障

【概况】 2014年,市机关事务管理局稳步推进市级机关公务用车改革、办公用房清理整改、改进食堂管理等重点工作,完善制度,强化执行情况监督,全年共修订出台各类制度、办法32个,进一步明确和优化了工作流程,确保制度落到实处。全年完成市两会在内各类会议保障服务共2274场计99438人次;劝阻各类上访681起计6200余人次,其中5人以上群体性上访103起计4300余人次;完成水、电、木、土等维修1265次,空调协修105次;车辆安全行驶60万千米。

【完成全市公务用车及配套改革】 年内,市机关事务管理局制定《绍兴市市级机关涉改公务用车处置办法》和《绍兴市市级机关公务用车集中保障管理办法(试行)》,会同监察部门封存、核查和规范处置涉改车辆396辆。协助市交投集团组建公共用车服务公司并划拨车辆150辆;无偿调拨给有关单位8辆;借用给执勤执法单位12辆;市政府应急备用留存4辆;分三批拍卖车辆208辆,评估价500.28万元,实际成交价844.15万元,增值约70%;报废(含流拍)14辆。协调相关部门设立公务用车服务点6个、集中保障对象驾驶员休息点48个。做好全市66家涉改单位214名涉改驾驶员经济补偿金及一次性补助共760余万元的审核工作,确保发放到位。

【专项清理市级机关办公用房】 年内,市机关事务管理局制定《绍兴市市级党政机关办公用房管理暂行办法》,提出形成三大机关办公区域的市级部门办公用房集中调配方案。牵头做好领导干部落实工作和生活待遇规定专项检查集中行动,会同市监察局等7个部门,对全市90余家市级部门,6个县(市、区)的办公用房使用情况开展专项检查,检查共涉及197家单位1654间办公室,清退整合办公用房8276平方米。并根据汇总梳理专项检查情况,提出统一整改的原则、标准及方案。同时,完成市国资委、市水城办、越城区文化执法大队、区市场监督管理局等部门近6000平方米的办公用房调剂工作。

【盘活市级机关闲置房产】 年内,市机关事务管理局将17.6万余平方米房产划转给城投集团注入融资平台,切实缓解政府重大工程资金短缺问题,降低政府性资产负债率。受理37家行政事业单位共103处房产公开招租审核报批手续。其中99处房产提交市交易中心公开竞价拍租,31处房产竞拍成功,另有4处房产符合有关条件协议续租,年租金成交总额805.36万元,相比租金底价602.3万元增加203.06万元,增长33.71%。

【完成新行政中心建设工程投资4692万元】 至年底,绍兴市新行政中心已完成地下室和地上主体结构工程,顺利通过基础和主体结构验收,即将转入装修施工阶段。全年完成投资额4692万元,累计完成投资额11922万元,占概算投资的42.5%。完成8个配套项目的方案制定工作,协调工程建设顺利推进。

【完成公共机构能耗管理目标】 年内,市机关事务管理局制定《绍兴市公共机构节能管理制度》,完善市政府部门工作目标责任制中公共机构节能考核的细则,提高节能工作的刚性约束。创建成功3家国家级、5家省级公共机构节能管理示范单位。7月,会同市能源监察中心对6个县(市、区)、4个开发区及42个市直机关单位节能工作开展了两次专项督查,检查共涉及300余间办公室。倡导节能技术改造,至年底,全市已有7家公共机构实施了中央空调技改合同能源管理,综合节能率在30%以上,年均节电600万千瓦时。完成公共机构能耗管理目标,人均综合能耗和单位建筑面积能耗同比分别下降5.21%和3.51%,人均水耗同比下降4.89%。

【扭转机关食堂多年亏损状况】 年内,市机关事务管理局组织召开全市机关事务系统食堂工作专题研讨会,出台《机关食堂管理办法》等多项内部管理制度,各处机关食堂统一推行自管模式,设立采供科和管理科,实行采管分离。落实专人定点集中采购,每日公布采购价格,增加采购透明度;建立厨师长负责制,全面管理原料下单、菜品设计、人员考核管理、成本核算等。机关食堂菜肴质量、服务质量明显改观,全年4处机关食堂就餐人数超过51万人次,营业额达到345万元,实现了收支基本平衡,扭转机关食堂多年亏损的状况。(市机关事务管理局提供)

政协绍兴市委员会

综　述

【概况】 2014年，市政协在中共绍兴市委的领导下，把握团结和民主两大主题，始终坚持围绕核心、聚力凝心、服务大局、服务群众的工作主线，依靠各参加单位和全体委员，广泛团结各党派团体和各族各界人士，切实履行政协职能，为推进绍兴现代化建设做出了积极贡献。构建提案办理协商链条式运作机制，入选省政协评定的2014年政协工作十大创新案例。

【市政协七届三次会议】 2月17日至20日，政协绍兴市第七届委员会第三次会议在市区举行。中共绍兴市委书记钱建民代表中共绍兴市委向大会的召开表示祝贺并讲话。会议听取并审议了主席陈长兴代表政协绍兴市第七届常务委员会所作的工作报告，副主席徐青松代表政协绍兴市第七届常务委员会所作的关于七届二次会议以来提案工作情况的报告。11名委员在会上作口头发言。与会委员列席了绍兴市第七届人民代表大会第四次会议，听取并讨论了市长俞志宏所作的政府工作报告，市“两院”工作报告，审议了国民经济和社会发展计划、财政预算两个书面报告。会议还听取了林琳代表提案审查委员会作的关于提案受理情况的报告，审议通过了大会决议。大会共收到以提案形式提出的意见建议566件，经审查，立为提案526件。会议期间还举行了“重建绍兴水城”“创新民营经济发展机制”和“推进‘三改一拆’”三场界别协商会，召开了绍兴市政协委员海外联谊会成立会议。

市政协七届三次会议会场（市政协办公室提供）

【召开5次市政协常委会议】 年内，市政协常委会召开5次常委会议。1月14日，市政协召开七届十次常委会议，听取市政府主要领导关于全市经济社会发展形势任务报告；协商讨论市政府工作报告（征求意见稿）；讨论决定召开市政协七届三次会议的有关事项；审议通过有关人事事项；表彰市政协2013年度有关履职先进。

2月20日，市政协召开七届十一次常委会议，听取市政协七届三次会议各组讨论情况汇报；通过大会提案审查报告草案；通过大会决议草案；通过常务委员候选人名单，常务委员选举办法，总监票人、监票人名单。

6月27日，市政协召开七届十二次常委会议，听取中共绍兴市委组织部有关人才工作情况通报；审议通过有关人事事项。

8月25日，市政协召开七届十三次常委会议，协商讨论“加快推进全市养老服务业发展”课题；审议通过《政协绍兴市委员会关于设立全体会议提案的暂行办法》；审议通过有关人事事项。

12月26日，市政协召开七届十四次常委会议，听取市政府主要领导关于全市经济社会发展形势任务报告；讨论决定召开市政协七届四次会议的有关事项。

【召开10次市政协主席会议】 1月8日，市政协召开七届二十一次主席会议，听取中共绍兴市纪委关于全市反腐倡廉建设工作情况的通报；审议通过市政协2014年工作要点；讨论召开市政协七届三次会议有关事宜；审议通过有关先进名单；审议通过召开七届十次常委会议有关事项。

1月13日，市政协召开七届二十二次主席会议，听取市政协有关专委会主任任免及相关人事事项的汇报；听取关于市政协委员、常务委员有关人选建议名单的通报，关于补选常务委员选举办法的说明；听取筹建绍兴市政协委员海外联谊会有关事宜。

2月19日，市政协召开七届二十三次主席会议，听取市政协七届三次会议大会秘书处关于各小组讨论情况的汇报；讨论提出大会提案审查报告草案、大会决议草案；听取关于补选常务委员等情况说明。

3月27日，市政协召开七届二十四次主席会议，研究确定市政协七届三次会议重点提案、研究政协全体会议提案制度；听取有关政协工作的改进意见；听取2013

年度委员履职考核情况汇报；听取近期走访县（市、区）的有关情况汇报。

4月17日，市政协召开七届二十五次主席会议，协商讨论《绍兴市城市发展战略纲要》；听取全市公安工作情况通报。

5月28日，市政协召开七届二十六次主席会议，协商讨论“加快推进绍兴电商换市”课题；审议通过《绍兴市政协委派民主监督小组工作实施意见》《绍兴市政协民主监督小组派驻部门和成员名单》；审议讨论有关人事事项。会前，主席会议成员视察了进驻天龙大厦的电商企业。

6月23日，市政协召开七届二十七次主席会议，协商讨论“创建体育强市”课题；审议通过《政协绍兴市委员会关于加强和规范闭会期间委员履职活动的意见（试行）》《界别活动组工作办法》；审议通过部分界别活动组召集人调整名单和部分专委会委员、联络组成员增补名单；审议通过召开七届十二次常委会议的有关事项。

7月29日，市政协召开七届二十八次主席会议，协商讨论“水城治水”课题。会前，主席会议成员视察了鉴湖水环境治理二期工程和迪荡湖整治工程。

8月18日，市政协召开七届二十九次主席会议，审议通过市政协有关制度建设和工作改进的意见；审议讨论有关人事事项；审议通过召开七届十三次常委会议的有关事项。

12月12日，市政协召开七届三十次主席会议，听取关于政府口提案办理工作、课题协商意见建议、社情民意领导批示落实情况的通报；讨论召开市政协七届四次会议有关事宜；审议讨论有关人事事项；审议通过召开七届十四次常委会议有关事项。

【组织开展18次重要调研视察】 年内，市政协先后组织开展了18次重要调研视察活动，助推了绍兴经济社会发展。

1月6日，市政协组织在绍省政协委员开展会前培训视察。委员们实地踏看了浙东古运河上虞城区段河道环境情况和曹娥江大闸运行情况，听取了市水城办关于重建绍兴水城和上虞区政府关于加快曹娥江“一江两岸”开发建设的情况介绍。市政协主席陈长兴，市政府副市长丁晓燕，市政协副主席胡少云、倪善贵、徐青松、何小玲、余利明等以省政协委员身份参加视察。市政府副市长冯建荣、市政协秘书长傅茂昌陪同视察。

1月20日，市政协组织农业和农村界委员调研现代农业新型产业（畜牧）体系建设。市政协副主席吴秐参加。

4月18日，市政协社法委组织委员视察柯袍线两侧违法建设专项整治工作。市政协副主席解晓波参加。

4月23日至25日，市政协主席陈长兴率在绍省政协委员赴温州市异地视察“五水共治”工作。省政协委员、市政协副主席胡少云、何小玲、余利明参加视察。温州市政协主席包哲东陪同。

5月7日，市政协港澳台侨委组织委员视察归国留学生创业情况，在归国留学生创办的“新天烘培’企业召开座谈会。市政协副主席余利明参加。

5月13日至14日，市政协经科委组织委员赴金华市、义乌市调研电商换市工作。市政协副主席黄文泽参加。

5月19日，市政协“创建体育强市”课题调研组赴上虞区考察调研。市政协副主席陈伯怀参加。

6月11日至30日，市政协副主席吴秐率部分委员赴越城区、袍江经济开发区、绍兴高新区开展城市道路（断头路）建设情况专题调研。

8月20日，市政协人资环委组织部分人资环委委员和相关提案委员视察市区生活垃圾处置工作。在现场踏看有关设施和场地后，召开座谈会听取市住建局工作情况介绍并建言献策。市政协副主席吴秐、徐青松参加。

9月4日和9月9日，市政协主席陈长兴分别走访了绍兴高新区管委会与袍江经济开发区管委会，就“促进三区融合，加快大城市建设”课题进行工作调研，市政协秘书长傅茂昌陪同调研。市政协副主席陈伯怀、解晓波、余利明也分别就该课题赴上虞区、柯桥区、越城区进行工作调研。调研意见汇总整理后报中共绍兴市委、市政府。

10月13日，市政协港澳台侨委组织部分委员赴市商务局，就“发展开放型经济”工作开展对口协商。市政协副主席余利明参加。

10月下旬，市政协主席陈长兴先后赴新昌县、嵊州市调研“发展基层协商民主”工作，实地走访羽林街道、儒岙镇、三江街道、甘霖镇，并召开座谈会听取关于发展基层协商民主的情况汇报。市政协秘书长傅茂昌陪同调研。

10月15日，市政协社法委组织部分委员，在市残联负责人的陪同下赴杭州市调研残疾人托养工作。委员们实地走访了杭州市残疾人托管中心，并听取杭州市残联相关工作情况介绍。

10月21日，市政协人资环委组织委员视察印染产业转型升级工作。委员们视察了圣荣印染等企业的生产车间和污水污泥处置情况，召开座谈会听取市经信委负责人有关工作情况介绍。市政协副主席吴秐参加。

10月30日，市政协对粮食生产和水面清养情况进行视察调研，实地踏看了上虞区崧厦镇粮食功能高产区创建情况、高新区皋埠镇城区水面清养工作情况，并听取市农业局关于粮食生产和水面清养情况的介绍。市政协主席陈长兴、副主席黄文泽参加，市政府副市长冯建荣陪同。

11月14日，市政协港澳台侨委组织部分委员调研浙江嘉尔达纺织服饰有限公司等侨资企业，了解企业生产经营情况和发展过程中遇到的困难和问题。市政协副主席余利明参加。

11月24日，市政协教文卫体委组织民盟、民进、教育、体育界联合视察义务教育均衡发展工作。委员们赴鉴湖镇中、皋埠镇中、富盛镇曙光完小、富盛镇中心小学调研,分别座谈听取学校办学情况介绍。市政协副主席陈伯怀参加。

12月31日,市政协特邀组组织委员赴市立医院、人民医院高新区分院,围绕助推医疗事业发展主题开展视察调研,并进行座谈交流。市政协副主席徐青松参加。

【开展"五水共治""三专"监督】 年内,市政协响应省政协"三级联动"助推"五水共治"集体民主监督活动倡议,着力抓好"专门、专业、专题"为主要内容的"三专"监督。在"专门监督"方面,包括正副主席在内的58位委员担任各级河长,30个界别包干37条"黑河、臭河、垃圾河",采用蹲点式监督、"白+黑"巡查监督、随手拍监督等方式,推动河道综合整治。在"专业监督"方面,成立工商联、经济界、科技界、农业和农村界等界别委员组成的四个民主监督小组,分别对政府"五水共治"四个专项工作推进组工作实施民主监督。在"专题监督"方面,组织开展市区防洪排涝拓浚工程、迪荡湖水环境综合整治等10余项专题监督,共建立监督小组117个,监督小分队183支,委员参加监督1919人次,发现各类问题583个,提出意见建议706条,共捐献治水资金9200多万元。

4月初,市政协科技、科协界委员组成的推进污染治理民主监督小组主动与市环保局联合开展环保夜巡活动(市政协办公室提供)

【开展民主监督工作】 1月22日,市政协主席陈长兴作为浙东古运河"一级河长",调研浙东古运河水环境治理保护工作,并参加了3月11日和7月4日召开的浙东古运河"河长制"联席会议第一次会议和第二次会议。年内,市政协各位副主席也分别以"一级河长"身份开展工作。

3月28日,市政协组织部分委员视察督查"六湖"植物景观工程建设情况。市政协副主席吴耘、徐青松参加。

3月,根据中共绍兴市委统一安排,市政协党组书记、主席陈长兴,党组成员吴耘、解晓波、倪善贵、傅茂昌分赴各区、县(市)督查全市政协工作会议精神贯彻落实情况。

6月19日,市政协组织经济界委员专题督查全市"双百双千"重大产业项目进展情况。市政协副主席何小玲参加督查。

6月25日,市政协组织委员就全市侨务政策贯彻落实情况开展民主监督。市政协副主席余利明参加。

7月10日,市政协召开委派民主监督小组工作会议,向市经信委、市教育局、市科技局、市人力社保局、市水利局、市商务局、市旅委、市市场监管局等8个部门派出8个民主监督小组,27位委员担任民主监督员。市政协副主席解晓波、秘书长傅茂昌参加会议。

10月17日,市政协主席会议成员对全市重点建设项目建设情况开展民主监督。市政协主席陈长兴,副主席陈伯怀、吴耘、解晓波、何小玲、余利明及秘书长傅茂昌参加民主监督。中共绍兴市委常委、市政府常务副市长陈月亮陪同并参加会议。

11月13日,市政协召开市级机关作风建设民主监督会。市政协主席陈长兴,市委常委、纪委书记傅祖民、市政协副主席解晓波,市政协秘书长傅茂昌参加会议。会议由解晓波副主席主持。

12月10日,市政协农业和农村界以助推"五水共治"和钦寸水库工程建设为主要内容,组织委员赴新昌县钦寸水库工程建设现场,开展视察调研和学习研讨活动。市政协副主席吴耘参加。

【接待上级领导考察调研】 4月24日至25日,省政协原主席刘枫率省老领导一行到绍兴,考察绍兴市"五水共治"工作。

4月29日,省政协副主席陈小平到绍督查助推"五水共治"民主监督情况,视察了柯桥区齐贤镇兴浦村新开河,召开座谈会听取省政协"五水共治"民主监督第一监督组前期对绍兴市暗访情况的反馈和绍兴市相关工作情况汇报。市政协副主席吴耘汇报了市政协助推"五水共治"民主监督总体情况,市政协科技界汇报了具体进展情况。

5月19日至21日,全国政协农业界委员考察组一行,在全国政协常委、经济委员会副主任、中央农村工作领导小组副组长兼办公室主任陈锡文的带领下,到绍兴市专题考察"农村人居环境建设"工作。考察组一行先后赴柯桥区福全镇尹家畈村、漓渚镇棠棣村和诸暨市山下湖镇新长乐村、赵家镇东溪村、璜山镇齐村、东白湖镇斯宅考察,并召开座谈会听取绍兴市的工作情况汇报。

5月24日,黑龙江省政协副主席赵克非一行到绍兴考察调研。

5月25日,由全国政协常委、文史和学习委员会主任王太华率领的全国政协调研组,围绕"继承与弘扬中国传统文化,加强书院文化研究保护",在绍兴市开展专题调研。

8月14日,省政协主席乔传秀到绍兴调研滨海产业集聚区发展情况,在实地考察了有关科创园区和企业后，召开座谈会听取绍兴市和滨海产业集聚区工作汇报，市领导钱建民、陈长兴、陈月亮，滨海新城党工委书记陈国阳陪同调研。在绍兴期间，乔传秀还到浙江力博控股集团、永利实业集团考察。

8 月 18 日，省政协副主席陈艳华到绍兴，调研浙江精功新兴材料有限公司新建年产 9 万吨超级纺棉差别化功能性聚酯长丝等省重点产业项目。

8 月 22 日，省政协副主席陈加元率省政协民主监督组到绍兴督查“五水共治”工作，实地走访了曹娥江梁湖沙塘堤防、城北 3 号污水泵站、外五甲村等地，随后召开座谈会通报前阶段明察暗访时发现的问题，听取绍兴市有关工作情况汇报。

9 月 4 日至 5 日，全国政协“《道路交通安全法》宣传教育工作情况”专题调研组到绍兴市调研。

9 月 11 日至 12 日，在省政协副主席陈加元率领下，省政协“五水共治”民主监督组与杭州市、宁波市、绍兴市政协开展联合联动民主监督活动，对杭甬运河水环境治理进行督查。

10 月 15 日，全国政协副主席、民建中央常务副主席马培华一行在省政协副主席、民建浙江省委会主委陈小平陪同下到绍兴调研。

【组织召开 6 次专题协商会议】 3 月 6 日，根据中共绍兴市委的要求，市政协组织召开《绍兴市城市发展战略纲要（征求意见稿）》协商议政会。各民主党派、工商联代表，市政协相关委员和有关人士围绕绍兴市城市发展战略纲要（征求意见稿）》进行了协商讨论。

7 月 2 日，市政协召开绍兴市城市有关重点规划协商讨论会，协商讨论城市重大商业及公共服务设施布局规划、快速交通道路体系专项规划、城市规划展示馆概念方案等。

10 月 13 日，市政协召开《绍兴市区环境卫生专项规划》编制协商讨论会，听取市建设局有关情况介绍，并进行协商讨论。

11 月 17 日，市政协召开《绍兴市智慧城市建设规划（送审稿）》协商座谈会，就进一步完善规划进行协商。

11 月 26 日，市政协召开“做大做强本土金融业”对口协商会。委员们听取市金融办关于绍兴金融业发展和部分绍兴金融机构的情况介绍后，发表了意见建议。

12 月 17 日，市政协举行专题政治协商会议，围绕中共绍兴市委七届八次全会重大决策开展政治协商。中共绍兴市委办公室（政研室）负责人到会介绍中共绍兴市委即将出台的《关于全面深化法治绍兴建设的实施意见（征求意见稿）》起草有关情况，市委书记钱建民到会听取协商意见。

【其他会议】 4 月 29 日，市政协召开常委专题议政会，就全国文明城市创建工作进行协商议政。

5 月 9 日，市政协召开委员议政约谈会，座谈听取委员企业运行情况及意见建议，多个市级部门负责人参加会议。

6 月 9 日至 10 日，市政协利用两天两晚的时间，在新昌县召开全市政协主席读书会，集中学习党的群众路线教育文件及全省、全市政协工作会议精神，深入探讨在新形势下如何更好地践行党的群众路线，更加有效地发挥委员主体作用。

12 月 3 日，市政协在嵊州市召开全市政协主席会议，学习贯彻中国共产党十八届四中全会精神和中共中央总书记习近平在庆祝人民政协成立 65 周年大会上的讲话精神，交流全年工作及 2015 年工作思路。

【开展“委员进社区”活动】 10 月 26 日，市政协委员越城区联络组组织委员到城南街道华侨社区开展“委员进社区”活动，共征集社情民意线索 14 条，提供健康咨询服务 50 余人次。

市政协委员进社区活动（市政协办公室提供）

【召开庆祝人民政协成立 65 周年大会】 9 月 28 日，绍兴市召开庆祝人民政协成立 65 周年大会，中共绍兴市委书记钱建民讲话，市政协主席陈长兴主持会议。10 月 21 日，陈长兴走访市级各民主党派、工商联机关，了解学习贯彻中央和省市主要领导在庆祝人民政协成立 65 周年大会上重要讲话精神的情况，调研了解党派、工商联参政议政工作情况，征求对政协工作意见建议。

【社团换届】 3 月 28 日，市民营经济促进会举行二届一次理事大会，省民营经济研究会会长李金明、副会长卢步东参加会议，市政协主席陈长兴讲话，中共绍兴市委常委、市政府常务副市长陈月亮作经济形势报告。会议选举产生第二届常务理事会及其领导机构，沈云姑再次当选会长。8 月 8 日，市政协墨华书画院召开换届会议。市政协主席陈长兴到会祝贺。会议选举陈伯怀为第六届墨华书画院院长。（市政协办公室提供）

民主党派　工商联

综　述

【概况】 2014年，全市各民主党派、工商联围绕中共绍兴市委、市政府工作重点，认真履行参政议政、民主监督职能，发挥自身优势，搞好调查研究，积极建言献策，发挥独特作用。全年共形成调研报告99篇，重要意见建议249条；在市政协七届三次全会上，提交集体提案42件。政协委员中的民主党派成员向各级政协提交个人提案665件。全年共参加中共绍兴市委、市政府召开的各类协商会、通报会、谈心会9次，共95人次参加。健全和完善聘请民主党派成员、无党派人士担任特约人员工作。加强与26个政府部门对口联系，双方主要领导互访机关，参加有关会议，探讨工作上的难点和热点，开展联合调研，成绩显著。监察、审计、食品药品监管、技术质量监管、环境保护、教育等部门聘请的36名特约人员，认真行使民主监督职责，参与执法监督、行风效能评议活动153人次。

【认真搞好自身建设】 年内，全市各民主党派、工商联以思想建设为核心，以组织建设为基础，以制度建设为保障，认真搞好自身建设。60余名党外各界人士参加中共绍兴市委委托统战部举办的暑期读书会。170余名成员参加了民主党派新成员培训班。30余名成员参加了民主党派骨干培训班。30余名党外干部参加了全市党外科级干部培训班。各民主党派市委会相继开展了“届中总结、民主评议”活动，213人参加民主评议会议，发放测评表、推荐表各213份，133人参加个别谈话，推荐主委后备人选10名，副主委后备人选24名，市管近期可使用县处级党外后备干部和优秀乡科级后备人选各10名。民进市委会进行了届中调整，共增补主委1名，副主委1名。各民主党派坚持“三个为主”（以协商确定的范围和对象为主、以大中城市为主、以有代表性人士为主），注重质量，保持特色，组织发展与后备干部队伍建设相结合，共发展新成员205名，其中具有中、高级职称153名。至年底，全市共有民主党派成员3855名。市工商联全年共吸收会员企业240家，至年底，全市共有工商联会员企业11374家。

全市各民主党派组织成员情况

表51

党派	组织情况				成员情况		
	市委会(个)	县(市、区)委会(个)	基层(总支)委员会(个)	支部(个)	2014年发展数(人)	女成员(人)	总成员数(人)
中国国民党革命委员会	1	0	2	15	26	165	403
中国民主同盟	1	0	7	45	45	288	720
中国民主建国会	1	0	3	36	38	225	744
中国民主促进会	1	0	4	29	30	220	506
农工民主党	1	2	4	40	45	432	906
九三学社	1	0	4	23	30	224	576
合计	6	2	24	188	217	1554	3855

【参加公益活动】 年内，全市各民主党派、工商联发挥各自优势，积极服务社会。发动成员为社会公益事业、光彩事业、赈灾救灾捐款，累计达3.4亿元；组织开展下基层（街道、乡镇）活动99次。中共绍兴市委统战部牵头开展“统一战线同心治水行动”，全市各民主党派、工商联积极响应，共同推进同心治水宣传引导、建言献策、捐助认建、志愿公益、民主监督等各项行动。（张琴）

民革绍兴市委会

【概况】 2014年，民革绍兴市委会发展党员26人。至年底，市委会共有1个基层委员会、1个总支、15个基层支部，党员403人。

【“四学四比”开展学习实践活动】 年内，民革绍兴市委会在全市党员中开展坚持和发展中国特色社会主义学习实践活动，设计了以“四学四比”（学理论、比认识，学议政、比实绩，学先进、比奉献，学创新、比特色）为抓手的年度主题活动计划，开展学习实践活动知识竞赛，举办中共中央总书记习近平系列重要讲话精神专题讲座，增强党员对中国特色社会主义的道路自信、理论自信和制度自信。同时，加强党员履职实绩宣传，营造党员立足岗位建功立业比学赶氛围，两名党员先后被评为“浙江民革骄傲人物”。

【建言献策参政议政】 年内，在绍兴市政协七届三次会议上，民革绍兴市委会作了《关于加快绍兴与上海自贸区对接的建议》的大会发言，提交集体提案8件，界别提案3件。民革党员中的人大代表、政协委员在全市各级两会上共提交建议提案113件。其中集体提案《关于进一步推进我市养老服务工作的建议》和另外两件提案被评为重点提案，4件在提案质量考核中获优秀，12名民革政协委员的15件提案入选绍兴市政协“2014年度好提案”。年内开展的“我为五水共治献一策”活动，发挥了参政议政群体力量，征集到信息线索28条，全年提交“涉水”提案12个、社情民意10篇，其中2篇得到分管副市长批示。

【发挥优势服务侨眷】 年内，民革绍兴市委会发挥自身特色和优势，把祖国统一联谊工作和社会服务工作有机结合起来，与绍兴市侨联联合赴上虞区百官街道侨眷较为集中的金鱼湾小区开展“送健康、送文化、送温暖”活动，组织民革党员中的部分医卫专家为居民义诊，向小区居民免费发放侨务政策汇编手册，并上门慰问侨眷。

【开展届中总结民主评议】 年内，民革绍兴市委会开展“届中总结民主评议”活动，全面总结回顾市委会换届以来的工作，查找不足，部署今后一阶段工作。市委会领导班子成员进行了个人工作述职。民革绍兴市委委员、民革党员代表、民革绍兴市委会机关工作人员对班子工作、班子成员述职情况进行民主评议，并民主推荐了主委、副主委后备人选。（民革绍兴市委会提供）

民盟绍兴市委会

【概况】 2014年，民盟绍兴市委会共发展新盟员45名，至年底，市委会共有4个基层委员会、3个总支委员会、19个支部，盟员720人。

【向政协会议提交大会发言和提案】 在市政协七届三次会议上，市委会共提交发言材料两篇，同一农代表市委会作《加强和创新社区管理，进一步提升城市治理能力和水平》的大会发言，《关于加大绍兴市城市内涝规划治理力度的建议》作为大会书面发言材料。提交团体提案8件，委员个人提案25件，其中团体提案《关于加强涉企审批类中介机构监管提高绍兴行政审批效率的建议》被列为重点提案，评为优秀提案，并被民盟浙江省委会采用为省政协专题政治协商会议发言材料。在省政协十一届二次会议上，省政协委员徐青松提交的《加强饮用水源生态保护补偿制度建设》被列为重点提案，《关于科学破解城市内涝“顽疾”的建议》被评为优秀提案。

【开展“基层组织建设年”活动】 年内，民盟绍兴市委会开展“基层组织建设年”活动。增补一名市委委员，选调市委会秘书长。调整柯桥区基层委员会、文理学院委员会、市直机关总支、市直司法支部、市直科技支部、市直财经支部、市直人民医院支部、绍兴文理学院附属中学支部等基层组织的班子成员。柯桥区基层委员会、上虞区基层委员会获“中国民主同盟基层组织建设先进基层组织”荣誉称号。

【发挥优势开展各类社会服务工作】 年内，民盟绍兴市委会发挥华夏书画学会和司法、文艺等支部专业人才集中的优势，开展书画联展和各类文化惠民活动。与鲁迅文化基金会等单位联合举办首届“鲁迅故乡好少年”评比活动。组织开展各类捐助、帮扶结对活动，在“五水共治”行动中，盟员胡柏藩控股企业捐资1200万元。市委会获得全国“民盟社会服务工作先进集体”荣誉称号。

【上虞胡愈之故居正式对外开放】 年内，位于上虞区的胡愈之故居修缮布展完成，正式对外开放，并被命名为“浙江省民盟传统教育基地”，民盟中央副主席张平为胡愈之故居“盟员之家”题词，副主席郑惠强为故居揭牌。（民盟绍兴市委会提供）

民建绍兴市委会

【概况】 2014年，民建绍兴市委会共发展新会员38

人，增设3个支部。至年底，民建绍兴市委会共有744名会员，3个基层委员会，36个支部。

【积极参政议政】 在年内的全国两会上，民建绍兴市委会主委、全国人大代表车晓端提交建议10件。其中《关于加强全口径预算决算审查监督的建议》由财政部作为重点建议办理。在省、市两会期间，该会会员提交省政协团体提案2件，市人大代表建议5件，市政协集体提案6件，界别提案2件，大会发言材料2件，个人提案38件。《推动"个转企"持续健康发展，加快绍兴集群经济转型》作为市政协七届三次会议专题发言。《规范发展小额贷款公司，缓解小微企业融资难题》被列为市政协重点提案、优秀提案。全年共有49件社情民意信息被各级部门录用，10篇信息被市政协转送有关部门。

【开展"届中总结、民主评议"活动】 9月25日，民建绍兴市八届委员会开展"届中总结、民主评议"活动。车晓端代表市委会作届中工作总结。市委会领导班子成员车晓端、潘锦仁、陈德洪、赵立、李建钢作届中述职报告。会议民主评议了换届以来市委会各项工作，对班子成员履职情况进行民主测评，并民主推荐了第九届市委会主委、副主委人选。

【完成市直基层组织换届、分设工作】 年内，民建绍兴市委会组织开展市直基层组织换届、分设工作。完成市直新兴一支部换届，市直综合支部换届分设为综合、鉴水支部，市直新华支部换届分设为新华、越州支部，市直新兴二支部换届分设为新兴二支部、新兴三支部。

【马培华到绍调研党派自身建设】 10月15日，全国政协副主席、民建中央常务副主席马培华一行到绍兴调研党派自身建设，召开专题座谈会，主委车晓端代表市委会汇报民建绍兴市委会换届以来加强自身建设工作情况。民建绍兴市委会委员、市直支部主委和全体民建绍兴市委会机关干部20余人参加座谈交流。

【积极参与社会公益活动】 年内，民建绍兴市委会积极参与"五水共治"战略实施工作，会员和会员企业为"五水共治"捐款累计超180万元。民建绍兴市委会各基层组织开展了各类扶贫帮困活动。全年，民建绍兴市委会会员和会员企业共结对助学、扶贫帮困130人(次)，在社会公益活动中捐助资金超200万元。(民建绍兴市委会提供)

民进绍兴市委会

【概况】 2014年，民进绍兴市委会发展会员28名。至年底，全市共有会员506名，4个基层委员会，29个基层组织。

【建议案、提案和社情民意信息质量提高】 年内，民进绍兴市委会提交的建议案、提案和报送的民情社意信息质量较往年大有提高。经过各课题组历时半年的集中调研和精心撰写，向绍兴市政协七届三次会议提交5件集体提案，其中2件被选定为大会口头发言，1件为书面发言。《利用浙东引水　再建碧水绍兴》提案被绍兴市政协列为1号重点提案，由市长俞志宏领办，市政协主席陈长兴督办。在绍兴市各级两会上，民进绍兴市委会中的人大代表、政协委员共提交建议案18件，提案106件。市委会12篇社情民意信息得到浙江省政协、民进浙江省委会和绍兴市政协录用，其中1篇被全国政协转送有关部委办局，2篇被省政协单篇和综合采用，1篇被民进中央单篇采用，1篇得到市领导批示。

【开展届中总结民主评议活动】 9月，民进绍兴市委会开展"届中总结、民主评议"活动。民进绍兴市委会副主委华小洋代表市委会作届中工作总结。市委会领导班子成员结合自身近三年来的履职情况作届中述职报告。评议工作组还分别对市委会班子成员、老领导及市委会机关工作人员进行个别谈话，了解对市委会领导班子和工作的意见，听取对市委会领导班子后备人选口头推荐意见。

【建立绍兴民进社会服务基地】 1月13日，民进绍兴市委会主委陈伯怀带领民进界政协委员在绍兴民进社会服务基地——上虞区下管镇中心小学开展捐资、扶贫、慰问活动。市委会副主委孟建新、陈小伟为"绍兴民进社会服务基地"揭牌，并向"绍兴民进社会服务基地"下管镇中心小学捐资30万元，用于改善办学条件，这是民进绍兴市委会单笔最大的一次捐资助学。市委会领导还分两路走访和慰问下管镇10户贫困家庭，并为每个家庭送上600元慰问金。市委会社会服务处多次深入下管镇开展摸底调查和扶贫解困工作，妥善解决了贫困学生家庭户口迁移和危房翻修等难题，并捐助翻修危房款4万元。5月30日，市委会副主委沈荣根带领慰问组在上虞区下管镇实地踏看"同心"屋新建工程，并与下管镇中心小学的学生共庆"六一"儿童节。9月9日，市委会副主委陈小伟带领民进界别组政协委员在上虞区下管镇中心小学慰问教师。(民进绍兴市委会提供)

农工党绍兴市委会

【概况】 2014年，农工党绍兴市委会新发展党员41名，平均年龄38岁。现有市委员会1个，县(市)委员会2个，基层(总支)委员会4个，支部40个，党员总数906名。

【提交各类提案120件】 年内，在市政协七届三次会议上，农工党绍兴市委会委员周萍代表市委会作《加强医院安保工作，构建和谐医患关系》的大会发言。《抓紧备用水源建设，构建绍兴市区多库多源联网供水体系》被列入书面发言。全年共提交各级各类提案120件，其中团体提案15件,个人提案105件。社情民意信息《建议国家安全机构审查评估IGS组织在我国设立的GPS基站对国家安全的影响》被全国政协录用。

【专项监督“五水共治”】 年内,农工党绍兴市委会以绍兴市政协开展“垃圾河、黑河、臭河”专项民主监督活动为平台,多次组织党员到袍江开发区斗门镇开展黑河治理民主监督工作。市委会主要负责人担任一级河长,调研监督水环境治理。8月,农工党绍兴市委会成立“统一战线同心治水行动”工作组,由市委会主要负责人担任组长和副组长。

【推进基层规范化建设】 年内,农工党绍兴市委会重新修订支部考核细则。重修后的支部考核细则,更注重基层组织自身建设和履职工作的成效,注重支部工作的均衡发展。年中,农工党绍兴市委会在嵊州市召开推进基层规范化建设现场会。

6月24日,农工党绍兴市委会召开推进基层规范化建设现场会(农工党绍兴市委会提供)

【开展社会服务】 年内,农工党绍兴市委会继续开展义诊、帮扶、捐助等各项社会服务活动。组织医疗专家赴丽水市松阳县参加中共绍兴市委统战部组织的“三下乡”活动,现场为100余名村民进行免费检查、诊治。与绍兴市水利局联合组织医疗队,赴嵊州市下王镇何村开展第26届中国“国际科学与和平周”下乡送医送药服务活动,共计发放价值6000余元的常用药物。(农工党绍兴市委会提供)

九三学社绍兴市委会

【概况】 2014年,九三学社绍兴市委会全年共计发展新社员25名,至年底,全市共有社员576名,社市委下属1个委员会,3个基层委员会,23个支社。

【积极建言献策】 年内,在绍兴市政协七届三次会议上,九三学社绍兴市委会提交《狠抓责任落实,坚定不移地推进大气污染治理》《关于我市行政区划调整后合力建设大城市的建议》大会发言2篇,《关于进一步完善政策性农业保险政策的几点建议》等集体提案6件、界别提案1件,代表建议12件、委员个人提案31件。《狠抓责任落实,坚定不移地推进大气污染治理》被绍兴市政协列为重点提案、2件提案被绍兴市政协评为优秀提案。柯桥区、上虞区基层委共提交大会发言1篇、集体提案9件,其中重点提案2件、优秀提案1件。各区、县(市)人大代表、政协委员共提交个人建议、提案50件,其中重点提案1件。全年共采集报送社情民意信息118篇,被各级部门录用61篇(次)。

【联合社省委开展“科技服务月”活动】 5月,九三学社浙江省委与绍兴市委联合举办以“科学生活,创新圆梦”为主题的“九三科技服务月”活动,开展送文化、卫生、科技、教育、法律进基层系列服务活动。活动邀请中国工程院院士、社省委常委谭建荣为绍兴袍江经济技术开发区60家企业作题为《从数字化制造到智能化制造》的科学讲座,联合社省委和中共绍兴市委宣传部举办“绍兴论坛”领导干部专题讲座,邀请浙江省知名消化疾病专家、省人大常委会副主任、社省委主委姒健敏作题为“低碳、绿色生活与养生保健”的健康知识讲座,市级机关、企事业单位负责人近700人聆听了报告。活动期间,还组织省级医院的医卫专家赴上虞区中医院举办义诊活动,为250多位患者提供医疗服务。

谭建荣院士为袍江开发区60家企业作题为《从数字化制造到智能化制造》的专题讲座(九三学社绍兴市委会提供)

【九三学社绍兴文理学院委员会成立】 12月12日,九三学社绍兴文理学院第三次社员大会暨九三学社绍兴文理学院委员会成立大会在绍兴文理学院举行。九三学社绍兴市委会主委丁晓燕、绍兴文理学院党委副书记钱水祥和九三学社兄弟组织领导参加了会议。大会以无记名投票方式选举产生九三学社绍兴文理学院委员会第三届委员会、一支社第七届委员会、三支社第三届委员会。

【四位青年社员获殊荣】 九三学社绍兴市委会青年社员、《绍兴晚报》记者钟宏娇采写的《儿子,今晚我和你爸睡在政府会议室》获第二十四届中国新闻奖通讯类二等奖,该奖项为全国优秀新闻作品最高奖,钟宏娇也因此成为绍兴日报社最年轻的首席记者。青年社员、浙江大公律师事务所副主任顾群英荣获“绍兴十大杰出青年”称号，成为绍兴市民主党派首位获此殊荣的成员。另两位青年社员绍兴市农业科学研究院院长助理、生物技术研究所所长郑琪和华汇工程设计集团方案中心主任周敏玉获绍兴市第三届青年科技奖。（九三学社绍兴市委会提供）

绍兴市工商业联合会

【概况】 2014年，市工商联围绕促进非公有制经济健康发展和非公有制经济人士健康成长“两个健康”的工作主题，加强领导班子建设，健全工作机制，扎实开展理想信念教育，积极参政议政，优化企业服务，充分发挥党和政府联系非公人士的桥梁和纽带作用。特别是在开展“四信”教育和参与“五水共治”中倾注了大量心血，为绍兴经济发展、社会和谐做出积极贡献。

【“四信”教育获评省工商联“十大亮点工作”】 2014年，市工商联深入开展以“四信”（对中国特色社会主义的信念、对党和政府的信任、对企业发展的信心、对社会的信誉）为主要内容的非公经济人士理想信念教育实践活动。举办全市非公经济人士理想信念报告会，邀请全国政协常委、省工商联主席、正泰集团董事长南存辉作题为《理想信念是事业发展的基石和指路明灯》的专题报告，绍兴市领导和市级机关相关部门，各区、县（市）相关领导，全市各地企业代表300余人参加会议。在开展“四信”理想信念教育实践活动的基础上，围绕“树信心、讲诚信”，发起《越商诚信宣言》，在《绍兴日报》头版全文刊登，组织开展越商代表签名活动。与此同时，在全市范围内摸排“中国民营企业500强”创办人、异地绍兴商会会长、绍兴老字号传承人等优秀越商代表，宣传他们在艰苦创业、技术创新、关爱员工、慈善公益等方面的先进事迹，编写“越商好故事”，在《绍兴商会》报开辟专版连载，并汇编成册。全市开展非公经济人士理想信念教育实践的工作经验经省工商联转报全国工商联宣传推广，市工商联“讲好浙商好故事，深化四信教育”的主题活动获评2014年度全省工商联“十大亮点工作”。

【开展“千企联千村、合力治污水”专项行动】 年内，市工商联贯彻省委、省政府和市委、市政府“五水共治”决策部署，研究制定《“千企联千村、合力治污水”专项行动实施方案》，发挥行业商会、异地商会、基层商会和越商社团等平台作用，组织动员海内外越商通过捐助、投资、认建等途径，采取“一企一村”“多企一村”“一企多村”等形式积极参与污水治理。全年，全市农村生活污水治理捐款超过3.4亿元，有443个村组织实施农村生活污水治理工程。市工商联分别向常执委企业、界别政协委员、直属商会发出《投身农村治水，共建美好乡村》倡议书，在《绍兴商会》报开辟治水专版，组织发动广大会员企业和各级各类商会组织投身农村污水治理。

【召开绍兴商会年会】 年内，市工商联主办、广西绍兴商会承办的2014年绍兴商会年会在广西南宁召开。活动包括年会大会、越商代表恳谈会、越商五象行、广西凭祥商务考察等内容。年会期间，市工商联向广西百色绍兴商会小学捐赠700套校服。

【服务越商回乡创业】 年内，市工商联组织拍摄了“商行天下、情系家乡”宣传片，通过“越商之根、越商之业、越商之家、越商之情”四个篇章，宣传越商先进事迹，引导和鼓励广大越商回乡创业、回归发展。加强与在外越商联络沟通，召开异地绍兴商会会长新春茶话会，通报情况，听取建议意见。走访在外越商，召开越商恳谈会，开展越商工作专题调研，对越商群体的发展情况、思想状况，特别是回归过程中碰到的困难和问题进行调研摸排，梳理分析，提出建议。

【调研规模以上民营企业】 年内，市工商联参与调研企业167家，并运用调研成果，整理排序出“绍兴市民营企业100强”，在《绍兴日报》上刊登宣传，撰写《全国民营企业500强入围企业及绍兴市民营企业100强调研分析报告》。

【调查研究参政议政】 年内，市工商联围绕“推动民营经济创新发展”“加强基层商会建设”“保障企业经营者合法权益”“新建住宅小区移交”等重点课题，开展调查研究和参政议政。在绍兴市政协七届三次会议上，提交大会发言2篇，其中《简政放权，减负增效，激发民营经济发展活力和创造力》被选作大会口头发言，《关于加强基层商会建设的建议》被选作书面发言。提交集体提案3件，界别委员及常执委委员提交个人提案36件。组织界别政协委员、常执委委员对绍兴“五水共治”“双百双千工程”重大产业项目和重大基础设施项目进展情况开展专项督查。对工商联联系负责的“垃圾河、黑河、臭河”进行不定期的明察暗访、巡查监督。召开推进小城市培育工作座谈会。

【新成立两家商会】 在市工商联具体指导下，4月16日，绍兴市印染行业商会在袍江成立，市政协副主席、绍兴市工商联（总商会）主席（会长）何小玲出席成立仪式，市本级44家印染企业成为首批会员，会议选举浙江七色彩虹控股集团总裁杨宝林为会长。6月21日，嘉兴市绍兴商会成立，绍兴市政协副主席、市工商联（总商会）主席（会长）何小玲出席成立仪式，会议选举浙江中成实业集团董事长董利华为首任会长，浙江嘉洲控股集团董事长李蒙兴为执行会长。（姚蕙蕙）

群众团体

工会工作

【概况】 2014年，全市各级工会在推动经济转型发展、构建和谐劳动关系、繁荣企业职工文化、加强工会自身建设等方面取得显著成效。市总工会深入开展工会组建集中行动，全市工会组织达1.19万家，涵盖单位4.44万家，工会会员231.2万人。按照省总工会统一部署，向社会公开招聘全市首批职业化工会工作者，充实到乡镇（街道）工会。持续推进“职工之家”创建，全市116家单位获得“绍兴市先进职工之家”称号，103家单位被评为市党建带工建“三级联创”示范基层工会。市总工会在全省首创编印《绍兴职工职业精神读本》，首批向基层职工赠阅3000册。

《绍兴职工职业精神读本》首发及赠阅仪式（市总工会提供）

【市工会第七次代表大会召开】 12月18日至19日，绍兴市工会第七次代表大会召开，大会提出今后五年建设“学习型、服务型、创新型、开放型、实力型”工会的奋斗目标和完成该目标的五大举措。会议选举产生了市总工会和经费审查委员会新一届领导班子。

【实施工会经费税务代收】 7月1日起，市本级及越城区范围内实行税务代收工会经费（建会筹备金）。嵊州市、新昌县、柯桥区、诸暨市、上虞区政府均先后发文明确，2015年起实行工会经费税务代收。

【加强劳模管理服务】 年内，市委办、市府办出台《关于进一步加强劳模管理服务工作的意见》，提高退休劳模荣誉津贴，全国劳模、省部级劳模、市劳模分别提高250元、200元、150元。对市直企业劳模实施600至1000元的普通门诊医疗费包干补助。市财政安排市级劳模疗休养和体检专项资金。将市级劳模评选周期由五年改为三年，新增市“五一”劳动奖。2014年，新推评省级劳动模范及全国“五一劳动奖章（状）”获得者69名（家），市级劳动模范个人78名，市级劳动模范集体14家。

【职工医疗互助保障扎实推进】 年内，市总工会出台工作经费“以奖代补”措施，扎实推进市级统筹的职工医疗互助保障，全年职工参保数达到17.43万人，同比增长72.24%，市、县（区、市）总工会职工医疗互助保障建制率达100%。

【开展“六比六赛”“五水共治”立功竞赛】 年内，市级以上重点工程开展“六比六赛”立功竞赛活动，全省“五水共治”立功竞赛推进会在新昌钦寸水库建设现场召开，钦寸水库建设工程被授予全省重点建设立功竞赛示范工程。

【完善四级技能比武联动机制】 年内，全市各级工会以赛促训，完善市、县（市、区）、乡镇（街道）、企业四级技能比武联动机制，全市共组织各类技能比武1145项，1800多人通过技能比武实现技能晋级。选树优秀职工典型，组织开展了“绍兴市十大杰出职工”评选。评选出沈丽坤等10人为“2014年度绍兴市十大杰出职工”、阮建昌等10人为“2014年度绍兴市十大优秀职工”。

【广泛组织职工技能培训】 年内，全市各级职工学校完成职工技能培训超过6万人（次），较2013年增加3.4万人（次）。新昌县新和成职工学院被评为全国职工教育培训优秀示范单位，绍兴文理学院继续教育学院、绍兴工程职业技术培训学校、上虞华益职业培训学校、海亮管理学院、嵊州市职工业余学校等5家单位被评为全国职工教育培训示范点。绍兴市职工中专、诸暨市职工中专挂牌省总工会职工教育培训基地。

【组建劳模技术服务队和讲师团】 年内，市总工会组建劳模技术服务队20支，成立市劳模讲师团，与绍兴网合作开设“劳模大讲堂”，与绍兴广电总台合作推出《劳动最光荣》栏目，发出“劳模碧水行动宣言”，倡议全市劳模为重现绍兴水城风采建功出力。

【全市首届职工智力运动会】 8月20日至21日，

全市首届职工智力运动会在绍兴市委党校举行。来自各县(市、区)总工会及市直部门、系统工会的23支代表队共220名运动员参赛。

绍兴市职工智力运动会(市总工会提供)

【开展多项送温暖活动】 年内，全市各级工会打响“春送岗位、夏送清凉、秋送助学、冬送温暖”帮扶品牌，开展“爱心透析”、农民工免费健康体检、为环卫工人送保障等活动，各级工会帮扶困难职工及相关对象超过2.4万人次，落实资金超过1500万元。(市总工会提供)

共青团工作

【概况】 2014年年底，全市共有团员33.27万人，团组织1.67万个。绍兴职业技术学院机电工程学院团总支被评为2014年度全国五四红旗团支部。1月24日，全省首家地级市金融团工委——绍兴市金融团工委成立。

【团市委七届三次全体(扩大)会议】 2月28日，团市委七届三次全体(扩大)会议在市区召开。市委副书记尹永杰出席会议并讲话，团市委书记杨建根作工作报告。会议卸免了部分团市委委员，表彰了2013年度共青团工作先进集体和个人。

【关爱农民工子女公益宣传片首映】 3月3日，团市委、市志愿者协会联合市第七人民医院心理志愿服务队在咸亨国际电影城举行“心手相牵绘七彩”公益形象宣传片首映仪式。影片记录了全市心理志愿服务队三年来志愿服务的历程。三年间，全市心理志愿服务队共计走访农民工子女学校72所，问卷调查9000余人次，心理强化辅导300人次，心理巡讲150次，受益农民工子女2万余名。

【市志愿服务工作委员会第二次全体(扩大)会议】 3月12日，绍兴市志愿服务工作委员会第二次全体(扩大)会议暨市志愿者协会第五次理事会议召开，市委副书记尹永杰、副市长丁晓燕等出席会议。会上开通了“志愿绍兴”网络服务平台及手机客户端，表彰了2013年度绍兴市杰出志愿服务项目、杰出志愿服务集体和杰出志愿者。至年底，“志愿绍兴”网络注册志愿者15.37万人，志愿服务队1130余支，发起项目1500余个。

【浙江青年科技创业精英峰会】 3月24日，浙江青年科技创业精英峰会在绍兴召开。会上，IBM创业家全球训练营大中华区负责人刘漾水、浙江大学管理学院院长吴晓波等特邀嘉宾作了主题演讲及交流互动。

【纪念五四运动95周年大会】 5月4日，绍兴市举行以“引领新风·干在实处”为主题的纪念五四运动95周年暨青年文明号活动20周年大会。市委书记钱建民及各界青年代表共计400余人参加了大会。大会对第十一届“绍兴十大杰出青年”、“绍兴十大优秀青年”、绍兴市杰出青年文明号和杰出青年岗位能手等进行了表彰。

第十一届“绍兴十大杰出青年”名单

表52

序号	姓　名	单位和职务
1	丁　兰	绍兴市农业科学研究院高级农艺师
2	马一飞	嵊州市人民医院团委书记
3	边　宇	天洁集团有限公司董事长
4	祁玲娟	越城区鲁迅小学教育集团语文教师
5	孟繁欣	上虞区殡仪馆服务员
6	赵振华	绍兴市人民医院副主任医师
7	顾群英	浙江大公律师事务所律师
8	梁赛南	浙江万丰奥威汽轮股份有限公司总经理
9	谢　刚	绍兴汉青环保科技有限公司高级工程师
10	潘旗龙	绍兴市公安局交警支队城区大队民警

【全省首家青年创业支行成立】 6 月 3 日，由团市委和绍兴恒信合作银行组织的绍兴市金融支持青年创业调研座谈会暨绍兴青年创业支行成立仪式在绍兴恒信合作银行迪荡支行举行。这是全省首家针对青年创业成立的金融机构。

【第十五届省运会志愿服务】 6 月 10 日，第十五届省运会志愿者面试工作正式启动。团市委累计选拔近 1600 名赛会志愿者参加近 4 个月的赛事服务，共计接待服务运动员、教练员、裁判员和新闻记者、来宾等 1.2 万人次，累计服务时间超过 10.6 万小时。在 12 月 23 日召开的浙江省第十五届运动会总结表彰大会上，团市委被授予省运会“突出贡献奖”荣誉称号。

【全市首个区域青年工作共建委员会成立】 7 月 11 日，全市首个区域青年工作共建委员会在越城区塔山街道成立，团市委、市旅游集团、市金融团工委等 19 个成员单位加入了共建委。

【绍兴市青年网商学院成立】 9 月 4 日，由团市委、市商务局、绍兴职业技术学院共同组建的绍兴市青年网商学院正式成立，来自全市各地的 70 多名大学生村干部成为首期电子商务培训班的学员。

【青少年事务对外交流】 10 月 28 日，由印度人民党全国书记希达哈特·纳特·辛格带队的友好访问团到绍兴考察。访问团观摩了青少年消防逃生、应急救援、野外拓展等公益项目。团市委副书记韩彬翔介绍了绍兴市在志愿服务长效机制建设、青年就业创业帮扶、青少年健康成长等方面的工作。11 月 17 日，由柬埔寨奉新比克党主席诺罗敦·阿伦·拉斯美公主带队的友好访问团到绍考察，访问团参观了青少年校外教育场所，韩彬翔介绍了绍兴市青少年工作。

印度人民党访问团在绍兴访问（团市委提供）

【承办 CCTV 创业致富榜样峰会】 11 月 21 日，由团市委承办的“农信银”杯 2014 年 CCTV 三农创业致富榜样评选推介活动之创业峰会在市区举行，市委常委、宣传部长何加顺出席并致辞。大会邀请福建禽蛋类产业领军人物余劼、浙江德清从事服装产业的钱安华、浙江丽水梅花鹿产业拓荒者戴立洪以及绍兴从事文化创意产业的丁立清等 4 位榜样分享创业经验，400 多位青年企业家、大学生创业者参加。

2014 年 CCTV 创业致富榜样峰会（团市委提供）

妇联工作

【概况】 2014 年，市妇联执委会争取市人大等 10 多家部门支持，成立政策法规性别平等咨询评估机制，并召开联席会议，邀请联合国驻华机构社会性别专家、中华女子学院教授刘伯红，为评估机制的专家组和顾问成员作专题讲座，并加强对县级指导，从源头上推动社会性别平等理念纳入决策主流，保障妇女合法权益。联合民政、公安等部门，在县级以上全部建立反家庭暴力庇护场所，为遭受家庭暴力侵害后暂时无法回家居住的受害妇女提供临时的庇护救助场所。以“家庭教育大讲堂”为载体，向基层送公益讲座 107 场，听众 4.6 万人次。深化美丽家园创建活动，全市组建村嫂监督队等巾帼志愿者队伍 860 多支，成员 7100 余人，开展卫生监督、行为劝导、卫生保洁和文艺宣传活动。

4 月 23 日，第 5 期“家庭教育 E 讲堂”在绍兴网络电视台播出，传播科学家教知识（市妇联提供）

【绍兴市第七次妇女代表大会】 11 月 21 日至 22 日，绍兴市第七次妇女代表大会举行，300 多名正式代表和特邀代表与会，市委书记钱建民、省妇联主席劳红武出席并讲话。邢南艳代表市妇联第六届执委会向大会作题为《做时代女性、建美丽家园、创美好生活，团结引领全市妇女在建设现代化绍兴征程中再立新功》的工作报告。邢南艳当选市妇联第七届执行委员会主席，黄伟英、柴凌凌当选副主席。

【沈跃跃到绍兴考察】 9月24日，全国人大常委会副委员长、全国妇联主席沈跃跃到绍兴市考察建设服务型基层妇联组织工作。沈跃跃先后来到柯桥区柯桥街道大渡社区、中国轻纺城、越城区府山街道越都社区、市妇联婚姻家庭指导服务窗口，考察社区妇女之家、市场妇女组织建设、妇联服务妇女群众情况。

全国妇联主席沈跃跃在绍兴考察工作（市妇联提供）

【举办专场招聘会和技能培训】 年内，市妇联连续第10年与人力社保部门合作举办妇女就业专场招聘会，151家企业参与，吸引应聘人员3600余人，1068名女性初步达成意向。各级妇联开展电子商务、家政服务等项目的城乡妇女职业技能培训1.54万人次，介绍适合妇女就业的岗位7840个。组织女性专业户赴义博会、游博会和农博会，推荐妇女手工艺品参与央视纪录片《指尖上的中国》的拍摄。

【推进两个重点实事项目建设】 年内，市妇联推动市财政按照全市妇女人均1元钱的标准，为市妇联增拨专项工作经费至220万元。农村妇女"两癌"免费检查逐步实现制度化和常规化，全市2.78万人完成"两癌"检查。编制市妇女儿童工作委员会工作制度，进一步明确成员单位的职责分工，促进规划执行机制的完善。

【服务窗口为市民提供婚姻家庭指导服务】 年内，市家调会、市婚姻家庭指导中心、市家庭教育指导中心三个服务窗口，共提供婚姻家庭专业咨询1139件，调解纠纷229起。市县两级家调组织实现全覆盖，组建专兼职调解员115人，聘请专家70人，募集志愿者100余名；婚姻家庭指导中心积累交友资料3080份，举办交友活动7场，参与者1782人。

【推动农村妇女群众参与基层民主管理】 年内，在村级组织换届中，全市2119个行政村共选出女村民代表35819人，占村民代表数的36.44%；选出女支委794人、女委员2464人，分别占支委、委员总数的10.13%和30.74%；选出女书记63人、女主任49人，占比基本与上届持平；村妇代会主任进"两委"的有2107人，占妇代会主任总数的99.48%，比上届提高4.1个百分点。（市妇联提供）

科协工作

【概况】 2014年，绍兴市科协以推进科技馆工程建设为重点，大力加强深化院士专家工作、科普工作、学会工作和科技人才工作。

【科技中心建成开放】 12月29日，绍兴市科技中心举行"科技梦·中国梦——中国现代科学家主题展"开展暨绍兴科技馆开馆仪式。科技中心位于镜湖新区洋江西路南侧，2009年7月立项，2011年3月动工，2014年5月完成土建移交，总用地面积约5.586万平方米，总建筑面积3.1万平方米，其中地上面积2.5万平方米、地下面积0.6万平方米，土建工程总投资2.5亿元。科技馆内部展教工程2011年9月立项，2014年3月开工，展教工程项目总投资8800万元。科技馆核心功能是：科普展教、科普影视娱乐、科技交流、科技实践活动等。科技馆共三层：一层分南北两区，北区为儿童乐园、科普影院区，南区为一楼临展厅、序厅；二楼是"地球与生命""探索与发现"展厅；三楼为"科技与生活"展厅。另外，还有绍兴籍院士和青春期教育两个公共展区，以及一个中小学生科技教育实践基地。科技中心在全国首开院地合作模式，"地球与生命"展厅由绍兴市科协与中科院古脊椎动物与古人类研究所合作完成布展。多项展品国内首创，国际领先。

【新建院士专家工作站7家】 年内，全市新建市级院士专家工作站5家，省级院士专家工作站2家，培育院士专家产业化基地2家，至年底，全市累计有省级院士专家工作站7家、市级院士专家工作站51家。新昌县泰坦股份有限公司与俄罗斯自然科学院院士古丽耶夫·亚里山大（Gureyev Alexey）正式签订院士专家工作站项目协议，成为全市第二家由外国籍院士坐镇的院士专家工作站。培育院士专家产业化基地列入2014年绍兴市政府工作报告和市委、市政府对县（市、区）考核的内容。制定《2014年度绍兴市院士专家工作站成果产业化培育基地认定细则》，认定8家院士专家工作站为2014年度产业化培育基地，并在全市18家已认定一年以上的培育基地中评选出2家市级院士专家成果产业化基地。全市院士专家工作站已对109个项目进行成果转化或产业化，承担项目43个，累计申请发明专利182项，获授权81项，申请实用新型专利541项，获授权470项，申请外观设计专利271项，获授权247项，申请国际专利3项。会同市人才办等部门对已建成的51家院士专家工作站进行动态管理。

【第七届院士专家绍兴行活动】 11月28日至30日，第七届院士专家绍兴行活动举办，8名"两院"院士、60多名海内外高层次人才以及海外社团协会负责人应邀出席。市科协与浙江清华长三角研究院开展完成了“绍兴市主城区污水处理政策建议研究”和“绍兴市农村生活污水治理政策建议研究”课题，并请院士专家对课题成果进行了论证。对全市“五水共治”技术难题和项目需求进行摸排，在中国科学院、中国工程院、中国科协和台湾科技社团的支持下，收集汇总治水科技项目50个，与绍兴50多家企业、学院开展课题论证、项目对接，达成意向14家。

【加强农民专业技术培训】 年内，市科协开展“五星级”民间人才评选、农函大农民培训和工作评先表彰活动。全市农函大培训一年制以上学员12855人，短期培训89124人。开设电子商务课程，培育新型农民和农产品经销商。编印农函大培训教材《香榧栽培与加工》《五水共治365问》等科普书籍。组织76位农民参加专业技术职称评定，其中53人获得初级职务任职资格，26位农民申报农业(农民)专业技术中级职称通过初审，17人获农业(农民)中级专业技术职称，11人被评定为“五星级民间人才”。承办浙江省县级科协工作研究会第30次大会，110余人参加会议。承办浙江省农函大工作研究会全体成员会议，220多名成员与会。

【青少年信息学竞赛成绩突出】 年内，第26届国际信息学奥林匹克竞赛中，由4名选手组成的中国队获得4枚金牌，其中绍兴学生包揽2金。第31届全国青少年信息学奥林匹克竞赛中，绍兴获得4枚金牌。第二十届全国青少年信息学奥林匹克联赛中，绍兴18人获一等奖。

【推进智库建设】 年内，市科协启动由院士专家及各类学会拔尖人才组成的绍兴高端科技智库建设工程，推进建立智库网站和智库组织框架，初步形成理、工、农、医和综合五类专家组，并组织开展项目评审、软科学研究、建言献策和基层集中服务，初期入库专家共计117位。由智库在线、科技社团、院士工作、海智计划等版块组成的智汇网正在建设之中。修订学术项目管理办法，实施国际、国家、省、市四级学术交流项目管理机制，鼓励市级学会承办高级别学术会议，学术项目立项11个，已完成验收项目10个，立项资助资金9.2万元。改革软科学课题管理办法，以结题报告质量评定资助等级，制定《2014年度软科学研究项目立项资助方案》，共征集软科学研究项目22个，审定立项19个，已完成课题17项，立项资助资金9.6万元。中国顶级知识产权中介服务项目——中国商标专利事务所绍兴分所，落户越城区科技创业产业园。

【举荐表彰科技人才】 年内，市科协会同市委组织部、市人力社保局联合开展绍兴市第三届青年科技奖评选，表彰了10位青年科技奖获得者。推荐绍兴市人民医院院长郭航远为全国优秀科技工作者。举荐科技专家参与市人才办组织开展的人才计划活动。指导农业、医疗卫生、科技服务等学会会员80多人次，开展4次集中科技下乡服务活动。举办第二届“科学在我身边”摄影大赛，在《绍兴日报》开辟“优秀科技工作者风采”专栏。上虞区科协加强“科技工作者”之家建设，注重对科技人员日常联系走访、节日慰问；柯桥区开展第二届“双十佳”优秀科技工作者评选表彰工作；嵊州市科协加强农村农用技术人才培养，开展农民职称评定，53名农民获初级职称；新昌县科协开展“三十佳评选”工作。（市科协供稿）

文联工作

【概况】 2014年，市文联主办或联办艺术展览交流活动20余项；组织文艺力量参与30余场节日性文艺惠民活动；送书画、书籍支持8个村文化礼堂的建设。开展手工艺、曲艺等领域的技能培训和群众性书画赛事，吸引了1400余人参与。协助村镇发挥当地艺术特长，申报省级艺术村试点，6家基层单位成功申报“浙江书法村”。市文联以成立30周年为契机，推出多项纪念活动。

年内，由市文联和各文艺家协会组织或参与组织创作、选送的作品，荣获多项文艺奖项，各艺术门类涌现出一批富有生活气息和地域特色、体现时代精神和乡土风貌的优秀作品。文学：斯继东、高晓枫的小说入围“第六届鲁迅文学奖”；周建达、周如钢的小说分别获得“东丽杯”全国梁斌小说奖一等奖、《莽原》文学奖；斯继东、金晓磊、朱建平3篇中短篇小说在《人民文学》《小说选刊》《中华文学选刊》发表或转载；东方浩、邢莱标、刘汉杰等9位绍兴诗歌作者的40多首新作登上《诗歌月刊》；东方浩的《春天的味道》，麦秸的《三千里外的乡愁》《小区清洁工》，分别刊发在《诗刊》和《天涯》上。美术：俞切民、许宁、陈阳、吕国钢的作品入展第十二届全国美展，茅斌辉、李丰的作品选送全国；宓风光获“子恺杯”全国漫画展优秀奖；蔡栋等4人多件作品入选由中国美协主办的全国性展览。书法：在第五届中国书法“兰亭奖”评选中，娄东昇获佳作奖二等奖，梁文斌获三等奖，何来胜、肖慧获入展奖。摄影：孟鲁平获2014年中国古建筑摄影大赛金奖；支雷鹰获第三届“徐肖冰杯”全国摄影大展影像探索佳作奖；梁柏林获全国廉政建设文化摄影大赛一等奖。戏剧：刘建杨获24届“白玉兰”主角奖，青年演员杨炯、应林锋分获“白玉兰”新人主角奖和新人配角奖。张琳获第二届浙江戏剧奖·金桂表演奖。曲艺：绍兴宣卷《票》获第九届全国曲艺邀请赛一等奖；少儿曲艺《一颗米》获第六届全国少儿曲艺大赛一等奖；莲花落《十八相送》获第七届巴黎中国曲艺节最高奖罗浮金奖。施金裕获第八届中国曲艺牡丹奖新人奖。音乐和舞蹈：《卧薪尝胆》《最爱春天》分获浙江省“新人新作”音乐大赛表演和创作金奖、银奖；民乐合奏《纤道欢歌》获新民乐新作作品演奏大赛表演三等奖、新作品创作奖；《鉴湖放歌系列之“绍兴五女”组歌》发表在中国音协主办的歌曲杂志上；声乐作品《燃情七月》等4首歌曲在全国歌曲杂志发表。工艺美术：首届浙江民间美术周活动中，绍兴选送的花雕、越塑、越瓷、砖雕、木雕、卵石画等6类18件作品，共获得4个金奖、6个银奖、8个优秀奖；首届中国徐州民间工艺博览会上，绍兴艺术家创作的越塑、花雕、脸谱、越铸、根雕、卵石画、越扇等7个门类30件作品获金奖或银奖。影视：钱勇独立制作的纪录片《脸》获浙江省第二十四届电视“牡丹奖”纪录片（省市级）一等奖；两集纪录片《潮涌之上》在央视纪录片频道播出。文艺评论：李敬仕的论文获首届“浙江文艺评论奖”二等奖，并出版个人文集《求真思萃——一个画者的文迹》；《绍兴日报》《文化月刊》《美术报》《书法报》《暨南学报》《湖北美术学院学报》等报刊发表绍兴评论家各类评论文章近50篇。

绍兴市文联成立三十周年作品展（宋汉其　摄）

【“诗画江南，美丽水城”文艺四季风系列活动】 年内，市文联各艺术门类举行“美丽水城，美好生活”为主题的展览展赛活动：4月9日，由市文联、绍兴文化影视频道主办，市曲协承办的“五水共治，美丽水城”故事演讲比赛在绍兴广电总台举行。4月19日浙江省第三届故事大赛9位选手获优胜奖。6月24日，由市文联、市书协主办的“绍兴市书法家协会理事书法作品展”在市非物质文化遗产馆开展，共展出40余件以颂咏水乡、水城为主题的作品。8月5日，由市文联、市美协主办的 “甲午·绍兴市美术作品特展”在绍兴博物馆开展，展出90件画种、画风多样的美术作品，从不同角度记录了绍兴社会的变革。6月7日，由市音乐舞蹈家协会主办“文艺四季风”绍兴市新年音乐新作演唱演奏专场展演，在柯桥文化发展中心音乐剧场落幕。7月18日至20日，市文联组织摄影家采风团一行23人，开展为期一个月，主题“美丽水域·美好生活——走进曹娥江”摄影采风活动。12月底，在鲁迅纪念馆举办为期一个月的“美丽水城·美好生活”摄影作品展。

【市文联六届委员会人员调整】 5月上旬，根据市委安排，何俊杰任市文联党组书记。6月6日，市文联六届六次全委会在市级机关会议中心召开。根据市委提名，选举何俊杰为六届委员会主席；同意刘孟达因工作调动辞去主席一职。10月15日，市文联召开干部大会。市委组织部副部长张壮雄代表市委宣布了文联领导班子调整情况：任命何俊杰为市委宣传部副部长，兼任市文联党组书记，不再担任市文联主席一职；提名金一波为市文联主席；任命严国庆为市文化投资发展有限公司纪委书记、监事长，不再担任文联副主席一职。10月24日，市文联六届七次全委会召开。根据市委提名，选举金一波为六届委员会主席，同意何俊杰因工作调动辞去主席一职，同意严国庆因工作调动辞去副主席一职。

【举办“鲁迅与雨果——大师对话”中法文化交流活动】 6月5日至6日，由中国文联副主席、党组副书记覃志刚，中国文联副主席、中国美术家协会主席刘大为带队的12位书画名家到绍兴出席“鲁迅对话雨果”中法文化交流之“文豪家乡”主题画展采风活动。10月14日至16日，由中国鲁迅基金会、市文联举办的“鲁迅与雨果——大师对话”中法文化交流活动在绍兴举行。其间，部分作家参加了在文理学院举行的“鲁迅与雨果：跨时空对话”论坛。

【市文化创意设计协会成立】 2月28日，绍兴市文化创意设计协会正式成立，成为市文联的第14家市直文艺家协会。经选举，赵小强任协会第一届理事会会长。

绍兴市文化创意设计协会成立（宋汉其　摄）

【柯桥区漓渚镇文联成立】 12月10日，柯桥区基层文联建设试点——漓渚镇文学艺术界联合会第一次会员代表大会在漓渚镇政府会议室召开。省文联党组书记、副主席、书记处常务书记田宇原出席会议并为漓渚镇文联揭牌。柯桥区各文艺家协会负责人、16个镇（乡）宣传委员、镇村（居）企事业单位文艺爱好者180多人受邀参会。

【绍兴诗歌创作与发展研讨会】 12月19日，市文联、市文艺评论家协会联合举行“乡情诗风——纪念贺知章逝世1270周年暨绍兴诗歌创作与发展研讨会”。绍籍著名诗人张德强作了题为《绍兴诗歌漫议》的主题发言。

【首次组团参加国际性艺术展会】 9月18日至21日，绍兴市文艺界组团参加在广州举行的第五届“艺术广东——国际收藏品及艺术品博览会”。这是市文联首次组织绍兴艺术家抱团参加国际性艺术展会。其间，绍兴市8位画家的作品在广州·琶洲保利世贸博览馆展出。李敬仕、周一农出席了岭南艺术对话人文绍兴专题论坛。

【首届民间工艺美术家资格认证培训】 为更好地传承保护全市民间工艺美术，从6月开始，市文联、市民间工艺美术家协会组织开展为期三个月的首届民间工艺美术家资格认证培训，52名学员参加了培训。省文联和中国美院的12位专家、教授、工艺美术大师现场授课。

【编创首台莲花落舞台剧《鉴水岸边》】 9月3日，八幕莲花落舞台剧《鉴水岸边》在柯桥区文化发展中心音乐剧场上演，这台由市曲艺家协会历时3年打磨、绍兴莲花落历史上第一次分角色、分场次的舞台大戏正式亮相。该剧对绍兴莲花落传统的表演范式进行了创新，绍兴莲花落“一个人一台戏”的传统形式演变成为“30多个人一场剧”，这也是继莲花落男女双档、莲花落小戏后又一次突破性地尝试。

【袁长寿等书画作品展】 1月25日，著名绍籍画家桑火尧“回乡”主题作品展在绍兴市美术馆开幕，展出150幅水墨作品。这是桑火尧在浙江举办的首个个展。4月26日，“从心所欲写我意——袁长寿书法近作展”在市美术馆开展。共展出作者新近创作的51件大尺条幅作品。10月26日，“春华秋实——张浩、龚桂明、楼国明作品展”在诸暨博物馆开展。展出的近百件美术作品题材集人物、山水、花鸟于一体，形式涵盖瓷面、扇面、手卷等。

【绍兴鲁迅文学院系列文学讲座开讲】 4月10日，由绍兴鲁迅文学院、绍兴市作家协会主办的绍兴鲁迅文学院2014年度系列文学讲座首期开班。首期讲座以“先锋文学”为主题，著名小说家、《西湖》杂志主编吴玄受邀主讲。全市30余名文学创作骨干和爱好者参加了讲座。该系列讲座旨在进一步夯实和开拓全市文学创作队伍的实践能力和理论视野，将不定期的在绍兴鲁迅文学院举办。（宋汉其）

社科联工作

【概况】 2014年，全市社科界围绕市委、市政府的中心工作，立足绍兴实际，在市社科联的统筹协调、团结凝聚下，在学术研究、理论研讨、社科普及和人才队伍建设等方面发挥了“智囊团”和“思想库”的作用，为重构绍兴产业、重建绍兴水城和加快现代化绍兴建设提供智力支持和精神力量。

【围绕大局开展社科研究】 年内，全市社科界共发表论文560多篇，出版专著30多部，承担省级以上课题近30项，其中20多项课题被省规划办列为重点课题，7项课题被列为国家社科基金项目。获省级以上优秀成果奖10项，其中2项成果获浙江省社会科学研究优秀成果奖，6项获浙江省社科联第三届社科研究优秀成果奖。市委市政府提出的“推进五水共治、实施双重战略”是2014年社科理论研究的主攻方向，共有149项课题立项，其中《“重构绍兴产业、重建绍兴水城”战略及其推进机制研究》等10项课题为重大招标课题，《大城市背景下绍兴如何构建新的发展优势？——基于动态比较优势理论视角的研究》等109项课题为重点课题，《越商公司治理研究》等30项为社科研究基地专项课题，其中应用对策性课题占80%，一些优秀课题成果成为市委、市府出台政策举措的决策参考。

【聚焦热点组织理论研讨】 年内，全市社科界在市社科联的统筹组织下，成功承办全省第二届社会科学学术年会“推进五水共治，实施双重战略”系列分论坛暨首届绍兴社科智库论坛。邀请院士、研究员、政府职能部门领导及优秀企业负责人参加三场跨界主题学术峰会。共征集到论文207篇，评出优秀论文54篇。承办纪念王阳明逝世485周年学术研讨会，吸引日本、韩国、新加坡及国内的专家、学者近百人参加。举办“创新发展枫桥经验 推进乡村治理现代化”学术沙龙，与会的20名专家学者就法治建设大背景下，如何改善乡村治理机制，提高乡村治理水平进行深入探讨。

首届绍兴社科智库论坛（市社科联提供）

【切合实际推动社科普及】 年内，“绍兴社科人文讲堂”深入社区、学校，实行网上网下联动，为基层群众送上切合生活实际的社科人文讲座24场，内容涵盖经济社会、政策解读、健康教育、法律安全、文化艺术、民生热点等多个方面。深入开展“社科专家基层行”活动，将党的群众路线主题讲座、展览送进社区、校园、企业。深化社科普及周活动品牌，联合各会员单位，各县（市、区）社科联，面向基层推出多种形式的社科普及活动，举办读书会、演讲、征文、学术沙龙、论坛、知识竞赛等各类科普主题活动75场，基层讲座200余场，展览近50场，咨询活动25场。开通浙江省首家社科联官方微信平台“社科越读”，紧紧围绕当前的社会热点、突发公共安全以及自然灾害等热点，即时普及有关社科知识。

【多策并举壮大社科队伍】 年内，市社科联出台《绍兴市百名“社科新人”培养计划》，明确要在2013年至2015年间，培养100名具有创新能力和发展潜力的社科青年学者。2014年，共筛选社科新人40名，并邀请专家学者对他们进行课题研究等方面的集中培训，以提升他们的综合素质和研究水平。同时，采取研修培养、学术交流、课题倾斜等措施促进现有社科新人成长。一批青年学者取得标志性学术成果，获得两项浙江省社科联第六届青年社会科学优秀成果奖。（市社科联提供）

残疾人联合会工作

【概况】 2014年，全市各级残联组织着力加强残疾人社会保障和服务体系建设，努力使改革发展成果更多、更公平地惠及全市残疾人。以市区残疾人工作事权调整为重点，进一步理顺关系，推进加强基层组织建设。

【摄制全国首部残疾人励志动画片《追梦》】 3月，全国首部残疾人励志动画片《追梦》拍摄完成第一季《五星飞越》。该片由中残联宣传文化部、浙江省残联指导，绍兴市残联、北京辉煌动画公司、绍兴市信邦动画公司等单位联合出品，内容以绍兴5位残疾人的真实故事为基础改编而成。该片从3月28日起，先后在绍兴电视台文化影视频道《小兰花》栏目、中央电视台少儿频道《开心果》栏目、浙江电视台少儿频道快乐时代剧场播出。

《追梦》原型人物在中国传媒大学与师生座谈（市残联提供）

【市区残疾人意外伤害保险工作启动】 7月18日，市政府办公室印发《关于开展市区残疾人人身意外伤害保险工作的通知》。该项工作被列入2014年市政府十方面民生实事工作。至年底，绍兴市区45176名持证残疾人全部纳入保险范围，受保残疾人因意外身故、伤残、住院、医疗费用、重大疾病均可获得保险理赔。

【深入推进残疾人保障服务】 至年底，绍兴市残疾人基本生活保障工程共对16409名残疾人实施单独施保或发放补助金；康复工程共为1564名残疾人提供免费白内障复明、助听助视器适配、下肢假肢装配、盲人定向行走训练等服务；托（安）养工程已有8076名困难残疾人接受集中托养、居家安养或日间照料服务；无障碍设施进家庭项目共对1331户困难残疾人家庭开展装配扶手、浴凳、修建坡道等无障碍设施改造和配发轮椅、拐杖、电子声光盲杖、护理床、骨科床、直立床、充气床垫等无障碍器具。为全市62名困难残疾人申报和发放省级补助资金66.4万元。市本级春节期间慰问困难残疾人209名，发放慰问金25.08万元；助残日期间走访慰问困难残疾人和残障学生619人，发放慰问金37.65万元。

【加强残疾人就业工作】 年内，经市政府第四十次常务会议同意，主城区机关、事业单位残疾人就业保障金征收在2013年基础上提升10%。全市共征收入库残疾人就业保障金22978.57万元，其中主城区入库比2013年增加9.54%。全市共对1160名残疾人开展职业技能培训。在浙江省第四届残疾人职业技能竞赛中，全市共获4金、1银和1铜，团体总分第三名。市、县（市、区）分级召开残疾人就业招聘会，全市新增残疾人就业1129名。其中分散按比例就业342名，集中就业624名，其他各类就业163名。

绍兴市运动员在浙江省第九届残疾人运动会上奋力拼搏（李伟成 摄）

【筹建绍兴市康复医院】 年内，根据2013年市残联与绍兴文理学院签订的合作协议，成立康复医院领导班子，全面推进市康复医院建设。市财政局批复核准项目建设资金2174万元，按二级综合性康复医院标准，对文理学院附属医院原昌安院区进行装修改造，至年底已基本完成市康复医院第一期建设，12月28日，市康复医院各临床科室及康复门诊试营业，对外服务。

【残疾人事业再添新荣誉】 年内，在北京APEC峰会期间，在国务院办公厅、外交部和中残联组织举办的“亚太经合组织领导人会议残疾人主题才艺展”上，上虞区无臂书画家陈伟强作为7名应邀代表之一，现场创作90幅书画作品，赠送与会贵宾。在第五次全国自强模范和助残先进评选活动中，越城区王氏纸业有限公司董事长王志丽、诸暨市特教学校校长蒋春凌分别荣获全国自强模范和全国助残先进个人。在全国志愿服务广州交流会暨首届中国青年志愿服务项目大赛中，绍兴市残疾人骆润法开展的“‘骆大师爷’全国残疾人精英创业与培训基地志愿助残创业工程”项目获得银奖。在全省第九届残疾人运动会上，全市获得金牌数全省第四的成绩，并在预先举行的第九届全国残运会项目中获得6金2银。

【完成市本级和越城区（开发区）管理体制机制调整】 年内，根据市委、市政府要求，市残联向越城区残联移交高新区、袍江开发区范围内涉及残疾人服务工程、经济补助、服务机构队伍建设、证卡办理四个方面的18项事权，暂保留精神病防治和残疾人就业保障金征收两项事权；为充实越城区残联力量，经市编委批准，市残联下划3个事业编制到越城区残联。9月12日，中共绍兴市委办、市府办联合印发《绍兴市残疾人联合会相关职权下放越城区的实施方案》，确定事权调整在2015年1月起交接实施。（李伟成）

红十字会工作

【概况】 2014年，市红十字会被推荐为全国红十字会系统先进集体，上虞区、诸暨市成为全省首批红十字工作示范县（市、区）。陈德根、徐爱娟夫妇和爱心老人单厚生获评“感动浙江——最美红十字人”称号。

【新设“心灵健康”和“预防艾滋 关爱生命”项目】 年内，市红十字会依托市第七医院和市疾控中心分别建立“心灵健康”和“预防艾滋 关爱生命”红丝带救助项目。全市筹集爱心款物1148.43万元，支出救助款物1186.99万元。其中，市本级筹集59.04万元，支出224.89万元。云南鲁甸地震，全市接收爱心款物53.15万元。发动爱心单位和人士援建“博爱书屋”3个。

【普及救护知识和培训救护员】 年内，市红十字会编印《红十字现场救护手册》交通安全篇、突发事件篇。开展“生命礼赞——高校红十字救护技能大赛”活动。组织高一新生救护技能比赛活动。组织救护师资教研活动，推广红十字掌上急救学堂、新建红十字短信发布平台发布应急救护知识和健康常识，在“五水共治”中组织应急救护培训。全市培训救护员1.8万余人，普及救护知识15.03万余人（次）。

高校红十字救护技能大赛（市红十字会提供）

【造血干细胞和器官（遗体）捐献数创新高】 年内，市红十字会制订造血干细胞分配、采样登记规范性办法，推动此项工作机制性转变。5月8日，举行高校大学生造血干细胞集中采样活动。设立器官（遗体）捐献者网上纪念堂。全市新增造血干细胞采样登记入库650例、入库率达133%。至年底，全市捐献造血干细胞7例、器官10例、遗体1例，造血干细胞捐献和器官（遗体）捐献数量超过历年累计数的总和。

【开展“菜单式”志愿服务和“日行一善”活动】 年内，市红十字会新建10个红十字“学雷锋”志愿服务基地，开展“我们的节日——中秋重阳”系列活动，提供“菜单式”志愿服务。市红十字会还培育扶持新昌县户外应急救援队成为浙江省应急救援队。并在市区游泳集中点或易落水的12个地段，放置救生器材，普及防溺水和紧急救护知识。与此同时，推动中小学生“日行一善”道德实践活动，新增省红十字示范校13所、达标校29所。

市区部分河段配置救生圈（市红十字会提供）

【推进“博爱送万家”活动】 年内，市红十字会着力推进“博爱送万家”活动和开展“网络爱心大使情系困难家庭”活动，全市筹集爱心款物200.76万元，惠及2807户困难家庭。其中，市本级投入60.14万元，惠及792户困难家庭。（市红十字会提供）

法　治

综　述

【概况】 2014年，全市政法机关以"枫桥式"乡镇(街道)创建为抓手，积极创新基层社会治理模式，牢牢守住平安创建、反恐斗争、非访处置三条底线，全面深化平安绍兴、法治绍兴和政法队伍建设。

【平安创建实现"七连冠"】 年内，绍兴市被省委、省政府命名为平安市，实现"七连冠"。各相关单位进一步落实平安创建工作责任，建立健全日常性督促检查和警示工作机制，组织开展暗访考核。同时，继续深化基层平安创建活动，以村(社区)、单位为重点，开展平安区、县(市)、乡镇(街道)、社区(村居)、企事业单位等基层平安创建活动。结合"综治平安双月宣传""纪念建设平安浙江10周年"和"美丽绍兴、美好生活"等主题活动，开展形式多样的宣传活动，提高平安创建的参与率、知晓率和满意率。全市群众安全感满意率96.53%，居全省第四位，排名比2013年上升了6位。

【全面启动"枫桥式"乡镇(街道)创建工作】 年初，市委、市政府下发《关于坚持发展"枫桥经验"创建"枫桥式"乡镇(街道)的意见》，召开全市动员大会，全面启动"枫桥式"乡镇(街道)创建工作。各地以矛盾纠纷化解好、社会治安秩序好、基层基础建设好、乡风文明倡导好、人民群众口碑好的"五个好"作为创建目标，结合实际开展广泛的发动和创建。市委、市政府加强对"枫桥式"乡镇(街道)创建的督查和考核，对全市118个乡镇(街道)创建工作实行"月排名"。年底，严格对照考核标准，在各地自评申报基础上，评定产生30个"枫桥式"乡镇(街道)。

【在全省率先开展乡村治理现代化工作】 11月，市委、市政府下发《关于坚持发展"枫桥经验"推进乡村治理现代化的通知》和《关于培育和发展乡贤参事会的通知》，在全省率先开展乡村治理现代化工作。该项工作以乡贤参事会和村规民约为突破口，积极组织调研，总结典型亮点，开展试点培育，推进乡村治理模式创新。总结提炼了上虞区崧厦镇祝温村、袍江新区孙端镇、嵊州市甘霖镇等乡村治理的特色亮点，调研成果《乡村治理现代化的样板——对绍兴市上虞区祝温村治村模式的调研》得到省委副书记王辉忠和市委书记钱建民的批示肯定。12月14日，中国乡村治理现代化高峰论坛在上虞召开，来自华中科技大学、香港中文大学、中国农业大学的贺雪峰、王绍光、朱启臻等10位国内乡村治理方面的专家就坚持发展"枫桥经验"，推进乡村治理现代化的理论与实践问题进行深入交流探讨，对绍兴市的工作探索给予高度评价。

【深化社会稳定"三色"预警工作】 年内，市委政法委继续在全市层面深化、推广、完善社会稳定"三色"预警工作，细化实施方案和预警指标，试点实行标准化管理，监督问题的整改和落实，各县(市、区)都将此项工作纳入到岗位目标责任制考核，并实行每月通报制度、领导约谈制度、整改复查制度，在预防化解基层社会矛盾纠纷中作用明显。上虞区的社会稳定"三色预警"做法及全员维稳机制和柯桥区的"社会稳定指数"得到中央和省委维稳办肯定。其中，柯桥区"利用大数据技术实现社会稳定预判预警"的做法被中央办公厅《专报》转发。全年全市共发出红色预警150次、黄色预警316次，约谈乡镇(街道)负责人33次。

【实行社会稳定"第三方"评估】 年内，市委政法委在深入开展重大决策社会稳定风险评估工作的基础上，积极推动实行"第三方"评估，明确评估内容、范围、责任主体、责任追究等事项，规范评估项目确定、评估方案制订、全面分析论证、风险等级确定等程序，完善评估专家库建设，实现应评尽评、依评决策，做到事前评估、事中反馈、事后评价全过程动态管理，并在上虞区开展试点。至年底，全市已有7家"第三方"社会稳定风险评估机构正式运行，已完成"第三方"评估项目20个，实现了社会效益与经济效益双赢，实现了从"被动保稳定"向"主动创稳定"的有效转变，发挥了"源头维稳"的积极作用。

【基层矛盾纠纷排查调处化解体系日益完善】 年内，市委政法委不断完善基层矛盾纠纷预防化解机制，坚持县、乡、村三级基层矛盾纠纷调处化解体系建设。培育指导新昌县"3+X"人民调解模式、绍兴高新区皋埠镇"580"大调解中心建设。深入开展矛盾纠纷排查化解，重点关注"五水共治"、"三改一拆"、企业改制、环境保护等方面存在的矛盾纠纷及其利益相关的重点对象，全年全市共调处各类矛盾纠纷 36180 件，调解成功 35621 件，成功率达 98.45%。梳理摸排出省挂牌督办的重大矛盾纠纷 3 件，市级重大矛盾纠纷、重大不稳定问题 74 件，至年底，化解销号省挂牌纠纷 1 件、市级重大纠纷(问题) 71 件，化解率达 95.95%。

【非访处置工作成效显著】 年内，市委政法委把非访处置工作作为平安综治工作的一项硬任务，围绕"全力控制非访指标，合理解决突出问题，坚决遏制集体非访"的目标，通过落实化解稳控、打击处置、督促检查、舆论宣传等措施，牢牢把住非访指标控制"红线"。全年共召开相关协调会议 12 次，下发非访情况通报 13 期，对 3 个县(市、区)、5 个乡镇(街道)党政负责人开展工作约谈，对 9 个地方和部门提出了通报批评，对 2 个地方给予综治工作黄牌警告，共对非访对象开展法制教育 53 人次，警告 32 人次，治安拘留 93 人次，并对 7 人追究了刑事责任，全市非访数同比下降 71.4%，指标控制率为 60.9%，低于全省平均指标控制率，非访高发态势得到了有效遏制。

【稳步推进司法体制机制改革】 年内，市委政法委积极稳妥地推进司法体制机制各项改革措施的贯彻落实。举办学习贯彻浙江省防止冤假错案 33 项制度培训班，健全错案防止、纠正、责任追究机制，不断完善执法制度，防范冤假错案的发生。积极探索建立轻微违法犯罪行为的惩治和办理机制，出台了《关于实行轻微刑事案件快速办理机制发挥拘役等轻缓刑罚教育矫治作用的实施意见》。举办全市涉法涉诉信访改革培训班，起草下发了《绍兴市依法处理涉法涉诉信访问题的实施意见》，开展了涉法涉诉信访案件专项检查，对 61 件转交办信访件办理情况进行专项检查。制定出台《绍兴市司法救助实施办法》，改进司法救助工作机制，扩大了司法救助适用的情形，明确救助金额的具体标准，加强救助资金使用监管力度，加大对信访当事人的救助力度。2014 年，市本级共使用救助资金 248.34 万元，使用率达 82.78%，同比增长 41.5%。救助案件 67 件，救助人员 118 人。

【基层社会治理工作初具特色】 年内，市委政法委坚持发展"枫桥经验"，狠抓乡镇(街道)这一社会治理的重点和难点，在抓基层、强基础上下功夫、见成效，涌现了诸如上虞区的社会组织参与社会治理模式、诸暨市的"一张网"工程、嵊州市的乡镇治理"四步工作法"等工作亮点，初步形成具有绍兴特色的社会治理新格局。(市委政法委提供)

法制工作

【概况】 2014 年，绍兴市按照法治政府建设要求，围绕市委市政府工作基调和"重构绍兴产业、重建绍兴水城"战略部署，以推动依法行政工作为核心要务。市政府法制办印发《关于开展 2014 年度法治政府建设考核评价工作的通知》，对考评体系进行了修订，进一步完善了绍兴市法治政府建设考评工作机制。被考评单位从各县(市、区)政府扩大到市级 39 个主要行政执法部门。

【继续实施行政规范性文件"三统一"制度】 年内，市政府法制办对 2014 年度市政府及市府办的 31 件行政规范性文件、市级部门的 20 件行政规范性文件进行登记编号，经登记编号的行政规范性文件均在市政府门户网站公布。同时，向省政府上报备案行政规范性文件 31 件，审查市政府各部门向市政府报备的规范性文件 20 件，审查各县(市、区)政府向市政府报备的规范性文件 150 件。

【清理行政规范性文件】 年内，市政府法制办对市政府行政规范性文件进行了"地区封锁规定"等专项清理工作，废止了 14 件市政府及市府办文件。

【政府合同备案审查】 年内，市政府法制办根据《绍兴市规范行政机关合同管理工作实施办法》，对市级部门报送的 12 个重大行政合同进行备案审查。

【规范政府法律顾问和常务会议法制学习】 年内，市政府法制办出台《绍兴市人民政府法律顾问工作考核办法》，对政府法律顾问提供的法律咨询服务，从考核时间、考核内容、考核分值、考核标准和考核方法上给予明确规定。出台《市政府常务会议学法制度》，对市政府常务会议开展法制学习进行规范。

【行政执法案卷评查】 年内，市政府法制办组织全市评查行政执法案卷 300 余件。8 月 25 日，召集了市财政局、市人力社保局等 12 个行政执法部门举行了案卷集中互评互查活动。推选 30 件案卷参加省集中评查，其中 29 件被评为合格，1 件被评为优秀。

【行政执法证件管理】 年内，市政府法制办组织市本级及越城区执法人员 204 人参加法律知识培训和考试；更换市场监管系统执法人员执法证，累计换证 1519 本；办理全市行政执法证件年审 10969 本。

【化解社会矛盾】 年内，全市各行政复议机关共收到行政复议申请 209 件，正式受理 154 件，年内审结 146 件，办结率为 94.8%。在办结的 146 件中：维持决定 91 件，占 62.3%；撤销决定 11 件，占 7.53%；驳回决定 10 件，占 6.85%；确认违法 1 件，占 0.6%；责令履行决定 8 件，占 5.48%；调解 8 件，占 5.48%；经复议协调后申请人撤回复议申请的 13 件，占 8.9%；其他 4 件，占 2.44%。共办理政府应诉案件 113 件。市政府法制办出台了《绍兴市行政调解实施办法》，全年全市共受理行政调解矛盾纠纷 51365 件，调解成功 49610 件，调解成功率达 96%，调解成功的案件中，履行的有 48324 件，履行率达 97%。(市法制办提供)

公　安

【概况】 2014 年，绍兴市公安机关共立刑事案件

38568 起，破案 19818 起，破案率 51.38%。全市发生交通事故 1456 起，死亡 459 人，受伤 1378 人，经济损失 347.47 万元，“四项指数”连续 10 年实现“零增长”。火灾事故起数与 2013 年基本持平。全市群众安全感和满意度分别达到 96.53%和 96.15%，分别比 2013 年上升 1.27 个百分点和 0.14 个百分点。年内，全市公安机关荣立集体二等功 9 个，集体三等功 43 个，个人一等功 2 个，个人二等功 4 个，个人三等功 123 个。

11 月 26 日，市公安局在市警校开展首次机关民警体能达标测试（市公安局提供）

【完成第十五届省运会安保任务】 7 月 9 日至 10 月 28 日，浙江省第十五届运动会在绍兴举行。其间，全市公安机关共出动现场安保警力 22659 人次、车辆 4193 台次，背景审查 8915 人，检查客运企业 15 家、货运企业 287 家、其他单位 159 家，发现整改隐患 625 处，盘查可疑人员 6785 人，检查可疑车辆 5185 辆，圆满完成运动会安保任务。

【全省公安机关“特警 3 号”反恐维稳汇报演练在绍举行】 5 月 27 日，全省公安机关“特警 3 号”反恐维稳汇报演练在绍兴举行，来自全省各地市的近 1800 名警力参与此次演练。其间，省委书记、省人大常委会主任夏宝龙出席演练活动并发表重要讲话，省委常委、公安厅长刘力伟主持汇报演练。公安部、省、市有关领导及全省各地市公安局长应邀到场观摩演练。

5 月 27 日，全省公安机关“特警 3 号”反恐维稳汇报演练在绍兴举行（市公安局提供）

【配合推进全国文明城市创建工作】 5 月至 12 月，全市公安机关按照市委、市政府的要求，积极参与全国文明城市创建活动。其间，通过开展“纠违治危”及三次“铁军”系列行动等交通秩序整治活动、治理黄赌“雷霆”系列专项行动、百城禁毒大会战、消防安全大检查、整治“黑网吧”、推进重点窗口建设等一系列行动措施，推进创建进程。根据第三方测评，市民对市区交通满意率为 85.4%，同比上升 18.7 个百分点，位列全省第二位。

【打击“逃废债”挽回经济损失 7.36 亿元】 7 月至 12 月，全市公安机关开展打击“逃废债”专项行动。全市共立案 333 起、破案 269 起、移送起诉 435 人（其中银行工作人员 27 人）；摸排出出逃企业 121 家，抓获涉企犯罪嫌疑人 112 人，上网追逃 23 人，采取强制措施 111 人（刑事拘留 28 人、提请逮捕 11 人、取保候审 27 人、移送起诉 45 人）；挽回经济损失 7.36 亿元。

【境外追逃行动缉捕率达 64.29%】 年内，全市公安机关坚持“以抓为主，以劝为辅，抓劝结合”的方针，开展“猎狐 2014”境外追逃行动。全年共缉捕、劝投境外逃犯 9 名，缉捕率达到 64.29%。

【打击保险诈骗挽回损失 83.7 万元】 7 月至 11 月，全市公安机关开展了打击保险诈骗“安宁行动”暨破案竞赛活动。共立案 20 起，破案 18 起，摧毁团伙 3 个，移送审查起诉 22 人，挽回损失 83.7 万元。12 月，绍兴市公安局经侦支队被省公安厅评为 2014 年度全省打击保险诈骗犯罪破案竞赛活动先进单位。

【摧毁涉黄涉赌团伙 400 个】 年内，全市公安机关开展贯穿全年的以治理黄赌为主要内容的“雷霆”系列专项行动，共检查各类场所 59288 处，查处案件 2187 起，取缔问题场所 143 家，勒令停业整顿 12 家，处罚业主 158 人。黄赌接警数同比下降 12.81%，摧毁涉黄涉赌团伙 400 个。破获刑事案件 433 起，侦破公安部挂牌督办案件 1 起、省厅挂牌督办案件 4 起，刑事拘留 1385 人，提请逮捕 439 人，移送起诉 1183 人。查处行政案件 3178 起，行政拘留 7056 人，罚款 4667 人，收缴赌博机 6722 台、淫秽物品 858 件。

【侦破食品药品和环境违法案件均大幅增长】 年内，全市公安机关开展贯穿全年的打击食品药品环境违法犯罪专项行动。共侦破食品药品类案件 49 起，同比增长 38.1%，抓获犯罪嫌疑人 138 人，刑事拘留 103 人，取保候审 35 人，提请逮捕 54 人，移送审查起诉 131 人。侦破环境案件 98 起，同比增长 1300%，抓获犯罪嫌疑人 169 人，刑事拘留 74 人，提请逮捕 48 人，取保候审 95 人，移送起诉 149 人，同比增长 467.7%。

【打掉黑恶团伙 74 个】 年内，全市公安机关开展贯穿全年的“除黑恶、打盗抢、防诈骗”专项行动。打掉黑恶团伙 74 个，其中通信（网络）诈骗团伙 36 个、5 人 10 起以上侵财团伙 73 个，共打击处理各类侵财犯罪嫌疑人

5014 名。

【摧毁盗窃电动车团伙 19 个】 4 月至 6 月，全市公安机关开展以打击盗销电动自行车犯罪为主要内容的“尖刀一号”集中行动。抓获盗销犯罪嫌疑人 145 名，摧毁盗窃电动车团伙 19 个，侦破案件 232 起，涉案价值近 70 万元，追回电动车 88 辆，扣押冻结赃款 30 余万元。

【抓获盗掘古墓葬和倒卖文物犯罪嫌疑人 106 名】 7 月，全市公安机关开展以打击盗掘古墓葬、倒卖文物犯罪为主要内容的“尖刀二号”集中行动。其间，共抓获犯罪嫌疑人 106 名，查获各类出土文物 400 余件。此项工作在中央电视台一套(综合频道)《今日说法》栏目中作了专题报道。

【延伸出入境便民服务】 年内，全市公安机关延伸出入境便民服务。在落实网上预约办证、开通“绿色通道”、缩短办证时限、实行“三表合一”、一年重复使用照片信息等 5 项措施的基础上，推出“亮窗”工程、非工作时间预约办证服务、窗口周六值班制、外国人管理联络员制度、开通 24 小时咨询和投诉电话等一系列措施，进一步为中外申请人提供便利。10 月 21 日，将外国人签证受理审核权下放到柯桥区公安分局，使柯桥成为全省继义乌之后第二个获得外国人签证权的县级公安机关，为在柯桥的外国人办证提供便利。

【交通事故“四项指数”连续 10 年“零增长”】 年内，全市公安机关积极开展纠违治危”专项行动、“铁军”系列集中行动、酒驾零点整治行动、联勤夜查“夜鹰”行动、超限超载车辆集中整治和三轮车整治行动等一系列交通安全管控行动，强化交通秩序管理。全年全市共发生交通事故 1456 起，死亡 459 人，受伤 1378 人，直接财产损失 347.47 万元，分别同比下降 5.58%、9.47%、8.92%和 11.21%，交通事故“四项指数”连续 10 年实现“零增长”。市区治堵重点道路机动车、非机动车和行人守法率分别达到 98.9%、93.0%和 85.9%，交通秩序满意度达到 94.1%。

公安机关整治酒驾(市公安局提供)

【行政拘留涉毒人员 570 人】 3 月至 6 月，全市公安机关开展“大排查、大管控”专项行动。行政拘留涉毒人员 570 人，社区戒毒 149 人，强制隔离戒毒 115 人；查获毒驾嫌疑人 1 人，核查注销驾驶证 116 人；排查并突击检测贩毒前科人员 334 人，查获涉毒人员 34 人；突击检测戒断满三年人员 379 人，查获涉毒人员 2 人，排查出吸毒引发精神病 4 人、病残吸贩毒人员 10 人。

【配合推进“三改一拆”】 年内，全市公安机关为“三改一拆”工作顺利推进提供服务和保障。共排查拆违隐患 1120 起，化解 1153 起，参与现场秩序维护 599 场次，投入警力 23407 人次，保障拆违 705.31 万平方米；处置群体性事件 33 起，出动警力 1780 人次，教育劝导群众 1393 人，治安拘留 3 人，采取刑事强制措施 7 人。

【推广“项目警官制”】 3 月 27 日，市公安局召开全市公安机关“项目警官制”现场会，要求全市公安机关推进“经济发展护航年”建设，推广落实“项目警官制”。全年全市公安机关共建立警务室 39 个，设置警务联系牌 115 个，落实项目警官 154 个，举行警企恳谈 725 次，走访群众 12174 次，排查不稳定因素 457 起，化解 443 起；侦破刑事案件 9 起，抓获犯罪嫌疑人 24 人，查处治安案件 75 起，查处违法人员 111 人；整改隐患 1233 起，上门办证服务 11434 人。

【落实“河道警长制”】 6 月 6 日，市公安局印发《绍兴市“河长制”管理实施方案》，要求设立与“河长”配套的“河道警长”。全市市级 35 条河道配备了一级警长，县级 113 条河道配备了二级警长，乡镇 1593 条河道配备了三级警长。

【创新实施驾管工作八条措施】 9 月，市公安局制定出台《绍兴市公安局创新车驾管的八条措施》，在全省率先推行考试网上报名预约，推动海滨社会化考场及嵊州、新昌考场建设，推出“掌上车管所”“流动车管所”和 18 项免费代办服务，建立弹性工作制、错时工作制，实行网上服务、就近服务、广场服务，提供 5 大类 46 小项网上服务，打造“群众家门口的车管所”；建立值日警官“零距离”办事工作制和排队叫号系统。全年通过网上约考平台预约科目二考试 34282 人次、科目三考试 24734 人次；实施网上约考及“增量惠民”措施，化解科目二积压量 5 万余人；解决科目三 4 万余人的候考问题。

【推进监管场所软硬件改造】 年内，全市公安机关各监管场所硬件改造工作均已完成。至年底，投资 1.8 亿元的市看守所建设工程、投资 1.2 亿元的新昌县看守所建设工程和投资 0.6 亿元的嵊州市拘留所建设工程已经完工并启用，计划投资 2.2 亿元的柯桥区监管中心建设工程和计划投资 0.6 亿元的诸暨市看守所扩建工程完成过半，计划投资 1.7 亿元的上虞市看守所迁建工程和计划投资 0.7 亿元的市强制医疗所(强制隔离戒毒所)迁建工程进入项目论证和报批阶段。全年全市监管系统增加警力 36 名，各监管场所警力全部达到 7%的监管警力配备标准，并按照看守所“五化建设”的要求全面推行勤务制度改革。

【完成“智慧天网”工程建设】 2月,全市公安机关启动“智慧天网”工程建设,至11月底,全市共享平台接入视频监控点位21772个,卡口1001个,全部点位实现省、市、县(市、区)三级视频信息联网,可互联互通互控,监控点接入视频信息共享平台达到100%,坐标信息采集达到100%。对所有政府投资的视频监控进行台账管理,并纳入相应的考核。在社会化视频建设方面,全年全市共接入7个部门4562个监控(公路管理处16个、市公交公司3475个、绍兴高速公路107个、柯桥体育中心场馆420个、奥体中心416个、绍兴各大车站106个和天波物流22个),新增朝向道路的视频监控42350个,坐标采集40602个,照片收集51548张。

【开展政府网站信息安全等级保护工作】 年内,全市公安机关开展政府网站信息安全等级保护工作。全年全市共有445家政府网站基本信息录入系统,394家政府单位签订网站安全责任书,178家政府网站完成定级备案工作,80家政府网站开展测评整改工作。

【办理网上服务事项35.7万件】 年内,全市公安机关办理网上服务事项35.7万件,同比增长44.0%;提供网上查询服务2274.6万次,同比增长49.2%;网站日均访问量19.3万人次,同比增长8.4%;注册网民共计20.07万人,同比增长107.3%。此外,处理网上群众诉求10231件,处理群众电话咨询87270人次,通过网上线索举报破获各类案件14起。

【行政审批事项缩减52.2%】 年内,市公安局以行政审批事项“归零清理”工作为抓手,按照“应减必减,能放则放”的清理原则,推进行政审批改革。共减少行政审批事项36项,缩减率为52.2%。平均承诺时限从2013年的4.95天缩减至4.18天;完成26个行政许可事项、12个非行政许可事项及40多个便民服务项目的信息梳理、上报、公开工作。在非行政许可事项方面,按照“统一标准、分类处理、分步实施”的原则,对行政审批事项之外的12个审批事项进行全面梳理和审查。全年共办件约1452件,办结率达100%,办事群众的满意率达100%。

【开展“创人民满意消防队伍”活动】 年内,全市公安机关开展贯穿全年的“创人民满意消防队伍”活动。活动期间,跟踪服务建设项目185个,上门服务302次,开展施工工地检查245次,培训分管消防工作乡(镇)长、消防工作站站长、派出所分管所长、专职队队长等1121人次,培训村(居)网格员、专职队队员、责任区民警等1.2万人次。

【以“百千万”工程加强消防队伍建设】 年内,全市公安机关开展“百千万(百支专职消防队、千支志愿消防队、万名专(兼)职消防队员)”工程建设,加强多种形式的消防队伍建设。全年全市共投入财政资金3047万元,落实各类奖励经费361.4万元,新增站房近2万平方米,新增专职消防队员209人,充实志愿消防员2016人,新购消防车26辆、运输车或摩托车10辆、消防泵304台。

【开展“群蓝星微动力”大型公益活动】 5月14日,由市公安局青年民警志愿者发起的以“中国梦、平安梦,我为(微)你助力”为主题的绍兴市“群蓝星微动力”大型平安公益活动启动,至年底,共开展交通文明、禁毒防毒、省运会安保、见义勇为、创意安防课堂、警营开放日、百名少代会代表进警营等多场公共关系活动。3月,市公安局在微信上推出绍兴公安政务微信公众平台——群蓝星微动力,至年底,粉丝量近3万人。8月21日,市公安局官方微信“群蓝星微动力”获“浙江政务微信活力奖”。

【保安持证上岗率达76.53%】 3月至12月,全市公安机关开展针对物业公司登记备案及对歌舞娱乐场所保安的整顿工作。至年底,全市共有保安公司22家(其中武装押运公司1家,国资6家)、保安分公司13家、省外保安公司驻绍办事处1家;有自招保安员单位1811家,备案登记1432家,备案登记率为76.13%;共有保安员20120名,持证上岗15398名,持证上岗率达76.53%。12月,市公安机关完成对下属7家保安服务公司(控股、参股)脱钩改制工作。

【市看守所整体搬迁】 4月29日,市看守所新所工程通过竣工验收。新所位于越城区皋埠镇牌口村,占地面积82525平方米(含道路用地面积),建筑面积50268.87平方米,按日均关押2000人设计,总投资1.79亿余元。12月8日,市看守所整体迁入新所。

【精度射击馆建成投入运行】 6月17日,市公安局精度射击馆建成投入运行。该馆位于在绍兴市人民警察培训学校内,占地面积1026平方米,总投资630余万元,内有50米靶道10条。该馆的建成,为全市公安机关50米武器精度射击提供了学习基地。(市公安局提供)

检　察

【概况】 2014年,全市检察机关全面深化改革和加快法治绍兴建设,积极开展环保检察、金融检察、知识产权检察,深入实施重大公共投资建设项目预防监督制度,共批准逮捕各类刑事犯罪嫌疑人5392人,提起公诉9687人,查办职务犯罪案件170人,受理举报、控告和申诉1933件。全市1名干警获得“全国模范检察官”称号,1名干警被评为省级劳动模范,22个集体和个人获得全国、全省先进荣誉称号。

【提起公诉9687人】 年内,全市检察机关共批准逮捕各类刑事犯罪嫌疑人5392人,提起公诉9687人。其中,批准逮捕故意杀人、绑架、“两抢一盗”等严重暴力、多发性侵财犯罪嫌疑人2214人,起诉3235人;批准逮捕网络诈骗、赌博、侵犯公民个人隐私、电信诈骗等犯罪嫌疑人410人,起诉578人。对涉嫌犯罪无逮捕必要的作出不捕决定296人。通过检调对接，积极促成因民间纠纷等引发的190件轻微刑事案件当事人达成和解，对犯罪情节轻微依照刑法规定不需要判处或免除刑罚的,决定不起诉463人。

【查办职务犯罪170人】 年内，全市检察机关共立案贪污贿赂案件121人,渎职侵权案件49人。其中科局级以上干部48人,县处级干部6人,包括依法查办市安监局原局长陈国良、柯桥区原副区长谢兴长等一批有影响的领导干部案件。组织查办发生在群众身边、损害群众切身利益职务犯罪、行业性领域性渎职犯罪等专项工作,在农业、地勘、建设等系统查处47人,在基层站所查处21人，在村级组织查处12人。加大查办行贿犯罪力度，对21名谋取不正当利益的行贿人依法追究刑事责任,起诉11人。

【对重点工程开展同步预防】 年内，全市检察机关实施重大公共投资建设项目预防监督制度,对总投资额达500余亿元的37项重点建设工程开展同步预防。市检察院深入开展预防调查，指导发案单位完善23项制度构建,对26人进行检察约谈,会同市纪委对全市10个经济开发区进行预防调查,向市委提交专项预防报告。市检察院还积极开展“百场领导干部职务犯罪宣讲”“千场预防职务犯罪宣讲进乡村”活动,市警示教育基地累计接待受教育人数126批次计10062人次。

【纠正漏捕漏诉186人】 年内,全市检察机关共监督侦查机关立案117件、撤案30件;纠正漏捕56人、漏诉130人；针对侦查行为不规范等提出书面纠正意见87份。

【强化对审判活动的监督】 年内，全市检察机关强化对审判活动的监督,提出刑事抗诉38件,在被告人提出上诉的刑事案件中出庭履行职务96次，提出改判或发回重审等检察意见31件；民事行政检察工作中依法对生效裁判、调解提出抗诉或再审检察建议22件,对审判中的违法情形提出检察建议40件，对民商案件执行活动中的违法情形提出检察建议18件，对32件涉及劳资纠纷、交通损害赔偿、保障性住房、消费者权益保护的民事申诉案件加强监督。

【监督罪犯收监执行和交付执行】 年内，全市检察机关强化对刑罚执行的监督，开展职务犯罪、金融犯罪、涉黑犯罪“三类罪犯”,减刑、假释、暂予监外执行的专项检察，监督刑罚执行机关对不符合监外执行条件的17名罪犯收监执行;开展对危险驾驶等刑事判决交付执行情况专项检察,监督34名审前未羁押判实刑后未交付执行的罪犯交付执行；在监管场所查处职务犯罪4人。加强社区矫正法律监督，突出对脱管漏管和重新犯罪行为的监管,建议对21名违法违规人员收监执行。

【受理举报控告和申诉1933件】 年内,全市检察机关共受理举报、控告和申诉1933件,开展下访巡访5批次,涉检信访息诉和解6件。强化人权司法保障,促使178名符合法定条件的当事人获得法律援助,为51名生活困难的刑事被害人或近亲属提供司法救助,共发放救助金47.68万元。

【部署开展“三项检察”】 年内,全市检察机关积极开展环保检察，共批准逮捕破坏环境资源犯罪嫌疑人44人,提起公诉89人,监督立案破坏环境资源犯罪4人,在“五水共治”各环节查处职务犯罪5人。积极开展金融检察，共批准逮捕非法吸收公众存款、集资诈骗、金融诈骗、破坏金融管理秩序犯罪嫌疑人99人,提起公诉129人,依法惩治银行工作人员在贷款发放、违规经营等背后的职务犯罪,查处7人,其中正副行长5人。积极开展知识产权检察,共批准逮捕假冒商标、侵犯著作权、专利权、商业秘密犯罪嫌疑人11人,提起公诉26人。

【发挥基层检察室作用】 年内，全市检察机关深入开展基层检察室建设,积极推动市委办、市府办出台《关于进一步加强基层检察室建设的意见》，进一步发挥基层检察室在推进基层治理法治化中的职能作用，全市9个基层检察室共办结轻微刑事案件347件，促成刑事和解80件,处理来信来访来电134件,发现职务犯罪线索112件,移送刑事立案14件32人,移送党纪政纪处理35人。(市检察院提供)

法　院

【概况】 2014年，全市两级法院履行宪法和法律赋予的职责,新收各类案件94399件,办结93574件,分别同比增长3.44%和4.21%。其中，市中院新收各类案件5909件,办结5772件,分别同比下降1.5%和2.83%。

【审结刑事案件6338件】 年内,全市两级法院审结一审刑事案件6338件,判处罪犯9085人,分别同比增长5.2%和13.12%。审结故意杀人、抢劫、强奸等严重暴力犯罪及盗窃、抢夺、诈骗等多发性侵刑事案件3259件4597人;审结涉黑涉黄涉毒案件403件702人;审结非法吸收公众存款、集资诈骗、虚开增值税专用发票等案件140件244人；稳妥审结涉案金额1.4亿元的飞泰光电公司法定代表人倪小永集资诈骗案、个人涉案金额最高达1300万元的吴韦杰等95名被告人跨境电信诈骗案;审结危害食品药品安全犯罪案件23件32人;审结贪污、受贿、渎职等案件86件114人。其中处级干部3人。通过“三集中三简化”模式办结案件921件,平均审理时间6天,当庭宣判率达98%以上。对3338名罪犯适用缓刑、管制等非监禁刑,为1476名

被告人通知指派律师出庭辩护，落实附带民事诉讼案件赔偿款2180万元。未成年被告人非监禁刑适用率42.70%

【审结商事案件24472件】 年内，全市两级法院审结一审商事案件24472件，标的金额363.67亿元，分别同比增长27.56%和251.98%。审结买卖、加工承揽、运输等合同纠纷7114件，同比增长22.72%，标的金额27.28亿元；审结旅游、电信、物流等服务合同纠纷2587件，同比增长68.75%；审结房地产开发经营、建设工程和房屋租赁等合同纠纷1630件，同比增长21.19%，标的金额19.37亿元；审结涉外、涉港澳台案件122件，完成境外法院委托送达和调查取证12件。审结民间借贷纠纷9540件，标的金额79.36亿元，分别同比增长14.10%和99.65%；审结金融借款纠纷4874件，标的金额207.28亿元，分别同比增长97.41%和241.54%。审结知识产权民事案件961件，同比增长31.82%；成功调处了侵害“张小泉”等驰名商标专用权纠纷，审结的浙江龙盛集团诉绍兴智华染料公司专利权纠纷案入选全省十大典型知识产权案例。

【审结民事案件29497件】 年内，全市两级法院审结一审民事案件29497件，同比增长7.5%。审结婚姻家庭、继承纠纷4863件，审结人身损害赔偿纠纷13416件，所有权纠纷1310件，劳动争议2297件。成功调处刘其标等37人群体讨薪纠纷，促进劳动关系和谐。妥善审理涉军案件，维护国防利益和军人军属合法权益。一审调解撤诉率57.30%，司法确认人民调解协议1754件，适用小额诉讼程序解决纠纷2947件。诸暨法院在珍珠、五金等专业市场建立视频调解网络，指导人民调解工作，中央电视台《经济半小时》栏目曾作专题报道。

【审结行政案件441件】 年内，全市两级法院审结一审行政案件441件，同比增长51.55%。加强诉权保护，完善异地交叉管辖制度，指定基层法院交叉管辖案件82件。加大行政协调和司法审查力度，一审案件协调撤诉率24.26%，判决案件中行政机关败诉率18.26%。审查行政非诉执行案件1536件，裁定准予执行1293件，准执率84.18%。深化司法与行政互动，落实府院联席会议、定期通报等制度。市中级法院发布2011年至2013年全市行政诉讼审理状况白皮书，市政府常务会议专题听取行政机关败诉情况及原因剖析的报告，要求不断推进法治政府建设。

【执结民事案件20181件】 年内，全市两级法院执结民事案件20181件，执行到位金额78.36亿元。强化执行联动和信息共享，全市法院均成立了执行指挥中心，并实行24小时值班备勤制度，市中院在省内率先与住房公积金中心建立对公积金查询划拨机制。全年共查询被执行人行踪及财产状况信息19.84万条，将24556名被执行人信息纳入最高人民法院失信被执行人名单，对1073名被执行人进行布控。强化执行威慑，限制高消费10295人次，限制出境67人次，司法拘留1146人次，以拒不执行判决裁定罪追究刑事责任11人。加大被执行财产网络拍卖力度，与住建、银行等部门建立司法拍卖按揭贷款制度，网拍成交824件，成交金额24.23亿元。

【落实司法公开民主措施】 年内，全市两级法院全面推进司法公开“三大平台”建设，统一开通“12368”司法服务热线，提供诉讼咨询、案件查询、联系法官等服务；举办公众开放日活动105次，召开新闻发布会20次，通过网络、电视、广播等媒体公开案件庭审过程104件次；在中国裁判文书网公开生效裁判文书8万余份，实现可公开的裁判文书全部上网公开。大力推进司法民主，新增人民陪审员308人，基层法院全部实现首期“倍增”计划，一审案件陪审率93.07%。继续深化法官与律师良性互动工作机制，市法官协会与律师协会开展研讨交流14次。

【审结申诉和申请再审案件411件】 年内，全市两级法院审结申诉和申请再审案件411件，提起再审77件，对41件诉讼权利已经丧失或已充分行使完毕的信访案件依法终结，对7名违法上访实施妨害社会管理秩序行为的人员，依法处置。坚持重心下移，强化源头治理，接待来信来访3080人次，化解重信重访案件132件，办理缓交诉讼费用815件633.16万元，为确有困难的当事人发放司法救助金381.39万元。（徐华萍）

司法行政

【概况】 2014年，全市司法行政机关切实履行好法律保障、法律服务、法制宣传三项职能。

【调解组织受理矛盾纠纷案件38504件】 年内，市司法局积极履行大调解体系建设牵头职责，修订完善对市本级、县（市、区）分类考核制度，下发《关于加强乡镇（街道）大调解工作平台建设的实施意见》，将乡镇（街道）大调解工作平台建设列入市综治平安考核内容，进一步深化人民调解、行政调解、司法调解等七个协调指导委员会的指导工作。推进基层调解组织规范化建设，全年无一起签订人民调解协议书后反悔的案件，实行全市人民调解员分级业务轮训，全市全部落实“以奖代补”保障政策。完善行业性专业人民调解组织，充分发挥医调、交调、校调、家调等专业调委会的作用，加强与市公安局、市中级法院、市检察院的协调，深化完善警（诉）调衔接、检调对接和市保调会进驻市人民调解服务中心等工作。全年全市各类人民调解组织共受理矛盾纠纷案件38504件，调解成功37722，调解成功率97.97%（行业性专业调委会调处成功率97.38%）。

医患纠纷调解现场(市司法局提供)

【创建省级民主法治村(社区)11家】 年内,全市深入开展"法律六进"活动,加强重点对象普法力度,开展"3·15"消费者权益保护日、"6·26"禁毒宣传、"12·4"全国法制宣传日等热点时段法制宣传,组织开展"平安和谐""依法信访"和市"五水共治,重构重建"、"三改一拆"、国家宪法日暨全国法制宣传日等专项宣传。下发《法制宣传教育阵地培育推进计划》,全年建成公共传媒、文化宣传、教育宣讲、体验教育等四类阵地8家。探索普法成效社会化评价机制,与城调队联合对法律法规知晓率和依法治理工作满意度进行群众测评,全市普法工作满意度平均综合得分为88.17分。深化"诚信守法示范企业"培育和民主法治村(社区)创建工作,全年新创建省级民主法治村(社区)11家,市级民主法治村(社区)32家,新增市级"诚信守法企业"培育对象25家。

全国普法工作会议代表调研绍兴普法工作(市司法局提供)

【提供法律援助5519件】 年内,全市司法行政机关完善三级法律援助网络体系,推出完善服务窗口、拓宽服务范围、丰富服务形式等八项惠民措施,开展了"法律援助惠民服务"主题活动,以及"送法律援助进社区、进农村""民工讨薪专项行动""法律援助拥军维权月""敬老月"等专项活动。全面实施援助案件质量标准化管理,实施"庭审旁听制""双回访制"等案件质量监控机制,提升援助服务质量。全年提供法律援助5519件,受援人数达6431人。

【新增社区矫正人员2727名】 年内,全市司法行政机关落实省委、省政府《关于进一步加强社区矫正工作的意见》和全省社区矫正工作会议精神,继续深化"网格化管理,组团式帮教"工作模式,建立健全县、乡、村三级监管教育帮扶体系,组织开展"三类人员"暂予监外执行清理专项行动和"三查"专项行动,清理相关人员30人,评查案件1053件,排查人员2040人次,过半县(市、区)完成社区矫正执法大队组建和矫正指挥中心建设。全市新增社区矫正人员2727名,期满解除社区矫正人员3005名,仍有在册社区服刑人员3499名。全年重新犯罪16起,重新犯罪率0.24%,脱漏管率为零。

【国家司法考试绍兴考区188人通过考试】 年内,绍兴考区有1190人参加国家司法考试,实际参考人数827人,参考率为72.38%;通过司法考试188人,通过率为22%。

【办理司法鉴定业务12447件】 年底,全市有司法鉴定机构4家,司法鉴定类别5类,司法鉴定人53名,司法鉴定人助理7名。司法鉴定机构办理鉴定业务12447件,收费1436.8万元,其中:公安、检察、法院部门委托鉴定2087件,自行委托鉴定10300件;法医临床类鉴定8919件,法医病理鉴定24件,法医精神病类鉴定229件,法医物证4件。

【律师办理案件28904件】 年内,全市司法行政机关通过组建律师服务团、走村入企等多种形式做好帮扶企业工作。深入实施政府、村(社区)、企业法律顾问制度,柯桥区、上虞区、诸暨市、嵊州市出台了经费补贴办法,全市共有市县两级政府法律顾问26人,企业法律顾问数量逐年增加,每个行政村至少有一名法律顾问。监督管理进一步加强,通过不断深化案卷倒查、抽查旁听庭审、主动排查律师违规违法执业线索等方式,有效整治和规范律师事务所和律师的执业行为,全年共受理投诉9起。至年底全市律师共办理各类案件28904件。

【创建省星级规范化司法所14家】 年内,全市开展规范化司法所创建活动,成功创建省星级规范化司法所14家、市级规范化司法所15家。全市有直属司法所119家;有司法所工作人员508人,其中司法所专职在编人员316人(政法专编186名)。以司法所为依托,基层公共法律服务体系化、直观化、标准化建设不断推进。

【加强对刑释人员的帮教】 年内,全市司法行政机关深化安置帮教工作,协调各职能部门实施社会化安置帮教工作模式,做好服刑人员的信息核对工作,落实重点刑释人员的必接必送和教育帮扶,做好服刑人员家庭成员以及未成年人子女的生活困难帮扶工作,组建以刑释人员居住地司法所、村(居)委会、家属以及帮教工作志愿者为成员的帮教小组。全年全市共有刑释人员14378名,安置率95.3%,帮教率97.5%,重新犯罪率 1.23%。

【9 个市直属司法所划入越城区司法局】 年内，由于绍兴市部分行政区划调整，市司法局的机构人员也进行了调整，其中 9 个直属司法所、17 名政法专项编制（实有 16 名司法助理员）被整体划入越城区司法局，市局内设机构也相应调整，充实了一线力量，突出了市局的指导职能。

【开展司法行政“百千万”活动】 年内，市司法局在全市司法行政系统部署开展“百千万”活动，即：百名司法所长破解百道基层基础难题；千名法律服务工作者走千家企业、访千户群众；万名人民调解员调解万件矛盾纠纷，着力解决联系服务群众“最后一公里”问题。全市律师、公证员、司法鉴定人员、基层法律服务工作者共 2487 人次走访企业 3706 家、群众 1641 户，提供各类法律服务 11186 件次，14082 名人民调解员调解各类矛盾纠纷 38504 件。（市司法局提供）

典型案例

【潘某等人开设赌场案】 5 月 13 日，绍兴市、柯桥区两级公安机关联合行动，对位于柯桥区安昌镇多个利用赌博机设赌场所进行突击检查，当场查封涉赌场所 69 家，抓获涉赌人员 102 人，查扣涉赌机器 118 台。经查，潘某等人自 2011 年 6 月开始，在柯桥区安昌镇的小超市、小饭店等场所摆放赌博机供人赌博。该案移送起诉 43 人。（市公安局提供）

【汇德隆染化有限公司污染环境案】 6 月 30 日，上虞区法院对汇德隆案件作出一审判决，被告浙江汇德隆染化有限公司被判处罚金 2000 万元，主犯严某、潘某等 11 人分别获有期徒刑四年六个月至拘役六个月不等。这是浙江省被判处罚金数额最高的一起环境污染案。2012 年七八月间，为缓解汇德隆公司处理精馏残液的排污压力，严海兴（汇德隆公司负责人）经与潘得峰（汇德隆公司总经理）及潘华林商议，以 25 元 / 吨的运价将汇德隆公司的精馏残液外运至无危险废物处置资质的腾达公司。精馏残液与腾达公司自身产生的废水混合后，通过先前架设的暗管直接排入管网，排放累计达 5000 余吨。2012 年 10 月起，潘某又以 50~80 元 / 吨的价格委托无危险废物处置资质的汝某外运处置汇德隆公司的精馏残液，严某知悉且默许上述外运处置行为。汝某伙同另外几人，通过槽罐车将上述精馏残液运至杭州湾上虞工业园区外海塘等地直接倾倒。2013 年 4 月至 2013 年 9 月期间，倾倒量累计达 1.80 万余吨。据环境评估机构计算，恢复被污染水域，需要约 2 亿元。（徐华萍）

【特大盗墓案】 7 月 22 日凌晨，绍兴市公安局在绍兴市越城、柯桥、上虞、嵊州及杭州临安、宁波慈溪等地开展集中行动，抓获谢某等 106 名涉嫌盗掘古墓、倒卖文物的犯罪嫌疑人，缴获文物 400 余件，其中二级文物 9 件，三级文物 99 件。

绍兴特大盗墓案“4·08”专案中缴获的部分文物（市公安局提供）

【炒黄金欺诈案】 8 月 13 日，新昌县公安局在市局相关部门的协助下，在深圳、福州等地抓获潘某等 127 名涉嫌通信（网络）诈骗犯罪嫌疑人。经审查，该 127 人利用网络公司名义，以炒黄金为手段，通过互联网在全国各地实施诈骗，总案值 1000 余万元。（市公安局提供）

【飞泰光电公司倪某集资诈骗案】 11 月 13 日，市中级法院作出一审判决，以集资诈骗罪、骗取贷款罪、单位行贿罪、逃税罪、行贿罪数罪并罚，判处绍兴飞泰光电技术有限公司法定代表人倪某无期徒刑，并处罚金 16 万元，剥夺政治权利终身。2010 年至 2013 年 7 月，绍兴飞泰光电技术有限公司及其主管人员倪小永明知无还款能力，仍以生产经营需要资金为由，以支付 2~4 分的高额月息为诱饵，从被害人王某、陈某等人处骗得 140082419.1 元，大部分用于归还高息借款、个人购置房产和高档汽车消费等。（徐华萍）

军　事

国防动员与民兵训练

【概况】 2014年，绍兴军分区持续深化军事斗争准备。突出提高各级指挥员的组织指挥能力，分层级组织首长机关、人武部主官、专武部长集中强化训练和基干民兵营连长普训。承办全省民兵情报侦察专业跨区联训。突出战备常态化建设和应急行动能力，出台《绍兴军分区战备值班规定》，完成两级首长机关紧急拉动演练。突出作战重难点问题研究，形成支援保障作战6个攻关成果，组织二级以上重要军事目标协防演练。

整体推进后备力量建设。围绕“五个过硬”和“四个基本”，分别抓好一线指挥部和一线指挥所样板建设，召开推进会，组织现场观摩，以“四类样板”引领后备力量建设整体发展。深化民兵工作改革，优化组织结构，调整力量布局，突出重点应急分队建设，健全“五个常态”机制，5支分队接受省军区抽点拉动，到点率达98.5%。组织各县（市、区）重点应急分队成建制参加省“特警-3号”反恐演练。落实绍兴市《关于明确市直开发区所辖镇(街道)武装工作领导管理关系的通知》和《关于进一步加强民营企业武装工作领导的若干意见》两个文件精神，理顺开发区武装工作领导关系，民营企业武装机构和民兵组织撤、建、管秩序有效规范。

综合保障能力破难提升。推行物资集中采购，加强有偿服务管理，改进油料、军需保障。军分区民兵训练基地主体建设和场外工程完工。加强武器弹药管理，采集民兵武器装备普查数据，建设人武部兵器室，清理上交6.45吨报废弹药。（田博）

【召开全市国防动员工作会议】 11月25日，市委、市政府、绍兴军分区在市行政中心召开全市国防动员工作会议，共46人参加。会议由市国动委主任、市长俞志宏主持。市国动委常务副主任、军分区政委余祥明作2013年国防动员工作总结，部署国防动员建设重点任务。市委书记、市国动委第一主任钱建民讲话。（袁炯）

【承办全省民兵情报侦察专业跨区联训】 5月11日至16日，绍兴军分区在上虞民兵训练基地承办全省民兵情报侦察专业跨区联训，全省80余名民兵侦察专业骨干参加。联训采取理论授课与操作练习、专家辅导与观看录像、编组作业与分队演练相结合等方法，组织参训民兵重点学习军事地形学、识图用图、民兵情报信息系统应用等侦察专业知识。

【战备拉动演练】 1月27日，绍兴军分区指导各县（市、区）人武部现场组织战备值班分队拉动检验；1月29日，柯桥区民兵应急排接受省军区检查。7月23日，军分区机关组织集合演练；7月28日，组织军分区、人武部两级机关紧急出动演练。（张梁）

【重要目标军警民防暴恐袭击演练】 6月上旬，绍兴军分区针对民兵武器装备仓库目标暴露、易遭受袭击的实际，组织军警民防暴恐袭击演练。根据《军警民联防工作预案》，城区民兵应急排、公安局“110”巡逻队和仓库本级警卫力量共57人参演。军分区司令员徐新春现场观摩并指导演练。（朱小强）

【重点民兵应急连训练考核】 4月下旬，绍兴军分区指导各县（市、区）人武部开展民兵应急连训练，按照“一队多装、一队多能、一队多用”要求，采取区分专业、统分结合、随机抽点的方式，重点突出重要目标防卫、维稳处突、山林灭火、水上救援等课目训练。训练结束后，通过随机抽点的方式，组织考核验收。

【重要目标协防演练】 4月下旬，绍兴军分区指导越城区、嵊州市和上虞区人武部分别展开辖区“528”传输站、浦口传输站和南京军区技术侦察阵地的协防演练。演练达到了演练效果求真、情况设置求实，实现协防演练程序规范、协防单位指挥关系顺畅、协防分队斗志高昂的目的，确保辖区二级以上军事目标协防演练质量。

【专武部长集训考核】 4月14日至19日，绍兴军分区组织全市第16期乡镇、街道武装部长强化素质集训。10月下旬，指导各县（市、区）组织乡镇、街道武装部长普训，并于11月28日组织异地同步普考；11月5日至12月4日，军分区在九里民兵训练基地组织全市13名优秀专武部长强化集训，并于12月5日参加省军区比武竞赛，6人次分获综合个人第3名、第12名，个人理论法规单项第2名，政策运用第4名，手枪分解结合第3名，军事教学法第6名。（张梁）

【完成年度征兵任务】 年内，市征兵办围绕提高兵员质量的核心，严把体检关、政治考核关、定兵关和廉洁关“四个关口”。针对赴新疆、青海等艰苦地区兵员较多的实际，制定《绍兴市防范思想问题退兵五条措施》，为有效预防思想退兵起到关键性作用。全市共征集新兵2076人（含女兵28人），其中解放军1434人，武装警察部队642人。入伍新兵中，高中以上文化程度者2004人，占征集任务数的96.53%，大专以上文化程度者882人，占征集任务数的42.49%。同时，还完成了10名大学生士官直招任务。（袁炯）

【参与“五水共治”活动】 年内，绍兴军分区建立人武部主官、专武部长和民兵营、连长，分别担任河长、河段责任人等制度机制。3月，军分区组织驻绍官兵和民兵400多人参加环城河治理活动；8月，组织11艘冲锋舟对绍兴城区河流进行巡查整治。新昌县人武部组织民兵3000余人次，对钦寸水库进行水源清理保护。

【参与“平安绍兴”建设】 年内，绍兴军分区参与“平安绍兴”建设，传承枫桥经验，发挥民兵“六个优势”（政策宣传“方言”优势、群众呼声“先知”优势、矛盾调解“催化”优势、治安联防“前哨”优势、应急抢险“快反”优势、文明风尚“辐射”优势），参与创新社会管理。诸暨、上虞人武部建立民兵队伍巡逻联防制度，驻地案件发生率明显下降。（朱小强）

武　警

【概况】 2014年，武警绍兴市支队组织开展“牢记强军目标，献身强军实践”主题教育和“第二批党的群众路线”“三严三实”“讲党性、守党规、严党纪”等专项教育。推进警营先进军事文化建设，举办“追梦在警营”系列活动。从严落实“月课”教育和“一人一事”思想工作，及时掌控7名关注人员，成功转化1名个别人，妥善解决3起涉法问题。调整任用48名干部，发展45名党员。

提升反恐制胜能力。落实党委议训议勤制度，纠治隐患23处。组织“卫士-14”演习和森林灭火联合演练。严格按纲施训、大抓训练，组织勤训轮换、预提士官骨干集训，开展冬季体能竞赛。加快反恐特勤排、应急班建设，投入120万元购置高精度狙击步枪、夜视仪等特种装备，组织开展专项比武和实战化演练。

增强道德法纪观念。开展条令法规学习和“抵御金钱美色、强化法纪观念”教育整顿；突出“两手（手提电脑、手机）、两官（军官、士官）”管控，组织士官队伍封闭式整训，整顿驾驶员队伍。

提升服务保障效能。加快现代后勤建设，关注基建工程，先后投入350万元完成绍兴市中队、新昌县中队新营房建设；投入190万元改造教导队基础设施。采取实物储备、经费储备、社会储备相结合的方式，提高后勤保障效益，能够满足支队一次性出动100人3天内实现自我保障的要求。

加强政治民主建设。党委从严落实民主集中制，按职签订廉政公开承诺书，按级聘请党风监督员。狠抓“三清”“五超”治理。

【绍兴支队党委扩大会议】 1月23日，武警绍兴市支队召开了党委扩大会议。市委常委、市公安局局长兼支队第一政委刘国富出席大会并讲话。支队党委书记杨华林代表支队党委作工作报告，支队党委副书记范长春主持会议并讲话。会议传达学习了武警总部、总队两级党委（扩大）会议精神，全面回顾总结2013年度工作，部署2014年度工作。

【省领导走访调研】 1月10日，省委常委陈德荣、副省长郑继伟率省委、省政府慰问团走访慰问武警绍兴市支队直属中队。3月19日，省委副书记王辉忠，省反恐办主任、省公安厅副厅长黎伟挺，省公安厅反恐总队总队长袁忠民等到柯桥区中队检查调研。

【完成重大安保任务】 1月31日，武警绍兴市支队出动50名兵力，完成了除夕夜香炉峰香期安全保卫任务；2月9日，支队出动120名兵力，清理越城区积雪冰冻道路2.5千米，保障市区主干道畅通；3月24日，支队组织60余名官兵，参加驻地河道清淤活动；4月20日，支队出动30名兵力，完成2014年“公祭大禹陵”安全保卫任务；10月18日，支队出动112名官兵，完成省第十五届运动会开幕式现场安保和机动备勤任务。（武警绍兴市支队提供）

人民防空

【概况】 2014年，市人民防空办公室按照“听指挥、能打仗、打胜仗”的人防建设要求，全市人防工作紧紧围绕“战时防空，平时服务，应急救援”使命任务，着力加强应急应战能力建设，注重在自建工程和基层基础工作上见成效，在服务地方经济发展和为民服务上有深化。年内有1项人防工程完成主体建设，8项人防工程完成立项批复，2项人防工程开工建设。全年新增防空地下室面积6.6万平方米。（李国龙）

【推动人防指挥通信体系建设】 年内，柯桥区、上虞区两个县级人防指挥场所开工建设，市本级斗门镇、稽山街道，柯桥区福全镇、杨汛桥镇，新昌县大市聚镇5个镇级指挥平台开工建设，市基本指挥所、民防应急指挥所、5个县级指挥所和19个镇级应急指挥平台的互联互通水平得到提升。全市民防应急指挥车参加省人防办组织的宁波、舟山、绍兴三市跨区域拉动演练，6月和12月又分别参加夏季、冬季通信保障拉动演练。结合“5·12”防灾减灾日活动，组织学校学生、社区居民开展应急疏散演练，全市108所学校的8.6名师生和19个社区组织的4200余名居民参加演练。（梁红雨）

市人防办利用警报试鸣之机，组织蕺山小学学生开展应急疏散演练（梁红雨　摄）

【完善人防通信警报体系】 年内，市人防办加强信息系统集成建设，推进信息系统向末端延伸；完善防空防灾预警报知体系；做好市、县两级人防警报联控和升级改造工作。各县（市、区）均与软件开发单位达成《浙江民防信息系统》建设意向，柯桥区及诸暨市已安装好设备，市本级与柯桥区的人防警报联控已经完成。全市新增防空警报器12台，总数达到229台，形成了固定与机动、电动与电声、防空与防灾相结合的警报报知网。全市人防系统参加全省“5·12”警报试鸣，完好率和鸣响率均为100%，覆盖率达98%。市本级与市城投广告公司在城市广场人防自建工程停车库合作建设人防警报多媒体电子显示屏，进入招标程序。（刘笑）

7月1日至3日，市人防办组织全市应急救援分队在浙江省公安消防总队培训基地举办首次培训（张苹昕　摄）

【自建人防工程项目进展顺利】 年内，全市各地人防工程项目建设进展顺利。市本级2011人防工程完成主体建设。绍兴市新行政中心南广场人防工程、柯桥区2013大小坂湖地下人防工程、上虞区2014人防工程、诸暨市2013人防工程、诸暨市2014人防工程、新昌县七星地下人防工程、新昌县实验中学地下人防工程、新昌县1212人防工程完成立项批复。全市投入人防资金估算4.3亿元，新增防空地下室面积6.6万平方米。诸暨市1301工程和实验小学教育集团荷花小学扩建人防工程开工建设。（梁红雨）

【人防行政审批事项削减75.68%】 年内，市人防办推进权力清单制度工作，市本级人防办权力事项从111项精简为27项，削减率达75.68%，保留的权力事项在全省地市中最少。推进行政权力公开规范运行，初步构建了“权界清晰、分工合理、权责一致、运转高效、法治保障”的人防行政审批职能体系，全年办理各类审批事项109件，提前办结率100%。（刘笑）

【扎实开展基层人防规范化建设】 年内，市人防办组织全市25个人防重点镇（街）、65个社区开展基层人防规范化建设创建工作。同时，全市人防系统组织开展基层人防“示范单位”创建工作，下发《关于进一步深化基层人民防空规范化建设的意见》，提出了五个方面的基层人防示范单位创建标准。至年底，全市40个重点镇、24个重点街道全部完成人防规范化建设创建工作，完成规范化建设的社区累计达到91个。（梁红雨）

【开展防空防灾日宣传教育活动】 年内，市人防办以“3·1”国际民防日、“5·12”防空防灾日为契机，广泛开展防空防灾知识宣传教育，组织广场宣传展示、学校主题教育、社区知识讲座、宣传图版和媒体专题宣传等形式丰富、群众喜闻乐见的教育活动；制作国际民防日和以宣传防灾减灾知识为主要内容的宣传片，在市区150余辆公交车上轮回播放；在《绍兴日报》刊登“纪念2014国际民防日特刊”，介绍人防教育实践基地建设发展和人防（民防）工作情况，进一步提升人防（民防）的社会知晓度，增强群众防空防灾意识，普及相关知识技能。（刘笑）

【人防工程停车用途归位整治】 年内，根据市政府“五个一批”工作方案，市人防办把人防工程参与交通治堵作为工作重点之一，开展人防工程停车用途归位专项整治工作，完成整改的工程项目9个，恢复停车位373个。全市人防系统完成新增地下停车位6500个。（梁红雨）

【做好让洞于民避暑纳凉工作】 年内，市本级重点对塔山坑道新增的700平方米纳凉面积进行整修改造，添置躺椅、设置老弱休息服务专区和3处“环卫工人休息点”及“环卫工人休息专座”，同时给各纳凉点更新桌椅，增添通风除湿设备，增设报纸杂志箱，安装液晶彩色电视机，开通免费无线Wi-Fi信号，并配备应急药箱。诸暨市投入近200万元，对387坑道中650平方米进行整体装修。

创新管理模式，建立联动管理机制、警民联防机制和应急反应机制，确保纳凉安全有序。市本级还举办纳凉晚会、人防宣传图板展、主题公益漫画展等形式多样的纳凉“送文化”活动。全市共开放8处避暑纳凉点，其中市本级6处，诸暨市1处，嵊州市1处，总面积为8850余平方米，共接待纳凉市民约20余万人（次），其中市本级13.5万人次，诸暨6万人次，嵊州0.5万人次。（刘笑）

科学技术

综　述

【概况】　2014年，全市科技创新工作围绕“八倍增、两提高”工作目标，大力实施创新驱动发展战略，扎实推进科技领航行动，科技综合实力稳居全省前列，为全市“重构产业，重建水城”战略实施提供有力支撑。绍兴市连续九年被授予“全国科技进步先进市”称号，下辖六个县(市、区)全部成为省级科技强县(市、区)，其中五个县(市、区)还成为全国科技进步先进县(市、区)。

11月23日，市政府在深圳举行“越商回归、科技创新暨绍兴滨海新城产业投资推介会”(市科技局提供)

【科技进步统计监测综合评分居全省第二】　10月27日，省统计局、省科技厅公布《2013年度科技进步统计监测评价报告》，绍兴市在全省11个设区市中科技进步统计监测综合评价得分列第二位，超过杭州居宁波之后，创历史最好成绩。在五个一级指标中，转型升级综合评价居首位，科技投入和科技产出居第三位，创新环境居第五位；技术创新综合评价排第六位。诸暨市获县(市、区)科技进步统计监测综合评价第一名。此外，省科技厅对全省省级创新型试点城市和国家创新型试点城市进行测评，在参与测评的9个地市中，绍兴市居杭州、宁波之后，列第三。

【全省重点企业研究院现场会】　7月24日至25日，全省重点企业研究院建设现场会在新昌县召开，副省长毛光烈出席会议并讲话。省级重点企业研究院是产业技术创新综合试点的核心载体，是以企业为主体并由企业主导的技术创新体系建设的重要力量。全市共有省级重点企业研究院20家，占全省总数的13.3%。

【新昌获批省科技体制改革试点】　12月23日，省政府召开新昌县科技体制改革试点启动大会。新昌县被省政府确定为全省首个也是唯一一个县域综合性的科技体制改革试点，其目标是为面上的科技体制改革创造经验，为全省的科技体制改革探路，全面建立可复制、可推广、能真正推进科技创新、促进创新驱动发展的体制，为全省开展科技体制改革创造经验和提供样板。(市科技局提供)

科技计划

【概况】　2014年，全市科技部门共组织申报省级以上科技项目302个，向上争取科技经费1.5亿元，同比增长27.1%，实施省级新产品项目1141个；围绕“五水共治”、节能减排、低碳经济、智慧城市等重点领域，开展重大科技攻关和成果转化，实施市级计划项目136个，院校合作项目17个。全市财政科技投入18.46亿元，占财政支出比例达5.3%，同比增长16.1%。

【科技攻关创新项目大赛】　年内，为了深化科技体制改革，推进人才、技术、项目、企业、资本的有效对接与融合，市委人才办联合市科技局举办科技攻关创新项目比赛。比赛前期通过向全市企业摸排，共征集到66项重点发展产业的技术难题，经专家评审，确定35个项目面向海内外招才纳贤，11月29日，在人才峰会期间进行统一评审和对接洽谈，有19家企业与相关人员签订了合作意向书，开展技术攻关。

【19个项目被列为国家创新基金项目】　年内，全市共有19个项目被列为国家科技型中小企业技术创新基金项目，获2335万元财政支持，立项数和资金支持总额均位居全省第三位。自2009年以来，全市累计获得国家创新基金支持项目287个，获基金资助2.16亿元，项目总投入达到16.23亿元。

【34个项目被列为国家星火计划项目】　年内，全市新上国家星火计划项目34个，占全省入选国家星火科技计划项目总数的16.9%。其中，诸暨市国伟禽业发展有限公司的“蛋鸭笼养标准化技术示范与推广项目”被列为国家重点星火项目。

【43个项目被列为国家火炬计划项目】　年内，全市

新上国家火炬计划项目 43 个，占全省总立项数的 15.03%。按照项目类别划分，有产业化示范项目 41 个，产业化环境建设项目 2 个。

【9 个项目列为生态省建设重大科技项目】 年内，全市重点强化科技对生态市建设的支撑作用，将清洁能源、氮氧化物控制等环保先进适用技术和农业面源污染控制、城镇和工业废水治理、污水处理厂提标改造等技术应用优先立项，9 个项目列为生态省建设目标责任制考核重大科技项目。（市科技局提供）

创新体系

【概况】 2014 年，全市围绕“八倍增、两提高”工作目标，大力推进高新园区建设，深入实施科技型企业“十百千”培育计划，新认定国家高新技术企业 172 家，累计达 423 家；新认定省级科技型中小企业 501 家，累计达 1758 家。实施规模以上工业企业研发机构全覆盖计划，新增各类省级研发机构 67 家，市级企业研究开发中心 139 家。全年全市规模以上工业企业新产品产值 2974 亿元，同比增长 19.6%；高新技术产业产值 2337 亿元，同比增长 10.8%。

【新增 3 家省级重点实验室】 年内，全市新上 3 家省级重点实验室，分别是浙江省室内环境品质构建技术与装备重点实验室、燃煤烟气净化装备研究重点实验室和电机及控制技术研究重点实验室。

【新增 5 家省级工程技术中心】 年内，全市新增 5 家省级工程技术中心，分别是：浙江省创伤修复材料工程技术研究中心、精细化工超临界反应工程技术研究中心、制冷自控元器件工程技术研究中心、特种界面活性剂工程技术研究中心和钢结构装配式集成建筑工程技术研究中心。

【新增两个省级高新技术特色产业基地】 年内，省科技厅新批复了 6 个省级高新技术特色产业基地，绍兴市占据两席，分别是绍兴健康装备与医用新材料省级高新技术特色产业基地和嵊州厨具省级高新技术特色产业基地。至年末，绍兴市省级高新技术特色产业基地已达 10 个。

【推进省农业高科技园区创建】 年内，全市持续推进省农业高科技园区创建各项工作。开展黄河鳖新品种选育，进行种质遴选、测量和分析。开展微生物制剂控制水质和防治中华鳖病害的试验，采用规模化培养新工艺，生产光合细菌应用于中华鳖亲本池。建设农业科技企业孵化器，新引进绍兴市蔬菜产销联合会等 4 家科技企业，利用公共平台为广大入驻企业和毕业企业提供水质检测、饲料成分检测、农产品农药残留检测等方面的服务。建设龟鳖苗种基地，继续推进位于陶堰、皋埠的中亚水产种苗产业园建设，年内建成占地 25 公顷的高标准池塘，放养中华鳖亲鳖 11.5 万只，并开始繁育种苗。

【12 家企业入选省高新技术企业百强】 年内，全市共有 12 家企业入选浙江省高新技术企业百强名单，入选数量居全省第二位。其中，在资源与环境保护产业中，浙江菲达环保科技、浙江鸿盛化工分别位居首位和第十位；生物与医药产业中，浙江医药股份、浙江新和成、浙江国邦药业分别位居第二位、第三位和第八位；先进制造业中，露笑集团位居第六位；高端装备制造业中露笑集团、浙江三花制冷集团位居十强第三位和第八位；新型机械制造业中，浙江绍兴苏泊尔生活电器位居第五位；新材料产业中，浙江海亮和浙江古纤道新材料分别位居第四位和第八位。

【加强银企对接】 10 月 31 日，杭州银行绍兴科技支行获银监会浙江监管局批复同意设立。全年全市组织多场银企面对面对接活动，仅浙江中新力合绍兴分公司就为全市 22 家科技型企业担保，融资 2550 万元，为绍兴新锐传媒影视文化发展有限公司和绍兴杰龙玻璃有限公司等两家企业成功发行私募债 5500 万元，为 7 家企业提供短期现金流融资 4275 万元。

【市科技创业中心被认定为国家级科技企业孵化器】 12 月，绍兴市科技创业中心（袍江科创中心）被科技部认定为国家级科技企业孵化器。中心于 2004 年正式运行，2007 年认定为省级科技企业孵化器，拥有研发用房及智能化科技孵化大楼 4 万平方米。相继被认定为浙江省留学生创业园、浙江省博士后科研工作站、浙江省青年创业创新基地等。年内，全市新申报市级孵化器 6 家（其中 2 家通过形式审查），至年末，全市共有市级以上孵化器 18 家，其中国家级孵化器 2 家、省级孵化器 5 家、市级孵化器 11 家，孵化器数量占全省的 11.7%。孵化场地总面积 68.1 万平方米，累计入驻企业 1304 家。（市科技局提供）

科技成果

【概况】 2014 年，全市科技成果管理工作围绕科技创新资源集聚，积极开展各类科技产学研合作交流活动，加大创新成果的引进与转化，规范科技成果鉴定、登记工作，指导绍兴市技术市场促进会、绍兴市生产力促进中心等科技中介机构开展科技成果鉴定、技术合同认定登记等工作。认真落实《绍兴市引进大院名校共建创新载体实施意见》，全市新引进共建创新载体 20 家。

【省科技奖获奖数全省领先】 年内，全市 35 项科技成果获 2013 年度浙江省科学技术奖，其中为主完成的 27 项，参与完成的 8 项；2 项获科学技术一等奖，16 项获科学技术二等奖；以企业为主完成的 24 项，占总数的 68.6%，进一步显示了全市企业在全省的创新竞争力和行业影响力。

4月4日，全国人大常委、民盟中央副主席、中国科学院副院长丁仲礼在上虞区富强生态农业有限公司调研"养殖废弃物污染减控"试验示范工程实施情况（市科技局提供）

【3家单位列为省首批科技大市场建设试点】 年内，绍兴高新区亮点科技、轻纺城网络公司和诸暨博亚网络公司被确定为浙江省第一批科技大市场建设工作试点单位。科技大市场建设试点工作是市科技体制改革和培育技术市场、促进技术成果交易专项行动的重要举措，内容是建设"展示、交易、共享、服务、交流"五位一体的科技大市场。

【技术合同交易活跃】 年内，全市加强技术合同认定登记规范管理，全市输出技术633项，交易金额6.04亿；吸纳技术402项。企业成为技术买卖的最大主体，项目类型主要为技术开发类合同、技术转让合同、技术咨询合同等。

【推进网上技术市场建设】 年内，浙江网上技术市场绍兴分市场发布技术难题238项，提供研发经费4538万元。签订网上技术合同292项，合同金额2.2亿元。组织41家企业参加全省春季、秋季技术市场成果交易活动，签约项目16个，拍卖项目24个。

【主办第一届数字内容应用推介会】 9月19日，绍兴市主办第一届数字内容应用推介会，中科院浙江数字内容研究院在现场向与会人员展示了虚拟成像与现实互动、智慧城市系统、虚拟演绎等数字内容产业的核心科技，同时，还推介了一批文化科技共融的优质项目，现场签订技术开发合同19份，合同金额2540万元。

【南京理工大学技术转移中心落户绍兴】 12月15日，南京理工大学与绍兴市科技局正式签约共建南京理工大学技术转移中心绍兴分中心。南京理工大学是隶属于工业和信息化部的全国重点大学，设有机械工程学院、化工学院、电子工程与光电技术学院等14个专业学院，绍兴市光电一体化、节能环保、精细化工、先进装备制造等均与南京理工大学优势专业高度契合。此次的合作双方将本着"资源共享、优势互补、合作双赢"的原则，借助南京理工大学雄厚的人才和科技实力，加快学校科技资源和科技成果转化，助推产业结构转型升级。

【企业科技指导员解决技术难题635个】 年内，全市选派767名高校科研人员进驻601家企业担任科技指导员，帮助解决技术难题635个，申报各类项目364个、专利436件。

【科技特派员实施项目60个】 年内，新一轮科技特派员分赴各乡镇开展技术服务，加快推广先进适用技术的步伐，实施蔬菜、葡萄、茶叶等经济作物新品种培育和种养新技术模式试验，开展粮食生产、种养殖专题性科技指导服务和科学抗台抗旱工作，促进了农业产业的规模化、标准化生产。全年全市共实施项目60个，推广新技术121项，引进新品种90个，培训农民30570人次，发放科普资料36650份，直接服务农民20153户。（市科技局提供）

知识产权

【概况】 2014年，全市贯彻落实《国家知识产权战略纲要》精神，以全面推进国家知识产权示范城市培育为主线，不断提升企业知识产权创造、运用、保护和管理能力。全年全市新增省级流通领域知识产权保护试点示范单位4家、省级专利示范企业6家。至年末，全市共认定国家级知识产权示范（优势）企业15家，省级专利示范企业168家。全年全市专利申请量和授权量分别达2.7万件和1.7万件。其中发明专利授权880件，同比增长20.7%。

【加快建设知识产权示范城市】 3月13日，市政府下发《绍兴市创建国家知识产权示范城市工作方案》，确立了知识产权战略在建设创新型城市中的重要地位，要求努力将绍兴市创建成为国家知识产权示范城市。同时，柯桥区、新昌县和越城区完成省级知识产权示范区、示范创建区的创建；新昌县完成省级知识产权示范创建区的验收并被认定为省级知识产权示范县；绍兴高新区积极申报国家级知识产权试点园区。

【推进专利"清零"行动】 年内，市科技局为贯彻落实国家知识产权局关于进一步提升专利申请质量的若干意见和省委"八倍增""两提升"的工作部署，继续深入推进规模以上工业企业专利"清零"三年行动。至年末，全市75%以上的规模以上工业企业均有专利申请和授权活动。

【全省知识产权贯标企业内审员培训】 8月18日至20日，浙江省知识产权贯标企业内审员培训班在绍兴市委党校举办，来自台州、温州、杭州、嘉兴、湖州以及绍兴各县（市、区）的300多名学员参加此次培训。

【推进虚拟市场及电子商务领域的知识产权保护】 5月，

市科技局联合市中级法院、市市场监管局、市文广局、市质监局、市检验检疫局和市商务局等知识产权职能部门，赴阿里巴巴集团开展电子商务领域知识产权保护调研，与阿里巴巴集团就一些热点问题进行了交流和探讨，同时，邀请该公司组织人员进驻网上轻纺城参与电子商务领域知识产权纠纷调处。

【专利侵权纠纷立案35件】 年内，全市大力推进知识产权维权援助中心建设。对专利案件审理庭、专利纠纷案件调解室、专利执法证物档案室和公安联络室等办公场所进行了重新布置，增配了专业的录像、录音、照相、电脑等执法设备，全年共受理专利侵权纠纷投诉和咨询50件，其中正式立案受理35件，已结案35件。与司法局合作，建立知识产权法律援助律师服务团，并开展一系列法律援助活动。（市知识产权局提供）

地震服务

【概况】 2014年，全市坚持经济发展和防灾减灾一起抓，扎实推进地震应急、震害防御和地震监测三大工作体系建设，着力开展防震减灾法律法规宣传贯彻，注重提升科普宣传和地震应急能力，对防震减灾行政事项进行了全面清理，防震减灾综合能力得到进一步增强。

【夯实地震应急工作基础】 年内，市地震局组织开展了一次地震应急训练，增强了地震系统工作人员的地震应急意识和技能；完善地震应急工作制度保障和组织建设，如期完成市、县两级的地震应急预案修订工作。

【推进防震减灾重点项目建设】 年内，全市防震减灾"十二五"重点项目的建设顺利推进，其中新昌地震台项目和诸暨市强震台项目已完成了土建工作，柯桥区强震台项目已完成选址和设计工作，预计2015年上半年全部建成。完成省地震局对地震台站的校验工作和日常管理工作，确保所有台站正常运行。

【广泛开展防震减灾科普宣传】 年内，全市深入推进防震减灾科普宣传工作，制作了《地震避险逃生》动画片，"5·12"防灾减灾日期间在绍兴电视台综合频道重点时段连续播放，同时在市区10个主要大型超市的视频宣传网络上播放。开展科普宣传"六进"活动，联合开展"科学生活　创新圆梦"为主题的大型广场宣传活动。6月18日，全市第三个防震减灾科普基地——诸暨市浬浦中学防震减灾科普基地，通过省、市联合验收后正式启用。举办《浙江省防震减灾条例条例》宣讲培训会，开展《浙江省防震减灾条例条例》宣讲培训。（市科技局提供）

气象服务

【概况】 2014年，全市气象部门全力做好各项服务保障工作，有1人获2014年省级公共气象服务先进个人、4人获省气象行业技术能手称号，1人入选省气象局百人工程、3人进入省气象局创新团队，1人获得省农业科技成果转化推广奖。

【报送气象决策服务材料372期】 年内，全市各级气象部门加强监测预警，强化应急响应，组织做好梅汛期四轮强降水、8月多雨寡照天气以及"凤凰"台风期间的气象服务和应急响应工作，共启动三级应急响应一次、四级应急响应两次，汛期向各级政府报送《重要天气报告》《气象信息内参》和《专题气象服务》等决策服务材料372期。同时，利用电视、电台、网站、短信、"96121"电话、电子显示屏、ITV气象直播频道、微博和微信等多渠道向社会公众发布天气预报预警和防范提示信息，共发布预警短信1920万条次。

【启动城市气象"三直通、四覆盖"工程】 年内，市气象局按照省气象局《关于加强城市气象防灾减灾体系和城市公共气象服务体系建设的意见》精神，推动市府办出台《绍兴市人民政府办公室关于实施城市气象"三直通、四覆盖"工程建设的通知》，启动实施2014—2016年城市气象"三直通、四覆盖"工程建设，提高城市气象灾害防御能力。以政府发文、联合应急办发文等形式，向社会公布2014年度80家气象灾害防御重点单位，建立重点单位联系人制度。

【完成"百村示范、千村达标"三年行动计划】 年内，全市气象部门按照新农村建设考核要求，全面推进气象防灾减灾标准化（示范、达标）村（社区）的创建工作，全年共创建气象防灾减灾标准化（示范）村（社区）60个，气象防灾减灾标准化（达标）村（社区）598个。至此，全市成功创建气象防灾减灾标准化（示范）村（社区）164个，气象防灾减灾标准化（达标）村（社区）1502个，全面完成市政府"百村示范、千村达标"三年行动计划任务。（市气象局提供）

教 育

综 述

【概况】 2014年，全市共有各级各类全日制学校和幼儿园1223所，其中：普通高校9所、各类中等职业学校20所、普通高中43所、初中137所、小学359所、幼儿园648所、特殊教育学校7所。共有专任教师50156人，幼儿园、小学、初中、高中、中职专任教师学历合格率分别为99.95%、100%、99.97%、99.74%、96.75%。共有在校全日制大、中、小学生和幼儿801809人，其中：全日制普通本专科在校生80348人，中等职业学校在校学生53624人，普通高中在校学生101364人，初中在校学生144725人，小学在校学生288645人，在园幼儿132293人，特殊教育在校学生810人。幼儿园、小学、初中、高中、职校校均规模分别为204、804、1056、2357、2687人。义务教育阶段外来务工人员随迁子女在绍兴入学104553人，其中小学82914人、初中21639人。义务教育阶段学龄人口入学率、巩固率均为100%；盲、聋哑、弱智少儿入学率为100%；学前三年毛入园率为99.38%。初中毕业生升入高中段比例达99.16%（市本级为99.82%）。全市普通高校毕业共20127人。

全市各级各类学校情况

表53

学校类别	学校数（所）	班级数（个）	毕业生数（人）	招生数（人）	在校学生数（人）	毕业班学生数（人）	教职工数	
							合计（人）	其中：专任教师（人）
合计	1975	17874	593613	216216	1163017	173790	62276	50156
一、基础教育	1194	17874	178248	164203	667837	130700	50855	41809
1. 普通中学	180	5646	83479	79781	246089	83116	—	18320
高中	43	2135	38772	30515	101364	35647	37539	7363
初中	137	3511	44707	49266	144725	47469	—	10957
2. 小学	359	7664	50519	41776	288645	47584	—	15647
3. 幼儿园	648	4472	44199	42557	132293	—	13165	7716
4. 特殊教育	7	92	51	89	810	—	151	126
二、中等职业教育	20	—	22435	16741	53624	18609	3129	2772
三、高等教育	9	—	34736	35272	112870	24481	5863	3912
1. 普通高校	9	—	20127	23885	80348	21070	5863	3912
2. 成人高校	—	—	4909	3599	7048	3411	—	—
3. 远程教育	—	—	9700	7788	25474	—	—	—
中央电大（开放）	—	—	3886	1675	8774	—	—	—
试点高校（远程）	—	—	5814	6113	16700	—	—	—

续表 53

学校类别	学校数	班级数	毕业生数	招生数	在校学生数	毕业班学生数	教职工数	
							合计	其中:专任教师
四、成人教育	752	—	358194	—	328686	—	2429	1663
1. 成人中小学	30	—	3117	—	6697	—	36	26
2. 成人技培学校	722	—	355077	—	321989	—	2393	1637

全市各级各类学校办学效益情况

表 54

学校类别	校均规模(人)	生均占地面积(平方米)	生均建筑面积(平方米)	生均图书(册)	生师比
幼儿园	204	13.95	8.86	12.06	17.15
小学	804	22.51	8.56	33.36	18.45
初中	1056	35.63	15.56	42.62	13.21
普高	2357	49.23	24.71	49.49	13.77
中职	2681	37.05	21.21	31.63	19.34

【年投入教育经费 123.7 亿元】 年内,全市共投入教育经费 123.7 亿元,同比增长 11.56%。其中:财政性教育经费 94.28 亿元(其中含预算内教育经费 80.42 亿元,同比增长 15.07%;教育税费 13.86 亿元,同比增长 4.03%),同比增长 11.06%,;事业收入 26.45 亿元;社会捐赠 0.45 亿元;民办学校投入 420 万元。市本级共投入教育经费 20.3 亿元,同比增长 11.47%,其中财政性教育经费 11.6 亿元(含预算内教育经费 9.96 亿元,比 2013 年增长 2.07%),同比增长 10.71%。(鲁建荣)

【义务教育发展基本均衡县评估全市"满堂红"】 年内,诸暨市、嵊州市、新昌县顺利通过国家义务教育发展基本均衡县评估,至此,全市各县(市、区)均通过评估。全市有 43 个乡镇创建成为绍兴市教育优质均衡示范乡镇,创建率达 38.74%。推行县域内义务教育校长教师交流制度,全市交流校长和教师 1406 人,其中骨干教师 168 人,交流比例为 16.3%。

【教育领域综合改革取得新突破】 年内,全市改革完善中考加分和体育中考政策,取消艺术、体育等技能类加分,体育中考取消竞赛获奖的免考资格。以简政放权为目的,实施教育系统"权力清单"制度,清理规范整合权力事项 184 项,仅保留行政权力 64 项,占原来行政权力事项的 34.8%。

【荣获"全国安全教育实验区工作先进集体"称号】 年内,全市开展师生应急避险大演练,1029 所学校共 75.2 万名师生参加,举行演练 2101 场次。进一步降低学生非正常死亡人数,全市学生非正常死亡 22 人,比 2013 年减少 2 人,实现连续八年下降,非正常死亡率为 0.3‱。绍兴市稽山中学冯建忠老师的《认识火灾,让知识守护生命》作为浙江省遴选的 3 个优秀课例之一入选全国消防安全教育优秀课例,诸暨市阮市镇中心学校的《诸暨市阮市镇校车工程新模式让政府学校企业共赢》的典型经验入选全国第二届平安校园建设优秀成果。绍兴市教育局被授予"2014 年度全国安全教育实验区工作先进集体"称号。(鲍艳)

【扎实推进"百万学生饮食放心工程"】 年内,全市坚持以"学校食堂、学校商店食品安全和学校饮用水安全"等为重点,全面提升全市学校食品安全保障水平。全市大宗物品配送或定点采购率达 100%,A、B 等级学校食堂比例达 95%,品牌超市进校园比例达 95%,学校饮用水城镇管网接入率达 99%,其中市直、上虞区接入率达 100%。实施义务教育学校校园直饮水工程,全市覆盖面达 57.5%,其中市直学校达 100%。(石国江)

市聋哑学校的校园直饮水设备(市教育局提供)

学前教育

【概况】 2014 年,绍兴市共有幼儿园 648 所,其中:

公办幼儿园357所，民办幼儿园291所；拥有三班及以上的幼儿园612所，占总数的94%；省三级及以上幼儿园576所，占总数的88.89%；市标准化幼儿园455所，创建率达71.3%；全市在园幼儿132293人，3~5周岁幼儿入园率达到99.38%，其中省等级幼儿园在园幼儿125743人，占在园儿童总数的95%。全市幼儿园有教职工13056人，其中园长638人，专任教师7717人；园长及专任教师学历合格率为99.9%，其中大专及以上学历占85.2%，获得职称者占76.9%，持资格证者占88.1%。

【出台第二轮学前教育三年行动计划】 年内，市教育局在巩固第一轮学前教育三年行动计划成果的基础上，出台《绍兴市加快学前教育优质发展三年行动计划(2014—2016年)》，要求进一步提升绍兴市学前教育发展水平，完善学前教育可持续发展体制机制，切实解决园所提质扩量需求与合格师资不足的矛盾，努力建成城区以公办与普惠性民办幼儿园协调发展为主、农村以公办(集体办)幼儿园为主的“广覆盖、有质量、多元化”的学前教育公共服务体系。

【全面完成三年园舍安全工程】 年内，全市实施幼儿园园舍安全工程，扩建及加固改造幼儿园47所，完成消防、防雷设备项目140个。三年累计新建、加固和改造幼儿园172所，完成消防、防雷设备项目308个，总投资3.9亿元。(鲁建荣)

【稳步发展学前教育】 年内，全市财政性学前教育经费占同级财政性教育经费比例达3.9%。全市新增公办教师183人，公办幼儿教师比例为19.2%，乡镇中心幼儿园“3 + x”公办教师配备比例达93.2%。

【加快整治无证幼儿园】 年内，全市加大对无证幼儿园的整治力度，坚持“属地管理、分类治理、标本兼治”原则，通过整改审批一批、规范改造一批、取缔停办一批、规划新建一批等方式，完成整治110所(其中停办77所)，妥善安置幼儿4517人，设立临时看护点78处。

【全面启动省等级幼儿园评估验收】 年内，绍兴市接受省评估院对一级幼儿园新评和复核验收工作，同时组织开展二级幼儿园评审三级幼儿园抽检工作。评估组通过实地考核、随机调查，重点察看幼儿日常生活和教学现场，从园舍空间与设施、班级空间与设施、人员配备与待遇、园务管理与教师队伍建设、安全与卫生保健、班级保育和教育、家长工作和社会服务等七个方面进行评估，核查相关台账资料。

【加紧落实《3~6岁儿童学习与发展指南》】 年内，市教育局根据教育部统一要求，紧扣“《3~6岁儿童学习与发展指南》——让科学育儿知识进入千家万户”的活动主题，借“绍兴市学前教育宣传月”活动，先后组织“越州大讲堂”“送讲座到新昌”等活动，为越城区和新昌县700多位家长送上“如何让绍兴们的孩子‘快乐生活，快乐学习’”的讲座。组织“落实《指南》，关注儿童”优质幼儿园半日活动，诸暨市浣江幼儿园、实验幼儿园展示了幼儿半日活动。

【参与全国优秀自制玩教具展评】 年内，全市结合贯彻落实《幼儿园教育指导纲要》及《3~6岁儿童学习与发展指南》精神，充分发挥自制玩教具在幼儿园教育与游戏活动中的作用，按照“实用”“一物多玩”与“地方性特色”等要素，开展自制玩教具活动。经评选，上虞区实验幼儿园选送的“百变魔棒”、柯桥区实验幼儿园选送的“奇趣探索屏风”等5件作品被教育部教育装备研究与发展中心评为一、二、三等奖。

【参与“浙江省幼儿园精品课程”征集活动】 年内，市教育局为调动幼儿园开发与实施园本课程的积极性，丰富课程资源，引领绍兴市幼儿园课程建设走向规范化、科学化和特色化，进一步提升教师执行课程的能力，向全市各级各类幼儿园征集“浙江省幼儿园精品课程”。经评选，上虞爱弥儿幼儿园的“自然教育课程”、上虞鹤琴幼儿园的“生态式幼儿园五指活动课程”等3项课程荣获优秀精品课程，市鲁迅幼儿园的“科学小实验”、嵊州五爱幼儿园的“泥之芳香”等6项课程入选首届“浙江省幼儿园精品课程”。(陈彩娟)

义务教育

【概况】 2014年，全市有初中137所，在校学生144725人，专任教师10957人；小学359所，在校学生288645人，专任教师15647人；特殊教育学校7所，在校学生810人，专任教师126人。全年义务教育农民工随迁子女在绍入学104553人，其中小学82914人、初中21639人。

10月12日，首届“鲁迅故乡好少年”颁奖典礼举行(市教育局提供)

【新创建标准化学校40所】 年内，全市扎实推进义务教育标准化学校建设，全市投资近20亿元，新创建标准化学校40所，累计创建476所，创建率达92.8%。强化教育信息化建设，创建省第二批数字校园示范学校6所，全市义务教育学校班级多媒体普及率达到1:1，教师网络学习空间开通率达80%以上。

市直初中学校情况

表 55

学校	班级数（个）	招生数（人）	毕业生数（人）	在校学生数（人）	教职工数(人)		学校占地面积（平方米）	校舍建筑面积（平方米）
					合计	专任教师		
绍兴市第一中学初中部	48	853	865	2581	147	135	27615	27398
绍兴文理学院附属中学	22	217	218	701	85	74	19710	12569
绍兴市树人中学	17	190	145	532	69	59	18584	8026
绍兴市元培中学	64	1144	1003	3187	212	201	52408	29730
绍兴市文澜中学	36	529	353	1449	129	111	37703	23730
绍兴市建功中学	36	486	666	1492	136	127	45079	24422
绍兴市昌安实验学校	24	299	251	822	86	77	45648	15772
绍兴市长城中学	30	515	327	1389	94	88	25183	9243
绍兴市镜湖中学	44	766	565	2166	129	122	75368	45270
绍兴市永和中学	18	232	129	542	57	46	31666	22069

【“减负”工作再出新政】 年内，市教育局开展市直学校“让学生多睡20分钟”专项治理行动，围绕控制学生在校时间，落实“校门口建公示牌；改进电话和网上举报办法，设立专线电话；建立定期视频会查制度；责任区督学定期现场监督”等监督机制，“减负”工作受到师生欢迎与社会好评。

【柯桥区推进“课程育人”新模式变革】 年内，柯桥区加快推进中小学课程改革，在实验中学、鲁迅外国语学校、湖塘中学等初中开展选课走班尝试，让学生从“吃桌菜”到尝试用“自助餐”，推动从“课堂教人”到“课程育人”模式的转变。转变课堂模式，倡导自主合作探究教学方式，培养学生质疑能力和解决问题能力。一批新课堂教学模式先后形成，如该区鉴湖小学“精致家常课”、秋瑾小学“童真课堂”、齐贤中心小学“思维课堂”。尝试走班选课，深化“一校一品”课程建设，在初中小学开展走班选课试点，重点开设知识拓展、兴趣特长两类课程，钱清镇中心小学开发的100门“微课程”受到《浙江教育报》关注。实施绿色评价，出台《柯桥区中小学生学科素养“绿色评价”意见》。

【规范外来务工人员子女入学办法】 年内，市教育局完善以居住证制度为基础的“入学绿卡”申领办法，完善以遵纪守法、区别对待、稳定居住和工作等为要求的入学条件。创新机制，实行区、县联动，从严掌握入学条件；坚持“三个一年以上”标准，即申领暂住证并实际居住一年以上，签订劳动合同或取得工商营业执照实际工作经营一年以上，在流入地参加社会基本养老保险一年以上；加强咨询和服务，提前告知，对于不符合入学条件的，宣传并劝导回原籍地依法入学；加强与公安、人社等部门合作多措并施，学校严把条件审核关，人社局开辟绿色通道方便社保补交。妥善解决有限的教育资源承载力与日益增长的外来务工子女入学需求的矛盾，流动人口职业技能与产业调整、经济转型不匹配的问题。年内，全市外来务工子女在校数比2013年减少5524人；新增数比2013年同期减少近7000人，其中柯桥区、诸暨市、越城区减幅最为明显。

全市义务教育段随迁子女入学情况

表 56

区分	合计	初中				小学						
		合计	一年级	二年级	三年级	合计	一年级	二年级	三年级	四年级	五年级	六年级
全市	104553	21639	8767	7831	5041	82914	11409	16721	15354	14709	13273	11448

续表 56

区分	合计	初中				小学						
		合计	一年级	二年级	三年级	合计	一年级	二年级	三年级	四年级	五年级	六年级
市本级	2610	2610	1161	850	599	0	0	0	0	0	0	0
越城区	23883	3057	1228	1076	753	20826	3516	4048	3652	3584	3164	2862
柯桥区	31652	5906	2208	2290	1408	25746	2279	5687	5094	4719	4317	3650
上虞区	15219	3575	1495	1243	837	11644	2250	2141	2065	1935	1758	1495
诸暨市	20786	4493	1867	1626	1000	16293	1763	3308	3094	3029	2786	2313
嵊州市	6479	1227	512	460	255	5252	1024	974	841	920	801	692
新昌县	3924	771	296	286	189	3153	577	563	608	522	447	436

【特殊教育工作成效明显】 年内，全市全面落实义务教育段残疾学生教育全覆盖，持证义务段学生入学率达99.1%，其中随班就读482人、送教上门385人，占残疾学生总数的74.2%，特殊教育向学前教育和高中段教育延伸工作得到有效落实。成立绍兴市儿童福利院特殊教育学校，绍兴市聋哑学校被认定为首批国家级残疾人职业培训基地。在浙江省第四届残疾人职业技能竞赛中，绍兴市聋哑学校5名选手取得了三金二铜的好成绩，其中蔡晶晶获得“浙江省技术能手”称号。（王琛）

高中教育

【概 况】 2014年，全市共有普通高中43所，毕业学生38772人，招收新生30515人，在校学生101364人，比2013年减少8201人。有中等职业学校21所，毕业学生22435人，招收新生16741人，在校学生53624人，比2013年减少7048人。全市初中毕业生升入高中段比例达99.16%。

市直普通高中学校情况

表 57

学校	班级数（个）	招生数（人）	毕业生数（人）	在校学生数（人）	教职工数（人）		学校占地面积（平方米）	校舍建筑面积（平方米）
					合计	专任教师		
绍兴市第一中学	53	863	861	2602	195	177	92632	65359
绍兴市稽山中学	42	757	759	2261	166	144	53746	35330
绍兴市越州中学	69	1168	1309	3654	260	250	133400	74395
绍兴市高级中学	74	1247	1359	3838	283	273	112290	76418

【教育质量核心指标表现突出】 年内，全市文理科第一批上线比例达16.96%，比2013年高出2.41%。绍兴一中学生在国际信息学奥林匹克竞赛中夺得两块金牌，创历史最好成绩，历年金牌总数达到5块。着力培养高技能人才，提升中职学生技能水平，在全国职业院校技能大赛中，绍兴市中职学生获12金13银6铜的好成绩。以职业教育现代化工程为总抓手，重点扶持一批战略产业关联度大、带动力强的应用型专业，在全省职业教育发展年度考核中，市本级及柯桥区在37个发达地区单位考核中获优秀奖。

初中段毕业生升入高中段教育情况

表 58

区分	初中毕业生	当年初中毕业生升入高中段各类学校人数(人)								当年初中毕业生升入高中段各类学校比例(%)							
		合计	普通高中	中等职业教育						合计	普通高中	中等职业教育					
				小计	职高(职业中专)	普通中专	成人中专普通班	技工学校	其他			小计	职高(职业中专)	普通中专	成人中专普通班	技工学校	其他
绍兴市	44707	44330	22850	21480	14562	5733	0	1158	27	99.16	51.11	48.05	32.57	12.82	0	2.59	0.06
市本级	4522	4514	2269	2245	1139	1048	0	58	0	99.82	50.18	49.65	25.19	23.18	0	1.28	0
越城区	3467	3418	1675	1743	1097	646	0	0	0	98.59	48.31	50.27	31.64	18.63	0	0	0
柯桥区	7593	7551	3918	3633	2837	796	0	0	0	99.45	51.6	47.85	37.36	10.48	0	0	0
上虞区	7092	7028	3836	3192	3192	0	0	0	0	99.1	54.09	45.01	45.01	0	0	0	0
诸暨市	11876	11797	5900	5897	1930	3167	0	800	0	99.33	49.68	49.65	16.25	26.67	0	6.74	0
嵊州市	6130	6044	3179	2865	2566	0	0	299	0	98.6	51.86	46.74	41.86	0	0	4.88	0
新昌县	4027	3978	2073	1905	1801	76	0	1	27	98.78	51.48	47.31	44.72	1.89	0	0.02	0.67

【深化高中课程改革】 9月17日至18日，绍兴市教育局和浙江省基础教育研究中心在绍兴一中联合召开主题为“学校课程改革与学校个性化发展”的绍兴市普通高中学校课程顶层设计及学校发展学术研讨会。评出市级精品课程276门，入选全省精品选修课程103门。

【创省普通高中特色示范学校10所】 年内，诸暨中学、春晖中学、柯桥中学、上虞中学等4所学校创建为省一级特色示范学校；柯桥区鲁迅中学、诸暨市学勉中学、诸暨市第二高级中学、上虞区城南中学、上虞区东关中学、上虞区崧厦中学等6所学校创建为省二级特色示范学校。(王琛)

【职业教育现代化创建成效显著】 年内，全市中高职一体化人才培养进一步加强，共有17所中职学校计32个专业开设“3+2”职业教育，招生2580人，同比增长3.9%；13所中职学校计21个专业开设“五年一贯制”职业教育，招生1721人，同比增长4.6%，两者合作高职院校共计25所。已有国家改革发展示范校4所，省级改革发展示范校8所，累计创建省级实训基地30个、省级示范专业48个、省级骨干专业9个、省级特色专业6个、省级综合公共实训基地3个、中央财政支持职业教育实训基地10个。

【新增3所省改革发展示范校】 年内，在浙江省中职改革发展示范校的创建中，绍兴市有3所学校成功入选，分别是嵊州市职业教育中心、绍兴护士学校、新昌县大市聚职业中学。省中职改革发展示范校总量增至8所。

【省等级学校增至19所】 6月30日，省教育厅公布绍兴艺术学校为二级职校，绍兴市交通职校、柯桥区园艺学校、嵊州市越剧艺术学校核准为三级职校。至此，全市21所职校中，共有一级职校13所，二级职校3所，三级职校3所。省等级职校占比达到90.5%。

【中等职业学校专业建设评比】 年内，全市开展2014年度中等职业学校专业建设评比，确定绍兴市中等专业学校“建筑工程施工”等7个专业为市级高标准示范专业，绍兴市职业教育中心“计算机网络搭建与安全实训基地”等5个基地为市级实训基地，绍兴市中等专业学校“电气运行与控制(电梯方向)”等3个专业为市级特色(新兴)专业，绍兴市中等专业学校“专业师资队伍建设成果”等2项成果获“专业建设成果”奖，绍兴市职业教育中心“SMT贴片焊接生产线建设项目”等2个项目获“专业建设项目”奖。

【职业教育集团增至20个】 年内，全市新组建2个职业教育集团，分别为嵊州市汽车职教集团、新昌县轴承职教集团。至此，全市职业教育集团增至20个，搭建起学校、行业、企业间的交流与合作平台。

【中职毕业生就业率达98.8%】 年内，全市中职学校加强就业指导，主动与用工单位建立长期合作关系，以举办就业洽谈会、开通网上就业平台为主渠道，服务学生就业。全年中职毕业生就业率达98.8%，对口就业率也逐年提高，达到87.1%，尤其是与本地经济紧密结合的专业和传统特色专业，如建筑、机电、服装、化工、木雕、护理等专业毕业生供不应求，就业率接近100%。

【首批新疆内职班毕业】 年内，绍兴市职教中心首届新疆班63名学生全部毕业，每人拿到一张毕业证书和两张等级证书。该班有17名学生参加高考，上线14人，上线率为82%，超出全省平均上线率。其中，有6人进入全省内职班高考前十名，1人获得全省最高分。

【绍兴市职教联盟成立】 7月，绍兴市职教联盟成立仪式在浙江工业职业技术学院举行，联盟由浙江工业职业技术学院牵头，26所在绍大中专院校加盟。

【绍兴中专设立贵州班】 9月，来自贵州黔东南州榕江县的32名学生到绍兴中专报到，开始为期3年的学习生涯。这是绍兴市职业教育继四川青川班、新疆班后又一个援助中西部教育的班级。该班大部分是少数民族学生，实行免费教育，初步确定专业为机电专业。

【启动绍兴技师学院建设】 9月，副市长丁晓燕召集各相关部门负责人，就创建绍兴市技师学院工作进行专题协调。会议认为，绍兴市技工学校已基本达到技师学院建设标准要求，同意在绍兴文理学院附属医院东面地块建设技师学院综合大楼和实训大楼，规划用地约1.3公顷，先期投资1.2亿元。工程力争于2015年年底动工，2017年秋季竣工并投入使用。（许志刚）

高等教育

【概况】 全市共有全日制普通高校9所，其中绍兴文理学院（含独立学院元培学院）、浙江越秀外国语学院、浙江工业大学之江学院、浙江农林大学暨阳学院为普通本科院校，浙江工业职业技术学院、绍兴职业技术学院、浙江邮电职业技术学院、浙江农业商贸职业学院为高等职业学院。在绍高校招收全日制普通高校本、专科新生23853名（其中本科12965人，专科10888人），在校生80348人（其中硕士研究生44人，本科生49717人，专科、高职生30587人）。共有高校教职工5863人，其中专任教师3912人，取得博士学位者497人，取得硕士学位者1599人；获正高职称者357人，获副高职称者954人。高校校园总占地面积40.60万平方米，总建筑面积231.16万平方米；图书馆藏书总计724.69万册，电子图书48626.36GB；计算机36973台；固定资产总值43.87亿元，其中教学、科研仪器设备资产6.68亿元。全市有独立设置的成人高等教育即电大开放教育学校6所，注册学生24784人。

全市高等学校情况

表59

学校	毕业生数（人）	招生数（人）	在校生数（人）	教职工数（人）		正高级职称专任教师数（人）	占地面积（平方米）	建筑面积（平方米）	图书（万册）
				合计	专任教师				
绍兴文理学院	3755	3920	14585	1409	845	159	929026	536624	155.8
绍兴文理学院元培学院	1919	2221	8760	465	393	12	390686	219412	64.5
浙江越秀外国语学院	3687	4400	15687	960	662	88	720246	384451	155.67
浙江工业大学之江学院	1727	1901	7536	672	400	19	380711	179182	58.73
浙江农林大学暨阳学院	1397	1580	6164	441	349	48	333496	276049	65.43
浙江工业职业技术学院	2671	3333	9499	686	441	18	568003	314296	77.26
绍兴职业技术学院	3142	3517	9747	569	418	4	352207	165987	60.9
浙江邮电职业技术学院	834	1250	3348	340	147	1	147747	99774	21.9
浙江农业商贸职业学院	995	1763	5022	321	257	8	237870	135872	64.5

【高等教育扩容提质发展】 7月2日，柯桥区政府与浙江树人大学共建浙江树人大学杨汛桥校区签约仪式在区行政中心举行，这标志着树人大学杨汛桥校区正式落户绍兴。浙江树人大学杨汛桥校区一期建设约26.67公顷，计划于2016年9月投入使用，在校生4000人左右。12月，浙江农业商贸职业学院通过高职院校人才培养评估，绍兴职业技术学院通过省教育厅高职人才培养工作评估回头看验收。镜湖科教园、绍兴职业技术学院二期工程、浙江工业大学之江学院、浙江邮电职业技术学院异地新建等建设项目有序推进。

【镜湖科教园在园学生达1.566万人】 年内，镜湖科教园规模进一步扩大。已有三所高校入园，分别为绍兴文理学院元培学院、浙江越秀外国语学院、浙江工业职业技术学院，在园大学生达1.566万人，其中浙江越秀外国语学院8960人，绍兴文理学院元培学院4700人，浙江工业职业技术学院2000人。

【绍兴文理学院开始招收硕士研究生】 5月，绍兴文理学院中国语言文学、化学、工商管理3个一级学科，共11个专业面向全国招收学术型硕士研究生50名。9月，国务院学位委员会印发了《关于下达2014年审核增列的硕士专业学位授权点及撤销的硕士学位授权点名单的通知》，绍兴文理学院工程硕士（建筑与土木工程）专业学位授权点获批，开启绍兴市硕士研究生教育新征程。

【高等教育教学成果显著】 年内，在绍高校共获得国家教学成果二等奖1项，省级教学成果一等奖4项（第一完成单位2项，合作参与单位2项），省级教学成果二等奖5项。其中，由绍兴文理学院主持的《创建现代化书法教学新型平台、培养技艺精湛的应用型书法专业人才》获得国家级教学成果二等奖，该项目为绍兴市高等教育史上首个以绍兴高校为第一完成单位的国家级教学成果奖，也为申办绍兴大学奠定了基础；此外，绍兴职业技术学院主持的《融合仿真技术的高职单片机课程建设与改革》为该校继获得第六届省高等教育教学成果奖后又一项省级教学成果。

【学科与技能竞赛成绩突出】 年内，在绍各高校共获得国家级一等奖6项，国家级二等奖16项，国家级三等奖21项；省级一等奖29项，二等奖73项，三等奖151项。其中，浙江工业大学之江学院在教育行政管理部门举办的学科竞赛中，获奖数量位居省内独立学院第一位，绍兴文理学院的学科竞赛获奖数量在全省本科院校中排名第六位。（宋承）

【创建绍兴大学进入细化阶段】 2014年，市、校两级创建绍兴大学领导小组的联动进一步加强。绍兴文理学院组织召开绍兴大学建设系列研讨会，启动更名大学支撑材料收集工作，制定并逐步完善《更名绍兴大学论证报告》。起草了《绍兴市创建绍兴大学领导小组办公室成员职责分工方案》，制定了“绍兴文理学院创建绍兴大学工作任务单”。进一步健全机构完善职能，积极开展创建大学各项调研工作。

【招生工作有突破】 年内，绍兴文理学院面向全国24个省（市、自治区）计划招生6170名，其中公办普通本科计划招生3250名，实际录取3265名；高职专科计划招生650名，实际录取651人；元培学院本科计划招生2270名，实际录取2270人。获批建筑与土木工程1个专业硕士学位点，实现了学术型研究生教育和硕士专业学位教育的互动发展。完成了首届50名研究生的招生录取工作。工商管理、数学与应用数学（师范）、化学（师范）、生物科学（师范）等4个专业被列入省内普通文理科第一批招生。实现招生类型拓展，顺利开展“三位一体”招生，面向中职招生试点工作取得初步成效。

【新增国家级项目23个】 年内，绍兴文理学院新增国家级项目23个，其中自然科学基金项目19个（包含1个国家自然科学基金委员会重大科研仪器研制项目），社科基金项目4个。获省部级以上科研成果奖2项（其中省科技进步奖二等奖1项），中国纺织工业联合会科技进步二等奖1项。发明专利授权数73项，同比增长19.67%。发表在SCI、SSCI、EI三大收录及一级期刊论文、著作共218篇（部），同比增长10%，其中SCI Ⅰ、Ⅱ区和人文社科权威期刊上的高水平论文35篇。各级各类到校科研经费3908万元，同比增长12.46%。

【师资队伍建设成效显著】 年内，绍兴文理学院加强高层次人才引进力度，制订实施“高端人才引进计划”和“高水平团队建设计划”，引进学术骨干9人、优秀博士35人，博士学成返校工作7人；学校共柔性引进5名高层次人才，聘用“鉴湖学者”讲座教授8人。加大人才培养力度，实施“教师队伍整体提升工程”，8人考取博士研究生，7人进行博士后研究，2人赴国内高校做访问学者，23人被选送赴海外研修；26人晋升高级专业技术资格，其中7人获正高资格。获选浙江省“钱江学者”特聘教授1名，全国优秀教师1名，省高校优秀教师2名；获选浙江省“151”人才工程第一层次培养人员1名，第二层次2人，第三层次1人；同时校内选拔了10名中青年学术骨干，师资队伍整体结构和素质进一步优化。

【首次获得国家级教学奖】 9月，绍兴文理学院兰亭书法艺术学院常务副院长沈伟的教学成果《创建现代化书法教学新型平台　培养技艺精湛的应用型书法专业人才》获得国家级教学成果二等奖，实现了学校国家级教学奖获奖零的突破。另有两项成果获得省级教学成果一等奖。在大学生学科竞赛中，该校学生获得国家二等奖4项、三等奖1项，省一等奖24项、二等奖46项、三等奖84项，成绩位居地方高校前列。

【服务地方能力不断加强】 年内，绍兴文理学院大力推进《全面融入绍兴经济社会发展行动纲要(2013—2017)》，签署横向合作项目协议187项。组织各类科技对接活动16次，选派教师45人次担任绍兴市及各县(市、区)的科技指导员，全年签订各类技术开发、技术咨询与服务合同共计170余项。附属医院门诊量为288933人次，同比增长8.03%；医院业务收入为1.80亿元，同比增长12.50%。学校与市残联共建的绍兴市康复医院开始试运行。学校司法鉴定中心顺利通过国家级资质认定和实验室认可，年检案量4000件。

【国际交流和合作】 年内，绍兴文理学院新增国(境)外合作院校5所；各类教师学术出访43人；聘请美国、英国、日本、丹麦等国长、短期外国专家31人。出国交换交流学生56人。招收长期外国留学生68人，短期交流生90人。获"省政府来华留学生奖学金"15人，完成2014年两岸大学生汉字书法艺术交流夏令营活动、2014年海外华裔青少年"中国寻根之旅"夏令营绍兴分营活动等。

【文理学院文化校园建设卓有成效】 年内，绍兴文理学院8个项目荣获绍兴市第二届德育创新成果一、二等奖。风则江大讲堂推出精品讲座21讲。在全省高校文化校园建设试点申报中，从50多家单位中脱颖而出，成为全省10所本科高校文化校园建设试点单位之一。

【文理学院通过省AAAA级"平安校园"验收】 年内，绍兴文理学院通过实施电力扩容改造等一批师生关注的实事工程，切实改善师生员工的生活、工作和学习条件。加大校园周边综合治理力度，净化校园及周边环境；加强师生安全教育，完善突发事件应急管理机制；校园各类违纪案件发案率同比下降41%，学校被授予浙江省、绍兴市"治安安全示范单位"称号，通过全省高校AAAA级"平安校园"考核验收。

【文理学院设立十大书院】 年内，绍兴文理学院借鉴国内外高校住宿制学院、中国古代书院的管理理念和体制机制，出台《绍兴文理学院深化书院制建设的实施意见》，完成书院制建设整体规划，在全校设立十大书院。全面推进书院制建设，充分发挥书院在文化育人、管理育人、实践育人、服务育人中的积极作用。

【举办第十届卓越奖学金暨第三届卓越贡献奖颁奖典礼】 4月，绍兴文理学院举办第十届卓越奖学金暨第三届卓越贡献奖颁奖典礼。"卓越奖学基金"倡设者——全国政协副主席、九三学社中央主席、中国科协主席韩启德院士和夫人袁明教授亲自颁奖。陈佳洛、杨芳、杨依依、木欣欣、黎祖维、金春德等6名学生荣获第十届卓越奖学金。朱志勇、叶国灿、李益民等3位教师荣获第三届卓越贡献奖。

【承办全省普通高校党建年会】 12月25日至26日，浙江省普通高校党建研究专业委员会2014年年会在绍兴文理学院举行。会议审议通过了理事调整名单，公布了获奖论文、组织工作奖、结题课题、立项课题名单，进行了大会研讨交流。省委教育工委副书记、省教育厅副厅长汪晓村，省委组织部调研室主任、省党建研究会副秘书长徐仲仪和省普通高校党建研究专业委员会理事以及获奖论文作者代表共100多人与会。

【举办办学105周年纪念活动】 10月25日，绍兴文理学院办学105年校友书画作品展在恂如美术馆开幕，《绍兴文理学院办学105年校友书画作品集》也同时发布。朱关田、邱振中、鲍贤伦、赵雁君、梁文斌等著名书法家，以及陈敏尔、俞可平、吴先宁等杰出校友都写书撰联以示纪念。学校还举行了建设与发展座谈会、地方高校应用型人才培养座谈会、毕业30年校友返校活动等一系列纪念活动。

【夏才初被聘为"钱江学者"特聘教授】 年内，绍兴文理学院土木工程学院夏才初教授被省政府聘任为浙江省高等学校"钱江学者"特聘教授，他是绍兴文理学院第一位获此殊荣的高层次专业技术人才。

【"鲁迅与雨果：跨时空对话"中法文化论坛】 10月15日，为纪念中法建交50周年，由鲁迅文化基金会发起，绍兴文理学院与浙江省鲁迅研究会共同承办的"鲁迅与雨果：跨时空对话"中法文化论坛在该校拉开序幕。鲁迅的后裔与雨果的后裔、鲁迅研究专家与雨果研究专家一起做客"风则江大讲堂"，就中法两国的文学交流等话题展开对话。

【俞可平向母校捐赠学术专著】 12月26日，著名学者、中共中央编译局副局长俞可平教授向母校绍兴文理学院捐赠本人学术专著及其他书籍。2012年6月，俞可平将获得的"中国软科学奖"最高奖20万元奖金全部捐赠给母校用于设立"明华人才奖学金"。

【文理学院首个硕士研究生获学位】 3月21日，绍兴文理学院2013届硕士研究生学位授予仪式在铁城科教馆一楼会议室举行，校长叶飞帆向2013届毕业生肖海岳授予硕士学位，这是绍兴文理学院正式授予的第一个硕士学位。

【在全国高校体育竞赛中获奖】 12月4日至7日，中华龙舟大赛2014年年终总决赛在海南陵水举行，绍兴文理学院龙舟队首次参赛，获得了高校组200米小决赛冠军(全程第五名)、500米决赛第四名的成绩，年度排名高校组第四名。另外，绍兴文理学院少数民族学生第三次代表绍兴市参加省第五届少数民族传统体育运动会获得全省第三名的成绩，学校再次获得优秀组织奖。8月，由国家教育部主办的2014年全国高校体育教育专业学生基本功大赛在首都体育学院举行，绍兴文理学院体育教育专业代表队获得了运动技能类一等奖、综合总分二等奖，其中田径项目、球类项目分别获得单项冠军。

【一团队获全国创业综合模拟大赛一等奖】 5月

10 日至11 日，在重庆工商大学举行的 2014 年全国大学生创业综合模拟大赛全国总决赛中，绍兴文理学院经济与管理学院会计班学生徐坚、殷灏、屠安妮组成的团队荣获一等奖，并在“中国大学生学创之星”评比中，集体荣获“中国大学生学创之星”称号，指导老师荣获大赛“最佳指导教师奖”。

【三位教师获法兰西共和国荣誉勋章】 10 月 24 日，为期一周的“重逢——中法建交 50 周年·中法艺术交流展”在绍兴文理学院拉开序幕。高松、袁文斌、朱海刚 3 位老师获法国北加莱大区授予的法兰西共和国荣誉勋章。（杜坤林　孙荷琴）

绍兴文理学院发展情况

表 60

指标	2014 年	2013 年	增减	同比（%）
高等教育毕业生(人)	10079	7659	2420	31.60
其中:普通本专科生(人)	5652	5711	–59	–1.03
硕士研究生(人)	1	1	0	0.00
成人本专科生(人)	4426	1947	2479	127.32
高等教育招生数(人)	9013	8902	111	1.25
其中:普通本科生(人)	5451	5446	5	0.09
硕士研究生(人)	41	0	41	
专科高职生(人)	649	655	–6	–0.92
成人本科生(人)	1751	1594	157	9.85
成人专科生(人)	1121	1207	–86	–7.13
高等教育在校生(人)	29018	30481	–1463	–4.80
其中:硕士研究生	44	1	43	430.00
普通本科生(人)	21379	21048	331	1.57
专科高职生(人)	1922	1979	–57	–2.88
成人本科生(人)	3345	4597	–1252	–27.24
成人专科生(人)	2328	2856	–528	–18.49
教职工总数(人)	1874	1824	50	2.74
其中:高级职称(人)	609	609	0	0.00
事业编制专任教师数(人)	1238	1030	208	20.19
其中:正高职称(人)	171	160	11	6.88
副高职称(人)	351	320	31	9.69
校园占地面积(平方米)	1319712	1319712	0	0.00
校舍建筑面积(平方米)	756036	640620	115416	18.02
其中:教学行政用房(平方米)	386168	326060	60108	18.43
学生宿舍(平方米)	283400	246997	36403	14.74
固定资产总值(万元)	107930.93	99392	8538.93	8.59
其中:教学科研设备(万元)	26727.19	25793	934.19	3.62
学校藏书(含电子图书)(万册)	338.3	333.89	4.41	1.32
其中:纸质图书(万册)	220.3	215.89	4.41	2.04

（绍兴文理学院提供）

成人教育

【概况】 2014年，全市有乡镇成人文化技术学校110所，其中省级标准化成校106所。国家级社区教育实验区1个，省级社区教育示范区1个，省级社区教育实验区7个。新建省级企业职工培训示范基地1个；省级新型农民素质培训示范基地2个；省级社区教育示范学校5个。嵊州市贵门乡成人文化技术学校、新昌县双彩乡成人文化技术学校等22所成校被确立为省级标准化成校。全市开展双证制教育培训工作，7814人取得成人职业高中学历。开展扫盲教育，完成培训21773人。

【培训农村预备劳动力2242人】 年内，全市参加农村预备劳动力培训人数达2242人，其中一类培训459人，二类培训341人，三类培训1442人。取得相应资格证书2242人。

【家政教育培训12252人】 年内，市教育局确定绍兴护士学校、嵊州市中等职业技术学校、绍兴县平水成教中心、嵊州市成教中心、浙江工业职业技术学院、浙江农业商贸职业技术学院等6校为绍兴市家政服务培养培训骨干学校。全市共有9所中职学校开设有家政类专业，家政类专业招生人数为777人，在校生2674人。全年开展家政服务培训12252人，占全市常住人口（475万）的0.26%。

【绍兴市暨越城区全民终身学习活动周】 10月24日，绍兴市暨越城区全民终身学习活动周启动仪式在越城区机关会议室举行。全市各县（市、区）教育局分管局长、职教科长、社区教育机构负责人、农村成人学校校长代表以及越城区各镇街分管领导、社教专干、社区及村社教专干代表和居民代表参加会议。此次活动周主题为“全民终身学习，共享品质生活”。启动仪式上，代表们观看了越城区社区教育专题片，表彰了社区教育先进集体。下午，现场参观了东浦成校、城南街道社区教育中心和府山街道水沟营社区学校的学习活动。整个活动周有174场活动，约9000名市民参与。（王莉）

【约1.46万人次参加自考办组织的社会考试】 年内，全市145537人次参加自考办组织的国家教育考试，组考15次，涉及七大项目。其中：3405人次参加自学考试，一年两次，同比减少773人次；142132人次参加非学历教育考试，同比增加17674人次。9183人次参加中小学教师资格考试。中小学教师资格考试上半年笔试1865人，面试847人；下半年笔试4385人，面试2086人。参加新教师招聘理论考试4445人次，比2013年增加3063人次。

【撤并自学考试考点】 年内，绍兴市高等教育自学考试办公室在全省率先撤并自学考试考点，撤销县（市、区）自考考点，全市只设市本级（绍兴市职教中心）一个考点集中组考，10月首次推行。（市教育局自考办提供）

民办教育

【概况】 2014年，全市社会力量办幼儿园287所，在校生52118人，专任教师2854人；小学9所，在校生19564人，专任教师1015人；初中5所，在校生11958人，普通高中5所，在校生21226人，初中、普高专任教师1979人；中等职业学校3所，在校生4652人，专任教师141人；普通高校2所，在校生24683人，专任教师1087人。

【出台民办培训学校管理办法】 1月，《绍兴市民办培训学校管理办法（试行）》公布。新的《管理办法》就民办培训学校设立依据、设置条件、审批、管理和监督以及法律责任等内容进行了规范。

【下放民办培训机构审批管理权】 7月1日起，越城区教育培训机构审批全部由越城区教体局负责。绍兴市教育局对原先审批的培训机构继续做好管理工作，至2014年12月31日止。

【批准建立绍兴蕺山外国语学校】 12月31日，市教育局发文同意由绍兴蕺山教育投资有限公司创办绍兴蕺山外国语学校。该校为全日制完全中学，由杨银千等人投资举办，前期暂借绍兴中专西校区办学，预计在2015年秋季招生开学。

【开展民办学校年检工作】 年内，绍兴市日樱外语培训中心等116家单位，符合民办教育有关规定，年检合格，准予继续办学。其中具有中学生文化课培训资质的机构37家，其他培训机构76家，学历教育学校3家。绍兴市大越绍兴酒文化教育培训中心注销办学资格，停止办学。（王莉）

素质教育

【概况】 2014年，全市以推动学校优质多样发展为载体，推动学校素质教育进一步深化，着力促进学生的全面发展。全面加强中小学德育工作，着力提升中小学生文明素养。抓好义务教育减负工作，积极实施“劳动实践磨炼意志、公德活动学会感恩、社团展示培养兴趣、军训军歌提振精神、文艺会演展才艺”五个一主题实践活动方案，积极开展“阳光体育”运动和校园文化艺术活动。扩大教育对外交流合作，推进“千校结好”活动。

【全市中小学素质教育综合实践基地建设现场会】 11月14日，全市中小学素质教育综合实践基地建设现场会在诸暨召开，各县（市、区）教育局分管领导、勤办主任参加会议。市教育局副局长级党委委员李发祖出席会议并作报告。会上，诸暨、嵊州分别介绍了综合实践基地发展经验，浙江茂阳农发集团展示了其规划拟建的茂阳公社综合实践基地；与会人员参观了位于诸暨璜山的青少年校外教育实践基地，并踏看了茂阳公社的规划场地。

【开展读书月活动】 年内，全市开展“绍兴与好书为伴，诵读经典成长”为主题的读书月活动，向青少年推介符合青少年学生课外阅读的各类书籍书目达160种，并举办中小学生“与梦同行”演讲比赛。绍兴市教育局获评绍兴市第一批全民阅读示范单位，诸暨市教育局选送的《诸暨市中小学阅读文化节》荣获绍兴市第一批全民阅读优秀项目。

【中小学班主任基本功大赛】 年内，市教育局组织中小学班主任参加县、市、省三级基本功大赛。6位老师代表全市参加全省比赛，1人获一等奖，5人获三等奖；诸暨市陶朱初中陈薇冰老师，代表浙江省参加第三届长三角地区中小学班主任基本功大赛，获一等奖。

【4152人参加省学生艺术特长水平(B级)测试】 年内，全市有4152名学生参加浙江省中学生艺术特长水平（B级）测试，测试分书法、美术（中国画、西画）、声乐、舞蹈、器乐五大类，达到B级合格水平有1087人，占26.18%。

【在各级各类体育竞赛中获得佳绩】 年内，绍兴市组队参加全国青少年校园青春健身操大赛，荣获团体二等奖；参加省第十三届中学生运动会健美操比赛，获团体第四名。参加省第十三届中学生运动会游泳比赛，获团体第五名。在ZSTL浙江省第五届中小学生乒乓球联赛高中组决赛中，嵊州中学获男子组团体冠军，男子双打冠军、男子单打冠军；柯桥中学获男子组、女子组团体亚军，女子双打第一名，男子双打第三名，男子单打第二名。在ZSTL浙江省第五届中小学生乒乓球联赛初中组决赛中，诸暨市浣江教育集团获男子组团体第二名，男子单打第三名，男子双打第四名；上虞区实验中学分获男子组团体第三名和女子组团体第二名，女子单打第一名，女子双打第二名，男子双打第六名。在ZSBL“动感地带”浙江省第七届中学生篮球联赛高中男子十强赛中，诸暨市牌头中学获高中男子组第三名，春晖中学获高中男子组第四名。在ZSBL“动感地带”浙江省第七届中学生篮球联赛初中男子十强赛中，上虞区实验中学获初中男子组第四名，诸暨市浣纱初中获初中男子组第五名。在ZSFL浙江省第五届中小学生校园足球联赛总决赛中，绍兴市中等专业学校获中职男子组第二名和体育道德风尚奖；柯桥区职教中心获中职男子组第六名；柯桥区实验中学获初中男子组第六名；绍兴市袍江中学获初中男子组第八名。在ZSFL浙江省第五届中小学生校园足球联赛小学生分区赛中，绍兴市群贤小学获男子甲组第六名。在2013—2014年浙江省青少年校园足球联赛中，代表绍兴市参赛的绍兴市群贤小学和绍兴市树人小学均获小学男子甲组二等奖；柯桥区钱清镇小学和嵊州市崇仁镇小学分获小学女子甲组一等奖和二等奖；嵊州市崇仁镇升高小学和柯桥区钱清镇小学均获女子乙组二等奖；嵊州市爱德外国语学校获初中女子组一等奖；嵊州市崇仁中学和嵊州市黄泽中学均获高中女子组二等奖。

【省艺术节比赛硕果累累】 10月中旬，浙江省艺术节音乐类现场赛在宁波举行，绍兴市共获一等奖5个（诸暨1个，上虞1个，柯桥3个），二等奖6个，三等奖14个，创作奖2个；绍兴市建功中学、柯桥区实验小学、柯桥区实验中学、诸暨市实验小学教育集团城东小学获优秀组织奖。美术类比赛共获一等奖6个，二等奖13个，三等奖18个。（王琛）

师资管理

【概况】 年内，为进一步促进城乡教育均衡发展，市教育局出台《绍兴市直义务教育学校教师校长交流工作实施办法》，公开教师交流岗位，参加交流教师自愿填报交流意向，采取尊重个人意向和电脑派位相结合的办法确定交流岗位。市直初中学校符合条件的骨干教师和普通教师，通过主动报名和学校推选，共56位教师参加了交流，交流比例达到15%。其中骨干教师33人，占符合交流条件骨干教师数的15.3%，4位校长参加了校长交流。

【全面推行普通中小学教师资格定期注册试点】 6月11日，绍兴市正式启动中小学教师资格定期注册，首次定期注册的对象为普通中小学教师。10月15日前各县（市、区）教育行政部门完成初审，11月进行全市审核。全市申请注册人数32991人，暂缓384人，不予注册52人。其中，市直学校共有1914位教师进行了网上注册申请，通过注册1878人，暂缓注册7人，不予注册27人，未给出注册结论2人。

【18人被评为省特级教师】 年内，根据《浙江省教育厅关于开展第十一批“浙江省特级教师”评选工作的通知》精神，经过个人申报、所在学校和县（市、区）推荐、市级资格审查、业务素质考评、水平考核、师德师风考察等层层选拔，绍兴市选拔出32名业务水平拔尖、业绩成果众多、师德师风优秀的特级教师候选人并上报省教育厅，最终有18名优秀教师被评为“浙江省特级教师”。

【开展教育局“权力清单”梳理工作】 年内，根据《绍兴市人民政府关于全面开展市级部门职权清理推行权力清单制度的通知》精神，市教育局按照职权法定、简政放权、便民高效、权责一致、公开透明的原则开展职权清理工作。经绍兴市市级部门职权清理推行权力清单制度工作领导小组办公室审核，并与省教育厅行政权力清单比对规范，确定市教育局保留行政权力共67项，县（市、区）属地管理行政权力1项，共性权力7项，审核转报6项。教育局“一报”的职权总数为184项，确认保留职权总数为 67 项,“保留”项为“一报”的 36.4%。

【举办公共管理研究生班】 年内,为进一步加强市直学校后备干部的培养,推进干部队伍的梯队建设,提升教师队伍的学历层次,市教育局与南京农业大学合作举办在职攻读公共管理硕士专业学位(MPA)教育经济与管理研究方向的研究生班。经个人自愿报名,学校(单位)推荐 73 人参加考前辅导班学习。推荐人员年龄最大 49 周岁,最小 27 周岁。30 周岁以下 5 人,40 周岁以上 23 人。校级领导(含校长助理)14 人,中层 55 人。66 人参加在职人员攻读硕士学位全国联考,49 人上线。

【开展师德师风建设年活动】 年内,市教育局开展以“惩治违规家教,弘扬高尚师德”为主线的“师德建设年”系列活动,向全市教师发出“抵制违规补课,弘扬高尚师德”倡议书;挖掘教师队伍中的先进典型,开展“绍兴市师德楷模”“绍兴市教育功臣”“模范教师”和“三十佳”优秀教师评选;组织霍懋征优秀事迹报告会,蒋建棋、杨彩虹、胡中祥等优秀师德楷模事迹报告会;开展暑期师德集中学习,对 153 名新入职教师进行师德师能培训;建立健全师德档案,开展一年两次的师德检查和一年一次的师德评议活动;严肃查处师德失范行为,着力查处教师队伍理想信念不足、违规补课、体罚学生、推销教辅资料等严重问题,对查实的 8 位违规家教教师做了严肃处理。9 月 9 日晚,绍兴市庆祝第三十个教师节暨师德楷模表彰活动在绍兴广电总台举行。李根有、蒋建棋、王迪英、胡中祥、裘洪斌、竺建江、钱建玲、王秀英、王迎春、李敏渊、经岗等 11 位师德楷模受到表彰。

【面向知名高校优秀研究生招聘新教师】 10 月,为吸引优质师资进入绍兴市直学校,破解近年来师资招聘中名牌高校毕业生较少的问题,市教育局组织绍兴一中等 6 所市直高中段学校赴北京、上海、西安、南京、杭州等地的“211”和“985”重点高校招聘新教师,并首次通过远程网络视频答辩的形式,进行新教师面试。此次招聘有 1000 余名硕士及以上研究生报名应聘,400 余人参加面试,89 人被录取。(汪江峰)

教育设施

【概况】 2014 年,全市普通中小学教育技术装备经费总投入 148309389 元,其中财政经费投入 117746000 元,占总投入的 79%。到 2014 年,累计教育技术装备资产达 1355450562 元。其中全年全市信息化装备投入共计 66169514 元。共拥有计算机 109718 台,当年计算机净增数(购买、调拨、捐赠等)7923 台。中小学生机比为 4.94:1,其中小学 5.33:1、中学 4.55:1。教职工计算机师机比为 1.41:1,其中小学 1.42:1、中学 1.39:1。年底,全市共有多媒体 16002 套,其中普通教室配有多媒体数 12802 套,电子白板型多媒体数 3526 套。全市所有中小学实现了“班班进多媒体”。

全市普通中小学办学条件(一)

表 61

单位:平方米

学校类型	学校占地面积	校舍建筑面积	教学及辅助用房							行政办公用房		生活用房	其他用房
			合计	其中						合计	其中:教师办公室		
				教室	实验室	图书室	微机室	语音室	体育馆				
小学	6497238	2471888	1177364	885784	66074	55384	55021	14138	100963	232009	140527	578110	484405
初中	5156316	2252265	953806	537399	152504	57130	42530	15994	148249	208029	123637	842566	247864
高中	4990419	2504470	965768	504844	170689	110652	21673	15897	142013	179131	95205	1223651	135920

全市普通中小学办学条件(二)

表 62

学校类型	体育运动场(馆)面积(平方米)	计算机(台)	图书藏量(册)	数学资源(GB)	固定资产总值(万元)
小学	2235772	52006	9627824	35635	297872.8
初中	1595568	32908	6168362	19276	257097.06
高中	1143640	25593	5016961	32074	340007.6

全市中等职业学校办学条件(产权情况)

表 63

区分	占地面积(平方米)	建筑面积(平方米)	图书(册)	数字资源量(GB)		计算机(台)		教室(间)		网上教学课程数(种)	固定资产总值(万元)	
				合计	电子图书	合计	教学用	合计	网络多媒体教室		合计	其中:教学、实习仪器设备资产值
全市	1986924	1137555	1695962	11481.5	3782.5	14573	12508	1563	1093	315	149866.23	34299.47
市本级	409888	239144	281788	6803	693	3457	2795	481	228	82	42540.22	8340.82
柯桥区	387863	233876	364922	2020	970	3252	3129	291	282	186	25081.13	6263.46
上虞区	267472	156191	348634	952.1	947.1	1993	1801	174	147	10	25177.3	4420.38
诸暨市	509482	269497	453802	756.4	586.4	3055	2455	313	230	28	25946.8	6624.32
嵊州市	279994	160101	90103	711	386	1687	1423	187	99	9	21305.9	5976.55
新昌县	132225	78746	156713	239	200	1129	905	117	107	—	9814.88	2673.94

【全面实施浙江省教育信息化工程】 年内,全市中小学实现千兆到校,班级和教师办公室宽带接入;全市义务教育包括民办学校的班级多媒体普及率达到100%;教师网络学习空间开通率达到了80%以上。绍兴市直属智慧校园可视化综合管理平台4月正式开通启用,实现了高清图像远程实时传送,为校园安防应用及管理提供便捷式一体化解决方案。

【建设数字校园示范校】 年内,绍兴市第一中学、绍兴市北海小学教育集团、柯桥区华舍实验学校、上虞区实验小学、嵊州市剡山小学、私立诸暨高级中学等6所学校被确定为省第二批数字校园示范校建设单位。绍兴市职教中心被确定为首批浙江省职业教育数字化资源建设基地学校,绍兴市中等职业技术学校被确定为第二批浙江省职业教育数字化资源建设基地学校。

【评选市十大教育信息化应用优秀视频案例】 年内,绍兴市鲁迅小学教育集团的《开垦一方小学网络课程的“百草园”》,私立诸暨高级中学的《翻转课堂在信息化教学中的应用》,柯桥区华舍中学的《信息技术与学科教学深度融合的实践探索》,入围“2014年浙江省教育信息化应用视频案例”选题。

【市微课创作基地成立】 年内,为积极探索和实践现代教育新技术在绍兴市中小学校教育中的应用,进一步推进信息技术与教育教学的深度融合,在全市中小学校自愿申报基础上,经各县(市、区)推荐,市教育局评估确定了30所学校作为绍兴市微课创作一期建设基地,涉及普通中小学及职业学校的12个学科。

【实施全省中小学“书香校园”工程】 年内,全市共有336所义务教育段学校采购报省图书码洋(图书定价总额)152万元,计图书近20万册。其中越城区24.6万元计3万册;柯桥区31.6万元计4.1万册、上虞区21.7万元计2.8万册、嵊州市22.1万元计2.8万册、新昌县10.1万元计1.3万册、诸暨市41.8万元计5.3万册。另省教育厅利用图书专项经费捐赠图书给嵊州市城南小学、剡溪小学,新昌县七星小学、南岩小学4所学校。

【省教师教育技术应用能力大赛中4人获奖】 年内,绍兴教师在浙江省教师教育技术应用能力大赛中成绩喜人,共夺得2个一等奖,1个二等奖,1个三等奖,其中绍兴市第一初级中学陈彦羽、嵊州中学初中部刘少锋分别获得语文、数学学科一等奖。

【全省初中科学实验技能大赛获佳绩】 年内,在全省初中科学实验技能大赛上,柯桥区兰亭镇中黄建林老师、绍兴市建功中学龚亮老师和越城区皋埠镇中胡铁勇老师分别获个人比赛一、二、三等奖,绍兴市代表队获得团体第二名。(钱霞)

教育教学研究

【概况】 2014年,全市上报教育教学研究课题1350项,其中:高校类课题97项,立项54项,立项率为56%;基教类规划课题416项,立项229项,立项率为55%;基教教改项目837项,立项393项,立项率为47%。上报省教科院各类课题70项,其中体艺类10项、重点课题10项、一般规划课题为50项。2013年度浙江省教育科研成果优秀奖获奖情况:绍兴市上报11项,获奖5项,其中一等奖1项、二等奖2项、三等奖2项。2013年度浙江省教研课题成果奖获奖情况：绍兴市上报11项，获奖10项，其中二等奖7项、三等奖3项。

【初中学业考试命题质量再创佳绩】 年内，在浙江省初中学业考试命题质量评价中，绍兴市的数学、英语、科学、社会思品等4门学科试卷评为省优秀卷，占全省13份优秀卷的31%。

【"书圣大学堂"推陈出新】 10月，绍兴市"书圣大学堂"小学英语新教材研讨活动在诸暨市新世纪小学举行，全市200多名骨干教师参加活动。12月，以"传承与发展"为主题的绍兴市第三届中小学美术"书圣大学堂"研讨活动在绍兴市文化馆和绍兴市越州中学举行，全市中小学美术骨干教师近400人参加了活动。

【名优教师开设个人教研专场】 年内，绍兴市教育局为进一步加强优秀教研成果的总结提炼与应用推广，教学研究院推行"教研专场"。3月，信息技术学科吴建锋老师的"学生因你而不同"个人教研专场在柯桥中学举行。4月，"研究学·改进教——耿夫相老师地理教研专场"活动在鲁迅中学柯桥校区举行。5月，徐建林老师"'体裁教学法'在高中英语写作教学中的实践"个人教研专场暨绍兴市高中英语写作教学研讨活动在诸暨二高举行，全市各县（市、区）高中英语教研员，市学科研究者联盟成员以及各普高的共116位教师参加了研讨活动。12月，初中科学教师沈伟云"以研促教，发展科学思维"教研专场在嵊州爱德外国语学校举行，全市各县（市、区）科学教师代表和绍兴市中小学课程专业指导委员会初中科学组成员66人参加活动。

【高中选修课程评比】 4月，绍兴市开展第二批推荐选修课程评比，在188门送评的课程中评选出91门推荐选修课程。12月，开展第三批推荐选修课程评比，在147门送评的课程中评选出85门推荐选修课程。其中，绍兴市推荐的课程有14门被评为省第五批网络推荐课程，13门被评为省第三批精品课程。（徐学军）

语言文字工作

【概况】 2014年，市语言文字工作委员会在省内率先开展区域性推进语言文字规范化试点工作，组织第十七届全国推广普通话宣传周系列活动，开展中华经典诵读活动。进一步加强社会用字监督管理，组织开展了绍兴市区主要街面和公共场所用字规范检查，完成对新昌县的国家三类城市语言文字工作复查。组织普通话培训测试，全年近1.20万人次参加普通话水平测试，其中学生1万余人，教师、公务员、公共服务行业社会人员等1300余人，面测98人次，机测11800余人。

【开展区域性推进语言文字规范化试点工作】 年内，省语委提出在县级层面开展区域推进语言文字规范化创建工作，市语委受省语委委托，在诸暨市店口镇开展区域推进试点工作。至年底，试点工作取得了三项主要成果：一是制定《浙江省语言文字规范化乡镇（街道）认定标准（试行）》；二是形成区域推进检查评估办法；三是形成区域推进创建迎评工作手册。店口镇通过试点，基本实现了"普通话初步普及"和"汉字社会应用基本规范"的工作目标，达到了语言文字规范化乡镇评估标准，通过"语言文字规范化乡镇"评估认定。12月30日至31日，浙江省区域推进语言文字规范化试点工作现场会在店口镇召开。教育部语用司、省教育厅、全省11个设区市及义乌市的语委领导、语委办负责人及所辖各试点县的语委领导、语委办负责人等参加会议。

【加强社会用字监督管理】 9月至11月，市语委办联合市文明办组织开展绍兴市区主要街面和公共场所用字规范检查。9月6日至8日，市语委办利用中秋节假日，组织语言文字专家和学校教师，对老城区和镜湖新区主要路（街）的社会公众用字情况进行了全面检查，完成对444处不规范用字的整改。

【推进中华经典诵读活动】 年内，市教育局为深入贯彻中共十八大和《国家中长期语言文字事业改革和发展规划纲要（2010—2020年）》精神，在各级各类学校全面开展中华经典诵、写、讲活动。11月7日至8日，绍兴市语委办、越城区语委办联合举办经典诵读骨干教师培训班。10月10日至22日，组织市属学校、越城区、柯桥区、上虞区和诸暨市的经典诵读骨干教师参加全省第四期中华经典诵读骨干教师培训。组织开展第九届绍兴市中小学生中华经典美文诵读活动。

【实现普通话水平计算机辅助测试全覆盖】 年内，嵊州市和新昌县普通话培训测试站机房建成，分别于5月17日和18日首次应用国家普通话水平智能测试系统开展普通话测试工作。至此，绍兴全市各测试站均实现了普通话水平计算机辅助测试，进一步提高了普通话水平等级的评测水平和公正性。（陈玲　石国江）

文　化

综　述

【概况】 2014年，绍兴目连戏、绍兴童谣、草塔抖狮等3个项目入选第四批国家级非遗项目。越剧《马寅初》获省“五个一工程”奖，绍剧《于谦》入选浙江省重点扶持剧目名单。浙江绍剧艺术研究院3位演员获上海“白玉兰”奖。嵊州市被评为“中国民间文化艺术(越剧)之乡”。

【市文化中心建成开放】 11月28日和12月28日，绍兴市文化馆、绍兴市图书馆分别面向社会免费开放。绍兴市文化中心位于市镜湖新区的核心区域，由市图书馆和市文化馆两大主体组成，总用地面积5.2万平方米，2011年5月开工建设，是一个集阅读、藏书、展览、演出、培训、讲座、文化活动于一体的大型公益性文化服务综合体。

【建设农村公共文化服务体系】 年内，全市扎实推进农村应急广播体系建设，并新建129家农村文化礼堂。深化广电惠民，全市有3.2万多户“低保户”家庭(市本级2933户)，全部免费接入有线电视。继续推进农家书屋和农村出版物小连锁店建设，全市农家书屋投入资金427.45万元，新增图书18.28万册；新建农村出版物小连锁店6家，全市累计建成35家。

【拓展公共文化服务理念与路径】 年内，市文广局网站改版并开通“绍兴市文化广电新闻出版局”门户网站，突出为民导向，拓展文化活动信息发布平台。开通新浪官方微博“绍兴文广”，创新网络信息传播方式。开展短信、微信提醒业务，提高群众知晓度和参与度，市文化馆、市图书馆、绍剧艺术研究院、绍兴大剧院全年发布活动短信近90万条。探索开展“点单式”服务，制定实施《2014年度绍兴市本级文化单位农村文化礼堂服务菜单》，提供30多类服务项目供农村百姓选择。市非遗馆、市图书馆展厅实行免费预约准入制度，举办公益性展览32场。进一步做好张桂铭艺术馆、何水法美术馆的免费开放工作，举办了16场大型书画展览和交流活动，参观人次近6万。全年放映周末广场电影120场，举办“绍剧周末剧场”42场，“《越乡莲歌》大舞台”演出51场以及“越州讲坛”“市民学堂”公益性讲座140场次。(屠静琪)

专业文化

【概况】 2014年，全市文化行政部门和专业院团以出人出戏为目标，继续实施文化精品工程和绍剧艺术振兴工程，大力开展文艺下乡、文化惠民和对外交流活动，提升了绍兴的文化品牌。成功承(举)办了浙江省第十五届运动会开闭幕式暨大型文体表演和“台湾·浙江文化节——绍兴文化周”等重大文化活动。越剧《马寅初》等一批精品剧目获省级艺术奖项。柯桥区文化发展中心青年演员施金裕荣获第八届中国曲艺“牡丹奖”新人奖、第三届巴黎中国曲艺节“卢浮”金奖；柯桥区绍兴小百花越剧艺术传习中心(绍兴小百花越剧团)青年演员张琳荣获浙江省第二届戏剧“金桂奖”。全市6家专业院团全年演出773场，观众162万人次。

【绍兴文化首次集中走进台湾】 6月11日至16日，在台湾地区台北市、南投县等地举办“台湾·浙江文化节——绍兴文化周”。组织了绍兴传统经典戏曲折子戏、经典神话绍剧《孙悟空三打白骨精》专场演出，“绍兴揽胜”书画摄影展以及绍兴戏曲艺术讲座等四项主要艺术交流项目。绍兴特立宙动漫公司携本土原创大型动漫片《少年师爷》和《兰亭小精灵》也同时参加活动。这是绍兴文化首次集中走进台湾进行交流展示。

【参评上海“白玉兰奖”刷新浙江纪录】 4月10日，浙江绍剧艺术研究院国家一级演员刘建杨因其在绍剧经典《孙悟空三打白骨精》中的出色表演荣登第二十四届“白玉兰”主角奖榜首，优秀青年演员杨炯、应林锋分别荣获“白玉兰”新人主角奖和新人配角奖，刷新了浙江单个专业文艺院团荣获一届上海“白玉兰”奖项数的新纪录。

【“中国梦”主题艺术创作结硕果】 年内，全市专业院团“中国梦”主题艺术创作结出喜人硕果。越剧《马寅初》荣获浙江省“五个一工程”奖，越剧《屈原》入选中国文联、中国剧协首批“中国历代文化名人戏剧创作工程”，绍剧《于谦》入选浙江省文化精品扶持工程重点项目名单；全市音乐、舞蹈等作品还荣获了“戏之乐”——第六届国际中国民族乐器展演最高荣誉“最佳风格表演奖”、2014年“松庭杯”第二届全国竹笛邀请赛职业青年组金奖、中国戏曲“小梅花金奖”、2014年全国职业院校技能大赛高职组三等奖等多项国家级奖项。

【首届绍兴市艺术学校学生才艺比赛】 7月3日至5日，首届绍兴市艺术学校学生才艺比赛在绍剧艺术中心举行。绍兴艺术学校、嵊州市越剧艺术学校、柯桥区小百花艺术学校等3所艺校以及绍剧传习班共35个节目(包括折子戏和器乐节目)、近200名学生参加了比赛或助演。比赛共评出新蕾奖9个、新苗奖13个、新禾奖13个、优秀园丁奖14个。该项比赛计划每三年举行一次。

【绍兴市专业院团优秀剧目展演】 11月中下旬，绍兴市专业院团优秀剧目展演在绍剧艺术中心举行，共演出绍剧《于谦》、越剧《西施断缆》、越剧《花中君子》、越剧《大义夫人》、越剧《宇宙锋》、新昌调腔《甄清官》等6台大戏中国戏剧。中国戏剧"梅花奖"得主黄美菊、陈飞等名家名角，全国"越女争锋"金奖获得者倪锦锦、上海"白玉兰"新人配角奖获得者应林锋等优秀青年演员登台亮相。此次展演系艺术惠民演出，门票全部面向社会免费领发，每场都座无虚席。

【绍兴艺校通过省二级重点职业学校评估验收】 年内，绍兴艺术学校通过省二级重点职业学校评估验收，学前教育专业获批市级专业技能实训基地。该校五大专业全部完成中高职一体化衔接工作，高职毕业生就业率到达100%，中职毕业生就业率达96%。(袁巍)

群众文化

【概况】 2014年，绍兴市公共文化服务体系建设突出群众主体地位，努力实现文化活动"接地气、聚人气"、文化成果共建共享。公共文化设施进一步完善，绍兴市文化中心，新昌县图书馆等一批文化设施建成并投入使用。组织开展春节文化周、国庆文化周、"文化走亲"等群众性文化活动。新增三个国家级非遗项目，传统戏剧曲艺类项目全部成为国家级非遗项目，实现"十全十美"。先后举办绍兴市第四届青歌赛、绍兴市第七届合唱比赛、绍兴市第四届器乐(西洋乐)比赛、第八届乡镇文艺会演等群众文化系列比赛，提高基层文化服务能力。

【新增3个国家级非遗项目】 11月，国务院公布了第四批国家级非物质文化遗产代表性项目名录，绍兴童谣、绍兴目连戏、草塔抖狮子等3个项目成功入选。至此，全市国家级非遗项目增加至24项。随着"绍兴目连戏"入选，全市传统戏剧曲艺类项目全部成功申报为国家级非遗项目。

【全国小戏精品邀请展演】 11月8日至9日，由省文化厅、市政府主办，省文化馆、市文广局承办的"中国腔·中国梦"全国小戏精品邀请展演在新落成的绍兴市文化中心剧场开演，来自全国各地的13个地方戏曲剧种汇聚绍兴，用各自声腔演绎中国戏曲的精髓和魅力。

全国小戏精品邀请展演(市文广局提供)

【承办浙江省第九届音舞节器乐类比赛】 7月8日至9日，省内32支器乐团队在绍剧艺术中心参加浙江省第九届音舞节器乐类比赛决赛。绍兴市13件作品入围音舞节复赛，获表演三等奖2个，新作品奖3个。浙江省音乐舞蹈节是浙江省音乐、舞蹈界的最高赛事，由省文化厅、省音乐家协会、省舞蹈家协会联合举办。

【组织春节、国庆群众文化周活动】 2月1日至7日春节假期期间，全市共举办各类城乡群众文化活动、展览讲座、非遗展示614场次，观众27.192万人次。10月1日至7日，全市组织开展国庆文化周活动，市区共举办了5大系列17项文化活动，包括绍剧专场演出、非物质文化遗产手工技艺展示、群文综艺晚会、"文化走亲"、广场电影等。

【文艺团队风采秀暨市民才艺秀活动】 5月16日，由市委宣传部、市文广局联合推出的"美丽水乡·放飞梦想"绍兴市区业余文艺团队风采秀、绍兴市民广场才艺秀系列活动拉开了帷幕。活动历时8个月，进行16场比赛，参演人员达2000余人，到场观看观众破万人。

【部分城市文化(群艺)馆书法美术摄影作品邀请展】 11月28日，市文化馆邀请了国内部分城市文化馆在绍兴市文化馆举行"山阴道上行"全国部分城市文化(群艺)馆书画摄影作品邀请展。此次展览共展出183件(组)书画摄影作品，其中书法作品47件、美术作品57件、摄影作品79件。

"山阴道上行"全国部分城市文化(群艺)馆书画摄影作品邀请展(市文广局提供)

【新增三个省级传统戏剧之乡】 年内，市文广局组织开展浙江省传统戏剧之乡申报工作，按县、镇、村分级申报，嵊州市(越剧)、上虞区东关街道(绍兴哑目连)、诸暨市十里坪村(诸暨西路乱弹)成功申报为省级传统戏剧之乡。

【举行“让非遗活起来”系列活动】 5月下旬至7月，市文广局为庆祝第九个全国“文化遗产日”，举行了“让绍兴非遗活起来”系列活动。活动有绍兴市传统手工技艺现场展示暨紫砂精品展览、“绍兴师爷讲故事”比赛、绍兴市非遗传承志愿团成立仪式暨绍兴市非遗传承志愿团下社区首场巡演、水乡社戏展演等，集中介绍绍兴非遗悠久的历史、璀璨的成就，以及绍兴市传承保护工作的辉煌成果。

【组织“摊簧悠扬”专场演出】 6月9日晚，由市文广局组织的“浙江好腔调”传统戏剧系列展演“摊簧悠扬”专场演出在绍兴剧院开演，来自杭州、湖州、余姚、慈溪、绍兴、衢州、兰溪的7支队伍参加演出，全面展现省内摊簧保护成果。

【绍兴五大剧种五大曲种展演】 12月21日，“十全十美”绍兴市五大剧种五大曲种展演暨第四批新增国遗项目庆祝活动在市文化中心文化馆剧场举行，越剧、新昌调腔、绍剧、目连戏、西路乱弹等五大剧种，莲花落、平湖调、词调、宣卷、摊簧等五大曲种优秀节目逐一亮相，草塔抖狮子和绍兴童谣两个项目也参与了演出。

绍兴市五大剧种五大曲种展演暨第四批新增国遗项目庆祝活动(市文广局提供)

【“绍兴电视图书馆”开通多屏浏览平台】 8月2日，“绍兴电视图书馆”多屏浏览平台正式开通。民众除通过高清互动电视收看“绍兴电视图书馆”节目外，还可以通过电脑、手机及其他移动终端登录绍兴图书馆网站，收看“绍兴电视图书馆”的节目资源。同时，进行节目改版，将“绍兴电视图书馆”的功能定位从提供图书馆服务提升为提供公共文化服务。

【推出“百万图书馆大家荐“活动】 年内，绍兴图书馆划出100万元购书经费，把图书订购的选择权交给市民，市民可登录绍兴图书馆官方网站、微博、微信或通过图书馆服务台填写表单等方式向图书馆推荐书目。

【利用馆校联动推广少儿阅读】 年内，绍兴图书馆推进与学校的联动，组织馆校联动活动182次，参加者达到26980人次，建立班级图书角105个。拓展了馆校联动的活动范围，为少儿阅读推广工作打下了良好基础。(范机灵)

文化产业

【概况】 2014年，市委、市政府出台《关于加快推进文化产业发展的决定》和《关于加快文化产业发展的若干政策意见》，通过财政、税收、金融、人才、土地等五方面的政策加以扶持。市文化产业发展领导小组办公室据此制定出台《关于加快文化产业发展的若干政策意见的实施细则》，对政策的实施进行了细化，还制定出台了《绍兴市扶持实体书店建设实施意见》，以补助、贴息、奖励等方式扶持实体书店发展。全年兑现文化产业扶持奖励资金近1500万元。组织100家企业参加义乌文交会和深圳文博会。建立绍兴市重点文化企业名录和文化产业项目库，实施重点文化企业和文化产业园区培育工程。健全了文化产业统计制度。

【动画片《兰亭小精灵》登陆央视】 4月3日，由浙江特立宙动画影视有限公司制作发行的52集3D大型原创动画片《兰亭小精灵》，在中央电视台少儿频道黄金时段播出，这是继《少年师爷》之后，该企业制作的又一部登陆央视的绍兴题材动画片。《兰亭小精灵》以中国汉字笔画横、竖、撇、捺、点、折、钩为人物形象，以兰亭书法文化和汉字文化为依托，运用中国传统水墨画风，将兰亭序、会稽山等绍兴文化元素展现出来，不仅弘扬了中国书法文化，也让世界各地的汉字书法爱好者们领略了“有趣汉字，奇妙书法”的精彩。

【4家企业获批省文化出口重点企业】 4月8日，省商务厅会同省委宣传部、省文化厅、省新闻出版广电局联合认定了一批省文化出口重点企业和重点项目，绍兴市申报的浙江特立宙动画影视有限公司、浙江行者影视动漫有限公司、美盛文化创意股份有限公司和达利丝绸(浙江)有限公司等4家企业入选2013—2014年度浙江省文化出口重点企业名单，浙江特立宙动画影视有限公司的《兰亭小精灵》、《绍兴师爷》和美盛文化创意股份有限公司的“动漫产业生产出口基地及走出去文化贸易发展项目”等3个项目入选2013—2014年度浙江省文化出口重点项目名单。

【越剧《女驸马》全国巡演】 7月至9月，由绍兴市演出有限公司联手福建省芳华越剧团共同投资打造的越剧大戏《女驸马》开展全国巡演，赴福建、浙江、江苏、湖北、江西等地演出30多场。

【两件作品获2013年度绍兴市文化创新奖】 7月14日，绍兴市文化强市建设领导小组表彰2013年度绍兴市文化创新奖获奖单位，文化产业领域的动画片《少年师爷之侠义欢乐行》和明星版越剧《孔雀东南飞》两个作品获奖。

【组建绍兴市文化产业发展投资有限公司】 11月4日，绍兴市文化产业发展投资有限公司注册成立，注册资本8000万元。公司将负责全市重大文化产业、文化旅游建设项目的直接或合作投资、开发、经营和管理工作。为开发建设"绍兴鉴湖文化旅游休闲园"，市文广局受市委、市政府委托，协助该公司积极寻找合作伙伴，与上海纺织集团有限公司、浙江艺海影视有限公司达成了投资合作意向。

【"美盛"被命名为国家级文化产业示范基地】 11月25日，美盛文化创意股份有限公司获得中央财政补助文化产业发展专项资金1700万元，成为绍兴市文化企业申报中央财政文化产业发展专项资金补助获批数量最多的企业。12月26日，文化部发出《关于命名第六批国家文化产业示范基地的决定》，美盛文化创意股份有限公司被命名为第六批国家文化产业示范基地，成为绍兴市首个国家级文化产业示范基地。（梁智渊）

广播电视

【概况】 2014年，绍兴市广播电视系统以党的十八大精神为指针，围绕市委、市政府中心工作，坚持正确舆论导向，唱响主旋律，打好主动仗，在新闻宣传、事业发展、行业管理、队伍建设等方面都取得了新的进展，并保持了良好的发展势头。5月1日起，绍兴广播电视总台高清互动云电视在绍兴市上线，标志着绍兴市数字电视跨入高清云时代。9月27日，中共绍兴市委发文决定：中共绍兴广播电视总台委员会、纪律检查委员会更名为中共绍兴广播电视总台（绍兴广播电视传媒集团有限公司）委员会、纪律检查委员会。

【纪录片《中国梦——我的田园梦》在境内外展播】 3月下旬起，由绍兴广播电视总台策划制作的系列纪录片《中国梦——我的田园梦》相继在北美卫视、日本西宫电视台、江苏国际频道等境内外展播。

【《738早新闻》更名为《绍广早新闻》】 5月20日，绍兴广播电视总台新闻综合频率主档新闻栏目《738早新闻》正式更名为《绍广早新闻》，"FM93.6"从此迈入更及时、更时尚、更民生的"绍兴之声"时代。

【多部新闻作品获奖】 年内，绍兴广播电视总台制作的纪录片《脸》《电视评议为啥火了》评论获全省新闻一等奖。专题片《社戏》和纪录片《脸》在浙江省第24届电视"牡丹奖"评选中分获电视文艺节目、纪录片一等奖。纪录片《脸》还在中国电视艺术家协会主办的"第20届中国电视纪录片十佳十优作品推选活动"中入选"十优作品"，并入选国家新闻出版广电总局2014年第二批优秀国产纪录片目录。《行风热线》获得省"创新创优栏目"称号。在第16届全国电视外宣"彩桥奖"评比中，绍兴广电总台选送的《涌潮之上》获人文纪录片类一等奖，《寻梦·绍兴》获城市形象片类一等奖；《记录绍兴》获全国电视节目技术质量奖（金帆奖）二等奖，专题《涌潮之上》获省电视节目技术质量奖一等奖；《荷花塘情结》获得省"五水共治"优秀电视专题片奖；绍兴广电总台参与制作的《家乡的情韵——向全球华人送祝福中秋晚会》获中国广播影视大奖·广播电视节目奖（第23届"星光奖"）电视综艺节目提名荣誉奖。

【"沟通零距离"群众满意率97.4%】 6月4日至6日，绍兴广播电视总台新闻综合频道先后播出三期"沟通零距离"节目，钱建民、俞志宏、尹永杰等市领导分别与群众代表面对面，听取并解释、解答、解决群众提出的问题、意见、建议。这是绍兴市党的群众路线教育实践活动的创新之举和力作。在随后的短信满意度调查中，群众满意率高达97.4%。

【首次使用4G技术进行电视直播】 8月11日，绍兴广播电视总《直播绍兴》栏目以"伏天运动汇"为主题，使用4G设备实现突发事件的现场连线。这是该台首次使用4G技术进行电视直播。

【推出电视舆论监督类栏目——《今日焦点》】 8月18日，绍兴广播电视总台推出一档全新的电视舆论监督类栏目——《今日焦点》，暂定每周3期、每期5分钟。当年发报道55篇，成为民生关注新入口。

【绍兴旅游形象广告片登陆央视】 10月起，绍兴广播电视总台电视剧制作（投资）公司制作的绍兴旅游形象广告片登陆央视。该片以"老绍兴、醉江南"为主题，通过挖掘独特的越地文化，展示绍兴作为文化休闲城市的迷人魅力。

【绍兴广播电视传媒集团揭牌】 11月6日，绍兴广播电视传媒集团举行揭牌仪式。绍兴广播电视传媒集团与绍兴广播电视总台实行两块牌子一套班子的管理体制和"事业法人+企业法人"一台两制模式。（张槐林）

新闻出版

【概况】 2014年，绍兴市新闻出版工作在推进软件正版化工作、净化出版物市场、创新服务方式、提高管理质量和推动产业发展等方面全力推动科学发展。绍兴市文化广电新闻出版局落实市政府行政审批"权力清单"的工作，提升服务效能。指导各区（市、县）新闻出版、版权管理工作，做好行政区划调整后越城区新闻出版、版权行政管理职能和行业管理职能的划入工作。完成1786家出版物发行（零售）单位、112家企业报、8个记者站、

1096家印刷企业年检年审工作，完成198家印刷企业的抽样调查工作。

【4个家庭获评首届全国“书香之家”】 年内，绍兴市文化广电新闻出版局组织开展全民阅读活动，全市4个家庭获评首届全国“书香之家”。提高农家书屋利用率，发挥农家书屋作用，组织参加以农家书屋为平台的全省农民读书征文比赛、全省农民讲书比赛、全民阅读巡展巡讲活动。

【出台政策扶持民营实体书店】 年内，市文化产业发展领导小组办公室为繁荣图书出版发行市场，鼓励和扶持实体书店健康持续发展，出台了为期5年的《绍兴市扶持实体书店建设实施意见》，意见明确以补助、贴息、奖励等方式扶持实体书店发展。

【1075名新闻记者换发新证】 年内，根据国家新闻出版广电总局的要求，为保障新闻采访活动的正常开展，维护新闻记者的合法采访权益，加强新闻记者和新闻采访证件管理，绍兴市文化广电新闻出版局组织全市1075名新闻记者参加统一考试，更换了新版记者证。

【加强出版物市场管理】 年内，绍兴市文化广电新闻出版局加强日常监管，净化出版物市场。组织开展中小学教辅材料出版发行、校园周边出版物市场的专项行动。加大版权行政执法，宣传知识产权保护，开展打击侵权盗版活动。指导新华书店新建5家农村出版物小连锁店，2008年以来累计建成小连锁店35家。

【印刷业规范管理卓有成效】 年内，绍兴市文化广电新闻出版局加强对印刷复制监督检查，全市共出动2456人次1006车次，对1757家次印刷企业进行了检查，监督检查中给予口头劝诫80家次、给予警告10家次。全市新增数字印刷企业1家，通过绿色认证印刷企业两家。在全国第12届包装印刷产品质量评比中，绍兴市共获得5金、5银、10铜奖的好成绩。全市2007年以来在全国包装印刷产品质量评比中累计获得金奖25个，银奖42个，铜奖60个。（金渭鑫）

报 刊

【概况】 2014年，绍兴日报社启动纸媒转型升级，开发推广新媒体平台，加快推进媒体融合发展进程，把握新形势下舆论主导权。“三报一网”配合开展党的群众路线教育实践活动宣传，挖掘了“民情通”村书记杭兰英、报效乡梓的好书记金传土等一大批接地气、得民心的基层干部，深挖典型价值，提炼榜样力量。推进新闻精品工程建设，在第二十四届中国新闻奖评选中，两件作品分获通讯类二等奖、摄影类三等奖，填补了绍兴日报社在中国新闻奖文字类领域的奖项空白；在2014年度浙江省新闻奖评比中，获得18个奖项；《绍兴日报》蝉联2013—2014年度中国地市党报品牌十强报刊。

【在省级以上媒体发表新闻1000余篇】 年内，绍兴日报社通过有针对性地组织外发稿件、提高外宣奖励标准等措施，调动采编人员积极性，提高稿件数量、质量。全年，绍兴日报社“三报一网”在省级以上新闻媒体发表新闻稿件1000余篇，其中《人民日报》《经济日报》《浙江日报》等重要媒体及新华社等重要通讯社发表新闻稿件（含图片）500篇（幅）左右，境外报刊对其中的近50幅新闻作品进行了转载。尤其是涉及“五水共治”、“两重”战略、领导干部社会化评价、纳凉点长效化、杭兰英等内容的稿件，受到省内外众多媒体的广泛关注和大量转载，成为打造城市品牌、展示绍兴形象的金名片。

【确立媒体融合发展新战略】 年内，绍兴日报社党委制定出台《绍兴日报社关于推动传统媒体和新兴媒体融合发展的意见》，进一步明确了报社媒体融合发展的方向、思路和目标。成立新媒体发展中心，开发推出“掌上绍兴”APP移动客户端，正式进军新媒体领域；组建绍兴网传媒有限公司。至9月，“三报一网”均已开通官方微博、微信公众号，由专人负责更新每日资讯、策划活动。起步最早的晚报官方微博粉丝量近16万，晚报微信公众号粉丝量约1.5万。启动商报转型调整。“采编中央厨房”筹备工作开始启动，整个媒体运行发展朝着“一次采集、多次生成、多元发布、多渠道融合”的运作模式转变。

【中国新闻奖】

二等奖（1件）：

《绍兴晚报》通讯：《儿子，今晚我和你爸睡在政府会议室！》

作者：钟宏娇　编辑：祝诚　杨燕萍

三等奖（1件）：

《绍兴日报》摄影：《世界最长最宽的多塔斜拉桥——嘉绍大桥建成通车》

作者：袁云　编辑：李成通

【浙江新闻奖】

一等奖（3件）：

《绍兴晚报》通讯：《儿子今晚我和你爸睡在政府会议室！》

作者：钟宏娇　编辑：祝诚　杨燕萍

《绍兴日报》摄影：《世界最长最宽的多塔斜拉桥——嘉绍大桥建成通车》

作者：袁云　编辑：鲁兰洲

《绍兴日报》特刊（重大主题）：《寻找雷锋》

作者：鲁兰洲　沈卫莉　周国勇　杨寒凝　马可远

编辑：王友仁　李成通

二等奖（3件）：

《绍兴日报》消息：《“日盛袜业”婉拒千万美元订单》

作者：王旭东　蒋建云　编辑：粟爱平　李成通

《绍兴日报》评论：《排污与财税挂钩是舍本逐末》

作者：朱振华　编辑：李菲　钟兰花

《绍兴网》网络新闻:《寻亲:一座城市的期盼》

作者:杨遇春　王洋　高建峰　赵宇　蒋凡　张小东

三等奖(13件):

《绍兴日报》消息:《政府回租万亩水面清洁》

作者:秦德胜　编辑:俞风　张科勇

《绍兴日报》通讯:《诸暨:干部"下沉"催生的变局》

作者:裘浙锋　王明雨　编辑:李成通　俞风

《绍兴日报》副刊:《假如王羲之活到今天》

作者:郑休白　编辑:李成通　俞风

《绍兴日报》摄影:《"猴王六龄童"获中国戏剧终身成就奖》

作者:袁云　编辑:俞风

《绍兴晚报》摄影:《65岁老村医　坚守深山40年》

作者:袁云　袁婧　编辑:祝诚

《绍兴日报》版面:2013年7月5日6版

作者:王建强　王琨杰

《传媒评论》论文:《媒体发声不应被网络"绑架"》

作者:鲁兰洲　编辑:王郁

《绍兴日报》典型报道:《"硬书记"的硬道理》

作者:李成通　李菲　编辑:俞风　栗爱平

《绍兴晚报》摄影:《白天是政府部门会议室,晚上是外来务工者的纳凉地》

作者:石皎月　编辑:何用

《天天商报》消息:《为拆除一处违法建筑　嵊州一市民四次"民告官"》

作者:裴金红　张亮宗　编辑:朱建宇　张陆龙

《天天商报》评论:《向人民报告应该成为一种常态习惯》

作者:孙　壮　编辑:朱建宇　孙壮

《天天商报》系列报道:《印染污泥倒进田里!这种缺德事谁干的?》

作者:祝诚　朱建宇　张陆龙　罗超华　裴金红　吕锋

《绍兴网》网络新闻:《我有问题问太空》

作者:王洋　沈逸斐　高建峰　赵宇　蒋凡

【全省第十五届对外传播"金鸽奖"获奖作品】

二等奖(1件):

《绍兴日报》摄影:《绍兴黄酒立冬开酿》

作者:袁云

【2013年全国报纸副刊年度美文】

二等奖(1件):

《绍兴日报》副刊:《假如王羲之活到今天》

作者:郑休白　编辑:鲁兰洲　李成通　俞风

【第二十八届中国地市报新闻奖】

一等奖(6件):

《绍兴日报》消息:《全国首票"家门口"通关货物在绍放行》

作者:马可远　编辑:俞风

《绍兴日报》摄影:《法国"蜘蛛人"阿兰·罗伯特成功攀爬288米高的绍兴世茂天际中心》

作者:袁云　编辑:张科勇

《绍兴日报》漫画:《抢跑》

作者:高晓建　编辑:钟兰花

《绍兴晚报》通讯:《为让88岁老母亲不寂寞　7个子女立了一份"孝顺公约"》

作者:陈正军　编辑:何用

《天天商报》通讯:《卖什么到国外去?绍兴企业在思考!以前"卖纺织",现在"卖环保"》

作者:魏秀萍　编辑:朱建宇　罗超华

《天天商报》评论:《能够被摘下的牌子才是有价值的牌子》

作者:孙壮　编辑:朱建宇　孙壮

【2013年度全国晚报赵超构新闻奖】

一等奖(1件):

《绍兴晚报》消息:《英雄母亲义捐百万抚恤金,"田思嘉见义勇为基金"上午成立》

作者:钟宏娇,编辑:丁兴根、杨燕萍

(绍兴日报社提供)

文物保护

【概况】 2014年,市文物局遵循《中华人民共和国文物保护法》,加强法制建设,提升机关效能,认真履行职能,围绕年度工作目标,各项计划任务顺利完成。突出亮点是大运河(绍兴段)成功列入世界文化遗产名录。

【处置贺知章《龙瑞宫记》摩崖刻石遭涂鸦事件】 2月10日,《绍兴晚报》报道了题为《"陈军江"是谁?贺知章龙瑞宫记刻石遭涂鸦》一文后,市文物局于次日到现场踏看,根据刻石受损情况确定了清除涂鸦方案。当天即安排专业施工人员清除完毕,及时恢复了摩崖刻石的原貌,并向当地派出所报案,要求公安机关查处破坏文物的违法行为。同时,市文物局加强文物保护的宣传,加强巡查和监管力度,在摩崖刻石周围设立围护栏。

【《青藤书屋集》回归青藤书屋】 3月7日,86岁老人陈清狂向绍兴青藤书屋捐赠其收藏的一套徐文长《青藤书屋集》。陈清狂祖籍绍兴,现寓居福州,曾任福州美术馆副馆长。《青藤书屋集》线装30卷,海山仙馆刻本,基本保存完好,是明朝徐渭的诗文集,收录赋、乐府26首,古诗166首,律诗335首,绝句含题画诗225首,词7首,序、跋、书札、论文、杂著及补遗等298篇,是研究徐渭诗文的珍贵资料。书前页有龚易图的朱文收藏印"易图所藏"(龚易图,清慈禧太后宠臣,清著名藏书家)。封面系新裱,有当代书法家潘主兰题签及其印鉴。

【全市文物工作会议】 3月13日,全市文物工作会议在绍兴市区召开。各县(市、区)文物部门领导、文管所和博物馆负责人,市直各文博单位负责人与会,市委常委、副市长姚远到会讲话。会议交流2013年全市文物工作主要成绩,并从“突出三个一”目标、搞好精品陈列、做好重大文保项目、深化改革加强管理等四个层面部署2014年全市文物工作主要任务。

【新昌县出台文物管理政策】 5月6日,新昌县政府出台《关于进一步加强和改善文物保护工作的实施意见》。意见明确文物保护工作以属地管理为主,各级文物保护单位由所在地乡镇(街道)负责防火、防盗、防拆等日常行政管理工作,文物行政管理部门负责业务指导、监督管理和行政审批。

【文物建筑危旧房排查确认】 5月15日,市文物局组织文物建筑危旧房排查小组,对市区文物建筑进行排查。绍兴市区现有各级文保单位90多处,点多面广,产权性质复杂。排查组先后踏看了七星龙局、杜家台门、孙清简祠大厅等文物建筑,将之分门别类、登记填表、建立档案,并按照《文物保护法》精神,函告相关部门、单位和个人,敦促业主或使用方进行修缮、保养。对一些公共性质的文物建筑,市文物局酌情实施抢救性加固维修。

【两处国保单位免费开放】 5月19日,柯桥区的国保单位“印山越国王陵”和“舜王庙”两个景区向绍兴市民免费开放。出于安全考虑,在舜王庙实施“全面禁止点烛烧香”措施。

【《嵊州古戏台》出版发行】 6月14日,《嵊州古戏台》由中国文史出版社出版发行。嵊州是越剧发源地,目前该市城乡尚存明、清至民国时期各类古戏台210座。《嵊州古戏台》深入研究了古戏台的形态特征、建筑格局、架构装饰,探讨了古戏台的形成环境、历史沿革、发展状况、价值意义及其与戏曲发展的关系,是嵊州传统建筑和戏曲艺术研究的文物资料。

【大运河(绍兴段)列入《世界遗产名录》】 6月21日,在卡塔尔首都多哈召开的第38届世界遗产大会宣布,中国大运河项目被列入《世界遗产名录》。中国大运河包括京杭运河、隋唐运河和浙东运河。浙东运河绍兴段(绍兴古运河)是中国大运河的重要组成部分。大运河申遗成功,标志着绍兴有了首处世界遗产。随同被列入世界遗产的点段有4个:浙东古运河绍兴段主体、绍兴八字桥、绍兴八字桥历史街区和绍兴古纤道。

【大禹陵内窆石亭保护性维修工程完成】 9月1日,大禹陵的窆石亭保护性维修工程完成。工程由会稽山景区实施,按“修旧如旧”原则,历时一个月,针对窆石亭的渗漏、破损作了全面维修。

【推进大运河(绍兴段)保护利用传承工作】 9月,市委、市政府出台了《关于加强大运河(绍兴段)世界文化遗产的保护利用传承工作的实施意见》。市文物局重点做好大运河(绍兴段)遗产标识标牌建设工作,按照要求在运河沿线树立遗产标识碑、界桩、点段解说碑、文物标识碑、区域解说牌、温馨提示牌等共计170余块。总投资70余万元。同时,推进古纤道(皋埠段)、广宁桥、迎恩桥、泾口大桥等运河文化遗产点的“四有”工作。开展了大运河“探历史,讴巨变,赞明天”的系列宣传活动。

【徐渭史迹陈列馆建成开放】 年内,柯桥区文化发展中心完成了以徐渭史迹陈列馆建设为重点的徐渭墓保护工程,徐渭墓园内外绿化和环境得以改造和整治,并重新对外开放。

徐渭史迹陈列馆建成开放(市文物局提供)

【省级文保单位胡愈之故居开放】 年内,上虞区出资70余万元,完成对丰惠镇胡愈之故居陈列布展,并对外开放。胡愈之故居陈列布展,被列入上虞区“魅力文化十大行动”的名人故居整修计划,陈列布展的主要内容包括胡愈之生平事迹陈列展、“胡愈之与亲属”展、“敕五堂族史与先贤”展、文化名人对胡愈之的评价以及后思园家具布置等版块。共展出版面298块,书籍120本,对联3副,横匾6块,家具47件。胡愈之(1896—1986),原名学愚,浙江上虞人,是集编辑、记者、作家、翻译家、出版家身份于一身的著名文化人。(市文物局提供)

文物考古

【概况】 2014年,全市各文物单位加强地下文物管理工作,重点对3万平方米的基建工地加强了管理,并根据实情对大型工地开展考古发掘。其中,对位于上虞区上浦镇大善小坞村大善自然村东北角的禁山窑址进行考古发掘,系年内重大考古发现。

【打击盗掘和倒卖文物专项行动】 年内,市文物局配合市公安局开展打击盗掘和倒卖文物专项行动。市文物局负责收缴文物和被盗墓葬的鉴定工作。至9月5日,完成了1400余件涉案文物和170余座涉案古墓葬的司法鉴定工作,出具了鉴定书。

【对两地块开展抢救性考古发掘】 2月至6月,柯桥区文化发展中心与省文物考古研究所联合对平水镇四丰村2号建设地块和兰亭镇阮港村蔺家山空心村改造工程开展抢救性考古发掘工作。共清理出战国至宋代墓葬50余座，出土青铜器、铁器、玉器、陶器和青瓷器等各类文物200余件。特别是蔺家山出土的金代带柄犀牛望月铜镜，其造型之奇特、装饰之精美、保存之完好，在全省属首次发现。四丰村发现的西汉日光镜、釉陶壶、东晋青瓷尊等，亦堪称同类器中之上品。两次考古发现多样的墓葬形制和相异的随葬品风格，更为进一步研究绍兴古代政治、经济状况和丧葬习俗提供了宝贵实证。

考古人员在兰亭镇阮港村蔺家山空心村改造工程开展抢救性考古发掘(市文物局提供)

【上虞禁山窑址考古发掘】 3月至10月，浙江省文物考古研究所等单位对位于上虞区上浦镇大善小坞村大善自然村东北角的禁山窑址进行考古发掘，发掘面积800平方米，清理出包括窑炉、灰坑、灰沟等在内的丰富遗迹，出土了大量高质量、高档次的成熟青瓷器。这是全国已发现的早期成熟青瓷窑址中发现窑炉最多、遗迹最为丰富的窑场。清理出的5条窑炉遗迹中有3条为长条形斜坡状龙窑，均保存较为完整，可以借此建立从东汉至三国、西晋时期完整的窑炉发展序列，同时亦首次确认东汉时期三段式窑炉的存在，这对于探索成熟青瓷早期发展阶段的制作与装烧等工艺，具有重要的意义。出土的产品标本均为成熟青瓷器，器型包括樽、簋、洗、盆、灯、罐等近30种器型，胎釉质量高，装饰华丽，制作与装烧工艺成熟而高超，代表了中国早期成熟青瓷发展的第一个高峰。

上虞禁山窑址考古发掘现场(市文物局提供)

【早期越窑及上虞禁山窑址学术研讨会】 12月19日至21日，早期越窑及上虞禁山窑址学术研讨会在上虞区举行。国家文物局考古专家组、北京大学、故宫博物院、中科院、复旦大学等全国各地古陶瓷研究领域的专家学者共聚上虞，探讨青瓷之源。省文物局副局长吴志强、市文物局副局长葛波儿与会。其间，还举行了《早期越窑》图录首发式。

【加强市区地下文物管理】 绍兴市区各类大型基建工地比较多，为防止地下文物因建设而遭到人为破坏，年内，市考古所先后与市区16家建设单位签订了“地下文物保护合同”，并在皋埠等地抢救性发掘了5处六朝时期的古墓葬。(市文物局提供)

博物馆

【概况】 2014年年底，新昌博物馆正式开放。至此，绍兴全市一地一馆格局形成。全市民办博物馆办馆踊跃，初步形成以国有博物馆为主体，民营博物馆为辅助的博物馆体系。按博物馆收藏、研究、教育三大职能，全市各家博物馆以展览推出为重点，自觉保障文物展示平台多样性，积极开展各项文博业务工作。

【市区开展国有收藏单位文物认定工作】 年初，市“一普”文物鉴定组，对收藏有文物的国有单位进行文物认定。年底前，已完成绍兴文理学院、绍兴城建档案馆等12家国有收藏单位文物的认定工作，认定文物共132件，并对市中心文物库房6000件文物藏品信息进行登录。

【绍兴博物馆获赠书画作品】 2月11日，沈祖伦向绍兴博物馆捐赠13幅书法作品。沈祖伦曾在绍兴工作多年，后任浙江省省长，退休后研习书法。此次赠送的书法作品的内容，均与绍兴历史名人相关。

3月28日，项永昌向绍兴博物馆捐赠60幅书画作品。项永昌，1937年生，上虞人，现客寓新加坡。自幼喜爱书画，擅长传统山水，作品被新加坡、马来西亚、英国、美国、日本、德国等国家以及我国香港地区收藏。

3月28日，项永昌向绍兴博物馆捐赠书画作品（市文物局提供）

【“弘扬鲁迅精神，普及鲁迅文化”互动体验研讨会召开】 3月21日，主题为“弘扬鲁迅精神，普及鲁迅文化”互动体验研讨会在绍兴鲁迅纪念馆召开，研讨会由鲁迅文化基金会绍兴分会、绍兴鲁迅纪念馆和市区以鲁迅命名的中小学校共同举办，旨在以学校为主体、以班级为单位组织开展亲近鲁迅、解读鲁迅、走进景区“第二课堂”等活动。

【诸暨市博物馆成立学术委员会】 3月28日，诸暨市博物馆学术委员会成立暨第一次会议在诸暨博物馆举行，会议通过了学术委员会章程，确定了博物馆未来的发展方向。市文化界知名人士杨士安、方志良、何根土、许绍满等应邀出席。诸暨市博物馆馆长蔡栋向5位特聘专家颁发委员聘书。

3月28日，诸暨市博物馆学术委员会成立暨第一次会议举行(市文物局提供)

【主要展览活动】 3月开始，柯桥区博物馆在全面梳理库藏文物的基础上，陆续推出了原始瓷精品、越窑青瓷精品、近现代书画精品、会稽铜镜精品等4期“文化有约——零距离赏宝”专题展览活动。

4月2日，第三十届中国兰亭书法节系列活动“融·通——白砥书法探索三十年文献展”在绍兴鲁迅纪念馆开展。

4月28日至6月26日，“越地遗珍——绍兴文物精品展”在北京大学赛克勒考古与艺术博物馆展出。展出文物共220件(套)，分玉石风采、陶瓷菁华、吉金神韵、会稽铜镜四个部分。展览特别增设了“绍兴的北大情结”篇章。

4月28日至6月26日，“越地遗珍——绍兴文物精品展”在北京大学赛克勒考古与艺术博物馆展出(市文物局提供)

9月21日，为纪念鲁迅诞辰133周年，“《故乡》——鲁迅文学连环影像作品展”在绍兴鲁迅纪念馆开展。

【鲁迅外婆家故宅重新对外开放】 6月1日，由鲁迅基金会绍兴分会出资修缮的绍兴县级文保单位——鲁迅外婆家故宅孙端皇甫庄旗杆台门重新开放，绍兴鲁迅纪念馆协助征集展品及陈列布展。

【《兰亭的故事》获省陈列展览精品奖】 6月14日，在2014年中国文化遗产日浙江主场城市活动开幕式上，表彰了第八届(2013年度)浙江省陈列展览精品奖获奖单位，绍兴博物馆《兰亭的故事》陈列荣获第八届省十大精品奖。这是绍兴市连续两年获此殊荣，《兰亭的故事》先后在上虞博物馆、诸暨博物馆、永康博物馆等8家博物馆巡回展出。

【鲁迅纪念馆与法国雨果博物馆缔结友好关系】 10月15日，绍兴鲁迅纪念馆与法国滨海塞纳省雨果博物馆缔结友好博物馆的签约仪式在鲁迅纪念馆举行。法国文化部政策主任米雪儿·普拉内尔，作家、雨果研究专家、法国卡昂大学研究员杰勒德·普香，法国滨海塞纳省议会文化发展与合作部事务主管伊莎贝尔·马拉瓦尔，巴黎雨果纪念馆副馆长杰勒德·奥迪奈特，雨果第六代亲属利奥波德·雨果，鲁迅长孙、鲁迅文化基金会副理事长兼秘书长周令飞，绍兴市文联、绍兴市旅游集团、鲁迅文化基金会绍兴办事处等代表出席签约仪式。

【纪念周恩来系列活动】 11月13日，“周恩来中国梦”学术研讨会在绍兴市区召开。中央文献研究室副主任、中国中共文献研究会副会长陈晋主持会议。周恩来思想生平研究会向浙江省委党史研究室、绍兴周恩来纪念馆等8家会员单位颁发突出贡献奖。14日，五位曾在周恩来总理身边工作过的人员在周恩来纪念馆举行签名售书活动。签售的五本书分别是周恩来、邓颖超的秘书赵炜所著的《西花厅岁月》，周恩来卫士、邓颖超的警卫秘书高振普所著的《周恩来卫士回忆录》，周恩来秘书纪东所著的《非常岁月》，周恩来侄媳邓在军所著的《海棠花前·绽放的记忆》，周恩来侄女周德所著的《我的伯父周恩来》。这些图书记录了周恩来总理的一些真实故事，也记录了工作在伟人身边的年轻人的成长经历。

11月26日至28日，由厦门大学中文系主办、厦门大学鲁迅纪念馆承办的“中国梦·民族魂”鲁迅精神传播学术研讨会暨鲁迅馆际交流会在厦门召开。来自北京、上海、绍兴、广州、南京等地的鲁迅博物馆(纪念馆)及厦门大学中文系的20余位专家学者参加会议并进行学术交流。

【两个单位成为北大实践基地】 5月29日，北京大学和绍兴市政府确认蔡元培故居为北大学生社会实践基地，并举行授牌仪式。11月26日，北京大学考古文博学院和绍兴市政府，在绍兴博物馆举行“北京大学考古文博学院教育实践基地”授牌仪式。绍兴博物馆正式成为北京大学考古文博学院教育实践基地。

【《古桥文化学术研讨会论文集》出版】 12月，柯桥区文化发展中心、越国文化博物馆（柯桥区博物馆）编纂的《古桥文化学术研讨会论文集》由西泠印社正式出版。文集汇总了此次研讨会成果，编辑成“古桥保护利用”“古桥科学技术”和“古桥历史文化”三部分，收录朱光亚、丁汉山、项贻强、陈宝春、黄斌、罗关洲等专家学者撰写的学术论文共26篇，约22万字，这些论文从不同角度阐述了古桥文化及保护利用。浙江省文物局博物馆与社会文物处处长、著名古建筑研究专家杨新平为该书作序。

【新昌博物馆建成开放】 12月25日，新昌博物馆基本陈列——“梦游天姥”新昌历史文化陈列展开展。至此，经过4个月试运行的新昌博物馆正式开放。试运行以来至12月底，参观者已达63097人（次）。新昌博物馆于2009年动工，建筑面积3200平方米，其中展厅面积1000平方米。

12月25日，新昌博物馆正式开放（市文物局提供）

【绍兴博物馆管理体制调整】 12月31日，绍兴博物馆召开全体员工会议，市府办传达了《中共绍兴市委、绍兴市人民政府关于进一步完善旅游经营管理体制的意见》，决定自2014年12月31日起，绍兴市博物馆调整为由市文物局管理。（市文物局提供）

档　案

【概况】 2014年，全市各级国家综合档案行政管理部门共有专职档案干部103人，其中大专以上文化程度100人；各级国家综合档案馆共有专职人员12人，其中大专以上文化程度11人。

全市档案馆馆藏档案共1950个全宗、1718511卷、1478972件，馆藏卷、件数较2013年增加1倍；音像影片档案3465盘，照片档案216127张，其中市档案馆馆藏档案共487个全宗、641519卷、346046件，馆藏卷、件数较2013年增加23.8%；音像影片档案315张，照片档案63267张。全市档案馆共有机读目录约1500万条（案卷级目录159.42万条、文件级目录1346.50万条），同比增加25%。

全市数字档案馆馆藏数字化档案共1032138卷、1134697件，馆藏卷、件数较2013年增加98.4%。其中市档案馆馆藏数字化档案共132526卷、301466件，馆藏卷、件数同比增加59.5%。

全市档案馆全年开放档案1290个全宗、178730卷、318315件，其中市档案馆145个全宗、5740卷。全市档案馆全年利用档案92070人次、150681卷、42035件次，其中市档案馆12121人次、12149卷次。

全市档案馆共编写参考资料16种约245.9万字，分别同比增长60%和69.5%。举办档案文化展览65次，其中市档案馆2次；接待观众105875人次，其中市档案馆6500人次。全市档案局（馆）总建筑面积86190.6平方米，其中库房面积25508.1平方米，分别同比增长56%和31.1%，拥有服务器77个、计算机285台。

【出台加强和改进档案工作的实施意见】 年内，为贯彻落实中央和省《关于加强和改进新形势下档案工作意见》的文件精神，进一步健全全市档案工作机制体制，完善全市档案工作配套措施，市委办、市府办转发市档案局《关于加强和改进新形势下档案工作的实施意见》。《实施意见》以建立健全覆盖人民群众的档案资源体系、方便人民群众的档案利用体系、确保档案安全保密的档案安全保障体系为主要任务，提出统筹全市各区、县（市）档案工作均衡发展的工作思路，为全力破解嵊州市档案馆新馆建设、越城区和市属各开发区档案工作基础薄弱、档案信息资源长期分散分割等困难和问题提出了明确的解决途径，是新时期全市档案工作开创新局面的纲领性文件。

【开展市直单位档案执法大检查】 为充分贯彻《中华人民共和国档案法》及《档案法实施办法》，8—11月，市档案局组织力量对市直85个机关、企事业单位的档案工作开展了执法大检查。检查情况总体较好，但有近三成单位问题还比较多。好的方面主要表现在对档案工作的重视程度高、软硬件设施配套齐全及档案规范化管理水平较高等方面。对存在问题较多和较突出的24个单位，市档案局发出了限期整改通知书，并进行后续跟踪，确保整改措施落实。

【建设“数字档案（馆）室一体化及安全管理”二期项目】 年内，市本级在全面完成“数字档案（馆）室一体化及安全管理”一期项目的基础上，再次投入2000余万元资金，启动二期项目建设。二期项目将全面开展对市直及越城区机关、乡镇（街道）、学校、企事业单位档案数字化和数字档案室的建设。至年底，二期项目已累计完成数字化扫描300多万页。

【一个国家档案局科技项目通过鉴定】 6月25日，由市档案局承担研发的国家档案局科技项目——“区域涉民档案集成管理与服务平台研究”鉴定会在市档案局召开。自2013年该项目立项以来,市档案局会同中国人民大学信息资源管理学院,研究了涉民档案管理与服务法规政策依据、风险与对策,采用异构档案数据关联和集成技术,设计建成绍兴市涉民档案集成管理与服务平台。国家档案局鉴定专家委员会认为,该平台以用户需求为导向、以人为中心,建立起了涉民档案多维展示平台,推动了涉民档案管理方法与技术的创新。海量涉民档案信息经过多维集成后,开辟了档案部门参与社会管理、服务社会管理的新途径。鉴定专家委员会一致同意该项目通过鉴定。至年度,该项目已进行了86万条涉民数据处理工作和电子政务中心基础人口数据库数据接收工作。

【推进数字档案(馆)室建设】 至11月底,市档案局(馆)综合业务管理系统新导入14家单位数据,增加目录数据30.7万条(总数已达到492.2万条),增加全文扫描4.8万件109.5万页(总数已达到264.9万件2146.3万页)。向市委办、市府办、市妇幼保健院等7家单位移交馆藏数字化数据,向老干部局、社科联、旅委等8家单位返还馆藏数字化数据,市本级基本建成数字档案室的部门(单位)总数已达到110家。

【档案接收、征集工作更趋规范化】 年内,市档案局下发《绍兴市档案馆2015年至2017年档案接收工作计划》,向各档案进馆单位明确了档案移交时间、范围、进馆要求,确保所有具有历史凭证作用和科学研究价值的各门类、各载体的档案都能完整齐全地接收进馆。此外,再次对原国有转制(破产)企业档案进行了抢救性接收,共接收市工贸国资公司下属18家破产企业档案167箱、622袋。据统计,对原国有转制(破产)企业档案的管理,已先后累计投入专项资金200多万元,接收档案40余万卷,接待相关查档利用2万余人次。

【推进重大活动、重点工程档案管理工作】 年内,市档案局出台《关于认真做好党的群众路线教育实践活动文件材料收集归档工作的通知》《关于做好“五水共治、重构重建”档案工作的通知》《关于做好浙江省第十五届运动会文件材料收集整理归档工作的通知》等一系列文件,对2014年度绍兴市重大活动的档案收集、归档、整理以及进馆工作进行了业务指导。针对嘉绍跨江大桥等市级以上重点建设项目,档案局与相关单位采取部门联动、齐抓共管的方式,会同市重点办对建设主管部门的档案工作进行了业务指导。至年底,11个市级以上重点建设项目通过档案专项验收。

【举办陈招娣生平事迹展】 4月1日是前中国女排国手陈招娣少将逝世一周年纪念日,由浙江省档案局(馆)、绍兴市档案局(馆)主办的《弘扬女排精神·实现强国梦想——陈招娣生平事迹展》在市档案局成功开展。解放军总政治部、国家体育总局、全国妇联等陈招娣生前的战友和同事,中国体育界知名人士,中国女排部分老队员及绍兴市有关领导等80余人出席开展仪式。展览共展出珍贵历史照片600余张,以及大批珍贵实物如奖牌、奖杯、训练日记、往来书信等,生动、直观地再现了20世纪80年代中国女排勇夺“五连冠”的辉煌历程和“团结拼搏,振兴中华”的女排精神。至年底,展览累计接待参观者达6000余人次。

《弘扬女排精神实现强国梦想——陈招娣生平事迹展》在市档案馆展出(高王忠 摄)

【全市档案文化建设成果丰硕】 年内,全市档案系统文化建设成果颇丰。市档案局(馆)编纂的“绍兴记忆”系列丛书第三辑《记忆绍兴2013》图鉴出版,忠实记录2013年度绍兴各行各业、各条战线取得的发展成果及民生百态、社会万象。柯桥区档案局(馆)编纂的《柯桥记忆2013》出版,孙越崎纪念馆建成并向公众免费开放。上虞区档案局(馆)历时两年编纂的《上虞记忆名录名人篇》公开出版,生动再现了1100余位上虞籍名人、贤士的风采和魅力。

【登记备份工作持续推进】 年内,市档案局(馆)持续推进对市直有关部门各门类业务档案的登记备份工作,认真做好市级21个部门33个电子业务系统数据的日记录、周巡查、月对账,确保在线登记备份工作业务安全顺利实施。至年底,已备份业务系统数据205T,有效备份数据9.8T。投资71万元,建成了全省首家区域档案数据恢复测试服务平台。该平台集成了先进的档案数据检测技术,进一步为档案数据的真实性、完整性、可读性、安全性提供了保障。

【档案馆基础平台建设持续完善】 年内,全市档案系统软硬件平台不断完善。新昌县档案局(馆)、柯桥区档案局(馆)完成新馆建设及搬迁,均已在新馆办公及提供查档等服务。诸暨市档案局(馆)对查阅大厅进行了改造升级,新增4个查阅窗口,优化了查档环境。市档案局(馆)聘用专业团队,对市档案信息网进行重新开发,有重点地扩充网站内容,明确网站维护职责。网站新增“绍兴市数字档案馆室涉民信息共享平台”“照片中心”等模块,开辟了更便捷的网站查档渠道,档案馆“为民管档”的职能也更为凸显。(市档案局提供)

医疗卫生

综　述

【概况】 2014年年末，全市有各级各类医疗卫生机构2499所，其中等级医院31家（三级15家，二级16家），疾病预防控制机构7家，卫生监督机构7家，乡镇（街道）社区卫生服务中心14家，社区卫生服务站808家，卫生院96家，村卫生室973家。全市医疗机构实际开放床位21038张，平均每千人拥有床位4.75张。卫生专业技术人员29176人，其中执业医师和助理医师12012人，平均每千人2.71人；注册护士11114人，平均每千人2.51人。（马雅琴）

【成为国家基层卫生综合改革重点联系点】 4月，绍兴市被国家卫生计生委、财政部确定为浙江省唯一的基层卫生综合改革重点联系市。该项目旨在通过三年改革，健全基层医疗卫生机构可持续发展机制，基本建立具有活力、服务规范、运转有效的基层首诊、分级诊疗、双向转诊的有序就医秩序，为全国基层卫生综合改革提供可借鉴的经验。柯桥区、嵊州市被确定为县级联系点。（石伟锋）

11月6日，市政府召开全市分级诊疗试点工作启动会议（市卫计委提供）

【列为公立医院改革国家联系试点城市】 4月28日，绍兴市被国家卫生计生委、财政部和国务院医改领导小组办公室列为第二批公立医院改革国家联系试点城市。为此，绍兴市修订完善了《绍兴市市级公立医院综合改革绩效考核办法（2014版）》，突出公立医院的公益性，重点关注医院绩效核心数据的动态变化及内部运行管理；参与医保支付制度改革，使住院和门诊均次费用增长控制在合理水平；实施医疗服务阳光用药工程，按季公示全市31家二甲以上医院服务人次、诊疗均次费用、危急重病人抢救成功率等22项信息；继续开展医疗机构“7+X”公益承诺活动；市中医院探索公立医院法人治理结构，成立医院理事会和监事会。全市继续深入推进公立医院改革，加快实施优质医疗资源下沉，建设区域医疗共享中心，积极实施分级诊疗制度，深入开展“医疗质量安全年”活动，加强临床学科建设，大力推进社会力量办医，深化“平安医院”建设，加强医疗机构监管。

【三大医疗资源共享中心正式启用】 11月27日，以绍兴市人民医院为技术依托和支持单位牵头实施的绍兴市医学影像会诊中心、心电会诊中心和消毒供应中心三大医疗资源共享中心正式启用运行。医学影像会诊中心和心电会诊中心的职能是对基层医疗单位疑难、复杂的医学影像、心电病例实现远程会诊和诊断，消毒供应中心主要对医疗无菌物品和手术器械进行集中消毒配送。三大中心的运行，将进一步推动分级诊疗，提升基层医疗卫生服务能力和水平。

绍兴市医学共享中心挂牌启用（市卫生计委提供）

【被确定为省分级诊疗试点市】 8月11日，省卫生计生委、省人力社保厅、省发改委等五部门印发《关于印发浙江省分级诊疗试点工作实施方案的通知》，确定绍兴市为省分级诊疗试点市。11月6日，市政府召开全市分级诊疗试点工作启动会议，明确分级诊疗的主要任务是建立基层首诊的就医新秩序，确立分级诊疗工作新机制，建立规范高效的双向转诊制度；市级、越城区和柯桥区率先启动试点工作，2014 年年底前各区、县（市）全面推开，2015 年 10 月进行阶段性评估。与此同时，全市完善了医保引导政策，加强基层医疗机构建设，全面实施社区签约服务，促进优质医疗资源下沉，完善基层绩效考核机制，完善基本药物目录和规范分级诊疗转诊制度流程等试点工作系列配套措施。

【陈竺到绍调研卫生工作】 5 月 6 日至 7 日，全国人大常委会副委员长、农工党中央主席陈竺率调研组到绍兴市就“深化医药卫生体制改革”开展专题调研。调研组先后到绍兴市人民医院、斗门镇上窑社区卫生服务站以及斗门镇社区卫生服务中心考察，并听取了全市深化医药卫生体制改革工作情况汇报。陈竺强调医药卫生体制改革要注重强基层强基础，积极调动广大医务人员的积极性，确保公立医院回归“公益”特性；着力创新药品招投标等体制机制，加快释放制度改革红利，让人民群众得到更多实惠。（陈莉芳）

城乡社区卫生服务

【概况】 2014 年年底，全市共有全国示范社区卫生服务中心 2 家，省级示范社区卫生服务中心 9 家，省级规范化中心（卫生院）94 家，绍兴市级星级站 312 家，绍兴市标准（示范）村卫生室 474 家；共有基层卫生技术人员 9880 人，其中社区卫生服务中心（乡镇卫生院）6641 人，社区卫生服务站 2130 人，村卫生室 1109 人；组建社区责任医生团队 914 支，共有社区责任医生 4081 人。全市新建健康小屋 63 个，累计建成 138 个。开展五年一轮的乡村医生执业再注册，完成乡村医生注册、换证 1550 人，注销 373 人。

【乡镇卫生院开展等级评审】 年内，根据省统一部署，全市乡镇卫生院开展首轮三年一个周期的等级评审。全市共有 22 家乡镇卫生院被评为浙江省甲等卫生院，其中越城区 1 家，柯桥区 6 家，上虞区 4 家，诸暨市 4 家，嵊州市 5 家，市直 2 家；51 家乡镇卫生院被评为浙江省乙等乡镇卫生院，其中越城区 2 家，柯桥区 5 家，上虞区 12 家，诸暨市 10 家，嵊州市 8 家，新昌县 10 家，市直 4 家。

【全科医生签约服务 102.93 万人】 年内，市卫生计生委出台激励措施，进一步完善全科医生签约服务，全市所有的社区卫生服务中心（乡镇卫生院）全部推行以老人、孕产妇、儿童、慢性疾病患者等人群为重点的签约服务，共签约 102.93 万人，规范签约 47.21 万人，其中 60 岁以上老年人规范签约 26.11 万人，慢病管理对象规范签约 21.93 万人。

【参保居民健康体检 156 万人】 年内，市本级成年人和其他人群体检经费补助分别提高到 60 元/人次和 21 元/人次，并相应增加辅检项目。全年，全市 156.69 万参保居民完成健康体检，其中 60 岁以上老人 51.34 万人，中小学生 46.28 万人，0~6 岁儿童 20.21 万人，其他成人 38.86 万人。全市总体检率为 54.34%，其中 60 岁以上老人体检率 67.25%。查出的各种疾病中，高血压占 29.71%，高脂血症占 18.91%，糖尿病占 7.62%，泌尿生殖系统疾病 6.87%，胆囊炎（胆石症）占 6.53%。

【406.94 万城乡居民建有电子健康档案】 年内，全市继续深化完善电子健康档案系统，实现健康档案信息在上下级医疗机构间共享和交换。全市建立城乡居民规范化电子健康档案 406.94 万人，电子健康档案建档率 92.17%，动态使用率 57.24%。对慢性病实行专项管理，管理高血压患者 42.21 万人、糖尿病患者 9.44 万人。（石伟锋）

预防保健

【概况】 2014 年，全市共报告突发公共卫生事件 5 起（其中 4 起为一般事件，1 起为未分级事件），分别为：霍乱 3 起、手足口病 1 起、水痘 1 起，均得到及时有效处置。全年全市共报告甲、乙类传染病 9871 例，死亡 28 例，报告发病率 198.71/10 万，报告死亡率 0.56/10 万，病死率 0.28%。全年未出现重大传染病暴发流行。

【传染病疫情稳定】 年内，全市共报告甲乙丙类法定传染病 27 种 44421 例，年报告发病率为 894.24/10 万，同比上升 15.90%，死亡 30 例，死亡率 0.60/10 万，病死率 0.07%，分别同比上升 19.54%、3.05%。甲乙类传染病发病前五位依次为肺结核、梅毒、乙肝、淋病、猩红热。丙类传染病发病前五位依次为其他感染性腹泻病、手足口病、流行性感冒、流行性腮腺炎、急性出血性结膜炎。

【报告 3 起霍乱疫情】 年内，全市共登记腹泻病人 14291 例，霍乱弧菌培养 14110 例，检测率 98.74%，检出霍乱阳性标本 3 份，分别为：7 月上虞区肠道门诊检索出 1 例 O1 群霍乱，8 月柯桥区肠道门诊检索出 1 例 O139 群霍乱，8 月通过疫点检索在上虞区检测出 1 例 O1 群霍乱病例。

【确诊 13 例人感染 H7N9 禽流感病例】 年内，全市共确诊 13 例人感染 H7N9 禽流感病例，死亡 7 例，其中柯桥区报告 6 例（死亡 1 例）、越城区报告 5 例（死亡 4 例）、诸暨市报告 2 例（死亡 2 例）。均为散发病例，13 起疫情所有密切接触者健康状况均无异常，未发生续发病例。

【积极防控手足口病疫情】 年内，全市报告手足口病例 15824 例，其中重症 4 例、死亡 2 例。实验室确诊病例 436 例（其中 EV71 型 157 例，CoxA16 150 例，其他肠道病毒 129 例）。年报告发病率为 318.55/10 万，同比上升 163.52%。

【检测流感标本2761份】 年内,全市共报告季节性流感病例1257例,报告发病率25.30/10万。3家哨点医院共采集2761份标本,核酸检测2761份,其中阳性622份,阳性率22.53%。阳性标本中,乙型118份,占18.97%;季H3为262例,占42.12%;甲型H1N1 236份,占37.94%;H7N9 6例,占0.96%。

【创新艾滋病监测与干预手段】 年内,全市共检测各类人群HIV678468人次,其中VCT门诊检测6140人次,报告HIV/AIDS 212例,同比增长10.99%,其中AIDS48例,同比下降11.1%。传播途径以性传播为主,同性传播比例有所增加,占31.13%。在全市范围内推广"治疗在医院、随访在社区、指导在疾控"的"三位一体"的HIV/AIDS随访管理新模式,现存活HIV/AIDS随访检测比例达98.5%,治疗覆盖率达94.8%。进一步完善"疾控中心主导、草根组织参与"的"男同"防艾工作模式,检测"男同"HIV抗体1199人次,414名"男同"哨点完成调查检测。

【血吸虫病查螺面积731万平方米】 年内,全市查螺总面积731.163万平方米,查出有螺面积约7.931万平方米。血清学查病13106人,查出血清学阳性68人,并对68人进行粪检,未发现粪检阳性病例。开展了陶堰、富盛的历史有螺环境血吸虫病螺情监测。

【登记结核病人2873人】 年内,全市共登记结核病人2873人(按照首诊断地区统计,下同),其中肺结核病人2365例,结核性胸膜炎312例,肺外结核196例。登记的肺结核病人中,涂阳病人950例(其中新发涂阳858例),涂阴病人1415例。肺结核诊断治疗全部转入定点医院。全市累计发现耐多药结核病病人158例,对其中129例患者按耐多药项目化疗方案进行了治疗。

【新发现麻风病人2例】 年内,全市共转诊麻风可疑线索症状者377人,新发现麻风病人2例(均为外来人员)。

【推进慢性病综合防治】 年内,全市报告死亡人员30102例,其中因心脑血管病死亡9366例、恶性肿瘤死亡8989例,占总死亡人数的60.98%,这两种疾病位列全市居民死因前两位。全市登记高血压患者449810例,发现率10.16%,高血压高危人群120282例。糖尿病患者103972例,发现率2.35%。年内,全市20个乡镇(街道)开展省、市、县级慢性病综合防治示范点创建,诸暨市通过国家级慢性病综合防治示范区评审。全市继续实施省政府民生工程——适龄儿童窝沟封闭项目。市直、越城区窝沟封闭项目共完成学校64所,检查学生人数7520人次,实际封闭牙齿10062颗,换龋学生总数3758人次,覆盖率达99.1%,封闭率达95%,完整率达90.9%。

【管理21896例重性精神疾病患者】 年内,全市对重性精神疾病患者开展分级管理和危险度评估。全市管理在册重性精神疾病患者21896人,其中纳入社区管理19291人,检出率4.48‰,规范管理率85.69%,稳定率91.81%,治疗率90.37%。

【实施扩大国家免疫规划】 年内,全市摸底发现应补种麻疹疫苗儿童6335人,接种率达97.39%。常住人口免疫规划疫苗接种率达到95%以上。报告急性弛缓性麻痹(AFP)病例14例,15岁以下儿童AFP报告发病率2.25/10万。全市开展了新一轮的规范化预防接种门诊创建与评审工作,至年底,117家预防接种门诊全部通过省级规范化预防接种门诊评审,其中10家被评为五星级预防接种门诊,42家被评为三星级预防接种门诊。

【卫生应急措施有力】 年内,市卫生计生委完善相关预案和技术方案,制订绍兴市埃博拉出血热防控工作预案、技术方案,调整充实专家库和应急队伍。有效应对人感染H7N9禽流感、手足口病疫情,严防埃博拉出血热、登革热、中东呼吸综合征等疫情输入,全市共处置聚集性疫情170余起。继续深入开展突发事件公共卫生风险评估工作。上虞区成功创建国家卫生应急综合示范县(市)。全市共有92个乡镇(街道)创建为市级卫生应急工作示范乡镇(街道)。全市卫生应急培训158次,培训6668人次,卫生应急演练86次,参演人数1841人次。(陈国江)

【妇幼保健工作成效明显】 年内,全市本地孕产妇零死亡;5岁以下儿童死亡率4.00‰,婴儿死亡率3.12‰。孕产妇系统管理率97.08%,住院分娩率100%,高危产妇管理率100%。3岁以下儿童系统管理率96.17%。产前筛查44416人,筛查率91.21%;产前诊断4524人次,确定胎儿异常316人,终止妊娠213例,跟踪随访101例;新生儿疾病筛查48523人,筛查率99.64%,新生儿听力筛查48274人,筛查率99.13%,发现甲状腺功能低下、苯丙酮尿症、四氢生物蝶呤缺乏症等代谢性疾病34例,听力异常75人,对发现的异常患者进行治疗和跟踪随访。全市婚检人数62219人,婚检率96.85%。核发农村孕产住院分娩补助19145人,给农村妇女增补叶酸预防神经管畸形27964人,完成农村妇女免费宫颈癌检查23677人、免费乳腺癌检查2402人。(陶桂萍)

医政管理

【概况】 2014年,全市医政工作按照"建机制、促发展、提能力、优服务、重监管、善统筹"的总体部署,全面推进各方面的工作。制定全市《2014医疗质量安全年活动方案》,以活动年为抓手,深入实施医疗质量持续改进,切实加强医疗质控工作。

【加快实施优质医疗资源下沉】 年内,全市进一步加大市、县级医院对基层医疗机构的帮扶力度,鼓励城市医院下沉办医,启动实施市人民医院与皋埠镇卫生院紧密型医疗联合体建设试点,建设市人民医院高新区分院。全市共建成紧密型医疗联合体5家。制定全市《城市医院对口支援暨万名医师支援农村卫生工程实施方案》,8家市级医院结对35家县级医院及基层医疗机构。严格执行住院医师规范化培训的合格人员到基层实践,落实城市医生晋升职称前到基层服务的规定,切实增强基层医疗卫生服务能力和服务水平。

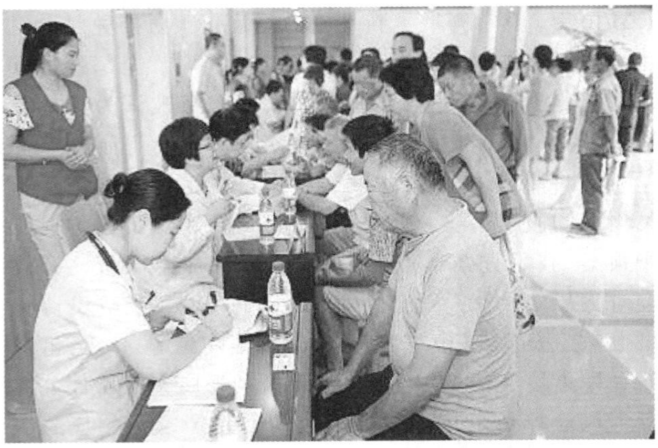

绍兴市人民医院高新区分院（皋埠镇卫生院）运行（市卫计委提供）

【着力加强临床学科建设】 年内,市卫生计生委加大临床重点专科的培育力度,突出医疗技术创新能力,提高急危重症和疑难疾病诊治水平。按计划开展普外科、神经外科、妇产科等3个省第一批专病中心建设,市人民医院呼吸科成功创建成为省第二批区域专病中心。强化三级综合医院心血管介入、急诊、重症医学、儿科、麻醉等学科的建设与管理,进一步提升三级综合医院的服务能力。制定下发了全市加强产科建设的意见,指导全市医疗机构全面加强产科建设,积极应对生育高峰。

【大力推进社会力量办医】 年内,市卫生计生委制定《绍兴市进一步加快推进社会资本举办医疗机构的意见》,在此基础上出台了财政奖补和队伍建设的“1+2”配套政策,进一步营造了鼓励和支持非公立医疗机构发展的良好政策环境。将非公立医院机构设置的市级审批权限下放到各县(市、区),推出27个社会力量办医重点推介项目。不断加强对已建和在建的非公医疗机构的监督管理。积极事前介入监管,督促其提升医疗质量和服务水平,鼓励引导其诚信执业,合法经营,健康发展。

【继续深化“平安医院”建设】 年内,市卫生计生委以“平安医院”建设为抓手,开展“维护医疗机构秩序,打击涉医违法犯罪”和“加强医患沟通,增进医患互信”两个专项活动。进一步加强医院安防系统建设,全市21家二级以上医院设立警务室,联合公安机关对县以上医院开展医院安防建设督查。不断完善医疗纠纷第三方调处机制,畅通投诉渠道。

【切实加强医疗机构监管】 年内,市卫生计生委明确行政权力清单,规范审批权限和程序,加强医疗机构执业登记、校验、档案和信息化管理。研究加强民营医疗机构监管的方法和措施。落实好《中华人民共和国执业医师法》和《护士条例》有关规定,把好医师、护士执业资格考试、注册、考核和变更关,认真做好2014年执业医师报名及考试的有关工作,研究探索推进医师多点执业。(王健)

中医中药

【概况】 2014年,全市基层中医药服务能力提升工程通过省级中期评估。新昌县成功创建全国农村中医药工作先进单位。绍兴市中医院“治未病”项目列为国家中医药预防保健及康复能力建设项目。基本公共卫生服务中医药健康服务项目全面推进,全年开展65岁及以上老年人中医体质辨识23.4万人,0至36个月儿童中医调养3.1万人。

【中医医政管理】 年内,市卫生计生委启动中医医院等级医院评审“回头看”、三级中医医院持续改进检查评估工作。组织开展绍兴市第三批农村(社区)中医特色专科创建,18个专科通过评审命名。继续规范中药饮片的使用,严格执行中药饮片均味、均贴双控政策,公立医疗机构中药饮片贴均费用35.96元。

【中医“三名”建设】 年内,全市1人获省第六批“省级名中医”称号,5人列入省第二批基层名中医培养计划。第五批全国老中医药专家学术经验继承和第三批全国优秀中医临床人才研修工作通过国家中期评估。着力建设1个全国名老中医药专家传承工作室、3个省级名老中医专家传承工作室、1个全国中医学术流派传承工作室,全国名老中医药专家传承工作室通过国家中期评估,5个省中医药重点学科通过中期评估。

【推广中医药适宜技术】 年内,全市开展中医药适宜技术推广工作,1个基地列为省基层中医药适宜技术示范基地建设单位,全年举办全市性中医药适宜技术培训班1期、县(市)性培训班5期,共培训医务人员500余人次,推广中医药适宜技术15项。完成全市中医药传统知识调查工作,挖掘整理中医药传统医疗技术、经验方(中药制剂)18项。开展中医药文化科普知识进社区、进家庭活动。

【惠民医疗】 年内,市直医疗机构执行“二十八免、四优惠”惠民医疗政策,全年接诊惠民病人150295人次,其中门诊147623人次、住院2672人次,优惠减免总金额2641.08万元,减免比例为35.43%。(沈雨锋)

医教科研

【概况】 2014年,全市立项省级公益性技术应用研究计划项目9个,省自然基金项目6个,省医药卫生科技计划项目26个,省中医药科技计划项目9个,市级公益性计划项目30个。全市获省医药卫生科技奖12

项，其中一等奖1项，二等奖1项，三等奖10项。获省中医药科技三等奖2项，获市科学技术奖31项。

【重点学科建设】 年内，全市1个学科列入省第四批县级医学龙头学科建设计划，6个学科列入滚动建设计划，1个学科列入第二批非公立医疗机构特色学科建设计划。5个省市共建重点学科、3个省第二批县级医学龙头学科、14个绍兴市第四批医学重点学科通过验收命名。启动省基层卫生适宜技术成果转化工程，推广实施“双十双百”技术成果转化项目，4个第三批基层卫生适宜技术示范基地通过中期评估。

【开展住院医师规范化培训】 年内，全市新招录住院医师规范化培训学员454名，全市累计在培学员1202人，其中市内基地培训1107人，单位覆盖率100%。完成625名学员年度考核与41名学员结业考核。积极建设国家级住院医师规范化培训基地，全市创建国家级住院医师规范化培训基地、中医住院医师规范化培训基地和中医类别全科医生规范化培养临床培养基地、基层培养基地各1家。

【医学继续教育】 年内，全市培养培训各类基层卫生人员2076名，完成88名大专以上农村基层卫生人员定向培养招录工作。35934人次参加各级各类卫技人员培训考试。全年举办国家级继续教育项目23个(中医药项目4个)、省级继续教育项目35个(中医药项目16个)，市级继续教育项目346个，培训2万余人次。(沈雨锋)

卫生监督

【概况】 2014年，全市共办理各类卫生行政审批申请11282件，监督检查相对人40163户(次)，抽检健康相关产品5171份，立案处罚586起，罚没款总额146.26万元。其中市本级共监督5398户(次)，抽检健康相关产品1885份，立案处罚43起，罚没款总额11.86万元。全市未发生饮用水污染、职业中毒、传染病暴发流行等重大突发公共卫生事件。

【规范卫生行政审批】 年内，全市卫生系统开展行政审批和行政服务事项“归零清理”工作，合并同类事项4项，取消6项，新增1项，保留18项，下放各县(市、区)行政审批和服务事项4项。

【维护医疗秩序】 年内，市卫生计生委完善打击非法行医联席会议制度，成立市进一步整顿医疗秩序打击非法行医行动领导小组，出台《关于加强防范和打击非法行医工作的意见》。全市共查处非法行医窝点170户次，罚没款总额90.3万元，向公安机关移送案件18起。开展二级以上医疗机构依法执业检查对口交叉检查。

【传染病防治】 年内，全市开展人感染H7N9禽流感防控督查行动，启动传染病防治分类监督综合评价试点工作。开展全市医疗废物处置专项监督检查，共检查1212家医疗机构，立案处罚18起，罚款13750元。

【餐饮具集中消毒管理】 年内，全市抽检集中消毒餐具960份，合格率97.08%，处罚餐饮具集中消毒单位14家，罚款7.2万元。在全市16家餐饮具集中消毒单位安装在线监控设施。

【职业卫生和放射卫生】 年内，全市继续开展淘汰落后产能专项整治工作，相关企业中转型升级48家，关停55家。开展放射防护管理规范化医院创建活动，14家医疗机构创建成为放射防护管理规范化医院。

【环境卫生监管】 年内，全市城镇管网水质检测合格率96.75%。开展饮用水输配水管材管件等专项整治行动，检查涉水产品生产企业227家，检查相关产品491只，责令整改140家。完成全市病媒生物预防控制服务单位的备案登记与公示，新增备案单位3家。

【食品安全风险监测】 年内，全市食品安全风险监测共检测样品5679件，每千人监测样品数1.156件；特定病原体食源性疾病比例监测覆盖所有县(市、区)，7家监测哨点医院共报告采样数2614份，所有二级以上医疗机构开展食源性异常病例/异常健康事件监测，全年无报告。(张福光)

爱国卫生

【概况】 2014年，全市推进机关控烟、健康教育促进、基层卫生创建、农村改水改厕等重点工作。诸暨市创建为国家卫生城市，嵊州市、新昌县创建为浙江省卫生城市(县城)，柯桥区安昌镇、平水镇、钱清镇、夏履镇、杨汛桥镇，上虞区丰惠镇，诸暨市次坞镇、店口镇、牌头镇9个省卫生镇通过复查。成功创建浙江省卫生村(卫生先进单位)39个，复查确认173个。上虞区永和镇、诸暨市岭北镇成功创建为绍兴市卫生镇；122个村(单位)创建成绍兴市卫生村(卫生先进单位)。8家医院创建为省健康促进医院。8月15日、10月30日，绍兴市分别通过省灭鼠灭蟑、灭蚊灭蝇先进城区复查。

【启动实施机关控烟】 年内，市委办、市府办联合下发《关于在全市机关开展禁烟活动的通知》，决定党政机关带头执行禁烟令，期间编印发放各类宣传品2.20万份。

【巩固提升农村改水改厕成果】 年内，全市6个县(市、区)开展省级农村饮用水水质卫生监测，整体水质合格率为40.86%。至年底，全市改水受益率为98.19%，自来水受益率96.46%，卫生厕所普及率94.65%，无害化卫生厕所普及率87.11%。(劳泳梅)

体　育

综　述

【概况】 2014年，新昌县创建成为省级体育强县（市、区），全市110个省级小康体育村通过考核验收。绍兴成功承办浙江省第十五届运动会，并取得金牌数居第四位，奖牌数居第六位，总分居第五位的好成绩。仁川亚运会上，绍兴籍运动员共获得3金1铜和1个第六名的成绩，并打破一项亚洲纪录。全市体育彩票销售超6.4亿元，同比增长15.7%。（沈惠勤）

群众体育

【概况】 2014年，全市以体育创强为龙头，围绕"全民健身与省运同行""百千万"群众体育系列活动，不断深入开展全民健身活动。

【市区第十七届千人登会稽山活动】 3月22日，绍兴市"全民健身与省运同行"万人登山暨市区第十七届千人登会稽山活动在大禹陵景区举行。绍兴市实施全民健身计划领导小组各成员单位、市直机关登山俱乐部、各行业体育协会、各单项体育协会代表队，各县（市、区）及市直开发区代表队、高校代表队及有关单位的代表，市民代表等共计约1200人参加。（沈惠勤）

市区第十七届千人登会稽山活动（市体育局提供）

【30余万人次参加"百千万"群众体育活动】 年内，市体育局实施"全民健身与省运同行""百千万"群众体育系列活动，市、县两级共开展了800余场活动，30余万人次群众参加。活动主要包括迎新千人健步走、万人登山暨市区第十七届千人登会稽山、"羽林争霸"羽毛球赛、第九套广播体操大赛、体育下乡、全民健身日活动暨第九届体育节、省运会火种采集等。另外，各县（市、区）的体育主管部门、协会、体育俱乐部也积极组织和承办各类体育赛事，共举办比赛200余次，参与者达数十万人次。

竞技体育

【概况】 2014年，全市积极承办浙江省第十五届运动会，各项目比赛自7月陆续开始，10月18日运动会正式开幕，10月28日运动会闭幕。绍兴代表队取得金牌数居第四位，奖牌数居第六位，总分居第五位的好成绩。仁川亚运会上，绍兴籍运动员共获得3金1铜和1个第六名的成绩，并打破一项亚洲纪录。

【成功承办第十五届省运会】 7月至10月，绍兴市举全市之力，承办了浙江省第十五届运动会。该届省运会是浙江省在里约奥运会和天津全运会前举办的规模最大、水平最高的综合性体育赛事。共有1996名裁判员和11个代表团的6074名运动员、1064名教练员参加，实际产生金牌874.5枚、奖牌2347枚、总分25638分，加上2010年至2013年竞技体育贡献奖带入的金牌799枚，以及该届省运会周期奥运会、亚运会和全运会带入的金牌333枚、银牌194枚、铜牌360枚、总分14193分；安置退役运动员加计金牌133枚。该届省运会最终产生金牌2139.5枚、奖牌4166枚、总分39976分。此外，该届省运会共有4人两次破省最高纪录，6名运动员在田径、游泳、射击、举重4个计量项目比赛中成绩达到国家运动健将标准，249名运动员达到国家一级运动员标准。同时，有62个代表队、768名运动员和143名裁判员获得体育道德风尚奖。

【仁川亚运会收获3枚金牌】 年内，在仁川亚运会上，绍兴籍选手谢震业和队友在田径男子4×100米接力决赛中打破亚洲纪录并获得亚运会冠军，潘旦旦、王铁鑫不仅勇夺2014年仁川亚运会赛艇冠军，还在世锦赛上斩获铜牌。

【举办环城河皮划艇马拉松赛】 11月23日，2014年中国绍兴环城河国际皮划艇马拉松赛在市区环城河举行。来自挪威、新加坡、美国、加拿大等15个国家和国内11个省(市)的约150名皮划艇运动员参赛。经过一上午的角逐，浙江队的冯小飞成为男子皮艇赛的冠军，辽宁队的李科崟荣任女子皮艇冠军，同样来自辽宁队的叶彬彬收获男子划艇的桂冠。此次比赛新增了非专业组别，许多国内外皮划艇爱好者都赶到绍兴参赛。最终来自绍兴诸暨的郭浩阳与他来自深圳的女搭档张翎，获得了国内休闲双人皮艇组别的冠军。国外休闲单人皮艇组桂冠则被美国选手艾迪摘得。(沈惠勤)

2014年中国绍兴环城河国际皮划艇马拉松赛（市体育局提供）

体育产业

【市奥体中心建成并投入使用】 6月，市体育局接收市奥体中心，至年底，完成了机构注册、场馆接收、器材采购、队伍组建等工作，在对场馆和设施设备进行全面调试和试运行的基础上，顺利承办了浙江省第十五届运动会4个项目的7项赛事，开放了游泳、羽毛球等场馆，承办了8场会展。

【市水上运动训练基地投入使用】 7月，市水上运动训练基地竣工并投入使用。该工程位于柯桥区平水镇平阳村会稽湖，东西临茶园，南临绍甘线，北靠会稽湖，占地面积13333平方米，总建筑面积9759.5平方米，总投资5384.81万元，工程于2013年5月正式动工。主要建设内容包括教学楼及综合训练楼、食堂及宿舍楼、综合训练楼、船库及办公楼，并配套建设渐沉式广场、浮动码头等设施。

【6个项目入选省体育产业专项引导资金项目库】 年内，全市6个项目入选省体育产业专项引导资金项目库，分别是：柯桥区天马汽车试驾场项目、柯桥区平水镇峡洞漂流项目、上虞大康体育健身设施有限公司的年产1万台智能化健身器材项目、上虞区覆卮山冰川世纪运动休闲项目、诸暨市东白湖休闲度假项目和新昌县穿岩十九峰景区运动休闲基地项目。6个项目共获得省专项补助资金356万元。

【新增两个省体育旅游优秀项目】 年内，市体育局积极开展省级运动休闲示范基地、运动休闲旅游示范基地、精品线路和优秀项目创建活动，上虞区覆卮山冰川世纪石浪攀爬运动和诸暨市汤江岩景区龙舟竞渡被评为省运动休闲旅游优秀项目。至此，全市已有省体育旅游优秀项目4个。

【3家企业被评为省体育用品制造示范企业】 年内，全市3家企业被评为省体育用品制造示范企业，分别是：浙江金泰泳池环保设备有限公司、上虞大康体育健身设施有限公司和浙江飞峰体育用品有限公司。(王荣军)

社会保障

综　述

【概况】 2014年，全市社会保障工作坚持“人才优先、民生为本”的理念，围绕“服务发展、保障民生”这条主线展开。全市就业形势总体稳定，社保待遇稳步提升，招才引智成效明显。

【全市企业博士后工作会议】 年内，市人力社保局组织召开全市企业博士后工作会议，120多人与会。会上，浙江医药新昌制药厂博士后工作站等8家博士后工作站被评为优秀博士后工作站，浙江新中天控股集团有限公司田伟等12人被评为优秀博士后。市委人才办、市财政局、市人力社保局印发《绍兴市博士后管理工作实施细则》，进一步明确了全市博士后的管理机构和职责，建站、博士后进出站具体程序和管理办法，市级资助经费使用标准、范围和申领程序。

【引进国外智力成果丰硕】 年内，全市共实施各类引智项目61个，其中国家级引智项目20个，省级引智项目41个。6月，组织举办2014年外国专家组织和机构绍兴·诸暨行活动，来自17个国家的20个专家组织的31名代表参加，达成初步合作协议30余个。正式成立绍兴驻澳大利亚外国专家联络站。一名引进的外国专家入选2014年度浙江省外专千人计划。宝业集团股份有限公司节能环保专家奚伟德获省政府“西湖友谊奖”。

副省长熊建平为获省政府“西湖友谊奖”的宝业集团股份有限公司外国专家奚伟德颁奖（市人力社保局提供）

【加强企业技能人才队伍建设】 7月，市人力社保局、市财政局、市科技局、市国资委联合制订，并由市政府公布了《关于加强企业技能人才队伍建设的实施意见》。《意见》明确在完善现代企业职工培训体系、加快国际化技能人才培养、建立企业技能人才评价体系、创建技能大师工作室、制订区域性技能人才评价标准、健全技能大赛制度等九个方面进一步加大支持力度。年内，全市培养高技能人才2.5万人，总量累计达到26.8万人，高技能人才占技能人才的比重上升到25.4%。1053家企业的16942人次参与技能人才企业自主评价。组织开展了10个市级一类竞赛、数十个行业技能竞赛，产生“绍兴技术能手”40名。3家工作室被认定为省级技能大师工作室，1人获评第十二届“全国技术能手”，11人获评“浙江省技术能手”。

【建设市公共实训基地二期工程】 7月，副市长姚远牵头的绍兴市公共实训基地二期建设领导小组成立。至年底，浙江工业职业技术学院已投入建设资金1060万元，新建、扩建了虚拟仿真设计实训室、数控高精加工技术实训室、多轴联动虚拟加工实训室、工业控制创新实训（验）室和现代焊接技术实训室。全年基地共为企业开展技能人才培训11476人次，培养高技能人才993人；绍兴第一期中外合作的国际焊工培训班在基地开班。

【诸暨和新昌技师学院均获批】 8月25日，省政府批准设立“诸暨技师学院”，该校成为全市首所技师学院。10月13日，省政府同意在新昌县技工学校基础上筹建新昌技师学院。

【高层次人才推荐选拔】 年内，全市2人入选省“151人才培养工程”第一层次、6人入选第二层次，3名专业技术人才、1名技能人才获批享受政府特殊津贴。（市人力社保局提供）

劳动就业

【概况】 2014年，全市城镇新增就业11.48万人，城镇失业人员再就业4.04万人，其中就业困难人员再就业1.13万人，城镇登记失业率为2.76%。全市为82620名就业困难人员发放灵活就业社保补贴 23469.54 万元；为 7859 名农村“4555 人员”发放灵活就业社保补贴 739.91 万元。2036 个行政村开展公益性服务岗位开发，达标率为 87.9%，安置就业困难人员 3470 人，发放公益性岗位补贴 1087.53 万元。

【鼓励和支持家政服务业发展】 12 月，市人力社保局、市发改委等 10 部门联合印发《关于进一步鼓励和支持家政服务业发展的实施意见》，从加强统筹规划、培育示范企业、创建品牌与标准化建设、规范劳动关系、税收优惠、加大有效信贷投入、鼓励城乡劳动者从事家政服务业、强化职业技能培训、创新保险扶持等九个方面促进全市家政服务业快速健康发展。

【新增就业见习基地 85 家】 年内，全市新增就业见习基地 85 家，就业见习人员 1194 人，浙江漓渚铁矿集团有限公司成功升级为省级就业见习示范基地。全市摸底登记离校未就业毕业生 1470 人次，有就业意愿者 100% 实现帮扶就业。

【鼓励和支持大学生创业】 年内，市人力社保局举办第五届绍兴市大学生创业大赛，评选出 10 个优秀创业项目。成功征集高校创业导师和创业成功学生导师各 100 名，以此为基础建立创业导师库、创业学生库，为创业学生进行全方位引导。将高校毕业生小额贷款最高额度由 15 万元提高至 30 万元。（市人力社保局提供）

社会保险

【概况】 2014 年，全市职工基本养老保险参保人员 226.40 万人，比 2013 年增加 14.61 万人；城乡居民社会养老保险参保人员 118.69 万人，比 2013 年减少 3.30 万人；职工基本医疗保险参保人员 185.66 万人，比 2013 年增加 12.59 万人；城乡居民基本医疗保险参保人员 297.52 万人，比 2013 年减少 3.06 万人；失业保险参保人员 116.54 万人，比 2013 年增加 7.67 万人；工伤保险参保人员 197.82 万人，比 2013 年增加 11.81 万人；生育保险参保人员 133.20 万人，比 2013 年增加 8.20 万人；被征地农民基本生活保障人员 31.01 万人，比 2013 年减少 2.37 万人。

【城乡居民医保“省市一卡通”】 10 月底，绍兴在全省地市级城市中率先实现城乡居民医保“省市一卡通”，惠及全市近 300 万城乡居民医保参保人员，在开通两个月内，全市有 2538 人次的城乡居民医保患者通过刷卡结报相关医疗费用 2550 万元。

【医保反欺诈行动追回违规金额 20.32 万元】 年内，全市共核查单张票据在 5 万元以上的住院病人信息 3218 人次，检查定点医院和药店 310 家，追回违规金额 20.32 万元，并暂停 14 名违规医务人员 3 个月医保服务资格，取消 2 家药店医保定点资格。将市本级 171 家定点医院和药店全部纳入“阳光医保”智能监管平台，对医保就医、诊疗和配药行为等实施全面监管。

群众在越城区府山街道水沟营社区人力资源和社会保障服务室办事（市人力社保局提供）

【市本级退管信息系统上线运行】 年内，市本级退休人员管理信息系统上线运行，该系统采取集约化认证模式，首次实现对 19 万名各类养老待遇领取人员的全员资格认证，97% 的退休人员通过信息系统自动完成认证。

【完善城乡居民基本养老保险和基本医疗保险政策】 11 月，市政府印发《关于进一步完善城乡居民基本医疗保险实施细则的意见》，成年人筹资标准由原来的每人每年 800 元提高到每人每年 1000 元，未成年人（学生）筹资标准不变。对基层医疗机构普通门诊发生的政策范围内费用报销比例统一提高到 50%，累计净报销限额由 450 元提高到 500 元，对基层医疗机构住院的起付标准由 400 元降为 200 元，新政于 2015 年 1 月 1 日起正式实施。12 月，市政府印发《关于进一步完善城乡居民基本养老保险政策的实施意见》，全市“城乡居民社会养老保险”更名为“城乡居民基本养老保险”，使缴费档次、政府缴费补贴、待遇领取条件、丧葬补助金等方面与国家和省政策衔接，新政于 2015 年 1 月 1 日起正式实施。

【社会保障市民卡项目全面启动】 7 月，市政府办公室印发了《绍兴市社会保障市民卡项目建设的实施意见》，按照统一规划、分步实施的工作思路，通过建设与整合并举，打造容纳政府社会保障、公共管理、公用事业、金融支付、商业应用等服务功能于一体的市民卡综合服务平台，实现市民生活多领域“一卡通用、多卡合一”。至年底，已成立绍兴市社会保障市民卡服务有限公司和绍兴市社会保障市民卡管理中心，完成市民卡面设计和信息系统项目软、硬件招标。（市人力社保局提供）

社会救助和救灾

【概况】 2014 年，全市民政部门以“重创新促发展、重民生促和谐”为工作基调，出台了一系列综合配套的政策,形成了“党政领导,民政牵头,部门配合,社会参与”的工作格局,通过“增项、扩面、提标、规范”,着力构筑城乡一体的社会救助体系,充分发挥了社会救助“兜底”式保障作用,促进了全市经济社会协调发展和社会和谐稳定。

【全市低保对象达 50318 人】 年内,全市全面实施低保救助提标扩面工作,全部按城镇增长 10%、农村增长 13%以上的标准完成调标工作。低保标准最高城镇每人每月 580 元、农村 520 元,最低城镇为 561 元、农村为 426 元;全市城镇低保标准平均 567 元,农村低保标准平均 487 元,农村低保标准达到城市低保标准的 85.9%(最高达到了 89.7%),进一步缩小了城乡差别,远远高于省定 72%的目标。全市共有低保对象 33217 户 50318 人,其中,城镇低保 5009 户 7765 人,农村低保 28208 户 42553 人;全市共支出低保金 22144.62 万元,同比增长 9.21%。市本级(绍兴高新区、袍江开发区)共有低保对象 2183 户 3469 人,其中,城镇低保 847 户 1360 人,农村低保 1336 户 2109 人,支出低保金 1946 万元。全市低保月人均补差城镇 424.93 元、农村 346.61 元,均大大超过省定低保标准 50%的要求,真正解决了困难群众的基本生活保障问题。

【医疗救助困难群众 73.04 万人次】 年内,全市提高医疗救助筹资标准,医疗资金筹资最低标准达到人均 13 元,全市财政安排医疗救助资金达 8934.5 万元,人均筹资额达到了 20.6 元。全年,通过“一卡通”实时结报和手工结报,全市医疗救助困难群众 73.04 万人次,救助资金达 11328.14 万元,其中市本级救助 14.51 万人次,资助资金达 1659.82 万元,极大地缓解了困难群众看不起病的矛盾。

【分层分类救助困难家庭 11780 户】 年内,全市有困难家庭 11780 户 28858 人,其中,低保边缘 7385 户 17340 人,因病致贫 3722 户 9751 人,就学困难 673 户 1767 人,实现分层分类救助,在一定程度上缓解了各类家庭的生活困难。

【临时救助困难群众 14918 人次】 年内,全市民政部门坚持应急解困、保障基本、规范高效的原则,共支出临时救助资金 1543.08 万元,救助困难群众 5978 户 14918 人次;市本级支出临时救助资金 88.34 万元,救助困难群众 253 户 674 人次,解决了因临时性、突发性事件造成生活困难家庭的燃眉之急。

【发放困难群众动态物价补贴 493.61 万元】 年内,全市启动困难群众基本生活价格补贴与价格指数联动机制一次(一季度),共发放动态物价补贴 493.61 万元,88841 人次受益,切实保障困难群众不因物价上涨而使实际生活水平下降。

【发放自然灾害生活补助资金 86 万元】 年内,全市共发放自然灾害生活补助资金 86 万元,并全部采用存折实行阳光发放,4115 人次受灾群众的基本生活得到及时有效的保障。

【新建村(居)级避灾点 324 个】 年初,全市民政部门联合财政、人防等部门对 2012、2013 年度全市 658 个新(改、扩)建避灾安置点进行了抽样验收评分,对照建设标准、实效,共下拨 496.9 万元的补助,这是绍兴首次利用公益金对避灾安置场所实现补助。全年全市新建村(居)级避灾点 324 个。全市累计已建乡镇(街道)级避灾安置场所 120 个,覆盖率达 100%;累计建成村(居)级避灾安置点 1098 个,覆盖率达 41.84%;镇(街)级避灾安置中心面积为 13.6 万平方米,可容纳 3.05 万人,村(居)级避灾安置点面积为 40.25 万平方米,可容纳人数 15.05 万人。场所标识牌、指示牌镇(街)级、村(社区)级设置率达 100%。全市各地以创建“全国综合减灾示范社区”为抓手,壮大社区志愿者服务队伍,普及推广防灾减灾知识和避灾自救技能,开展灭火救援、应急逃生、急诊急救等多项实战演练,提高广大市民防灾减灾应急能力。演练中涌现了女子义务消防队等形式的社区防灾减灾队伍,受到省民政厅的肯定。全年全市完成 395 名村(社区)级灾害信息员的轮训,超过省厅下达任务的 150%。全市被命名为“全国综合减灾示范社区”7 个,“全省综合减灾示范社区”9 个。(*张君燕*)

社会福利

【概况】 2014 年,全市各级民政部门积极推进社会养老服务体系建设,进一步加快养老服务业发展,加大对养老服务各项事业发展的扶持力度,鼓励和引导民间资本进入养老服务业,发挥市场在养老服务业中的重要作用。开始实施智慧居家养老试点,提升发展养老服务机构,扩大养老服务补贴范围,持续提高特困人员供养标准,不断提升养老护理员专业服务水平。全面铺开国家适度普惠型儿童福利制度试点城市建设,保障孤儿和困境儿童的基本生活权益,推动儿童福利事业的发展。

【出台养老服务扶持政策】 11 月 4 日,市政府出台《关于进一步加快养老服务业发展的意见》和《关于鼓励和引导民间资本进入养老服务业的实施意见》,加大了对养老服务各项事业发展的扶持力度,鼓励和引导民间资本进入养老服务业,发挥市场在养老服务业中的重要作用。其工作目标是,到 2016 年,城市社区实现居家养老服务全覆盖,2/3 农村社区建有居家养老服务照料中心;建立以“幸福安康、智慧养老”为主题的绍兴特色养老服务品牌;全市高龄、生活不能自理或部分不能自理、低保孤寡等困难老年人均享有养老服务补贴;建设一批特色鲜明、配套完善的中高档养老宜居社区,使养老服务业成为全市重要的战略性新兴产业;健全市县两级养老服务指导中心、乡镇(街道)养老服务中心和城乡社区居家养老服务照料中心组织管理系统和服务网络，养老服务管理实现标准化、规范化、信息化；高龄津贴制度和护理补贴制度得到进一步完善。

【建设智慧居家养老服务设施】 年内，市民政局开展智慧居家养老试点工作。年初投入900万元，按照“一张网、一站式、一键通”的总体思路，建设城市社区标准化养老服务照料中心（乐友会），为社区老人提供日托照料、交友活动、文化娱乐的社区养老照料场所，试点工作已正式列入浙江省2014年标准化试点示范项目。年底，市区已有1600余户老年家庭申请安装和使用“一键通”，城市社区居家养老照料服务覆盖率达到2/3。同时，及时发函告知271名在外绍兴人，其家中老人可享受“智慧养老”服务，并通过“智慧电表为老服务”项目，帮助他们获取老人的用电信息。4月，出台《绍兴市城乡社区居家养老服务照料中心规范化建设实施意见》，明确建设和运作以奖代补政策，促进居家养老服务设施的标准化建设和规范化管理。至年底，全市已建成城乡社区居家养老服务照料中心1125家，其中城市社区171家，农村社区954家，市直、越城区当年度发放居家养老服务照料中心日常运行经费280万元。

【已有养老机构203家】 年内，全市民政部门积极探索养老机构走“养医结合”模式。市社会福利中心与浙江绿康医院投资管理有限公司签订了医疗服务协议。上虞市江南养老院（民办）向社会开放，推出养老床位500张，其中护理型床位50张。嵊州市国泰养老中心正式投入运行，提供床位330张，其中护理型床位220张。市社会福利中心二期项目建设装修工作已基本完工，市社会福利院升级改造主体工程和场外绿化工程已建设完毕。柯桥区社会福利中心二期工程完成立项，计划投资一亿元，设计床位800张。新昌县社会福利院完成内部装修改造。各地乡镇敬老院积极开展设施改造、原地新建、异地迁建和规模整合等升级改造工作。上虞区新建乡镇敬老院2家。嵊州市新建乡镇敬老院2家，改造3家敬老院设施，整合2家小规模敬老院。全市新增民办养老机构2家，在建项目9家，其中柯桥区1家，诸暨市4家，新昌县4家。至年底，全市共有养老机构203家，其中民办养老机构94家。养老机构床位数29016张，其中护理型床位10229张，约占35.25%，新增床位数1630张，年末在院老人8580人。

【实施养老服务补贴及特困人员供养】 年内，全市民政部门进一步完善养老服务补贴制度，共对6918名老年人身体状况展开评估，根据评估情况对16270名老年人发放养老服务补贴，共计发放955.01万元。其中机构养老对象225人，居家养老对象16046人。按照自然增长机制，第六次提高农村五保供养标准到12550元，全年全市对2479名特困人员实施集中供养，集中供养率为100%，年度供养资金总支出达2941.63余万元。

【有养老护理员4530名】 年内，全市民政部门进一步加强养老服务队伍建设。全市有11家养老护理员培训基地开展养老服务机构和家庭养老护理员培训工作。全市养老护理员共计4530人（其中持证1021人），全年接受培训1.66万人次；养老服务志愿者队伍2223支，志愿者7.92万人。

【启动全国儿童福利试点工作】 5月，绍兴市被民政部确定为全国适度普惠型儿童福利制度建设试点城市后，立即出台了《绍兴市适度普惠型儿童福利制度建设试点工作实施方案》，成立领导小组，开展全市孤儿和困境儿童情况调查摸底。全市共有孤儿和困境儿童2774名，其中机构孤儿113名，社会散居孤儿380名，困境儿童2289名。先后成立市、县（市、区）级儿童福利指导中心，下辖各镇、村（社区）均成立儿童福利工作服务站，建立社区专职儿童福利督导员制度；机构供养和散居孤儿基本生活费标准持续提高，2014年度全市平均标准分别为每人每月1403元和833元，分别同比增长7.2%和7.4%，共计发放孤儿基本生活费572.84万元，孤儿生活水平得到进一步改善；全市完成“贫困残疾儿童抢救性康复”10例，“明天计划”手术矫治7例。10月，举行全市第二届孤残儿童护理技能竞赛，在全省孤残儿童护理员比赛中，绍兴市获得团体第三名。（夏扬）

【市社会福利院升级改造工程竣工】 12月，绍兴市社会福利院升级改造工程完成整体装修及设备采购，改造面积7800平方米，总投资2300万元，新增床位294张。该工程在设计上始终以老人需求为导向，引进多功能护理床、智能呼叫系统、离床感应器和移动健康检测终端等智能设备，成为照护型养老服务事业的示范引领窗口。（蒋洪敏）

【社会各界关心关爱孤残儿童】 年内，市儿童福利院共接待来访者320批次，接收捐款捐物（估价）共计349895.90元。因工作需要，市发改委同意将位于市区胜利西路899号的市福乐院改建为绍兴市儿童福利院。年内，完成了过户衔接、回收清场等前期工作。

【重启孤残儿童涉外送养工作】 年内，绍兴市儿童福利院积极开展国内外收养、家庭试寄养、爱心助养和爱心结对等工作，并重启了涉外送养工作。涉外送养工作要求严格，程序复杂，绍兴市儿童福利院扎实做好相关制度的制订，筛选定点医院，与美国儿童广阔天地收养组织实行包院对口帮扶，全年两批共9名儿童的资料已上报至中国儿童福利和收养中心。

【实施儿童康复治疗和训练】 年内，绍兴市儿童福利院9名儿童参加智障、脑瘫、语言等康复训练，7名儿童完成“明天计划”手术治疗。同时，与省民政康复中心、市中医院联系，合作开展2014年度贫困残疾儿童抢救性康复工作，为全市10名城乡贫困残疾儿童提供医疗康复训练服务。9月，建立“心灵花园”绍兴工作站，设置沙盘游戏室,以沙盘游戏疗法为主要工作方式,向机构孤残儿童、社会散居孤儿、社区困境儿童提供专业、持续的心理治疗和辅导。至12月22日,院内共开展"沙盘游戏"56人次。

【成立特殊教育学校】 7月,市教育局发文同意绍兴市儿童福利院成立特殊教育学校,为该院重度残疾孤儿提供教育服务。这是全市第一所由专业儿童福利机构成立的特殊教育学校。(田甜)

【福利企业安置残疾职工5555人】 年内,全市有福利企业142家,实现销售收入146亿元,利润总额28666万元。安置残疾职工5555人,残疾职工占福利企业职工总数的34.52%,残疾职工年平均工资2.732万元,年人均投保额8981元,分别同比增长9.94%和5.86%。全市福利企业资助社会福利事业509万元。

【全市首家"三社助残爱心服务站"成立】 9月17日,全市第一家"三社助残爱心服务站"在市属福利企业富陵控股集团华东包装有限公司成立。服务站旨在引导整合社会工作者、社会志愿者、社会组织等社会资源,对福利企业家庭困难残疾职工开展"定制化"助残帮扶。

【福利企业协会实行"政社分开"】 6月6日,全市召开福利企业协会换届大会,市属福利企业绍兴王氏包装有限公司负责人王志丽当选为协会会长。此次大会首次实现了政府管理部门领导从协会法定代表人岗位上退出,由企业家担任会长,行使独立法人代表人资格,"政社分开"。同时,协会不再设立个人会员,协会享有更充分的自主权。(钱国英)

【全市福彩发行总额突破11亿元】 年内,全市销售各类福利彩票11.28亿元,同比增长12.5%,占绍兴彩票市场份额的63.78%。筹集福彩公益金3.26亿元,可用公益金9848.84万元,创下新的历史纪录。其中电脑票销售6.73亿元,中福在线视频票销售3.84亿元,网点即开票销售7048万元。市福彩中心组织开展多项公益救助活动,资助困难群众170名,困难大学新生40名,特困家庭38户,困难外来务工人员200名。(王颖)

慈善救助

【概况】 2014年,全市各级慈善组织募集善款1.42亿元,救助39万人次,支出救助金额9947.82万元;其中市慈善总会募集善款2653.29万元,救助25596人次,支出救助金额1597.22万元。绍兴再次获评全国七星级慈善城市,《中国当代慈善之"绍兴模式"》在第三届中国公益慈善项目交流展示会上发布,4个机构和个人获第二届中华慈善总会"突出贡献奖",12个团体和个人荣获第四届"浙江慈善奖"。

【12家单位和个人获"浙江慈善奖"】 2月27日,第四届"浙江慈善奖"揭晓,绍兴有12家单位和个人获奖,其中万丰奥特控股集团有限公司董事长陈爱莲、浙江天宇交通建设集团有限公司副董事长徐爱娟、盾安控股集团有限公司董事长姚新义、祥生实业集团有限公司董事长陈国祥等4人获个人捐赠奖,浙江金昌房地产集团有限公司、浙江龙盛控股集团股份有限公司、浙江越红控股集团有限公司、浙江中成控股集团有限公司、浙江医药股份有限公司等5家企业获机构捐赠奖,绍兴市慈善总会的"四季沐歌"慈善救助项目、绍兴市关心下一代工作委员会的"用你的爱心,温暖老区孩子"关爱活动等两个项目获慈善项目奖,上虞区居民董国光获志愿服务奖。

8月16日,绍兴再次入选中国慈善城市百强,并荣获"七星级城市"最高荣誉(市慈善总会提供)

【获多项国家和省级慈善奖】 9月23日,中华慈善突出贡献奖评选结果揭晓,绍兴市慈善总会获突出贡献(组织)奖,绍兴市慈善总会会长徐明光获突出贡献(个人)奖,"心手相连,结对同行"结对助学项目获突出贡献(项目)奖,诸暨祥生实业集团有限公司获中华慈善突出贡献(单位)奖。11月13日,浙江现代慈善20年纪念(表彰)会召开,绍兴获17个先进个人奖、3个机构奖和2个项目创新奖。其中,柯桥区慈善总会会长朱志飞和上虞区慈善总会常务副会长郑庆善获突出贡献奖,蔡春秋等10人获优秀慈善工作者奖,金华峰等5人获优秀义工(志愿者)奖,柯桥区慈善总会、上虞区慈善总会、诸暨市慈善总会获优秀机构奖,"精工点亮生命计划""慈善安居工程"获项目创新奖,沈善清等4名工作满10年以上的基层慈善工作者获慈善荣誉证书。

【绍兴慈善总会新网站上线】 11月21日,全面改版的"绍兴慈善网"正式上线。新改版的"绍兴慈善网"作为绍兴"透明慈善"的又一窗口,新增了慈善项目、援助中心、在线捐赠、信息披露等栏目。市民可以登录网站,注册成为会员,点击"我要捐赠"栏目,通过支付宝进行在线捐款,在线捐赠的善款将直接打入绍兴市慈善总会账户,捐赠信息也会在网站实时显示;有困难的群众也可在注册后,在线申请慈善救助。

【创新宣传模式】 年内,绍兴市慈善总会升级"绍兴微慈善”微信公众平台，通过新媒体平台传播慈善信息，公开慈善救助以及捐赠数据；启动“公益慈善信息平台”建设，为各类公益慈善组织搭建平台，逐步实现各组织救助信息可互通、可交流。绍兴市慈善总会以市区主干道上的347块灯箱式路名牌为宣传载体，向行人宣传慈善文化与理念。

【小额慈善冠名基金资助上千人次】 至年底，于2013年11月推出的绍兴市小额慈善冠名基金，已有15家单位、14个小团体和16位个人设立了43个基金，协议捐赠金额498.13万元，实施项目64个，项目涵盖助学、助医、助困、助残、助老、赈灾及社会公益事业等多个方面，使用金额115.8万元，受益者1215人次。

【重点打造“四季沐歌”慈善项目】 年内，市慈善总会联合文明办、教育、卫生、关工委、老龄委以及新闻等部门继续重点打造“四季沐歌”慈善项目，通过“春暖我心”“夏日亲情”“秋日正红”“冬日暖阳”等4个子系列，结合项目化运作和慈善义工服务，形成贯穿全年，救助和服务对象涵盖困难群众、外来建设者、孤残儿童、留守儿童、困难老人等群体的慈善救助和慈善宣传的主体平台。其中“春暖我心”活动以“广场助学”为主题，按照义卖区、助学区、服务区3大板块开展活动，募集善款8.86万元，结对学生136人，资助困难高中学生100人；“夏日亲情”活动重点突出爱心传承和互勉互励这一特点，分“助困”“助学”“义工服务”3个系列，共15个小项目；“秋日正红”活动面向市直乡镇（街道）五保、“三无”老人，60周岁以上低保、困难老人，以及黄埔军校同学会困难老人，突出对老年人的精神慰藉和关爱服务。“冬日暖阳”活动惠及低保及困难家庭、五保和“三无”老人、孤儿、困难残疾对象、大病患儿、困难企业职工、困难外来建设者家庭、见义勇为人士、环卫工人等10大类困难群众超过4.5万人次，发放慰问金650万元。全年，“四季沐歌”慈善项目支出善款780.94余万元，约占善款支出总量的52%，惠及群众近5万人，直接帮扶各类困难群众达22394人次。

【联合企业设计慈善项目】 年内，浙江中成控股集团在市慈善总会设立100万元助学基金，专项用于市区高中段困难学生的助学，市区100位贫困高中学生成为该基金的首批受助对象。市慈善总会、黄酒集团共同推出黄酒集团助学项目，每年出资10万元救助贫困职工家庭子女和外来建设者困难家庭子女（包括从幼儿园到大学各个学段），全年支出助学金7.4万元。暑假期间，市民政局、市慈善总会和万丰奥特控股集团共同推出“阳光天使”慈善项目，联合市区高校、民间志愿服务组织，为全市山区、农村（社区）留守儿童提供文艺素质培训，帮扶儿童1230人。浙江金昌房地产集团设立“金昌艺术培训圆梦基金”60万元，为越城区、柯桥区部分家境困难的少年儿童提供书画、舞蹈专门培训。渤海银行绍兴分行在绍兴市儿童福利院设立“渤海关爱基金”，3年共15万元，每个月定期开展“快乐成长，情暖孤儿”活动。万丰奥特“阳光母亲”慈善项目救助11人，支出救助金10万元。至年底，“精工点亮生命计划”已为101位贫困癌症患者提供了120万元的救助，“盛鑫慈善医疗救助项目”已救助骨伤关节置换困难病人60人（每人5000元）。

1月27日，由浙江天宇交通建设集团和绍兴市社会福利院联合举办爱心年夜饭（高芳　摄）

【借助多方力量开展慈善活动】 年内，市慈善总会设立52万元的重、大病学生救助专项基金，为市区患大病、重病的学生提供3000~10000元不等的救助金。联合市老干部公德志愿服务队在市区开展“困境学生结对助学项目”，向50名学生提供每年3000元资助，最长三年。联合市关工委、市教育局等单位，为绍兴市贫困地区贫困家庭子女提供“爱心营养餐”，支出970500元，受助学生3882人。联合市委统战部，为黄埔军校同学会每名困难老人提供每年6000元救助金，慰问抗战老兵23人，支出救助金13.8万元。开展“台门敬老”关爱高龄老人活动，向该书圣故里社区396名80周岁及以上的高龄老人赠送价值近6万元的生活用品。“大学生阳光助学项目”资助13269人，助学金额542.92万元。“向日葵行动”慈善项目已招收学员60人。联合浙江泰然慈善基金，推出“蒲公英计划”，帮助孤儿30人。

【推出废旧衣物回收项目】 11月，市慈善总会在“慈善周”期间，联合相关单位推出“衣循环·爱循环”绿蛙废旧衣物回收项目。该项目主要在市级机关和高校中开展，并在越城区部分社区试点，共接收捐赠衣物近15吨。回收的废旧衣物，八成新以上的捐给社区困难群众或中西部地区困难群体，八成新以下的重新生产成品。

【组织慈善义工活动455次】 年内，市慈善义工联合会组织活动455次，参与义工3912人次，义工服务时间10400小时，服务对象67950人次。项目涉及爱心助学、大病救助、环保、关爱残疾儿童、文明城市、爱心红娘项目、传统文化推广、敬老、心理咨询等。市慈善总会在人保财险绍兴分公司，为义工在参与慈善活动期间的意外伤害购买保险产品。（任建亚）

社会事务

民 政

【概况】 2014年，全市民政系统以筑牢民生保障底线、提升公共服务水平和优化基层社会治理为主要任务，在慈善品牌建设、智慧居家养老服务、儿童福利保障、大病医疗救助、双拥模范城创建、城乡社区减负增效、地名公共服务等方面发挥了兜底线、救急难和社会建设的骨干作用。（章楠）

【接收退役士兵1873名】 年内，全市共接收2013年冬季退役士兵1873名，共发放自主就业一次性补助金2544.08万元。其中市本级接收317人，发放自主就业补助367.47万元。全市接收符合政府安排工作条件的退役士兵89名，其中绍兴市区9名，经理论考试和档案考核，公开择岗，及时完成安置任务。680余名退役士兵参加职业技能教育培训。

【创建"省双拥模范城"获"六连冠"】 7月31日，省委、省政府、省军区召开浙江省纪念建军87周年暨双拥模范城（县、区）命名表彰大会。绍兴市第六次被命名为"省双拥模范城"，柯桥区、上虞区被命名为"省双拥模范区"，诸暨市被命名为"省双拥模范城"。

【公祭革命烈士】 9月30日，是中国首个法定的烈士纪念日，绍兴市在府山革命烈士纪念碑广场举行公祭革命烈士活动。市领导钱建民、俞志宏、谭志桂、陈长兴、余祥明等，市军队离退休老干部，市直各部门单位领导和机关干部代表，烈属代表，大中小学生代表，驻绍部队官兵，群众代表近200余人冒雨参加悼念活动。市长俞志宏主持公祭仪式。

【赠送慰问金慰问品4363.4万元】 年内，全市民政部门赠送慰问金、慰问品总计4363.4万元。其中慰问驻绍部队454.45万元，慰问优抚对象3908.95万元，发放年画、春联14.03万份。

【优抚金总额增长15%】 年内，民政部门向全市10520名重点优抚对象发放优抚金15668.44万元，优抚金总额同比增长15%。（罗练东）

【出台加快建立现代社会组织体制的意见】 10月，市委办、市府办出台绍兴市《关于大力培育发展社会组织，加快建立现代社会组织体制的意见》。《意见》共有十九条，涉及培育发展社会组织、拓宽社会组织发展空间、提升社会组织能力、规范社会组织管理监督、加强社会组织工作保障等五个方面。

【专项检查行业协会与行政机关脱钩情况】 8月至10月，市民政局开展了行业协会与行政机关脱钩"回头看"专项检查，对全市258家行业协会（商会）的人员、财务、场所与行政机关脱钩情况进行检查，结果显示，相关组织基本做到政会分开、财产独立、人员分离、职能分开。

【开展社会组织等级评估】 年内，市民政局召开市本级社会组织评估委员会评审会议，对参加此次评估的25家社会组织评估等级进行审定。共评出AAAAA级社会组织6家，AAAA级7家，AAA级12家。（童玲鸿）

【整治违法违规坟墓4821穴】 年内，全市民政部门以平毁、绿化覆盖等方式对杭金衢高速公路、杭甬高速公路、上三高速公路、104国道、329国道沿线等重点地段的裸露坟墓进行了集中整治。至年底，全市共整治违法违规坟墓4821穴。同时，全市已建设公益性生态墓地1400个，生态葬法行政村覆盖率达96.8%，绿化覆盖率达80.7%。（顾莉莉）

【市殡仪馆火化遗体9365具】 年内，市殡仪馆共火化遗体9365具，与2013年基本持平。其中外来人员717具，柯桥区户籍4745具。

【落实殡葬惠民政策】 年内，全市民政部门落实殡葬惠民政策。其中越城区（行政区域）共有4520人申请殡葬基本服务，免费、减免费用463.65万元。

【全面实施花圈粉碎处理】 年内，市殡仪馆为支持和配合全市环保工作，改善绍兴环境空气质量，购置了花圈粉碎设备，从11月15日起，凡是在殡仪馆处理的花圈禁止焚烧，一律通过花圈粉碎机作无害化处理。

【设立市公墓管理中心】 年内，根据市机构编制委员会有关文件精神，市殡仪馆分设为殡仪馆和市公墓管理中心。市公墓管理中心为相似正科级事业单位，主要承担规范和引导公民文明丧葬，向本地区死亡居民提供骨灰盒安装墓地等服务工作，承担公墓建设、管理和环境的绿化、美化职责。

4月5日至7日，绍兴市公墓管理中心推出祭扫思念墙，引导祭扫市民以文字书写哀思（王宝华 摄）

【三家丧户参加联合海葬】 4月2日，市公墓管理中心安排市区三家丧户家属参加温州殡葬管理处主办的联合海葬。海葬活动仪式庄严肃穆，场面壮观，葬后统一颁发海葬纪念证书。至年末，全市共有5家丧户选择海葬，共有36家丧户选择树葬，绿色低碳的丧葬新风尚正在市民中逐渐形成。

【新建公墓墓穴876穴】 年内，市公墓管理中心按照公墓规划与建设计划，在望秦山墓区新建墓穴876穴，出售墓穴442穴，安葬骨灰376份，入葬率达85%。（钱春兰）

【婚姻登记37797对】 年内，全市办理结婚登记37797对（其中涉外和涉港澳台胞、华侨、出国人员76对），同比增长17%；全年办理离婚登记9092对（其中涉外和涉港澳台胞、华侨、出国人员13对），同比增长6.8%。全年出具（无）婚姻登记记录证明58176份。

【新昌县民政局获评国家AAA级婚姻登记机关】 4月4日，民政部授予新昌县民政局"国家AAA级婚姻登记机关"称号。至此，全市6家婚姻登记机关中已有4家被民政部授予"国家AAA级婚姻登记机关"称号。

【收养登记280人】 年内，全市民政部门办理收养登记280人，比2013年减少57人。其中：男孩38人，女孩242人；非社会福利机构抚养的42人，社会福利机构抚养的弃婴238人；国内公民夫妻共同收养250人，无配偶收养30人；涉及跨省收养4人。全市全年解除收养关系4件，撤销收养登记1件。

【救助生活无着的流浪乞讨人员4685人次】 年内，全市各县（市、区）救助管理站共实施救助4685人次。其中：未成年人190人次，青壮年3916人次，老年人579人次；提供返乡乘车凭证2356人次；投亲靠友、自愿返乡的339人次；救治街头精神病、痴呆傻、危重病人2026次；联系其亲属、单位、流出地民政部门到站接领172人次；各县（市、区）救助管理站工作人员护送返乡138人次；因不符合救助条件终止救助的2人次；因多种原因无法查找到原籍住所地址而滞留在站共136人，其中精神病人110人，无法说清户籍地的痴呆傻、聋哑人19人。

【两家单位获"国家三级救助管理机构（站）"称号】 4月4日，民政部授予绍兴市救助管理站、绍兴市绍兴县救助管理站（绍兴市柯桥区救助管理站）两家单位"国家三级救助管理机构（站）"称号。（顾莉莉）

【开展"我要回家"专项活动】 年内，市救助管理站积极开展"我要回家"专项活动，使2003年以来沉滞在站多年的精神障碍人数由141人减少到67人，共计74名精神障碍人员找到亲人（其中走失25年以上13人，10年以上17人，1~3年的35人，死亡并注销户籍的9人）。（刘晓燕）

【扶持水库移民91897人】 年内，全市水库移民后期扶持总人数为91897人。其中，诸暨市永宁水库新增1409人，新昌县钦寸水库新增526人。2014年度复核后直补到人数量为69877人，项目扶持人数为22020人。全市实际发放直补资金4192.62万元。

【实施水库移民扶持项目289个】 年内，中央和省下拨资金5167.7万元；全市共计实施水库移民扶持项目289个，投资总额达10613.9815万元。其中：后扶资金项目57个，投资1129.93万元；结余资金项目118个，投资4879.4653万元；创业致富资金项目13个，投资1105.6213万元；小库基金项目90个，投资2924.9万元；库区基金项目11个，投资574.0649万元。（金志伟）

社区和基层政权建设

【概况】 2014年，全市基层建设以社区建设为重点，夯实基层组织基础，充实公共服务平台内容，推进社会人才队伍建设，村（社）务公开和民主管理取得了显著成效。

【夯实基层工作基础】 年内，市民政局进一步夯实基层工作基础，一是做好村委会换届选举后续工作。换届结束后，及时梳理换届信访突出问题，逐个回复，尽力化解矛盾，确保稳定。二是加强队伍建设。举办农村主职干部示范培训班，全市100名新当选村党支部书记和村委主任参加培训；各县（市、区）也先后组织换届后村干部、村民代表学习培训。柯桥区出台《关于完善规范管理、能进能出机制，着力建设"三合适"村干部队伍的若干意见》，从村干部的培养选拔、教育培训、规范管理、激励和退出机制五方面加强村干部队伍的建设管理。三是加强阵地建设。各地对村级组织建设实行提档升级，上虞区投入100万元专项资金对30个村级便民服务中心进行规范化建设;嵊州市出台《农村社区建设实施方案》,评出20个优秀社区,奖励补助资金100万元;诸暨市出台《诸暨市村级便民服务中心考核办法》。

【扎实推进“和谐社区”创建】 年内,市民政局以“和谐社区”创建为主要抓手,全面提升社区服务和管理水平。一是开展“和谐社区”创建工作。与市委组织部联合出台市级“和谐社区”创建细则,评选出20个市级“和谐社区”,完成三年计划中第一年的目标任务。诸暨市暨阳街道获“全国和谐社区建设示范街道”称号,越城区府山街道越都社区、诸暨市暨阳街道江新社区被授予“全国和谐社区建设示范社区”称号。至年底,全市共有全国和谐社区建设示范城市1个,全国和谐社区建设示范街道2个,全国和谐社区建设示范社区2个。二是指导各地推进特色社区建设工作。诸暨市开展“美丽社区”创建,此项工作列入“美丽诸暨”建设三年计划,有5个社区首次参加。柯桥区开展“精品社区”“特色社区”创建,并将创建活动列入镇(街)岗位目标责任制考核,全年有4个社区申报参加“精品社区”创建,8个社区申报参加“特色社区”创建。(陈一星)

【完善公共服务平台】 年内,市民政局进一步完善市“96345”公共服务平台。一是开通微信公众账号SXS96345,构建微信平台,平台设“我们风采”“服务咨询”“活动推荐”三大栏目,定时发送新闻动态,可与手机用户在线交流。二是在蕺山街道白马社区、龙洲花园社区、书圣故里社区开通“应急一键通”,为老年人提供更加便捷的服务。三是将市“96345”服务热线电话服务范围扩大至柯桥区,同时覆盖绍兴高新区和袍江经济技术开发区。

【社工队伍建设】 年内,全市民政部门加强社会工作专业人才(简称社工)队伍建设。一是支持社工参加各级职业水平考试,近400人参加考试,94人取得了职业水平证书。全市累计获得社工职业水平证书人数达到659人。二是加大社工服务机构孵化培育力度,培育专业社工服务机构3家,累计已有5家,越城区成为全市首个省级“三社联动示范观察点”。上虞区出台《关于加快推进“三社联动”完善基层社会治理的意见》,并成立全市首家社会工作者协会,吸纳会员80名。在社区及社会福利、社会救助等事业单位设立“社工工作室”,全市有社区“社工工作室”55家。三是探索“社工+义工”联动服务模式,开展“社工带义工,服务进社区”系列服务活动,市“96345”公共服务中心还免费为居民和困难人群提供家政维修、护理、咨询等服务。四是在越城区龙洲花园小区举行首届服务类“五星级民间人才”评鉴活动。来自市区各家政服务机构的38名家政能手参加了家政服务类技能比武。

【推进村(居)务公开透明】 年内,全市民政部门积极推进村(居)务信息公开透明化建设。在内容上,将“社区居务(财务),社区公共资源营业性收入、公共建设投入等资金使用情况及时公开”列入市“和谐社区”创建活动考核细则。在载体上,在传统的村(居)务公开栏基础上,利用QQ群、政务微博、微信等新媒体公开发布信息,实现村(居)务多渠道公开。在监督上,进一步完善村(居)务公开民主监督机制,实行多方监督并行;健全“阳光村(居)务”组织,换届后,全市村(居)务监督委员会实现全覆盖。(陈一星)

民族宗教

【概况】 2014年,绍兴市佛教协会第五次代表会议召开。市少数民族联谊会会长李维萍、副会长和锡琼获“全国民族团结进步模范个人”荣誉称号。

【绍兴市佛教协会第五次代表会议】 7月7至8日,绍兴市佛教协会第五次代表会议召开。副市长徐明光,市政协副主席、市委统战部部长倪善贵,市委统战部副部长、市民宗局局长黄文刚,省佛教协会会长、奉化资圣禅寺方丈怡藏大和尚等出席会议,绍兴市佛教协会永远名誉会长、常州市天宁禅寺方丈松纯长老到会并开示,江苏省佛教协会副会长、常州市天宁禅寺监院廓尘法师,市佛教协会四届理事会顾问沈定庵居士等应邀莅会。全市各寺庵的100余位代表、特邀代表参加会议。会议审议通过了绍兴市佛教协会第四届理事会工作报告和《关于修改〈章程〉的报告》,选举产生了协会第五届理事会和常务理事。净芳大和尚当选第五届理事会会长,传实印海、法弘、了成、了德、合寿、月空当选副会长,袁国辉当选理事会秘书长,吴锡培等6人当选副秘书长。会议还通过了聘请中国佛教协会副会长纯一大和尚为绍兴市佛教协会名誉会长的决定。

【智敏上师著作出版发布会暨弘扬俱舍宗座谈会】 9月1日(农历八月初八),智敏上师《俱舍论颂疏集注》出版发布会暨弘扬俱舍宗座谈会在上虞区多宝讲寺举行。上虞区多宝讲寺位于曹娥江畔、龙山脚下,是大般若宗道场。多宝讲寺宗亩上师对关心《俱舍论颂疏集注》出版并付出辛勤劳动的各界人士表示感谢,并作了题为《搭集注之梯探俱舍宝藏》的主旨发言。复旦大学哲学系宗教研究室主任王雷泉教授、上海古籍出版社副社长王纯分别发言,《法幢文集》执行主编宗民法师介绍《俱舍论颂疏集注》历时九年的编辑历程及后续出版计划。

智敏上师《俱舍论颂疏集注》出版发布会暨弘扬俱舍宗座谈会(市民宗局提供)

【甬、绍、舟三市天主教工作联席会议在上虞举行】 9月26日,天主教宁波教区第十七次联席会议在上虞区召开。省民宗委副主任莫幸福到会指导,绍兴市民宗局副局长陈秋平主持会议。三地业务处室负责人及相关人员参加了会议。与会代表回顾总结了各自地区近一年来天主教工作的基本情况,分析了天主教工作领域的重点和工作难点,并就进一步加强协同配合做好天主教爱国会建设进行了探讨。

【绍兴炉峰禅寺传授三坛大戒法会】 11月14日,炉峰禅寺传授三坛大戒法会正授菩萨戒在炉峰禅寺大雄宝殿前举行,325位新戒比丘排班列队,虔诚迎请传戒三师。此次传授三坛大戒法会经中国佛教协会批准,由浙江省佛教协会主办、绍兴市佛教协会协办、炉峰禅寺承办,法会按照古代规制和《全国汉传佛教寺院传授三坛大戒管理办法》规定执行。松纯长老主持传戒法会。国内25个省(市、区)的325名戒子经过为期一个月的精进修习,次第授受沙弥戒、比丘戒、菩萨戒,并获中国佛教协会颁发的戒牒。这是炉峰禅寺自开山以来首次举办三坛大戒法会。

炉峰禅寺传授三坛大戒法会正授菩萨戒仪式(市民宗局提供)

人口与计划生育

【概况】 2014年年末,全市户籍人口443.04万,出生41032人,计划生育率96.13%,人口出生率、自然增长率分别为9.27‰、2.41‰,多孩违法生育发生率0.39%,继续保持适度低生育水平稳定。

【稳妥实施"单独两孩"生育政策】 年内,市人口计生委将接受符合"单独两孩"政策的夫妇再生育申请的时间统一为1月22日起;对政策出台前生育的仍定性为违法生育,对政策实施后至6月30日之间符合"单独两孩"政策的已怀孕夫妇的再生育申请予以特事特办,确系因办证难而在此时间内生育的,由基层计生部门实行审批备案。至年底,全市受理"单独"夫妇再生育申请8995例,已审批8767例,生育4068人。

【提高独生子女死亡伤残家庭扶助标准】 年内,市人口计生委提高独生子女死亡伤残家庭扶助标准,其中市直和越城区对女方年满49周岁未满60周岁的计划生育特殊困难家庭的夫妻,发放每人每月500元的特扶金,对女方满60周岁且未纳入政府养老服务补贴范围的计划生育特殊困难家庭的夫妻,每人每月发放700元特扶金,对年满60周岁未享受职工基本养老保险金的对象,增发一定金额的特扶金。落实独生子女死亡家庭辅助再生育服务,并提供资金补助;继续实施农村部分计生家庭奖励扶助和计生家庭特别扶助制度,全市符合奖励扶助标准的对象共有60292人,符合特别扶助标准的对象为3538人。(陈金星)

【支持计划生育特殊家庭辅助再生育】 10月15日,市人口计生委下发《绍兴市计划生育特殊家庭辅助再生育服务实施细则》,对全市计划生育独生子女死亡家庭提供辅助再生育咨询指导、预约医疗、定期随访等服务,并实行医疗服务费用最高不超过5万元的政府补助政策。(沈祈钧)

【实施出生人口预警预报制度】 7月1日起,全市实施出生人口预警预报制度,该制度要求市、县人口计生(卫生计生)行政部门通过新闻媒体向社会发布本区域的当前人口形势、计划生育工作主要情况以及重大的计划生育政策、年度人口计划和中长期人口发展规划及执行情况等。如人口自然增长率、人口出生率、多孩率出现异常,出生人口数量大幅突增、突减,或出生人口数量超过本地区卫生、教育等资源的承载量,出生人口性别比、出生人口素质监测指标或计划生育(含流动人口)统计指标出现异常时,应及时预警。8月,市人口计生委通过市级多家新闻媒体,首次向社会发布了出生人口信息。(陈莉芳)

【优生促进工程成效明显】 年内,全市计生重点对象干预和随访率达100%。免费婚前医学检查49859人;免费孕前优生检查75615人;遗传基因筛查27634人,发现高危对象886人;产前筛查补助19934人,免费产前诊断24人,免费新生儿疾病筛查30243人,免费新生儿听力筛查30452人。优生政策落实率100%，重点对象干预率98%，婚前医学检查率96.85%，孕前优生健康检查率98%。

【流动人口计卫均等化服务水平逐步提高】 年内，市人口计生委与卫生部门联合下发《绍兴市流动人口卫生和计划生育基本公共服务均等化试点工作实施方案》，努力改善流动人口计生服务环境，转变流动人口保健意识和生育行为。开展流动人口卫生、计生管理服务情况专题调查，落实计划生育公共服务"七免三补"政策，推动服务管理区域协作，加大流动人口婚育证明查验力度，加强信息化协作，流动人口在现居住地出生数上报较以往明显增多，流动人口在现居住地出生的政策属性掌握情况也较以往更加准确。完成960个对象（家庭）的流动人口动态监测。（陈金星）

【开展大城市人口发展课题研究】 年内，市人口计生委与绍兴文理学院合作，开展《绍兴大城市人口发展研究》，通过对绍兴人口发展的现状和特点分析，提出了大城市建设目标下的人口发展战略。该课题通过了市委、市政府专题会议审定。（施加乐）

【规范社会抚养费征收】 年内，全市各县（市、区）的2013年社会抚养费征收情况均在各地的政务信息网或人口和计划生育公众网上公开。在市行政区划调整后，市人口计生委对新调整划入的乡镇征收业务负责人进行了社会抚养费征收工作培训。

【分层分级清理权力事项】 年内，市人口计生委全面梳理部门职能，通过整合、取消、下放等方式，将原来的30项行政权力缩减到17项。抓好本系统网上政务大厅建设，实行网上值班制度，尽快答复处理对群众的咨询投诉。（陈金星）

【建立重大决策社会稳定风险评估制度】 年内，市人口计生委针对实施单独两孩生育政策、实施独生子女死亡家庭辅助生育服务、开展流动人口卫生和计划生育基本公共服务均等化试点等三项重大决策建立社会稳定风险评估制度，评价风险等级，提出预防和处置措施。（陈莉芳）

居民生活

【居民消费价格指数】 年内，从单月数据看，绍兴市CPI一季度呈上涨趋势，3月价格涨幅达到最高位3.7%，二季度全市CPI上涨3.0%，高于全省水平0.5个百分点。7月至12月，全市CPI直线走低，自8月以后，CPI涨幅屡创新低，三季度涨幅比二季度回落1.3个百分点（上涨1.7%），涨幅已低于全省水平；四季度涨幅快速回落（上涨0.6%），低于全省水平0.3个百分点，其中12月仅同比上涨0.5%，创年内新低。

全年CPI累计上涨2.1%，高于全国平均水平0.1个百分点，与全省平均水平持平。调查的八大类商品及服务项目的价格呈"六涨二跌"格局，医疗保健和个人用品类、食品类、娱乐教育文化用品及服务类、家庭设备用品及维修服务类、居住类、衣着类价格同比上涨，涨幅分别为5.9%、4.3%、3.2%、0.5%、0.5%和0.3%；价格下跌的有交通和通信类、烟酒类，分别同比下跌2.1%和0.6%。

全年，全市工业生产者出厂价格同比下降1.1%，工业生产者购进价格同比下降1.7%。

【居民收入】 年内，绍兴全体居民人均可支配收入35335元，同比增长9.8%，高于全省平均0.1个百分点。其中：城镇常住居民人均可支配收入43167元，同比增长9.1%，高于全省平均增幅0.2个百分点；农村常住居民人均可支配收入23539元，同比增长10.5%，低于全省平均增幅0.2个百分点。

从收入构成看：工资性收入较快增长。全体居民人均工资性收入为19679元，占可支配收入比重超过55%，对可支配收入增长的贡献率达到58.1%，拉动可支配收入增长5.7个百分点，工资水平继续呈刚性增长态势。全体居民人均经营净收入7902元，对可支配收入增长的贡献率为17.3%，拉动可支配收入增长1.7个百分点。全体居民人均财产净收入3624元，对可支配收入增长的贡献率达到9.1%，拉动可支配收入增长0.9个百分点。全体居民人均转移净收入4130元，对可支配收入增长的贡献率达到14.9%，拉动可支配收入增长1.5个百分点，养老金离、退休金仍然是拉动转移净收入增长的主要动力。

【居民支出结构】 全年，全市城镇常住居民人均消费支出26231元，同比增长8.3%，其中食品烟酒支出7328元，同比增长9.7%。农村常住居民人均消费支出15632元，同比增长12.7%，其中食品支出4891元，同比增长12.4%。城乡居民恩格尔系数分别为27.9%和28.3%，均处于相对富裕的水平。（国家统计局绍兴调查队提供）

老龄工作

【概况】 至年末，全市有户籍人口4430450人，其中60周岁以上老年人口（均指户籍人口）960719人，占总人口的21.68%，比2013年增长1.19个百分点。其中城镇老人364844人，农村老人595875人。60~64岁老年人337408人，65~69岁老年人233059人，70~79岁老年人254688人，80~89岁老年人121847人，90岁以上老年人13717人，其中百岁及以上老年人125人。全市纯老年人家庭老人113217人，失能老人15829人，半失能老人33356人。

年末各地户籍老年人口情况

表 64

区分	总人口(人)	老年人口(人)	老年人口占总人口比例(%)
全市	4430450	960719	21.68
越城区(实管区域)	410067	88389	21.55
柯桥区	648758	138719	21.38
上虞区	720799	160343	22.25
诸暨市	1079997	231818	21.46
嵊州市	733147	163439	22.29
新昌县	438977	88057	20.06
绍兴高新区	194347	42619	21.93
袍江开发区	145230	33829	23.29
滨海新城	59128	13506	22.84

【百岁老人数持续上升】 年末，全市有百岁老人125人(其中男性29人，女性96人)，比2013年增加26人。最长寿的女性是嵊州市的许香仙，生于1906年9月，108岁；最长寿的男性是袍江经济技术开发区的骆荣生，生于1910年7月，104岁。百岁老人总数居前两位的是诸暨市、柯桥区，分别有34人、30人，上虞区和嵊州市并列第三，各有14人。

“敬老月”期间，全市受助老年人约12.18万人，发放慰问金额2896万元。浙江省2014年“敬老月”暨老年文化艺术周开幕式文艺演出在越城区城南街道凤凰村文化广场举行，为绍兴近千名老人送上一道文化大餐。

年内，全市电大招生76980人，同比增长3.05%。“第二课堂”全年送课31场。

【培训近百名老协会长】 10月29日至31日，市民政局组织各区、县(市)、市直各开发区(新区)近百名老协会长(骨干)、老年电大辅导员集中在市委党校，开展为期三天的业务能力和时事政治培训，邀请专家、教授分别就老龄工作基本常识和问题、《中华人民共和国老年人权益保障法》进行解读、授课，提升了基层老龄工作者自我管理、自我服务的能力。

【引导老年人投身“五水共治”】 年内，市老龄委以老年人协会为阵地，开展“五水共治”宣传，普及节水减污的知识和技能。同时，鼓励老年人力所能及地协助村(居)委会做好河段日常巡视、漂浮物清理、沿河植绿护绿工作，监督生活垃圾、污水乱倒乱排行为，劝阻乱放散养家禽、牲畜现象，使广大老年人成为“五水共治”的宣传者、实践者和推动者。

【实施“乐龄工程”】 年内，全市民政(老龄)部门运用多元投入机制，积极实施“乐龄工程”，改善基层老年人协会活动设施。全年争取省福彩公益金45万元，用于资助越城区、上虞区、嵊州市共45个老年电大教学点建设。争取省老年事业发展基金10万元，专项用资支助新昌县5个贫困乡镇的老年协会和老年活动室建设。诸暨市投入资金875万元完成178家老年活动中心的升级改造，发放运行补贴277万元。新昌县投入“彩王资金”，为各城乡社区老年活动中心增添活动器材。

【为老年人实施“双保险”】 年内，市民政局继续为绍兴市区16万余名(越城区、绍兴高新区、袍江开发区、滨海新城)60周岁以上老人投保“老年人出行平安意外伤害保险”，支付保费35万元。助推中国人寿保险公司绍兴分公司实施“安康关爱行动”，引导广大老年人从单纯依靠“政府买单”逐步过渡到“政府引导、市场运作”模式，提高养老自我保障意识。全年，全市有1.5万名老年人自愿购买意外伤害综合保险。

【启动“圣奥·独居老人暖巢行动”】 年内，市民政局启动“圣奥·独居老人暖巢行动”，越城区、上虞区为首批试点区(县)，首期10个试点村(社区)70名空巢独居老人信息档案全部建立，并基本建立起低龄老人与高龄老人、健康老人与失能老人一对一、多对一结对为主要形式的爱心志愿服务，为空巢老人提供基本的探视、生活和应急救助服务。下拨每个试点村(社区)5000元，用作志愿者基本工作经费和奖励经费。

【6人获评“全国孝亲敬老之星”】 12月10日，全国敬老爱老助老主题教育活动组委会发文表彰第六届“全国孝亲敬老之星”，绍兴市的余汉成(越城区)、陈爱志(柯桥区)、曹苗通(上虞区)、黄伟英(诸暨市)、张水卿(嵊州市)、梁月莲(新昌县)名列“全国孝亲敬老之星”榜单中。(过锦芳)

区县市

越城区

【概况】 2014年，越城区实际管辖区域面积166.92平方千米，实辖3个镇、5个街道，有104个行政村、70个社区（居委会），总人口40.85万。实辖区域地区生产总值324亿元，同比增长6.2%；公共财政预算收入13.9亿元，同比增长15.1%；固定资产投资176.3亿元，同比增长12.4%；社会消费品零售额201.8亿元，同比增长12.1%；外贸出口额21.5亿美元，同比增长2.7%；城镇、农村常住居民人均可支配收入分别为40927元、23989元，分别同比增长8.8%、10.3%；城镇登记失业率控制在2.7%。

越城区所辖街道基本情况

表65

街道	社区居民委员会（个）	村民委员会（个）	总人口（人）	区域面积（平方千米）	农业总产值（万元）	规上工业总产值（亿元）	限额以上批零、住餐主营业务收入（亿元）	地方财政收入（万元）
塔山街道	10	1	55629	2.91	164	0.37	14.01	20993
蕺山街道	13	0	59343	4.20	0	2.47	27.69	25118
北海街道	11	2	55418	6.20	521	2.24	108.43	37446
府山街道	14	5	66113	14.82	2570	5.75	38.97	29031
城南街道	11	18	47580	14.91	5721	10.77	20.76	25199

越城区所辖各镇基本情况

表66

镇	社区居民委员会（个）	居民委员会（个）	村民委员会（个）	总人口（人）	区域面积（平方千米）	粮食产量（吨）	农业总产值（万元）	规上工业总产值（亿元）	限额以上批零、住餐主营业务收入（亿元）	地方财政收入（万元）
灵芝镇	3	7	35	54533	42.8	4322.94	17947	44.51	15.73	56979
东浦镇	0	1	32	43632	30.78	4851.82	18153	22.08	13.99	21348
鉴湖镇	0	0	11	26245	50.3	4870.38	17852	6.76	3.52	10142

【固定资产投资176.3亿元】 年内,越城区完成固定资产投资176.3亿元,同比增长12.4%,其中:工业性投入3.00亿元,同比增长23.06%;三产投入173.18亿元,同比增长12.3%,其中服务业投入(不含房地产)80.92亿元,同比增长50.1%,房地产投入92.26亿元,同比下降8.01%。实施重点项目89个,完成投资82.2亿元,其中47个政府投资项目和27个重点产业项目分别完成投资32.1亿元和39.7亿元。

【经济发展稳中有升】 年内,越城区农业产业化投入750万元。全年粮食作物产量1.55万吨,其中谷物1.53万吨、豆类133吨、薯类99吨。油菜籽产量388吨,猪肉产量2078吨,羊肉产量1.9吨,禽肉产量207.8吨,禽蛋产量693.6吨,渔业产量4955吨。自营出口21.53亿美元,同比增长2.7%。全区实现地区生产总值324亿元,同比增长6.2%。其中:第一产业增加值3.65亿元,同比下降0.1%;第二产业增加值74.79亿元,同比增长4.0%;第三产业增加值245.54亿元,同比增加7.1%;三次产业结构为1.1:23.1:75.8。

【加快推进转型升级】 年内,越城区推进转型升级成效明显。家居商贸城转型发展加快推进,书圣故里入选第二批浙江省特色商业示范街,迎恩门风情水街启动建设,金帝银泰城顺利开业。加大招商引资力度,引进"越商回归"项目17个,省外到位资金12.7亿元;合同利用外资1538万美元,实际利用外资1050万美元。推进企业升级,新增"个转企"219家,新认定"下升上"企业43家。加强科技创新,区科技创业产业园投入使用,引进科技企业12家。完成工业技改投资1.3亿元,8家企业9个项目开展"机器换人"技术改造。新兴产业蓄势待发,实现战略性新兴产业产值21.1亿元。越城现代商贸产业园概念性规划、南闲健康休闲养生中心产业规划编制完成,喜临门家具健康睡眠寝具研发中心动工建设。规划电商产业发展,新注册电商企业37家,新增网商149家。实施品牌战略,新创中国驰名商标1件、省名牌产品3个。发展税源经济,新增6家税收超千万元企业。建立区领导联系困难企业等制度,加强分类帮扶和金融服务,设立应急专项资金,帮助企业渡过难关。

【全面加强镜湖新区建设管理】 年内,越城区强力推进镜湖新区开发建设,群贤路镜湖段拓宽改造和越西路北延(洋江路以南)工程完工,全线通车,梅山公园西入口、狭猺湖南入口公园基本建成,外滩总部12幢高层楼宇建成投运,"三中心、三场馆"周边环境秩序明显改善。征收土地147公顷,处置拆迁滞留户268户,完成杨港村、新绍兴一中地块、曲屯区块沿街建筑的拆迁。落实高层安置、货币安置等政策,开展灵芝、东浦等片区拆迁改造,拆除东浦镇原中华鳖养殖场、北海塘南区块等典型违建。

【文明指数列省市前茅】 年内,越城区发挥全国文明城市创建"主力军"作用,完成17个市级、13个区级重点整治项目,在省、市文明指数测评中名列前茅。健全"洁净越城"工作机制,对57个主要路段开展齐门经营规范工作,拆除违法广告牌及店招店牌467块、违规街亭67个,取缔马路市场18个。完成二环线内流动夜宵摊点整治,实施早餐摊点提档升级。"智慧城管"一期项目筹建顺利。规范人行道停车位1218个,归位地下停车场15个,新增小区停车位520个。淘汰市区人力客运三轮车553辆,原东街夜市已取消并还路于民。

【生态环境明显改善】 年内,越城区以全面开展"五水共治""五气合治"为主线,不断提升环境治理能力,为推进"重构绍兴产业、重建绍兴水城"战略和建设"两美"越城奠定坚实基础。全区363条河道落实"河长制"管理,53条"垃圾河"、95条"黑臭河"得到全面整治,清除河道淤泥22万立方米,拆除河岸违建1.5万余平方米。关停畜禽养殖336家,完成水面清养1150亩,种植狐尾藻1.9万平方米,河道断面水质逐月好转。启动农村生活污水治理行动计划,实施东浦、鉴湖镇7个村生活污水治理工程。推进"六小行业"污水治理,完成9个区块、115幢住宅的雨污分流改造。开展大气污染综合治理,完善重污染天气应急体系,推进"高污染燃料禁燃区"建设,淘汰燃煤小锅炉69.5蒸吨。"一企一策"推进印染企业转型升级,两家企业完成改造提升,镜湖新区4家印染企业完成关闭签约。开展"低小散"污染企业集中整治,取缔关停182家、倒逼退出27家、整改提升36家。节能减排取得良好实绩,规上工业万元增加值能耗下降13.6%、能源消费总量下降17.5%,淘汰印染落后产能9850万米、织造产能4172万米,节约标煤2.5万吨。推进"四边三化"行动,实施绍诸高速公路鉴湖段绿化工程,生态区建设稳步推进。

【民生投入占财政支出的82.6%】 年内,越城区民生投入占全年财政支出达82.6%。加强住房保障,灵芝镇曲屯、大庆寺及东浦镇湖西等安置小区开工建设,鉴湖E地块保障房、城郊村安置房等项目进展顺利,灵芝镇湖东、灵北小区基本完成安置,迎恩门工程7个区块全部安置完毕。完成6个并启动实施8个老住宅区块整治改造,移交接收住宅小区781个,街道物业服务平台启动建设。完成皋埠镇中、马山镇中校园及富盛镇中体育馆新建工程,改造幼儿园园舍1.6万平方米,完成为期三年的"园安工程",省义务教育标准化学校创建率达93%,成为全国义务教育发展基本均衡区。推进基层卫生服务体系建设,省级规范化社区卫生服务中心创建率、社区卫生服务机构标准化建设率均为100%。"单独两孩"政策平稳实施。坡塘云松自然村饮水工程顺利完工。加强农贸市场管理，创建省“放心市场”4家。新建成农村文化礼堂5个，开展文化下乡活动近100场，文体节等节会活动顺利举办，文化市场得到规范管理。圆满完成第十五届省运会保障和足球赛承办工作，超额完成夺金任务。创建省级体育先进社区4个、社区（村）体育健身俱乐部7个。实施就业创业“万千百”工程，启用区人力资源服务中心，送政策、送岗位到家庭2.2万户，新增城镇就业1.3万人次，为2.3万名就业困难人员办理社保补贴。“96345”便民服务中心拓展功能，为261名特殊困难老人开展订单式志愿服务。建设改造城乡社区居家养老服务照料中心36个，社区居家养老服务标准化试点顺利启动，为首批600余名70周岁以上老人免费安装“幸福安康一键通”。

【社会和谐稳定】 年内，越城区多管齐下保障城乡社会稳定。开展“枫桥式镇街”创建，刑事治安类警情下降4.5%，侵财型警情下降8.8%，“两抢”警情下降46.6%。深化领导干部“大接访”活动，增强基层矛盾化解能力，初信初访化解率达86%，矛盾纠纷调解成功率达96.4%。创新信息化手段，促进流动人口精准化管理。坚持欠薪欠保常态化治理，处理欠薪企业48家，为1286名职工解决欠薪503.4万元。推进“六五”普法，做好法律援助、社区矫正、安置帮教等工作。加强“厂中厂”等安全生产综合整治，开展“三合一”企业和劳动密集型企业消防安全专项治理，实现各类安全生产事故起数、死亡人数双下降。开展食品安全“百日严打”等行动，建立食品药品安全基层责任网络，取缔黑窝点、黑作坊55个，小餐饮持证率保持90%以上。实施学校食堂“阳光厨房”建设，公办学校大宗食品配送率达100%。加强防台防汛、地质灾害防治，严密防控人感染H7N9禽流感，平稳推行活禽杀白上市。连续9年通过省平安县（市、区）考核，获得“平安银鼎”。

【“三公”经费支出下降30.4%】 年内，越城区聚焦“四风”突出问题，围绕“两方案一计划”加强专项治理，清理村、社区标牌5901块，清理规范评比、达标、表彰等活动126项。严格执行厉行节约各项规定，推行部门预决算公开，“三公”经费支出下降30.4%。实施镜湖新区内设机构调整和“两区”部分机构整合，制订新三年（2015—2017年）“345”发展计划，积极谋划新区新一轮发展。

【审批事项核减率达33.5%】 年内，越城区稳步承接市对区下放的事权，市场监管、国土、规划、环保、质监、司法等事权职能基本完成承接并正常运转。推行权力清单制度，梳理权力事项3887项，保留2585项，核减1302项，核减率达33.5%。推进行政审批制度改革，成立区行政服务中心，上线行政审批事项260项，落实注册资本认缴制、“先照后证”等工作。深化农村产权制度改革，全区61%的行政村完成经济合作社股份制改革。创新“包保制”工作模式，开展“双月攻坚”“百日攻坚”等系列行动，干部担当力、执行力不断提升。

【“百日严打”筑牢食品安全防线】 4月1日至6月10日，越城区按照“镇街部门、条块结合”的思路，通过整合区市场监督管理局、区农水局、区城管局等在内的多股执法力量，形成了为期100天的食品严打高压态势。行动期间，全区共出动执法人员4577人次，检查3490户次，约谈违规食品单位94家，公布黑名单企业6个，累计抽检食品237批次，开展现场快速检测87份，处理投诉举报128起，打掉“黑窝点”、“黑作坊”55个，行政处罚立案数133起。查处案件涉案金额数、掌握案件线索数、司法案件移交数、处理举报投诉数等4项指标位居全市第一，其中行政立案数和司法移交案件涉案金额数两项指标位居全市第二。

【“包保制”取消东街夜市】 7月3日，市政府发布《关于对东街夜市进行整治的通告》。取消东街夜市的工作，是绍兴市委、市政府2014年的重点工作，也是历年来难以推进的难点工作。越城区围绕“平稳、有序、可控”的目标，迅速启动“包保制”工作机制，建立18个“包保制”工作组，将东街夜市354个摊位与285名科级干部、69名区市场监管局干部一一对应，通过科级干部“一对一”帮扶劝导，经过两个月艰苦卓绝的工作，全部签订了清退协议。至11月1日，延续20多年的东街夜市全面取消。（越城区府办提供）

柯桥区

【概况】 2014年，柯桥区三次产业结构调整为2.9∶55.4∶41.7；全年实现生产总值1138.08亿元，同比增长6.3%；财政总收入145.1亿元，同比增长9.4%，其中公共财政预算收入82.0亿元，同比增长8.2%；社会消费品零售总额210.3亿元，同比增长15.2%；自营出口110亿美元，同比增长4.6%；城镇常住居民人均可支配收入46809元，农村常住居民人均可支配收入26743元，分别同比增长9.1%和10%；公共财政用于民生支出53.8亿元，同比增长7.4%。

年内，柯桥区第六次被评为“中国全面小康十大示范区”，连续第七次获评“全国科技进步先进区”。

柯桥区所辖镇乡(街道)基本情况

表 67

镇乡(街道)	居委会(个)	村委会(个)	户籍总人口(人)	区域面积(平方千米)	粮食产量(吨)	工业总产值(万元)	农业总产值(万元)
滨海工业区(马鞍镇)	9	12	39082	53.7	19949	9119584	63343
柯桥开发委(齐贤镇)	13	7	54073	32.48	14692.5	5702876	30987
柯桥街道	29	0	53625	15.95	0	386928	0
柯岩街道	14	23	57903	45.32	11828.8	1525101	43664
华舍街道	13	8	42579	23.05	5454	2536333	13465
湖塘街道	2	15	34931	66.28	10134	993319	28736
钱清镇	5	21	61420	54.18	17468	6151800	18912
杨汛桥镇	10	12	35045	37.67	6666	2545033	10695
福全镇	2	22	41636	39.86	13561	3569579	21495
安昌镇	2	11	37118	24.05	10561	3044945	24966
夏履镇	1	11	18808	51.01	3963.6	1149234	12156
漓渚镇	1	12	22183	36.64	1594.8	1068907	37007
兰亭镇	1	20	32278	82.85	15870	1941543	42140
平水镇	1	28	53535	173.06	19008.8	1013379	57222
王坛镇	1	24	33441	137.69	11866.4	179843	42045
稽东镇	1	25	32127	111.5	10096.3	152910	36637

【完成工业和服务业投资 575.9 亿元】 年内,柯桥区启动实施“五大千亿工程”,完成工业投资 291.8 亿元、服务业投资 284.1 亿元,两项合计投资 575.9 亿元,分别同比增长 17.1%和 18%。引进投资 5 亿元以上项目 10 个,落实浙商回归项目 49 个、到位省外资金 55.2 亿元。全力推进重大服务业项目和重大工业项目建设,大香林二期、金沙·东方山水、青旅生态休闲城、精功绿色集成建筑科技产业园等项目按计划推进。

【规模以上工业利润增长 8.7%】 年内,柯桥区积极提升发展传统产业,大力培育战略性新兴产业,全年实现规模以上工业产值 3493.5 亿元,其中战略性新兴产业产值 868.6 亿元。完成工业企业利税 276 亿元,同比增长 7.6%;规模以上工业利润 182.4 亿元,同比增长 8.7%,增幅均超过工业产值增幅。印染产业集聚升级工程扎实推进,水、电、气、道路等配套工程建设顺利,全年有 40 个项目开工建设,13 个项目竣工投产。

【科技创新成绩斐然】 年内,柯桥区深入推进“四换三名”工程和省“两化”深度融合国家综合示范区创建工作,完成“机器换人”项目 677 个,同比增长 39%。科技园、创意园基本建成,实现创意设计营业收入 7.6 亿元,同比增长 16.4%。新增国家高新技术企业 13 家,是 2013 年的 2.16 倍,授权发明专利 116 项,同比增长 19.6%,制订和参与修订国家标准、行业标准 58 项,是 2013 年的 4.5 倍,引进省级以上“千人计划”人才 8 人。

【服务业增加值增长 8.7%】 年内,柯桥区大力发展旅游商贸、电子商务、现代物流等服务业,实现服务业增加值 474 亿元,同比增长 8.7%,占生产总值比重提高 2.1 个百分点。新建电商产业园区 2 个、新增电商应用企业 500 余家,实现旅游总收入 141.5 亿元,同比增长 16.2%。轻纺城西市场启动改造,轻纺城市场群实现成交额 1238.1 亿元,同比增长 12%,“网上轻纺城”实现成交额 112.7 亿元,同比增长 89.8%。

【“五水共治”完成投资 108.7 亿元】 年内,柯桥区大力开展以“五清十抓”为重点的水环境治理,启动实施“五水共治”三年行动计划,开工建设 65 个项目,完成投资 108.7 亿元,全区水环境质量有新的改善,列入省、市考核的断面水质达标率同比提高近 12 个百分点。全年完成河道清淤 180 万立方米,整治垃圾河 137 条、黑臭河

82 条，拆除拦河筑坝 113 条，关停畜禽养殖场 874 家，清迁河道水产养殖 705 公顷。专项整治以城区、集镇、工业集聚区、中心村等为重点的城镇生活污水截污纳管，完成管线铺设 64.8 千米，城区和集镇生活污水收集处理率分别提高到 87%和 35%。45 个村实施生活污水收集治理改造，32 个村已完成改造。

【重拳治废气】 年内，柯桥区下大决心重拳治理废气。先后关停华舍热电、浙江玻璃、南方水泥等企业。完成印染定型机“煤改气”699 台，完成热电机组脱硫改造 11 台、脱硝改造 8 台。建立刷卡排气自动监控系统，对全区 1762 台印染定型机废气收集处置装置实现 24 小时监控。开展小微企业排污专项整治，累计关停小微排污企业 1192 家，关停率近 50%。制定出台垃圾露天焚烧监管、黄标车淘汰等制度与政策，淘汰黄标车及老旧车 7007 辆。

【处置工业污泥和建筑泥浆】 年内，柯桥区严格执行工业污泥处置“六统一”和建筑泥浆“四统一”规范运输处置制度，抓好龙德环保污泥焚烧热电联产项目的运行与二期工程建设，推进工业污泥规范化处置、资源化利用。强化建筑泥浆、建筑渣土的统一运输、规范处置、有效管理，消纳处置建筑渣土 44.6 万立方米、泥浆 102.5 万立方米。加大对日常违法的打击力度，查处建筑弃土乱倒、泥浆偷排行为 29 起，罚款 72 万元。

【推进城市规划与建设】 年内，柯桥区开展水城规划研究，编制城市排水防涝等规划。柯桥—杭州城际轨道交通项目获得国家发改委批复同意，104 国道柯桥城区段高架、钱滨线等项目开工建设，全面完成第一轮 113 千米的县乡道路改造。轻纺城体育中心建成投用，坂湖公园、中纺 CBD 等项目顺利推进，青少年宫基本建成。提档改造城市老小区 18 个。新增公共自行车 4000 辆，站点增至 126 个。启动建设城市“智慧天网”。

瓜渚湖南岸公园（沈浩根 摄）

【“三改一拆”完成 423 万平方米】 年内，柯桥区以“三改一拆”为主要抓手，积极推进“无违建区”创建。全年拆除违章建筑 201 万平方米，“三改”222 万平方米。重点抓好 26 条主要道路、18 条主要河道沿线的拆违和“一户多宅”、广告牌、违建坟墓等专项整治，拆除高速公路、主要道路沿线的大型广告牌 391 块，违建坟墓 498 穴，进一步改善了城乡面貌。深化网格化管理，整治市容秩序，城区市场化保洁率达 90%以上。

【建设美丽乡村】 年内，柯桥区推进平原绿化工程，建设松坞江、兰亭江、漓渚江、平水江和鉴湖等河流沿岸的绿化，全区共完成绿化 341.47 公顷，创建省级森林城镇 2 个、省级森林村庄 5 个。加快小城市培育建设，6 个省、市级小城市完成基础设施投资 21.7 亿元。推进美丽乡村“四大行动”计划，开展“鲜花进村入户”活动，新启动改造“空心村”10 个，完成 510 户宅基地置换，完成农村住房解困 1927 户。

【各项社会事业蓬勃发展】 年内，柯桥区引进浙江树人大学杨汛桥校区，继续推进浙江工业大学之江学院建设。进一步规范外来人口子女就学管理。如期实施妇女儿童医院等建设工程，全面启动医疗服务“基层首诊、分级诊疗、双向转诊”工作，建成标准化村卫生室 103 家。“幸福水乡才艺秀”等文化活动蓬勃开展，建成农村文化礼堂 25 家，进一步丰富了农村群众的业余文化生活。浙东古运河柯桥段和古纤道成功入选世界文化遗产名录。

【社会保障扩面提标】 年内，柯桥区调整完善了被征地农民养老保险制度向职工基本养老保险、城乡居民社会养老保险制度的衔接并轨政策。全区各（社区）均建立了社保平台，就近为群众办理社保手续。新增城镇就业 1.9 万人，新参加“五大保险”7.2 万人。启动区社会福利中心二期项目建设，新增社区居家养老中心 78 家。不断加大社会救助力度，向困难群众发放社会救助金 1.86 亿元，同比增长 12.8%。

【创新社会管理】 年内，柯桥区深化“平安柯桥”建设，严厉打击违法犯罪，社会治安环境持续好转，连续第九年创建成为省“平安区”。全面实施流动人口积分制管理，积极推行重大决策社会稳定风险评估机制。加快信访积案化解，29 件省市督办信访积案全部化解，“大调解”工作机制进一步健全。加强普法宣传教育，创建省级以上民主法治村 4 个，市级民主法治村 8 个。进一步加强环境保护、国土资源、安全生产、城乡环境、食品药品安全和流动人口等“六大管理”，签订目标管理责任状 6000 余份，确保责任落实到企业和基层村居。

【开展多项省级改革试点】 年内，柯桥区企业投资项目高效审批试点取得成功并已在全省推广。积极推进企业投资项目不再审批试点，已有 38 个、总投资 63 亿元的项目进入审批流程，3 个项目已竣工或验收。实施农村土地使用管理制度创新、民间融资管理创新等省级试点，169 个村经济合作社完成股份合作制改革，三大类 6 家民营企业开展融资管理创新试点。

【加快转变政府职能】 年内，柯桥区制订政府权力清单和责任清单，削减政府职权事项 4079 项，并向社会公告。启动实施资源要素市场化配置综合配套改革。土地评估实行市场化运作。完成了市场监管、卫生计生等机构改革工作。建立失信人员“黑名单”等制度，着力建设“信用柯桥”。加快国企改革，调整完善城市、交通、旅游等体制机制。强化要素保障，新增建设用地216公顷，盘活存量土地94.67公顷、低效建设用地82公顷。引进银行机构3家，金融机构年末贷款余额1285亿元，同比增长2.9%。（柯桥区府办提供）

上虞区

【概况】 2014年，上虞区辖3个街道，15个镇，3个乡；有339个村，109个居委会（社区）。实现地区生产总值681.03亿元，其中农林牧渔业总产值67.00亿元，同比增长1.9%；规模以上工业产值1618.72亿元，同比增长12.1%；社会消费品零售总额243.85亿元，同比增长15.1%；服务业增加值占地区生产总值比重提高1.1个百分点；财政总收入86.70亿元，同比增长10.6%，其中公共财政预算收入46.56亿元，同比增长8.0%，一般公共预算支出50.01亿元，同比增长10.6%，其中民生领域支出增长9.0%；固定资产投资409.05亿元，同比增长17.7%；工业生产性投资243.40亿元，同比增长18.2%；自营出口33.09亿美元，同比增长6.1%。城镇常住居民人均可支配收入43569元，同比增长9.1%，农村常住居民人均可支配收入15262元，同比增长11.7%；恩格尔系数为32.3，比2013年增加0.2个百分点。城镇登记失业率控制在2.65%。年末全区总户数28.81万，户籍总人口近78万，其中非农业人口30.97万。

上虞区所辖镇乡（街道）基本情况

表68

镇乡（街道）	村委会（个）	居委会（社区）（个）	户籍人口（人）	区域面积（平方千米）	工业总产值（万元）	税收收入（万元）	农村常住居民人均可支配收入（元）
百官街道	12	44	129970	44.2	1160621	73038	28549
曹娥街道	9	29	71059	40.36	4594502	112805	27351
东关街道	19	5	32011	31.4	588605	15154	26074
道墟镇	24	2	45313	44.45	1324532	70365	29870
长塘镇	8	1	13644	37.3	95101	1378	22279
上浦镇	13	1	23973	85.2	534872	10948	22990
汤浦镇	8	1	15315	61.4	782742	3303	25671
章镇镇	35	5	41911	138.46	546412	28581	21489
岭南乡	13	0	11472	58	19926	173	15953
陈溪乡	10	0	8894	40.2	18235	92	16215
下管镇	10	1	12059	45.1	34329	297	14117
丁宅乡	9	0	10359	42.8	69215	991	14418
丰惠镇	26	4	51861	118.8	876203	17335	25146
永和镇	8	0	15959	31.3	227986	2929	22753
梁湖镇	14	8	29199	61.68	432657	12120	24216
驿亭镇	16	0	21246	50.4	350990	6155	22258
小越镇	21	2	29820	29.5	1131408	30133	25611
谢塘镇	14	1	25339	24.4	378345	5696	25057
盖北镇	10	0	25790	16.8	353005	6697	25046
崧厦镇	38	3	105605	66.2	1474230	55824	28909
沥海镇	22	2	59181	40.6	673011	32191	22002

【创建成为省级生态循环农业示范县（区）】 12月15日，省政府为上虞区颁发“省级生态循环农业示范县(区)”牌匾。上虞区在创建过程中，探索建立“专家＋团队＋农技人员＋科技示范户”的服务体系，构建一名首席农技专家挂钩一个现代农业综合区，一个农技指导员负责一个主导产业示范区的做法，受到考评专家肯定。

【区农民合作经济组织联合会成立】 12月，根据省农村综合改革试验区办公室《关于开展组建“三位一体”农民合作经济组织联合会试点工作意见》的文件精神，上虞区农民合作经济组织联合会成立，副区长徐耘兼任会长，姚一松任执行委员会主任，下设理事会、监事会。随后，崧厦、小越两个镇级“农合联”亦相继成立。“农合联”宗旨是为农村专业合作社和农民提供生产、供销、信贷等综合服务。

【困难群众最低生活保障标准提高】 4月10日，上虞区政府发文，提高城乡困难群众最低生活保障待遇标准，城镇最低生活保障待遇从原520元提增至580元，农村最低生活保障待遇从原450元提增至520元。这是全区从1997年全面实施城乡困难群众最低生活保障制度后第13次提高标准。至年底，全区有低保对象5649户8843人，其中城区常住居民享受低保待遇1045户1649人，农村常住居民享受低保待遇4604户7194人。

【“五水共治”投入13.3亿元】 年内，上虞区按照省委、省政府“五水共治”的决策部署，实施截污堵源、引水活水、强库固堤、河道保洁四大治水工程；建立政府引导、企业为主、社会参与的投入机制；实施分线考核、责任追查、民主监督、专项预防犯罪等细则，推进“五水共治”工作。至年末，共投入治水资金13.3亿元，使全区50个地表水监测断面水质达Ⅳ类以上标准，17条主要河道水质达标，曹娥江水系水质常年保持Ⅱ、Ⅲ类标准。有203家污染企业按既定目标完成整改，98个行政村完成生活污水纳管处理。完成城区污水收集工程项目12项，改、扩、建纳污管网45.6千米，居民生活污水纳管量同比增加7240吨/天。

【建立河长责任制推进河道整治】 年内，上虞区全面建立“一河一长”责任制，开展河道整治。全区17条主要河道由区委、区政府四套班子领导任“河长”，乡镇河道“河长”由乡镇领导班子成员担任，全区共设河长686人，实现“河长”全覆盖。各级“河长”建档备案，立牌公示，实行群众监督和责任追究的管理办法，采取以奖代补的河道保洁政策。另外，还委托浙江水利水电学院水利与环境工程学院等高校和环境部门的专家，对“河长制”进行季度与年度考核。至年底，115条垃圾河、12条黑臭河整治工作全部完成，清淤10.34万立方米，清理垃圾23112.8千克，投入资金0.36亿元。

【工业经济运行态势良好】 年内，上虞区实现规模以上工业产值1616.57亿元，同比增长12.1%，增速居全省17个工业强县(市、区)首位。实现规模以上工业增加值286.96亿元，同比增长11.5%；工业用电量35.51亿千瓦时，同比增长10.0%；完成工业生产性投资243.4亿元，同比增长18.2%。在国际国内经济形势下行的环境下，保持“稳开、稳走、稳进”的运行态势。机械装备、医药化工、轻工纺织、光伏及绿色能源四大行业规模以上企业产值增幅分别为17.7%、16.4%、7.1%、35.05%，各行业盈利能力大幅提升，利润增幅显著。99家大中型骨干企业实现工业总产值1063.67亿元，主营业务收入966.61亿元，利润84.97亿元。7家境内工业上市公司市值838.82亿元，完成主营业务收入267.58亿元，利润35.26亿元。12月，“金盾风机”股票在深交所创业板块首发，“春晖智控”在新三板成功挂牌。

【拆除违法建筑262.18万平方米】 年内，上虞区围绕省委、省政府关于“三改一拆”与“无违建”的创建工作部署，在农村开展“一户多宅”暨乱搭乱建整治，按照违法建筑该拆尽拆、缓拆建筑处置到位的原则，拆除乱搭乱建163万平方米；在城区开展的住宅违建整治，以国有土地使用权证为依据，坚持违法占地必拆、影响公共安全的违章建筑必拆、群众信访举报经查实者必拆的原则，在12个高档小区内拆除310户违法建筑，共计11035平方米；坚持属地管理原则，严肃查处和纠正寺庙教堂等越界占地、随意用地等违法违规行为，整治113处有越界占地嫌疑的寺庙教堂，其中拆除31处、整改82处，共计6746平方米；对杭甬高速公路、上三高速公路、嘉绍高速公路、绍诸高速公路、104国道、329国道以及杭甬高铁境内沿线和七个入城通道口，进行集中治理，累计拆除违法建筑749处，清理违规堆场75个，整治违法广告牌441座；拆除(关停)违法建设和严重影响环境的畜禽养殖场735家，棚舍面积共计27万平方米。至年底，全区共拆除各类违法建筑262.18万平方米。

【模拟签约让征迁更阳光】 全年，上虞区城市改造管理局在城市改造和征迁中，继续推行模拟签约的工作方法，落实不违背民意、不与民争利、不影响和谐的原则。在城市改造和征迁规划制订完成后，确定征迁区块，在民意调查、丈量评估、户情分析等前期工作基础上，集中一段时间与征迁户开展模拟签约：将征迁政策、安置方案、赔偿标准等明白告诉征迁户，并反复征求征迁户在安置、赔偿方面的意见，详细解答征迁户关注的面积确认、安置方式等热点问题。承诺在政府生效公告颁发前，模拟签约不具合同效力，只有整个区块达到约定比例及相关要素保障到位后，合同才生效，给征迁户留出行政申诉、权衡利弊的时间空间。然后，由村民代表大会提出动议，向所在乡镇(街道)出具书面报告,提出拆迁改造要求。拆迁方设定总模拟签约率达98%,才可拆迁的条件,实行谁先达标,谁先拆迁安置等激励机制。以往征迁户“政府要我拆”的心理转变成“我要拆与我该拆”的自觉行动。年内,全区新增签约62.46万平方米,拆除旧房52.74万平方米,完成“三改”76.01万平方米,模拟签约率均为100%,实现城市改造和征迁“零上访”的工作目标。

【第三产业增加值占GDP比重提高】 年内,上虞区继续实施“服务业三年提升计划”,着力推动第三产业发展。成功举办浙东新商都(上虞)购物节、首届网络购物节,持续打响“四季鲜果之旅”等品牌。全区实现社会消费品零售总额243.85亿元,同比增长15.1%。其中,城镇消费品零售额150.22亿元,同比增长15.5%,乡村消费品零售额93.63亿元,同比增长14.5%;批发零售业实现销售额549.02亿元,同比增长23.1%,住宿、餐饮行业增幅有所回落。第三产业增加值占GDP比重比2013年提高1.1个百分点。

【建筑业效益继续提升】 上虞区全年实现建筑业总产值1367.27亿元,其中在区域外实现产值988.53亿元,实现主营业务收入1086.3亿元,利润总额40.57亿元。完成房屋建筑施工面积1.2亿平方米,房屋建筑竣工面积4037.19万平方米,分别同比增长67.0%和1.8%。新增二级以上建筑企业4家。新获“鲁班奖”2项,“国家优质工程奖”2项,“全国用户满意工程”3项,“全国建设工程装饰奖”19项,“白玉兰杯”23项,“钱江杯”3项,“浙江省优秀建筑装饰工程奖”60项,“金石奖”62项,“结构优质奖”52项。(张忠校)

诸暨市

【概况】 诸暨市区域面积2311平方千米,下辖3个街道、24个镇乡,有468个行政村、65个社区(居委会)。全市年末户籍人口108.04万,其中非农业人口15.86万人,人口出生率9.95‰,死亡率6.76‰,人口自然增长率3.19‰。诸暨市毗邻杭州萧山国际机场,是浙江省环杭州湾大城市培育对象,沪昆铁路、杭长高铁,杭金衢高速公路、诸永高速公路、绍诸高速公路贯穿全境,全长50千米的城市三环线、76千米的绕城高速公路正在兴建。浙江省首批工业强市建设试点市,已形成袜业、珍珠、铜加工及新型材料、机电装备制造、纺织服装、环保新能源和现代农业、现代服务业“6+2”的现代产业体系。位列全国县域经济百强县市第14位,入选“长三角最具投资价值县市”名单,是“中国袜业之都”“中国珍珠之都”“中国香榧之都”“中国名品衬衫之乡”和“中国五金之乡”。

诸暨市所辖镇乡(街道)基本情况

表69

镇乡(街道)	村委会(个)	社区(居委会)	区域面积(平方千米)	人口(人)	生产总值(万元)	财政总收入(万元)	农民人均纯收入(元)	工业总产值(万元)	粮食产量(吨)
暨阳街道	25	38	83	166071	887884	181413	31303	1808965	18643.7
陶朱街道	21	2	95	59542	564155	86753	28289	2511201	14534
浣东街道	24	3	115	50029	372301	56399	25228	1238824	16727.4
店口镇	17	6	106	64673	1246697	121906	41879	8120117	25119.1
大唐镇	10	6	54	31675	747291	71120	39358	4704492	11688.4
枫桥镇	28	2	165	72323	609030	39160	25408	1903006	24271.1
牌头镇	27	1	88	47559	411418	27846	25782	2135854	24148.6
次坞镇	22	1	97	38586	397278	23285	25785	1888935	15234.6
草塔镇	18	1	84	44564	396735	35842	32362	2136191	15598.3
璜山镇	20	—	132	39107	366242	21602	29390	2456617	15599.2
山下湖镇	11	1	43	29023	350081	21651	39211	1033881	17728.6
应店街镇	27	1	118	47415	330066	25011	22543	1080231	17150.2
阮市镇	17	—	70	36254	267587	13297	32825	1329562	23602.1

续表 69

镇乡 （街道）	村委会 （个）	社区 (居委会)	区域面积 （平方千米）	人口数 （人）	生产总值 （万元）	财政总收入 （万元）	农民人均 纯收入(元)	工业总产值 （万元）	粮食产量 （吨）
安华镇	20	1	62	33998	221484	14023	24735	1107060	17076.2
王家井镇	23	1	52	34917	134491	13663	29571	411061	24460.9
江藻镇	13	—	47	27823	122879	7759	19328	241049	15778.8
直埠镇	11	—	58	27808	135944	8352	22180	387937	2[illegible]204.6
浬浦镇	13	1	56	20766	51201	2954	14946	123720	3203
街亭镇	15	—	79	26404	85178	8380	17400	234809	12350.3
赵家镇	13	1	96	32529	115000	1897	16171	323029	9395.3
五泄镇	8	—	39	15686	77398	4487	22114	351550	4506.4
东白湖镇	20	—	198	37291	97407	4588	14794	194309	9747.8
岭北镇	8	—	66	13183	27856	737	12698	42893	3236.3
陈宅镇	11	—	79	19122	42930	1457	15609	62509	8902
同山镇	16	—	55	22231	54717	3765	11413	107758	7741.2
东和乡	15	—	63	22094	46154	1121	11885	99692	7378.6
马剑镇	15	—	118	19635	50066	1092	13315	107948	9332.8

全年，诸暨市实现生产总值 981.12 亿元，同比增长 8.8%。财政总收入 109.5 亿元，同比增长 9.5%，其中公共财政预算收入 66.3 亿元，同比增长 11.3%。完成 500 万元及以上固定资产投资 568.8 亿元，同比增长 17.9%。自营出口总额 49.1 亿美元，同比增长 6.4%。社会消费品零售总额 316.2 亿元，同比增长 15.2%。城镇居民人均可支配收入 45790 元，农村居民人均可支配收入 25583 元，分别同比增长 9.2%和 10.8%。

诸暨城东新城（诸暨市府办提供）

【实体经济稳开高走】 年内，诸暨市净增“下升上”企业 203 家，“个转企”2197 家。开发城镇低效用地 814 公顷，复垦宅基地 136 公顷，报批用地 560 公顷，供地 420 公顷。完成电力投资 24 亿元。实现建筑业增加值 79.56 亿元，同比增长 10.7%，完成建筑业总产值 1689.74 亿元，同比增长 16.6%，实缴建筑业地方税收 9.34 亿元，同比增长 16.1%。引进市外注册资金 125 亿元，到位 84 亿元，新上千万元以上项目 685 个，全社会投资超 600 亿元。实现工业总产值 3530.76 亿元，同比增长 9.2%，其中年销售收入 2000 万元及以上工业企业实现产值 2287.98 亿元，同比增长 9.9%。工业六大主导行业合计实现规模以上工业产值 1943.41 亿元，同比增长 10.0%，规模以上工业企业实现新兴产业产值 725 68 亿元，同比增长 14.2%，完成新兴产业投资 126.33 亿元，同比增长 22.5%。规模以上工业企业综合能源消费量 123.72 万吨标准煤，同比下降 0.7%。万元产值能耗 0.0541 吨标准煤，同比下降 9.6%。

【第三产业发展势头良好】 年内，诸暨市第三产业完成投资 310.99 亿元，同比增长 35.8%，实现社会消费品零售总额 316.18 亿元，同比增长 15.2%。全市银行业金融机构 18 家，本外币各项存款余额 1158.61 亿元，同比增长 4.5%，其中储蓄存款余额 588.32 亿元，同比增长 7.2%。有小额贷款公司 9 家，累计放贷 67.[illegible]5 亿元，营业收入 5.24 亿元。共有证券营业部 9 家，期货营业部 3 家。组建并规范运行市民间投融资管理服务中心，成功配对发放借款 10.18 亿元。引进设立金城财富和诸亚财富 2 家金融组织。构建市、镇及第三方转贷基金，共建立 12 个镇街转贷基金。出台“逃废债黑名单管理办法”，打击逃废债行为。建立企业帮扶工作机制，协调解决企业融资性经营风险，帮扶企业 286 家次，协调解决债务152笔，金额6.11亿元。完善企业风险“三级”预警和企业信息发布平台，做好风险企业财政贴息工作，全年贴息8567万元。尝试“房票”市场化安置方式，完成房地产开发投资166.70亿元，同比增长42.3%，商品房销售面积158.91万平方米，同比增长15.7%，商品房销售额117.71亿元，同比增长13.9%。全市83个商品交易市场，成交额536.30亿元，同比增长8.5%。祥生、雄风入选中国服务业企业500强。海越、一百等4家企业入选浙江省服务业企业百强。诸暨国际商贸城、雄风集团、华东国际珠宝城列入绍兴市现代服务业“310”工程。成功举办2014年金秋购物节。国际商贸城一期市场建成开业，9个专业市场开工建设，长城国际影视网游动漫创意园正式开园运营，初步形成“一市十三城”格局。

【引进市外投资项目330个】 年内，诸暨市坚持招商引资“一号工程”，共引进市外投资项目330个，引进市外注册资金124.6亿元，实收资金83.7亿元，引进投资额5亿元以上项目21个。新批外资企业27家，实现合同外资35300万美元，实到外资10045万美元。新批境外投资项目16个(含增资3个)，中方投资额41865万美元。完成境外承包劳务营业额4009万美元，服务外包离岸执行额372万美元。实现进出口总额56.52亿美元，同比增长4.6%。至年底，全市有工商注册的电子商务企业2890家（包括电子商务各类配套企业)，电商专业村58个，电商企业1532家，网店10757家。以袜业、珍珠批发为主的阿里巴巴·诸暨产业带运营良好，年交易额超5亿元。“1号店·特色中国诸暨馆”开馆运营。阿里巴巴“千县万村”计划启动“诸暨攻略”，暨阳街道邱村成为绍兴首个中国淘宝村。

诸暨国际商贸城(诸暨市府办提供)

【农业农村稳步发展】 年内，诸暨市农业“两区”建设成效显著，全年粮食播种面积43400公顷，粮食总产量29.8万吨，农林牧渔业总产值达76.33亿元，同比增长1.9%。香榧、珍珠成功登陆华东林业产权交易所。完成水利工程建设投资8.3亿元，核发排水许可证1万余本，基本消除垃圾河、黑臭河和劣V类河渠。建成浦阳江城区段20千米滨水生态长廊。铺设供水管网450千米，成为全省首个县级国家节水型城市。投资1720万元整治万方以上病险屋顶山塘21座。完成水库除险加固投资2294万元，完成堤防加固投资13471万元。续建、新建电排站7座。完成永宁水库建设投资4.25亿元。以“美丽诸暨”建设三年行动计划为载体，组织实施“百名电子商务网上营销人才”“百名水稻轮作养殖技术骨干”等“十个一百”农村实用人才培训工程。开展美丽村庄建设、美丽乡村景观区建设和历史文化村落保护开发利用等工作，打造“村点出彩、沿线美丽、面上整洁”的美丽乡村。全面启动农村生活污水治理三年行动计划。

【简政放权成效显著】 年内，诸暨市公布政府权力清单和责任清单，削减行政职权3825项，削减率54.4%。1443项市级行政审批服务事项精简至387项，保留事项即办率达47.5%，182项事权下放到镇街，网上审批服务平台全面运行。组建市场监管局、卫生和计划生育局。实施商事登记制度改革省级试点，推行一般企业投资项目零审批改革，建成并运行中介服务超市。推进民间资本进入社会领域改革省级试点，新批民办教育机构11家、民办医疗机构15家，建成民办养老机构5家。以农村三项改革为重点，大力推进农村改革创新，进一步增强美丽乡村的发展活力。完成491个村经济合作社的股份合作制改革，核发农房证83418本，构建“三位一体”农民合作经济组织联合会。土地流转面积累计达22233公顷，流转率达58.5%，建成6家土地股份合作社。推进农村金融创新，农房抵押贷款扩面至15个镇街，发放贷款1.71亿元。

【“组合拳”推进产业转型升级】 年内，诸暨市城东核心区20幢企业总部大楼基本建成，万达广场、中关村多彩城、风情不夜城等一批招商项目开工建设。城西新城普洛斯物流、中铁物流、中节能环保产业园等一批重大项目达成落户意向。加强印染行业整治，电镀园区建成运行，新建污水管网242千米。“三百工程”全面实施，建成省级工业设计特色示范基地，与浙江农林大学暨阳学院合作成立诸暨创新发展研究院，科技进步综合评价得分位列全省县(市)首位。出台高校毕业生就业创业政策，开发进村公益性岗位431个，新增城镇就业人员23800人。全市共引进各类人才8503名，其中高层次人才351名。大唐袜业列入省传统产业“腾笼换鸟”试点，开展轻纺行业六大专项整治。全市新上“机器换人”项目125个，总投资97亿元。通过余缺对接盘活工业用地98公顷、厂房10万平方米，完成“零增地”技改31万平方米。

【统筹推进城乡建设】 年内,31省道延伸线、37省道复线诸暨段建成通车,城乡公交一体化改造积极推进。杭长客运专线建成通车,绍诸高速公路延伸线动工兴建。至年底,全市公路通车里程达2377千米,其中高速公路131千米,一级公路74千米、二级公路312千米、三级公路44千米;公路密度达114.11千米/百平方千米。全市等级公路通村率达到100%,客运班车通村率达100%。公路营业性客运量3150万人次,公路营业性货运量2341万吨。实施浣南村综合改造,完成艮塔西路、人民北路和大桥路街景立面改造,文化商业步行街、紫山公园、越都公园等重点项目顺利推进。实行城西废气、城区扬尘治理,加强城区交通治堵和非法营运车辆整治,全面淘汰黄标车和小燃煤锅炉。新增"四边三化"、平原绿化面积608公顷。引进建设店口嘉凯城、安华现代包装产业园等项目,建成中国针织原料市场、坚果炒货市场和大唐广粤荟、盾安悦新城。开展"十美"联创,治理74个重点村生活污水,基本建成五泄、白塔湖"美丽乡村"景观区。确立"好美诸暨"旅游品牌,新增AAA级旅游景区2个,全年接待国内外游客1501.27万人次,同比增长15.3%,实现旅游总收入150.77亿元,同比增长15.2%。圆满承办全省"美丽县城"建设现场会,成为首批"美丽县城"建设试点县(市)。

【惠民事业不断提升】 年内,诸暨市启动为期三年的"百家创新企业成长行动""百家科技型企业招引计划"和"百项科技成果产业化工程",推进"八倍增、两提高"工作,构建技术创新、科技公共服务、成果转化"三大体系",为全市经济社会持续健康发展提供强有力的科技支撑。诸暨市技工学校升格为诸暨技师学院。共有各级各类中小学、幼儿园290所,新批民办教育机构11家。斯宅村传统村落保护项目成功申报列入"全国重点文物保护单位和省级文物保护单位集中成片传统村落保护项目",获国家支持资金1550万元。"草塔抖狮子"成功申报列入第四批国家非物质文化遗产名录。"西路乱弹"获浙江省优秀"好腔调"奖,十里坪村获浙江省传统戏剧之乡"文化戏剧特色村"称号。出台《关于进一步推进村卫生室标准化建设和乡村卫生服务一体化管理的实施意见》和相关配套政策;实行基本医疗保险费用总额预算管理的支付方式改革;强化医疗行为监管,控制医药费用不合理增长,控制药品比例。被命名为"国家慢性病综合防控示范区"。年末全市共有医疗卫生机构744家,新批民办医疗机构15家。成功承办浙江省第十五届运动会的篮球、自行车项目。共组织了青少年类田径、举重、男、女篮球等16个项目共400余名运动员参加第十五届省运会、绍兴市锦标赛等体育竞赛,获省运会金牌15.33枚。共销售体彩1.16亿元。

浙江农林大学暨阳学院(左)和诸暨技师学院(右)全景(诸暨市府办提供)

【社会保障水平不断提高】 年内,诸暨市企业职工和城乡居民医疗保险总参保人数达108.46万,净增1.09万。工伤保险参保人数34.88万,净增2.09万。生育保险参保人数20.18万,净增1.91万。失业保险参保人数18.49万,净增1.31万,城镇登记失业率2.91%。职工养老保险和城乡居民社会养老保险总参保人数达79.86万,净增3.40万,共有81.14万人参加城乡居民医疗保险,占应参保人数的99.73%。城乡居民基本医疗保险人均筹资标准提高到700元。开通城乡居民医保"省市一卡通",社会化服务率达到100%。年末全市共有最低生活保障对象13367人,其中城镇482人,农村12885人。全年最低生活保障资金支出7245万元,其中城镇321万元,农村6924万元。农村"五保"和城镇"三无"对象集中供养达100%。有收养性社会福利单位40个,床位6659张,在院人数1220人。1510人获重度残疾人托(安)养补助,3308人获部分困难残疾人生活补贴,2326人享受无固定收入残疾人生活补贴,按比例就业3171人,结对帮扶残疾人4667人。(诸暨市府办提供)

嵊州市

【概况】 2014年,嵊州市实现地区生产总值423.04亿元,同比增长7.5%;公共财政预算收入25.1亿元,同比增长10.2%;固定资产投资192.1亿元,同比增长18.2%;社会消费品零售总额205.6亿元,同比增长15.3%;城镇居民人均可支配收入41058元,农村居民人均可支配收入20749元,分别同比增长9.5%和10.5%;城镇登记失业率为2.89%。

【大力推进转型升级】 年内,嵊州市绿城现代农业综合体、现代新有机农业基地项目扩面提质,农业"两区"建设深入推进,新建省级主导产业示范区2个、粮食功能区4个,全市实现粮食总产量16.3万吨,农业总产值达到56.1亿元。开展工业经济"百日攻坚"专项行动和"提振信心、合力兴工"六大系列活动,实现规模以上工业总产值383.7亿元,同比增长8.9%,完成工业性投资112亿元,同比增长15.1%;坚决淘汰落后产能,基本完成造纸、化工、印染、制革、电镀行业整治提升工作,全市单位GDP综合能耗下降3%。实施创新驱动战略,新增国家级高新技术企业5家,成功举办第七届中国(嵊州)电机·厨具展览会。全力推进"个转企、下升上、规改股、股上市"工作,完成"个转企"502家,新增规模以上企业37家,完成企业股改10家,"新三板"挂牌1家。推进"质量强市"战略,成功争创"浙江制造"试点县,领带产业列入国家第一批区域品牌建设试点。加快发展现代服务业,中国领带城物流中心、文化创意产业园等项目进展顺利,实现旅游总收入62.7亿元,同比增长20.1%。积极开展招商引资,成功举办首届城市招商发布会,实到市外境内资金28.2亿元。实现建筑业总产值271.8亿元,同比增长16.4%。加大要素保障力度,完成供地273.87公顷,盘活存量用地82.53公顷,新增建设用地181公顷,消化批而未供土地214.33公顷。完成直接融资14.65亿元,发行企业债券10亿元,新引进金融机构3家,存贷款余额分别同比增长10.2%和12.8%。

嵊州市所辖镇乡(街道)基本情况

表70

镇乡(街道)	村委会(个)	区域面积(平方千米)	总人口(人)	耕地面积(公顷)	固定资产投资(万元)	财政总收入(万元)	农民人均可支配收入(元)
甘霖镇	71	156.82	84876	5958.11	136447	17075	20656
崇仁镇	63	175.94	80423	6422.92	78320	9134	18953
长乐镇	47	214.4	66270	4971.2	88000	8493	20579
三界镇	38	158.31	59996	5044.25	166380	9456	19297
黄泽镇	25	97.64	44259	3786.64	115097	12803	19335
三江街道	12	26.88	60350	1911.63	195800	41456	20224
鹿山街道	24	52.49	56812	2282.44	19305	11963	21111
剡湖街道	13	34.36	78658	1172.91	73401	27809	20867
浦口街道(嵊州经济开发区)	33	101.08	35590	2151.74	431809	90020	21326
石璜镇	17	63.87	26069	1811.06	14373	2372	19178
仙岩镇	18	74.53	15524	1402.67	26770	7928	17807
金庭镇	9	74.58	26325	1835.74	12658	1429	15756
谷来镇	20	105.01	25465	864.45	2955	558	14511
北漳镇	13	87.42	17334	1669.75	4050	197	14664
下王镇	19	85.05	13250	1361	1687	210.45	14001
贵门乡	10	60.61	9869	962.35	1880	30.09	13581
里南乡	14	89.42	13200	391.33	1587	15.07	13891
雅璜乡	4	28.37	3695	188.18	2092	34.54	13163
王院乡	4	31.01	5383	374.09	1970	20.16	13273
通源乡	6	42.89	5693	226.94	1752	42.16	13116
竹溪乡	3	28.39	4106	269.74	1415	20.72	12796

【着力改善城乡面貌】 年内,嵊州市调整完善城乡规划会审会议制度,基本实现中心城区规划建设用地控制性规划、中心镇近期建设用地控制性规划和村庄规划全覆盖。城南新区配套市政工程、开发区三塘区块市政配套(二期)工程、高新园区基础设施配套工程扎实推进,南田大桥及接线工程进展顺利,南马路桥工程基本完工,甬金高速嵊州互通建成。完成市区公共自行车系统一期项目建设,慢行系统建设有序推进。深入推进"三改一拆",完成"三改"54.2万平方米、拆违161.2万平方米,上王区块城中村完成拆除。扎实推进"四边三化",上三、甬金高速公路嵊州段两侧高炮广告牌全部拆除,城北入城口、罗小线沿线环境综合治理取得初步成效。积极开展"五水共治",嵊新污水处理厂一期提标工程、4个镇级污水处理设施等项目完成,整治"黑河、臭河、垃圾河"71条,取缔非法砂场33家,完成125个村的农村生活污水治理,新解决3万农村人口饮用水安全问题。大力开展殡葬整治专项行动,拆除违建坟墓1666座,建成生态公墓2.37万穴。加大中心镇培育力度,"六个一"项目完成投资5.5亿元。积极推进美丽乡村建设,落实山区发展项目扶持资金2000万元,通过省森林城市创建验收,3个乡镇成功创建国家级生态乡镇。全面开展农村集体资产股份合作制改革和农房确权登记发证工作,完

成341个村集体资产股份制改革。

【社会事业蓬勃发展】 年内，嵊州市公共财政中用于民生发展的支出为27.9亿元，占公共财政支出的81%。成功举办第十三届嵊州·中国民间越剧节，建成农村文化礼堂31家，送书下乡2.10万册，送电影下乡5073场、送戏下乡231场。加强文化遗产传承保护，崇仁镇获评中国历史文化名镇，目连戏列入第四批国家级非遗名录。加快教育均衡发展，整顿无证幼儿园37所，义务教育标准化学校比例达87.1%，通过全国义务教育发展基本均衡县（市）认定。承办第十五届省运会射箭、散打和拳击比赛，成功创建为省体育强市。新改建乡镇（街道）卫生院7家，完成市属公立医院“药品零差率”改革，被列为全国基层卫生综合改革农村重点联系点。完善创业扶持和就业援助政策，新增各类参保人数5.3万人、城镇就业岗位1.6万个，城乡低保标准分别同比提高10%和20%，建成保障性住房740套。加强和改进流动人口服务管理，推进“天网工程”建设，刑事发案率下降6.24%。加强重点区域火灾等安全生产事故综合防控体系建设，创新特种设备“三五”监管机制，安全生产两项指标连续12年持续下降。

【加强政府自身建设】 年内，嵊州市“三公”经费支出同比下降36.1%，腾退办公用房2.6万平方米。推行政府权力清单制度，削减行政职权事项3156项，深化行政审批制度改革，完善“三集中、三到位”机制，审批时限平均缩减9.6个工作日。推进政府职能转变和机构改革，组建市场监管局。调整嵊州经济开发区管理体制，与浦口街道合署办公。积极推进公共财政预算改革，加强政府性投资项目监管及专项资金审计，开展往来款项清理整顿和“小金库”专项检查。深化国有企业改革，推行企业负责人年薪制。

【104国道嵊州段全线通车】 年内，104国道嵊州段全线通车，该路段全长33.58千米，含特大桥2座、大桥8座、隧道3座、互通立交1处。工程按照一级公路技术标准设计，双向四车道。它的建成将在城市交通分流、城市形象提升以及城市框架进一步拉开等方面起到积极作用。（嵊州市府办提供）

新昌县

【概况】 2014年，新昌县面积为1214平方千米，下辖8个镇、5个乡、3个街道，有415个行政村、13个社区（居委会），总人口43.90万。全年实现生产总值333.77亿元，同比增长8.7%；完成财政总收入46.63亿元，其中公共财政预算收入24.75亿元，分别同比增长10.2%和9.5%；完成固定资产投资132.28亿元，其中工业投资84.54亿元，分别同比增长17.6%和16.3%；社会消费品零售总额125.75亿元，同比增长13.1%；城镇常住居民人均可支配收入40556元，农村常住居民人均可支配收入19802元，分别同比增长9.1%和11.0%。

新昌县所辖镇乡（街道）基本情况

表71

镇乡（街道）	区域面积（平方千米）	村（居）民委员会（个）	总人口（人）	农业人口（人）	农村劳动力资源（人）	公共财政收入（万元）	农民人均纯收入（元）
羽林街道	85	42（1）	43789	37597	26550	—	1919[illegible]
南明街道	46	24（9）	76971	17095	15436	—	18559
七星街道	57	33（2）	50942	26318	35706	—	23239
澄潭镇	43	28（1）	22103	19721	13287	1287	20978
梅渚镇	36	26	18254	16771	10137	1138	23286
镜岭镇	101	35(1)	27654	25949	16561	739	19605
回山镇	62	26	22264	20924	11028	1707	18749
儒岙镇	137	40（1）	38508	34506	22998	5149	21790
大市聚镇	109	30（1）	26341	24631	18603	1800	21785
小将镇	146	24	20609	20086	9511	575	19233
沙溪镇	118	17	14046	13412	7315	1138	20101
城南乡	79	19	22719	21415	11656	2625	17508
东茗乡	48	15	13372	13023	7322	124	19462
双彩乡	34	19	14777	13880	7134	489	16714
新林乡	41	22	13965	13402	6394	160	18283
巧英乡	74	15	12663	12411	5910	646	18353

【规模以上工业总产值增长10.2%】 年内，新昌县规模以上工业总产值达5586.90亿元，同比增长10.2%，再创历史新高。出口总值18.95亿美元，同比增长9.3%。加快“两化”融合，战略性新兴产业提速发展，产值占比提高到41.9%，完成技术改造投资71.62亿元，同比增长27.0%，成功入选省级绿色安全制造信息化试点区。三花控股、万丰奥特入选中国民营企业500强、浙江制造业百强，捷昌驱动成功挂牌“新三板”，35家企业升级为规模以上企业，161家企业转为公司制企业。

【钦寸水库大坝顺利围堰截流】 10月17日，钦寸水库大坝围堰顺利截流，年底上、下游围堰全面完成，标志着水库大坝进入主体填筑阶段、水库进入全面建设期。移民搬迁有序推进，已签订过渡安置协议3338户，腾空验收3330户，动迁协议签订率为86%。县内13个有土安置地包括补征地块的基础工程全部完工；移民建房工作推进顺利，1537户已择地移民宅基地分配全部完成，其中1485户已启动建房。

【通过国家级生态县考核验收】 5月24日，新昌县通过国家级生态县考核验收，森林覆盖率提高到63.8%，成为绍兴市首个通过国家级生态县考核验收的县(市、区)。年内，新昌县公众生态满意度位列绍兴市第一；三江交接断面水质连续第六年被省政府考核为优秀；集中式饮用水源地水质100%达标，县城大气环境优良率超过90%。

【获评全国十大生态产茶县】 年内，新昌县大力推进茶产业生态循环发展，已推广茶叶种植配方施肥面积4667公顷，应用茶园生态杀虫技术667公顷，设立茶园生态用药专柜153个，免费向茶农发放生态培育资料超2万份，被中国茶叶流通协会推选为“2014年度全国十大生态产茶县”之一。全年实现茶叶产值7.7亿元，其中名优茶产值7.5亿元，同比增长13.9%，在宏观经济下行的环境下，大佛龙井和天姥红茶价格均有所上升。

【推行“项目警官制”】 年内，新昌县推行“项目警官制”，即“一个项目一名领导一名警官，项目推进到哪里，警务就跟进到哪里”。全年基层民警每周平均工作时间在60小时以上，设立警务室和执勤点59个，组建培训企业保安队17支270余人，建设社会视频416个，破获案件57起，抓获犯罪嫌疑人42名，为企业追赃1000多万元，三大产业园区刑事发案数同比下降18.3%。

【轴承检测获得国际认可】 年内，新昌县的国家中小型轴承产品质量监督检验中心获得中国合格评定国家认可委员会(CNAS)批准，认可范围覆盖轴承及相关产品、金属材料和机械零部件三大检测领域的170个项目，出具的检测报告得到国际实验室认可合作组织(I-LAC)成员国承认。

【“机器换人”助推转型升级】 年内，新昌县大力实施“机器换人”计划，推进生产自动化，加大工业性投资，推进“两化”深度融合，开展“减员增效”行动，全年完成工业现代化技改投资71.60亿元，占工业投资的84.7%，信息化产业技术指数达到0.978，全员劳动生产率达到19.93万元/人。推进装备智能化，全力抓好省级智能纺织印染装备产业技术创新综合试点，高标准建设4家重点企业研究院，提升发展先进装备制造业，5件产品入选省级装备制造业重点领域首台(套)产品目录，占全省认定数的1/12；推进产业高新化，推进企业自主创新，大力开发新产品，全年100多个新产品通过省级鉴定，新产品产值率达51.1%，规模以上企业支出科技活动经费15.95亿元。

日发精密机械制造有限公司车间(吕德良 摄)

【培育农业生产经营主体】 年内，新昌县通过土地流转、技术改造，引导农业龙头企业做大做强，新增市级农业龙头企业5家，全县市级以上龙头企业达到41家(其中国家级1家、省级5家)，实现销售收入33.1亿元，同比增长8.7%。加大农民专业合作社指导服务力度，新增省级示范性农民专业合作社3家，合作社总数达到477家。加快新型生产经营主体培育，培育茶叶、养殖、花卉苗木等产业新型职业农民250人，注册家庭农场62家。

【扩展电商服务平台】 年内，新昌县深入实施“电商换市”战略，依托该县茶叶(农产品)、工艺品、老字号等特色产品，借助国内著名第三方电子商务平台，全面打造农特产品销售、旅游产品推介为一体的综合性网络服务平台，大力发展电子商务产业，建成中国茶市网等B2C电商服务平台600个，村级电商便民服务网点500多个，全年实现电子商务交易额12.50亿元，同比增长112%。

【获全省五水共治“大禹鼎”】 年内，新昌县清理河道442千米、垃圾4.5万吨，关停搬迁畜禽养殖场158家，35家非法制(洗)砂场被彻底关停34家、限期搬迁1家，成为全市唯一的省级首批“清三河”达标县，河道保洁工作获全省一等奖，镜岭、沙溪、小将三镇跻身“治水美镇·浙江样本”50强名单。城市截污纳管工程加快建设，135个村实施农村生活污水治理，新昌江、澄潭江镜岭段、茅洋江获评绍兴市“最美河道”。加强饮用水源保护，前移建设棣山泵站取水口，梅澄区块实现城乡一体化供水。统筹推进防洪排涝工作，除险加固水库5座，整治山塘32座，改造渠道131千米，扩大灌溉面积1040公顷，获全省“五水共治”工作优秀县“大禹鼎”。

【成为全省唯一的综合性科技体制改革试点县】 年内，新昌县全面实施创新驱动战略，成功承办全省重点企业研究院现场会，组织开展7次大型科技对接活动，建成科技孵化器，科创园区、工业设计院加快建设，新和成、浙江医药跻身“浙江技术创新能力十强企业”名单，新增国家高新技术企业7家，研究与试验发展经费支出占生产总值比例达到3.84%，成为全省唯一的综合性科技体制改革试点县。扎实推进“质量强县”工作，申请专利5003项、发明专利1929项，制修订国家行业标准11个，新增省级以上新产品100个、浙江名牌产品4个、省级以上装备制造首台(套)产品3件，新产品产值率提高到51.08%。合力加强知识产权保护，成功创建省级知识产权示范县。培养和引进各类人才5580人，其中高层次人才305人、海外工程师38人，院士专家工作站、博士后工作站增加到14家。

【“总部经济”完成投资6.1亿元】 年内，新昌县新和成、万丰、京新药业、莱盛等4家企业积极筹建总部大楼，预计投资12.2亿元，已完成投资6.1亿元。其中，新和成总部大楼与研发中心运转良好；万丰广场已基本完工，即将投入使用；京新药业总部大楼项目已报发改部门备案，预计总投资2.8亿元；莱盛总部大楼及动漫创意产业园项目在第五届越商大会上签约，预计总投资3.3亿。

【“三馆”正式开馆】 年内，新昌县档案馆、图书馆、博物馆正式开馆。县档案馆建筑面积15769.6平方米，存有档案117584卷、62906件，另珍藏资料17926册，是一座智慧型现代化档案馆；县图书馆建筑面积6000平方米，总阅览座席375个，总藏书量达到20万册，为国家一级图书馆；县博物馆建筑面积3400平方米，现有藏品1700多件，上起新石器时代下迄近代，集收藏、研究、展示和宣教功能为一体。

【实行县乡两级国库集中支付改革】 年内，新昌县制定出台财政国库集中支付相关工作职责及流程等7大制度，建立完善预算单位、财政部门、国库支付机构、人民银行、代理银行之间相互制衡、相互监督的内部控制体系，规范业务流程，提高财政资金使用效益；全面加强网络信息系统建设，稳固国库集中支付各阶段流程信息平台，整合“数字财政”大一统下的资源和信息，实现信息共享、协同处理和实时监控，178个预算单位全部纳入国库集中支付改革，全年通过零余额账户集中支付资金达18亿元。

【推广“3+X”纠纷调解模式】 年内，新昌县全力推广沙溪镇“3+X”纠纷调解模式。该模式包括村“3+X”纠纷调解庭和镇“3+X”纠纷调解庭，分申请调解和主动调解两种方式。申请调解是由矛盾纠纷双方或一方向村调解主任提出调解申请，村调解主任受理、登记并安排调解；主动调解是村调解主任根据矛盾纠纷情况，主动组建“3+X”纠纷调解庭实行调解，若调解不成，纠纷调解庭将告知双方可以申请镇“3+X”纠纷调解庭再次调解，或者向法院起诉。该模式创立实施一年来，共有调解员约300人，每个村约有20人，当地初信初访办结率和民间纠纷调处成功率均达到100%。该模式已被中央社会管理综合治理委员会办公室编入《矛盾纠纷排查调处经验选集》，向全国推广。

【职业教育就业率连续七年超98%】 年内，新昌县共有中职毕业生1572名，就业学生人数为1562人，其中中级工1244人，本地就业833人。中职学校毕业生就业率达到99.4%，连续七年保持98%以上。

【达利丝绸成APEC会议服装供应商】 8月，新昌县达利丝绸从500多家参与企业中脱颖而出，被确定为2014年亚太经合组织(APEC)领导人服装丝绸面料设计、织造、生产企业。该公司提供的面料融合了中国传统元素与现代丝绸技艺，形成和美绉、天香缎、天丽绸、天娇锦四大系列，纹饰上设计万字纹、回字纹、水波纹、祥云、如意纹等中国传统吉祥纹，全部采用AAAAAA顶级桑蚕真丝，色牢度达到最高指标。(新昌县府办提供)

开发区(产业园区)

绍兴高新技术产业开发区

【概况】 2014年,绍兴高新区根据管理体制调整后的新形势、新任务,落实“重构绍兴产业,重建绍兴水城”决策部署,统筹城乡发展,经济社会呈现良好发展态势。高新区实现税收收入27亿元;实现技工贸总收入577亿元,同比增长9.5%;实现进出口总额25亿美元,同比增长78%,其中出口20.1亿美元,同比增长58%;完成全社会固定资产投资88.5亿元。

【完成战略规划编制】 年内,绍兴高新区管委会按照“科技新城,现代水城”定位,编制完成区域发展战略规划,明确区域空间布局、产业发展、城乡统筹以及重大交通体系。同时,按照近期规划建设需要,完成越东路以西片区控制性详细规划和生态园区东西片区控制性详细规划编制。

【重大项目加快推进】 年内,总投资23亿元的省重点工程迪荡湖项目全面开工建设。西区Ⅰ标环湖堤西南环工程基本完工,Ⅱ标市政工程投资进度超过30%;东区、平江路隧道北段全面启动建设;迪荡新城东拓南延一期市政工程全面完成,二期市政工程启动建设;绍诸高速公路皋埠、富盛连接线建成通车;总建筑面积分别为6万平方米、5万平方米、14万平方米的科创大厦二期项目、老科创园改造项目、文化创意园项目均已动工建设。

平江路隧道建设工地(绍兴高新区提供)

【土地征迁进展顺利】 年内,绍兴高新区新获土地指标79公顷,全年支出土地征用款3.3亿元(含城投转支)、水面收回款8457万元,同时新获省留规划指标46公顷;基本完成迪荡湖区域及迪荡二期项目土地征收工作,湖区内涉东湖镇13.87公顷土地顺利征用,地面附属物处置基本完成,货运东站13.67公顷土地完成收储;全年共征地70公顷;大面积清理生态园区违规用地,累计筹措资金近7000万元,共清退闲置用地64公顷;化解滞留户92户,合计拨付拆迁款近2亿元。

绍兴高新区镇街基本情况

表72

街道(镇)	居(村)民委员会(个)	户籍总人口(万人)	区域面积(平方千米)	农业总产值(万元)	耕地面积(公顷)	粮食总产量(吨)	规上工业总产值(万元)	三产销售额(万元)
稽山街道	34	4.7	8.37	0	0	0	259462	1601730
迪荡街道	11	1.3	7	0	0	0	141793	724509
皋埠镇	39	5.3	59.5	11493.5	2854.04	16692	540426	57617
东湖镇	20	4.6	30.5	621544	1178.06	7942	226641	45276
陶堰镇	12	2.37	31.5	8641	1124.13	15286	252053	70411
富盛镇	15	2.35	79.77	10639	1326.66	15146	76727	116

【迪荡新城更加繁荣】 年内，世茂广场商业日趋繁荣，高峰期日均顾客流量在10万人次以上；迪荡新城核心区全年新入驻商贸企业100余家，总数已达1600家，包括餐饮、住宿、零售在内的商贸服务业实现销售收入超过30亿元；黄金时代、天元大厦等商务楼项目基本建成，迪荡二期三个地块土地顺利出让；梅龙湖公园全部建成并投入运行；迪荡二期东拓项目的市政工程全面启动建设。

迪荡新城梅龙湖区块夜景(绍兴高新区提供)

【现代服务业加速发展】 年内，绍兴高新区文化创意、服务外包、金融服务等特色现代服务业迅速发展，区内文化创意企业特立宙公司制作的《少年师爷之智慧快乐侠》获国家广电总局全国优秀国产动画片一等奖，作品已出口欧洲；兔兔动漫公司的作品《兔兔》第一季52集已与韩国KBS电视台等签订播出协议；南加大研究院已完成3部2D转3D影视制作业务，2014年营业收入超过3000万元。引进服务外包企业10家，总数已达71家，全年实现离岸执行额2302万美元，占市区总量的70%；汇联贵金属交易市场成为全省首个正式获批的贵金属网上交易平台，交易量稳居全国前三，全年实现营业收入8297万元。此外，高新区内已汇聚银行、保险、信贷等金融服务机构22家，其中分行级10家。

【高新产业集聚成效明显】 年内，绍兴高新区新引进高新技术项目10个，引进国家千人计划项目2个，省千人计划项目5个，市“330”项目3个；国家火炬计划、星火计划项目立项4个，国家创新基金项目立项3个，国家重点新产品计划项目立项2个，市级科技计划立项20个，开展院校合作项目13个。高新区健康装备及医用新材料特色产业基地被科技部认定为国家火炬计划特色产业基地，国家现代服务业电子商务产业化基地已获科技部认定。

【完成“五水共治”和“三改一拆”工作】 年内，绍兴高新区累计拆除违章建设19.5万平方米；则水牌区域三村两居3661户、70余万平方米城中村改造已完成丈量调查和规划设计工作，一期安置房工程即将开工建设；米行街搬迁已公布安置补偿方案，并基本完成入户评估，鲁迅路、五泄路安置房等启动建设；开展面源污水治理，投资3400万元，区内148条“垃圾河”、28条“黑臭河”已全部完成整治；投资5840万元，完成11个村、4885户的农村生活污水治理；完成东升苑等7个小区雨污分流改造工程；推进印染产业转型升级，圣荣纺织印染和皋埠染整已完成污水和废气设施设备改造，涉及关停的5家企业完成评估，“退二优二”工作基本完成。

【招商引资成果丰硕】 年内，绍兴高新区引进总投资超十亿元项目4个。总投资30亿元的东软世茂熙康城项目签约落户，并争取到了省重大产业项目奖励土地指标13公顷；总投资10亿元的乾润开元环保科技项目已落实厂房并开始设备安装；总投资10亿元的明峰医疗项目落户；总投资30亿元的浙江绍弘环境科技有限公司“绿色可再生资源利用”项目已经签订协议并完成工商注册。(绍兴高新区提供)

袍江经济技术开发区

【概况】 2014年，袍江经济技术开发区实现规模以上工业总产值770.3亿元，同比增长6.1%；实现主营业务收入768.1亿元，同比增长6.2%。完成固定资产投资150.2亿元，同比增长7.8%，其中工业投资完成100.1亿元。工业利税稳步增长，全年实现利税总额48.3亿元，同比增长2.64%，其中利润总额30.9亿元，同比增长7.1%。

袍江经济技术开发区所辖各镇基本情况

表73

镇	村(居)民委员会(个)	总人口(人)	区域面积(平方千米)	耕地面积(公顷)	粮食产量(吨)	工业产值(万元)	财政收入(万元)	农民人均纯收入(元)
斗门镇	43	52974	42	415	4860	5495368	73204	12127
马山镇	45	52917	44	1017	11446	222570	71996	15162
孙端镇	17	39344	31.28	30.42	15326	186180	9897.8	17045

【战略性新兴产业产值增长9%】 年内，袍江经济技术开发区签约战略性新兴产业项目25个。实到外资6808万美元；引进越商回归资金15亿元。全区共列入机器换人技术改造项目20个，"双百双千"项目13个，省重大产业项目6个，确定战略性新兴产业项目32个。实现战略性新兴产业产值249.6亿元，同比增长9%，占工业总产值的32.4%。有序推进"四院一中心"创新平台建设，袍江科创中心被科技部认定为国家级科技企业孵化器。全年完成新产品产值207.8亿元，同比增长13.6%。淘汰并关停拆除落后化纤生产线两条、印染布生产设备（产能10315万米）和制革生产线1条（年产2万标张生皮），关停注销中小企业35家，节约标准煤60091吨。

【限额以上批发零售额完成165.8亿元】 年内，袍江经济技术开发区实现限额以上批发零售额165.8亿元，同比增长4.7%。汽车城销售汽车6.17万辆，实现销售额142.1亿元，实现汽车售后维修产值8.6亿元，新开工建设汽车4S店3家，新引进汽车业态项目3个。益泉商贸综合体对世纪街商圈人气集聚的示范带动作用逐步显现，大润发商贸综合体顺利营业，计划投资3亿元的嘉凯城袍江城市客厅商贸综合体项目成功摘牌，袍江新天地特色商业街初具规模。全年完成房地产投资29.5亿元，同比增长12.1%，成交住宅商品房1334套，成交面积16.2万平方米。

【城市建设基础配套持续完善】 年内，袍江经济技术开发区城市建设基础配套持续完善。"两湖"道路及一期景观工程完成85%以上，二期工程动工。袍江人才公寓、三江路维修及绿化改造、新三江疏浚配套（一期）、马海区域污水管网改造等工程全面完成，马山镇中、中冶梧桐园幼儿园、名城阳光园幼儿园交付使用，文化体育广场竣工开放，袍江医院一期工程基本完工。开发区管委会斥资2500万元，全面改造道路安全智能化监控系统。

【实施房屋征收市场化安置政策】 年内，袍江经济技术开发区实施房屋征收市场化安置政策，全年城中村改造签约46万平方米，市场化安置率达54%。至年末，货币化安置户交付定金或实际成交商品住宅891套，取得了政府、拆迁户、房产商共赢的良好效果。开发区新动工建设安置房27.8万平方米，分配安置房13.8万平方米。

【全面推进"三改一拆"和"五水共治"】 年内，袍江经济技术开发区强势推进"三改一拆"，拆除各类违法建筑（构筑物）23.59万平方米，拆除高速沿线违法"炮台"广告187座。全面推进"五水共治"和文明城市创建工作，完成45条垃圾河和8条黑臭河治理，清淤47.7万立方米。完成13个行政村生活污水治理，接管改造受益农户3702户，拆除关停禁养区畜禽养殖场（户）181家，禁养区水面清养251公顷。

【开展扫黄禁赌和打黑除恶专项行动】 年内，袍江经济技术开发区坚持严打严管方针，组织开展扫黄禁赌、打黑除恶等专项行动及社会治安大巡逻，先后破获各类刑事案件208起，查处治安案件1606起，登记流动人口14.33万人。启动280个点位、300只治安视频监控探头建设。健全完善信访信息预警机制，切实强化重点信访信息摸排，依法打击"非访"行为。

【推进安全生产标准化建设】 年内，袍江经济技术开发区全面推进安全生产标准化建设，全年评审通过企业56家，累计排查企业1095家次，发现并整改各类安全隐患4964处，整改率达97.18%。

【立案查处环境违法企业52家次】 年内，市环保部门联合袍江经济技术开发区管委会生态办立案查处开发区内环境违法企业52家次，罚款287.14万元；责令237家次企业限期整改，取缔4家小作坊，责令12家次企业停产整顿。完成马海区域沿线14家主要排污企业厂区内污水管网架空改造，封堵55家排污企业的清下水排放口。开展印染、化工、造纸、制革等四大行业的专项整治行动，整治提升印染、化工企业56家。

【"浙江医药"主导制定的两项国标实施】 6月初，由浙江医药股份有限公司维生素厂为主制定的《维生素E dl-α-生育酚》《维生素A棕榈酸酯》两项国家标准正式实施。2011年年底，原浙江医药维生素厂向卫生部提交了国标立项申请，并于2012年成功立项。

【新建纺织率先通过能源管理体系认证】 6月初，浙江新建纺织有限公司通过能源管理体系（GB/T 23331—2012）认证，成为全市首家获得能源管理体系认证的企业。

浙江新建纺织有限公司（袍江开发区提供）

【中国安防城启动国际合作伙伴非洲站项目】 6月20日，中国安防城与南非Transnet国营运输公司及其独家授权代表公司Corex（PTY）LTD签约，就成立中非合资公司、国际馆样板间计划、大型政府系统采购项目、中国安防城南非采购中心等重要战略项目签署一揽子合作协议，Transnet国营运输公司还计划组织南非公共安全产业领域的龙头企业入驻安防城。

【袍江人才公寓通过竣工验收】 1月17日，袍江经济技术开发区人才公寓通过竣工验收。该工程位于育贤路与越王路交叉口，由开发区管委会投资建设，包含4幢16~19层建筑物，总建筑面积47523平方米(其中地下室3711平方米)，共计738套公寓。该项目于2011年9月开工建设。

袍江人才公寓(袍江开发区提供)

【绍兴市印染行业商会在袍江成立】 4月16日，绍兴市印染行业商会在袍江成立，市本级44家印染企业成为首批会员。该商会重在建立行业自律机制，旨在规范行业行为，促进公平竞争，并将协助职能部门推进国家行业标准和地方标准的制定和实施，开展相应的经济、技术、管理、融资、法律等方面的培训、研讨和业务讲座，组织对内对外交流，推进会员单位的科技进步、节能减排和降耗增效。

绍兴市印染行业商会成立(袍江开发区提供)

【新型机械插秧技术试验成功】 3月，散秧机插(无盘育秧)技术在袍江经济技术开发区试验成功。该技术是由市农业局农技总站首席专家、推广研究员王锡金领衔的《水稻规格化壮秧培育及散秧机插技术开发应用》课题研究的最新成果，系在全市首次试验应用。采用该项技术插秧具有返青快、有效分蘖多、成穗率高和节省成本等优点。

【斗门镇启动政策性农村住房保险】 年内，袍江经济技术开发区所辖斗门镇启动政策性农村住房保险工作。斗门镇拨付2.2万余元为镇域范围内7500余户家庭的在册农村住房购买保险。在保险期内，如果房屋遭受自然灾害或意外事故，保险人按照合同约定负责赔偿。每户房屋保险金额为2.25万元，其中每间房屋金额为0.45万元。

【绍兴协同医学检验中心落户袍江】 9月，绍兴协同医学检验中心与袍江医院签订了共建协议。该中心系浙江大学"感染性疾病诊治协同创新中心"在绍兴的首个产业化项目，已经与160余所各级医院建立了合作关系。中心规划面积3500平方米，总投资3000万元，计划2015年完成建设和临床资格认证。该中心的建成将填补绍兴市医院检验市场的空白。

【全省首创4S店自助办税机缴税】 年内，市国税局车辆购置税征收管理分局(袍江)为方便纳税人缴纳车购税，提升征管工作效率，在全省率先使用汽车4S店自助办税机代办缴税服务。近年来，袍江汽车城汽车销售量快速增长，车购税业务井喷，办税大厅日均受理新车申报业务突破200辆，税收收入也由2009年的2.02亿元增加到2013年的6.60亿元，年均增长率为34.5%。(戚朱滢)

绍兴柯桥经济开发区

【概况】 2014年，柯桥经济开发区完成规模以上工业总产值475亿元；公共财政预算收入7.28亿元，同比增长9.2%；国税收入7.58亿元，同比增长2.5%；工业投入41.34亿元，规模以上工业增加值63.56亿元，分别同比增长18%和3%；新产品产值129.8亿元，高端装备制造业增加值10.8亿元，分别同比增长25.5%和3.9%；自营出口10.45亿美元；实到外资5225万美元；省外到位资金7.47亿元；农民人均收入21520.5元，同比增长10%。年内，柯桥经济开发区引育新落户的市"330海外英才计划"2人、国家"千人计划"1人，新入选省"千人计划"1人。积极开展企业投资项目"不再审批"试点，共有9个项目进入流程，总投资30.2亿元。

【全社会固定资产投资增长19%】 年内，柯桥经济开发区坚持以项目建设为抓手，扩大有效投资，全年完成全社会固定资产投资53.57亿元，同比增长19%。青旅项目加快推进，一期入口广场进场动工，上方山东侧地块、湖畲地块拆迁及一期用地征地顺利完成，公墓建设初步确定，羊山生态城、石城花园一期项目和上方山大道东段完成整体规划和方案设计，精工项目进场动工。全年完成银行融资23亿元，成功发行企业债券8亿元。

【企业技改投入增长35%】 年内，柯桥经济开发区鼓励企业"机器换人"，完成"个转企"43家、"下升上"17家，大力开展低效利用土地"二次开发"，盘活低效闲置土地8.47公顷。全年完成企业技改投入35.2亿元，同比增长35%。

【完成限上服务业增加值10.25亿元】 年内，柯桥经济开发区围绕“商贸旺区”发展战略，加快发展柯北贸易中心、汽车城和电商园区，新建金徕旺电商产业园（一期），建成宝利国际大厦。全年完成限上服务业增加值10.25亿元。

【新增高新技术企业36家】 年内，柯桥经济开发区新增高新技术企业36家。其中国家重点扶持高新技术企业2家、省科技型企业17家、市级高新技术企业17家。新增中国驰名商标1个、省级名牌2个。新申报省级以上科技项目2个，其中华绣科技纳米银项目列为科技部国家创新基金项目。15个产品列入省级新产品试制计划，4家企业成功申报市级研发中心，获授权专利500余项，其中发明专利15项。科技创新步伐加快，科技园二期项目主体已完工，广告创意园项目获得柯桥区政府批复。

【“雅德居”创建为全国首个窗类部品住宅产业化基地】 年内，位于柯桥经济开发区的浙江雅德居节能环保门窗有限公司的节能环保门窗成功创建全国首个窗类部品国家住宅产业化基地。该公司入选住建部国家保障房建设节能环保门窗采购企业目录。

【招商选资完成摘牌项目5个】 年内，柯桥经济开发区通过推介会、以商招商等渠道，引进一批大项目、好项目，全年完成摘牌项目5个，其中亿元以上项目3个。（柯桥经济开发区提供）

杭州湾上虞经济技术开发区

【概况】 2014年，杭州湾上虞经济技术开发区内有落户企业200余家，累计引进投资700亿元，引进国内外上市公司15家，其中世界500强企业3家。实现工业总产值850亿元，当年新增产值150亿元，同比增长21.4%；实现税收22.7亿元，同比增长21.3%；自营出口10.3亿美元，合同外资1.31亿美元，实到外资8091万美元、内资35亿元；完成工业性投入143.2亿元，同比增长18.2%。开发区已完成开发建设40余平方千米，其中建成区面积21平方千米。重抓原有精细化工及生物医药产业的改造提升，原则上不再引进化工企业。先进制造业产业区面积16.7平方千米，主要由东一区和东二区组成，重点引进和培育汽车及汽车零部件、高端装备制造、绿色电子电器、新能源新材料等产业，东一区已有落户企业37家，东二区引进项目38个，总投资226.4亿元。东三区主要依托上虞新港和嘉绍高速公路，重点发展现代物流、仓储及临港制造产业，规划建设面积6.6平方千米。滨海新城，紧邻嘉绍跨江大桥，主要发展科技研发、金融贸易、教育培训、休闲旅游、城市服务等产业，规划建设面积31.5平方千米。

位于东二区的日欣科技园（杭州湾上虞开发区提供）

【产值超亿元企业达到110家】 年内，杭州湾上虞经济技术开发区内重点骨干企业经济效益继续保持稳步增长势头，中小企业依托科技创新实现快速发展。全年新增产值超亿元以上企业10家，总数达到110家，其中龙盛工业园产值超90亿元，闰土股份、宏达冶炼产值分别超30亿元，长贵金属、绿科安化学、自立氧化铝、新益智控等企业当年投产即实现产值超亿元。超过1/3的企业税收增幅在50%以上，有41家企业税收超千万元，35家企业入上虞区税收百强榜。

【招商选资完成“1555”目标】 年内，杭州湾上虞经济技术开发区制订分园、产业、区域既有分工又有合作的招商思路，实施招商选资路线图计划，顺利完成年初预定的1个超50亿元项目、5个上海地区项目、5个日资企业项目、5个汽车零部件项目的招商选资“1555”目标。其中，新和成公司投资53亿元的新材料产业园一期项目已启动规划建设；投资超过50亿元的日本产业园，一期3万余平方米厂房完成建设，5家日资企业签约入驻；长安民生物流、DHL等5个项目落户汽车零部件产业园区；上海地区5个项目签约落户。

【引进多个大型三产项目】 年内，杭州湾上虞经济技术开发区与中国城镇建设基金签订200亿元“前岸”金融科技城项目合作协议；浙江理工大学科艺学院项目正式签约落户；杭州湾海上花田旅游度假区综合服务中心主体结构结顶；引进新加坡七彩小镇公司投资5亿元的婚庆主题项目；滨海驾校建成投用，已接待驾驶培训人员近5万人次；滨海龙盛大厦主体结构结顶。

杭州湾海上花田项目（杭州湾上虞开发区提供）

【环境整治投入8.6亿元】 年内，杭州湾上虞经济技术开发区实施开发区与企业两级投入的方针，狠抓环保整治，共投入资金8.6亿元。亚东冶炼、洪翔化工、林江化工、劲光化工等4家企业重建或新建生产车间；改造200多套“三废”处理设施，6家低效重污染企业完成退出认定。建设企业清下水智能化系统，29家企业累计投入资金350万元，在清下水排放口配套建设智能监控设施，无雨天关闭阀门，在降雨量较大时快速打开阀门，并自动同步启动采样装置，监控清下水口外排水质，监控企业在夜间及其他特殊时段利用清下水偷排、漏排污水行为，实现人工监管向智能化监管转变，开发区主要河道COD浓度实现同比下降。

【安全生产总体保持平稳态势】 年内，开发区建立了安全生产的企业自查定期上报、安检人员日常督查、联合安全生产检查、定期专项检查整治等隐患排查长效机制，全年排查各类隐患1028条，整改率达到100%。强制淘汰95台特种设备，完善升级41家企业81个重点监管工艺及45家企业224个重点监管危化品重点罐区自动化安全控制系统，组织各类培训5793人次。第二批20家安全生产规范化建设企业全部通过审核验收；龙盛、闰土等企业建成有毒气体防护站，提升了应对开发区有毒有害物质泄漏的紧急处置能力。(邵春凤)

滨海新城

【概况】 2014年，绍兴滨海新城(江滨区)完成国地税收入3.32亿元；完成规模以上工业产值49.31亿元，同比增长33.1%，企业销售收入47.10亿元，同比增长32.3%；完成固定资产投资81亿元，其中基础设施投入23.83亿元，工业性投入42.66亿元；完成自营出口1.76亿美元，同比增长109.8%。4月18日，省科技厅、省发改委批复同意滨海新城内的绍兴现代医药高新园区创建省级高新园区，该园区成为浙江省发展生命健康产业的两个重点高新园区之一。

滨海新城(江滨区)所辖沥海镇基本情况

表74

镇	村(居)民委员会(个)	总人口(人)	区域面积(平方千米)	耕地面积(公顷)	粮食产量(吨)	工业产值(万元)	农业产值(万元)	财政收入(万元)	农民人均纯收入(元)
沥海镇	24个(22个行政村，2个居委会)	59071	57	3033	15712	565400	45580	32191	22002

【浙江医药总部入驻滨海新城(江滨区)】 年内，滨海新城(江滨区)管委会以开展“招商选资突破年”为抓手，成立3个专业招商局，主攻生命健康、交通装备、现代服务三大主导产业，签约引进了一批优质项目，总投资173亿元。其中：浙江医药总部项目注册资本9.36亿元；昶洧电动汽车项目，用地33.33公顷，投资53亿元，由台湾上市公司昶洧公司投资建设；歌礼生物制药项目，将在新城投资3600万美元，生产国家1.1类抗丙肝病毒新药；游艇产业基地项目，用地30公顷，投资20亿元，由国内顶级游艇制造商大连隆翔松辽游艇公司投资建设游艇生产基地、总部基地和游艇码头；普洛斯环普产业园项目，用地92公顷，投资50亿元，主要发展高端装备制造、生物医药、汽车及零部件和电子信息等产业。

【举办曹娥江国际游艇展】 5月31日至6月2日，2014年中国(绍兴)曹娥江国际游艇展在滨海新城曹娥江大闸风景区举办。展会期间，大连隆翔松辽游艇有限公司的游艇产业园项目签约落户滨海新城，国内外72家企业进行游艇展销，并举办了游艇经济论坛等活动。

【启动人事和分配管理制度改革】 7月9日，滨海新城(江滨区)管委会召开人事和分配管理制度改革动员大会，在市直开发区中率先开展改革试点。通过建立职能整合、服务高效的运行机制，绩效考核、优绩优薪的分配机制，职级能上能下、人员能进能出的用人机制，形成了让“想干事、能干事、干成事的干部有成就感，让不出力、不出绩的干部职工有危机感”的改革导向，进一步激发了干部职工队伍活力。

【实行目录外企业投资项目不再审批改革】 年内，滨海新城(江滨区)实行核准目录外企业投资项目不再审批改革试点，以负面清单制、企业依法承诺制、备案制和事后监管制等为主要内容，配套实施项目准入标准、自主选择中介机构的依规标准和“负面清单”等10项制度，规划、环保、建设、消防、气象、电力、水务等专项审批均改为备案制，变“先批后建”为“先建后验”。该项改革使项目审批时间平均缩短50%。同时，对核准目录内项目实行高效并联审批，实行“一对一”全程代理服务，营造“项目至上、客商至上”的优质服务环境。

【进一步改善投资环境】 年内，滨海新城(江滨区)完成基础设施投资23.8亿元，世纪大桥和展望大桥竣工；连接绍兴高铁北站和滨海新城的绍兴快速公交(BRT)5号线投入运行；展望大道进入桥梁、路基全线施工阶段；科创园、投资服务中心建成投用；产业区邻里中心、国家级检测试验基地加快推进。省食品药品行政审批受理绍兴分中心、省药品化妆品审评中心绍兴分中心和省食品药品检验研究院药物安全评价中心正式挂牌成立。国家金库绍兴滨海新城支库获批设立。

【启动教育质量提升工程】 年内，滨海新城（江滨区）管委会围绕“三年达到上虞城区先进水平、五年达到绍兴市区先进水平、十年树立优质教育品牌”目标，出台《绍兴滨海新城教育质量提升工程（2014—2018年）实施方案》，按省一级标准新建滨海幼儿园，引进了浙江邮电职业技术学院，正式启动实施名师、名校长引进工作。（滨海新城提供）

滨海工业区

【概况】 2014年，滨海工业区（马鞍镇）实现地区生产总值139亿元，同比增长7%；财政总收入18.4亿元，同比增长10.1%，其中公共财政预算收入9亿元，同比增长7.9%，国税收入12.2亿元，同比增长11.8%；工业销售收入886亿元，同比增长3.4%，工业投资112亿元，同比增长10.4%；自营出口8.9亿美元，同比增长1.3%。综合实力列2014年中国建制镇第85位。

【完成固定资产投资124亿元】 年内，滨海工业区完成固定资产投资124亿元，同比增长12.4%。实施工业项目263个，其中预算投资亿元以上项目32个，完成工业投资112亿元，同比增长10.4%；完成服务业投资（房地产除外）12亿元，同比增长35.1%，商贸三产项目投资3.1亿元；完成现代农业项目5个，投资1280万元。

【招商选资签约7个项目】 年内，滨海工业区招商选资签约7个项目，总投资8亿元，其中亿元以上项目3个。另有6个亿元以上项目（其中5亿元以上项目3个）尚在洽谈。引进省外“浙商回归”资金16.5亿元，同比增长8%，实到外资1.1亿美元，同比增长9.1%。

【入选国家级循环化改造示范试点园区】 6月，滨海工业区被国家发改委和财政部列为国家循环化改造示范试点园区。工业区将通过5年（2014—2018年）改造，实现企业小循环、园区中循环和社会大循环，着力打造全国绿色印染基地。为此，计划实施项目122个，总投资230.8亿元，其中列入中央财政支持项目58个，投资总额38.5亿元。

【投入5亿元完善配套设施】 年内，滨海工业区全面实施滨海文化公园、公交客运站、中心幼儿园、成教中心、4个安置小区（B1、B3、B4、B5）、印染集聚区配套设施（路桥、农贸市场、职工公寓、幼儿园）等27个政府投资项目，累计投入资金5亿元。

【13个印染集聚项目投产】 年内，滨海工业区积极实施印染企业集聚提升工程。已签约搬迁滨海的96家印染企业，整合成82个项目，其中，52家42个项目已落户滨海，其中13个项目已投产，10个项目尚在进行设备选型和安装，其余19个项目仍在加紧建设。集聚区生产配套设施“水、电、汽（气）”工程进展较快。供水能力为4万吨/日的小舜江滨海支线、日处理能力为20万吨的污水集中预处理工程、总功率达30万千瓦的滨海热电一期项目、龙德环保污泥焚烧发电一期工程均已投入运行，可按企业投产进度进行配套，昆仑公司临时天然气管道和新二天然气调压站即将具备通气条件，近江、兴滨、滨北3家变电站也同步跟进，印染集聚效应初显。

【“五水共治”投入资金2000余万元】 年内，滨海工业区对区域内105条河道实行一图一河一策一人一档“五个一”的“河长”负责制，清理淤泥5.7万立方米，清理沉船156只，永久性封堵排污口122处，拆除拦河坝16条，清理河面垃圾7.4万吨，完成了对12条垃圾河和6条黑臭河的整治。

【“三改一拆”拆违18.7万平方米】 年内，滨海工业区拆违18.7万平方米，其中拆除柯海线道路两侧违法建筑5万平方米，滨海大河、曹娥江、马鞍直江等三大河流两岸违法建筑3.4万平方米，清除柯海线、杭甬高速两侧广告牌38块，平毁马鞍山寿坟74穴，整治旧坟87穴。经全面摸排和现场复核，列入整治企业190家，其中97家被关停，93家完成整治提升。（滨海工业区提供）

上虞经济技术开发区

【概况】 2014年，上虞经济技术开发区（曹娥街道）地域面积59.5平方千米（含拓展区14.5平方千米）。辖18个居委村，10个居民社区，9个行政村，8个托管村，有常住人口6.77万，流动人口5.5万人。开发区98家规模以上企业实现工业产值553.84亿元，同比增长13.35%；实现利润45.91亿元，同比增长30.78%；完成工业性投入32.4亿元，同比增长25%。机电装备、轻纺、绿色照明、汽车零部件和新材料新能源等五大主导行业生产总值继续占据半壁江山。上缴国税和地税11.26亿元，同比增长22.46%；第三产业完成投资4.2亿元，实现营业额40.75亿元，同比增长49.32%。

【实到外资增加一倍多】 年内，上虞经济开发区继续实行“产城融合”的招商选资思路，从工业项目招商向三产项目招商转变。全年引进合同外资13092万美元，实到外资7583.2万美元，分别同比增长58.67%和103.53%；引进内资7.84亿元，与2013年基本持平；引进越商回归资金10.1亿元，同比增长10.99%；完成越商回归税源5449万元。

【新兴产业投资增长46.32%】 年内，上虞经济开发区实现高新技术产业增加值215亿元，开发区内高效节能机电产业基地被评为“浙江外商投资新兴产业示范基地”。新实施工业项目61个，总投资42.62亿元；14个区级重点项目完成投资6.6亿元，其中新兴产业完成投资20.17亿元，同比增长46.32%，设备投资19.86亿元，占比63.72%。23个政府投资项目中，开工建设21项，完成投资4.23亿元。

【加快推进新城区基础设施建设】 年内，上虞经济开发区以滨江新城建设为重点，适度调整土地利用总体规划，加快推进新城区“四横五纵”路网建设，完成五星路、嘉禾路、滨江路(鸿雁—三环)等道路路面工程，共投入资金3500万元。同时，着力解除城市内涝，改造积水点5处，开挖河道2.5千米，新建雨水泵站1座，改造污水泵站1座。西湖河道整治二期工程完工，白米堰河道完成疏浚，天打池截污工程建成投用。

【征地拆迁签约8.65万平方米】 年内，上虞经济开发区按照不违背民意、不与民争利、不影响和谐的城市改造和征迁原则，做好征迁交地工作，全年共拆迁签约企业16家、农户63户，签约面积8.65万平方米，拆除旧房4.9万平方米。完成104国道门户靓化、人民西路拓宽；完成菜鸟、浙大网新、新华定制、余坤国际、外滩一号、青瓷文化创意园等建设项目用地交割，配合崧厦镇完成拓展区土地预征186.67公顷。

【开展环境整治工作】 年内，上虞经济开发区大力实施“五水共治”“三河整治”“三改一拆”和“一户多宅”等环境整治工作，不断改善城乡面貌。区域内62千米的河道全部落实“河长制”，3条区级河道和6条垃圾河全部完成清淤，并建立长效保洁机制；砌磡河岸8.76千米，总投资1929.56万元。拆除禁养区域内的畜禽养殖场16家；第一批5个农村生活污水治理村已全部进场施工，其中外五甲村整治工程基本完工；对辖区内的15家轧砂、轧石经营场地进行联合执法专项整治；强势推进控违拆违，以“六先拆”为重点开展“一户多宅”整治，全年拆除违法建筑1612处，面积11.04万平方米。

【运河大桥建成通车】 12月，上虞经济开发区境内横跨萧甬运河西湖段的运河大桥建成通车。该桥全长720米，宽40.5米，总投资1.43亿元，2012年8月动工建设，是上虞经济开发区连接拓展区的重要交通干道，为开发区向西拓展提供基础保障。

【完成25个村的农村股份制改造】 年内，上虞经济开发区在试点的基础上，完成25个村的农村集体资产股份制改造，对农村集体资金、资产、资源进行统一评估，按政策要求核实人口股和农龄股进行股权登记，共有股民3.21万人，总股金达2.03亿余元。

【公共文化服务中心建成启用】 3月，投资近千万元，建筑面积2500平方米的上虞经济开发区（曹娥街道)公共文化服务中心建成并投入使用。中心集娱乐、培训、阅览于一体，有健身、活动房150平方米，培训厅250平方米，阅览室150平方米，藏书1.2万册，配备电脑10台。(上虞经济开发区提供)

诸暨经济开发区

【概况】 2014年，诸暨经济开发区围绕“五水共治”、“三改一拆”、环境整治、项目建设、招商引资等重点工作，积极推动产业集聚、转型发展，全年完成固定资产投资114.5亿元，同比增长11.38%。工业性投入81.42亿元，同比增长4.86%。千万元以上商贸服务业投入25.12亿元。全年自营出口97840万美元，同比增长8.22%。

鸟瞰诸暨经济开发区(诸暨经济开发区提供)

【引进市外境内新项目14个】 年内，诸暨经济开发区建立健全市级经济部门、重点镇街、各级联谊会信息共享机制，以市外资金为重点，主攻央企、国企、强企，加速产业集聚升级。全年引进市外境内新项目14个，其中工业项目5个，商贸服务业项目9个，注册资金84500万元，实到72000万元，其中工业注册资金实到37500万元，商贸服务业实到34500万元。杭州电子商务园、普洛斯物流基地、中节能环保产业园等项目已签约落地。

【完善机制抓项目】 年内，诸暨经济开发区落实《重大产业项目市领导包干推进机制》，以新兴产业集聚区、张四里区块、物流园区三大平台建设为重点加大开发力度。深化全程代办制度;平行推进土地报批、拆迁及政策处理、基础配套、企业先行加入前期工作等四条主线;定时定责化解25个征地拆迁遗留问题;全力加快项目落地开工。全年完成500万元以上工业性投资81.42亿元，同比增长4.86%；购买设备抵扣国税8035万元，同比增长4.87%。

【推进治水管网整治】 年内，诸暨经济开发区以治水为突破口，落实“河长制”，同步推进管网建设、暗渠清淤、截污引水、景观改造。在加速友谊渠景观一期改造工程等项目建设的同时，铺设道路管道10.9千米、截污管道1.2千米，检测疏通污水管道59.92千米，清淤8.8千米，建设泵站3个，完成引水工程2个。

【从严治理改善环境】 年内，诸暨经济开发区投入500万元扩建火车站社会停车场，改造站内附属建筑立面；清理绿化带内种植蔬菜、乱堆放3000余平方米；砌筑土方、沙石等堆放场围墙近1万米，种植绿化15万平方米；查处城中村违章建设565处，拆除413处，拆除面积共计67807.32平方米。落实抛洒滴漏准运保洁保证金制度，督促施工场地在进口和出口设置清洗设备，夜间常态化执法巡查。扣查违法工程车辆49辆次，查处乱倾倒建筑废弃渣土17起。

【加快实施产城融合战略】 年内，诸暨经济开发区以产城融合为目标，不断完善配套设施，全力完善民生环境。重点建设新兴产业集聚区、张四里、大侣片等路网配套，新建道路6.15千米；汽车城广场、新亭埠码头、科创中心一期等项目有序推进。全年完成安置房投资5.91亿元，跨湖安置小区项目代建回购方案正在落实，安置小区全面开工，大云头安置小区主体结顶，银泰安置小区通过竣工验收。全年新开工5000万元以上商贸项目12个，建成16幢企业总部大楼，大力引进省工业设计基地等项目。诸暨汽车城已集聚中高档品牌汽车4S店20家，恒龙国际汽配城及润达二手车市场一期项目建成开业，福特、雷克萨斯4S店尚在建设，英菲尼迪4S店签约落地。（诸暨经济开发区提供）

浙江诸暨珍珠产业园区

【概况】 浙江诸暨珍珠产业园区是浙江省22个循环经济试点园区之一。2014年，园区规划面积11.46平方千米，有入园企业106家。完成工业产值89亿元，完成销售额85亿元。有上市企业一家，中国名牌3个、中国驰名商标4个，珠宝行业驰名品牌6个，省级名牌产品8个，省级著名商标8个，原产地标记产品3个。大力建设珍珠创意文化产业园，搭建创意设计平台，提升珍珠文化附加值。首次举办"520网络珍珠文化节"，加快发展以微店为主体、智慧市场为目标的华东国际珠宝城市场内电商集聚区。

【提升珍珠产品附加值】 年内，浙江诸暨珍珠产业园区加大产品引进、开发、推广力度，大力发展以药品、保健品、化妆品等高附加值产品为主的深加工产业，"青春宝"等知名企业即将投产。同时，园区还发展以贵金属、半宝石等珠宝首饰配件为主的配套产业，丰富和拓展珍珠产业链。（诸暨珍珠产业园区提供）

嵊州经济开发区

【概况】 2014年，嵊州经济开发区（浦口街道）实现规模以上企业工业总产值344.37亿元，同比增长12.04%；实现规模以上工业税收12.62亿元，同比增长10.31%。完成工业性投资106.73亿元，同比增长16.39%。实现自营出口15.27亿美元，同比增长4.23%。完成浙（嵊）商回归项目投资6.93亿元，完成市外境内投资7.4亿元。

【开发区与浦口街道合署办公】 3月，根据嵊州市委、市政府的部署，原嵊州经济开发区管委会和浦口街道办事处合署办公，统称嵊州市经济开发区（浦口街道）管理委员会，实行两块牌子、一套班子，统一管理，集中办公，形成了"四办、五片、五局、三中心"的组织格局。合并后的开发区面积达到98.72平方千米，常住人口约6万，经济总量约占嵊州市的60%，下辖新明、三塘、浦东、浦西、四明5个工作片，33个行政村（社区），1个居民社区，1个居委会。

【工业投资大幅增长】 全年，嵊州经济开发区完成工业性投资106.73亿元，同比增长16.39%。在建厂房面积为92.7万平方米，同比增长3.9%。25个亿元以上重大项目共完成投资17.8亿元，其中雅戈尔新兴产业园项目完成投资3.4亿元，厂房已全面建成。浦口新兴产业园完成投资8.9亿元，5家企业投产。新增亿元企业3家、国家级高新企业6家、省级研发中心2家，新增省级以上科技项目1个、省级新产品121个。完成"个转企"39家，新增"小升规"15家，启动股改20家。开发区管委会先后妥善处置了杭丝金海盈、丰尚服饰嵊州棉纺厂、圣皓服饰、沃德家具等企业拖欠工资、破产等问题。

【投资4.4亿元完善基础设施】 年内，嵊州经济开发区大力推进基础设施建设，完成投资4.4亿元。完成三塘区块市政配套（二期）工程；动建剡溪江开发区段主题休闲公园；完成嵊张线入区口沿线绿化、亮化、美化工程；稳步实施浦口新兴产业园基础设施配套工程（一期）、上杨和谢慕市政配套工程（一期）等项目。开发区初级中学和浦口中心小学改扩建工程建成投用；三塘中学、浦口四所村级完小完成撤并；下中西安置房C区（二期）完成主体工程。城东商贸综合体项目开工建设，马寅初纪念馆及广场改造工程完成部分拆迁和方案设计。

【投入800多万元整治35条河道】 年内，嵊州经济开发区全面落实"河长制"，投入800多万元对辖区35条河道开展"三清三建"集中整治，落实64名河道保洁管理员。清养关停畜禽养殖场25家；新建、东俞和东联三个行政村的农村生活污水工程和赵家岩水库除险加固工程基本完工，非法采制砂势头得到有效遏制。

【建设民生实事工程】 年内，嵊州经济开发区有序推进农村家宴服务中心建设。东郭村被列为全市"养老进礼堂"试点村，马寅初故居二期修缮工程基本完成。19个村完成股改任务，11个村完成"三资"融合。建成村文化礼堂2个。浦东排舞队获省文化礼堂乡村排舞大赛银奖,棠头溪鼓乐队获台北国际音乐节金奖。

【完成土地开发20公顷】 年内,嵊州经济开发区加强土地整理,共消化批而未供土地25.90公顷,盘活低效闲置土地26公顷,完成农村土地综合整治7.11公顷,完成土地开发20公顷,完成市政府下达12公顷土地增减挂钩指标和6.67公顷园地指标相关资料的申报,对下元塘出让地块和棠头溪出让地块土地使用规划条件进行调整,为土地出让做好准备。(应杭锋)

新昌省级高新技术产业园区

【概况】 2014年,新昌高新技术产业园区(简称新昌高新区)规模以上企业实现工业总产值461.82亿元,同比增长16.69%,实现工业销售产值456.06亿元,同比增长16.21%;实现利润总额38.83亿元,同比增长13.14%;完成工业性投入42.5亿元,同比增长21.74%。园区实现新产品产值259.62亿元,同比增加14.4%。园区已有国家级技术中心4家,省级重点企业研究院6家,省级研究院12家,省级以上创新型企业11家。

新昌高新区全景(新昌高新区提供)

【承办省重点企业研究院建设现场会】 7月24日至25日,全省重点企业研究院建设现场会在新昌高新区召开,副省长毛光烈,省科技厅、省发改委、省经信委、省教育厅、省财政厅、省人力社保厅、省统计局领导,各市分管副市长和科技局、发改委、经信局领导,省重点企业研究院所在县(市、区)政府分管领导,省重点企业研究院负责人等参加。与会人员参观了泰坦纺织机械研究院、日发智能纺织装备研究院、康利纺机自动化控制研究院、远信染整技术及装备研究院等4家省级重点企业研究院。

【完成固定资产投资57.50亿元】 年内,新昌高新区完成固定资产投资57.50亿元。总投资15亿元的三花项目建成投产,双菱、夸克等项目基本完成主体工程,日发、中柴、景加源、德力石化、美克药业等项目成功落地。服务业完成投资10.23亿元,中国茶市、红星美凯龙一期项目、景悦酒店等基本建成。

【城市建设有序推进】 年内,新昌高新区完成南岩区块街景整治、立面改造等规划设计,有序推进白鹤路、山头路、潜溪规划一路等工程建设,潜溪口景观工程、蛟澄线整治、纬7纬9道路工程基本完成,七星大桥滨河公园、庙前地侯村片道路工程等完成前期准备工作,澄潭纺织园、木勺滩等区域排污管网和澄潭片排水工程基本建成。

【资源要素保障有力】 年内,新昌高新区调整上下山泊、下衣、刺湾等区块的土地利用规划。报批土地86公顷,出让土地62公顷,流转土地56公顷,征用土地22公顷,改造旧厂房2.58万平方米,拆迁房屋3.20万平方米。融资渠道不断扩大,项目对接跟踪力度进一步加强,新增贷款5.449亿元,转贷3.955亿元。(新昌高新区提供)

浙江新昌工业园区

【概况】 2014年,新昌工业园区完成全社会固定资产投资26.51亿元,同比增长20.99%;工业投资19.03亿元,同比增长26.52%;工业总产值190.14亿元,同比增长13.61%;工业增加值50.01亿元,同比增长10.42%;销售收入185.02亿元,同比增长11.08%。

【全面推进基础配套建设】 年内,新昌工业园区大市聚区块框架基本建成,鳌峰路完成建设及绿化,水帘路完成油化,板桥路已完成工程总体形象进度95%,排水系统建设工程完成投资2527万元。拔茅区块建设全面铺开,东园一路一期完成建设,110千伏高压线迁移工程已完成全线塔基浇筑,排水系统建设工程完成工程总体形象进度60%,非特路二期完成工程总体形象进度80%,江拔线拼宽工程基本完成路基工程。羽林区块功能配套基本到位,完成新昌江王泗洲至青山跌水段堤坝续建工程、排污纳管工程。

【项目建设稳步推进】 年内,新昌工业园区万丰项目完成投资5.55亿元,汽车装备制造基地(一期)落成,新能源汽车混合动力总成项目回归入园;馨馨养老家园项目启动养老院、康复院主体工程建设;大市聚中小企业集聚区块亿丰工艺品厂、开心纺织、森尼雅卫浴、来胜达轴承已启动厂房建设。拔茅区块新入园企业中森焱纺织、九喜卫浴已启动厂房建设;恒盛机械、天威胶囊、同星光电、万盛源兔业已进场实施土地平整;九龙置业、亲亲家园、凤凰城等房地产项目顺利推进。

【要素保障不断强化】 年内,新昌工业园区完成67公顷土地征收工作,资金兑付到村;完成天和建材、荣进机械的拆迁,合计建筑面积7269.74平方米;拆除违章建筑59处,合计建筑面积31140平方米;供地35宗,合计29公顷,筹集资金8420万元,调整34.60公顷土地利用规划,办理47公顷土地农转报批;新增融资6.8亿元,转贷7300万元,到期还贷1.75亿元。(新昌工业园区提供)

人　物

英模人物

【全国五一劳动奖状单位】

中设建工集团有限公司

【全国五一劳动奖章个人】

王慧琴　鲁迅小学教育集团党总支书记

陈招妹　浙江菲达环保科技股份有限公司装备研究院设计部部长

邢一均　浙江特种电机有限公司科技科长

陈敏学　绍兴市水上运动训练中心副主任

【全国工人先锋号单位】

绍兴蓝天文化影视有限公司技术保障部

浙江诸暨八方水泥有限责任公司余热发电车间

中国移动绍兴分公司无线网优中心

【浙江省工人先锋号单位】

绍兴市越城区民政局婚姻登记处

浙江盛兴企业集团有限公司染整车间

诸暨市人民医院门诊注射室

浙江俏尔婷婷服饰有限公司染色车间

国网浙江嵊州市供电公司营业厅

万丰奥威汽轮股份有限公司一工厂热加工车间

绍兴市行政服务中心市场监督管理局窗口

【浙江省劳动模范】

丁卫松　绍兴柯桥排水有限公司技术总监

马真喜　嵊州市马寅初中学校长

尹晓民　浙江华发茶业有限公司董事长

王正辉　新昌县公路管理段拔茅站站长

王朝晖　浙江朝晖种猪有限公司场长

石晓勤（女）　绍兴市越城区委统战部主任科员

吕银祥　新昌县人民医院院长

安　华（女）　绍兴银行总行业务部营业场负责人

朱　雯（女）　绍兴市稽山中学校长

齐陈泽　绍兴文理学院化学化工学院院长、教授

宋卫国　浙江嘉绍跨江大桥投资发展有限公司总工程师

张玉沣（女）　浙江宏达制衣有限公司职工

李　军　绍兴市汽车运输集团驾驶员

李传海　浙江永通染织集团有限公司总经理

李培明　浙江春晖中学校长

杨守和　诸暨市人民医院特检科主任

沈军海　浙江漓铁集团有限公司副总经理

沈越超　绍兴市越城区北海街道社区卫生服务中心副院长

苏淑娟（女）　达利丝绸（浙江）有限公司客户服务中心主任

陈　超　诸暨市公安局枫桥派出所民警

陈关贤　国网绍兴供电公司总经理、党委副书记

陈成松　绍兴市袍江新区孙端镇皇甫庄村党支部书记

陈国强　绍兴市公安局交警支队城区大队队长

陈维芹（女）　诸暨市暨阳街道江新社区党委书记兼主任

陈锦高　绍兴市柯桥区小百花越剧艺术传习中心主任

陈蘅瑾（女）　浙江越秀外国语学院网络传播学院副院长、副教授

单国刚　绍兴市燃气有限公司维修班班长

周国卫　绍兴市人民政府防汛防旱指挥部办公室副主任

和锡琼（女）　绍兴市柯桥区福全镇福全山村妇女主任

杭兰英（女）　绍兴市上虞区崧厦镇祝温村党总支书记

范国伟　浙江卧龙控股集团有限公司高级工程师

俞春国　新昌县沙溪镇董村村党支部书记

姚新义　盾安控股集团有限公司董事长

施洁净（女）　浙江绍剧艺术研究院演员

胡月祥　绍兴市镜湖新区东浦镇袁川村党总支书记

郦　锋　中国电信绍兴分公司网络部副经理

骆左强　浙江上百贸易有限公司董事长

徐立红（女）　绍兴市环境监测中心站总工程师

郭航远　绍兴市人民医院院长

曹连荣　绍兴日报社派驻农村工作指导员

黄国东　上虞新和成生物化工有限公司研究所所长

龚福权　绍兴市人民检察院主任科员

童仙敏　浙江环宇建设集团有限公司项目经理
金关华　绍兴铜都铜材有限公司副总经理
葛兴杰　浙江宝业建设集团有限公司总工程师
颜　艳(女)　绍兴市第六医院护士长

【浙江省模范集体】

浙江绍兴恒信农村合作银行
中国工商银行股份有限公司绍兴支行
绍兴市上虞区丰惠镇西湖村民委员会
诸暨市城东新城建设管理委员会
嵊州市小华粮食产销专业生产合作社
国网浙江新昌县供电公司
浙江省邮政公司绍兴市分公司
绍兴市排水管理有限公司
绍兴仲裁委员会秘书处

【绍兴市劳动模范】

丁长根　绍兴市市政设施有限公司筑路班班长
丁勇敏　嵊州市人民医院呼吸科主任
孔永华　柯桥区钱清镇梅东村党支部书记
方南平　浙江昂利康制药有限公司董事长
方朝阳　精工控股集团有限公司董事长
王文娟(女)　柯桥区志愿服务工作总会志愿者
王幼昌　上虞区南山鹌鹑养殖专业合作社理事长
王晓芳(女)　绍兴市旅游集团有限公司名人故居管理处讲解员
冯永才　诸暨市绿康果蔬专业合作社理事
卢　希(女)　上虞区司法局法制宣传科科长
卢八妹(女)　新昌县教体局教研室教研员
叶珠云　中国轻纺城管道燃气有限公司部门经理
甘恢琪　万丰奥特控股集团有限公司部门经理
石志辉　新昌县西山碧芽茶叶专业合作社社长
刘　雄　浙江古纤道新材料股份有限公司生产副总经理
刘伯福　绍兴福清卫生用品有限公司董事长
刘梁勇　上虞区农牧业局农经管理服务中心主任
刘彰贤　诸暨市房屋征收办公室办事员
孙媛媛(女)　中国人寿绍兴分公司咨询引导员
朱国飞(女)　新昌县雨露食品厂厂长
朱金林　浙江医药股份有限公司新昌制药厂质管部部长
邢海萍(女)　浙江上百贸易有限公司万和城购物中心商场副总经理
阮　伟　绍兴平铜(集团)有限公司选矿厂厂长
阮荣涛　上虞健弘塑胶工业有限公司董事长
何春晓　中国工商银行绍兴分行部门经理
余水园　越城区马山镇卫生院医生
劳建华　喜临门家具股份有限公司首席设计师
吴双涛　绍兴市文化馆馆长
吴素英(女)　绍兴小百花越剧艺术传习中心演员
宋小慧(女)　浙江龙威机械制造有限公司研发中心主任
张三祥　绍兴市公共交通集团有限公司驾驶员
张佩珍(女)　绍兴市汽车运输集团有限公司工会主席
张凯华　绍兴市公安局滨海分局沥海派出所副所长
杜灿娟(女)　柯桥区稽东镇卫生院社区医生
杨老虎　柯桥区柯桥街道立新社区居委会党委书记
杨彩虹(女)　绍兴市职教中心教师
沈炳良　绍兴市市郊公路养护与应急保障中心公路养护工
陈金迪　雄风集团有限公司党委书记、董事长
周鸿义　诸暨市对外经济贸易有限公司牧场场长
周渭兴　诸暨市王家井镇新南村党支部书记
周煦朝　绍兴市经济特产站站长
罗建民　中国移动绍兴分公司党委书记、总经理
金友良　绍兴文理学院附属医院口腔科主任
金国强　绍兴市公安局交警支队东区大队协警
侯育俊　浙江中益机械有限公司车间主任
俞建虎　上峰集团有限公司党委书记、董事长
俞秋红(女)　新昌县俞氏古建砖瓦厂设计师
姚国兴　柯桥区越崎中学校长、书记
宣海地　富润控股集团浙江富润印染有限公司车间工艺主管
胡水清　绍兴市自来水有限公司抢修班长
胡志明　浙江古越龙山绍兴酒股份有限公司副总经理
胡淑香(女)　镜湖新区房地产管理所所长
胥德华　绍兴新鹿制衣公司业务主管
赵学龙　浙江海亮股份有限公司职工
钟建明　浙江富陵控股集团有限公司副总经理
骆一峰　浙江凯达机床股份有限公司董事长、总经理
骆燕琼(女)　诸暨市实验小学教育集团校长
唐克铭　绍兴市金色田野农机专业合作社社长
徐国庆　柯桥区公安局刑事犯罪侦查大队大队长
贾萍娟(女)　上虞区人民医院医生
钱小萍(女)　越城区妇幼保健所副所长
钱燕群(女)　绍兴市群贤小学教师
高　雄(女)　浙江自立股份有限公司副总经理
章水桥　绍兴水桥粮食农机专业合作社理事长
黄金灿　绍兴市新三角轿车维修有限公司维修技术总监
黄燕萍(女)　绍兴市中医院临床护士
傅　明　绍兴广播电视总台记者

傅秋光　上虞区环境卫生管理中心职工
葛锦明　浙江天乐集团有限公司总裁
蒋建棋　绍兴市第一中学教师
蒋明夫　浙江新昌皮尔轴承有限公司总经理
楼红文(女)　嵊州市登丰食用菌专业合作社技术员
楼智丽(女)　诸暨市大唐镇人民政府社事办主任
楼满国　诸暨市环境保护局副主任科员
詹丽钏(女)　嵊州市农业技术推广中心土肥站站长
樊德洪　上虞区万杰制冷配件厂厂长
潘哲英　绍兴市社会福利中心护理员
濮黎明　浙江绍兴昕欣纺织有限公司董事长

【绍兴市模范集体】

越城区城南街道社区卫生服务中心
绍兴宇成生态农业开发有限公司
浙江塔牌绍兴酒有限公司瓶酒车间
上虞区人民法院司法警察大队
绍兴市上虞地方税务局直属二分局
诸暨市山下湖镇新桔城村村民委员会
诸暨市交通投资集团有限公司
嵊州市鹿山街道江夏茭白产销专业合作社
新昌县荣越蓝莓专业合作社
浙江新柴股份有限公司民兵连
袍江新区斗门镇荷湖村村民委员会
绍兴市急救中心
绍兴市燃气有限公司
绍兴市公共交通集团有限公司

（市总工会提供）

见义勇为者

【冯亚飞】 男，1980年11月出生。江苏省邳州市铁富镇姚庄村村民。2013年7月18日16时许，在绍兴高新区东湖镇柏舍村，陈某因琐事与男友争吵后跳进河中。住在附近的冯亚飞看见有人落水，连忙跳入河中救人，不料右腿膝盖撞到了水中废弃的一堵墙上，冯亚飞强忍疼痛将陈某救起。冯亚飞后被送往绍兴市人民医院，确诊为右腿膝盖粉碎性骨折。

【何理达】 男，1990年6月出生。诸暨市公安局安华派出所协警。2013年8月16日凌晨3时许，何理达在民警带领下巡逻，巡逻至安华镇五指山村路段发现三名可疑人员宋某、郎某、朱某从村中走出，准备骑车离开。何理达等人遂上前盘问，三名可疑人员意图逃跑，在追捕过程中，何理达与其中一人发生搏斗，被对方用十字起子刺中颈部，但何理达临危不惧，继续搏斗，最终与其他队友一起将犯罪嫌疑人宋某抓获。

【林华敏】 男，1986年12月出生。越城区东浦镇光相村村民。2013年6月12日中午12时许，绍兴高新区迪荡新城昆仑国际东侧发生一起飞车抢夺案，两名男子骑一辆摩托车抢走一名女子的包，林华敏刚好驾车途经此处，看到这一幕后他立即调头驾车追赶两名男子，在跟丢后又几经寻找，终于在胜利东路海关门口发现两名男子，于是林华敏又驾车一路跟踪，在中兴路胜利路口趁等红灯的机会，当场将其中一名男子抓获。

【舒积安】 男，1966年4月出生。新昌县澄潭镇大阳村村民。2013年3月8日21时许，大阳村丁菊灿家突发大火，房内仅有一名10岁的儿童。舒积安在听到呼救后，迅速赶到现场，同随后赶来的村民一起将大火扑灭，救出被困儿童。在救火过程中，舒积安的右手被大火融化的塑料桶严重烫伤。

【徐忠根】 男，1970年7月出生。越城区东浦镇青龙村村民。2013年7月2日上午9时30分许，盲人王海荣在青龙村小道上行走，不慎掉入河中。在附近开杂货店的徐忠根发现后，快速从店铺冲出，跳入河中，河水没过他的胸口，因双腿陷进河底淤泥里，徐忠根只好用手托起王海荣。经过20多分钟努力，终于将王海荣救上岸。

【高兴全】 男，1962年12月出生。绍兴市公安局高新分局皋埠派出所协警。2013年10月5日17点20分左右，赵老太在皋埠派出所旁的河埠头洗衣服，因河埠石块湿滑，掉入河中。不识水性的赵老太在河中拼命挣扎。路过的高兴全及时发现，纵身跳入水中，救起了赵老太，并对其进行了急救。赵老太终于苏醒。见赵老太自己能走路了，高兴全悄悄离开现场。

【谭祖荣】 男，1947年2月出生。柯桥区华舍街道张娄村村民。2013年6月8日中午12时左右，柯桥区创意大厦吉玛良斯公司员工何江丽、童建英因汽车失控落入河中。谭祖荣见此情形，跳入河中，先将在副驾驶室的何江丽救上岸，又游回河中去救被困在驾驶室的童建英，发现童的脚被夹住了，他一边安慰她一边施救，终于将童从车内救出。

【赵国海】 男，1967年8月出生，绍兴市公安局越城区分局蕺山派出所协警。2014年3月12日下午4时许，赵国海在越城区新华书店门口抓捕手持作案工具的犯罪嫌疑人，在搏斗中被对方刺伤头部、手臂、背部。但他强忍着剧痛继续追赶，最终对方走投无路被迫跳入河中。赵国海又协助随后赶到的民警一起将犯罪嫌疑人抓获。

【丁柏忠】 男，1959年1月出生，新昌县镜岭镇安山村村民。2013年9月28日晚上11时许，安山村“九间面”院子发生大火，村民丁柏忠自告奋勇参与救火，后因体力严重透支，手中的消防水枪砸到了脸，导致双眼受伤。

【尉建民】 男，1959年4月出生，越城区昌安东村居民。2014年3月12日下午4时许，在越城区新华书店门口，一名犯罪嫌疑人用作案工具刺伤协警赵国海后企图逃跑。路过此地的尉建民见状便驾驶自己的电动车，载上受伤的赵国海一起继续对歹徒进行追捕，走投无路的歹徒被迫跳入河中，后尉建民又协助赵国海及随后赶到的民警将歹徒抓获。

【余岳云】 男，1955 年 3 月出生，越城区东浦镇庆丰村村民。2013 年 12 月 31 日下午 4 时左右，余岳云在回家途中听见呼救声，寻声找去，发现庆丰村横湖沿河中有一名老人正在挣扎，金岳云见状立即跳下河将老人救起。

【费国海】 男，1980 年 10 月出生，柯桥区稽东镇尉相村村民。2013 年 12 月 22 日上午 8 时左右，家住越城区辕门西区的费国海正在家中休息，突然听到窗外传来的呼救声，他立即冲下楼，发现小区旁的河中有一名妇女正在挣扎。他马上跳入冰冷的河里，将落水妇女托举至河岸边，在其他群众的协助下，将其救起。

【余宝根】 男，1933 年 4 月出生，柯桥区马鞍镇大鱼山村村民。2013 年 11 月 25 日下午 4 时左右，一名 4 岁儿童在大鱼山村通济坝桥旁的河边玩耍时滑落河中，由于年幼不会游泳，又加上河水刺骨，挣扎了一阵后就逐渐下沉。路过此地的余宝根，一边大声呼救一边跑到河边，不顾自己 80 多岁高龄，跳入河中，一把抓住落水儿童就往岸边游，由于年迈，余宝根把落水儿童拉到岸边时已经无力将其推上岸了，所幸不少村民听到呼救声后赶到，将两人拉上了岸。

【梁金华】 男，1973 年 11 月出生，柯桥区齐贤镇兴齐村村民。2013 年 12 月 19 日上午 10 时左右，梁金华正在做家务，突然听到外面传来呼救声，他赶紧快步跑出，看见有一名老人正在河中挣扎。梁金华不顾自己左手残疾，跳入冰冷的河中，将落水老人救上岸。（市公安局提供）

道德楷模

【杭兰英】 女，1949 年生，中专文化，1984 年 11 月加入中国共产党，上虞区祝温村党总支书记，先后被评为浙江省优秀党务工作者、全国优秀党员、浙江省劳动模范，是浙江省第十二届人大代表。1986 年 7 月担任崧厦镇祝马村党支部书记，2006 年 4 月行政村调整后任祝温村党总支书记。带领党员干部和群众投身农村改革发展，把一个集体经济薄弱、班子软弱涣散、村庄管理无序的落后村，建成了享有“创业乐园、生态花园、文化公园、人和家园”美誉的新农村建设示范村。该村先后荣获“全国民主法治示范村”“浙江省文明村”“浙江省卫生村”“浙江省文化示范村”“浙江省绿化示范村”等荣誉称号。

【陈德根、徐爱娟夫妇】 陈德根，1954 年生，市红十字会的副会长、浙江天宇交通建设集团有限公司董事长。其妻子徐爱娟，1953 年生，任该公司副董事长，2014 年获评“感动浙江——最美红十字人”。自 20 世纪 90 年代始，夫妇俩每年组织送温暖活动。2007 年，倡导设立绍兴市职工救急帮扶基金，带头捐赠 2000 万元。曾向绍兴市社区教育基金捐款 15 万元，为关心下一代帮困助学捐款 15 万元，捐款数百万元分别在绍兴鲁迅中学、绍兴县柯桥中学、绍兴文理学院、绍兴第一中学、绍兴一中初中部设立各类教育奖励基金，还先后成立了“爱德”“德锋”教育基金。1994 年年底，捐赠百万元设立旨在缓解单亲家庭困难的“徐爱娟妇女互助基金”和“春风工程基金”。1998 年，捐资为省未管所创办一个技术培训中心，这是省未管所接受的第一笔社会捐款。此后 15 年，夫妇俩为未管所捐钱物达 180 万元，并成立了“失足孤儿爱心救助站”。20 世纪 90 年代后期，时值市政府全面整治环城河，夫妇俩主动出资，先后为环城河整治捐款 75 万元，为古运河绿化捐款 10 万元，为“巾帼林”植树捐款 20 万元。进入 21 世纪，随着企业发展壮大，他们向红十字博爱基金捐赠 2000 万元，是向绍兴市红十字会认捐的第一家爱心企业，发挥了重要的引领和示范作用。2011 年受到专门到绍兴调研红十字工作的总会会长华建敏的接见。陈德根、徐爱娟夫妇 20 多年坚持慈善爱心活动，累计捐款捐物达 1.7 亿余元。

陈德根、徐爱娟夫妇（中）

【单厚生】 1929 年生，家住原绍兴县孙端镇安桥头村，孤寡老人，只靠每月 2000 多元的退休金维持生计，2014 年获评“感动浙江——最美红十字人”称号。十分热衷参与公益事业，村里组织的一些爱心捐款活动，他总是积极参加，邻里关系和睦，在当地有较好的口碑。四川芦山发生大地震后，主动来到绍兴市红十字会要求捐8万元，成为芦山地震期间绍兴市红十字会收到的最大一笔个人爱心款项。捐款之外，他又提出死后捐出自己的遗体。由于遗体捐献需要家属同意并配合执行，而老人无配偶且无子女，让捐献登记工作一时难以进行，最后在市红十字会等机构的大力支持下，通过采取声明公证的方式完成了相关程序。同时，老人立下遗嘱，死后将自己所居住的房子捐赠给当地村作为集体资产，红十字会干部多方协调，请村干部出面办理相关手续，完成老人的这一心愿。（市红十字会提供）

单厚生（左）

逝世人物

【章宗义】 1924年3月16日生，绍兴人，艺名六龄童，绍剧表演艺术家。专工武生，以演孙悟空闻名，人称“南派猴王”。章宗义幼时痴迷于社戏，并在观看中偷师学艺，六岁就开始登台，很得观众喜爱。但遭遇受伤和“倒嗓”之后章宗义决定转型，开创绍剧猴戏。他拜猴子为师，终至演艺大成，并先后受到陈毅、周恩来、毛泽东等人的赞扬。1987年由章宗义编、导、主演的《孙悟空大闹乾坤》获浙江省第三届戏剧节荣誉奖。曾是全国第五、六、七、八届政协委员，浙江绍剧院原院长，全国第三、四次文代会代表，国务院政府特殊津贴专家。2011年荣获中国戏剧界最高荣誉“中国戏剧奖·终身成就奖”。2014年1月31日逝世，享年90岁。

【筱艳秋】 1935年出生，绍兴人，绍剧表演艺术家。14岁从艺，饰演过《香罗带》中的林慧娘、《孙悟空三救白花羞》中的百花公主、《火焰山》中的铁扇公主、《百岁挂帅》中的穆桂英等角色。但让其声誉鹊起、名噪一时的角色却是《三打白骨精》中那个妩媚动人却又凶狠狡诈的白骨精。在绍剧界开创并确立了绍剧“花衫旦”这一行当。12月22日凌晨5时许，因病在家中逝世，享年80岁。

【张桂铭】 1939年生，绍兴人，1964年毕业于浙江美术学院（现名中国美术学院）中国画系。同年入上海中国画院创作。曾任上海中国画院副院长、刘海粟美术馆执行馆长，以及中国美术家协会理事、中国画艺委会委员、上海市文联委员、上海市美术家协常务理事等。1988年起被评聘为国家美术师。1998年获国务院颁发的政府特殊津贴。作品《画家齐白石》《天地悠悠》《荷满塘》，分别在第六、八、九届全国美展上获奖。其作品被收入《中国现代美术全集》《20世纪中国美术馆藏画集》《当代中国美术》《百年中国画展作品集》《中国当代美术图鉴》《世纪风骨——当代中国艺术50家文献与作品》等画集。《画家齐白石》《彩荷》等作品被中国美术馆、上海美术馆等收藏。改变了传统中国画的方法，让中国画变得色彩鲜艳，是海派画家的领军人物。2014年9月22日凌晨因心肌梗死去世，享年75岁。（市志办提供）

统计资料

全市及各县(市、区)经济发展主要指标

表 75

指标	单位	全市	越城区	柯桥区	上虞区	诸暨市	嵊州市	新昌县
行政区划面积	平方千米	8279	493	1066	1406	2311	1789	[illegible]214
年末户籍人口	万人	443.04	74.81	64.98	78.00	108.04	73.31	[illegible]3.90
#非农业人口	万人	164.00	52.49	34.07	30.97	15.86	19.84	[illegible]0.78
人口自然增长率	‰	2.64	4.27	3.83	1.26	3.19	0.98	[illegible].00
地区生产总值(现价)	亿元	4265.88	706.60	1138.08	681.03	981.12	423.04	3[illegible]3.77
#第一产业	亿元	194.28	13.17	32.92	41.36	49.09	37.01	20.74
第二产业	亿元	2213.48	292.81	630.69	372.09	533.32	212.84	1[illegible]1.73
第三产业	亿元	1858.12	400.61	474.47	267.58	398.71	173.19	1[illegible]1.29
人均地区生产总值(户籍)	元	96437	94673	176077	87342	90976	57681	7[illegible]995
农林牧渔业总产值	亿元	296.95	21.31	48.48	67.00	76.33	55.30	23.54
规模以上工业企业单位数	个	4231	585	1223	638	1111	438	[illegible]36
规模以上工业企业总产值	亿元	9735.30	1248.12	3546.74	1618.72	2341.40	392.33	5[illegible]8.00
固定资产投资	亿元	2304.68	425.53	576.95	409.05	568.77	192.12	1[illegible]2.28
#工业投资	亿元	1106.02	121.69	291.77	243.40	252.73	111.88	8[illegible].54
社会消费品零售总额	亿元	1487.14	385.49	210.25	243.85	316.18	205.62	1[illegible]5.75
全社会用电量	亿千瓦时	364.93	66.92	138.58	44.65	73.37	21.63	1[illegible].85
#工业用电量	亿千瓦时	297.27	49.20	123.00	35.51	59.37	14.82	1[illegible].43
自营出口总额	万美元	2975147	708082	1100265	330851	491438	155035	18[illegible]476
实际利用外资	万美元	67130	11642	21003	22025	10045	209	2206
旅游总收入	亿元	652.07	200.01	141.50	69.03	150.77	62.65	7[illegible].71
财政总收入	亿元	546.34	116.93	145.09	86.70	109.54	41.46	4[illegible].63
#公共财政预算收入	亿元	317.27	72.56	82.01	46.56	66.34	25.05	2[illegible].75
公共财政预算支出	亿元	346.44	83.39	71.42	50.01	74.14	34.45	3[illegible].03
金融机构年末本外币存款余额	亿元	6666.73	2215.86	1468.52	912.97	1158.61	510.05	4[illegible].72
#储蓄存款	亿元	2817.69	671.33	620.87	444.71	588.32	307.62	18[illegible].84
金融机构年末本外币贷款余额	亿元	6006.70	2120.18	1285.19	790.55	1111.24	408.67	29[illegible].86
邮电业务收入	亿元	60.77	20.08	9.78	7.91	13.43	5.92	3[illegible]64
年末公路通车里程	千米	9893	663	1417	1573	2638	2278	1[illegible]25
在岗职工平均工资(不含私营)	元	54762	56651	52306	58470	54196	53466	54[illegible]65
城镇常住居民人均可支配收入	元	43167	40927	46809	43569	45790	41058	4[illegible]556
农村常住居民人均可支配收入	元	23539	23989	26743	23018	25583	20749	19[illegible]02

全市农业基本情况

表 76

指标	单位	2014 年		2013 年	
		全市	越城区	全市	越城区
农村从业人员数	万人	236.36	27.47	239.22	22.59
#农、林、牧、渔业	万人	49.43	3.65	50.03	3.00
工业	万人	108.17	13.24	109.48	10.89
建筑业	万人	28.36	4.12	28.27	3.39
其他行业从业人员	万人	50.40	6.46	51.44	5.31
农作物总播种面积	千公顷	268.81	19.32	330.71	14.41
#粮食作物	千公顷	148.36	10.21	188.76	8.88
#油料	千公顷	14.98	0.77	25.61	1.08
#蔬菜	千公顷	55.44	4.88	65.31	2.35
#果用瓜	千公顷	8.76	0.69	10.40	0.90
#花卉苗木	千公顷	19.10	1.64	16.75	0.85
粮食作物总产量	万吨	97.76	6.97	120.68	6.27
油料总产量	万吨	3.33	0.19	5.52	0.26
蔬菜总产量	万吨	197.78	18.75	229.22	8.60
水果总产量	万吨	56.92	3.54	64.12	2.80
年内生猪出栏头数	万头	193.84	13.09	196.75	9.16
年内牛出栏头数	头	9317	14	9179	43
年内羊出栏只数	万只	16.42	1.86	15.48	0.11
肉类产量	万吨	16.85	1.34	17.81	1.08
禽蛋产量	万吨	4.18	0.52	5.03	0.61
水产品总产量	万吨	10.30	1.95	9.95	0.96
#淡水产品	万吨	9.97	1.74	9.74	0.88

说明：2013 年越城区的数据为行政区划调整前口径

全市农林牧渔业总产值

表 77

单位：亿元

指标	全市	越城区	柯桥区	上虞区	诸暨市	嵊州市	新昌县
农林牧渔业总产值	296.95	21.31	48.48	67.00	76.33	55.30	28.54
1.农业	192.42	12.49	30.75	42.98	44.02	39.91	22.27
2.林业	26.15	0.73	4.08	4.00	9.67	4.93	2.75
3.牧业	46.28	2.98	8.49	8.25	14.12	9.68	2.77
4.渔业	29.95	4.92	4.84	11.11	8.05	0.58	0.44
5.农林牧渔服务业	2.14	0.18	0.32	0.66	0.47	0.20	0.32

全市规模以上工业企业单位数、总产值和增加值

表 78

指标	全市			越城区		
	企业单位数（个）	总产值（亿元）	收入法增加值（亿元）	企业单位数（个）	总产值（亿元）	收入法增加值（亿元）
总计	4231	9735.3	1574.27	585	1248.12	186.33
按登记注册类型分组						
内资企业	3451	7702.65	1228.97	404	884.82	124.41
#国有企业	7	307.65	32.71	2	206.95	18.50
集体企业	5	2.89	0.65	2	1.68	0.30
股份合作企业	5	7.31	1.50	2	4.84	1.16
有限责任公司	431	1895.73	293.70	70	247.12	42.34
股份有限公司	64	709.53	146.18	7	33.34	6.87
私营企业	2936	4777.99	753.75	320	390.51	55.19
其他	3	1.54	0.49	1	0.37	0.05
港、澳、台商投资公司	494	1296.02	216.41	106	256.52	42.10
外商投资企业公司	286	736.64	128.89	75	106.78	19.82
总计中:亏损企业	473	417.02	53.91	97	79.90	14.53
总计中:国有控股企业	58	520.60	80.71	23	268.62	32.44
总计中:轻工业	2635	5069.82	847.77	432	672.48	114.75
重工业	1596	4665.48	726.50	153	575.64	71.58
总计中:大型企业	87	3163.83	509.32	13	286.88	40.25
中型企业	529	2800.16	506.98	93	406.02	72.13
小型企业	3288	3357.23	525.61	441	339.22	54.57
微型企业	327	414.09	32.36	38	216.00	19.37
按工业行业类别分						
采掘业	11	10.43	2.72	3	7.53	1.98
黑色金属矿采选业	1	6.22	1.30	1	6.22	1.30
有色金属矿采选业	2	1.66	0.82	1	1.06	0.64
非金属矿采选业	8	2.55	0.61	1	0.26	0.04
制造业	4166	9268.32	1498.79	571	996.43	158.22
农副食品加工业	36	73.39	8.49	7	6.68	1.13
食品制造业	12	18.06	3.25	4	8.34	1.16
酒、饮料和精制茶制造业	47	87.79	17.99	7	23.80	6.35

续表 78

指标	全市			越城区		
	企业单位数（个）	总产值（亿元）	收入法增加值（亿元）	企业单位数（个）	总产值（亿元）	收入法增加值（亿元）
黄酒制造	14	45.20	12.72	4	14.60	4.73
纺织业	1317	2291.99	384.94	211	273.44	52.92
纺织服装、服饰业	406	377.78	72.95	83	32.47	6.56
皮革、毛皮、羽毛及其制品和制鞋业	30	25.40	3.94	12	9.79	0.90
木材加工和木、竹、藤、棕、草制品业	9	20.37	2.43	3	6.42	0.60
家具制造业	26	45.92	11.00	6	13.27	3.82
造纸和纸制品业	49	82.85	17.51	15	13.52	2.45
印刷和记录媒介复制业	28	27.44	6.09	5	3.17	0.61
文教、工美、体育和娱乐用品制造业	137	251.99	33.88	22	14.15	2.33
石油加工、炼焦和核燃料加工业	4	6.99	0.14	1	0.89	0.01
化学原料和化学制品制造业	162	1088.17	149.01	24	126.87	10.89
医药制造业	78	252.89	60.85	12	30.60	7.29
化学纤维制造业	186	829.33	94.42	16	181.25	15.63
橡胶和塑料制品业	137	465.21	77.18	15	49.94	5.05
非金属矿物制品业	121	236.18	45.52	25	36.21	6.51
黑色金属冶炼和压延加工业	58	157.79	20.07	2	2.00	0.26
有色金属冶炼和压延加工业	112	554.94	42.10	9	16.93	1.58
金属制品业	160	291.17	53.86	13	10.61	1.77
通用设备制造业	392	817.03	154.51	11	11.15	3.59
专用设备制造业	214	321.16	65.49	18	13.24	3.97
汽车制造业	106	260.51	55.99	4	2.92	0.88
铁路、船舶、航空航天和其他运输设备制造业	8	5.45	1.37	4	1.14	0.23
电气机械和器材制造业	206	532.75	88.98	25	90.25	16.11
计算机、通信和其他电子设备制造业	60	83.22	15.81	10	13.04	4.37
仪器仪表制造业	20	16.68	3.66	6	4.06	1.19
其他制造业	39	42.35	6.81	—	—	—
废弃资源综合利用业	5	3.08	0.37	1	0.29	0.03
金属制品、机械和设备修理业	1	0.46	0.17	—	—	—
电力、燃气及水的生产和供应业	54	456.55	72.76	11	244.16	26.14
电力、热力生产和供应业	29	396.56	60.33	6	217.80	22.41
燃气生产和供应业	9	34.50	3.44	2	19.24	1.17
水的生产和供应业	16	25.49	9.00	3	7.12	2.56

说明：2011 年始采用新《国民经济行业分类》（GB/T 4754－2011）

全市规模以上工业企业主要经济效益指标

表 79

指标	全市	越城区	柯桥区	上虞区	诸暨市	嵊州市	新昌县
产销率(%)	96.99	98.01	96.66	95.60	97.36	97.29	99.00
资产负债率(%)	58.72	62.44	64.29	53.66	53.71	71.77	48.54
成本费用利润率(%)	6.14	3.86	5.61	8.66	6.55	2.76	8.50
每百元固定资产原值实现利税(元)	25.64	11.54	25.31	31.34	37.44	15.86	36.87
每百元销售收入实现利税(元)	8.56	6.20	8.08	10.98	8.51	6.15	11.86
流动比率(%)	1.23	1.18	1.14	1.32	1.32	0.92	1.53
速动比率(%)	0.97	0.90	0.91	1.04	1.03	0.72	1.31
企业亏损面(%)	11.18	16.58	6.05	15.99	4.59	26.94	13.14
亏损率(%)	3.61	9.82	2.02	2.87	2.16	28.57	2.05
出口交货值占工业销售产值比重(%)	14.04	16.75	7.96	14.62	16.38	28.91	23.69
利润总额占利税比重(%)	67.73	60.00	65.62	73.23	72.25	44.10	67.00
存货周转次数(次)	7.63	6.50	9.95	6.27	7.15	5.64	7.56

全市客货运输量

表 80

指标	单位	全市	越城区	柯桥区	上虞区	诸暨市	嵊州市	新昌县
客运量	万人	9824	1562	2263	1385	2219	1380	1015
公路	万人	9721	1560	2202	1385	2183	1380	1011
水路	万人	103	2	61	—	36	—	4
客运周转量	万人千米	368421	59042	83371	52401	82811	52381	38415
公路	万人千米	368086	59017	83310	52401	82574	52381	38403
水路	万人千米	335	25	61	—	237	—	12
货运量	万吨	11481	1355	2827	1788	2885	1455	1171
公路	万吨	10091	1130	2704	1362	2341	1383	1171
水路	万吨	1390	225	123	426	544	72	—
货运周转量	万吨千米	1124146	167720	226740	239656	290764	118376	80890
公路	万吨千米	818443	127541	208564	111991	180740	108717	80890
水路	万吨千米	305703	40179	18176	127665	110024	9659	—

全市邮政电信基本情况

表 81

指标	单位	全市		越城区和柯桥区	
		2014	2013	2014	2013
邮电业务收入	亿元	60.77	61.80	29.86	30.02
函件	万件	4736.85	5089.00	2835.94	3203.70
包件	万件	23.53	28.38	11.20	13.50
汇票	万张	46.30	59.76	19.63	26.27
特快专递	万件	23.05	26.83	10.32	12.28
订销报纸、杂志累计数	万份	18975.04	18481.78	7621.46	7378.09
集邮业务	万枚	526.88	395.95	278.17	202.48
邮路总长度	千米	2840	2562	1483	1205
农村投递路线长度	千米	16932	16482	4946	4925
固定电话期末户数(包括小灵通)	万户	150.94	179.04	65.86	74.85
固定电话主线普及率	号线 / 百人	34.07	40.54	47.11	53.94
移动电话期末户数	万户	532.31	526.90	237.90	234.69
移动电话普及率	部 / 百人	120.15	119.30	170.19	169.13
互联网用户数(包括手机上网用户)	万户	548.33	519.98	254.47	244.75

说明:移动电话用户数统计口径为通话用户数

全市全社会用电量

表 82

单位:万千瓦时

项目	全市	越城区	柯桥区	上虞区	诸暨市	嵊州市	新昌县
全社会用电量总计	3649320	669243	1385783	446541	733673	216252	178467
一、行业用电量	3330441	599865	1323766	402643	658082	173567	153156
1.农林牧渔业	24470	7600	4527	5019	4060	2350	915
2.工业用电量合计	2972695	491984	1230027	355149	593658	148218	134297
(1)轻工业	1833367	311615	907653	137381	359409	79673	37636
(2)重工业	1139328	180369	322374	217769	234249	68545	96661
按行业分							
(1)采矿业	20913	640	12585	2204	2561	2364	559
(2)制造业	2723082	442916	1143590	327285	552911	129748	126631
食品、饮料和烟草制造业	27224	7020	6890	3725	2238	3885	1535
纺织业	1300940	170570	731367	42878	313180	32849	10094
服装鞋帽、皮革羽绒及其制品业	88410	23617	33119	3518	10265	15370	2522
木材加工及制品和家具制造业	11342	2441	3798	1996	1343	1477	286

续表 82

项目	全市	越城区	柯桥区	上虞区	诸暨市	嵊州市	新昌县
造纸及纸制品业	28145	6091	8252	1538	1596	10572	96
印刷业和记录媒介的复制	4399	1032	1093	679	903	389	301
文体用品制造业	5360	2462	1090	1450	184	159	16
石油加工、炼焦及核燃料加工业	448	2	279	2	73	93	—
化学原料及化学制品制造业	221045	44849	65143	101664	3364	1331	4693
医药制造业	76475	15779	6684	28026	930	4343	20713
化学纤维制造业	168577	57726	98348	3072	9378	27	26
橡胶及塑料制品业	142760	36720	42076	31084	22031	4482	6366
非金属矿物制品业	114513	14624	37005	16572	39292	5989	1032
黑色金属冶炼及压延加工业	9971	—	9000	—	—	971	—
有色金属冶炼及压延加工业	47479	2437	18117	13207	9942	3309	466
金属制品业	130737	11606	25536	29075	49955	11666	2899
通用及专用设备制造业	189746	7661	21640	15859	61518	10816	2251
交通运输、电气、电子设备制造业	128605	33318	27978	26597	18504	19362	2847
工艺品及其他制造业	24546	4801	2821	6081	7869	2549	424
废弃资源和废旧材料回收加工业	2361	159	1422	262	345	109	65
(3)电力、燃气及水的生产和供应业	228701	48429	73852	25660	38186	16106	7107
3.建筑业	41684	9034	11758	6012	10625	2519	[illegible]736
4.交通运输、仓储、邮政业	28740	8498	14455	1475	2777	884	5550
(1)交通运输业	25378	7380	13783	683	2325	649	5557
(2)仓储业	2635	870	552	729	285	163	36
(3)邮政业	727	249	120	63	167	72	[illegible]57
5、信息传输、计算机服务和软件业	18398	5879	3969	2385	2906	1919	1341
6、商业、住宿和餐饮业	104972	29341	19768	16199	24572	8898	6194
(1)批发和零售业	78986	20518	15834	12533	19895	6159	4048
(2)住宿和餐饮业	25985	8823	3934	3666	4677	2739	2[illegible]46
7、金融、房地产、商务及居民服务业	60494	20385	24179	5663	4414	3284	2568
8、公共事业及管理组织	78987	27144	15084	10740	15069	5495	5[illegible]56
(1)科学研究、技术服务和地质勘查业	1607	827	346	142	147	38	[illegible]06
(2)水利、环境和公共设施管理业	20622	5749	5533	2692	3802	1287	1[illegible]59
(3)教育、文化、体育和娱乐业	24646	9610	4041	3204	4985	1550	1[illegible]56
(4)卫生、社会保障和社会福利业	14638	5199	1788	2047	3056	1229	1[illegible]19
(5)公共管理和社会组织、国际组织	17474	5757	3375	2655	3080	1390	1[illegible]16
二、城乡居民生活用电量	318879	69378	62017	43898	75591	42684	25[illegible]11
#乡村	156662	21647	34248	23942	40793	23410	12[illegible]21
城市	162218	47732	27769	19956	34797	19274	12[illegible]90

全市固定资产投资

表 83

单位：万元

指标	全市	越城区	柯桥区	上虞区	诸暨市	嵊州市	新昌县
固定资产投资合计	23046833	4255258	5769451	4090485	5687691	1921196	1322752
# 建筑安装工程投资	12261366	2492867	2898377	2011227	3354649	956332	547914
1.房地产开发投资	6135118	1529738	1430438	865100	1667019	355830	286993
2.项目完成投资数	16911715	2725520	4339013	3225385	4020672	1565366	1035759
# 工业投资	11060169	1216896	2917745	2434047	2527300	1118800	845381
# 基础设施投资	4697578	1081628	1332001	665439	1159041	354714	104755

全市房地产开发投资主要指标

表 84

单位：万元

指标	2004	2005	2006	2007	2008	2009	2010	2011	2012	2013	2014
房地产开发投资额	1203434	1033309	1285667	1785888	2020573	2104629	2978018	4032384	4677089	5369907	6135118
按构成分											
建筑工程	679168	599518	704392	895704	1102823	1187520	1636298	2026367	2500309	3007727	3272907
安装工程	33646	27807	55342	72066	88911	118065	129762	212853	220899	322098	423533
设备、工器具购置	8555	4589	12756	12567	30442	31718	19733	22769	38037	47100	60128
其他费用	482065	401395	513177	805551	798397	767326	1192225	1770395	1917844	1992982	2378550
按用途分											
住宅	936902	830717	909152	1290289	1345987	1399917	1995613	2897963	3472455	4182912	4656949
办公楼	48154	54440	111526	119111	245836	185664	197515	242636	261269	245894	278792
商业营业用房	193760	120648	201635	240239	251250	372623	603109	519366	594741	541636	676354
其他	24618	27504	63354	136249	177500	146425	181781	372419	348624	399465	523023
新增固定资产	479175	470527	518807	691337	1058216	1409181	1178436	1457995	1767794	1645827	3657178
竣工房屋价值	423556	411849	447320	559556	886824	1248678	942807	1166944	1481206	1343504	2506549
房屋建筑面积(万平方米)											
施工面积	1099.93	1122.53	1359.11	1665.89	1803.63	1902.49	2178.88	2872.72	3176.23	3603.59	4090.41
#住宅	901.35	918.15	1019.27	1221.16	1230.90	1295.85	1466.06	1992.82	2243.02	2536.23	2848.92
竣工面积	411.32	363.95	330.17	356.69	390.43	469.18	344.90	453.34	488.18	462.09	775.82
#住宅	339.87	299.77	271.53	254.47	274.28	332.24	223.07	294.86	342.80	292.46	586.36
房屋竣工率(%)	37.4	32.4	24.3	21.4	21.6	24.7	15.8	15.8	15.4	12.8	19.0

续表 84

指标	2004	2005	2006	2007	2008	2009	2010	2011	2012	2013	2014
商品房销售面积(万平方米)	359.72	367.19	387.12	479.38	216.87	476.45	610.35	456.73	483.74	607.74	531.73
商品房待售面积(万平方米)	97	138.48	191.36	154.84	201.88	217.41	177.83	213.87	231.57	292.73	427.65
商品房销售额	861487	1371516	1696779	2423011	1161205	3029877	4634095	3856161	4189122	5686506	4402596
当年资金来源											
#国内贷款	355105	280882	412534	527303	513655	638492	774110	961140	777538	1148375	1092016
利用外资	475	500	95450	32520	4145	1786	0	0	0	0	6000
自筹资金	338600	354159	483579	745799	727376	799902	1527790	1905956	1866242	2151972	2823514
其他资金	883782	655624	1037934	1481627	884002	2251878	2713498	2502853	3065032	4244941	3034925

全市财政预算收入

表 85

单位：万元

指标	全市	越城区	柯桥区	上虞区	诸暨市	嵊州市	新昌县
财政总收入	5463398	1169292	1450907	866963	1095405	414565	466266
一、公共财政预算收入	3172705	725584	820088	465581	663386	250538	247528
1.税收收入	3025635	707233	789670	443004	608593	240859	236276
# 增值税(25%部分)	453660	73698	132338	79088	84466	34765	49305
改征增值税	59847	20802	7600	9532	14159	3946	3808
营业税	778632	213018	192318	93981	165814	54572	58929
企业所得税(40%部分)	432824	86849	121100	76821	88211	29370	30473
个人所得税(40%部分)	153708	35011	31707	30915	29369	10080	16626
城市维护建设税	172546	45790	38255	27134	34396	14562	12409
房产税	160473	42842	52324	21654	23828	10547	9278
耕地占用税	85125	7478	22359	24440	15683	7681	7484
契税	204012	54549	59931	24089	42961	14308	8174
其他税收	524808	127196	131738	55350	109706	61028	39790
2.行政事业性收费	16752	7337	599	2560	5034	806	416
3.国有资本经营收入	-40584	-22000	-4805	-5623	—	-5100	-3056
4.罚没收入	71789	12480	7811	8494	29756	7177	6071
5.专项收入	82739	16863	22871	12977	16483	6125	7420
6.其他收入	16374	3671	3942	4169	3520	671	401
二、地方上划中央四税	2290693	443708	630819	401382	432019	164027	218738
1.增值税(75%部分)	1360978	221092	397014	237264	253399	104294	147915
2.消费税	49915	39825	4595	2512	2250	559	174
3.企业所得税(60%部分)	649237	130274	181650	115232	132316	44055	45710
4.个人所得税(60%部分)	230563	52517	47560	46374	44054	15119	24939

全市财政预算支出

表 86

单位：万元

指标	全市	越城区	柯桥区	上虞区	诸暨市	嵊州市	新昌县
公共财政预算支出合计	3464437	833881	714241	500112	741445	344500	330258
1.一般公共服务	378765	100223	79782	67176	62392	34472	34720
2.外交	—	—	—	—	—	—	—
3.国防	4368	914	1208	429	790	553	474
4.公共安全	267890	81483	50070	38303	49005	25381	23648
5.教育	779332	163727	139471	109497	192352	95605	78680
6.科学技术	184555	38686	39645	23478	47181	16574	18991
7.文化体育与传媒	74248	25577	14957	6579	10008	8704	8423
8.社会保障和就业	294925	57960	58509	42468	70180	36095	29713
9.医疗卫生与计划生育	328859	75904	67630	33228	84944	33321	33832
10.节能环保	71013	9686	15039	20601	14658	6005	5024
11.城乡社区事务	222770	61954	72595	26034	39234	8150	14803
12.农林水事务	371754	46173	79953	70503	72293	49287	53545
13.交通运输	216680	71388	27807	29624	64040	15356	8465
14.资源勘探电力信息等事务	86514	15157	33154	15424	12727	2361	7691
15.商业服务业等支出	47214	16451	13753	8050	3987	1881	3092
16.金融支出	3179	1303	—	1074	150	521	131
17.援助其他地区支出	13057	3430	3321	2051	2625	819	811
18.国土资源气象等事务	7403	3257	962	872	398	579	1335
19.住房保障支出	65023	28493	9796	3062	12183	7580	3909
20.粮油物资储备支出	6578	234	2956	714	1861	454	359
21.债务支出	6253	2516	1648	865	—	612	612
22.其他支出	34057	29365	1985	80	437	190	2000

全市金融机构年末本外币存贷款余额基本情况

表 87

单位：亿元

指标	全市		越城区	
	总量	比年初(±)	总量	比年初(±)
一、金融机构年末存款余额	6666.73	205.00	2215.86	-1.70
1.单位存款	3418.81	0.26	1308.26	-12.44
2.个人存款	2940.46	107.62	697.15	-45.83
#储蓄存款	2817.69	82.17	671.33	-45.81
3. 财政性存款	126.19	28.56	97.86	21.30
4. 临时性存款	8.17	0.49	4.08	-0.04
5. 委托存款	30.33	20.85	11.40	6.88
6. 其他存款	142.76	47.23	97.10	28.43

续表 87

指　　标	全市		越城区	
	总量	比年初(±)	总量	比年初(±)
二、金融机构年末贷款余额	6006.70	362.55	2120.18	61.94
(一)境内贷款	6006.62	362.64	2120.17	61.98
1.短期贷款	4234.53	-47.29	1433.29	-91.32
2.中长期贷款	1631.74	322.05	609.08	108.75
3.融资租赁	—	—	—	—
4.票据融资	115.20	78.23	61.74	39.52
5.各项垫款	25.15	9.66	16.06	5.02
(二)境外贷款	0.07	-0.10	0.02	-0.04

全市城镇常住居民家庭收支基本情况

表 88　　单位：元

指标	全市	越城区	柯桥区	上虞区	诸暨市	嵊州市	新昌县
人均可支配收入	43167	40927	46809	43569	45790	41058	40556
人均消费性支出	26231	25279	25885	25590	24935	20878	23407
1.食品	7328	6900	7144	8260	7930	6370	6100
2.衣着	2027	2004	2069	3143	1702	1584	1910
3.居住	6969	6918	6471	4189	6476	5375	4833
4.家庭设备用品及服务	1128	1062	1139	1157	990	1180	1108
5.医疗保健	1653	1416	1579	1424	1524	931	1453
6.交通与通信	3759	3547	3753	3790	3737	3335	5007
7.教育文化娱乐服务	2677	2757	2715	3052	2083	1758	2429
8.其他商品与服务	690	677	1015	575	492	346	567

全市居民消费价格指数

(2013 年=100)

表 89

项目	累计比	项目	累计比
居民消费价格总指数	102.1	2.衣着材料	100.3
一、食品类	104.3	3.鞋袜帽	98.9
1.粮食	102.5	4.衣着加工服务	104.3
2.淀粉及制品	104.4	四、家庭设备用品及维修服务	100.5
3.干豆类及豆制品	104.0	1.耐用消费品	98.9
4.油脂类	94.8	2.室内装饰品	99.5
5.肉禽及其制品	101.3	3.床上用品	107.0

续表 89

项目	累计比	项目	累计比
6.蛋类	112.8	4.家庭日用杂品	98.9
7.水产品类	106.0	5.家庭服务及加工维修服务	105.4
8.菜类	108.0	五、医疗保健和个人用品	105.9
其中:鲜菜	107.6	1.医疗保健	107.6
9.调味品	99.4	2.个人用品及服务	100.8
10.糖	101.3	六、交通和通信	97.9
11.茶及饮料	101.3	1.交通	98.1
12.干鲜瓜果类	105.2	2.通信	97.3
其中:鲜瓜果	110.4	七、娱乐教育文化用品及服务	103.2
1.糕点饼干	101.5	1.文娱耐用消费品及服务	98.5
14.液体乳及乳制品	102.9	2.教育	100.7
15.在外用膳食品	105.7	3.文化娱乐类	101.0
16.其他食品	101.6	4.旅游	117.0
二、烟酒及用品	99.4	八、居住	100.5
1.烟草	100.0	1.建房及装修材料	100.5
2.酒	98.0	2.住房租金	99.3
三、衣着类	100.3	3.自有住房	100.7
1.服装	100.6	4.水、电、燃料	100.1

全市科学、教育、文化、卫生、体育基本情况

表 90

指标	单位	2014		2013	
		全市	越城区	全市	越城区
一、科学技术					
科学技术奖	项	114		118	
申请专利数	件	28173	2091	27651	1689
授权专利数	件	17356	1576	15123	1398
二、教育事业					
普通高校数	所	9	7	9	7
在校学生	人	80348	66648	77532	63892

续表 90

指标	单位	2014		2013	
		全市	越城区	全市	越城区
专任教师	人	3912	3163	3807	3065
中等职业学校数	所	20	5	21	5
在校学生	人	53624	12049	60672	13577
专任教师	人	2772	629	2760	585
普通中学学校数	所	180	23	182	20
在校学生	人	246089	39046	251935	36082
专任教师	人	18320	2767	18317	2509
普通小学学校数	所	359	52	373	48
在校学生	人	288645	55894	299636	53706
专任教师	人	14477	2566	14345	2336
三、文化事业					
艺术表演团体	个	7	1	7	1
演出场次	场次	773	215	893	204
观众人次	万人次	162.18	45.20	155.68	41.50
艺术表演场所(国有)	个	6	2	6	2
公共图书馆	个	6	1	6	1
总藏书量	万册	336.69	144.09	296.35	121.76
电影院	个	24	5	28	4
电影放映场次	万场次	22.59	6.93	16.01	5.82
电影观众人次	万人次	1191.15	240.98	981.00	206.63
文化馆	个	7	2	7	2
四、卫生事业					
医院、卫生院数	个	155	26	151	22
卫生机构床位数	张	21038	5183	20084	4950
#医院床位	张	16774	4244	15887	4076
医生数	人	12012	2698	11605	2483
注册护士数	人	11114	2777	10537	2578
每万人拥有医院床位数	张	37.86	56.73	35.97	61.92
每万人拥有医生数	人	27.11	36.07	26.28	37.72
五、体育事业					
体育场(馆)	个	67	23	63	23

说明：2013年越城区数据按区划调整前口径填写。中等职业学校包括普通中专、成人中专、职业高中。医院、卫生院数包括妇幼保健院(所)

全市旅游事业发展情况

表 91

指标	单位	2004年	2005年	2006年	2007年	2008年	2009年	2010年	2011年	2012年	2013年	2014年
接待游客人数	万人次	1226	1523	1836	2228	2475	2894	3489	4188	4935	5683	6325
国内游客	万人次	1211	1503	1808	2192	2435	2851	3436	4128	4866	5614	6255
国际游客	人次	153446	201933	280300	360915	398811	431713	522841	603505	686757	696310	702142
#外国人	人次	109272	143232	194700	241883	265900	270243	329730	375602	416869	433312	421174
华侨、港、澳、台同胞	人次	44174	58701	85600	119032	132911	161470	193111	227903	269888	262998	280968
旅游总收入	亿元	95.20	115.99	147.24	186.53	213.62	252.33	318.40	413.90	506.35	584.35	652.07
#国内旅游收入	亿元	90.75	110.58	140.08	177.36	204.14	242.25	305.84	399.60	491.11	569.25	636.73
旅游外汇收入	万美元	5357	6679	8889	12063	13644	14818	18478	22010	24128	24386	24971
旅游涉外饭店	家	77	82	91	94	88	95	94	93	92	90	78
旅行社	家	63	82	86	84	95	105	111	118	123	132	137

全市环境基本情况

表 92

指标	单位	全市	越城区	柯桥区	上虞区	诸暨市	嵊州市	新昌县
一、工业废水排放总量	万吨	26341.20	4750.70	15117.85	3305.90	1038.04	993.11	1135.59
直接排入污水处理厂的	万吨	24565.71	4545.05	14927.85	2443.16	951.66	935.32	762.65
工业重复用水量	万吨	187340.03	33459.58	122518.03	10825.44	1722.41	5043.18	13771.39
二、工业废气排放总量	亿标立方米	1726.66	293.32	805.09	310.69	257.59	31.10	28.87
三、工业二氧化硫排放量	吨	64935	17794	31155	5216	7662	1582	1525
工业烟(粉)尘排放量	吨	36206	3475	24302	2342	4801	347	939
工业烟(粉)尘去除量	吨	1693783	311059	580860	31564	724903	38223	7174
四、一般工业固体废物产生量	万吨	359.61	158.77	136.24	27.76	16.36	5.96	14.52
一般工业固体废物综合利用量	万吨	349.59	156.49	136.24	23.22	13.64	5.75	14.25
一般工业固体废物贮存量	万吨	1.65	0.01	—	0.13	1.51	—	—
一般工业固体废物处置量	万吨	8.46	2.27	—	4.49	1.23	0.21	0.27
五、工业锅炉数	台	984	179	565	91	83	30	36
六、工业炉窑数	座	273	43	11	36	131	—	52

浙江省各市主要经济指标

表 93

指标	年末户籍人口（万人）	地区生产总值（亿元）	人均国内生产总值（元）	规模以上工业总产值（亿元）	工业用电量(亿千瓦时)	固定资产投资（亿元）	社会消费品零售总额(亿元)	自营出口总　额(亿美元)	实际利用外　资(亿美元)	公共财政预算收入（亿元）	年末金融系统本外币存款余额(亿元)	城镇常住居民人均可支配收入(元)	农村常住居民人均可支配收入(元)
全省	4859.18	40173.03	73002	67039.78	2597.28	23554.76	16905.31	2733.54	157.97	4121.17	79241.90	40393	19373
杭州市	715.76	9206.16	103813	12853.05	420.07	4952.70	4201.46	491.66	63.35	1027.32	24450.51	44632	23555
宁波市	583.78	7610.28	98362	14028.05	435.25	3989.46	2992.03	731.09	40.25	860.61	13890.12	44155	24283
温州市	813.69	4303.05	47118	4844.02	217.29	3052.81	2410.36	185.51	5.33	352.53	8309.34	40510	19394
嘉兴市	348.14	3352.60	73458	7463.75	328.88	2221.21	1347.04	236.51	24.96	307.07	5684.10	42143	24676
湖州市	263.78	1956.00	66917	4201.40	147.78	1242.92	871.20	88.06	9.84	167.84	2813.71	38959	22404
绍兴市	443.04	4265.88	86136	9735.30	297.27	2304.68	1487.14	297.51	6.71	317.27	6666.73	43167	23539
金华市	475.07	3208.20	59056	4585.87	202.04	1594.79	1592.70	396.71	2.78	268.87	6638.34	39807	18544
衢州市	255.67	1115.10	52500	1584.66	103.34	782.10	503.79	28.85	0.70	80.32	1635.62	30583	15354
舟山市	97.49	1015.26	88746	1497.76	23.50	960.88	376.58	57.76	2.00	101.02	1624.05	41466	23783
台州市	597.10	3387.38	56208	4052.52	173.17	1765.93	1646.32	193.51	2.77	265.21	5671.03	39763	19362
丽水市	265.65	1051.75	49459	1839.23	52.90	665.08	476.35	26.37	1.78	80.96	1858.36	30413	13635
绍兴位次	6	4	4	3	4	4	6	4	5	4	4	3	5

说明：人均国内生产总值口径为按常住人口计算的人均 GDP

长江三角洲地区主要经济指标

表 94

指标	年末户籍人口（万人）	地区生产总值（亿元）	人均地区生产总值（元）	规模以上工业总产值（亿元）	工业用电量(亿千瓦时)	固定资产投资（亿元）	社会消费品零售总额(亿元)	自营出口总　额(亿美元)	实际利用外　资(亿美元)	公共财政预算收入（亿元）	年末金融系统本外币存款余额（亿元）	城镇常住居民人均可支配收入(元)	农村常住居民人均可支配收入(元)
长江三角洲	8652.90	106024.02	96407	194363.51	5472.21	53512.53	39517.60	7422.29	558.05	12581.99	218036.69		
上海市	1438.69	23567.70	97370	32665.19	785.64	6016.43	8718.65	2102.77	181.66	4585.55	73882.45	47710	21192

续表 94

指标	年末户籍人口（万人）	地区生产总值（亿元）	人均地区生产总值（元）	规模以上工业总产值（亿元）	工业用电量(亿千瓦时)	固定资产投资（亿元）	社会消费品零售总额(亿元)	自营出口总额(亿美元)	实际利用外资(亿美元)	公共财政预算收入（亿元）	年末金融系统本外币存款余额（亿元）	城镇常住居民人均可支配收入(元)	农村常住居民人均可支配收入(元)
南京市	648.72	8820.75	107545	13199.67	289.02	5430.77	4167.19	326.28	32.91	903.49	20733.39	42568	17661
无锡市	477.14	8205.31	126389	14425.66	477.47	4610.77	2607.90	442.31	29.04	768.01	12315.01	41731	22266
常州市	368.64	4901.87	104423	11037.46	316.09	3310.05	1805.40	213.64	24.09	433.88	6980.70	39483	20133
苏州市	661.08	13760.89	129926	30322.17	1044.14	6054.00	4095.09	1811.78	81.20	1443.82	22832.53	46677	23560
南通市	767.63	5652.69	77457	12499.70	242.89	3896.39	2166.10	224.80	23.05	550.00	8508.32	33374	15821
扬州市	461.34	3697.91	82654	8840.99	147.89	2416.66	1128.10	76.82	13.88	295.19	4323.54	30322	15284
镇江市	272.07	3252.44	102652	8084.47	162.44	2142.34	1003.80	66.02	12.95	277.76	3598.68	35752	17617
泰州市	508.51	3370.89	72706	9456.36	180.73	2197.34	903.60	61.78	9.39	277.95	4061.82	31346	15076
杭州市	715.76	9206.16	103813	12853.05	420.07	4952.70	4201.46	491.66	63.35	1027.32	24450.51	44632	23555
宁波市	583.78	7610.28	98362	14028.05	435.25	3989.46	2992.03	731.09	40.25	860.61	13890.12	44155	24283
嘉兴市	348.14	3352.60	73458	7463.75	328.88	2221.21	1347.04	236.51	24.96	307.07	5684.10	42143	24676
湖州市	263.78	1956.00	66917	4201.40	147.78	1242.92	871.20	88.06	9.84	167.84	2813.71	38959	22404
绍兴市	443.04	4265.88	86136	9735.30	297.27	2304.68	1487.14	297.51	6.71	317.27	6666.73	43167	23539
舟山市	97.49	1015.26	88746	1497.76	23.50	960.88	376.58	57.76	2.00	101.02	1624.05	41466	23783
台州市	597.10	3387.38	56208	4052.52	173.17	1765.93	1646.32	193.51	2.77	265.21	5671.03	39763	19362
绍兴位次	11	9	10	9	8	10	10	7	14	9	9	5	6

附　录

外地媒体看绍兴

【概况】 2014年,绍兴在中央、省级主流媒体和网站刊播绍兴有关的宣传报道9000余篇。一是积极开展主题外宣。围绕"重构绍兴产业重建绍兴水城"战略、经济转型升级、全国文明城市创建、党的群众路线教育实践活动等主题,积极与中央、省级主要媒体沟通联络,使众多主题得到主流媒体的持续关注和深入报道。二是深入挖掘外宣典型。向中央、省级主流新闻媒体推荐党的群众路线教育实践活动先进经验和做法。中央和省级媒体对杭兰英先进事迹高密度集中宣传。三是推送特色亮点报道。围绕浙江省第十五届运动会、第三十届中国兰亭书法节暨第三届中国书坛兰亭雅集、第五届中国书法兰亭奖新闻发布会、2014公祭大禹陵典礼、第五届越商大会、中国(绍兴)曹娥江国际游艇展、人才峰会等活动,深入挖掘重大节会活动亮点。

2014年对外宣传部分报道篇目

表95

篇目	媒体	时间
绍兴经济转型升级		
绍兴鼓励传统产业"小升规"居浙江前列 奖励超千万	浙江在线专题《转型升级的绍兴样板》(一)	12月15日
石化企业用铂金促环保 绍兴新兴产业谋变形成新矩阵	浙江在线专题《转型升级的绍兴样板》(二)	12月16日
产业转型升级的绍兴样本 "三驾马车"齐奔腾促发展	浙江在线专题《转型升级的绍兴样板》(三)	12月18日
染缸边坐着"机器管家"	《浙江日报》头版	2月28日
生态约束 科技创新——新昌取舍有道绿色发展	《浙江日报》头版头条	4月8日
诸暨早稻全面开插	《浙江日报》头版	4月12日
2014春季纺织品面辅料博览会在柯桥开幕	《浙江日报》头版	5月7日
浙江引资外资势头强劲 168家世界500强企业落户	浙江卫视《新闻联播》头条	5月18日
"腾笼换鸟"拓新路	《浙江日报》头版	5月19日
绍兴人免费游绍兴	《浙江日报》头版	5月20日
浙江金融机构延长期限放大规模 缓解企业融资难	浙江卫视《新闻联播》头条	5月25日
绍兴防范化解企业金融风险	《浙江日报》头版	6月15日
诸暨特色产业插上电商翅膀	《浙江日报》头版头条	7月6日
上虞"一锤一锤"抓工业	《浙江日报》头版头条	7月14日
诸暨店口造城记	《浙江日报》头版	7月21日

续表 95

篇目	媒体	时间
上虞:以快制胜抓项目	《浙江日报》头版	7月23日
请泥鳅耕地 养青虾除虫	《浙江日报》头版头条	8月10日
实施创新驱动发展战略促进经济持续健康发展	《浙江日报》头版头条	8月28日
嵊州厨具渐别“作嫁衣”	《浙江日报》头版头条	9月21日
柯桥构建现代服务业高地	《浙江日报》头版头条	10月15日
“三花”专利产品占七成利润	《浙江日报》头版	10月21日
客商云集柯桥纺博会	《浙江日报》头版	10月25日
店口重构产业新优势	《浙江日报》头版	11月7日
诸暨农业拉长产业链	《浙江日报》头版	11月14日
柯桥整治“小微”排污	《浙江日报》头版	11月24日
有了烘干机 秋收不怕雨	《浙江日报》头版	11月26日
诸暨城市转型带动产业升级	《浙江日报》头版	12月21日
嵊州着力培育“最强技工”	《浙江日报》头版	12月27日
宁夏—浙江特高压工程十月开工 浙江加速优化能源格局	浙江卫视《新闻联播》头条	8月4日
绍兴文明城市创建		
风尚文明:古城绍兴新底色	《新华每日电讯》头版	12月10日
绍兴乡村治理现代化引关注	《光明日报》04版	12月15日
翻开文明新篇 摇出故乡新貌——浙江绍兴用核心价值观夯实文明城市创建	《光明日报》头版	12月22日
美化城市环境 开展专项整治 绍兴文明创建为民惠民	《浙江日报》头版	12月2日
“五水共治”		
把美丽水乡请回来	《人民日报》5版(全国“两会”期间,钱建民书记专访)	3月9日
浙江诸暨创新农村垃圾清运方式　论斤计报酬	《人民日报》2版	6月26日
绍兴 村里有了环境监督员	《人民日报》头版	7月13日
浙江绍兴柯桥区:千年水乡也时尚	《人民日报》5版	11月1日
水为龙头,引领浙江转型发展	中央电视台《新闻联播》	3月26日
绍兴:千亿水城梦	《瞭望东方》周刊	9月9日
绍兴立志建设现代水城	《浙江日报》头版头条	1月10日
压实“河长”责任 实现碧水长流	《浙江日报》头版	1月24日

续表 95

篇目	媒体	时间
调结构掐住污染源头治“三河”要高潮迭起	《浙江日报》头版头条	2月14日
百企联百村 全民齐上阵	《浙江日报》头版	2月16日
图片新闻:污水去哪儿了	《浙江日报》头版	3月25日
治水“后进”要吃红牌	《浙江日报》头版	3月16日
重构产业 再造水城	《浙江日报》第三版专版	3月17日
弘扬大禹精神 担当治水重任	《浙江日报》头版头条	3月22日
山塘巡查有了“千里眼”	《浙江日报》头版	5月18日
人水相亲幸福和美	《浙江日报》头版	5月26日
绍兴加快建设生态宜居水城	《浙江日报》头版	6月8日
诸暨扎实创建“无违建县”	《浙江日报》头版	6月23日
净水效果真不一般——绍兴治水请来狐尾藻	《浙江日报》头版	7月7日
村村都有监督队	《浙江日报》头版	9月17日
一把尺子量到底	《浙江日报》头版	10月10日
杭兰英先进事迹		
她让村民“有面子”(最美基层干部)——记浙江绍兴祝温村党总支书记杭兰英(上)	《人民日报》头版	8月25日
以村为家的“民情通”(最美基层干部)——记浙江绍兴祝温村党总支书记杭兰英(下)	《人民日报》第6版	8月27日
人民日报快评:乡村善治的平凡答案	《人民日报》	8月25日
中央教育实践活动领导小组、中组部、中宣部印发通知向全国优秀共产党员龚全珍杭兰英刘伦堂学习	《人民日报》第4版	9月27日
一个村支书的一天	央视《焦点访谈》	9月19日
中央党的群众路线教育实践活动领导小组、中央组织部、中央宣传部印发《关于广泛开展向全国优秀共产党员龚全珍、杭兰英、刘伦堂同志学习活动的通知》	新华社通稿	9月26日
“把一件件小事做好,最后就做成了大事”——上虞市祝温村党支部书记杭兰英28年为民服务记(上)	新华社通稿	8月24日
她信奉用脚板为老百姓服务 前“赤脚医生”、绍兴市祝温村党总支书记杭兰英记事	《新华每日电讯》7版	8月25日
杭兰英:做好小的事情换来乡村的大发展	中央新闻联播	8月26日
中央组织部表彰龚全珍等3名全国优秀共产党员	中央新闻联播	9月26日

续表 95

篇目	媒体	时间
金杯银杯不如老百姓的口碑——浙江绍兴上虞区祝温村党总支书记杭兰英事迹引发热议	《光明日报》	9月3日
要物质富裕 也要精神富裕——记浙江绍兴上虞区祝温村党总支书记杭兰英(上、下)	《光明日报》	8月25日、26日
“她为村里的事扑心扑肝”——记浙江绍兴上虞区祝温村党总支书记杭兰英(下)	《光明日报》	8月
爱心凝聚一个“家”——记浙江绍兴市上虞区祝温村党总支书记杭兰英(下)	《经济日报》	8月26日
领着村民奔富路——记浙江绍兴市上虞区祝温村党总支书记杭兰英(上)	《经济日报》	8月25日
村中事村民事全当自家事女支书杭兰英的28年治村路	《法制日报》	8月25日
因为热爱所以无悔——记扎根祝温村28年的村支书杭兰英(上)	《农民日报》	8月26日
平凡之中见精神(短评)	《农民日报》	8月26日
只有工作 没有自己——记扎根祝温村28年的村支书杭兰英(下)	《农民日报》	8月27日
百姓满意我安心——记绍兴市上虞区祝温村党总支书记杭兰英	《浙江日报》头版	4月25日
百姓喜爱的好支书——记绍兴上虞区祝温村党总支书记杭兰英(上)	《浙江日报》头版	6月30日
兰香愿为百姓来——记绍兴上虞区祝温村党总支书记杭兰英(下)	《浙江日报》头版	7月1日
夏宝龙赴上虞看望“百姓喜爱的好支书”杭兰英——“你是全省广大党员干部学习的榜样”	《浙江日报》	8月29日
杭兰英再获殊荣	《浙江日报》02版	9月27日
百姓喜爱的好支书(上):杭兰英——为群众甘当“倒贴书记”	浙江卫视《新闻联播》	6月29日
百姓喜爱的好支书(下):杭兰英——为群众甘愿“扑心扑肝”	浙江卫视《新闻联播》	6月30日
杭兰英——为群众甘当‘倒贴’书记	浙江卫视《新闻联播》头条	8月29日
文化建设		
绍兴 文化礼堂人潮涌	《浙江日报》头版	1月31日
要买啥书读者选	《浙江日报》头版	2月3日
小百花嵊州祭祖	《浙江日报》头版	6月19日
兰花飞入百姓家	《浙江日报》头版头条	2月23日
坚定理想信念 践行“三严三实”	《浙江日报》头版	3月11
绍兴:部署推广浙江新闻客户端	《浙江日报》头版	9月3日
柯桥区举办祭月仪式	《浙江日报》头版	9月8日
绍兴 文化大餐乐陶陶	《浙江日报》头版	10月3日
第十五届省运会在绍兴开幕	《浙江日报》头版头条	10月19日

续表 95

篇目	媒体	时间
第十五届省运会在绍兴闭幕	《浙江日报》头版	10月29日
绍兴文明创建为民惠民	《浙江日报》头版	12月2日
发展枫桥经验 提升治理能力	《浙江日报》头版	12月24日
作风建设		
绍兴 民警良言安乡邻	《浙江日报》头版	2月6日
百姓冷暖一网牵——嵊州民情微群纪事	《浙江日报》头版	4月5日
实绩论英雄 群众作评判	《浙江日报》头版	2月9日
百日流程 限时办结	《浙江日报》头版	2月13日
柯桥整治后进村基层组织	《浙江日报》头版	4月24日
百姓满意我安心	《浙江日报》头版	4月25日
我省公安机关举行反恐维稳汇报演练	《浙江日报》头版	5月28日
积极实践 善于创新 有序推进	《浙江日报》头版	5月29日
聚焦“四风”不散光	《浙江日报》头版	6月27日
兰香愿为百姓来	《浙江日报》头版	7月1日
主动服务全程服务精准服务	《浙江日报》头版	7月31日
广阔天地竞风流	《浙江日报》头版	8月31日
学最美人 做最美事	《浙江日报》头版	9月10日
嵊州市志愿者为老人举行爱心义诊	《浙江日报》头版	10月4日
狠抓责任落实 敢于动真碰硬	《浙江日报》头版	10月8日
一线听民声 全程抓落实	《浙江日报》头版	10月9日
老巷吹新风 小善汇大爱	《浙江日报》头版	11月6日
深化细化责任清单工作推广高效审批试点经验	《浙江日报》头版	11月8日
我家就在雪头村	《浙江日报》头版	11月15日
承诺在兑现 整改在路上	《浙江日报》头版	12月31日
绍兴市委常委会举行专题民主生活会 见筋见骨辣味十足	《浙江日报》头版	7月27日
其他主题报道		
公安环保联手雷霆治污绍兴狠打环境“黑手”	《人民日报》要闻版(2版)	1月29日

续表 95

篇目	媒体	时间
清明茶正香	《人民日报》头版	4月6日
挂牌销号抓“后进村”整转	《人民日报》第11版	4月29日
越地遗珍 绍兴文物亮相北大	《人民日报》第12版	5月9日
审批瘦身 别让“二当家”卡脖子	《人民日报》头版	6月8日
浙江变速度领跑为质量领先	《人民日报》头版	4月24日
国际皮划艇马拉松绍兴开赛	《人民日报》海外版	11月23日
乡贤回乡,重构传统乡村文化——浙江“乡贤文化”与乡村治理的采访和思考	《光明日报》头版	7月2日
女士倒在街头“最美交警”人工呼吸施救	《新华每日电讯》头版	1月12日
评价干部“行不行”要更加“接地气”	《新华每日电讯》	3月9日
绍兴为群众评星授牌 探索防范社会阶层固化新思路,省领导批示	《浙江领导参考》	2014年1月
绍兴舆情处置变堵为疏 探索构建良性网络秩序	《动态清样》	2014年3月
抓好党建是最大的政绩	《内参选编》	2014年12月

（市委宣传部提供）

先进名录

全市工业企业主营业务收入50强

表 96

1	浙江远东化纤集团有限公司	17	海亮集团有限公司
2	国网浙江省电力公司绍兴供电公司	18	浙江闰土股份有限公司
3	浙江大东南集团有限公司	19	浙江天圣化纤有限公司
4	三花控股集团有限公司	20	国网浙江诸暨市供电公司
5	卧龙控股集团有限公司	21	浙江南方石化工业有限公司
6	万丰奥特控股集团有限公司	22	浙江无名皮塑集团有限责任公司
7	浙江龙盛集团股份有限公司	23	绍兴亿丰化纤有限公司
8	浙江盾安精工集团有限公司	24	浙江宏磊铜业股份有限公司
9	精功集团有限公司	25	绍兴诚邦化纤有限公司
10	浙江新纵横投资有限公司	26	浙江绍兴三锦石化有限公司
11	浙江海亮股份有限公司	27	浙江古纤道绿色纤维有限公司
12	浙江日月首饰集团有限公司	28	浙江星鹏铜材集团有限公司
13	天洁集团有限公司	29	金科控股集团有限公司
14	浙江永通染织集团有限公司	30	露笑科技股份有限公司
15	浙江永利实业集团有限公司	31	浙江宏达金属冶炼有限公司
16	浙江古纤道新材料股份有限公司	32	浙江绍兴苏泊尔生活电器有限公司

续表 96

33	浙江兴日铁金属薄板有限公司	42	浙江庆盛控股集团有限公司
34	李字实业集团有限公司	43	绍兴市力博铜材有限公司
35	浙江金鑫化纤有限公司	44	国网浙江绍兴市上虞区供电公司
36	浙江绍兴三圆石化有限公司	45	浙江嘉利珂钴镍材料有限公司
37	浙江华孚色纺有限公司	46	上峰集团有限公司
38	绍兴华茂化纤有限公司	47	天龙控股集团有限公司
39	浙江医药股份有限公司新昌制药厂	48	浙江金盾控股集团有限公司
40	绍兴紫薇化纤有限公司	49	浙江稽山控股集团有限公司
41	世纪阳光控股集团有限公司	50	浙江盾安禾田金属有限公司

全市工业企业利润总额50强

表 97

1	浙江远东化纤集团有限公司	26	浙江兰亭高科控股有限公司
2	卧龙控股集团有限公司	27	上虞新和成生物化工有限公司
3	浙江龙盛集团股份有限公司	28	浙江金鑫化纤有限公司
4	浙江大东南集团有限公司	29	浙江古纤道新材料股份有限公司
5	万丰奥特控股集团有限公司	30	太子龙控股集团有限公司
6	三花控股集团有限公司	31	绍兴华茂化纤有限公司
7	世纪阳光控股集团有限公司	32	浙江春晖集团有限公司
8	浙江新和成股份有限公司	33	浙江日月首饰集团有限公司
9	天洁集团有限公司	34	索密克汽车配件有限公司
10	精功集团有限公司	35	恒安浙江纸业有限公司
11	浙江闰土股份有限公司	36	浙江庆盛控股集团有限公司
12	浙江盾安精工集团有限公司	37	绍兴诚邦化纤有限公司
13	国网浙江省电力公司绍兴供电公司	38	浙江星鹏铜材集团有限公司
14	浙江永利实业集团有限公司	39	浙江兴日铁金属薄板有限公司
15	金科控股集团有限公司	40	浙江海亮股份有限公司
16	浙江无名皮塑集团有限责任公司	41	浙江欧亚薄膜材料有限公司
17	浙江华通控股集团有限公司	42	中国绍兴黄酒集团有限公司
18	浙江绍兴苏泊尔生活电器有限公司	43	三力士股份有限公司
19	浙江天圣化纤有限公司	44	上虞颖泰精细化工有限公司
20	上峰集团有限公司	45	宝业集团股份有限公司
21	绍兴紫薇化纤有限公司	46	浙江新维普添加剂有限公司
22	绍兴亿丰化纤有限公司	47	绍兴中成热电有限公司
23	海亮集团有限公司	48	诸暨华海氨纶有限公司
24	浙江四海氨纶纤维有限公司	49	浙江上风实业股份有限公司
25	李字实业集团有限公司	50	浙江天马热电有限公司

全市纺织行业工业企业主营业务收入30强

表98

1	浙江新纵横投资有限公司	16	浙江稽山控股集团有限公司
2	浙江永通染织集团有限公司	17	太子龙控股集团有限公司
3	浙江永利实业集团有限公司	18	雄峰控股集团有限公司
4	浙江古纤道新材料股份有限公司	19	杭州湾化纤有限公司
5	浙江天圣化纤有限公司	20	裕隆控股集团有限公司
6	浙江南方石化工业有限公司	21	诸暨华海氨纶有限公司
7	绍兴亿丰化纤有限公司	22	浙江神鹰集团有限公司
8	绍兴诚邦化纤有限公司	23	富润控股集团有限公司
9	浙江古纤道绿色纤维有限公司	24	步森集团有限公司
10	浙江金鑫化纤有限公司	25	新天龙集团有限公司
11	浙江华孚色纺有限公司	26	越美集团有限公司
12	绍兴华茂化纤有限公司	27	绍兴县鹏越纺织有限公司
13	绍兴紫薇化纤有限公司	28	恒柏集团有限公司
14	浙江庆盛控股集团有限公司	29	浙江大和纺织印染服装(集团)有限公司
15	天龙控股集团有限公司	30	浙江袜业有限公司

全市纺织行业工业企业利润总额30强

表99

1	浙江永利实业集团有限公司	16	裕隆控股集团有限公司
2	浙江天圣化纤有限公司	17	绍兴绅花纺织有限公司
3	绍兴紫薇化纤有限公司	18	浙江南方石化工业有限公司
4	绍兴亿丰化纤有限公司	19	杭州湾化纤有限公司
5	浙江四海氨纶纤维有限公司	20	浙江红绿蓝纺织印染有限公司
6	浙江金鑫化纤有限公司	21	浙江稽山控股集团有限公司
7	浙江古纤道新材料股份有限公司	22	浙江天洋控股集团有限公司
8	太子龙控股集团有限公司	23	富润控股集团有限公司
9	绍兴华茂化纤有限公司	24	浙江正元集团有限公司
10	浙江庆盛控股集团有限公司	25	绍兴华清化纤纺织有限公司
11	绍兴诚邦化纤有限公司	26	绍兴金渔纺织新技术有限公司
12	诸暨华海氨纶有限公司	27	浙江华孚色纺有限公司
13	浙江绍兴昕欣纺织有限公司	28	浙江俏尔婷婷服饰有限公司
14	越美集团有限公司	29	绍兴明业印染有限公司
15	浙江永通染织集团有限公司	30	浙江康隆达特种防护科技股份有限公司

全市建筑企业综合实力20强

表100

1	浙江中成建工集团有限公司	11	浙江勤业建工集团有限公司
2	浙江宝业建设集团有限公司	12	浙江中富建筑集团股份有限公司
3	中设建工集团有限公司	13	华升建设集团有限公司
4	五洋建设集团股份有限公司	14	浙江万达建设集团有限公司
5	浙江展诚建设集团股份有限公司	15	浙江舜江建设集团有限公司
6	中厦建设集团有限公司	16	浙江林盛建设发展有限公司
7	浙江八达建设集团有限公司	17	长业建设集团有限公司
8	浙江亚厦装饰股份有限公司	18	浙江众立建设集团有限公司
9	浙江天工建设集团有限公司	19	中鑫建设集团有限公司
10	东方建设集团有限公司	20	浙江中联建设集团有限公司

全市房地产企业综合实力20强

表101

1	绍兴绿城金昌置业有限公司	11	绍兴景祥置业有限公司
2	绍兴市金地申兴房地产发展有限公司	12	坤和建设(绍兴)有限公司
3	浙江金昌房地产集团有限公司	13	嵊州信源市场开发有限公司
4	绍兴世茂置业有限公司	14	上虞和昶房地产开发有限公司
5	华城地产集团有限公司	15	浙江八达置业有限公司
6	绍兴龙嘉房地产开发有限公司	16	卧龙地产集团股份有限公司
7	绍兴世纪长江房地产有限公司	17	新昌县金泰房地产开发有限公司
8	日月城置业有限公司	18	绍兴中庆房地产发展有限公司
9	海亮地产控股集团有限公司	19	绍兴宝业四季园房地产有限公司
10	浙江聚亨置业有限公司	20	浙江黑猫神地产有限公司

全市商场销售10强

表102

1	浙江诸暨第一百货有限公司	6	浙江供销超市有限公司
2	绍兴大通商城股份有限公司	7	绍兴市国商大厦有限责任公司
3	浙江上百贸易有限公司	8	绍兴英特大通医药有限公司
4	浙江天宝坊黄金珠宝有限公司	9	嵊州市国商大厦有限公司
5	浙江越王珠宝有限公司	10	浙江华联医药连锁有限公司

全市商场利润10强

表 103

1	绍兴大通商城股份有限公司	6	浙江震元医药连锁有限公司
2	浙江上百贸易有限公司	7	绍兴市国商大厦有限责任公司
3	浙江越王珠宝有限公司	8	新昌县国贸实业有限公司
4	浙江供销超市有限公司	9	绍兴市千客隆超市有限公司
5	嵊州市国商大厦有限公司	10	诸暨市华天商贸有限公司

全市二十大交易市场

表 104

1	中国轻纺城	11	浙江石狮商贸城
2	钱清中国轻纺原料城	12	诸暨市农副产品批发市场
3	绍兴越州轻纺工贸园区市场	13	浙江南方五金城
4	浙江大唐轻纺袜业城	14	绍兴大通集团公司农副产品批发交易市场
5	诸暨华东汽配水暖城管理	15	浙江嵊州(中国)领带城
6	诸暨华东国际珠宝城	16	浙江农副产品批发市场
7	诸暨市小商品市场	17	绍兴金德隆五金机电城
8	绍兴市蔬菜果品批发交易市场	18	绍兴市大昌水产批发市场
9	绍兴染料城	19	绍兴市永宁废旧金属交易市场
10	新昌县江南名茶市场	20	浙江亚太粮食批发交易市场

（市统计局提供）

名牌产品

2012—2014年浙江省名牌按地区年度分类表

表 105

地区	工业				农业				服务业				区域名牌				累计
	2012年	2013年	2014年	小计	2012年	2013年	2014年	小计	2012年	2013年	2014年	小计	2012年	2013年	2014年	小计	
市直			1	1				0	1			1			1	1	3
越城区(实管区域)		1	1	2				0		2	2	4				0	6
绍兴高新区	1	2	2	5	1	1		2				0				0	7
袍江开发区	5	10	1	16				0				0				0	16
滨海新城				0				0				0				0	0
柯桥区	16	27	21	64	2	8	2	12	5	2	2	9			1	1	86
上虞区	12	20	15	47	2	2	3	7		2	1	3	1	1		2	59
诸暨市	17	35	29	81		4	4	8	1	4	2	7	1	2	1	4	100
嵊州市	5	8	6	19		3		3	1	1		2		1	1	2	26
新昌县	6	8	9	23		2		2		1	1	2	1			1	28
全市	62	111	85	258	5	20	9	34	8	12	8	28	3	4	4	11	331
全省	378	816	627	1821	66	195	125	386	74	83	73	230	19	26	22	67	2504
占比	16.40%	13.60%	13.60%	14.20%	7.60%	10.30%	7.20%	8.80%	10.80%	14.50%	11.00%	12.20%	15.80%	15.40%	18.20%	16.40%	13.20%

全市新评的浙江名牌产品

表 106

序号	产品	申报企业	商标	县(市、区)	产业类别	评价类别	年份
1	核电专用42号螺母类核级紧固件	浙江高强度紧固件有限公司	高强	柯桥	工业	新评	2014
2	螺杆水源热泵机组	浙江国祥空调设备有限公司	KINGAIR	上虞	工业	新评	2014
3	磁电机	绍兴锋龙电机有限公司	锋龙	上虞	工业	新评	2014
4	汽车液压转向助力泵	全兴精工集团有限公司	全兴精工	诸暨	工业	新评	2014
5	阀门	浙江盾运实业有限公司	盾运	诸暨	工业	新评	2014
6	消防泵	浙江华球机械制造有限公司	华球	诸暨	工业	新评	2014
7	SCR柴油车用尾气处理器	浙江方圆机电设备制造有限公司	FANGYUAN	诸暨	工业	新评	2014
8	制冷压缩机电机	浙江迪贝电气股份有限公司	DIBAY	嵊州	工业	新评	2014
9	电脑数控卷簧机	浙江万能弹簧机械有限公司	WN	嵊州	工业	新评	2014
10	制冷空调阀	浙江三花股份有限公司	三花	新昌	工业	新评	2014
11	转杯纺纱机	浙江日发纺织机械股份有限公司	RIFA	新昌	工业	新评	2014
12	变速箱	浙江中柴机器有限公司		新昌	工业	新评	2014

续表 106

序号	产品	申报企业	商标	县（市、区）	产业类别	评价类别	年份
13	彩涂铝板	浙江墙煌建材有限公司	墙煌	柯桥	工业	新评	2014
14	铂金首饰	浙江明牌珠宝股份有限公司	明 MING	柯桥	工业	新评	2014
15	节能门窗	浙江建业幕墙装饰有限公司	JIANYE	柯桥	工业	新评	2014
16	同轴电缆	浙江盛洋科技股份有限公司	盛洋	高新	工业	新评	2014
17	红木家具	绍兴昌丽家私有限公司	满堂红	越城	工业	新评	2014
18	衬衫	浙江朗莎尔维迪制衣有限公司	朗莎尔	柯桥	工业	新评	2014
19	羽毛球	绍兴永隆农畜产球业有限公司		柯桥	工业	新评	2014
20	美式实木套房家具	浙江花为媒集团有限公司	艾美达	柯桥	工业	新评	2014
21	美容面膜卫生卷材	浙江和中非织造股份有限公司		柯桥	工业	新评	2014
22	贵金属工艺品	浙江运发文化发展有限公司	運發	上虞	工业	新评	2014
23	机织空气过滤网	浙江金海环境技术股份有限公司	金海	诸暨	工业	新评	2014
24	吸油烟机	浙江万事兴电器有限公司	VEZSIN	嵊州	工业	新评	2014
25	吸油烟机	浙江松科电器有限公司		嵊州	工业	新评	2014
26	真丝绸缎	达利丝绸(浙江)有限公司	DALIFA	新昌	工业	新评	2014

续表 106

序号	产品	申报企业	商标	县(市、区)	产业类别	评价类别	年份
27	针织T恤衫	浙江新兴针织服饰有限公司	TENDIER	诸暨	工业	新评	2014
28	黄酒	中国绍兴黄酒集团有限公司	古越龙山	市直	工业	新评	2014
29	酱油	绍兴至味食品有限公司	松盛园	柯桥	工业	新评	2014
30	丽春酒	浙江塔牌绍兴酒有限公司	塔牌	柯桥	工业	新评	2014
31	纳米材料改性橡胶V带	三力士股份有限公司	三力士	柯桥	工业	新评	2014
32	维生素A	上虞新和成生物化工有限公司	NHU	上虞	工业	新评	2014
33	埋地排水用双壁波纹管	浙江阮氏塑业有限公司	阮氏	上虞	工业	新评	2014
34	茶叶	上虞市茶叶有限责任公司	舜水	上虞	农业	新评	2014
35	茶叶	浙江诸暨十里坪茶业有限公司	十里坪	诸暨	农业	新评	2014
36	绍兴鸭	诸暨市国伟禽业发展有限公司	国伟	诸暨	农业	新评	2014
37	文化创意园区管理	浙江绍兴形尔尚居家空间有限公司		越城	服务业	新评	2014
38	足浴推拿服务	绍兴沈园堂健康文化传播有限公司	沈园堂	越城	服务业	新评	2014
39	委托检测、检定校准	绍兴市柯桥区质量技术监督检测所	KZJC	柯桥	服务业	新评	2014
40	锡合金丝	绍兴市天龙锡材有限公司	DAMNO/鹿鹤	高新	工业	复评	2014

续表 106

序号	产品	申报企业	商标	县(市、区)	产业类别	评价类别	年份
41	汽车仪表	浙江汽车仪表有限公司	诞海	袍江	工业	复评	2014
42	仿真丝织物面料	绍兴县八方纺织有限公司	BAFANG	柯桥	工业	复评	2014
43	舒丝呢	浙江越隆控股集团有限公司	[illegible]	柯桥	工业	复评	2014
44	电扶梯	浙江梅轮电梯股份有限公司	梅轮	柯桥	工业	复评	2014
45	青黄铜带(板)材系列	浙江中环铜业有限公司	弓箭	柯桥	工业	复评	2014
46	多晶硅铸锭炉	浙江精功科技股份有限公司	EXCELL	柯桥	工业	复评	2014
47	工业用铝型材	浙江鼎丰铝业有限公司	越泉	柯桥	工业	复评	2014
48	铝合金建筑型材	浙江鼎丰铝业有限公司	越泉	柯桥	工业	复评	2014
49	铝单板	浙江墙煌建材有限公司	墙煌	柯桥	工业	复评	2014
50	实木家具	浙江花为媒集团有限公司	花为媒	柯桥	工业	复评	2014
51	数码色织提花布	浙江庆盛控股集团有限公司	慶盛 QINGSHENG	柯桥	工业	复评	2014
52	压力试验机	浙江土工仪器制造有限公司	逾峰	上虞	工业	复评	2014
53	聚醚多元醇	浙江皇马化工集团有限公司	皇马	上虞	工业	复评	2014
54	固定式灯具	上虞舜和照明电器有限公司	SUNLIT	上虞	工业	复评	2014

续表 106

序号	产品	申报企业	商标	县(市、区)	产业类别	评价类别	年份
55	小功率电机	卧龙控股集团有限公司	卧龙	上虞	工业	复评	2014
56	荧光灯	浙江阳光照明电器集团股份有限公司	阳光	上虞	工业	复评	2014
57	室内灯具	浙江阳光照明电器集团股份有限公司	阳光	上虞	工业	复评	2014
58	丙烯酸乳液	浙江新力化工有限公司	科力森	上虞	工业	复评	2014
59	活性染料	浙江瑞华化工有限公司	瑞华素	上虞	工业	复评	2014
60	童车	浙江晨辉婴宝儿童用品有限公司	晨辉·婴宝	上虞	工业	复评	2014
61	中小型电机	卧龙电气集团股份有限公司	卧龙	上虞	工业	复评	2014
62	铜棒	浙江海亮股份有限公司	海亮	诸暨	工业	复评	2014
63	滑动轴承	申发集团有限公司	申发	诸暨	工业	复评	2014
64	链条	浙江金盾链条制造有限公司	诸盾	诸暨	工业	复评	2014
65	给水用聚乙烯(PE)管材、管件	浙江锦宇枫叶管业有限公司	乾宇	诸暨	工业	复评	2014
66	涤纶中弹丝	海讯集团有限公司	HXHQ	诸暨	工业	复评	2014
67	滑动轴承	申科滑动轴承股份有限公司	申科	诸暨	工业	复评	2014
68	铜合金轴套	浙江永成机械有限公司	永成	诸暨	工业	复评	2014

续表 106

序号	产品	申报企业	商标	县(市、区)	产业类别	评价类别	年份
69	锦纶弹力丝	浙江裕鑫聚磐实业有限公司	裕鑫	诸暨	工业	复评	2014
70	精纺呢绒	富润控股集团有限公司	富润	诸暨	工业	复评	2014
71	数控车床	浙江凯达机床股份有限公司	[illegible]	诸暨	工业	复评	2014
72	电除尘器	浙江菲达环保科技股份有限公司	菲达	诸暨	工业	复评	2014
73	电袋复合除尘器	浙江菲达环保科技股份有限公司	菲达	诸暨	工业	复评	2014
74	氨纶包覆纱	浙江永新集团有限公司	永新	诸暨	工业	复评	2014
75	BOPP/PP 复合软包装薄膜	浙江大东南股份有限公司	绿海	诸暨	工业	复评	2014
76	塑料包装薄膜	浙江大东南股份有限公司	西施	诸暨	工业	复评	2014
77	铝塑复合压力管	浙江爱水宝管业有限公司	Ai shui bao 爱水宝	诸暨	工业	复评	2014
78	黑猫神蚊香	黑猫神日化股份有限公司	黑猫神	诸暨	工业	复评	2014
79	复合预混料	浙江金大地饲料有限公司	金球	诸暨	工业	复评	2014
80	汽车空气干燥器总成	浙江万安科技股份有限公司	[illegible]	诸暨	工业	复评	2014
81	汽车制动系统	浙江万安科技股份有限公司	[illegible]	诸暨	工业	复评	2014
82	链传动系列产品	浙江华港链传动有限公司	华港	诸暨	工业	复评	2014

续表 106

序号	产品	申报企业	商标	县(市、区)	产业类别	评价类别	年份
83	纳米珍珠粉	浙江长生鸟药业有限公司	长生鸟	诸暨	工业	复评	2014
84	毛巾	浙江洁丽雅股份有限公司	洁丽雅	诸暨	工业	复评	2014
85	领带	嵊州市仟代领带织造有限公司	仟代	嵊州	工业	复评	2014
86	超微粉碎设备	浙江丰利粉碎设备有限公司	FLFS	嵊州	工业	复评	2014
87	塑料管材、管件	浙江中财管道科技股份有限公司	中财	新昌	工业	复评	2014
88	水果罐头	丰岛控股集团有限公司	TOYOSHIMA	新昌	工业	复评	2014
89	转杯纺纱机	浙江泰坦股份有限公司	泰坦	新昌	工业	复评	2014
90	涤纶缝纫线	浙江耿基实业有限公司	双驹	新昌	工业	复评	2014
91	汽车灯具配件	浙江省新宝汽车电器有限公司	XB	新昌	工业	复评	2014
92	咸蛋	绍兴县安昌百顺蛋厂	柏仁	柯桥	农业	复评	2014
93	生猪	浙江天天田园控股集团有限公司	瘦八戒	柯桥	农业	复评	2014
94	青梅	上虞市南岭农副产品有限公司	东青	上虞	农业	复评	2014
95	生猪	绍兴市大自然农业发展有限公司	英台故里	上虞	农业	复评	2014
96	瘦肉型活大猪	浙江茂阳农发集团有限公司	茂阳	诸暨	农业	复评	2014

续表 106

序号	产品	申报企业	商标	县（市、区）	产业类别	评价类别	年份
97	翠冠蜜梨	诸暨市花果山庄有限公司	猴哥	诸暨	农业	复评	2014
98	园林绿化施工养护服务	浙江绿洲生态股份有限公司	OASLIT 绿洲之光	柯桥	服务业	复评	2014
99	旅游服务	绍兴市上虞区风景旅游管理局	四季仙果之旅	上虞	服务业	复评	2014
100	收养收容服务	诸暨市富润老年康乐中心	富润	诸暨	服务业	复评	2014
101	旅游服务	诸暨市旅游投资发展有限公司	西施故里	诸暨	服务业	复评	2014
102	旅游服务	新昌县旅游集团有限公司	天姥山	新昌	服务业	复评	2014
103	绍兴黄酒	绍兴市黄酒行业协会	绍兴黄酒	市直	区域	复评	2014
104	绍兴家纺	绍兴市柯桥区家纺协会	绍兴家纺	柯桥	区域	复评	2014
105	枫桥香榧	诸暨市人民政府	枫桥	诸暨	区域	复评	2014
106	嵊州绿茶	嵊州市越乡名茶协会	越乡	嵊州	区域	复评	2014

2012—2014 绍兴名牌按地区年度分类表

表 107 单位：个

地区	工业				农业				服务业				区域名牌	累计
	2012 年	2013 年	2014 年	小计	2012 年	2013 年	2014 年	小计	2012 年	2013 年	2014 年	小计	2013 年	
市直	0	0	0	0	0	0	0	0	1	2	0	3	0	3
越城区	1	5	2	8	0	0	2	2	3	2	1	6	0	16
绍兴高新区	3	7	10	20	1	2	2	5	0	1	3	4	0	29
袍江开发区	13	11	8	32	0	0	1	1	2	0	1	3	0	36
滨海新城	1	2	1	4	1	1	0	2	0	0	0	0	0	6
柯桥区	35	40	27	102	1	6	1	8	8	11	6	25	1	136
上虞区	27	23	22	72	3	7	7	17	8	1	6	15	0	104
诸暨市	29	38	24	91	0	5	0	5	3	1	2	6	0	102
嵊州市	14	9	24	47	1	1	0	2	3	3	4	10	0	59
新昌县	15	3	13	31	1	1	3	5	0	0	0	0	0	36
累计	138	138	131	407	8	23	16	47	28	21	23	72	1	527

全市新评的绍兴名牌产品

表 108

注册商标	企业名称	备注	编号	属地	产业类别
兆建益生	浙江益森科技股份有限公司	新评	2014(工)-001	越城区	工业
美丽人家	绍兴昌丽家私有限公司	新评	2014(工)-002	越城区	工业
DAMNO	绍兴市天龙锡材有限公司	新评	2014(工)-003	绍兴高新区	工业
金億	绍兴市彬彬木业有限公司	新评	2014(工)-004	绍兴高新区	工业
红果	浙江红果微电子有限公司	新评	2014(工)-005	绍兴高新区	工业
SD	浙江东盛精密机械有限公司	新评	2014(工)-006	绍兴高新区	工业

续表 108

注册商标	企业名称	备注	编号	属地	产业类别
白塔	绍兴白塔酿酒有限公司	新评	2014(工)-007	绍兴高新区	工业
绍	浙江圣塔绍兴酒有限公司	新评	2014(工)-008	绍兴高新区	工业
凯泰特纤	凯泰特种纤维科技有限公司	新评	2014(工)-009	袍江开发区	工业
苏泊尔	浙江绍兴苏泊尔生活电器有限公司	新评	2014(工)-010	袍江开发区	工业
旺得福	浙江旺得福车业有限公司	新评	2014(工)-011	滨海新城	工业
塔牌	浙江塔牌绍兴酒有限公司	新评	2014(工)-012	柯桥区	工业
慶盛 QINGSHENG	浙江庆盛控股集团有限公司	新评	2014(工)-013	柯桥区	工业
利之杰	浙江永隆实业股份有限公司	新评	2014(工)-014	柯桥区	工业
	浙江永顺窗饰材料有限公司	新评	2014(工)-015	柯桥区	工业
	浙江山川科技股份有限公司	新评	2014(工)-016	柯桥区	工业
JIANYE	浙江建业幕墙装饰有限公司	新评	2014(工)-017	柯桥区	工业
雅克	绍兴市雅克汽配有限公司	新评	2014(工)-018	柯桥区	工业
子华	浙江子华停车设备有限公司	新评	2014(工)-019	柯桥区	工业
东伟	东伟集团有限公司	新评	2014(工)-020	诸暨市	工业

续表 108

注册商标	企业名称	备注	编号	属地	产业类别
威其利	浙江东佳针织有限公司	新评	2014(工)-021	诸暨市	工业
锋美	浙江省诸暨市锋美袜业有限公司	新评	2014(工)-022	诸暨市	工业
德科隆	浙江德科实业有限公司	新评	2014(工)-023	诸暨市	工业
鑫勤	浙江鑫勤锦纶有限公司	新评	2014(工)-024	诸暨市	工业
荣怀	浙江荣怀环保科技有限公司	新评	2014(工)-025	诸暨市	工业
枫叶	浙江中元枫叶管业有限公司	新评	2014(工)-026	诸暨市	工业
	浙江中洁管道有限公司	新评	2014(工)-027	诸暨市	工业
奇爱	奇爱集团有限公司	新评	2014(工)-028	诸暨市	工业
菲达	浙江菲达环保科技股份有限公司	新评	2014(工)-029	诸暨市	工业
菲达	浙江菲达环保科技股份有限公司	新评	2014(工)-030	诸暨市	工业
万金	浙江万金机械有限公司	新评	2014(工)-031	诸暨市	工业
伟焕	浙江伟焕机械制造有限公司	新评	2014(工)-032	诸暨市	工业
凯姆	浙江凯姆热能设备有限公司	新评	2014(工)-033	诸暨市	工业
科力森	浙江新力化工有限公司	新评	2014(工)-034	上虞区	工业

续表 108

注册商标	企业名称	备注	编号	属地	产业类别
JINGUANG	浙江劲光化工有限公司	新评	2014(工)-035	上虞区	工业
	浙江迪邦化工有限公司	新评	2014(工)-036	上虞区	工业
巨铝	绍兴巨龙新型材料有限公司	新评	2014(工)-037	上虞区	工业
YASHA	浙江亚厦产业园发展有限公司	新评	2014(工)-038	上虞区	工业
自立股份	浙江自立股份有限公司	新评	2014(工)-039	上虞区	工业
	浙江万可电气设备有限公司	新评	2014(工)-040	上虞区	工业
TWOSUN	浙江双阳风机有限公司	新评	2014(工)-041	上虞区	工业
WZ	上虞市五州电机制造有限公司	新评	2014(工)-042	上虞区	工业
	浙江省嵊州市绿园塑料网业有限公司	新评	2014(工)-043	嵊州市	工业
B&L	浙江佰利鞋业有限公司	新评	2014(工)-044	嵊州市	工业
WEIPU威普	浙江威普生活电器有限公司	新评	2014(工)-045	嵊州市	工业
DELE德乐	浙江德乐电器有限公司	新评	2014(工)-046	嵊州市	工业
皇中皇	浙江皇中皇电器有限公司	新评	2014(工)-047	嵊州市	工业
万力丰	浙江万力铜业有限公司	新评	2014(工)-048	嵊州市	工业

续表 108

注册商标	企业名称	备注	编号	属地	产业类别
GAOXIANG	浙江嵊州澳利亚电机有限公司	新评	2014(工)-049	嵊州市	工业
希多	绍兴市希多电机有限公司	新评	2014(工)-050	嵊州市	工业
力普高科	浙江力普粉碎设备有限公司	新评	2014(工)-051	嵊州市	工业
[illegible]	浙江东星纺织机械有限公司	新评	2014(工)-052	嵊州市	工业
UNIFAR UNIFAR	浙江优联汽车轴承有限公司	新评	2014(工)-053	嵊州市	工业
节远 JIEYUAN	浙江富源制冷设备有限公司	新评	2014(工)-054	嵊州市	工业
奥新 AOXIN	浙江奥星制冷设备有限公司	新评	2014(工)-055	嵊州市	工业
龍威 Romway	浙江龙威机械制造有限公司	新评	2014(工)-056	嵊州市	工业
春久 chunjiu	浙江新益针织制衣有限公司	新评	2014(工)-057	新昌县	工业
迷蝶	绍兴迷蝶制衣有限公司	新评	2014(工)-058	新昌县	工业
SLING	新昌县双菱汽车轴承有限公司	新评	2014(工)-059	新昌县	工业
	浙江中柴机器有限公司	新评	2014(工)-060	新昌县	工业
YOANTION	浙江远信印染机械有限公司	新评	2014(工)-061	新昌县	工业
景加源	浙江景加源机械有限公司	新评	2014(工)-062	新昌县	工业

续表 108

注册商标	企业名称	备注	编号	属地	产业类别
越州兆丰	绍兴兆丰绒织品有限公司	复评	2014(工)-063	绍兴高新区	工业
金盛	绍兴市海燕聚氨酯有限公司	复评	2014(工)-064	绍兴高新区	工业
恒之陆 HENG ZHI LU	浙江恒之陆纤维有限公司	复评	2014(工)-065	绍兴高新区	工业
海森	浙江海森纺机科技有限公司	复评	2014(工)-066	绍兴高新区	工业
国周 GUOZHOU	绍兴国周针织科技有限公司	复评	2014(工)-067	袍江开发区	工业
咸亨 / 太雕牌	绍兴市咸亨酒店食品有限公司	复评	2014(工)-068	袍江开发区	工业
越韩	浙江越韩科技透气材料有限公司	复评	2014(工)-069	袍江开发区	工业
越王	绍兴市东湖生化有限公司	复评	2014(工)-070	袍江开发区	工业
恒业成	浙江恒业成有机硅有限公司	复评	2014(工)-071	袍江开发区	工业
	绍兴翔宇绿色包装有限公司	复评	2014(工)-072	袍江开发区	工业
塔牌	浙江塔牌绍兴酒有限公司	复评	2014(工)-073	柯桥区	工业
咸亨	绍兴县咸亨酒业有限公司	复评	2014(工)-074	柯桥区	工业
永通	浙江永通染织集团有限公司	复评	2014(工)-075	柯桥区	工业
	浙江东方华强纺织印染有限公司	复评	2014(工)-076	柯桥区	工业

续表 108

注册商标	企业名称	备注	编号	属地	产业类别
紫薇	绍兴紫薇化纤有限公司	复评	2014(工)-077	柯桥区	工业
WENXIANG	浙江闻翔家纺服饰有限公司	复评	2014(工)-078	柯桥区	工业
WENXIANG	浙江闻翔家纺服饰有限公司	复评	2014(工)-079	柯桥区	工业
双华 SHUANGHUA	绍兴县双华胶带有限公司	复评	2014(工)-080	柯桥区	工业
KINLEAD	浙江凯利新材料股份有限公司	复评	2014(工)-081	柯桥区	工业
	浙江山川科技股份有限公司	复评	2014(工)-082	柯桥区	工业
墙煌	浙江墙煌建材有限公司	复评	2014(工)-083	柯桥区	工业
金八达	浙江八达铜业有限公司	复评	2014(工)-084	柯桥区	工业
力博	绍兴市力博电气有限公司	复评	2014(工)-085	柯桥区	工业
XIWU	浙江西屋电梯股份有限公司	复评	2014(工)-086	柯桥区	工业
XIWU	浙江西屋电梯股份有限公司	复评	2014(工)-087	柯桥区	工业
绍齿	浙江长泰机械有限公司	复评	2014(工)-088	柯桥区	工业
绍齿	浙江长泰机械有限公司	复评	2014(工)-089	柯桥区	工业
永峯	绍兴电力设备有限公司	复评	2014(工)-090	柯桥区	工业

续表 108

注册商标	企业名称	备注	编号	属地	产业类别
EXCELL	浙江精功科技股份有限公司	复评	2014(工)-091	柯桥区	工业
德其利	诸暨市德其利袜业有限公司	复评	2014(工)-092	诸暨市	工业
森威活力	浙江省诸暨市森威特针织有限公司	复评	2014(工)-093	诸暨市	工业
路仁行	浙江赛乐袜业有限公司	复评	2014(工)-094	诸暨市	工业
久渔	诸暨市久渔针织厂	复评	2014(工)-095	诸暨市	工业
绅仕镭	浙江绅仕镭玻璃有限公司	复评	2014(工)-096	诸暨市	工业
乾宇	浙江锦宇枫叶管业有限公司	复评	2014(工)-097	诸暨市	工业
灵龙 LING LONG	浙江灵龙管业有限公司	复评	2014(工)-098	诸暨市	工业
力 丰	诸暨市三力日丰管业有限公司	复评	2014(工)-099	诸暨市	工业
铭仕	浙江铭仕机械有限公司	复评	2014(工)-100	诸暨市	工业
枫叶	浙江枫叶机械有限公司	复评	2014(工)-101	诸暨市	工业
联丽	浙江日丽太阳能制品有限公司	复评	2014(工)-102	上虞区	工业
	浙江越州纸品有限公司	复评	2014(工)-103	上虞区	工业
长征化工	浙江长征化工有限公司	复评	2014(工)-104	上虞区	工业

续表 108

注册商标	企业名称	备注	编号	属地	产业类别
JINGUANG	浙江劲光化工有限公司	复评	2014(工)-105	上虞区	工业
龙盛薄板	浙江龙盛薄板有限公司	复评	2014(工)-106	上虞区	工业
自立	浙江自立股份有限公司	复评	2014(工)-107	上虞区	工业
自立	浙江自立股份有限公司	复评	2014(工)-108	上虞区	工业
金鹰	上虞市金鹰铜业有限公司	复评	2014(工)-109	上虞区	工业
星鹏	浙江星鹏铜材集团有限公司	复评	2014(工)-110	上虞区	工业
—	浙江上风实业股份有限公司	复评	2014(工)-111	上虞区	工业
晶盛机电	浙江晶盛机电股份有限公司	复评	2014(工)-112	上虞区	工业
逾峰	浙江土工仪器制造有限公司	复评	2014(工)-113	上虞区	工业
华鑫	浙江华鑫商业售货机有限公司	复评	2014(工)-114	上虞区	工业
ReachingKAYO 达成凯悦	浙江达成凯悦纺织服装有限公司	复评	2014(工)-115	嵊州市	工业
Yashilin 雅士林	浙江雅士林领带服饰有限公司	复评	2014(工)-116	嵊州市	工业
VEZSIN	浙江万事兴电器有限公司	复评	2014(工)-117	嵊州市	工业
OLI 奥力	浙江奥力电器有限公司	复评	2014(工)-118	嵊州市	工业

续表 108

注册商标	企业名称	备注	编号	属地	产业类别
SANPO 三博	浙江三博聚合物有限公司	复评	2014(工)-119	嵊州市	工业
保PUB立	浙江科达新型建材有限公司	复评	2014(工)-120	嵊州市	工业
威雳	浙江威力锻压机械有限公司	复评	2014(工)-121	嵊州市	工业
乐丰	浙江乐丰电器有限公司	复评	2014(工)-122	嵊州市	工业
FORWAY	浙江福威重工制造有限公司	复评	2014(工)-123	嵊州市	工业
WN®	浙江万能弹簧机械有限公司	复评	2014(工)-124	嵊州市	工业
新和成(NHU)	浙江新和成股份有限公司	复评	2014(工)-125	新昌县	工业
kuake	浙江夸克生物科技有限公司	复评	2014(工)-126	新昌县	工业
华佳国财	浙江省新昌县华佳国财塑胶有限公司	复评	2014(工)-127	新昌县	工业
Kanglide	新昌县康利德制冷配件有限公司	复评	2014(工)-128	新昌县	工业
恒利	新昌县恒利轴承有限公司	复评	2014(工)-129	新昌县	工业
TOMAN 陀曼	浙江陀曼精密机械有限公司	复评	2014(工)-130	新昌县	工业
泰风	新昌县科贸实业有限公司	复评	2014(工)-131	新昌县	工业
九连红	上虞市东山红红心猕猴桃专业合作社	新评	2014(农)-001	上虞区	农业

续表 108

注册商标	企业名称	备注	编号	属地	产业类别
虞园一品	上虞鑫和生态农业综合开发有限公司	新评	2014(农)-002	上虞区	农业
玉水河	上虞市玉水河水产专业合作社	新评	2014(农)-003	上虞区	农业
章镇	上虞市志江猕猴桃专业合作社	新评	2014(农)-004	上虞区	农业
天姥蓝	新昌县荣越蓝莓专业合作社	新评	2014(农)-005	新昌县	农业
狭猱湖	绍兴市狭猱湖避塘农庄有限公司	复评	2014(农)-006	越城区	农业
狭猱湖	绍兴市狭猱湖避塘农庄有限公司	复评	2014(农)-007	越城区	农业
绿中	绍兴中亚工贸园有限公司	复评	2014(农)-008	绍兴高新区	农业
绿中	绍兴中亚工贸园有限公司	复评	2014(农)-009	绍兴高新区	农业
大坂湖	绍兴市大畈水产专业合作社	复评	2014(农)-010	袍江开发区	农业
大越山龙	绍兴县大越山农有机茶专业合作社	复评	2014(农)-011	柯桥区	农业
西溪湖	上虞市西溪湖水产专业合作社	复评	2014(农)-012	上虞区	农业
雀嘴	上虞市新海岸水产专业合作社	复评	2014(农)-013	上虞区	农业
舜水	上虞市茶叶有限责任公司	复评	2014(农)-014	上虞区	农业
同兴	浙江新昌同兴食品实业有限公司	复评	2014(农)-015	新昌县	农业

续表 108

注册商标	企业名称	备注	编号	属地	产业类别
归真	新昌县宫廷黄鸡繁育有限公司	复评	2014(农)-016	新昌县	农业
—	绍兴市96345社会公共(便民)服务中心	新评	2014(服)-001	越城区	服务业
	浙江汇联贵金属制品交易市场股份有限公司	新评	2014(服)-002	绍兴高新区	服务业
少年师爷	浙江特立宙动画影视有限公司	新评	2014(服)-003	绍兴高新区	服务业
	绍兴原色数码科技有限公司	新评	2014(服)-004	柯桥区	服务业
青藤物业	绍兴市青藤物业有限公司	新评	2014(服)-005	柯桥区	服务业
	诸暨市鹏程集团有限公司	新评	2014(服)-006	诸暨市	服务业
雷云	上虞市滨海农业发展有限公司	新评	2014(服)-007	上虞区	服务业
Young	上虞市青年软件开发有限公司	新评	2014(服)-008	上虞区	服务业
东山湖	上虞东山湖运动休闲有限公司	新评	2014(服)-009	上虞区	服务业
保尔 BAOER	嵊州市保尔模具材料有限公司	新评	2014(服)-010	嵊州市	服务业
DFFY 东方飞翼	浙江飞翼生态农业有限公司	新评	2014(服)-011	嵊州市	服务业
	嵊州市康复护理医院	新评	2014(服)-012	嵊州市	服务业
—	绍兴市东湖景区管理处	复评	2014(服)-013	绍兴高新区	服务业

续表 108

注册商标	企业名称	备注	编号	属地	产业类别
宝顺	绍兴宝顺汽车销售服务有限公司	复评	2014(服)-014	袍江开发区	服务业
OASLIT 绿洲之光	浙江绿洲生态股份有限公司	复评	2014(服)-015	柯桥区	服务业
	绍兴柯桥排水有限公司	复评	2014(服)-016	柯桥区	服务业
	绍兴县金晟纺织品有限公司	复评	2014(服)-017	柯桥区	服务业
	绍兴柯桥供水有限公司	复评	2014(服)-018	柯桥区	服务业
诸暨长运 ZHUJI CHANGYUN	诸暨市长途汽车运输有限公司	复评	2014(服)-019	诸暨市	服务业
四季仙果之旅	绍兴市上虞区风景旅游管理局	复评	2014(服)-020	上虞区	服务业
—	上虞市自来水有限责任公司	复评	2014(服)-021	上虞区	服务业
—	浙江舜泉酒店投资管理有限公司	复评	2014(服)-022	上虞区	服务业
飞瀑	嵊州市百丈飞瀑风景旅游管理处	复评	2014(服)-023	嵊州市	服务业

驰名商标·著名商标

【概况】 2014年，全市行政认定驰名商标6件，认定省著名商标34件，认定市著名商标62件。

行政认定的驰名商标

表109

序号	商标	商标注册人/所有人	类别	请求认定商品/服务	图标
1	高强GAOQIANG及图	浙江高强度紧固件有限公司	6	金属螺栓、金属螺母	高强 GAOQIANG
2	富得利及图	浙江富得利木业有限公司	19	地板	富得利
3	东伟	东伟集团有限公司	25	服装	東偉
4	环宇	浙江环宇建设集团有限公司	37	建筑	环宇
5	冠军	冠军集团有限公司	29	香榧	冠军
6	舜龙及图	浙江舜龙化工有限公司	2	染料	舜龙

认定的省著名商标

表110

序号	商标标识	商标注册证号	类别/商标实际使用商品或服务	企业名称(商标注册人)	地区
1		4038169	37类/建筑结构监督、建筑物焊接、工厂建设	精功集团有限公司	柯桥区
2	军逸	7894163	06类/未加工或半加工铜、金属管道配件、五金器具	浙江军联铜业有限公司	诸暨市
3	和	5530318	05类/医用敷料	浙江和中非织造股份有限公司	柯桥区

续表 110

序号	商标标识	商标注册证号	类别 / 商标实际使用商品或服务	企业名称(商标注册人)	地区
4	OU GE 讴歌	8269665	41 类 / 娱乐、提供娱乐设施、文娱活动	浙江讴歌文化投资有限公司	越城区
5		845315	24 类 / 棉布、交织布、化纤布	浙江晨光布业印染有限公司	柯桥区
6	科力森	4010409	01 类 / 工业用黏合剂	浙江新力化工有限公司	上虞区
7	YASHILIN	8314867	25 类 / 服装、领带、围巾	浙江雅士林领带服饰有限公司	嵊州市
8	樱桃Yingtao	1972066	05 类 / 空心胶囊	浙江华光胶囊有限公司	新昌县
9	Poipoilu	7634341	25 类 / 童装、婴儿全套衣、鞋	浙江泡泡噜服饰有限公司	绍兴高新区
10	富得利	6726661	19 类 / 地板、拼花地板条、树脂复合板	浙江富得利木业有限公司	袍江开发区
11	KINLEAD	6684794	16 类 / 包装用塑料膜	浙江凯利新材料股份有限公司	柯桥区
12	DUNYUN 盾运阀门	8348164	06 类 / 金属水管阀、金属管道接头、五金器具	浙江盾运实业有限公司	诸暨市
13	宏达化学 HONGDA CHEMICALS HD	7219821	01 类 / 增白剂、渗透剂;柔软剂	浙江宏达化学制品有限公司	上虞区
14		8045323	24 类 / 纺织织物、布、无纺布	浙江红绿蓝纺织印染有限公司	柯桥区
15		7518795	11 类 / 冷却设备和装置、空气调节装置	浙江万金机械有限公司	诸暨市
16	BAILLI	4524965	25 类 / 领带	浙江佰利领带服饰有限公司	嵊州市
17	JINCHENG 金盛	1118675	01 类 / 聚氨酯	绍兴市海燕聚氨酯有限公司	绍兴高新区

续表 110

序号	商标标识	商标注册证号	类别 / 商标实际使用商品或服务	企业名称(商标注册人)	地区
18		166574	12 类 / 汽车配件	绍兴金江机械有限公司	袍江开发区
19	JIAYE	7448734	24 类 / 织物、布、印花丝织品	浙江嘉业印染有限公司	柯桥区
20	JINGUANG	4977817	02 类 / 染料、苯胺染料、皮革染色剂	浙江劲光化工有限公司	上虞区
21	秦望	1575381	30 类 / 茶、茶叶代用品	绍兴县秦望茶业专业合作社	柯桥区
22	越红 YUE HONG	8482437	30 类 / 咖啡、茶、茶叶代用品	绍兴县玉龙茶业有限公司	柯桥区
23	美得来 Mei De Lai	8565346	32 类 / 水果饮料(不含酒精)、矿泉水(饮料)、饮料制剂	浙江蓝美实业有限公司	诸暨市
24	暨诺	6626503	19 类 / 非金属管道、非金属水管、非金属排水管	暨诺管业有限公司	诸暨市
25		5031329	37 类 / 建筑、道路铺设、机械安装	浙江天工建设集团有限公司	柯桥区
26	普乐迪	8597126	41 类 / 娱乐、提供卡拉 OK 服务、培训	普乐迪文化传播股份有限公司	柯桥区
27		4133782	30 类 / 茶、茶叶代用品	上虞市覆卮山茶厂	上虞区
28	WN	1912656	07 类 / 连续式弹簧回火炉、万能自动卷簧机、自动磨簧机	浙江万能弹簧机械有限公司	嵊州市
29	D 達利發 DALIFA	1110999	24 类 / 各种绸缎	达利丝绸(浙江)有限公司	新昌县
30		5509382	01 类 / 印染用海藻酸钠、染料助剂	浙江山川科技股份有限公司	柯桥区
31		3788751	07 类 / 弹簧(机器零件)、减震器、机器传动装置	浙江华纬弹簧有限公司	诸暨市

续表 110

序号	商标标识	商标注册证号	类别 / 商标实际使用商品或服务	企业名称(商标注册人)	地区
32	TWSun	7400332	11 类 / 通风柜、空气冷却装置和空气调节装置	浙江双阳风机有限公司	上虞区
33	花明 HUAMING	6607852	31 类 / 鲜水果	浙江明泉农业科技有限公司	诸暨市
34	蘭喬聖菲	5187299	24 类 / 枕套、床单、纺织品或塑料帘	浙江兰乔圣菲家纺有限公司	袍江开发区

认定的市著名商标

表 111

序号	商标标识	类别 / 商标所指商品或服务	企业名称	地区
1	YUNTAO 云涛	01/ 苯甲醛、苯甲酸钠、苯甘氨酸	浙江云涛生物技术股份有限公司	上虞区
2	創峯 CHUANGFENG	01/ 染料助剂、渗透剂	上虞市创峰化工有限公司	上虞区
3	金石 GinShiCel	01/ 纤维素	浙江海申化工有限公司	滨海新区
4		05/ 风油精	浙江景岳堂药业有限公司	柯桥区
5	DUNYUN 盾运阀门	06/ 金属水管阀、金属管道接头、五金器具	浙江盾运实业有限公司	诸暨市
6	子华	07/ 带升降设备的立体车库、升降设备、电子工业设备	浙江子华停车设备有限公司	柯桥区
7	洁达	07/ 静电消除器、清洁用除尘装置	浙江洁达环保集团有限公司	诸暨市

续表 111

序号	商标标识	类别 / 商标所指商品或服务	企业名称	地区
8	舜盛	07/ 链轮、传动装置	嵊州市特种链轮有限公司	嵊州市
9	徐业 XUYE	07/ 模压加工机器、轮胎成型机、硫化器	绍兴徐业模具有限公司	柯桥区
10	ROPAS	07/ 汽车发动机冷却用散热器、汽车发动机冷却用水箱、汽车维修设备	浙江雷贝斯散热器有限公司	柯桥区
11	YIBANG	07/ 压路机、电子工业设备、阀(机器零件	浙江易邦机械有限公司	诸暨市
12	MGR 美固龙	08/ 剪刀、刮削刀(手工具)、铰刀	诸暨市美固龙机械有限公司	诸暨市
13	LBPV 龍柏	09/ 单晶硅、电池极板、太阳能电池	浙江龙柏光伏科技有限公司	上虞区
14	WK	09/ 配电箱(电)、配电控制柜、高低压开关板	浙江万可电气设备有限公司	上虞区
15	Z 兆山	09/ 配电箱(电)、整流用电力装置、电器插头	浙江兆山电器有限公司	诸暨市
16	万国 WANGUO	09/ 探测系统、电子公告牌、铃(报警装置)	浙江万国电子科技有限公司	绍兴高新区
17	康宇	09/ 同轴电缆	浙江康宇电缆有限公司	诸暨市
18	梢峰	10/ 金属注射器、注射针、兽医用器械和工具	绍兴万佳器械有限公司	柯桥区
19	勇强 YONGQIANG	11/ 车辆用空调器	新昌县永强空调配件有限公司	新昌县
20	SENG 森歌	11/ 电炊具、油烟机、饮料冷却设备	浙江森歌电器有限公司	嵊州市
21	上能锅炉 SHANGNENG BOILER	11/ 锅炉(非机器部件)、加热用锅炉、熔炉	浙江上能锅炉有限公司	上虞区

续表 111

序号	商标标识	类别 / 商标所指商品或服务	企业名称	地区
22	GAOXIANG	11/ 冷冻设备和机器(冷风机、冷凝机、制冷机组)	浙江高翔工贸有限公司	嵊州市
23	JIN TAI WANG PAI	11/ 冷却塔、风冷设备	上虞市金泰冷却塔有限公司	上虞区
24	SOUTH	11/ 冷却塔、冷冻设备和机器	绍兴市南方制冷工业有限公司	上虞区
25		11/ 气体冷凝器	新昌县丰亿电器有限公司	新昌县
26	FUHUA 富华	11/ 卫生设备用水管、水管龙头、水暖装置用管子零件	浙江富华管业有限公司	诸暨市
27		11/ 污水处理设备、空气过滤设备	浙江荣怀环保科技有限公司	诸暨市
28	VEZSIN	11/ 油烟机、煤气灶、不锈钢水槽	浙江万事兴电器有限公司	嵊州市
29	东方恒洋 HENGYANGEAST	14/ 珍珠(珠宝)、项链(首饰)、珠宝(首饰)	诸暨市恒洋珠宝有限公司	诸暨市
30	TLS	14/ 珍珠(珠宝)、珠宝(首饰)	浙江蒂尔斯珠宝有限公司	诸暨市
31	九蝶	14/ 珠宝(首饰)、珍珠(珠宝)、宝石	诸暨市九蝶电子商务有限公司	诸暨市
32	鑫豪锐 XIN HAO RUI	17/ 非金属套管、非金属软管	浙江豪锐科技有限公司	诸暨市
33	zonai	17/ 管道用非金属接头、塑料管、非金属软管	浙江钟爱管业有限公司	诸暨市
34	DINGDA	17/ 塑料管	浙江鼎大塑业有限公司	上虞区
35		18/ 伞、伞架、伞套	浙江恒洋伞业有限公司	上虞区

续表 111

序号	商标标识	类别 / 商标所指商品或服务	企业名称	地区
36	优耐特 younaite	18/ 伞、伞架、伞套	浙江联合伞业有限公司	上虞区
37	昌丽 Chang Li	20/ 家具	绍兴昌丽家私有限公司	越城区
38	XINHONG	21/ 瓶、化妆品瓶	上虞市新弘包装有限公司	滨海新区
39	超特丝	23/ 弹力丝(纺织用)、长丝、纺织用弹性纱和线	绍兴超特合纤有限公司	柯桥区
40		24/ 布、纺织织物、棉织品	绍兴亚星贸易有限公司	柯桥区
41	JENNY	24/ 布、织物、纺织品	浙江永通纺织品进出口有限公司	柯桥区
42	Goldeo IDEA 金点子纺织	24/ 纺织品或塑料帘	浙江金点子纺织有限公司	柯桥区
43	SURFING	24/ 纺织织物、纺织的弹性布料、纺织纤维织物	浙江越洋纺织科技有限公司	柯桥区
44	Taifu	24/ 纺织织物、纺织品制家具罩、纺织品或塑料	绍兴泰富装饰品有限公司	柯桥区
45	福丰纺织	24/ 纺织织物、绣花图案布、蚊帐织物	绍兴福丰纺织品有限公司	柯桥区
46	DALIFA	24/ 服装、领带	达利丝绸(浙江)有限公司	新昌县
47	TUNABR	25/ 服装、鞋、帽	浙江荣风服饰有限公司	诸暨市
48	美盛	25/ 化装舞会服装	美盛文化创意股份有限公司	新昌县
49	WEEKLY SOCKS 星期袜	25/ 袜	诸暨市标榜服饰有限公司	诸暨市

续表 111

序号	商标标识	类别 / 商标所指商品或服务	企业名称	地区
50	梦润 Mengrun	25/ 袜、服装、内衣	浙江梦润针织有限公司	诸暨市
51	TEA TREE 茶树	25/ 针织服装	嵊州市金港针织服装有限公司	嵊州市
52	宝崽	29/ 肉及制品	浙江宝仔农业发展有限公司	滨海新区
53		30/ 茶	绍兴市柯桥区茶叶产业协会	柯桥区
54		30/ 茶	新昌县般若谷茶叶专业合作社	新昌县
55	远风生态农业	31/ 活动物、活家禽	绍兴市远风生态农业有限公司	滨海新区
56		31/ 活动物、活家禽、甲壳动物	绍兴县百家湖休闲渔庄	绍兴高新区
57		31/ 活家禽、树木、鲜水果	嵊州市五百岗农副产品专业合作社	嵊州市
58	同山红	33/ 高粱酒、白酒	诸暨市同山高粱酒厂	诸暨市
59	和潤坊	33/ 黄酒	浙江雅兴商贸有限公司	越城区
60		37/ 建筑、室内装潢及建筑施工监督	浙江嘉华装饰有限公司	绍兴高新区
61	OU GE 讴歌	41/ 娱乐、提供娱乐设施、文娱活动	浙江讴歌文化投资有限公司	越城区
62		43/ 饭店、住所、酒吧	万锦商贸有限公司	上虞区

（市市场监管局提供）

索　引

说　明

1.索引分正文索引、图表索引和正文照索引三部分。采用主题词分析方法编制，按标引词首字汉语拼音(同音字按声调)顺序排列，首字相同按第二字排列，以下依次类推。

2.分目和副分目用黑体字标示。标引词后的阿拉伯数字表示内容所在页码，数字后的拉丁字母(a、b)分别表示该页的左右栏。标引词后有多个页码，表示该内容出现在多个位置。

3.附见条目的标引词缩后一格放在相关副分目的标引词下面。

4.索引名称一般采用主题词、中心词或简称。单位和事件一般用简称，通常不冠以“绍兴市”“绍兴”字样(特殊情况除外)。

5.“特载”“专记”“大事记”“统计资料”“附录”类目及宣传彩页不编索引。

正文索引

0~9

A

B

H

Y

正文照索引

0~9

B

C

D

F

G

H

J

K

L

图表索引